经时济世
继往开来
贺教育部
重大攻关项目
成果出版

季羡林
时年九十有八

教育部哲学社會科学研究重大課題攻關項目

“十三五”国家重点出版物出版规划项目

中国农村社区建设研究

RESEARCH ON COMMUNITY CONSTRUCTION IN RURAL CHINA

项继权

等著

中国财经出版传媒集团

经济科学出版社

Economic Science Press

图书在版编目（CIP）数据

中国农村社区建设研究/项继权等著.—北京：经济科学出版社，2015.9

教育部哲学社会科学研究重大课题攻关项目

ISBN 978-7-5141-6038-3

Ⅰ.①中… Ⅱ.①项… Ⅲ.①农村社区-社区建设-研究-中国 Ⅳ.①D669.3

中国版本图书馆CIP数据核字（2015）第209772号

责任编辑：于海汛
责任校对：杨晓莹
责任印制：邱 天

中国农村社区建设研究
项继权 等著
经济科学出版社出版、发行 新华书店经销
社址：北京市海淀区阜成路甲28号 邮编：100142
总编部电话：010-88191217 发行部电话：010-88191522
网址：www.esp.com.cn
电子邮件：esp@esp.com.cn
天猫网店：经济科学出版社旗舰店
网址：http://jjkxcbs.tmall.com
北京季蜂印刷有限公司印装
787×1092 16开 29.5印张 570000字
2016年5月第1版 2016年5月第1次印刷
ISBN 978-7-5141-6038-3 定价：76.00元
（图书出现印装问题，本社负责调换。电话：010-88191502）

课题组主要成员

（按姓氏笔画排序）

王敬尧　许远旺　杨　桓　李晓鹏　李雪萍
吴理财　吴雪梅　陈世伟　陈伟东　项继权
袁方成　袁　青

编审委员会成员

总　序

哲学社会科学是人们认识世界、改造世界的重要工具，是推动历史发展和社会进步的重要力量。哲学社会科学的研究能力和成果，是综合国力的重要组成部分，哲学社会科学的发展水平，体现着一个国家和民族的思维能力、精神状态和文明素质。一个民族要屹立于世界民族之林，不能没有哲学社会科学的熏陶和滋养；一个国家要在国际综合国力竞争中赢得优势，不能没有包括哲学社会科学在内的“软实力”的强大和支撑。

近年来，党和国家高度重视哲学社会科学的繁荣发展。江泽民同志多次强调哲学社会科学在建设中国特色社会主义事业中的重要作用，提出哲学社会科学与自然科学“四个同样重要”、“五个高度重视”、“两个不可替代”等重要思想论断。党的十六大以来，以胡锦涛同志为总书记的党中央始终坚持把哲学社会科学放在十分重要的战略位置，就繁荣发展哲学社会科学作出了一系列重大部署，采取了一系列重大举措。2004 年，中共中央下发《关于进一步繁荣发展哲学社会科学的意见》，明确了新世纪繁荣发展哲学社会科学的指导方针、总体目标和主要任务。党的十七大报告明确指出：“繁荣发展哲学社会科学，推进学科体系、学术观点、科研方法创新，鼓励哲学社会科学界为党和人民事业发挥思想库作用，推动我国哲学社会科学优秀成果和优秀人才走向世界。”这是党中央在新的历史时期、新的历史阶段为全面建设小康社会，加快推进社会主义现代化建设，实现中华民族伟大复兴提出的重大战略目标和任务，为进一步繁荣发展哲学社会科学指明了方向，提供了根本保证和强大动力。

高校是我国哲学社会科学事业的主力军。改革开放以来，在党中央的坚强领导下，高校哲学社会科学抓住前所未有的发展机遇，紧紧围绕党和国家工作大局，坚持正确的政治方向，贯彻“双百”方针，以发展为主题，以改革为动力，以理论创新为主导，以方法创新为突破口，发扬理论联系实际学风，弘扬求真务实精神，立足创新、提高质量，高校哲学社会科学事业实现了跨越式发展，呈现空前繁荣的发展局面。广大高校哲学社会科学工作者以饱满的热情积极参与马克思主义理论研究和建设工程，大力推进具有中国特色、中国风格、中国气派的哲学社会科学学科体系和教材体系建设，为推进马克思主义中国化，推动理论创新，服务党和国家的政策决策，为弘扬优秀传统文化，培育民族精神，为培养社会主义合格建设者和可靠接班人，作出了不可磨灭的重要贡献。

自2003年始，教育部正式启动了哲学社会科学研究重大课题攻关项目计划。这是教育部促进高校哲学社会科学繁荣发展的一项重大举措，也是教育部实施“高校哲学社会科学繁荣计划”的一项重要内容。重大攻关项目采取招投标的组织方式，按照“公平竞争，择优立项，严格管理，铸造精品”的要求进行，每年评审立项约40个项目，每个项目资助30万~80万元。项目研究实行首席专家负责制，鼓励跨学科、跨学校、跨地区的联合研究，鼓励吸收国内外专家共同参加课题组研究工作。几年来，重大攻关项目以解决国家经济建设和社会发展过程中具有前瞻性、战略性、全局性的重大理论和实际问题为主攻方向，以提升为党和政府咨询决策服务能力和推动哲学社会科学发展为战略目标，集合高校优秀研究团队和顶尖人才，团结协作，联合攻关，产出了一批标志性研究成果，壮大了科研人才队伍，有效提升了高校哲学社会科学整体实力。国务委员刘延东同志为此作出重要批示，指出重大攻关项目有效调动了各方面的积极性，产生了一批重要成果，影响广泛，成效显著；要总结经验，再接再厉，紧密服务国家需求，更好地优化资源，突出重点，多出精品，多出人才，为经济社会发展作出新的贡献。这个重要批示，既充分肯定了重大攻关项目取得的优异成绩，又对重大攻关项目提出了明确的指导意见和殷切希望。

作为教育部社科研究项目的重中之重，我们始终秉持以管理创新服务学术创新的理念，坚持科学管理、民主管理、依法管理，切实增强服务意识，不断创新管理模式，健全管理制度，加强对重大攻关项目的选题遴选、评审立项、组织开题、中期检查到最终成果鉴定的全过程管理，逐渐探索并形成一套成熟的、符合学术研究规律的管理办法，努力将重大攻关项目打造成学术精品工程。我们将项目最终成果汇编成“教育部哲学社会科学研究重大课题攻关项目成果文库”统一组织出版。经济科学出版社倾全社之力，精心组织编辑力量，努力铸造出版精品。国学大师季羡林先生欣然题词：“经时济世　继往开来——贺教育部重大攻关项目成果出版”；欧阳中石先生题写了“教育部哲学社会科学研究重大课题攻关项目”的书名，充分体现了他们对繁荣发展高校哲学社会科学的深切勉励和由衷期望。

创新是哲学社会科学研究的灵魂，是推动高校哲学社会科学研究不断深化的不竭动力。我们正处在一个伟大的时代，建设有中国特色的哲学社会科学是历史的呼唤，时代的强音，是推进中国特色社会主义事业的迫切要求。我们要不断增强使命感和责任感，立足新实践，适应新要求，始终坚持以马克思主义为指导，深入贯彻落实科学发展观，以构建具有中国特色社会主义哲学社会科学为己任，振奋精神，开拓进取，以改革创新精神，大力推进高校哲学社会科学繁荣发展，为全面建设小康社会，构建社会主义和谐社会，促进社会主义文化大发展大繁荣贡献更大的力量。

教育部社会科学司

前　言

本书是2007年度教育部哲学社会科学研究重大课题攻关项目《新农村建设中的社区建设研究》（课题编号：07JZD0024）的最终成果，也是一部迟到的结项著作。根据原来的研究计划，此项研究应在2010年结束，最终成果的完成比原计划晚了两年多。其中的原因，一方面是项目立项时我国农村社区建设工作刚刚开始。2006年10月党的十六届六中全会首次明确要求在推进城市社区建设的同时，推进农村社区建设。2007年，民政部正式在全国选点进行农村社区建设实验。2009年在实验的基础上开始推进农村社区建设实验的全覆盖的检查验收。此项工作到2013年5月才基本结束。我们希望、也需要时间对全国性农村社区建设的实验工作全过程进行完整的观察，以便我们对农村社区建设的实践有更全面和准确的把握。另一方面，在当今这样急剧变革的农村，实践的日新月异往往出乎我们的“意料之外”。特别是迄今中央对农村社区建设并没有一个统一的模式，各地在农村社区建设上百花齐放，不断创新。新的实践和新的事实常常迫使我们修改原有的结论，甚至推翻已有的判断。于是，我们不得不在理论总结上“等等看”、“再调查一下”，以至于最终项目成果一再拖延。此外，在农村社区建设研究中，我们承担了国家和地方有关部门关于农村社区建设的政策咨询、法规起草、制度设计、战略规划、实践评估、检查验收以及干部培训等大量工作，这些工作为我们提供了深度参与研究的机会，也耗费了不少时间和精力。对于研究计划的拖延，我们不无遗憾！不过，如果结项的延迟能以时间换取观察的空间以及理论的深度，这种努力是值得的，也是必要的。

在项目研究中，我和我的研究团队一直扮演实践观察者、理论研究者和改革参与者的角色。在过去五年多时间里，我们课题组成员对全国绝大多数省、市和自治区的农村社区进行过考察和调查，所到的乡村不下两百个。这些乡村既有高度发达的“明星村”，也有相对贫困的“难点村”；既有交通便利的内陆乡村，也有大漠高原和边疆乡镇；既有汉族聚居的村落，也有少数民族村寨。为了对西藏民族地区社区进行深入观察，李雪萍教授2008年和2009年两次进藏，在西藏工作调查长达一年半。2009年和2010年课题组五位成员还两次赴台湾地区，对台湾社区建设情况进行了调查。袁方成副教授、许远旺博士还利用出国访学的机会，分别对美国和澳大利亚的社区发展进行考察。在乡村社区调查的同时，陈伟东教授依托其主持的“湖北城市社区研究中心”对城市社区进行持续的调查和观察，以便给农村社区建设提供参照。课题组还进行过两次全国性“百村千户”农村社区建设和农民需求的问卷调查以及两次湖北省农民需求的问卷调查。这些不同地区、不同类型以及不同国家社区建设广泛的实地调查，为项目研究提供了大量的第一手资料，也为对我国农村社区建设的理论分析提供了事实依据。

在乡村实地调查的同时，我们一直致力于经验的概括和理论的总结。这种理论思考主要从三个方面展开：一是个案的角度。力求在深入调查基础上，分析不同地区农村社区建设的探索和创新及不同模式的特点、问题及走向，并解释其存在和发展的原因。二是历史的角度。主要是通过对我国乡村共同体及基层治理的历史考察，对不同时期农村社区共同体的组织基础、结构功能、行为方式及其在国家治理和社会体系中的作用进行分析，并对我国农村社区共同体的形成、变迁以及当代发展的路径进行解释。三是比较的角度。课题组不仅对我国农村不同地区不同类型的社区进行比较，也包括城乡社区的比较研究，还对台湾社区建设进行了专门实地调查，对大陆与台湾的社区建设进行比较分析。同时，选择美国、英国、日本、俄罗斯、韩国、巴西、印度、法国和新加坡九个典型国家的社区建设进行比较分析。我们力求将当前我国农村社区建设置于更广阔的历史和国际背景下来考察，以便更深刻地认识当前我国农村社区的特征及中国社区建设道路的特点，更准确地把握我国农村社区建设的历史方位和未来的走向。课题组成员发表学术论文和文章70篇，其中项目署名51篇（包括CSSCI刊物论文34篇），因种种原因未能署名的文章19篇。在民政部的支持下，课题组主持编写出版了《中国农村社区建设发展报告（2009）》（中国社会出版社2011年版），是国内第一部对农村社区建设发展情况全面介绍的报告。我指导的几位博士生和博士后参与并承担了课题的专题研究，出版了相关研究著作，如《回归边缘：清代一个土家族乡村社会秩序的重构》（吴雪梅，中国社会科学出版社2011年版）；《规划性变迁——机制与限度：中国农村社区建设的路径分析》（许远旺，中国社会科学出版社2012年版）；《土地流转背景下的村社治理研究——基于浙江乡村社区的实证考察》（陈世伟，中国社会科学出版社2012年版）。这些著作旨在从历史、区域及社区建设与土地和户籍制度改革等角度对农村社区共同体及社区建设进行研究。除此之外，课题组还完成了一些专题研究成果，如《"温州新政"：社区重建与治理转型》（项继权、任玉明、王绍寅等，中国社会科学出版社2014年版）；《中国农村社区建设案例选编》（袁方成、项继权等，15万余字）；《国（境）外农村社区建设与发展研究》（项继权、袁方成等，25万余字）；受民政部和湖北省民政厅的委托，我们还编写了两部农村社区建设干部培训教材，这些成果也将陆续出版。

我们的项目研究与我国农村社区建设的实践几乎是同步进行的。丰富的农村社区实践为我们提供了观察样本和经验素材，也提出了大量的政策和理论需求。作为一项全新的社会建设工程，中央和地方在农村社区建设中都面临大量的政策、法律、制度以及理论上的问题需要我们去解答。为此，在此项研究中，我们课题组的成员并不是仅仅定位于单纯的理论工作者或超然的社会观察者，而是积极投身于实践之中，参与中央和地方有关农村社区建设的改革设计、政策咨询和实践推进工作。如我和陈伟东教授作为民政部"全国农村社区建设专家顾问组"的成员，长期参与民政部有关农村社区建设的咨询工作。其中包括参与《中华人民共和国村民委员会组织法》、《中华人民共和国城市居民委员会组织法》的修订，参加中央《关于推进农村社区建设的决定》、《城乡社区服务体系建设"十二五"规划》的起草以及

《和谐社区建设指导标准》的讨论工作；受民政部的委托，我和袁方成主持了对全国304个“全国农村社区建设实验县（市、区）”实验进展情况的总体评估和分析，为后续农村社区建设工作提出政策建议；承担全国农村社区建设法规政策及领导讲话的文献收集和整理工作；我和陈伟东、袁方成、王敬尧等作为民政部“农村社区建设实验全覆盖示范单位”建设评估组成员，先后对山东、江苏、浙江、江西、福建、广东、湖北、河南、安徽、辽宁、吉林、山西、宁夏、新疆、云南、湖南、四川以及北京、上海和天津等20多个省市和自治区的农村社区建设实验全覆盖工作进行检查验收和评估工作；课题组成员还多次参与民政部主办的有关农村社区建设的政策论证会、经验交流会、学术讨论会以及干部培训工作。2010年和2011年还与民政部基层政权和社区建设司合作举办了“中国农村社区建设新进展”学术研讨会和“中外农村社区建设比较研讨会”，就有关问题进行专题研讨。课题组还参与中央政策研究室、中组部、国务院综改办以及文化部等多部委有关农村基层组织体制、社区建设、村级财政、公共服务以及有关土地、户籍、城乡一体化等重大问题的研究咨询工作。与此同时，课题组参与和主持了一些地方农村社区建设实验工作，如自2011年以来，项继权、王敬尧、吴理财、袁方成等参与温州市城乡社区建设的改革实验，对温州城乡社区建设进行制度和政策设计；项继权、陈伟东和吴理财教授分别参与浙江平阳县、湖北武汉市和湖北省秭归县“幸福社区”和“幸福村落”的建设规划及标准制订工作；陈伟东教授主持苏州工业园区的社区建设规划与设计；课题组与湖北省民政厅一直保持密切联系，参与和承担了湖北省农村社区建设发展规划、政策制订、实践评估以及全省农村社区建设干部培训工作。

作为社会科学工作者，实践观察者、理论研究者、改革参与者的多重角色并不矛盾和冲突。在我们看来，科学的理论研究必须建立在对社会现实有全面而深入的观察和了解基础上。参与改革实践事实上也是一种深度参与式观察和研究过程。在参与农村社区建设实践过程中，我们得以对农村社区建设过程中多重复杂的权力和利益关系、农村社区建设的决策及实施过程以及实践的困难和问题有更直接和更透彻的了解，这为我们更准确地把握农村社区建设的进程及方向以及进行理论上的思考提供了条件。不仅如此，社会科学研究最终目标是改善人们生活，促进社会进步，我们有责任用自己的知识去改变世界，特别是致力于解决社会发展和人们生活中面临的具体和迫切问题。在当前我国大力推进农村社区建设过程中，大量实践和理论问题亟待人们回答，作为社会科学工作者，不能袖手旁观、置身度外。从历史来看，社区研究是中国社会学研究的起点，参与社会工作、致力于社会改造和建设一直是中国社会学者的传统。20 世纪初一批学者曾身体力行投身于乡村建设之中。当前，我们也有责任和义务投身于农村社区和社会建设的实践之中，为改善农民生活，促进社会进步作出应有的贡献。当然，作为一个理论工作者，我们也时刻注意自己的角色、使命和限度。在政策咨询及参与改革实践中，我们始终保持理论工作者的独立性。一切政策建议都基于自己的独立判断，也仅仅提供实际部门和实践工作者参考和选择。毕竟，实践决策是决策者的事。

“创新是一个民族进步的灵魂。”学术的生命也在于创新。在此项研究中，我们对我国农村社区的特征、特点及发展道路有一些自己的认识和判断，对未来农村社区建设的方向及制度设计有一些自己的主张和建议，对新型农村社区的本质及农村社会和社区的现代转型也有一些自己的理解和见解。例如，我们认为，当前我国农村社区的建设不仅是重建农村社会生活共同体，也在于构建与农村开放、流动及市场化和城乡一体化相适应的新型农村组织、管理和服务体制；农村社区建设承担着农村社会和基层治理重建的双重使命；农村社区建设是农村社会生活共同体从经济共同体及政社合一中分离出来的过程，也是农民从集体经济组织的依附中解放出来的过程；是社区社会组织的发育、公共空间的成长及公共制度的再造过程，也是农民独立化、平等化和公民化的过程。其实质是公共性组织、公民性社会、公共性治理及公共性认同的重建。新型农村社区是农村居民社会生活共同体，也是一种开放的公民共同体。本书首次明确提出农村社区建设和基层治理的方向是从“村组体制”到“社区体制”、从“村民自治”到“社区自治”、从“城乡分割”到“城乡一体”，并强调这是我国农村基层治理体制的第三次变革。我们认为当前农村社区建设的典型特征是“政府主导”的“选择性变迁”过程。未来农村社区建设应进一步突出民生，“通过服务重建认同”，实现“参与式发展”。我国农村社区建设不是单纯的“社会自组织”或“社会自我建设”过程，也不能是“国家办社会”、“政府办社区”，政府、市场和社会应多方参与、合作互动，并由此实现自我价值和目标的实现以及主体能力的提升，这一过程是一种“主体性互构”过程。如此等等，都是一些尝试性的判断和结论。当然，一些判断和主张可能并不为人接受，有的政策建议也不完全为有关部门认可，但至少在现在，我们仍坚持己见。当然，由于我国农村社区建设仅仅是刚刚起步，各地农村社区建设仍在实验推进之中，随着后续的实践及更多的事实的发现，我们也可能会对现有的判断和结论进行修正。毕竟，项目的结项并不是研究的终结。中国社区建设将是一个长期的过程，我们的研究也将继续下去。

社区是一个社会生活共同体，社区的研究事实上也是一个学术共同体。迄今为止，国内外不少学者对社区进行了大量的研究，已经有了丰富的成果。在这些年的社区研究中，我们从这个学术共同体中不断吸收营养。我们的成果就引用了不少学者的观点，在此深表感谢！此项研究也是集体成果，最终成果也使用了课题组成员前期发表和未公开发表的成果。除署名的几位研究人员之外，程又中教授、高秉雄教授、夏玉珍教授、唐鸣教授、胡宗山教授、黄辉祥副教授等曾参与过项目调查研究；我们所指导的一批博士生和硕士生参与过项目资料整理、问卷及调查工作，其中有罗峰、管义伟、彭华、尹利民、操家齐、方堃、丁传宗、李增元、李晓鹏、储鑫、李梅、汪洋、杨桓、覃冰玉、张瑞瑞、卢璐、李山、陈圣龙、乔天祥、程时林、项其林、吕雁归、李世敏、李登、盛元芝、朱伟、王继琴、张志敏、吴志刚、王蓉、姚化伟、杨旭辉、刘璐、王元皓、夏露露、张宇、张滔、袁青、李雯雯、丁若男、张翔，等等。这些同学有的已经毕业离校，甚至远赴异国他乡，但是，他们为我们留下了思想和成果。在此，感谢他们付出的青春、汗水和智慧！

最后，要感谢教育部哲学社会科学研究重大课题攻关项目的立项支持，也感谢项目评审专家的信任和支持！正是有你们的支持，我们得以有机会投入当代中国正在进行的社区建设和社会建设的观察、研究和实践之中！

项继权

2013年9月25日于华中师范大学

内容摘要

农村社区是农村一定地域范围内的人们基于共同的利益和需求、密切的交往而形成的具有较强认同的社会生活共同体。在我国历史上，传统聚族而居的村落就是典型的乡村共同体。这种乡村共同体主要是基于血缘、姻缘和地缘建立起来的，具有明显的先赋性和封闭性。20世纪以来，工商业及商品经济的发展，国家权力向基层延伸，特别是中国革命的兴起，打破了乡村的社会封闭性，家族共同体也陷入分化、解体和转型之中。新中国成立后，政权重建、土地改革及农业社会主义改造进一步摧毁了传统家族及乡村社会的组织和治理体系。到人民公社时期，人民公社实行“三级所有、队为基础”。“生产队”作为农村最基层的组织，也是农村基层社区或社会生活共同体。不过，人民公社及其生产队组织是一种“政经不分”、“政社不分”、高度集中和全能型的组织，也是一种典型的单位制。生产队是最基层的生产单位，也是农民的生活空间，同时也是国家农村基层组织和管理单元。农村基层社区或社会生活共同体既是一种生活共同体，也是一种生产共同体、经济共同体及行政共同体，具有集体化、集中化、全能化、政治化、经济性、封闭性、同质性及城乡二元化的特征和特点。

20世纪80年代农村家庭承包责任制的改革，废除了人民公社制度，实行村民自治，农民的生产、生活方式及基层治理方式发生了重大变革。村民委员会组织也成为典型的农村社区或社会生活共同体。不过，迄今为止，村民自治组织及乡村社区仍在相当程度上延续了传统人民公社时期经社不分、党政不分、组织封闭和城乡二元化的特征。

随着农村改革开放，特别是随着市场化、工业化、城市化、信息化及全球化的发展，农民的独立性、自主性、流动性日益增强，农村社会和社区不断开放、分化、异质化和多元化。原有的基于血缘、地缘、业缘及"集体"等建立起来的村社信任、认同和组织不断弱化和解体；经社不分、村社不分、组织封闭及城乡分割的村社组织、管理和服务体制日益失去效能和正当性。尤其是村级组织的封闭性及单位化管理体制，与日益开放的乡村社会和大规模的人口流动不相适应，造成巨大的管理真空；村级组织的封闭性及公共服务的内部性，与日益均等化的社会服务体制不相适应，造成公共服务的有限性；村级组织的封闭性及村民选举的限制性，与基层民主自治的广泛性和普遍性不相适应，造成村民自治的局限性；村委会组织与集体经济组织"经社不分"，与产权的独立性和经营的自主权不相适应，制约了集体经济的发展；村级组织的封闭性和排他性，外来人口难以直接融入社区，也使社区难以实现有效的整合，同时也导致乡村社区的"单位化"、"区格化"和"碎片化"，与整个社会的一体化不相适应，不利于全社会的融合。正因如此，如何构建与开放、流动、分化和多样化相适应的新型农村组织体系、管理体系及服务体系，对乡村社会实行有效的管理，让农村居民平等享有公共服务？如何重建农民的社会信任、社区认同以及乡村社会的公共道德和公共精神，让农民过上生活富裕、精神充实和有安全感的生活？这成为当前农村改革、发展及社会建设中亟待研究和解决的问题。

正是在此背景下，党和政府提出推进农村社区建设，构建新型农村社会生活共同体。从实践来看，我国农村社区建设不完全是社会的自发和自助行为，而是在党和政府的领导、组织、规划和推动下进行的，表现出鲜明的政府主导的特点，也是党和政府主导下的一场规划性变迁。不过，自农村社区建设之始，中央就没有对农村社区建设设定统一的模式，鼓励和支持地方探索和创新，在实践中，各地在农村社区建设中进行了大胆的探索，社区建置上存在"一村一社区"、"一村多社区"、"多村一社区"、"集中建社区"和"社区设小区"等不同做法；社区管理和服务平台建设上有"一村一平台"、"多村一平台"、"三级网络平台"、"中心加村落平台"、"分片组建平台"和

"分类分设平台"等不同方式；社区与村委会及社区集体经济组织之间的关系也有"融合一体型"、"分工分离型"及"交叉重叠型"等不同制度安排；社区管理方式上则实行"网格化管理"、"协商式民主"、"企业化管理"、"专业化管理"、"开放式管理"、"参与式治理"和"社团自治管理"等不同方法；在社区服务方式上实行"一站式服务"、"分层式服务"、"一网式服务"、"组团式服务"、"下派式服务"、"购买服务"、"志愿者服务"、"经营性服务"，等等。这些探索和创新使农村社区建设呈现出百花齐放的特点。不过，迄今为止，地方政府自主选择和创新的空间依然有限，地方创新也是基于社会需求、政治空间、自身利益及行动能力进行抉择，农村社区建设表现为一种政府主导的选择性变迁过程。

从实践来看，当前农村社区建设也出现了社区建设的国家化、社区组织的行政化的倾向，社会参与不足，企业支持较弱，社区凝聚力不强，缺乏活力。为此，必须进一步厘清社区建设目标、把握社区建设的重点、转变社区建设的思路。从根本上说，农村社区建设是人民公社单位制解体及乡村社区共同体和社区化治理的重建过程。这一过程是社会组织的发育、公共空间的成长及公共制度的再造过程，也是农民独立化、平等化和公民化的过程，其实质是公民性社会、公共性治理及公共性认同的重建。社区建设的目标是构建公民社区共同体，并实现社区公共治理。为此，要推动农村经社不分的村社共同体向经社分离的社区共同体的转型、从单位化治理向社区化治理转变、从差别化的服务向均等化的服务过渡、从村民自治向居民自治和社区自治转换以及从城乡分割和村组封闭向城乡一体和社区开放转变。社区的本质特征是居民具有较强的认同感和归属感，必须致力于社区文化建设，注重社区民生服务，通过丰富的文化活动及充分的社区服务满足人们精神和物质需求，重建居民的关联、信任和认同。我国农村社区建设既不是单纯的社会自主和自组织过程，也不能由国家和政府的包办代替，更不是市场主义化或完全非市场化的，而是政府、社会和市场的合作、互动、共建和共荣。社区建设是立足社会本位和公民本位及政府、市场和社会多主体互动互构的过程，也是服务型政府、责任型企业、自治型社会同步建构、共荣成长的过程。农村社区"小共同体”的建设与国家和社会“大共同体”的建设并不矛盾，在建设“新社区”的同时，也在锻造“新公民”，培育“新组织”，建设“新农村”，不仅为“新社会”和“新国家”奠定基础，本身也是新时期现代国家建设和现代社会建设的一部分。

Abstract

Rural community is the social living community with strong identity which is based on people's common interests and needs as well as close contacts. In the long history of our country, village of traditional clans is the typical rural community.

This kind of rural community is mainly established on the basis of blood, marriage and geographical relationship with a clear ascription and closeness. Since the 20th century, with the rapid development of commercial, industrial and commodity economy, the state power began to extend to the grassroots level. Especially the rise of the Chinese revolution broke the closed nature of rural society; the family community fell into the period of differentiation, disintegration and transformation as well. After the establishment of People's Republic of China, the regime reconstruction, land reform and the agricultural socialist transformation further destroyed the organization and governance system of traditional family and village society. In the people's commune period, the people's communes implemented the policy of "owned by the three levels (people's commune, production brigade and production team) and regard the team as the foundation". As the most grass-roots organizations in rural areas, "production team" also played the role of rural grassroots community or the social living community. However, the people's communes and production team organization was a kind of "combination of government and enterprise", "incorporation unit of politics and society", highly concentrated and versatile organization, and also a typical system of units. Production team was the most basic production unit, the farmers' living space, the national rural grassroots organization and management unit. Rural grassroots community or social living community was not only a living community, but also a production community, economic community and administrative community, with features of collectivization, centralization, all-roundization, politicalization, economization, closeness, homogeneity and urban-rural dualization.

The reform of the rural household contract responsibility system in the 1980s abolished people's commune system, implemented the villagers' autonomy. Thus, great changes took place in the ways farmers produced and lived as well as the grassroots governance. The villagers committee organization has therefore become a typical rural community or social living community. However, up to now, the villagers' autonomous organization and rural community has been still on the continuation of the traditional features of the people's commune period to a great extent, such as the non-division of politics and economy, the non-division of the Party and the government, closeness and urban-rural dualization. As the rural reform and opening up, especially with the development of marketization, industrialization, urbanization, informatization and globalization, farmers' independence, autonomy, and mobility becomes more and grows increasingly, the rural society and community as well gets continuously openness, differentiation, heterogeneity and diversity. The trust, identity and organizations founded by the original blood, geopolitical, margin and collective village get weakened and dissolved, and the effectiveness and legitimacy of village organization, management and service system with the feature of the non-division of politics and economy, the non-division of the viliage and society, closeness and urban-rural dualization has been gradually weakened too. Especially the closure features of village-level organizations and the management system based on unit are incompatible with increasingly open rural society and mass population movements, causing a huge management vacuum; the closure features of village-level organizations and the exdusion of public services can't adapt to social service system's increasing equalization, resulting in the limitation of the public service; the closure features of village-level organizations and restrictions of village elections are incompatible with the breadth and universality of grassroots democracy and autonomy, resulting in villagers' autonomy limitations; the non-division of politics and society in villagers committee organization and collective economic organizations is incompatible with independence of property right and the autonomy of operation, restricting the development of the collective economy; the closure and exclusive features of village-level organizations make immigrant population difficult to directly integrate into the community, which also makes it hard to achieve an effective integration of the community, not to mention the unitization, separation and fragmentization in the rural community, which is also incompatible with as well as going against social integration. For this reason, how to build the new type of rural organization system, management system and service system which could correspond to openness, mobility, differentiation and diversification, to carry on the effective management of the rural society, and to let the rural residents have equal access to public services is so pressing. Besides, how to rebuild the farmers' social trust, community identity, rural social public morality and public spirit, to make farmers live a rich, happy and safe life is also quite urgent for the current rural reform and development as well as the social construction.

It is under such circumstances that the Party and the government propose to promote the rural community construction and build the new rural social living community. From a practical point of view, China's rural community construction is not an entirely spontaneous and self-service behavior of society, but undergone by the leadership of the Party and the government's organization, planning and promotion, which shows the distinctive characteristics of the government-led and programmatic transformation. However, since the beginning of the rural community construction, the central government has not set a standard model, central government encourages and supports local's exploration and innovation on the contrary. In practice, bold exploration has been made in the construction of rural communities and various kinds of community forms such as "one village one community", "one village many communities", "many villages one community", "community for concentration" and "community sets sub-communities" and so on. In terms of community management and service platform construction, there're different ways such as "one village one platform", "many villages one platform", "three-level network platform", "community center and village platform", "fragmentation to form a platform" and "platform by classification" and so on. When comes to relationship among community, the village committee and collective economic organizations, it also has different institutional arrangements such as the integration type, separated type and juxtaposition type. For the community management mode, there are different models such as the implementation of "grid management", "consultative democracy", "enterprise management", "professional management", "open management", "participatory governance", "community autonomy management" and so on. For the modes of community services, the implementation includes "one-stop service", "hierarchical service", "an intensive service", "group-type service", "dispatching service", "purchasing service", "volunteer service", "business services" and so on. Zigui in Hubei, Zhucheng in Shandong, Wenzhou in Zhejiang, etc. all have their own typical characteristics. These explorations and innovations make the rural community construction flourishing. However, the space of independent choice and innovation in local government are still limited so far. What local innovation base on needs of society, the political space, self-interest and ability to act; therefore the rural community construction actually is a kind of government-led selective change.

From a practical point of view, the current rural community construction has also appeared in the tendency with nationalization of community construction and administration of community organizations. Social participation is insufficient, enterprise support is weak and community cohesion is not strong while lacking of energy. Therefore, we must further clarify the community construction goal, grasp the focus of the community construction, then shift the ideas of community construction. Fundamentally speaking, the rural community construction is the disintegration of the people's commune system and the reconstruction process of rural community and community governance. This process is the development of social organizations, the growth of the public space and the reengineering process of the public institutions, and also the process for farmers' independence, equality, and citizenization, whose essence is the citizen society, the reconstruction of the public governance and public identity. The community construction aims to build citizen community, and realize community public governance. Therefore, we should promote rural cooperatives transform into village community with separation of social communities, from unit management to community governance, from differentiated services to equal access to services, from the villagers' autonomy to residents' and community autonomy, from division of urban-rural as well as closeness of villages to integration of urban-rural as well as openness of community. The essential characteristic of community is identity and belonging, so we must be committed to the community culture construction, pay attention to the community service, carry out various cultural activities to meet the demand of people's spirit and material, rebuild residents' association, trust and recognition. Rural community construction in China is neither a purely self organization process, nor arranged by the state and government, even not the market socialism or completely non-market, but the cooperation, interaction, sharing and co-prosperity of government, society and market. Community construction is not only the mutual constructive process for subjectivity of the government, market and society, but also the process for synchronous construction for a service-oriented government, responsible enterprise and autonomous society. "Small community" construction of rural community is not in contradiction to "big community" construction for the state and society. The construction of "new community" is fostering the "new citizens", cultivating the "new organization" and building the "new countryside" at the same time, which not only lays the foundation for the "new society" and the "new country", but also is a part of the construction of modern state and society in the new era.

目录

Contents

第一章▶导论：重建农村社会生活共同体　1

第一节　乡村社区共同体：概念与范围　4
第二节　域外农村社区研究的进展　11
第三节　中国农村社区研究的进展　14
第四节　当前中国农村社区研究的基本内容　20
第五节　中国农村社区研究的共识、分歧及后续研究方向　27
第六节　本书的研究思路与内容安排　38

上篇

历史与发展　41

第二章▶帝制时代的乡村社区共同体及其嬗变　43

第一节　传统乡村社区共同体的形成与发展　43
第二节　帝制时代乡村社区的治理机制　50
第三节　帝制时代乡村社区共同体的认同　59
第四节　20世纪前期乡村社区共同体的变迁　72

第三章▶新中国成立后农村社区的改造　78

第一节　新中国成立后农村社区的变革　78
第二节　人民公社时期农村社区的再造及其特征　82
第三节　改革开放时期农村社区的发展及其特征　86

第四章▶新世纪以来的农村社区建设　96

第一节　新世纪农村社区建设的起源与目标　96

第二节　新世纪以来农村社区建设的实践进程　104
第三节　农村社区建设的实践成效与局限　112

中　篇

组织与运行　117

第五章▶农村社区的建置基础与类型　119

第一节　农村社区的基本要素及影响因素　119
第二节　传统乡村社区的认识与分歧　128
第三节　新时期农村社区的识别与划分　134
第四节　农村社区建置的合理规模与布局　139

第六章▶农村社区的组织与治理结构　143

第一节　农村社区的组织形态　143
第二节　农村社区的治理结构　147
第三节　农村社区党组织及其领导地位　158
第四节　农村社区的经社关系及其发展　163

第七章▶农村社区社会管理及其创新　173

第一节　农村社区社会管理的内容与结构　173
第二节　我国农村基层社区社会管理的演变　180
第三节　当前我国农村社区社会管理的经验　187
第四节　当前我国农村社区社会管理的创新与趋势　198

第八章▶农村社区服务及其方式　206

第一节　农村社区服务的类型与重点　206
第二节　农村社区服务平台及服务体系　217
第三节　农村社区服务体系的完善和创新　239

第九章▶农村社区文化的变迁与重建　245

第一节　农村社区文化：概念与功能　245
第二节　农村社区文化变迁：动因与后果　262
第三节　农村社区文化建设：困境与对策　275

下篇

发展与未来 285

第十章▶共同体构建：农村社区建设目标的重新定位 287

第一节 农村社区建设目标的分歧及重新定位 287
第二节 传统乡村社区共同体的特征及组织和认同危机 294
第三节 农村新型社会生活共同体的重建之路 300

第十一章▶社区化治理：农村基层治理体制的变革 319

第一节 改革前中国农村基层的单位化治理 319
第二节 人民公社单位制的改革及其延续 328
第三节 从单位制到社区制：乡村治理机制的重建 338

第十二章▶均等化服务：社区和社会融合的基本条件 349

第一节 基本公共服务的内容及均等化的标准 349
第二节 城乡基本公共服务非均等性程度及其根源 357
第三节 城乡基本公共服务均等化的发展战略与对策 365

第十三章▶规划性变迁：社区建设的动力、策略及走向 381

第一节 社区建设路径与动力的不同解释 381
第二节 政府主导的农村社区建设 391
第三节 参与式发展：农村社区建设的路径选择 402

结语▶新时代、新社区与新国家 413

参考文献 417

Contents

Chapter 1 Introduction: Reconstruction of rural social living community 1

Section 1 Rural communities: the concept and scope 4
Section 2 Research on extraterritorial rural community 11
Section 3 Research on Chinese rural community 14
Section 4 The focus and analysis perspective of current Chinese rural community research 20
Section 5 Consensus, disagreement and subsequent research direction of Chinese rural community research 27
Section 6 Research approach and content arrangement 38

Part 1

History and Development 41

Chapter 2 Rural community and its transmutation in the imperial age 43

Section 1 Formation and development of traditional rural community 43
Section 2 Governance mechanism of rural community in the imperial age 50
Section 3 Identity of rural community in the imperial age 59
Section 4 Changes of rural community in the early 20th century 72

Chapter 3 Transformation of rural community after the founding of People's Republic of China 78

Section 1 Reform of rural community after the founding of People's Republic of China 78
Section 2 Reconstruction and characteristics of rural community in the people's commune period 82
Section 3 Development and characteristics of rural community in period of Reform and Opening-up 86

Chapter 4 Rural community construction since the new century 96

Section 1 Origin and target of rural community construction in the new century 96
Section 2 Practical process of rural community construction since the new century 104
Section 3 Practice results and limitations of rural community construction 112

Part 2

Organization and Operation 117

Chapter 5 Construction basis and types of rural community 119

Section 1 Basic elements and influencing factors of rural community 119
Section 2 Understanding and disputes on traditional rural community 128
Section 3 Identification and classification of new period's rural community 134
Section 4 Reasonable size and layout of rural community construction 139

Chapter 6 Organization and governance structure of rural community 143

Section 1 Organizational forms of rural community 143
Section 2 Governance structure of rural community 147
Section 3 The Party Organization and its leading position in rural community 158
Section 4 The relationships of economic and social affairs and development of rural community 163

Chapter 7 Social management and its innovation in rural community 173

Section 1 The content and structure of rural community's social management 173
Section 2 The evolution of the social management in rural grassroots community 180
Section 3 Experience of current rural community's social management 187
Section 4 Innovation and trends of current rural community's social management 198

Chapter 8 Rural community service and the way 206

Section 1 Types and key points of rural community service 206
Section 2 The service platform and service system of rural community 217
Section 3 The improvement and innovation of the rural community service system 239

Chapter 9 The change and reconstruction of rural community culture 245

Section 1 Rural community culture: the concept and function 245
Section 2 The change of rural community culture: motivation and consequences 262
Section 3 The rural community culture construction: difficulties and countermeasures 275

Part 3

Innovation and the Future 285

Chapter 10 Community building: the re-orienation of the rural community construction's goal 287

Section 1 Disputes and relocation on rural community construction goals 287
Section 2 Characteristics of traditional rural community and crisis of organization and identity 294
Section 3 The path of new rural social living community reconstruction 300

Chapter 11 Community-based governance: the change of rural grassroots governance system 319

Section 1 China's rural grass-roots unit management before the reform 319
Section 2 Reform and its continuation of units system in the people's commune period 328
Section 3 From the units system to community system: the reconstruction of the rural governance mechanism 338

Chapter 12 Equal services: the basic condition of community and social integration 349

Section 1 Content of basic public services and standard of equalization 349
Section 2 Extent and causes of non-equalization of urban and rural basic public services 357
Section 3 Development strategy and countermeasures of equalization of urban and rural basic public services 365

Chapter 13 Programmatic changes: the motivation, strategy and direction of community construction 381

Section 1 Different interpretations of path and the motivation of community construction 381
Section 2 Government-led rural community construction 391
Section 3 Participatory development: path selection of the rural community construction 402

Conclusion The new era, new community and new state 413

References 417

第一章

导论：重建农村社会生活共同体

英国学者齐格蒙特·鲍曼（Zygmunt Bauman）曾经说过，“共同体是一个‘温馨’的地方，一个温暖而又舒适的场所。它就像是一个家（Roof），在它的下面，可以遮风避雨。”“在共同体中，我们能够互相依靠对方。如果我们跌倒了，其他人会帮助我们重新站立起来。”① 然而，令人遗憾的是，共同体“总是过去的事情”或者是“将来的事情”。“‘共同体’意味着的并不是一种我们可以获得和享受的世界，而是一种我们将热切希望栖息、希望重新拥有的世界。”因为在当今迅速私人化、个体化和全球化的世界中，人们之间的信任、认同和忠诚持续弱化，共同体陷入解体之中。“共同体一旦‘解体’，它就不能像凤凰涅槃一样被再次整合为一体。”②“再多的汗水，也永远不会重新打开那扇通往共同体的天真、原始的同一与安宁的大门。”③

齐格蒙特·鲍曼的预言无疑是悲观的，在他眼中人们重建共同体的努力也是悲壮的。但是，他在此指出了现代社会中传统共同体的认同和忠诚正在消退以及人们努力重建共同体这一事实。同时，也向我们提出了一个严肃的问题：在一个日益开放、分化和流动的现代社会中，社区共同体能够存在和延续吗？陷入解体的社区共同体可否重建？以及如何重建？——如果可能的话。

因为，自斐迪南·滕尼斯（Ferdinand Tönnies，1855～1936）开始，人们通常将社区视为一种“共同体”或“社会生活共同体”。社区共同体的分化和解体

---

① 齐格蒙特·鲍曼著：《共同体》，欧阳景根译，江苏人民出版社2007年版，第2～3页。

②③ 齐格蒙特·鲍曼著：《共同体》，欧阳景根译，江苏人民出版社2007年版，第11、15页。

也是现代社会的普遍现象，尤其是在我国这样快速现代化和急剧社会转型的国家中，农村社区共同体的分化和解体更为典型和突出。齐格蒙特·鲍曼所提出的共同体存续与重建问题也是当前摆在我们面前亟待研究解决的问题。

过去的三十多年，是我国农村改革的三十多年，也是农村开放的三十多年。三十多年来，“从农村到城市、从经济领域到其他各个领域，全面改革的进程势不可当地展开了；从沿海到沿江沿边，从东部到中西部，对外开放的大门毅然决然地打开了。这场历史上从未有过的大改革大开放，极大地调动了亿万人民的积极性，使我国成功实现了从高度集中的计划经济体制到充满活力的社会主义市场经济体制、从封闭半封闭到全方位开放的伟大历史转折。”①

从封闭到开放，是一个旧时代的终结，也是一个新时代的开始！在这场历史性变革中，我国农村社会、乡村社区和农民自身都在发生深刻的变化。特别是随着市场化、工业化、城市化、信息化及全球化的发展，大量的农村人口脱离原有的村社走向他乡异国，一些熟人村落涌进了越来越多的“陌生人”；传统仅仅在村社集体内部分配的土地和资源已经突破村社界限在更大的市场上“流转”，村社的土地和人员边界日益支离破碎；市场经济的深入发展不断改造“传统的道德农民”及其行为方式，“经济理性”和“市场逻辑”已经渗透并日益支配人们的行为；多种经济和多种经营形式已经打破传统单一的集体经济和集中经营，农民的生产方式和生活方式日益独立化、分散化和多样化；现代信息技术的发展不断传播域外的思想、观念和技术，也冲击和瓦解了传统道德和乡村权威，农民的思想观念也日益分化；农民生活从温饱向小康的转变中公共需求也全面快速地增长，更加关注个人的权利、尊严、生活环境和生活品质，对社会平等、民主权益及公共服务有更多和更高的要求。如此等等，表明传统静止、单一、封闭和半封闭的乡村社会和社区逐渐成为历史，乡村社会和社区日益开放、流动、分化和多元化。

农村社会的变化是广泛和深刻的，这些变化的影响同样也是广泛而深刻的。尤其是农民的独立性、流动性、分散化及乡村社会的开放、分化及多元化对农村现存的组织、管理、服务及认同产生了重大而深刻的影响。现存的基于集体产权、血缘联系、地缘归属、行政规划建立起来的经社不分、村社不分、城乡分离的农村基层社会和村社组织体系正在解体，传统的经济和超经济的村社组织和控制方式日益丧失效能；原有的基于乡村户籍、内外有别及城乡分殊的村级管理、公共服务和村民自治受到日益增多的外来者和新居民的挑战，也

① 胡锦涛：《高举中国特色社会主义伟大旗帜，为夺取全面建设小康社会新胜利而奋斗——在中国共产党第十七次全国代表大会上的报告》，2007 年 10 月 15 日。

不利于社区居民的平等、团结和融合，丧失合理性和正当性；乡村社会日益“原子化”、熟人社区日益“陌生化”，原有的基于血缘、地缘及集体等建立起来的村社信任和认同也日益消解，村社共同体不断分化、弱化和解体；在物质生活日益丰富的同时，一些地方农村公共道德、公共精神和社会信任日趋衰落，人们也失去道德上的约束力、精神上的归属感、心理上的安全感以及生活上的满足感。这一切表明，在快速的现代化及社会转型过程中，现存的村社组织、管理、服务和认同难以维系，显现出突出的治理危机和认同危机，面临着组织重建、管理重建、认同重建及社区重建的多重任务。如何构建与开放、流动、分化和多样化相适应的新型农村组织体系、管理体系及服务体系，对乡村社会实行有效的管理，让农村居民平等享有公共服务？如何重建农民的社会信任、社区认同以及乡村社会的公共道德和公共精神，让农民过上生活富裕、精神充实和有安全感的生活？这已经成为当前农村改革、发展及社会建设中亟待研究和解决的问题。

正因如此，2006 年 10 月，中共十六届六中全会通过的《中共中央关于构建社会主义和谐社会若干重大问题的决定》强调：“全面开展城市社区建设，积极推进农村社区建设，健全新型社区管理和服务体制，把社区建设成为管理有序、服务完善、文明祥和的社会生活共同体”。自此以后，农村社区建设工作在全国逐步推开。2007 年开始，国家民政部先后在全国确定了 304 个县市区作为“全国农村社区建设实验县（市、区）”，大力推动农村社区建设工作。2009 年在全国开始推进“农村社区建设实验全覆盖”，农村社区建设从少数和局部试点向全覆盖推进。然而，迄今为止，人们对于农村社区建设的价值与意义、建设的方向与目标、社区的组织与功能以及社区建设的路径等等仍存在不同的认识，有的甚至存在严重分歧。有的认为农村社区“搞早了”，因为农村经济发展和城市化水平不高，不少农村还相当落后，没有必要搞农村社区建设；有的认为农村社区建设“搞偏了”，有的认为社区本身是社会自我组织和自我建设的社会建设过程，我国农村社区建设的政府主导以及“国家办社会”、“政府建社区”，明显偏离社区建设的方向；还有一些地方照搬城市社区的模式，将农村社区建设理解为“村改居”或者是在农村“建小区”，“让农民集中居住，实行城市化的管理”；还有的认为农村社区建设“搞乱了”，因为农村原本就有村委会、党支部及集体经济组织“三驾马车”，现在又增加一个“农村社区”，基层组织关系更加混乱；有的地方农村社区建设变成“建房子”、“挂牌子”，甚至大搞“迁村腾地”、“逼农民上楼”，导致民怨沸腾。如此等等，不一而足。这些分歧和争论迫切需要从理论和实践上进行研究和回答。此项研究的目的也是旨在探讨和回答农村社区建设实践中面临的重大理论、法律和政策问题，为农村社区建设的实践提供理论和政策上的支持。

社区是社会的细胞，也是观察和研究社会的窗口。早在20世纪30年代初，吴文藻就强调，社会学研究的对象是社会，而社区研究是社会研究的基础和途径。因为，“社会是描述集合生活的抽象概念，是一切复杂的社会关系全部体系之总称。而社区乃是一地人民实际生活的具体表词，它有物质的基础，是可以观察得到的。”① 不仅如此，社会学要中国化，必须加强对中国社会本土的研究，尤其是通过调查中国各地区的村社和城市的状况，提出改进中国社会结构的参考意见，同时，也能提出中国学者自己的理论。正是基于此，一大批学者和学生走向基层、深入农村，开展广泛的社会调查，并提出对中国社会的理论分析和解释，同时推动中国乡村建设。从一定意义上说，社区研究是中国社会学研究的起点。正是从社区研究开始，中国社会学研究走向实证化和本土化，并形成延续至今的立足本土、参与实践、致力于社会建设的传统。我们的研究也是秉持这种精神，力求延续前辈的传统，通过对农村社区的研究更深入地认识当今农村、农民及整个社会，探讨我国农村社区重建、社会转型及社会建设的道路和特点，对中国社会建设及社区共同体重建作出自己的理论解释。

科学研究从来就是一个不断积累和传承的过程。我们的研究也始于前辈的思考和现有的探索，并沿着前辈们的足迹前行。为此，我们首要的工作就是了解现有的社区研究的思想进程，并确定未来的研究方向和重点。

第一节　乡村社区共同体：概念与范围

作为一种社会生活共同体，社区存在的历史悠久，源远流长。然而，社区的识别及其研究则是19世纪中期开始的。一般公认德国学者滕尼斯最早提出社区的概念。1887年，滕尼斯出版了他的成名作：《共同体与社会——纯粹社会学的基本概念》（又译为《社区与社会》），提出了“共同体”即“社区”的概念。② 从此，社区受到人们的重视和研究。

滕尼斯对社区或共同体的关注和研究始于对农村社会及其变化的观察。他所

① 吴文藻：《现代社区研究的意义和功用》，载于《北平晨报》1935年1月9日。

② ［德］斐迪南·滕尼斯：《共同体与社会——纯粹社会学的基本概念》，林荣远译，北京大学出版社2010年版。［德］斐迪南·滕尼斯：《共同体与社会》，载冯钢编选：《社会学基础文献选读》，浙江大学出版社2008年版，第179页。

讨论的“社区”或“共同体”就是农村社区。在《共同体与社会》这部著作中，他对“社区”或“共同体”与“社会”进行了区分，认为两者的人际关系和组织机理很不相同。农村社区或共同体中是基于共同的历史、传统、信仰、风俗及习惯而形成的；而“社会”则是基于个人的独立性、理性、契约和法律结成的。按他的话说，“由自然意志占支配地位的联合体称为共同体”，而“通过选择意志而形成并根本上被其决定的联合体为社会”。在他看来，社区或共同体是人们之间亲密无间、相互信任、守望相助、默认一致、服从权威，具有共同信仰和共同风俗的联合体。社区或共同体与社会体现了两种截然相反的社会人际关系。农村社区共同体中的人际关系，是一种古老的以自然意志为基础的关系，基于共同传统、信仰和风俗形成较强的认同。与此相反，社会则是一种新型的以个人的自觉和理性选择而形成并靠契约和法律维系的人际关系。正因如此，“在共同体里，尽管有种种的分离，仍然保持着结合；在社会里，尽管有种种的结合，仍然保持着分离”①。换句话说，“人们在共同体里与同伴一起，从出生之日起，就休戚与共，同甘共苦。人们走进社会就如同走进他乡异国。”②

按照滕尼斯的看法，传统的农村村庄是共同体的代表，大城市则是社会的代表，二者体现了不同的、对立的关系。他肯定农村生活及共同体的价值，认为“一切对农村地区生活的颂扬总是指出，那里人们之间的共同体要强大得多，更为生机勃勃：共同体是持久的和真正的共同生活，社会只不过是一种暂时的和表面的共同生活。因此，共同体本身应该被理解为一种生机勃勃的有机体，而社会应该被理解为一种机械的聚合和人工制品”③。不过，虽然他非常留恋和赞赏共同体及其价值，但是，他也承认，工业、市场和城市的发展及“社会”取代“共同体”是历史的趋势。“在较早的那个时代里，家庭生活和家族经济显示出是基本色调。在稍后的那个时代里，商业和大城市生活是基本色调。……倘若我们更仔细地观察共同体的时代……它的整个发展方向是一步一步迈近社会的。”④由此也带来了乡村与城市的对立。所以他援引马克思《资本论》第一卷的论述写道：“必须了解，发展的整个过程可能在什么样的意义上理解为城市的生活和本质的进步的倾向。‘人们可以说，（也就是说，现代各国的）社会的整个经济的

---

① ［德］斐迪南·滕尼斯：《共同体与社会——纯粹社会学的基本概念》，林荣远译，北京大学出版社 2010 年版，第 77 页。

② ［德］斐迪南·滕尼斯：《共同体与社会——纯粹社会学的基本概念》，林荣远译，北京大学出版社 2010 年版，第 43 页。

③ ［德］斐迪南·滕尼斯：《共同体与社会——纯粹社会学的基本概念》，林荣远译，北京大学出版社 2010 年版，第 44 ~ 45 页。

④ ［德］斐迪南·滕尼斯：《共同体与社会——纯粹社会学的基本概念》，林荣远译，北京大学出版社 2010 年版，第 267 页。

历史可归结为城市和农村对立的运动'。"① 不过，虽然滕尼斯强调尽管乡村及乡村共同体必然被城市和新的社会所取代，但是，共同体的生活方式、价值观念以及人际关系中的精华部分还将继续持久地存在于社会的生活方式内部，"共同体的力量在社会的时代之内，尽管日益缩小，也还是保留着，而且依然是社会生活的现实"②。

显然，在滕尼斯的眼中，"社区"或"共同体"与"社会"不仅是两个完全不同的概念，也体现了两种全然不同、甚至对立的社会关系和社会结构，有着全然不同的组织基础和特质。这些差异可以从表 1－1 中反映出来。

表 1－1　　滕尼斯关于"社会"与"社区"（共同体）的解析

	社会	社区（共同体）
含义	通过选择意志而形成并根本上被其决定的联合体	由自然意志占支配地位的联合体
人际关系基础	基于个人的独立、理性、利益、契约和法律	基于共同的历史、传统、信仰、风俗及习惯
特点	选择意志，人们理性选择的结果	自然意志，生于斯自然形成的产物
	较强的独立性、流动性和开放性	较强的依附性、稳定性和封闭性
	个人利益支配	社区利益支配
	私人财产	共同财产
	在社会里，尽管有种种的结合，仍然保持着分离	在共同体里，尽管有种种的分离，仍然保持着结合
代表	新兴的商业化大城市	传统的农村村落和村庄

从滕尼斯关于社会、社区或共同体的讨论中不难看出，在他看来，农村社区是一种有较强认同的共同体；社区是指农村社区，而非存在于大城市（他认为小城市还保留共同体的特征）；社区与社会有别，组织机理不同；农村社区是自然形成的，而非建构的；农村社区认同是历史传统习俗形成的；农村社区具有封闭性和相对稳定性。

滕尼斯之后，人们对社区或共同体的性质、类型、特征以及存在形式进行了大量的分析和研究。美国社会学家 C. P. 罗密斯（C. P. Loomis）将 Gemeinschaft

① ［德］斐迪南·滕尼斯：《共同体与社会——纯粹社会学的基本概念》，林荣远译，北京大学出版社 2010 年版，第 268 页。

② ［德］斐迪南·滕尼斯：《共同体与社会——纯粹社会学的基本概念》，林荣远译，北京大学出版社 2010 年版，第 267 页。

英译为 Community，含有公社、团体、社会、公众、共同体、共同性等多种含义。接着，美国社会学家 R. E. 帕克（Robert E. Park）等人又赋予了它地域和制度的含义。他将 Community 定义为："社区"就是"占据在一块被或多或少明确地限定了的地域上的人群的汇集"，"一个社区不仅仅是人的汇集，也是组织制度的汇集"①。20 世纪 30 年代初，社区研究传入中国。鉴于滕尼斯所说的社区或共同体原文为德文"Gemeinschaft"，后被美国学者罗密斯译成"Community"，1933 年费孝通等将"Community"译成"社区"，并与中文的"社会"区别开来。在《乡土中国》一书中，费孝通先生也强调，社会研究中要"以全盘社会结构的格式作为研究对象，这对象并不能是概然性的，必须是具体的社区，因为联系着各个社会制度的是人们的生活，人们的生活有空间的坐落，这就是社区"②。在此，他们并没有将社区与社会对立起来，而是将社区视为社会的一部分，也是社会的实践载体和可观察的样本。吴文藻先生就强调，"社会是描述集合生活的抽象概念，是一切复杂的社会关系全部体系之总称。而社区乃是一地人民实际生活的具体表词，它有物质的基础，是可以观察得到的。"③ 社会不再仅仅存在于城市，而是覆盖城乡。尤其是在现代社会中，为了共同利益、价值观和目标的人的联盟也视为社会。也正是基于此，社会本身也是一种共同体。共同体与社会也不再是对立的。

英国现代思想家齐格蒙特·鲍曼就指出，共同体是："指社会中存在的、基于主观上或客观上的共同特征而组成的各种层次的团体、组织"，"既包括有形的共同体，也有无形的共同体。"④ 共同体的核心是人们之间有较强的认同感和归属感，或者说是共同意识。这种认同感和归属感也是人们对自己所属的群体的一种认可、喜爱、依恋和皈依的思想及心理感觉。正是基于人群自我认同的基础及归属边界的不同，人们提出了血缘共同体、地缘共同体、精神共同体、民族共同体以及政治共同体等不同类型的共同体。有的称"家族、社区、公司、国家等是共同体的不同表现。"⑤ 无疑，现代社会对共同体的理解远远超越了滕尼斯关于

① 郑杭生、黄家亮：《论我国社区治理的双重困境与创新之维——基于北京市社区管理体制改革实践的分析》，载于《东岳论丛》2012 年第 1 期。

② 费孝通：《乡土中国生育制度》，北京大学出版社 1998 年版，第 91～92 页。据费孝通先生回忆，在 1933 年帕克访华之前，我国学界把 Community 和 Society 都翻译成"社会"，正是由于帕克的影响，特别是由于他的"Community is not society"这句话的逼迫，才把 Community 翻译成新创的"社区"一词，从而突出了具体的地域性特征。参阅费孝通：《学术自述与反思》，三联书店 1996 年版，第 212 页。

③ 吴文藻：《现代社区实地研究的意义和功能》，《社会学研究》，1935 年第 66 期。另载《吴文藻人类社会学研究文集》，民族出版社，1990 年版。

④［英］齐格蒙特·鲍曼著，欧阳景根译：《共同体》，凤凰出版传媒集团、江苏人民出版社，2007 年版，第 1 页。

⑤ 褚松燕：《个体与共同体》，中国社会出版社 2003 年第 9 版。

社会或共同体的边界。

从社区的理解来看，人们也有不同的定义和解释。1955 年美国学者 G. A. 希莱里（George A. Hillery）就曾对当时存在的社区概念进行梳理，发现人们对于社区至少有 94 种解释。① 另据美籍华裔社会学家杨庆堃 1981 年统计，截至当时，关于社区的定义已多达 140 余种。② 在当今，人们对于社区尤其是农村社区也有不同的理解。

其一，将社区理解为一种社会生活共同体。这是一种普遍的、也是经典的解释。这一解释基于滕尼斯的理解。滕尼斯认为社区是人们之间亲密无间、相互信任、守望相助、默认一致、服从权威，具有共同信仰和共同风俗的联合体或共同体。

其二，将社区理解为一种交易圈或经济生活区。1915 年，查理斯·盖尔平（Charles Galpin）在《一个农业社区的社会解剖》中指出："农村社区是由一个交易中心与其周围散居的农家合成的；要划定这样一个社区，最好是利用那个交易中心的交易行为所能达到的距离，在其最远处划下记号。将这些记号连接起来，就形成了一个圆圈，圆圈以内就是一个农村社区"③。

其三，将社区理解为一种关系圈或社会生活区。美国经验社会学奠基人 W. I. 托马斯曾引述波兰农民的话说："关于一个人的议论能传到哪里，okolica（译为"社区"）的范围就到达哪里；多远的地方谈论这个人，他的 okolica 就有多远。"④ 吴文藻先生将社区视为一地人民的实际生活，它有物质的基础，是可以观察得到的。费孝通也将传统中国农村社会和社区理解为没有陌生人的社会及熟人社会，实行无为政治，是一种礼治秩序。

其四，将社区理解为一种公务圈或管理与服务区。一些国家将基层政府和管理单位称为社区，如瑞典、挪威的市，英国的"教区"与"社区"，美国的"乡镇"等。

从上述对社区不同的理解和解释中，我们也可以看出，人们对社区的解释有三种倾向：有的强调社区的情感性，将社区视为一种精神共同体，社区成员必须具有共同的传统价值等；有的强调社区的地域性，将社区视为一种地域共同体，

---

① George A. Hillery, Jr, Definitions of Community, Areas of Agreement, Rural Sociology 20 (1955), pp. 194 - 204. 参见于燕燕：《社区自治与政府职能转变》，中国社会出版社 2005 年版，第 5 页。

② 参见郑杭生、黄家亮：《论我国社区治理的双重困境与创新之维——基于北京市社区管理体制改革实践的分析》，载于《东岳论丛》2012 年第 1 期。

③ Charles Josiah Galpin, My Drift Into Rural Sociology: Memoirs of Charles Josiah Galpin, Louisiana State University Press, 1938.

④ 参见秦晖：《共同体·社会·大共同体——评滕尼斯〈共同体与社会〉》，载于《书屋》2000 年第 2 期。

社区是一个地区内共同生活的人群；有的则强调社区的制度性，将社区视为一种组织共同体，社区具有维系自身的组织与制度。特别是在现代社会中，人们对于社区的理解比滕尼斯要宽泛得多。社区不仅存在于农村，也存在于城市，有多种类型；社区不是基于单纯的传统习俗，也有契约与法律；社区不再是自然而然形成的，也可以是有意识的规划和构建的结果；社区不再是静止、封闭的，也是流动与开放的；社区不再与社会是对立的，而是社会的一部分。林振春在《社会工作》中还认为："社区是一个地理位置，其大小可分为：村落、城镇、都市、大都会区等；社区是一种心理互动的团体组织，可以没有固定的地理疆界，如学术社区、宗教社区、文化社区等；社区是一个包含各单位功能的系统，这些组成社区系统的单位可以是正式的团体，如社区理事会，或非正式的团体，如社区守望相助；可以是组织，如学校、医院等。社区的类型可以区分为很多种"①。曾旭正在《台湾的社区营造》中依据都市化的程度，将社区分为来自都市、乡镇和农渔村落三大类，在地理意义上讲，都市社区包括新型社区和老社区，乡镇社区包括平地社区，农渔村落包括部落社区、农渔村社区、近山社区。② 庞景行认为，"社区是特定一群人基于长期居住、相处而发展出互助互动，并共同维护彼此间的权益、居住环境品质等关系的生命共同体"③。至于农村社区，有的认为农村社区"不是一个血缘家族，也不是一个社会组织，而是以农业为主要活动聚集起来的人们的生活共同体"；或是"居民以农业生产活动为主要生活来源的地域性共同体和区域性社会"④；抑或是"居民以从事农业生产为主要谋生手段的区域社会"；也有人认为农村社区是"适应农村社会开放性、流动性的基本需要，能够容纳多元身份、多元职业、多元组织形式、多元经济结构及经营方式，不以经济纽带为联系，以共同的生活需要为维系基础的具有容纳性的开放性社会生活共同体"⑤。

虽然人们对于社区有不同的理解和解释，对于农村社区的特征也有不同的看法，但是，总的来看，人们普遍认为，作为一个社区，至少必须包括"一定的地域"、"共同的纽带"、"社会交往"以及"认同意识"等基本要素。希莱里对 94 种社区的解释分析，发现其中 69 个有关定义表述都包括地域、共同的纽带以及社会交往三方面的含义。帕克也强调，社区应具备三个基本特点："一是有按区

---

① 林振春：《社会工作》，中国台湾，师大书苑有限公司，1993 年，第 154 页。

② 曾旭正：《台湾的社区营造》，远足文化出版社 2007 年版，第 63 页。

③ 转引自台湾社区教育学会，《社区终身学习》，师大书苑有限公司 1999 年版，第 7 页。

④ 黎熙元：《现代社区概论》，中山大学出版社 2007 年版，第 113 页。费孝通：《乡土中国》，上海人民出版社 2006 年版，第 22 ~ 23 页。李芹、马广海：《社会学概论》，山东人学出版社 1999 年版，第 237 页。

⑤ 郑杭生：《社会学概论新修》，中国人民大学出版社 1999 年版，第 352 页。

域组织起来的人口；二是这些人口不同程度地与他们赖以生息的土地有着密切的关系；三是生活在社区中的每个人都处于一种相互依赖的互动关系。"[①] 事实上，当今人们普遍承认，这些正是成为一个社区的最基本的要素和特征[②]。社区不仅仅是一个地区或地理位置，也不仅仅是无关联人员的集合，它具有"社"和"区"的双重含义，其本质特征是一种社会生活共同体，或者说是一种社区共同体。正因如此，农村社区也是农村一定地域范围内的人们基于共同的利益和需求、密切的交往而形成的具有较强认同的社会生活共同体[③]。这种农村社区不仅有一定的人群、一定的地域，也有一定的生产和生活设施以及一定的管理机构和制度，社区成员具有较强的认同感和归属感。

从实践来看，中国共产党和政府在城乡社区建设中将社区视为一种社会生活共同体。2000 年 11 月 19 日《中共中央办公厅、国务院办公厅关于转发〈民政部关于在全国推进城市社区建设的意见〉的通知》就指出："社区是指聚居在一定地域范围内的人们所组成的社会生活共同体。" 2006 年 10 月，党的十六届六中全会通过的《中共中央关于构建社会主义和谐社会若干重大问题的决定》首次提出农村社区建设，要求"全面开展城市社区建设，积极推进农村社区建设，健全新型社区管理和服务体制，把社区建设成为管理有序、服务完善、文明祥和的社会生活共同体"。中国共产党的十七大报告以及国家十二五规划，都强调要"把城乡社区建设成为管理有序、服务完善、文明祥和的社会生活共同体"。在此，与城市社区一样，农村社区也被视为一种社会生活共同体。这种农村社会生活共同体或社区共同体，也是本书研究和分析的对象。

不过，在此必须强调的是，有的学者将农村不同类型、不同层级和不同范围的人群的集合称为共同体甚至是农村社区，但是，严格地说，这些人群的集合或共同体并非学术和实践意义上的农村社区。尤其是当下中国正在建设中的社区。有的社区仅仅是依据地域划分的组织、管理和服务的单位，人们之间并没有形成密切的关联和较强的认同感。虽然名义上称之为"社区"，但并没有真正成为一种共同体。另一方面虽然社区是一种共同体，但并非所有的共同体都是社区。共同体的内涵和外延边界远远大于"社区"。一般来说，"社区"与"共同体"都是人的集合体，也都有一定的认同及共同的纽带，但是，"共同体"更多地强调人群集合体的"共

① Robert E. Park, The Man Farthest Down: a Record of Observation and Study in Europe with Booker T Washington, Doubleday, 1912. Introduction to the Science of Sociology, University of Chicago Press, 1921. Human Communities: the City and Human Ecology Glencoe, Ill: The Free Press. 1952.

② George A. Hillery, Jr., Definitions of Community, Areas of Agreement, Rural Sociology 20 (1955), pp. 194 – 204. 参见于燕燕：《社区自治与政府职能转变》，中国社会出版社 2005 年版，第 5 页。

③ 项继权：《论我国农村社区的范围与边界》，载于《中共福建省委党校学报》2009 年第 7 期，第 4 页。

同性”或归属感，它既有生活共同体，也有精神共同体。基于一定的共同性、认同感和归属感，一个国家、一个民族甚至国家联盟也可能被称为共同体。然而，“社区”不仅强调人们的共同基础、密切关联及认同意识，也突出人群集合体的地域性、生活性和基层性。无论是学术上对社区的观察和分析还是实践上不同国家和人们对社区的认识，社区是指社会生活中最基层的社会单元或社会生活共同体。一些国家将最基层的管理、服务和生活单元称为社区。当前中国正在开展的农村社区建设，也是将社区定位于最基层的社会组织、管理、服务和生活单元。这种农村社会最基层的社会生活共同体或社区共同体也是本书所研究的“农村社区”。

第二节　域外农村社区研究的进展

滕尼斯对社区的研究无疑具有开创性，其学术影响也是深远的。他的《共同体与社会》既是其成名之作，又是其传世佳作。[①] 在他生前，该书就先后出过8版，且在意大利、丹麦、俄国和美洲等地都产生了强烈的反响。与他同时代的一些学者，受到《共同体与社会》一书的启示也纷纷加盟到共同体研究的队伍中来，如20世纪20年代德国学者H. 普勒斯纳尔出版的《共同体的界限》、皮希勒尔的《论共同体的逻辑》、格尔达·瓦尔特博士的《社会的共同体的本体论》、卡尔·敦克曼教授的《社会的理智的批判——共同体的哲学》，等等。此外，加盟到社区研究队伍中来的还有许多西欧其他国家和美国的社会学家。特别是因为美国社会学家的努力，社区研究自20世纪初以来越来越为人们所重视，社区研究的范围不断扩大，农村社区的研究进一步系统化、具体化和实证化。

如果说，滕尼斯的《共同体与社会》主要还是局限于在抽象的哲学层面上研究共同体问题的话，那么美国社会学界在20世纪则开始了社会学意义上的理论与实证的社区共同体研究。美国社会学界有关社区和农村社区建设和发展研究的许多成果及研究方法有着重要的学术价值。

社区是美国社会学界具有重大影响的芝加哥学派运用的主要概念之一，其最关注的研究课题就是社区问题。芝加哥学派以时任美国芝加哥大学社会学系主任的帕克教授为首。帕克在1936年将社区的基本特点概括为三点：“1. 它有一个按区域组织起来的人口；2. 这些人口程度不同地深深扎根在他们所生息的那块

① ［德］滕尼斯：《共同体与社会》，林荣远译，商务印书馆1999年版。

土地上；3. 社区中的每一个人都生活在一种相互依赖的关系之中”①。从 20 世纪初到中叶，芝加哥学派立足芝加哥市都市化进程的实际情况，从不同方面对不同居住社区如犹太人居住区、波兰人居住区、贫民区等不同类型的社区以及这些社区的变迁进行了深入研究，在此基础上出版了一批富有历史和学术价值的研究成果。总的来说，这些研究成果主要体现在两个方面：一个是在研究方法上发展了人文区位学（Human Ecology），提出了同心圆理论、扇形理论、多核心理论等理论模式。例如，路易斯·沃思（Louis Wirth）在他的论文《作为一种生活方式的城市化》中，通过分析和论述人口规模、人口密度与人口异质性等三个变量是怎样发生作用并进而形成城市的现代生活方式。② 另一个就是运用参与观察法对社区进行综合性实证研究。例如，威廉·怀特（William Foote Whyte）从 1937～1940 年就对位于波士顿北面的意大利人聚居的贫民区进行了实地考察研究。他置身于“街角帮”的环境与活动中，把自己作为“街角帮”的一员，对闲荡于马路街边的意大利裔青年的活动方式、生活状况、群体组织结构以及与社区内正式和非正式组织的关系进行了仔细的观察、及时记录和分析，提出了有关该社区的社会结构及相互作用方式的一些重要结论，进而在 1943 年出版了《街角社会：一个意大利人贫民区的社会结构》。③ 该书自 20 世纪 50 年代以来，一直是美国高校社会学专业学生必读的经典著作，并被从事城市社区研究的学者和社会工作者视为一本研究方法方面的标准参考书。

几乎与此同时，位于美国东部城市——纽约的社会学家林德夫妇（Robert S. Lynd and Helen Merrell Lynd）率领几位助手，在 20 世纪 20 年代开创了对社区变迁研究的新方法，即用定性方法与定量方法相结合对某一特定社区的变迁进行动态的综合研究。他们在 1929 年出版了他们的研究成果《中镇：当代美国文化研究》。④ 在这部著作中，林德夫妇以中镇——这个约 3.8 万人口的美国社区为特定对象，运用参与当地生活、整理历史资料、编纂统计资料、访谈、问卷等研究方法，详细地记录了时间跨度为 1890～1925 年中镇人的谋生手段、住房与家庭、子女教育、闲暇时间的利用、宗教生活以及政府与社区等六大方面的生活状况及其变迁，同时进一步分析了中镇这个社区生活的特点以及该社区变化的原因。

20 世纪 50 年代以后，随着管理学、政治学、行为学、经济学、犯罪学、心

① 转引自何肇发主编：《社区概论》，中山大学出版社 1991 年版，第 3 页。

② 路易斯·沃思：《作为一种生活方式的城市化》，载罗卫东主编《社会学基础文献选读》，浙江大学出版社，2008 年版，第 381～398 页。

③ William Foote Whyte，Street Corner Society：The Social Structure of an Italian Slum，University of Chicago Press（4th edition），1993.

④ Robert S. Lynd and Helen Merrell Lynd，Middletown：A Study in Modern American Culture，Harcourt Brace & Company，April 15，1929.

理学、医学以及计算机科学等成果不断地被引进社会学，美国的社会学作为一门科学发生了引人注目的两大变化：一是分支学科越来越多；二是应用性越来越强，实证性的研究愈益为学者及社会各界所重视。与此同时，社区研究的领域亦呈现出两大特征：第一个是对社区进行跨学科的综合性研究。第二个是对社区的研究更加专业化和具体化。例如，社区组织研究、老人研究、社区照顾研究、犯罪与社区矫治研究、社区宗教与文化研究、社区移民研究等等。与综合性研究相比较而言，专业化研究的成果更为突出，不仅范围广，而且数量多、应用性也强，许多成果具有很强的实用性及指引性。

在美国学界关注和研究社区的同时，其他一些国家的学者尤其是一些国际组织也加大了社区的研究，特别是对发展中国家的社区建设（国外通常称之为“社区发展”）及社会工作的研究。1915 年美国社会学家 F. 法林顿出版了《社区发展：将小城镇建成更适合生活和经营的地方》一书，该书提出了“社区发展”的概念。[①] 1955 年，联合国发表了《通过社区发展促进社会进步》（Social Progress Through Community）的专题报告。报告指出社区发展的目的是：动员和教育社区内居民积极参与社区和国家建设，充分发挥创造性，与政府一起大力改变贫穷落后状况，从而促进经济的增长和社会的全面进步。联合国的社区发展计划最初的侧重点在于发展中国家，尤其是发展中国家的广大农村地区。他们意图通过“扶贫性”的开发促进此类地区的社会进步与发展。比如联合国为资助一些落后国家农村地区的发展专门设置了土地改革、垦荒、水利建设以及教育培训等一些项目。此后，联合国的社区援助项目又延伸到一些发展中国家的城市地区，如城市的住宅和贫民区的改造计划，等等。进入到 20 世纪 60 年代尤其是 70 年代以来，联合国的社区发展计划则愈来愈强调经济与社会的协调发展，愈来愈注重居民以及其他社区成员的“社区参与”和社区管理水平的提高。[②]

从英国、泰国、新加坡、美国以及我国的香港、台湾等地区的实际情况来看，对于“社区发展”的理解其侧重点不同，同时特色也很鲜明。例如，英国社会学界的多数人将“社区发展”看做“第三世界的发展工作及发展中国家的自助计划”；美国的社会学家和社会工作者往往将“社区发展”理解为“社区组织的工作模式之一”；而我国香港地区的许多学者则将“社区发展”等同于“社区工作”；我国台湾地区学界也致力于台湾“社区营造”的研究。在此，我们看到国外和境外在对社区的理论研究的同时，更加关注社区建设和社区发展的实践；人们不再仅仅是社会的观察者和旁观者，也是社区发展和建设的推动者和实践者。建设社区并通过社

① Alexander von Hoffman, House by House, Block by Block: The Rebirth of America's Urban Neighborhoods. Oxford University Press, 2003.

② 参见谢芳著：《美国社区》，中国社会出版社 2004 年版，第 3 ~ 4 页。

区建设促进社会经济的发展，是人们研究社区和建设社区的重要目标。

尤其是进入 21 世纪，随着现代化的发展，各国现代化的重心已从传统经济现代化转向社会现代化。一些发达国家都将社区建设作为推进社会公平发展的国家战略，努力实现社会现代化与经济现代化协调和均衡发展。特别是 2011 年，英国出现市民暴动，美国“占领华尔街”运动蔓延至 71 个国家，英国首相卡梅隆声称全球面临“社会破碎”和“道德崩溃”问题。越来越多的人认为，各个国家及全球性社会问题根源于社会分配不公、贫富差距过大、公平正义缺失。以资本和市场为核心的经济体制解决了财富增长问题，但它无法破解财富公正分配、让多数人富裕起来的“世界性难题”。为此，必须推进社区建设，解决社会问题。美国学者戴维·布雷认为：在欧美国家，社区建设已超越了公民社会领域，扩展为国家治理领域，社区摆在了解决社会问题的中心位置，社区建设已成为低成本、高效益的治理源泉，以抵消全球化、工业化、市场化、城市化所带来的文化衰落、社会崩溃、政治断裂问题。在美国，阿米泰·埃茨奥尼提倡“新社区主义”（社群主义），把自由主义作为论战对象，指责激进的自由主义带来社会道德结构的破裂，主张重新确立个人权利与社会责任的平衡关系。在英国，安东尼·吉登斯提出“新的第三条道路”，主张建立国家与社区的“伙伴关系”，呼吁国家采取主动，发起和指导社区行动，鼓励企业向社区提供资源，以解决城市衰落和犯罪问题。可以说，社区建设已经成为当今世界各国积极应对全球化、工业化、市场化、城市化进程中社会问题的战略选择。①

第三节　中国农村社区研究的进展

我国社区的研究也是从农村社区的研究开始的。最早倡导中国本土化社区研究的是著名人类学家、社会学家吴文藻先生和吴景超先生。在 20 世纪 30 年代初，他们就强调要“从社区着眼，来观察社会，了解社会”，主张进行本土化的实体地调查研究，并且用这种调查研究成果去启发或修正一般的社会学理论。“民族学家考察边疆的部落或社区，或殖民社区；农村社会学家则考察内地的农村社区，或移民社区；都市社会学家则考察沿海或沿江的都市社区。或专作模型调查，即静态的社区研究，以了解社会结构；或专作变异调查，即动态的社区研

① 吕增奎主编：《海外学者论中国政治发展：民主的长征》，中央编译局出版社 2011 年版，第 254 ~ 259 页。另参见陈伟东：《论社区建设的中国道路》，载于《学习与实践》2013 年第 2 期。

究，以了解社会历程；甚或对于静态与动态两种情况同时并进，以了解社会组织与变迁的整体。”① 基于此，吴文藻组织燕京大学的一批学生开展了大量的社区调查与研究。他们希望通过本土化的调查与研究，培养一批植根于中国土壤之上的科学研究人才并走出一条具有中国特色的社会学之路。

20 世纪 30～40 年代，我国产生了一批扎根于中国土壤、研究中国农村及不同地域和不同民族的社区的社会学家。他们发表并出版了一大批有关社区研究的成果，如费孝通的《江村经济》、《清河：一个乡镇村落社区》、《花蓝瑶社会组织》、《禄村农田》；张之毅的《洱村小农经济》、《玉村土地与商业》、《易村手工业》；史国衡的《昆厂劳工》、《个旧矿工》；谷苞的《化城村乡地方行政》；林耀华的《凉山夷家》，等等。②

新中国成立以后，由于遭受“左”倾错误思想和政策的影响，1952 年社会学专业被视为“资产阶级学科”而停办，社会学及有关社区的研究也停顿了下来。直到 1978 年，中国共产党的领导人邓小平明确提出：要抓紧恢复和重建社会学学科，从而推动社会主义的现代化建设。从这个时候开始，在费孝通先生等人的带领和推动下，社会学专业（此后又衍生出社会工作专业）在我国一些大学得以建立起来，有关我国的城市社区、小城镇社区、少数民族社区和农村社区等方面的研究日益兴盛。例如，在 20 世纪 80 年代颇具有代表性的是：费孝通教授带领和指导的“江苏小城镇研究”课题及系列成果；中国社会科学院社会学所对我国东、中、西部各种类型城市的研究成果。20 世纪 90 年代以后，相关方面科研成果的数量和质量都有显著提升，具有代表性的成果有：中国社会科学院陆学艺的《改革中的农村与农民——对大寨、刘庄、华西等 13 个村庄的实证研究》，华东理工大学应用社会学研究所曹锦清等人的《当代浙北乡村的社会文化变迁》，秦志华的《中国乡村社区组织建设》，潘乃谷、马戎、邱泽奇、王铭铭等主编的《社区研究与社会发展》，王颖的《新集体主义：乡村社会的再组织》，上海市社联徐中振、卢汉龙等主编的《社区发展与现代文明：上海城市社区发展研究报告》，王春光的《社会流动和社会重构——京城“浙江村”研究》，王春光的

① 吴文藻：《现代社区研究的意义和功用》，载于《北平晨报》1935 年 1 月 9 日；《西方社区研究的近今趋势》，载于《北平晨报》1935 年 4 月 17 日；《中国社区研究的西洋影响与国内近状》，载于《社会研究》1935 年第 101、102 期；《社区的意义与社区研究的近今趋势》，载于《社会学刊》1936 年第 1 期；《中国社区研究计划的商榷》，载于《社会学刊》1936 年第 2 期。

② 费孝通：《江村经济》，劳特利奇出版社 1939 年版。费孝通、王同惠：《花蓝瑶社会组织》，江苏人民出版社 1988 年版。费孝通：《禄村农田》，商务印书馆 1943 年版。费孝通、张之毅：《云南三村》，收录《禄村农田》、《易村手工业》和《玉村农业与商业》三篇重要文章，社会科学文献出版社 2006 年版。史国衡：《昆厂劳工》，哈佛大学出版社 1944 年版。谷苞：《化城村乡地方行政》，国立云南大学社会学研究室 1943 年版（油印本）。林耀华：《凉山夷家》，商务印书馆 1950 年版。

《中国农村社会变迁》，吴德隆、谷迎春的《中国城市社区建设》，王铭铭的《社区的历程——溪村汉人家族的个案研究》和《村落视野中的文化与权力》，折晓叶的《村庄的再造：一个超级村庄的社会变迁》，程漱兰的《中国农村发展：理论和实践》，马戎、刘世定、邱泽奇等的《中国乡镇组织调查》，张静著的《基层政权——乡村制度诸问题》，项飚的《跨越边界的社区》，毛丹的《一个村落共同体的变迁——关于尖山下村的单位化的观察与阐释》，孙秋云著的《社区历史与乡政村治：鄂西土家族地区农村宗族文化与村民自治研究》，李培林的《村落的终结——羊城村的故事》，等等。在实证研究的同时，一些乡村社会学的教材也相继出版，如李守经、钟涨宝主编的《农村社会学》，韩明谟的《农村社会学》等。[①] 他们对农村社区组织、社区结构、社区文化、社会变迁、社区建设及社区发展等均有相应的理论概括和分析。应该说，这些研究成果大大深化了对于改革以来农村社会及村落社区的变化的认识，对于党和政府的科学决策，对于我国的社区建设及各项社会事业的发展，对于社会学学科及社会工作学科的发展，均发挥了积极的作用。由此，社会学及社区研究也愈益受到党和政府以及社会各界的重视，其在国内外的影响也愈来愈大。

在社会学者对中国乡村社会及社区研究的同时，历史学、政治学、人类学、民族学、经济学及法学等不同领域的学者也从不同的角度对中国乡村社会及社区进行研究。如对近代我国农村不同区域乡村社会结构、特点及变迁的研究，代表性的成果有从翰香著的《近代冀鲁豫乡村》，乔志强著的《近代华北农村社会变迁》，秦晖、苏文著的《田园诗与狂想曲——关中模式与前近代社会的再认识》，

---

① 陆学艺：《改革中的农村与农民——对大寨、刘庄、华西等13个村庄的实证研究》，中共中央党校出版社1992年版。曹锦清：《当代浙北乡村的社会文化变迁》，上海远东出版社1995年版。秦志华：《中国乡村社区组织建设》，人民出版社1995年版。潘乃谷、马戎、邱泽奇、王铭铭：《社区研究与社会发展》，天津人民出版社1996年版。王颖：《新集体主义：乡村社会的再组织》，经济管理出版1996年版。徐中振、卢汉龙：《社区发展与现代文明：上海城市社区发展研究报告》，上海远东出版社1996年版。王春光：《社会流动和社会重构——京城“浙江村”研究》，浙江人民出版社1995年版。王春光：《中国农村社会变迁》，云南人民出版社1996年版。吴德隆、谷迎春：《中国城市社区建设》，知识出版社1996年版。王铭铭：《社区的历程——溪村汉人家族的个案研究》，天津人民出版社1997年版。王铭铭：《村落视野中的文化与权力》，生活·读书·新知三联书店1997年版。折晓叶：《村庄的再造：一个超级村庄的社会变迁》，中国社会科学出版社1997年版。程漱兰：《中国农村发展：理论和实践》，中国人民大学出版社1999年版。马戎、刘世定、邱泽奇：《中国乡镇组织调查》，华夏出版社2000年版。张静：《基层政权——乡村制度诸问题》，上海人民出版社2000年版。项飚：《跨越边界的社区》，生活·读书·新知三联书店2000年版。毛丹：《一个村落共同体的变迁——关于尖山下村的单位化的观察与阐释》，学林出版社2000年版。孙秋云：《社区历史与乡政村治：鄂西土家族地区农村宗族文化与村民自治研究》，民族出版社2001年版。林尚立：《社区民主与治理：案例研究》，社会科学文献出版社2003年版。李培林：《村落的终结——羊城村的故事》，商务印书馆2004年版。王敬尧：《参与式治理：中国社区建设实证研究》，中国社会科学出版社2006年版。李守经、钟涨宝：《农村社会学》，高等教育出版社2000年版。韩明谟：《农村社会学》，北京大学出版社2001年版。

秦晖著的《农民中国：历史反思与现实选择》，张佩国著的《近代江南乡村地权的历史人类学研究》，周晓虹著的《传统与变迁：江浙农民的社会心理及其近代以来的嬗变》。一些学者对中国农村基层社区组织与管理的历史研究，如朱德新著的《二十世纪三四十年代河南冀东保甲制度研究》，赵秀玲著的《中国乡里制度》。一些学者对20世纪上半叶的乡村建设运动的研究，如徐有礼等的《30年代宛西乡村建设模式研究》，郑大华著的《民国乡村建设运动》，徐秀丽主编的《中国农村治理的历史与现状：以定县、邹平和江宁为例》。一些学者对新中国成立以后农村体制与社会变迁的研究，如高化民著的《农业合作化运动始末》，张乐天著的《告别理想：人民公社制度研究》。一些学者对我国不同民族社区的研究，其中一批成果载于马戎、潘乃谷、周星主编的《中国民族社区发展研究》。一些学者对农村村民自治、基层民主及乡村社区的权力结构及运行等进行了大量的调查研究，如张厚安等著的《中国农村村级治理：22个村的调查与比较》，徐勇著的《中国农村村民自治》，项继权著的《集体经济背景下的乡村治理：南街、向高和方家泉村村治实证研究》，于建嵘的《岳村政治——转型期中国乡村政治结构的变迁》，吴毅著的《村治变迁中的权威与秩序——20世纪川东双村的表达》，胡必亮著的《中国村落的制度变迁与权力分配》，郭正林著的《中国村政制度》，林尚立著的《社区民主与治理：案例研究》，王敬尧著的《参与式治理：中国社区建设实证研究》，等等。经济学界则对农村社区的经济制度进行了深入的分析，如周其仁著的《产权与制度变迁——中国改革的经验研究》，温铁军著的《中国农村基本经济制度研究："三农"问题的世纪反思》，等等。①

---

① 从翰香：《近代冀鲁豫乡村》，中国社会科学出版社1995年版。乔志强：《近代华北农村社会变迁》，人民出版社1998年版。秦晖、苏文：《田园诗与狂想曲——关中模式与前近代社会的再认识》，语文出版社2010年版。秦晖：《农民中国：历史反思与现实选择》，河南人民出版社2003年版。张佩国：《近代江南乡村地权的历史人类学研究》，上海人民出版社2002年版。周晓虹：《传统与变迁：江浙农民的社会心理及其近代以来的嬗变》，三联书店1998年版。朱德新：《二十世纪三四十年代河南冀东保甲制度研究》，人文社科出版社1994年版。赵秀玲：《中国乡里制度》，社会科学文献出版社1998年版。徐有礼等：《30年代宛西乡村建设模式研究》，中州古籍出版社1999年版。郑大华：《民国乡村建设运动》，社会科学文献出版社2000年版。徐秀丽：《中国农村治理的历史与现状：以定县、邹平和江宁为例》，载于《经济社会体制比较》2004年第2期。高化民：《农业合作化运动始末》，中国青年出版社1999年版。张乐天：《告别理想：人民公社制度研究》，上海人民出版社1998年版。马戎、潘乃谷、周星：《中国民族社区发展研究》，北京大学出版社2000年版。张厚安：《中国农村村级治理：22个村的调查与比较》，华中师范大学出版社2000年版。徐勇：《中国农村村民自治》，华中师范大学出版社1997年版。项继权：《集体经济背景下的乡村治理：南街、向高和方家泉村村治实证研究》，华中师范大学出版社2002年版。于建嵘：《岳村政治——转型期中国乡村政治结构的变迁》，商务印书馆2001年版。吴毅：《村治变迁中的权威与秩序——20世纪川东双村的表达》，中国社会科学出版社2002年版。胡必亮：《中国村落的制度变迁与权力分配》，山西经济出版社1996年版。郭正林：《中国村政制度》，中国文联出版社1999年版。周其仁：《产权与制度变迁——中国改革的经验研究》，北京大学出版社2002年版。温铁军：《中国农村基本经济制度研究："三农"问题的世纪反思》，中国经济出版社2000年版。

进入新世纪之后，随着中央提出在新农村建设中加快农村社区建设，农村社区建设问题日益受到人们的关注。特别是2006年10月中共十六届六中全会通过的《中共中央关于构建社会主义和谐社会若干重大问题的决定》明确提出：在全面开展城市社区建设的同时积极推进农村社区建设。此后，党的十七大报告进一步强调，"把城乡社区建设成为管理有序、服务完善、文明祥和的社会生活共同体"①，将农村社区建设作为新时期新农村建设的重大发展战略和社会建设工程。一些学者对新时期农村社区建设展开了研究。其中，有的对农村社区建设的目标和意义进行了研究②；有的对农村社区建设与建设社会主义新农村之间的关系进行了探讨③；有的在界定农村社区概念与内涵的基础上，分别对农村社区的功能、任务、原则及举措进行了论述④；也有的对推进农村社区建设的思路和对策进行了设想。⑤ 随着农村社区建设不断推进，农村社区研究的领域不断扩大，新的成果涌现出来，形成社会科学研究的一个热点。

值得关注的是，中国农村社区问题和社区发展不仅受到中国学者的重视和研究，也受到国际学术界的高度关注。早在20世纪初，一些来华的西方学者就运用社会学的理论和方法对中国乡村社区进行调查。如1920～1925年金陵大学的美国学者卜凯（John Buck）对中国7省17县的调查，1937年先后出版了《中国土地的利用》和《中国土地的利用：统计篇》（金陵大学，1937年）。1925年在上海沪江大学的美国学者库尔普（Daniel Kulp）带领社会学的学生到广州潮州凤凰村进行家族调查，在调查基础上撰写的《南部中国的乡村生活：家族主义的社会学》（1925年）。另外，20世纪上半叶中国突出的农村问题及中国农村的革命运动就吸引了不少学者对中国农村社会的关注，力求理解中国革命的起源和发展。如戴维·克鲁克（David Crook）和伊莎贝尔·克鲁克（Isabel Crook）1948年在冀南太行山脚下的武安县十里店住了10个月，撰写了《十里店：一个中国村庄的革命》（1959年）。新中国成立后他们有机会再到这个村进行调查，又撰写了《十里店：一个村庄的继续革命》（1979年）。与他们类似的是韩丁（William Hinton）。解放前韩丁在山西东南近长治的张村进行过调查，撰写了《翻身：一个中国村庄的革命纪实》（1966年），1971年，韩丁又到该村调查，对新中国

---

① 中国共产党第十七次全国代表大会：《高举中国特色社会主义伟大旗帜，为夺取全面建设小康社会新胜利而奋斗》，2007年10月15日。

② 徐勇：《在社会主义新农村建设中推进农村社区建设》，载于《江汉论坛》2007年第4期。

③ 周良才、胡柏翠：《农村社区建设与建设社会主义新农村之间的关系》，载于《广西社会科学》2007年第2期；周良才、齐芳：《农村社区建设：构建农村和谐社会的有效途径》，载于《安徽农业大学学报》社科版2006年第4期。

④ 黄小晶：《努力建设社会主义农村新社区》，载于《农业经济问题》2006年第4期。

⑤ 肖茂盛：《推进农村社区建设的四路与对策》，载于《中国行政管理》2007年第6期。

成立后该村土改和当时正在进行的“文化大革命”进行调查，撰写了另一部著作：《身翻：一个中国村庄的继续革命》（1983 年）。

新中国成立以后，西方学者对中国大陆乡村的研究受到很大的限制。20 世纪 50 年代初期还有少数西方学者到乡村调查，如 W. R. 葛迪斯就曾再访费孝通调查过的江村。但是，随着中国国内形势的变化，除少数友好人士如“三 S”（史沫特莱、埃德加·斯诺、安娜·路易斯·斯特朗）等外，其他西方学者已不再有机会来中国大陆进行实地调查。海外学者研究大陆的资料来源受到极大的限制。于是，这一时期西方学者一方面转向中国香港、台湾和澳门地区进行农村实证研究，如裴达礼、王斯福、马丁和帕斯特奈克（Burton Pasternak）都是如此。他们出版了不少著作，如 1964 年和 1969 年帕斯特奈克对中国台湾南部两个社区进行调查，出版了《两个中国村庄的血缘和社区》；另一方面依靠历史文献对中国乡村政治和社会经济史进行考察和研究，如马若孟（1970）、黄宗智（1966）、萧公权（1960；1967）、施坚雅（William G Skinner，1965；1977）、张仲礼（1955；1962）等。他们对 20 世纪上半叶中国乡村的社会及社区经济结构及其变化、国家与农民及乡村社会的关系、士绅的构成和作用及农民的经济行为等进行了相当深入的研究。

20 世纪末，中国改革是从农村开始的，并获得了巨大的成功，由此引起了人们的兴趣和关注。国内外人们迫切希望了解中国乡村究竟发生了什么？中国改革为什么从农村开始？农村人民公社为什么会解体？乡村改革对于农村社会和社区的组织结构、管理方式及人们的行为有什么样的影响？未来乡村社会和社区的发展趋向如何？改革对乡村社会和农民及整个国家有什么样的影响和后果？一些国际组织和国外学者纷纷利用乡村开放的条件，投身于中国农村的调查研究，取得了一批有影响的成果。最有代表性的是爱德华·弗里德曼等人著的《中国的乡村，社会主义的国家》（Edward Friedman，Paul G. Pickowicz，Mark Selden with Kay Ann Johnson，1991）。作者是改革后第一批获准进入中国乡村进行实地调查的学者。作者通过对河北省五公村进行了长达 10 年的调查，在此基础上撰写了该著作，对于一个村社区的变化进行了细致的分析。1974 年，陈佩华（Anita Chan）、乔纳森·恩格尔（Jonathan Unger）和理查德·麦迪逊（Richard Madsen）等人对 26 位从大陆一个村流入中国香港的知青和村民进行了 223 次深入访谈，在此基础上合作撰写了《陈村：毛泽东时代一个农民社区的现代史》（1984 年）。麦迪逊还利用此次访谈资料撰写了《一个中国村落的道德与权力》。两部著作以该村为个案，对改革以前中国乡村社会和社区的矛盾和冲突、乡村管理体制及权力运作、农民的行为方式及社区的道德基础等进行了相当细致的描述和分析。此外，戴慕珍（Jean C. Oi）、魏昂德（Andrew G. Walder）、裴宜理（Elizabeth J.

Perry)、欧博文(Kevin O' Brien)、舒绣文(Vivienne Shue)、崔大伟(David Zweig)等都发表了有影响的成果。在对中国乡村的研究中，一些国外学者提出了一些有启发的观点，如黄宗智(Philip C. Huang)关于乡村的过密化及“第三领域”的分析，舒绣文提出“蜂窝结构”理论，萧凤霞(Helen F. Sui)的“细胞化社区”，杜赞奇(Prasenjit Duara)的“权力的文化网络”，等等，都给人们理解中国农村社会和社区及当前我国社区建设提供了一些新的视角和启示。

新世纪以来，随着中国农村社区建设的开展，农村社区建设的动力、影响和后果也引起一批海外学者的关注和研究。戴慕珍教授就致力于研究和解释农村社区建设所引发的中国农村基层治理结构和治理机制的变革。2011 年 5 月华中师范大学中国农村问题研究中心还与台湾大学大陆研究中心举办了“两岸社区与基层治理比较研究学术研讨会”，对两岸社区问题进行讨论。

第四节　当前中国农村社区研究的基本内容

从学界及实践部门对中国农村社区研究来看，主要集中在如下几个方面：

一、社区建设目标及发展方向

自我国社区建设开展以来，人们对于社区建设的目标、方向和意义就进行了研究。如郑杭生(2005)以武汉社区建设的“883 行动计划”为例，认为推进社区建设是构建和谐社会的有效切入点，其目的在于让社会弱势群体共享改革和社会发展成果。李培林(2005)从社区建设的背景、实践、存在的问题及发展趋势出发，认为社区建设是构建和谐社会的基础。丁元竹(2007)从历史角度，对社区与社区建设的理论、实践、方向进行了全面的回顾、梳理和论述。王思斌(2001)对中介组织在社区建设中的地位、意义、作用及其发展策略进行了论述。刘继同(2004)对我国城市社区建设的发展阶段进行了回顾，并对各阶段的政策目标及其长远规划进行了概括、总结和前瞻性预测。邓伟志(1999)对社区建设发生的背景、存在的问题以及未来社区发展的方向和路径进行了考察。卢汉龙(2005)对城市社区建设的发展阶段、经验模式和功能定位进行了回顾，总结分析了现实困境，并从塑造社区共同体意识、提高社区组织化程度以及构建社区网格化系统三方面提出了相应对策。唐忠新(1999)对社区建设的背景、必要性、存在问题、含义、任务和基本原则作了全面的探讨。有的学者认为城乡社区建设的目标是实现居民自治，使居民在文化认同、价值观、思想方法和生活方式上找到社区认同和组织依托。[①] 有的学者将社区建设提升到我国政治建设的战略性空间的高度来认识，并从社会整合的角度强调了社区党建在党的建设这一系统工程中的重要意义。[②] 还有的认为农村社区建设是社会主义新农村建设的基点和平台，它不仅在于解决一些实际问题，而且在于通过对基层社会及管理体制的重建和变革，整合农村社区资源，完善农村社区服务，实现上下互动、城乡一体，从而建构政府公共管理与社区自我管理良性互动，公共服务与社区自我服务相互补充的新型制度平台。[③] 为了有效推动农村社区建设，有的学者强调必须从法律制度、组织建设、信息技术及文化孕育和发展等多方向予以保障。要加快农村社区相关法律制度的建设，首先要厘清农村习惯法与国家制定法的关系，农村习惯法与国家制定法在法的目的和功能、法的内容、解纷方式等方面具有一些内在的共同性，但是农村习惯法赖以存在的基础、价值、实施与国家制定法有异，作为两种不同类型的社会规范，其冲突和不一致是客观存在的，所以在进行新农村建设的过程中，应认真、慎重地对待和处理农村习惯法与国家制定法的关系[④]。应重构农村社区公共法律服务体系，恢复农村社区互助法律服务体系，建设农村社区有偿法律服务体系，形成公共财政为主、集体和个人多方参与、配置合理、可持续发展的农村社区综合法律服务体系[⑤]。还有人提出针对农村社区集体经济组织弱化或边缘化的现实，加快农村社区集体经济组织立法进程。有的强调应对《村委会组织法》和《居委会组织法》进行修订，制定城乡统一的《城乡社区组织法》，推进城乡社区法律和组织的一体化建设。

二、社区功能与社区服务研究

从历史来看，我国社区建设的理论与实践是从应对实际问题开始的，也是解决由于国家体制转轨和社会结构转型导致一系列紧迫性的社会问题而产生的。

---

① 费孝通：《居民自治：中国城市社区建设的新目标》，载于《江海学刊》2002 年第 3 期；《中国现代化：对城市社区建设的再思考》，载于《江苏社会科学》2001 年第 1 期。徐勇：《论城市社区建设中的社区居民自治》，载于《华中师范大学学报（人文版）》2001 年第 3 期。

② 林尚立：《社区：中国政治建设的战略性空间》，载于《毛泽东邓小平理论研究》2002 年第 2 期；《合理的定位：社区党建中的理论问题》，载于《探索与争鸣》2000 年第 11 期。

③ 徐勇：《在社会主义新农村建设中推进农村社区建设》，载于《江汉论坛》2007 年第 4 期。

④ 高其才：《试论农村习惯法与国家制定法的关系》，载于《现代法学》2008 年 5 月第 30 卷第 3 期，第 12 ~ 19 页。

⑤ 陈荣卓、唐鸣：《农村社区法律服务的资源整合与体系构建》，载于《当代世界与社会主义（双月刊）》2009 年第 4 期，第 157 页。

1986 年，国家民政部首先倡导在城市基层开展以民政对象为服务主体的社区服务。1987 年 9 月，民政部在武汉市召开全国城市社区服务工作座谈会，提出社区服务的方向。“社区”概念第一次进入中国政府管理过程。正是基于此，社区服务研究一直是社区研究的重要内容。丁元竹（2004）就对社区服务的必要性、意义、目标、可行性措施及非营利组织在社区公共服务中的作用及其政府支持系统进行了考察。杨团（2002）对社区公共服务的融资和成本补偿问题进行了探讨。徐永祥（2002）对社区服务的本质属性与运行机制进行了探讨。卢汉龙（2002）认为社区服务存在着市场、政府与社区三种不同的组织形态，与此相对应的是市场机制、再分配机制以及互惠机制三种资源配置方式和形式，社区建设的主要目标是协调这些组织的各自功能为居民的利益服务。唐忠新（2004）则对城市社区服务的涵义与特征进行了思考。

在农村社区研究中，有的学者强调农村社区要成为城乡经济社会一体化发展的载体，承担促进农业产业化，带动周边相关服务产业，起到扩大劳动力就业的职能；要实现农村社区公共服务职能，形成配套健全适应农村主体的医疗卫生、教育和培训服务体系；要实现推动社区文化建设的职能，组织符合农村主体需求的文化活动，以丰富广大农民的精神生活；要起到推动农村环境保护的职能，摒弃过去生活中的不良习惯，把社区建设成一个宜居、宜业、宜学、宜商的集合体①。

农村社区服务尤其是基本公共品供给问题一直是农村社区研究的重点内容。有的学者根据产品的技术属性将农村公共产品细分为三类：资本密集型产品（如农村供水、供电、道路、通讯、文化场地、养老设施等基础设施、基础教育、金融体系、社会保障、医疗保健等）、技术密集型产品（如预防病虫害、新品种试验和推广、农业技术培训等）与劳动力密集型产品（如村民之间的生产互助、精神互助、生活互助、资金互助以及社区民主和社区自治活动等）②。研究者普遍注意到，公共品服务供给不足，是制约我国农村经济社会发展的重要因素。增加农村社区公共品供给，仅靠政府财政供给，或者完全由农民承担，都是不现实的。在多层代理和财政约束下，中央和地方政府均无法有效供给和管理农村公共品；同时，由于农村薄弱的市场经济和偏远的地理位置，以及私人资本趋利本性，决定了农村公共品供给和管理中市场失灵。相反，建立在农户间相互信任基

① 倪楠、白永秀：《后改革时代城乡经济社会一体化下农村社区化问题研究》，载于《人文杂志》2013 年第 2 期，第 119 页。

② 程又中、陈伟东：《国家与农民：公共产品供给角色与功能定位》，载于《华中师范大学学报（人文社会科学版）》2006 年第 2 期，第 4～5 页。温来成：《多方合作与共赢：提高农村社区公共品供给能力之路》，载于《中国行政管理》2008 年第 11 期，第 14 页。

础上的村组级社区，可以自我供给和管理小社区必需公共品，并且得到实践证明[①]。还有人从不同的角度对农村公共产品的供给问题进行了研究，如基于供给绩效方面的制度分析，认为要实现农村社区公共产品的有效供给，不仅要促进正式制度内部的组织性和协调性，还应该注重正式制度与非正式制度之间的融合性和契合性，发挥非正式制度的作用，也就是说应该加强农村社区自组织建设，倡导农村社区的自有文化特质，在制定农村政策方面保持制度的延续性，以实现农村社会的良性治理。有的学者基于声誉理论分析，认为由农户自愿供给农村社区内的公共物品是一个有效的方式，因为农户的声誉不仅能给农户带来直接效用，还具备信息效应与资本效应，对农户参与农村社区公共物品供给博弈的均衡路径产生重要影响。[②] 还有学者基于嵌入的理论视角，农村社区性公共产品的供给行为是以一定场域为基础的集体性合作行为，是一种嵌入一定社会环境因素的经济行为，其动态均衡不仅决定于集体行动中的个体因素，而且与行为决策环境因素密切相关，是两者交互作用的结果[③]。

三、社区组织与管理体制研究

社区组织与管理体制的研究集中在三个方面：一是从纵向角度分析社区组织体系的结构；二是从横向角度分析社区组织关系及组织结构；三是从社区组织内部分析社区组织内部权能分配及治理结构。有的学者针对“两级政府、三级管理、四级网络”这一社区建设体制在实践中存在的结构性矛盾和缺陷，提出我国社区建设制度和体制创新的途径在于引入社会工作制度，建构政社分开的社会体制。[④] 有的学者从宣传教育、组织管理、文明示范等方面探讨居委会在城市社区建设中的地位与作用问题。[⑤] 有的学者对社区居民自治组织进行了实证研究。[⑥]

农村社区建设应不断创新和完善农村社区管理体制机制。有的学者强调应依靠发展解决最普遍的社会管理问题，通过完善机制解决最突出的社会管理问题，

---

① 程蹊、陈全功：《农村公共品的供给与管理：社区角色新定位》，载于《中南民族大学学报（人文社会科学版）》2007 年第 5 期，第 124～128 页。

② 郑双胜、冯小林：《农村社区公共产品供给绩效之制度分析——以 C 县白露村、T 县永昌村为例》，载于《社会科学辑刊》2009 年第 4 期，第 37 页。符加林、崔浩、黄晓红：《农村社区公共物品的农户自愿供给——基于声誉理论的分析》，载于《经济经纬》2007 年第 4 期，第 106 页。

③ 刘鸿渊：《农村社区性公共产品供给合作行为研究——基于嵌入的理论视角》，载于《社会科学研究》2012 年第 6 期，第 101～106 页。

④ 徐永祥：《政社分开：我国社区建设制度创新的必要条件》，载于《华东理工大学学报（社科版）》，2004 年第 4 期；《城市社区建设的体制创新与社会工作》，载于《探索与争鸣》2004 年第 12 期。

⑤ 风笑天：《居委会在城市社区精神文明建设中的地位与作用》，载于《学习与实践》1997 年第 3 期。

⑥ 夏建中：《城市新型社区居民自治组织的实证研究》，载于《学海》2005 年第 3 期。

借助法律援助解决最棘手的社会管理问题，建立应急反应机制解决突发性社会管理问题，通过周密部署解决周期性的社会管理问题[①]。管理方式和手段方面应加快信息化建设。当前，农村社区信息化建设中存在的问题主要有：认识不到位，信息资源分配不均衡，信息化普及程度低，农民信息接收能力弱，农村信息化人才匮乏，信息化基础薄弱，信息服务体系落后等。要解决这些问题，需从以下几方面入手：一是提高认识，统一规划，加强基础设施投入；二是提高农民信息力，培养农村社区信息化专业队伍；三是建立科学的农村信息体系，建设统一的农村社区信息管理系统；四是建立有效制度，保证农村社区信息化建设[②]。有的学者强调要建立与城市社区相对应的管理体制，使管理型的农村治理结构转向为服务型的社区治理结构；强化农村社区的各种平台建设，使农村社会有能力承接社区的各种服务功能[③]。为了农村社区更好地发挥自治功能，要不断加强农村社区自治组织的发展。村民自治制度的继续深化需要加强对社区民主发育机制的培养，通过社会联结搭建实现农民合作起来、从个体（群体）到组织的桥梁，并以民主管理机制嵌入组织的内在；通过组织联结建构组织之间的资源整合，达成从弥散到共容的可能阶梯，并以民主协调机制维系组织之间的共同发展来实现社区的民主治理目标。社区性农民自助组织有利于中国贫困地区农业产业的高效管理，有利于提高农民应对国际市场挑战的能力，有利于建设经济、环境持续发展以及社会文明的农村社区。农民自助组织还需要政府的大力扶持和培育。[④]

四、社区模式及其比较研究

自从国家民政部提出推进社区建设的目标以来，各地在实践中积极探索、大胆实践，形成了一批各具特色的社区建设模式。丰富的实践促成理论研究成果的涌现。例如，郑杭生（2007）从服务型政府、公共服务、现代职业以及社会信任体系四个方面对“建设、管理、服务”三位一体的武汉百步亭社区管理模式和“党的领导、政府服务、居民自治、市场运作”的社区运作机制进行了解读，提出社区制度创新的实质在于把社会正义的理念落实到社区建设的各个方面，“于

① 程同顺：《快速城市化进程中的农村社会管理》，载于《学术界（月刊）》2013 年第 1 期，第 66 页。

② 陈发鸿：《农村社区信息化建设问题研究》，载于《河北学刊》2011 年第 4 期，第 228 页。

③ 陈建胜：《城乡一体化视野下的农村社区建设》，载于《浙江学刊》2011 年第 5 期，第 44 页。

④ 刘义强、胡军：《社区联结：村庄民主治理的内生性机制分析》，载于《社区建设研究》2012 年第 6 期，第 89 页。何文：《社区性农民自助组织在农村发展中的作用》，载于《林业经济》2006 年第 1 期，第 63 页。

细微处见精神”。王思斌（2000）对社区建设的背景、社区政治与经济、社区参与、社区整合、逻辑及其理论模式进行了阐述。刘继同（2003）运用文献分析法，回顾改革开放以来我国社区实务及其研究发展脉络和理论发展。卢汉龙（2004）以上海与沈阳社区发展的不同模式为案例，具体探讨了我国基层社会的组织重建和政治民主建设问题。陈伟东（2000）对武汉江汉区的社区建设模式进行了评析。在对城市社区模式研究的同时，一些学者对中国农村社区治理的不同模式进行分析和比较。有的认为，农村社区的建置可分为五种类型：一是“一村一社区”，在现行的村委会基础上，一村只设立一个社区；二是“一村多社区”，在一个村设立两个或两个以上的社区；三是“多村一社区”，在相邻的两个或两个以上的村中选择中心村或较大的村为单位设立社区；四是“集中建社区”，在新规划的农民集中居住的居民小区设立“社区”；五是“社区设小区”，在实行“多村一社区”或“一村一社区”的地方，大多在社区之下设“小区”①。也有人分别从农村社区的建置、与城镇的距离、农村体制改革、政府与社区之间的权能关系这四个角度对农村社区建设的模式进行了划分，并提出要完善农村社区建设模式，应立足于建立健全相关的制度和机制，在充分尊重农民意愿的基础上，把社区规划与社区管理相结合，把农村社区建设与区域经济发展相结合，促进社区建设与当地城市的一体发展②。

在农村社区建设模式研究中，一些学者对中外农村社区建设模式进行了比较。不少学者对韩国的“新村运动”进行了研究。强调在韩国“新村运动”中，政府既是倡导者，也是参与者，通过政府提供的政策和财政上的支持，农村社区在竞争的基础上自我发展，同时还在新村运动中建立了以国家投入为主体的多元化农业投资体制。有的学者对加拿大社区建设进行研究，指出加拿大政府与农村社区建立了伙伴关系，《加拿大农村协作伙伴关系计划》确保了农村社区的发展能够从政府获得足够的资金、项目等支持。一些学者还发现日本和欧盟的社区非政府组织比较发达，日本的农协在提供社区服务方面也发挥着重要作用。除了提供日常的社区经济性事务和社会性事务服务，同时还能对政府的政策产生重要的影响。而“领导+”地方社会团体联合会则是欧盟农业农村基金在地方的代理机构，是不隶属地方政府的非营利机构，欧盟农村社区的所有建设项目必须以“领

① 民政部基层政权和社区建设司：《2009中国农村社区发展报告》，西北大学出版社2011年版，第8~10页。

② 腾玉成、牟维伟：《我国农村社区建设的主要模式及其完善的基本方向》，载于《中国行政管理》2010年第12期，第95~97页。

导 +”的方式由地方社会团体联合机构主持制定规划。[①] 日本的农村社区建设，就政策与发展规划而言，几乎全部以法律形式固定下来，并不受政权更迭和领导层人事变动的影响，农业与农村的保障机制具有明显的稳定性、连续性和有效性等特点[②]。

五、社区文化与认同研究

从社区的内涵来看，社区不仅包括一定的区域和人口，而且尤为重要的是，社区成员要具有共同的社区观念、归属感等共同体意识。因此，社区文化构成了社区研究的重要内容。代表人物和文章主要有：景天魁（2007）从分析社区文化在社区发育中的地位和作用入手，对基层社会发育的动力和机制进行了描述。文军（1999）对社区文化建设在城市精神文明建设中的功能以及社区精神文明建设的意义、目标、原则、主要内容、基本途径进行了探讨。卢汉龙（2000）对经济多元化社会背景下的社区文化建设问题进行了探讨，强调社区主流文化与社区亚文化的协商互补发展，从而提高社区居民生活质量和社区本身的发展水平。农村文化在新农村建设中的作用越来越突出，当前积极推进新农村建设的重要内容和紧迫任务就是坚持以农民实际需求为导向、以传统文化为平台、以合作社文化为重要抓手，促进农村文化与现代文化的融合，加快农村文化的发展与创新[③]。

六、社区社会工作研究

随着市场经济的发展和社会分工的深化，社区社会工作在实践中日益受到关注和重视，相关研究成果很多。如徐永祥（2000）对社会工作在和谐社会中的建构功能进行了探讨，对我国社区社会工作职业化、专业化面临的问题及其应对之策进行了论述，认为建立职业化、专业化的社会工作制度是现代社区可持续发展的必要条件之一。周沛（2003）对构建社区工作中的社会支持网络的概念与特征、实践与运

① A New Rural District Governance Model. Opportunities for Improving Local Governance in New Brunswick. 2004; http: //www. gnb. ca/0009/0370/0001/00212e. htm. 叶齐茂：《欧盟十国乡村社区建设见闻录》，载于《国外城市规划》2006 年第 4 期，第 112 页。欧盟从 1989 年起执行过的 LEADER I 和 LEADER II 后，被称为“LEADER +”。“领导 +”所制定的规划是一个乡村社区发展战略规划，而不同于一般单一项目的规划。

② 李锋传：《日本建设新农村经验及对我国的启示》，载于《中国国情国力》2006 年第 4 期，第 13 页。

③ 郑风田、刘璐琳：《新农村建设中的农村文化：现状、问题与对策》，载于《中南民族大学学报（人文社会科学版）》2008 年第 1 期，第 112 页。

用及其意义作了前瞻性探讨。王思斌（2000）对社会工作的发展历程、发展取向、拟解决的关键问题及其在和谐社会建设中的地位与作用等进行了探讨。

七、城乡社区比较与一体化研究

随着城乡社区建设的开展，人们注意到城乡社区的差别并对此进行研究。同时，随着城乡二元结构的解体、基本公共服务均等化的推进，人们越来越重视统筹城乡协调发展及城乡一体化的研究。由于长期城乡二元结构及非均衡发展，城乡经济社会发展差距较大，有的学者强调在城乡经济社会一体化进程中，必须着力加强农村社区建设。不过，在促进城乡一体化发展、加强农村与城市联系的同时，也要强调保持乡村自身的特色，在城乡共同规划、共同发展的大背景下突出乡村独有的优势，而不是仿制城市的发展模式，更不是要让农村消失①。

总的来看，随着农村社区建设的开展，农村社区研究也不断深化。研究范围不断扩大，内容日益丰富、方法和视角日益多元、理论抽象和概括不断完善。

第五节　中国农村社区研究的共识、分歧及后续研究方向

中国农村和城市社区的实验、实践和发展以及国内外对中国农村社区及城市社区的研究已经为我们的研究积累了丰富的实践经验和理论资源，为当前社区建设及农村社区的理论研究提供了很好的基础和条件。不过，我们也看到，迄今为止，虽然人们对于中国农村社区的历史、现状及未来形成了一些基本的共识，但也存在诸多的分歧和争论，值得我们进一步研究。择其要者，主要有：

一、关于中国农村社区的类型及社会生活共同体的边界的分歧

农村社区建设的首要问题必须确定社区的边界与范围。然而，无论是在理论上还是实践上，人们对于农村社区或农村社会生活共同体的范围与边界都存在不

① 赵万民、赵民、毛其智：《关于“城乡规划学”作为一级学科建设的学术思考》，载于《城市规划》2010年第6期，第46～52页。

同的认识和分歧。在对农村社区及社会生活共同体的研究中，大致有四种倾向：（1）以自然村落为边界，将自然村落视为农村社会生活共同体的基础。（2）以基层行政区域为边界，将农村最基层的组织与管理单位视为农村社区。由此将历史上的保甲及当今的村民委员会、村公所等作为村社区；（3）以血缘关系为基础划定社区，如一些人将农村家族和宗族作为共同体；（4）以农民经济活动范围为边界，以农民最基本的经济活动空间作为农村社区和共同体的边界。[①] 这种情况以西方社会学者居多。其中，最有代表性的是美国的中国社会经济史学家施坚雅。他在1964～1965年发表的《中国农村的市场和社会结构》中，否定了村落作为农村基本单位的意义，提出“市场共同体理论”，认为市场结构具有农民社会或传统农耕社会的全部特征，因而将集市看做一种社会体系。他认为“农民的实际社会区域的边界不是由他所在村庄的狭窄的范围决定，而是由他所在的基层市场区域的边界决定的”[②]。基层市场满足了农民家庭所有正常的贸易需求，既是农产品和手工业品向上流动进入市场体系中较高范围的起点，也是供农民消费的输入品向下流动的终点。作为社会体系，基层集市是农民熟人社会的边界，农户所需要的劳务和资金需求一般在这里得到满足；基层市场构成了通婚圈的范围并与农民的娱乐活动有关。复合宗族、秘密会社分会、庙会董事会等组织都以基层集市为单位，因而较低的和中间的社会结构形成了与市场结构平行的等级网络；集市同时又是沟通农民与地方上层交往的核心。施坚雅在分析1949年以后的农村集市时，指出初级社以固定的邻居为单位，高级社以自然村为单位，与原有的农村社区组织相对应。然而，人民公社的范围则远远超出了基层市场甚至中间市场或高级市场的范围，突破了已有的社会体系。由于新的集体单位没有与农村贸易所形成的自然社会经济系统结合起来，最终导致了1958～1961年的重大困难，而解决困难的办法，就是要将集体化单位与自然系统一致起来。

由于人们对于社区的基础和边界有不同的看法，对农村社区也划分为不同的类型。如韩明谟就指出，我国农村社区有“单村或联村社区”、“村镇和集镇社区”、“庄园社区”以及历史上的“堡”、“站”、“寨”、“坞”等是一些“特别农村社区”。[③] 从实践来看，在当前我国各省市农村社区的试点中，有的将社区定位于自然村或村民小组一级，有的定位于村委会一级，有的则是若干自然村联合组建。显然，我国农村社区有哪些类型？其基础和边界何在？如何根据农村社会的现实合理确定社区边界，是首先必须解决的问题。

---

① 项继权：《当前农村社区建设的共识与分歧》，载于《中共福建省委党校学报》2008年第9期，第4页。

② ［美］施坚雅：《中国农村的市场和社会结构》，中国社会科学出版社1998年版，第40页。

③ 韩明谟：《农村社会学》，北京大学出版社2001年版，第83页。

二、关于中国农村社会生活共同体的性质与特点的分歧

虽然人们普遍承认农村社区或社会生活共同体有其自身的特点，尤其是与城市及现代社会生活共同体有明显的差别，但是，对于一个特定的社会和社区来说，农村社区及社会生活共同体究竟有何特点则有不同的看法。史学界和社会学界对于中国农村社会生活共同体的性质和特点就存在明显的分歧。最为典型的是日本学者关于中国农村社会生活共同体的争论。20 世纪初，日本对中国农村村落进行了大量的调查，第二次世界大战后初期出版了大量中国农村的研究专著。其中影响最大的无疑是 1940 年 11 月 ~ 1942 年 11 月以华北 6 个村落为对象实施的《中国农村惯行调查》，该书的目的在于搞清在家庭、家族、村落组织、社会团体、共同作业、民间信仰、土地的借贷与买卖等社会活动中的社会规范。① 以这部 6 卷本的资料为依据，清水盛光、平野义太郎、戒能孝通和福武直等人分别出版了有关中国农村社会结构性质与共同体的研究专著。虽然他们利用相同的资料，却对中国农村社会共同体得出截然相反的结论。② 清水和平野主张中国农村存在着“乡土共同体”，认为包括中国在内的亚洲村落以农村共同体为基础，以家族邻保的连带互助形式实施的水稻农业要求以乡土为生活基础，以生命的协同、整体的亲和作为乡土生活的原理；村落在农村生活中的农耕、治安防卫、祭祀信仰、娱乐、婚葬以及农民的意识道德中的共同规范等方面具有共同体意义的相互依存关系。而戒能孝通和福武直则认为，按照村落共同体的定义，它是村民为了从外部环境保护自身利益而结成的内向型合作关系，村民的参与是自主的，成员之间具有伙伴关系意识；它不是统治机构，村落的权力和决策得到了成员积极的、发自内心的支持。中国村落没有明确的地理边界，因而没有形成固定和稳定的村落地域集团；村落是由松散的个人联合而成的集团，由纯粹的实力关系支配。福武和旗田强调中国农村不存在日本农村对村民具有巨大制约作用的规范，村民的关系是扩散性的，村落本身不是共同体，而仅仅是一种结社性质，村内只是在“看青”等安全防卫等基本需求层次上组织起来。20 世纪 80 年代以后，日本社会学者重新对中国农村进行实地调查，以村落为研究单位对农村的社会变动

---

① 中国农村惯行调查刊行会：《中国农村惯行调查》，岩波书店 1952 年版。

② 清水盛光：《中国族产制度考》，宋念慈译，中华文化出版事业委员会，1956 年版。戒能通孝：《对土地法研究的备忘录》，《法律社会学的诸问题》，日本评论社，1943 年版。平野义太郎：《大亚洲主义的历史基础》，河出书房 1945 年 6 月版。福武直：《中国农村社会的结构》，大雅堂 1946 年版；《福武直著作集》第 9 卷，东京大学出版会，1976 年版。有关综述参见李国庆：《关于中国村落共同体的论战：以“戒能——平野论战”为核心》，载《社会学研究》2005 年第 6 期。

进行实证研究，出版了一些著作，提出了一些新的解释。如石田浩在《中国农村的历史与经济》中提出，中国农村组织的基本性质不是“村落共同体”，而是“生活共同体”。佐佐木在《中国民众的社会与秩序》中，在福武直理论的基础之上提出了“中国村落的结社性质”、“多层结构”和“动态结构”等概念。还有的学者指出新中国成立后村落具有明显的共同体特征，但是这种村落共同体的性质已经不同于“满铁”调查时期的共同体，而是国家政权向乡村渗透之后的“官制共同体”。① 在这种村落共同体中，人民公社时期已经建立起村落的经济基础，确立了明确的村落边界，因此，福武直的分析已经不适合于今天的中国农村。显然，这一论战为我们提出了应该如何把握中国农村社会共同体的性质、农村共同体的形成的基础和机理以及农民生活价值秩序和共同体认同等重大问题。②在新农村社区建设中，我们也不能不回答农村社区或社会生活共同体的基础何在？有何特点？等等问题。

三、中国农村社区的发展变化及新农村建设的方向

学界大多不否认中国农村社区及社会生活共同体在不断变化和发展，但是，对于中国农村社区发展变化的状况及其前景尤其是新农村建设的方向却有不同的认识。在绝大多数学者看来，改革以来，随着市场化、城市化、信息化和现代化的发展，当代中国农村社区或社会生活共同体出现了明显的社会分化、结构转型，以及多元化、多样化、复杂化，乡村社会流动加剧，日益开放。大多数学者对此持积极肯定的态度，认为这是社会现代化和进步的表现，未来新农村建设应立足于现代市场经济，在新农村建设的同时应推进工业化和城市化，实现城乡统筹协调发展。如早在1993年陆学艺就提出中国农村改革和现代化的发展导致“传统农民的终结”，农村发展的方向是工业化、城市化、商品化和社会化及城乡一体化。③ 而另外一些学者虽然看到这些变化，却认为这正是市场化和城市化的恶果，是农村社会衰败的表现。如贺雪峰等人强调改革导致农民日益原子化、村级合作困难，农村社会不断被现代性因素“解构”和瓦解，农村集体精神、合作及道德消解，主张农民回归乡村，强调立足农民自身的幸福感和消费水平，建设

① 石田浩：《中国农村社会经济结构的研究》，晃洋书房1986年版。福武直：《中国农村社会的结构》，大雅堂1946年版；《福武直著作集》第9卷，东京大学出版会，1976年。仁井田陞：《中国同族或村落土地所有制问题——宋代以后的所谓“共同体”》，《东洋文化研究所纪要》第10册，1956年。旗田巍：《中国村落与共同体理论》，岩波书店1973年版，该书汇集其1941年以来所撰的论文。

② 项继权：《当前农村社区建设的共识与分歧》，载于《中共福建省委党校学报》2008年第9期，第5页。

③ 陆学艺：《县级综合改革与经济社会的协调发展》，中国社会科学出版社1993年版。

一个“低消费、高福利”的社会。一些学者对我国的城市化、农民进城及流动持批评和否定的态度，并提出新农村的另一条发展道路。有的学者担忧农民进城可能形成“贫民窟”，落入城市化的“陷阱”，强调乡村建设要在市场化和城市化以外来想办法。也有的学者主张将“农村组织起来”，“组织农民进新城”，变“乡土中国”为“城市中国”。还有的地方在新农村建设中推进农村土地的归并、集中经营，甚至推动并重建“集体农庄”。[①] 显然，人们对于当前农村状况及未来的发展有着全然不同的判断，对于新农村建设也有各不相同的追求。其分歧的实质在于对市场化、工业化、城市化和现代化的不同认识，在于对集体化、集中化和合作化的不同理解和不同的态度，在于如何看待 20 多年农村改革的方向及成效。这些分歧不仅影响着我们对当前农村现状、问题及未来发展和改革方向的把握，也直接影响到我们如何推进新农村建设以及如何推进农村社区建设。这无疑是必须认真清理和严肃回答的问题。

四、农村社区的组织、性质和功能定位及建设方向

在新农村建设的社区建设中难以回避的一个重要问题是农村社区应是什么样及什么性质的组织？从历史上看，人们对于现实中中国农村社区及社区共同体的性质有不同的认识。有的认为是一种自主或自治组织或共同体，有的称其为是一种行政或半行政体，或者是“官制共同体”。那么，新农村建设中社区的性质和功能如何定位？早在我国农村改革及城市社区建设过程中，人们对于新的社区组织体制就存在严重的分歧。家庭联产承包责任制实施以后，不少乡村组织与管理机构陷入瘫痪之中，用什么方式重新组织农村和农民，实现农村社会的有效治理，成为必须解决的问题。对此，有两种对立的思路：一种是“管治”的思路，将农民重新组织起来，“管起来”；另一种是“自治”的思路，实行村民自治。有些地方一度试图通过恢复、调整和强化人民公社体制，建构农村基层组织与管理体制。[②] 不过，我们党和政府意识到“用‘管’、‘治’的办法，只治表不治理，只管一时一事，且又后患无穷。只有民主管理，才能治根本，管长远。”[③] 最后走上了村民自治之路，并强调乡镇政权与村民委员会之间是“指导关系”而

---

① 项继权：《当前农村社区建设的共识与分歧》，载于《中共福建省委党校学报》2008 年第 9 期，第 6 页。

② 项继权：《当前农村社区建设的共识与分歧》，载于《中共福建省委党校学报》2008 年第 9 期，第 8 页。

③ 李学举：《村民自治三年实践的思考》，引自中国基层政权建设研究会编：《实践与思考——中国基层政权建设研究会 1991 年年会论文集》，中国社会出版社 1992 年版，第 5 页。

不是“领导关系”。但是，在实践中，乡村之间的“指导关系”一开始就遭到乡镇干部相当普遍的责难和否定，他们声称“这将使乡镇政府变成无脚的螃蟹，无法对乡村和农民进行有效的管理。”有的甚至担心会“导致农村的失控”。种种试图重新恢复乡镇对村法律上的“领导关系”的努力从未停止过，造成村民自治举步维艰、村委会组织严重的行政化。与此类似的是，在城市社区的建设中，关于城市社区建设也曾出现行政和自治两种导向，最终强调社区的自治性质，只是各地对社区自治的范围、功能及与上级政府的关系等有不同的规定。由此，给我们提出一个重大问题：未来新农村中的农村社区应该是一种什么性质的组织？在实践中是向行政化方向还是自治化方向发展？这直接关系到农村社区建设的方向。特别是当前关于农村基层组织与管理体制改革方向存在分歧，如张厚安等人认为，“乡政村治”是中国特色的农村治理模式，主张“加强乡政，完善村治”；徐勇等人则主张实行“县政、乡派与村治”；沈延生等主张将“乡政”下沉到原行政村一级，将“村治”局限在自然村之内；或者实行“乡治、村政、社有”；李凡等主张乡镇改革从“乡镇长直选”开始，实行“乡镇自治式民主”改革；于建嵘等主张在村民自治的基础上，实行“乡镇自治”，将国家的基层政权单位收缩到县一级；还有人主张改造现有的乡镇政府，彻底转变职能，实行“乡政自治”；也有的主张撤销乡镇，政府组织从乡村退出。这表明人们对于农村基层组织管理的方向、思路和对策存在重大的分歧。我们不能不认真研究并审慎地回答未来农村社区组织与管理体制建设和发展的方向问题。①

五、农村公共服务和社会服务的机制及改革方向问题

农村公共产品供给不足、公共服务水平低、城乡居民公共服务发展不平衡是当前人们的共识。如何加强农村公共服务，改善农民的生产条件，提高生活质量，实现农村公共服务的均等化，让农民群众平等分享改革开放和现代化的成果，已经成为党和政府的重点任务。不过，人们对于如何加强农村公共服务，如何改革农村公共服务体制，构建新的农村公共服务体系却存在严重的分歧。一是

① 张厚安、徐勇、项继权、吴毅、张劲松：《中国农村政治稳定与发展》，武汉出版社 1995 年版。徐勇：《非均衡的中国政治：城市与乡村比较》，中国广播电视出版社 1992 年版。《中国农村村民自治》，华中师范大学出版社 1997 年版。《乡村治理与中国政治》，中国社会科学出版社 2003 年版。《中国城市社区自治》，武汉出版社 2002 年版。徐勇、徐增阳著《流动中的乡村治理》，中国社会科学出版社 2003 年版。沈延生：《村政的兴衰与重建》，《战略与管理》1998 年 06 期。于建嵘：《岳村政治——转型期中国乡村政治结构的变迁》，商务印书馆 2001 年版。李凡：《创新与发展：乡镇长选举制度改革》，东方出版社 2000 年版。于建嵘：《乡镇自治：根据和路径——以 20 世纪乡镇体制变迁为视野》，载于《战略与管理》2002 年第 6 期。

国家化和集中化的思路。一些人认为，农村公共服务不足是国家投入不足，或国家放弃公共服务的责任，强调农民自我服务的后果，因此，改革的方向应是加大政府投入，政府承担农村公共服务的责任。具体措施应是加强农村公共服务体制的建设，应强化农村现有的公共管理和服务机构如“七站八所”。然而，另一部分人虽然同意农村公共服务是国家投入不足的结果，但是，对于如何加大投入及投入的机制有不同的看法，强调单纯依靠政府投入不可能解决农村公共服务的供给问题，况且，政府直接生产公共品成本高、效率低，应走市场化、社会化之路。[①] 这一分歧集中体现在当前乡镇事业单位改革及新型农村公共服务体系的建设中。有的从建立国家农村公共服务体系出发强调进一步加强和完善现有的乡镇事业单位体制；有的则主张对乡镇事业单位进行分类改革，传统的经营性和社会性的事务尽可能交给市场、社区和社会组织；有的则主张农村基层政府及事业单位只能承担公共产品及公共服务；有的则提出凡是市场和社会做不好、做不了或不愿意做的事均应由政府承担。湖北省是全国最早全面进行乡镇事业单位改革的省份。其改革的基本原则和目标是坚持市场取向、开拓创新的原则，遵循市场规律，引入竞争机制，办好社会事业，变“养人”为“养事”；按照“行政职能整体转移、经营职能走向市场、公益服务职能面向社会”的总体思路，对乡镇事业单位职能进行分解、转换和重新定位。这一改革也引发了极大的争论，对此的批评不绝。如此等等，反映了人们对于农村公共服务体制的建设和改革的方向仍存在分歧。不同的建设思路必将对农村社区社会服务和社会建设产生不同的影响和后果。如何加强农村公共服务和社会服务？农村社区应承担哪些服务功能？社会公共服务与社区服务如何衔接？以及公共服务和社会服务的生产、供给、付费、监管及城乡公共服务的均衡等都是需要进一步研究解决的问题。

六、农村社区研究的理论资源与限度问题

学术研究是一个持续不断、不断丰富、不断创新的过程。已有的研究也为我们进行农村社区研究提供了丰富的理论资源。不过，对于现存的理论我们也应持审慎而科学的态度，在吸收和继承的同时也必须注意其理论适用的范围和条件，同时，也必须注意不同理论之间的张力和冲突。这是我们科学运用和不断进行理论创新的基本要求。从目前来看，对于社区建设有不同的解释框架和理论模式，由此也给我们提供了对农村社区不同的分析视角。其中，最广泛使用的理论和分

① 项继权：《当前农村社区建设的共识与分歧》，载于《中共福建省委党校学报》2008 年第 9 期，第 7 页。

析框架如下：

1. 人文区位理论。人文区位理论把社区作为一种空间现象或区域单位来研究。它强调社区的地域及空间分布、空间结构、区位功能及社区的进化和竞争，关注社区环境、人口、文化等因素及其结构和变化。一般认为芝加哥学派是这一理论的创始者。代表性的人物有派克、E. W. 伯吉斯、R. D. 麦肯齐以及 D. D. 邓肯等。① 不过，早期芝加哥学派的研究主要集中在城市社区的研究，过多地强调社区的自然因素及自发过程而忽视人类自身行为。这些在当代已经有所改变。

2. 社会系统理论。对社区作社会系统理论的研究主要有 R. L. 沃伦和 I. T. 桑德斯。沃伦的《美国社区》研究就提出社区研究的两个思路：一是横向系统即地区水平上的单位联系；二是纵向系统即社区之上的功能关系，如社区与国家各单位的联系。② 桑德斯在《社区——社会系统导论》中提出社会系统概念，强调社区的主要成分包括人、社会群体和主要社会系统。此后，人们更多地把社区视为许多人、群体、机构之间相互交往、相互作用的网络。③ 此后，一些学者如 E. O. 莫依等进一步指出社区作为社会系统与正式组织之间的差别，如组织的非正规性、功能的非集中性及目标的模糊性等。这要求我们对社区进行系统性的分析，但是，他们所讲的社区社会系统和网络显然与当前我们建议中的有明确边界、功能和目标的社区不尽相同。

3. 单位制理论。单位制理论最早是由美国学者魏昂德（Andrew Walder）在对中国工厂单位研究中提出来的。④ 他认为社会主义国家的公有制体系属于“再分配体制”，“单位”是资源分配的基本单元，也是社会控制的基本单位。“单位”资源来源于国家，但是，国家的再分配功能必须依赖于“单位”来实现，因此，“单位”与国家之间存在依附与庇护关系。另外，在短缺经济和商品市场不发达以及“单位”占有和使用资源的条件下，职工所需要的生活必需品是通过“单位”来分配的，职工与“单位”之间存在依附与庇护关系。随着“单位制”变革以及 20 世纪 90 年代中期城市社区建设实践，不少学者将

---

① Robert E. Park, Human Communities: the City and Human Ecology Glencoe, Ill: The Free Press. 1952. Robert E. Park, Emest Watson Burgess, Introduction to Science of the Sociology. University of Chicago Press, 1921. Emest Watson Burgess, McKenzie, Roderick D. Mckenzie, Park, Robert Ezra, The City. Chicago: University of Chicago Press, 1925.

② Roland L. Warren, The Community in America, Chicago: Rand McNally College Publishing Company, 1963.

③ Severyn Ten Haut Bruyn, Irwin T. Sanders, Communities in Action: Pattern and Process, Literary Licensing, LLC, 2012. Irwin T. Sander, The Community: an Introduction to a Social System, Ronald Press Company, New York, 1966.

④ Andrew G. Walder, Communist Neo – Traditionalism: Work and Authority in Chinese Industry, University of California Press, 1988.

"单位理论"作为一种解释模式来分析城市社区建设的背景和城市基层社会管理体制的变迁。路风首次将"单位理论"引入城市社会管理和社会整合的研究中，将"单位"视为城市社会组织形式，认为"单位"是"现代工业关系模式、国家行政体制基石的组织形式",① 是中国基于特定的历史条件而形成的一套特有的社会制度安排。不过，单位制理论是否可以应用于农村社区的研究？就魏昂德本人来看，他也曾将人民公社时期中国农村地方社区视为一种单位，在组织上缺乏居住和职业流动；工作方式和居住方式的结合；集体在地方社区中政治、经济权力和政治组织几乎完全融合成一体。如果说这一判断对于人民公社时期是适用的话，显然不适应改革以后的大多数乡村的现实。对于当前和未来的农村社区，我们必须寻求新的解释。②

4. 公民社会理论。"公民社会"或"市民社会"（Civil Society）理论是当前广泛应用的理论之一。虽然人们对于公民社会有不同的理解和解释，但并不妨碍他们用于不同的分析。在"公民社会理论"的应用上，学术界形成了两种不同的研究思路：一是将"公民社会理论"作为一种解释模式来分析传统中国的国家与社会关系，主要体现在对中国晚清城市社会结构的分析上。如黄宗智提出了"第三领域"概念。二是将国家与公民社会之间的合作互动关系作为中国社会管理体制改革的建构方向，并为此提供理论支撑和政策建议，如"善治"问题。在社区研究中，一些人将"社区"及社区自治本身视为公民社会的建设，同时，也强调在社区建设及社区服务中各种群体和组织之间的沟通、协商、合作。

5. "市场转型理论"。"市场转型理论"是国际学术界研究社会主义国家市场转型（Market Transition）及其所带来的社会转变所形成的一种理论。孙立平借鉴"市场转型理论"来分析社区转型，认为"市场转型理论"较少关注人们日常生活及其组织形式的变化，因而对"社会转变"的认识是不全面的，提出社区研究的重点应当是市场转型时期社区与单位的关系以及这种关系的变化过程及其模式。③ 与"市场转型"理论有关的是，马仲良、王文元等提出了国家、市场、社区三元分化的观点。④

① 路风：《中国单位制的起源和形成》，载于《中国社会科学季刊》（香港）1993年第4卷。

② Andrew G. Walder, Social Change in China's Reform Era, Oxford University Press, 1999. Bird in a Cage: Legal Reform in China After Mao, Stanford University Press, 1999.

③ 孙立平：《转型与断裂——改革以来中国社会结构的变迁》，清华大学出版社2009年版；《中国社会结构转型的中近期趋势和隐患》，载于《战略与管理》1998年第5期。

④ 马仲良：《有中国特色社会主义社区建设的几个基本问题》，《中国社区建设》，《北京社会科学》1999年增刊，第32～33页。王文元：《社区在现代进程中的地位与作用》，《中国社区建设》，《北京社会科学》1999年增刊，第90页。

6. “社会共同体理论”。自滕尼斯提出“社区”或“共同体”以来，共同体理论就一直是人们分析社区的基本理论。不过，无论在理论上还是实践中，人们对于社会共同体的本质、特征、基础及其变化的认识一直存在分歧，包括如上对中国农村共同体的争论。其间的一个重要问题是“社区”是否就是“共同体”。在滕尼斯那里，社区与共同体是同一的；在不少中国学者看来，这仅仅是语义翻译问题。不过，如果社区与共同体是同一的，那么我们当前建设中的“农村社区”是否就是共同体或已经成为共同体？如果共同的利益及共同的认同是共同体的基本要件，那么，在多大程度上的利益联系和认同程度才算得上是一个社区或共同体？也正是对此有不同的看法，人们对于中国历史上是否存在共同体以及村落等是否是共同体或社区产生了分歧。另外，滕尼斯的共同体理论也受到一些学者的批评，如秦晖即对滕尼斯对共同体与社会的二分法提出批评，他提出“大共同体”和“小共同体”的分析框架，强调中国社会的小共同体受大共同体的制约和影响。中国是国家本位或大共同体本位，小共同体难以成长。如此也向我们提出在社区分析中如何运用共同体理论以及如何运用西方理论的问题。这就要求我们在借鉴西方理论的同时，应注意其理论的基础和条件，必须立足于中国的现实创新和发展理论。①

7. 治理理论。治理理论强调通过多主体参与及公共事务合作协商管理。一些学者应用治理理论对社区进行研究，强调政府与社区自治组织、非营利组织、辖区单位以及社区居民共同管理社区公共事务，推进社区持续发展。社区治理被视为是社区范围内不同主体依托各自资源进行的相互作用的模式②。农村社区建设要求社会的整合与治理模式的转型。农村社区建设不仅旨在构建与农村社区和社会的分化、开放相适应的新型社区或社会生活共同体，促进农村社区内部的融合，也是为了推进城乡之间及整个社会的一体化，实现整个社会的有机团结和社会融合；它不仅表明我国农村社会组织与管理体制正发生重大转变，也要求我国农村社会组织与管理体制的创新和治理方式转变③。

8. 社会自组织理论。近年来，社区自组织研究被视为社区研究的前沿课

---

① 秦晖：《田园诗与狂想曲：关中模式与前近代社会的再认识》，中央编译出版社 1996 年版。《农村公社、改革与革命》，中央编译出版社 1996 年版。《耕耘者言：农民学文集》，山东教育出版社 1999 年版。《江浙乡镇企业转制案例研究》，香港中文大学 1997 年版。《学问中国》，江西教育出版社 1998 年版。《传统与当代农民对市场信号的心理反应》，载于《战略与管理》1996 年第 2 期；《人民公社与传统共同体》，载于《中国书评》（香港）1998 年总第 13 期。

② 魏娜：《我国城市社区治理模式：发展演变与制度创新》，载于《中国人民大学学报》2003 年第 1 期，第 135～140 页。

③ 项继权：《农村社区建设：社会融合与治理转型》，载于《社会主义研究》2008 年第 2 期，第 64 页。

题，社区研究多把治理理论与自组织理论结合在一起。在农村社区领域，一方面，社区自组织的成长推动了社区治理结构的转型，即治理过程由行政主导转变为民主协商，治理关系由命令服从关系转变为合作、互惠关系，治理组织体系由垂直科层结构转变为横向多元合作网络结构；另一方面，社区自组织因其内在的合作、参与、有序等特征被当作提高社区治理绩效的有效工具①。有的学者认为，社区治理结构的转型取决于草根组织的发育，当社区草根组织发育壮大之时，也就是社区多元网络治理结构形成之时。而农村社区草根组织的发育和成长能够更好地促进当前农村社区的综合发展，农村社区草根组织不仅能为社区发展提供不同范围和层次的公共产品和公共服务，更重要的且更具深远影响力的是，为现代农村社会主体的塑造提供组织化平台，塑造农村社区建设参与者自主自律、自由自觉的主体价值要求和权利本位、主体价值以及自由理性精神，并培养社区建设参与者主体个性、参与、创造、开拓的精神②。

9. 社会资本理论。社会资本理论强调农村社会和社区的人际关系和关系网络（包括邻里关系、家庭关系、朋友关系、工作关系、组织关系等），社会和社区的信任度及合作精神。有的学者认为社会资本在社区治理中具有克服集体行动难的困境、提高公共政策的效率、增进政府治理的绩效和利于社会和谐的构建的积极作用。有的学者强调在农村社区建设中要培育和挖掘农村社会和社区内在的社会资本，认为这种社会资本是保持社区建设可持续性的重要保障。③

10. 社会互构论。社会互构论是郑杭生教授在对社会与自然、个人与社会的关系的反省和检讨基础上提出来的。④ 社会互构论强调，个人和社会分别表现了人类生活共同体相互关联的二重含义：个人是社会的终极单元，社会则是个人的存在方式；从共同体的构成而言，它是众多的个人；从众多个人之间的关系上看，它就是社会。人类生活共同体的发展就是个人与社会的互构关系的演变过程。对于个人和社会之间的基本关系，社会互构论既承认两者的区别，又强调它们在区别基础上的相互联系，这种相互联系既是差异的、对立的和冲突的，也是适应的、协调的和整合的，是互为前提、互为存在条件、不可分割的。因此，社

---

① 肖日葵、萧仕平：《不同理论视角下的社区自组织研究综述》，载于《天府新论》2009 年第 1 期，第 85 页。

② 袁方成：《参与式发展：草根组织成长与农村发展的路径选择——岳东实验观察》，载于《社会主义研究》2006 年第 5 期，第 82 页。

③ 郎友兴、周文：《社会资本与农村社区建设的可持续性》，载于《浙江社会科学》2008 年第 11 期，第 69 ~ 70 页。龚晓洁：《社会资本理论视野下的和谐社区建构》，载于《北京科技大学学报》2006 年第 2 期，第 16 页。

④ 参见郑杭生：《社会互构论：世界眼光下的中国特色社会学理论的新探索》，中国人民大学出版社 2010 年版。对该理论的概括和介绍，参见郑杭生、杨敏：《社会互构论的提出——对社会学学术传统的审视和快速转型期经验现实的反思》，载于《中国人民大学学报》2003 年第 4 期。

会互构论的本体论和方法论预设，既确定了个人与社会之间的共时性和共变性的互构关系，也排除了在个人和社会之间做出非此即彼的选择性陈述的必要。社会互构论扩展到对个人间、个人与群体间、群体间、个人与社会间、个人与国家间、社会与国家间等关系进行分析和解释。其潜在的假设和目标也是强调当代我国社会转型期的个人对社会的相互建塑和型构，个人与社会的互构协变，以及实现个人、社会、自然之间的互构、互生、共存和共荣。

此外，有的学者还从社会性别的角度对农村社区进行研究。如王伊欢、张亚鹏等对农村女性能人对社区发展的意义进行了研究，认为女性能人对社区发展具有文化、政治和社会等多方位的促进作用；伍小兰从 2006 年全国性的调查数据出发对中国农村老年人口的照料现状进行了分析，发现近百分之十的农村老年人日常生活需要照料，目前照料的稳定性和充分性难以保障；魏峰认为在熟人社会向陌生人社会转型过程中，农村小学教师的角色也出现了从熟人到农村社区的陌生人的转变。[①]

总之，中国农村社区的实践及理论研究中人们已经达成了一些共识，一些理论为我们的研究提供了支持。不过，仍存在不少分歧，也留下或提出了一些新的问题，需要进一步研究解决。这既有社区分析的理论问题，也有社区建设的实践问题；既有社区建设的制度问题，也有社区建设的政策问题。其中最重要的包括对中国农村社区发展的内在逻辑及发展方向问题；中国农村社区的组织定位、功能定位和性质定位问题；中国农村社区组织体制及其功能问题；社会公共服务与社区自我服务的衔接及生产供给机制问题以及社区建设的实践模式及理论总结问题，等等。这也将成为我们研究的重点。

第六节　本书的研究思路与内容安排

早在 20 世纪 30 年代吴文藻先生进行社区研究之时就提出：现代社区的核心为文化，文化的单位为制度，制度的运用为功能。[②] “文化”、“制度”和“功能”是社区的核心内容，也是社区研究的基本内容和重点。在中共十六届六中全

① 王伊欢、张亚鹏：《农村女性能人对于社区发展的多元意义——30 例农村女性能人个案分析》，《妇女研究论丛》2009 年第 4 期。伍小兰：《中国农村老年人口照料现状分析》，《人口学刊》2009 年第 6 期。魏峰：《从熟人到陌生人：农村小学教师的角色转变》，《南京师大学报（社会科学版）》2010 年 9 月第 5 期。

② 《吴文藻自传》，引自《晋阳学刊》1982 年第 6 期。

会上，中央提出了“积极推进农村社区建设，健全新型社区管理和服务体制，把社区建设成为管理有序、服务完善、文明祥和的社会生活共同体”，同样包括社区的制度、功能和文化建设的目标和任务。为此，我们也将农村社区研究集中在“制度研究”、“功能研究”和“文化研究”三大方面。对这三个方面的研究，将从历史和现实、理论与实践、发展与未来不同方面展开。

首先，本书对我国不同时期农村社区的基本形态及其特点进行考察，对农村社会生活共同体的历史变迁及其机理进行解释。由此，我们可以更清晰地认识当前我国农村社区建设的内在逻辑及历史关联，更深刻地认识我国农村社区建设的特殊道路，并准确地把握当前农村社区建设的实践价值及发展走向。

其次，本书对新时期我国农村社区及社区建设现状进行研究。其重点是当前农村社区的组织建置、结构功能、运行机制及建设路径的分析。虽然社区体制在我国城市存在多年，但是，农村社区建设仍是一项新的事务、全新的工作，人们不仅对于为什么要建设农村社区存在种种疑虑，对于如何建设农村社区更是莫衷一是。如农村社区如何定位？农村社区的边界如何确定？是在乡镇范围、村委会范围还是村民小组及自然村落范围建设？农村社区的组织体制如何？机构如何设置？如何处理社区与村委会组织、村支部及乡镇政府和其他组织的关系？农村社区的权力边界、职责范围及活动和工作内容是什么？农村社区的社会管理和服务方式如何？社区文化建设及认同重建的状况如何？等等。这些分析旨在对农村社区的组织和运行及认同机制进行全面的探讨，为新农村中的社区建设提供制度选择。

最后，本书致力于对我国农村社区建设中的一些理论问题进行讨论，对我国农村社区建设的道路进行理论概括和总结。例如，开放、分化和流动条件下社区共同体能否重建？如何重建？新时期进行农村社区建设的必要性及其内在逻辑是什么？农村社区体制与现存的村民自治体制是什么关系？农村社区体制与城市社区体制有何区别？我国农村社区建设道路有什么特征和特点？农村社区建设中国家、社会和市场不同参与主体扮演什么角色？各行动主体之间是什么关系？等等。本书力求解释新时期农村社区的建设目标、基本内容、组织结构、制度特征、运行机制及其发展逻辑，从而为新农村建设中的社区建设提供理论解释和理论支持。

为此，本书分三部分 13 章，分别对上述农村社区建设的历史、现状及未来不同方面进行讨论，并对农村社区与发展的逻辑进行讨论。

上　篇

历史与发展

第二章

帝制时代的乡村社区共同体及其嬗变

我国是一个有着漫长农耕文明历史的国度，作为一种乡村社会生活共同体，乡村社区也有悠久的历史。不过，不同的历史时期及不同地区，乡村社区共同体的存在形式及其基础也有不同。如果从社区的组织基础、运行机制及其生存环境来看，我们可以将传统帝制时期乡村社区及新中国改革前后农村社区的发展划分不同时期。从不同时期农村社区的发展变化，可以更清楚地把握我国农村社区的生成、演化和发展的内在逻辑，并从历史的视野把握中国农村社区建设和发展的方向。

第一节　传统乡村社区共同体的形成与发展

我国社区的早期形态是农村聚落。中国农村自古以来就习惯依聚落、村落而居，直至两汉之前聚落一直是乡村人口的自然聚居地。

中国村落的起源也可追溯到中华文明的初生。原始社会末期，我国农业生产已初具规模，通过耕种农田和饲养家畜来获得稳定的食物来源，逐渐代替采集和狩猎，成为人类日常生产的主要方式，农村聚落开始萌芽。公元前 21 世纪，黄河流域出现了第一个国家政权——夏王朝。据考古资料和文献资料揭示，夏朝的统治中心在今豫西嵩山附近的颍河上游、伊洛河流域和河南黄河北岸的古济水流域以及晋西南地区。记载中的禹都阳城，据推测就是近年在河南登封告成镇王城冈发现的古城址。今晋西南的翼城、临汾、夏县、安邑、永济等地，有几处叫做“夏墟”的地方，推测可能是夏王朝时期留下的聚落遗址。[①] 公元前16世纪至11世纪，商王朝通过战争取得黄河流域的统治权，活动区域主要集中在河北西南部、河南北部和中部地区。公元前11世纪至8世纪，周起兵灭商，建立周王朝。夏、商、周的统治中心都曾数次迁移，其活动的地理空间范围很广，特别是在黄河中下游冲积平原，已经有数目众多的聚落分布。对聚落的管理，商周时开始出现了“族尹”、“里尹”和“里君”等乡里官吏的记载。[②] 到西周时，出现了“国”与“野”，顾名思义“国”是指国都地区，而“野”则是指国都之外的地区，而且，国中设有六乡，野中设六遂。“王国百里为郊。乡在郊内，遂在郊外，六乡谓之郊，六遂谓之野”[③]，“六乡”即“五家为比，使之相保；五比为闾，使之相受；四闾为族，使之相葬；五族为党，使之相救；五党为州，使之相赒；五州为乡，使之相宾”。[④] “六遂”则指“五家为邻，五邻为里，四里为酇，五酇为鄙，五鄙为县，五县为遂”。[⑤] 这就是所谓的“乡遂制度”，也称为“国野制度”。

春秋战国时期，很多方面沿袭了西周的国、野管理体制，如鲁国实行的“三郊三遂”制，齐国实行的“国鄙”制。据《管子·立政》所云，齐国分为五乡，就是后来的“五都”，以下有州、里、游、什、伍等组织，“十家为什，五家为伍，什伍皆有长焉”[⑥]。战国时，各国按照居住地的邑、聚设立基层组织，或称乡、里，或称连、闾，分别设官吏进行管理。秦国实行什伍连坐制度，秦孝公以“卫鞅为左庶长，定变法之令，民为什伍，而相牧司连坐，不告奸者腰斩，告奸者与斩敌者同赏，匿奸者与降敌同罚”[⑦]，秦法“行之十年，秦民大悦，道不拾遗，山无盗贼，家给人足，民勇于公战，怯于私斗，乡邑大治”[⑧]。

秦代是乡官制初步确立期。秦统一后建立了以郡县制为基础的中央集权制度，将全国分为三十六郡，郡下设县，县以下实行乡、亭、里三级制，“大率十里一亭，亭有亭长。十亭一乡，乡有三老、有秩、啬夫、游徼。三老掌教化。啬夫职听讼，收赋税。游徼循禁贼盗。县大率方百里，其民稠则减，稀则旷，乡、亭亦如之。皆秦制也。”[⑨]

---

① 陈旭：《夏商考古》，文物出版社2001年版，第20页。
② 赵秀玲：《中国乡里制度》，社会科学文献出版社2002年版，第2页。
③ 《玉海》，卷136，《周兵制》。
④ （清）孙诒让：《周礼正义》，卷19，《地官·大司徒》。
⑤ （清）孙诒让：《周礼正义》，卷29，《地官·遂人》。
⑥ 《管子》，卷1，《立政第四》。
⑦⑧ 《史记》，卷68，《商君列传》。
⑨ 《汉书》，卷19上，《百官公卿表第七上》。

两汉时期，“聚”仍然是乡村人口的自然聚居地。有典籍记载：“邑落曰聚”①；“一年而所居成聚，二年成邑，三年成都”②；“或久无害，稍筑室宅，遂成聚落”③。有学者考证，“聚”在《汉书·地理志》和《后汉书·郡国志》中经常出现，“也许是保留旧名，不一定作为地方的一级行政单位”，“落更为泛指……人所聚居之处即曰落，故有部落、村落、聚落、里落、邑落等……均系泛指人们的聚居之处”④。两汉聚的规模小于乡，里实际上是因自然聚落而设，并大致与之合而为一。⑤

魏晋时期开始，自然聚落的名称逐渐以“村”为主。《三国志》中就已有了关于“村”的记述：“又以郡下百姓，苦乏材木，乃课树榆为篱，并益树五果；榆皆成藩，五果丰实。入魏郡界，村落齐整如一，民得财足用饶。”⑥《颜氏家训》也记载，“吾尝从齐主幸并州，自井陉关入上艾县，东数十里，有猎闾村。后百官受马粮在晋阳东百余里亢仇城侧。并不识二所本是何地，博求古今，皆未能晓。及检《字林》、《韵集》，乃知猎闾是旧猎余聚……”⑦ 这些都反映了汉代聚落向“村”的转变。从“猎余聚”到“猎余村”，清晰地表明了从汉代的“聚落”向魏晋时期“村”的演进。在正史中，也开始越来越多地使用“邻村”、“比村”作为完整地域概念的表达方式。自此，“村”字散见于六朝时期的史记文集之中，成为乡村聚落的一般称谓。

历史至此，村落还没有将自然聚落与法定的乡村组织的意义区别开来，二者的意义仍处于模糊的状态。此时的村也不是一个完整的地域概念。但是，随着村落的演进和发展，南朝时代的村落便开始具备自然聚落与法定乡村组织的双重意义，村也逐渐成为一个完整的地域概念。村在南朝时代不仅成为一个完整的地域概念，并且已经成为主流聚落形态，日渐形成为村落共同体，且具备了越来越多的社会功能。同时，由于政府无力对乡村社会进行整治，则开始赋予村一定的行政职能。

南朝时期村落的规模，从几家到两三百家不等，有的村落大于里，有的与里相当，也有的小于里，与里的关系相交错，村逐渐成为一个完整的地域概念。在这一时期，人们在区分与表示地域时，越来越多地使用村落。当时“里”、“村”的使用已有了一定的区别，在实际生活中，里在法律上是存在的，人们在表述本

① 《说文解字》，段注：“邑落，谓邑中村落。”
② 《史记》，卷 1，《五帝本纪》。
③ 《汉书》，卷 29，《沟恤志》。
④ 安作璋等：《秦汉官制史稿》（下），齐鲁书社 1985 年版，第 221 页。
⑤ 高贤栋：《南北朝乡村社会组织研究》，山东大学出版社 2008 年版，第 54 ~ 55 页。
⑥ 《三国志》，卷 16，《郑浑传》。
⑦ 《颜氏家训》，卷 3，《勉学》。

籍时，常举乡亭里的名称；当表述居住地的时候，则常用村名。[①] 在功能上，南朝村落具有防御、治安、经济、互助等多重功能。南朝的村落一般筑有围墙，修有门闾，不允许外人随便出入。如果遇有战乱或盗寇，常会举村共同防御，抵御无果时，则会“举村而逃”[②]。为了严格控制村民，南朝时期什伍设于村之下，村里什伍相连，“一人犯吏，则一村废业”。在经济上，村不仅是基本的税收单位，而且安置流亡人口、开垦荒田、政府救助等事务也以村为单位进行。同时，村也是乡间的生活与生产互助单位。还是常见的宗教信仰单位，无论是佛教，还是道教，抑或其他民间信仰，基本上都是以村为单位进行。[③] 北朝的村落大小不一，稍大些的村落有几百户人家，稍小一些的村落一般是数十户人家，还有一些三户、五户自然成聚的村落。这些自然村落与三长是交叉关系，一党、一里、一邻都可能是一村；也可能数党一村、数里一村、数邻一村；还可能一党数村、一里数村。与南朝村落相比，北朝村落最突出的一个功能就是防卫与治安功能，在宗主督护制废止后，各村落仍保留防卫性的围墙、壕沟，关于村坞的记载也时时可见。

北朝的村落具备一定的经济共同体的功能，村是共同的生活单位和生产上的互助协作单位。教育在北朝村落中得到一定的发展，“县立讲学，党立教学，村立小学”[④]，根据记载，李密就曾在村中讲学，“仲伯潜归天水，密诣淮阳，舍于村中，变姓名称刘智远，聚徒教授”[⑤]。但是，北朝时代，政府并未给予村落任何行政的认可，就目前所能看到的材料而言，以村落为单位的政府行为只有三种情况，一是旌彰、优赐，二是“村立小学”，三是以村为单位实行连坐。因此，与南朝村落相比，北朝村落体现的主要是自然聚落属性，相关职能则由三长制来承担。唐代承袭隋代革弊之势，加强整顿力度，对州县名称的紊乱及重迭现象予以了规范，其中重要的一环就是制定和完善了村制度。“大唐令，诸户以百户为里，五里为乡，四家为邻，五家为保。每里置里正一人（若山谷阻险，地远人稀之处，听随便量置），掌按比户口，课植农桑，检查非违，催驱赋役。在邑居者为坊，别置正一人，掌坊门管钥，督察奸非，并免其课役。在田野者为村，别置村正一人，其村满百家增置一人，掌同坊正。其村居如（不）满十家者，隶入大村，不须别置村正。……诸里正，县司选勋官六品以下白丁清平强干者充。其次，为坊正。若当里无人，听于比邻里简用。其村正取白丁充，无人处，里正等

---

① ［日］宫川尚志：《六朝时代的村》，引自《日本学者研究中国史论著选译》第 4 卷，中华书局 1992 年版，第 98 页。

② 《宋书》，卷 65，《申坦传》。

③ 齐涛：《魏晋隋唐乡村社会研究》，山东人民出版社 1995 年版，第 46 页。

④ 《北史》，卷 31，《高祐传》。

⑤ 《隋书》，卷 70，《李密传》。

并通取十八以上中男、残疾等充。”① 村制初始于武德，定型于开元，“村”制入令，使“村”正式取得了法律的承认与保护，并成为一级基层地方组织。

值得强调的是，在十六国及北朝早期，由于受战乱和少数民族内迁的影响，北方汉族大地主多聚族而居，割据一方，出现了很多集政治、经济、军事于一体的坞壁，以保障自己不受胡人贵族的侵犯。少数贵族习惯封建的生产、生活方式，强占土地，扩充荫户，与汉族地主趋同。他们构成北朝时期的豪族。豪族不仅占有土地、佃户，而且拥有军队、地方权力，并同族权结合在一起。北魏建国初期，由于国力和统治水平的局限，政府无法将这些具有割据和半割据性质的豪族势力纳入中央集权的政治范畴，只好承认其合法性，由此形成宗主督护制，允许宗主督护拥有大量的荫附人口，“百姓因秦晋之弊，迭相荫冒，或百室合户，或千丁共籍”②，“旧无三长，唯立宗主督护，所以民多荫附，五十、三十家方为一户”③。这些豪族各自拥有相当广泛的居住空间。在豪族的外围，附着有在豪族社会经济支配下的异姓农民。豪族包含着多数的宗族成员和异姓农民，形成一个自律性的社会秩序。日本学者称之“豪族共同体”。

关于魏晋六朝时期的村落，日本学者展开了深入而系统的研究，在分析村落的产生、发展与变化上形成了不同的见解。一些学者将村落的出现与整个社会的变迁联系起来，并强调村落自治性的一面。其中以谷川道雄为代表。谷川认为，在中国自殷商到汉末为古代，汉末三国进入中世纪。三国以后的天灾、战乱成为日常化的时代中，人们为了生存而在自然的血缘关系之外结成新的共同体，由此形成与古代社会不同的基层社会结构。虽然这种共同体社会主要是以农村为场所而形成的，但是它又不是那种所谓的村落共同体。因为村落共同体多是以土地及生产手段共有或共同利用为基础。然而，在六朝时代这种村落的存在是无法得到强有力的认证的。当时将农村中各家族结合在一起的力量，来自于那种特定的有实力家族的领导性，以及民众各家对于这种领导性的信赖之心。在这里与其说是经济关系，不如说是精神关系，形成了人与人之间相互结合的更加强有力的纽带。④ 共同体结成的契机是对自身私欲的抑制，这主要体现在士大夫身上。与财产、权势的世俗欲望相对，是士大夫的自我抑制精神实现了家族、宗族、乡党，以及称为士大夫世界的人们的共同体的结合，这种结合形成的就是“豪族共同体”。豪族共同体是以望族为中心所形成的血缘和地缘的社会集团。以道德高尚

① 《通典》，卷3，《食货三》。

② 《晋书》，卷127，《慕容德载记》。

③ 《魏书》，卷53，《李冲传》。

④ ［日］谷川道雄著，马彪译：《中国中世社会与共同体》，中华书局2002年版，“中文版自序”第6页。

的知识分子为核心结成共同体是这一支配结构的共同类型，因而又被概括为“名望家统治”[①]。谷川道雄认为六朝时代的特点是其社会为贵族所支配，他探讨了贵族如何与乡党结合构成共同体，以贵族的赈济活动为核心勾画了共同体的形成机制，共同建设成新贵族主义国家。[②] 这种分析令人耳目一新。谷川的豪族共同体理论在国内外学术界也引起了广泛的争论，有学者指出谷川所提供的事实不足以支持其共同体理论，赈济活动与结成共同体的关系也颇有疑问。但不管怎样，谷川所提出的“豪族共同体理论”通过对历史上六朝的社会基层结构的考察以解释六朝的历史，并试图在此之上论及中国社会整体的结构特性，对于中国中古历史的认识具有非常重要的价值，对于魏晋时期中国乡村社会的结构提出了很好的解释。

唐代实施村制度，界定“在田野者为村”，“村”成为一个与“坊”相对并具有独立地域意义的组织机构。同时，纯粹意义上的城民——坊郭户在制度上得以产生。唐初继续沿用前代按职业结构为依据的四民分业标准，唐高祖武德七年（624 年）令：“士农工商，四人各业。食禄之家，不得与下人争利。工商杂类，不得预于士伍。”[③] 开元七年（719 年）令：“辨天下之四人，使各专其业。凡习学文武者为士，肆力耕桑者为农，工作贸易者为工，屠沽兴贩者为商，工商之家，不得预于士，食禄之人，不得夺下人之利。”[④] 元和五年（810 年）户部尚书李素仁提出变通建议：“其先不征见钱州郡，不在分配限。如坊郭户配见钱须多，乡村户配见钱须少。”[⑤] 这是“坊郭户”和“乡村户”首次以对称性的概念出现在文献中，更值得注意的是乡村户所配“见钱”少于坊郭户，这一差别意味着“乡村户”已被区别对待。此后，“乡村户”成为村民的专称。与此相适应，国家开始有了专门针对乡村户的政策。同时，从中唐以前基于户数的乡、里到此后基于地域的乡、村的变化，也意味着国家的基层控制措施由“治人”转而注重“治地”的跨越，与此相适应，经济意义上的城乡对立关系开始出现。

宋代是中国乡里制度发生重大转折的朝代，[⑥] 经历了从乡里制向保甲制的演变。北宋初期仍实行乡里制，北宋中后期实行保甲制。北宋时还创建了乡约制。金代的乡里制度沿袭前代，先承宋代保甲、保伍法，后继唐代的乡里制。元代则沿承了唐宋的乡、里制和金代的社制。其中，尤为重视社制，“县邑所属村庄，

① ［日］谷川道雄著，马彪译：《中国中世社会与共同体》，中华书局 2002 年版，第 263 页。
② ［日］谷川道雄著，马彪译：《中国中世社会与共同体》，中华书局 2002 年版，第 105 ~ 106 页。
③ 《旧唐书》，卷 48，《食货志上》。
④ 《唐六典》，卷 3，《尚书户部》。
⑤ 《唐会要》，卷 58，《户部尚书》。
⑥ 赵秀玲：《中国乡里制度》，社会科学文献出版社 2002 年版，第 25 页。

凡五十家立一社，择高年晓事者一人为之长。增至百家者，别设长一员。不及五十家者，与近村合为一社。地远人稀，不能相合，各自为社者听。其合为社者，仍择数村之中，立社长官司长以教督农民为事”①。元代则沿承了唐宋的乡里制和金代的社制。明代的乡里行政结构以旧制为基础，将每个县的地域空间细分为乡、都、图不同等级，实行里甲制。

明清时期的村落有一个显著的特点就是宗族与村落的关系，有些宗族和村落明显地重叠在一起。莫里斯·弗里德曼曾就中国东南的宗族（单系世系群）和村落的关系进行过阐述：“几乎在中国的每个地方，几个紧密相连的村落构成乡村社会的基本单位。氏族（书面语一般为“世系群”或“宗族”）通常只是村落的一个部分。但是，在福建和广东两省，宗族和村落明显地重叠在一起，以至许多村落只有单个宗族，继嗣和地方社区的重叠在这个国家的其他地区也已经发现，特别在中部的省份，但在中国的东南地区，这种情况似乎最为明显。”② 在明清宗族大规模形成和繁盛的时期，长江中上游地区的移民运动使两湖地区形成以“村户结构”为特征的家族组织模式，家族与村落明显地重叠在一起，形成很多单姓村落。而鄂东南以聚族而居为基础，将众多家庭组成家族、宗族，按照宗法伦理道德，依托祠堂等公共建筑，组成一个完整的结构，成为管理村落空间的重要组织。清代徽州宗族当地各大族都按一家一族来建立村寨，形成一村一族制度，村内严禁他姓人居住。具有主仆名份的佃仆一类单家小户，则于村寨的四周栖息，以起拱卫的作用。随着宗族的繁衍，外迁的支派另建村寨，也仍然保持派系不散。此时血缘关系与地缘相结合，促进村落的不断发展。我们可以通过表 2－1 清楚地了解帝制时代乡村社区的基本形态的变迁。

表 2－1　　帝制时代乡村社区基本形态

时代	自然聚居地	法定乡村组织					管理体制	自然聚落是否与法定乡村组织分离
原始社会	聚落							
黄帝	聚落	都	邑	里	朋	邻	井田制	否
周代	聚落	党（鄙）	族（酂）	闾（里）	比（邻）		乡遂制	否

① 《元史》，卷 93，《食货一》。

② ［美］莫里斯·弗里德曼著，刘晓春译：《中国东南的宗族组织》，上海人民出版社 2000 年版，第 1 页。

续表

时代	自然聚居地	法定乡村组织					管理体制	自然聚落是否与法定乡村组织分离
春秋战国	聚落	乡	连	里	轨		乡里制	否
秦代	聚落	乡	亭	里	什	伍		否
两汉	聚落	乡	亭	里	什	伍	乡亭制	否
魏晋	村落			里				否
南朝	村落			里				是
北朝	村落	族	里（闾）			邻	三长制	是
宋元	村落	乡（都、都保）	大保	里（保、图）	甲		乡里制 保甲制	是
明清	村落	乡（侦）	都	里（保、图）	甲		里甲制 保甲制 乡镇自治	是

从以上史料分析我们得知，聚落在原始社会开始萌芽，其后不断地发展变化，汉代聚落开始向“村”转变，但是，此时的村落还没有将自然聚落与法定的乡村组织的意义区别开来，此时的村也不是一个完整的地域概念。随着村落的演进和发展，直至南朝时代，村落才开始具备自然聚落与法定乡村组织的双重意义，村也逐渐成为一个完整的地域概念。此外，村在南朝时代不仅成为一个完整的地域概念，而且已经成为主流聚落形态，日渐形成为村落共同体，且具备了越来越多的社会功能。同时，由于此时的政府无力对乡村社会进行整治，因此开始赋予村一定的行政职能。

第二节　帝制时代乡村社区的治理机制

帝制时代乡村社区共同体的治理涉及两个层面：一是王权及其官府对乡村社区共同体的管治方式；二是乡村社区共同体内部的权力与权威的配置及其运行机制。对此的考察，可以更清楚地明了帝制时代政府与社区、国家与社会及社区共同体内部的权力关系。

一、帝制治理体系中的乡村社区

对于传统社会中“皇权不下县、县下行自治”之说，不少人提出了质疑。不少史家的研究表明，从历史上看，我们在近代中国所见到的典型的家族制度主要形成于宋代。支持家族的一些基本制度如围绕在家庭制度周边的族产制度、以房派为核心的家族制度以及民间大规模的宗族组织等的出现，大多可追溯到这个时期。[①] 那么，宋以前缺乏家族庶民化和平民化之前乡村治理的组织载体是什么呢？另外，秦晖通过对走马楼吴简的考证证实，即使在我国历史上世家大族最盛行的时代，吴简所反映的乡村也并非是宗族自治的乡村，而是中央集权国家控制下的乡村社会，即所谓的“编户齐民”社会，或者说是一种“非宗族的吏民社会”。在他看来，“国权归大族，宗族不下县、县下惟编户主、户失则国危，才是真实的传统。”[②] 与此类似的是，吉尔伯特·罗兹曼也曾指出，“19 世纪以来某些西方观察家提出：中国的村社是‘地方自治主义式的民主’或者是一种‘自由的、自我管理的社团’，因为地方行政管理的正式结构并没有下伸到农村。这种想法已绝对不可信。所有城镇和农村的家庭，以几十户或几百户为单位组织起来，指派给一定的维持秩序和付税的任务，这些任务通过有组织的集体行动来完成。”[③] 从现有的史料和研究来看，越来越多的证据表明，“皇（国）权不下县”仅仅表明在传统的帝制时代，县通常为国家正式的政府行政机构。县以下事实上存在不同类型的、多层次的乡村组织，它们协助并承担着乡村治理的职责。皇权通过这一组织体系对乡村社会保持着不同程度的干预和控制能力。[④]

秦汉以后，许多朝代的乡里制度结构基本采用“三级制”。如北魏的三长制，北齐的“党、闾、邻”，北周的“党、闾、里”，隋初的“族、闾、保”，以及明清两代的“乡、都、图”（或乡、都、里，或乡、都、村等）。在一些时代，乡村还曾出现过四甚至五级组织。如有的学者就指出，“明代的乡村行政机构，据有关方志所载，多半是乡都图、乡都里三级，也有的地方是乡保村里、乡保区图

---

① 陈其南：《传统中国的国家形态、家族意理与民间社会》，引自“中央研究院”近代史研究所编：《认同与国家》“台湾中央研究院”近代史研究所 1994 年 6 月版，第 191 页。

② 秦晖：《传统中华帝制的乡村基层控制：汉唐间的乡村组织》，引自黄宗智主编：《中国乡村研究》第 1 辑，商务印书馆 2003 年版，第 21 页。

③ 吉尔伯特·罗兹曼主编：《中国的现代化》，上海人民出版社 1989 年版，第 78 页。

④ 对于县以下乡村组织与控制方式最系统和详细的讨论可参见赵秀玲著《中国乡里制度》（社会科学文献出版社 1998 年 12 月版）和张翼之、黄华文和郑邦兴所著《中国农村基层建制的历史演变》（四川人民出版社 1992 年版）。本文对县下乡村组织的历史的间要描述主要参考上述著作。

四级”[①]。另外，在一些地区还有社、甲等层级。清代也存在乡都里甲组织（见表2－2）。[②]

表2－2　　　　20世纪前历代乡村治理组织体系的层级结构

时代		主要特征	地方		基层			
黄帝		井田制	州	师	都	邑	里	朋
周代		乡遂制	乡	州	党	族	闾	比
			遂	县	鄙	酂	里	邻
春秋战国		乡里制			乡	连	里	轨
			属	县	乡	率	邑	
秦汉		（乡亭制）	郡	县	乡	（亭）	里	什
北魏		三长制		县	党		里	邻
西魏				县	党		里	
东魏				县	党		闾	邻
北齐				县	党（族）		闾	邻
北周				县	党（族）	闾	里	邻
隋	隋初		郡（州）	县		族	闾	保
	隋文帝			县	乡		里	
唐			州	县	乡		里（坊、村）	保
五代十国		乡里制						
宋	宋初	保甲制		县	乡		里	
	北宋中期			县	都保	大保	保	甲
元				县	乡		里（村）	（社）
				县	都		图	保
明	明初	里甲制		县	乡	都	图（里）	甲
	中后期	保甲制		县			保	甲

① 白钢：《中国农民问题研究》，人民出版社1993年版，第137页。

② 项继权：《中国乡村治理的层级及其变迁——兼论当前乡村体制的改革》，载于《开放时代》2008年第3期，第80页。

续表

时代		主要特征	地方		基层			
清	顺治五年	里甲制		县	乡	都	里（图）	甲
	雍正四年	保甲制		县			保	甲
	宣统五年	乡镇自治		县	乡（镇）			

注：(1) 本表所指时代是史有明确记载或其制度最初建设之时代；(2) 由于不同时期地方和基层政权和组织的层级屡有变动，且不同地区名称、层级及范围不尽相同，本表所列主要是示意不同时期县以下基层组织的层级结构，而非严格的不同时期的等级范围的比较。(3) 本表主要是根据如下资料制作：赵秀玲著：《中国乡里制度》，社会科学文献出版社 1998 年版；张翼之、黄华文、郑邦兴著：《中国农村基层建制的历史演变》，四川人民出版社 1992 年版；韦庆远主编：《中国政治制度史》，中国人民大学出版社 1989 年版；梁方仲：《明代粮长制度》，上海世纪出版社、上海人民出版社 2001 年版；白钢：《中国农民问题研究》，人民出版社 1993 年版。

对乡村聚落的管理，两汉时期的乡里组织体系在沿袭秦制的基础上进一步丰富和完善。其最基层是什伍组织，什主十家，伍主五家，分别设什长、伍长。百家为一里，设里魁。十里为一亭，设亭长、主求。十亭为一乡，乡置三老、有秩、啬夫、游徼。其中，三老制在汉代得到较大的发展，“三老掌教化。凡有孝子顺孙，贞女义妇，让财救患，及学士为民法式者，皆扁表其门，以兴善行”①，三老不仅地位较高，而且权力较大。啬夫是汉代主要的乡里组织领袖，在乡里组织中发挥了重要作用，“汉时啬夫之卑，犹得以自举其职。故爰延为外黄乡啬夫，仁化大行，民但闻啬夫，不知郡县”②，成为汉代的一个独特现象。除了乡里什伍组织之外，在县下还有亭一级组织，设有亭长，“主求捕盗贼，承望都尉”③。汉代“亭”制比较复杂④，赵秀玲认为东汉时期，亭在城乡均有设置，一种是专职的亭，如维护社会治安、负责候迎送护或客舍邮递事务的亭；另一种是县下地方基层行政组织，负责管理辖区的民事。⑤

传统的帝制时代，乡村社会的基层组织与管理主要是地域性的组织，如乡、里、保、甲等。这些组织的划分并非完全按血缘关系划分，而是按人口和地域来划分的。这些组织并不是按血缘关系自然形成或农民自发组织的，而常常是依据

① 《后汉书》，志 28，《百官五》。

② （清）顾炎武：《日知录集释》，卷 8，《乡亭之职》。

③ 《续汉书志》，卷 28，《百官志》。

④ 对此问题，赵秀玲做了较详尽的分析，见赵秀玲著：《中国乡里制度》，社会科学文献出版社 2002 年版，第 11 ~ 12 页。

⑤ 赵秀玲：《中国乡里制度》，社会科学文献出版社 2002 年版，第 13 页。

官府指令而组建并得到县府的认可。由此，我们可以得出一个基本的判断：乡村家族和宗族组织并不是传统社会中乡村治理体系的基本组织或正式的组织。上述乡里组织建制的方式及其运行法则也显示，传统社会中王权对于乡村社会组织与管理有深度的干预和较强的控制能力。也正因如此，一些学者对于传统社会中的乡村自治或宗族自治持否定态度。K. C. 肖就指出，“地方自我管理的想法是违背农村管理体制的。农村表现出来的任何地方政府的主动性或公社生活，之所以能被政府容忍，或者是为了便于控制，或者是由于政府认为不必要进干预”①。虽然我们强调传统社会中王权对于乡村社会组织与管理的干预和控制力，但并不否定家族等组织在乡村社会组织与管理中的作用。事实上，在聚族而居的地方，乡里保甲等组织与乡村的家族和宗族组织存在密切的关系，有的甚至是交叉重合的，家族直接参与并承担部分管理和服务功能。②

费正清在讨论中国社会的结构时也曾指出，中国的家庭是自成一体的小天地，是一个微型的邦国。从前，中国的社会单元是家庭而不是个人，家庭才是当地政治生活中负责任的成分。每个农家既是经济单位，又是社会单位，村子里的中国人直到最近，主要还是按家族组织起来的，其次才组成同一地区的邻里社会。而村子通常由一群家庭和家族单位（各个世系）组成。③ 林耀华先生对福建义序的调查也发现，“当时的县衙门与乡村的关系，只征收赋税，其方法则假手于祠堂，所以官府从来是勉励祠堂的组织。”“宗族的族长和乡长，乃全族的领袖，两人同心合力，共掌族政。族长的任务稍为偏重祠堂祭祀与族内事宜，乡长职务则偏于官府往来，在外代表本乡。地保任务在于奔波，报告并庶务事宜，临时案件发生，由地保请命于族长或乡长。官府派差来乡，先见地保，由地保引见族长乡长。”“官府把纳粮税契事交给祠堂，祠堂按房支征缴纳官府，官府不自费力。”“官府与乡村的冲突，可说等于零。族人存有奸人，官府则惟祠堂是问，这可见全族族人的集体责任。官府任意擒人，祠堂亦有权申辩。”④ 这表明，时至20世纪30年代中期，家族组织在一些乡村地区依然有着相当完备的组织，有较强的凝聚力，并承担着乡村基层社会的治理功能。⑤

总体上来看，在传统帝制时期，农村基层社会治理并不是纯正的国家主导抑

---

① 转引自吉尔伯特·罗兹曼主编：《中国的现代化》，上海人民出版社1989年版，第78页。

② 项继权：《中国乡村治理的层级及其变迁——兼论当前乡村体制的改革》，载于《开放时代》2008年第3期，第80~81页。

③ 费正清：《美国与中国》，张理京译，世界知识出版社1999年版，第22~28页。

④ 林耀华：《义序的宗族研究》，生活·读书·新知三联书店2000年版，第58~59页。

⑤ 项继权：《中国乡村治理的层级及其变迁——兼论当前乡村体制的改革》，载于《开放时代》2008年第3期，第80~81页。项继权：《家族的变迁与村治的转型——关于家族在我国乡村治理中的作用的一项宏观考察》，载于《中国农村研究》（2001年卷），中国社会科学出版社2002年版。

或完全乡村社会自治的格局，而是一个由国家和社会共同努力构建的互补性合作治理体系。在传统的帝制时代，存在了各种各样的乡村基层社会组织单位，这些基层社会组织单位实际上正是国家治理基层社会的基础，也是国家为管理基层社会所行构出来的一系列社会组织，当然，其主要功能在于统计人口、缴纳税收及社会自我管理。不过，作为非国家力量的宗族、乡绅等在乡村社会治理中也发挥着重要的作用，由此，就有学者提出了“皇权不下县、县下行自治”的说法。实际上，在传统帝制时期，基层社会也是一个由不同组织层级形成的准单位性社会，基层社会被划分为不同的层级，不同的层级俨然一个社会组织实体。作为帝制划分的治理单位，最基础的基层社会组织由明确的成员主体构成，具有一定的单位组织身份，如后期的保、里、甲等，每个人都属于不同的层级，保、里、甲之间具有不同的界限，个体归属于相应的组织单位，受到相应的保、里、甲长的管理。另外，在具体的管理中，社会自组织力量也发挥着重要作用，如以血缘为基础形成的宗族、宗法组织也内在地形成了一定的认同单位机制，这就从内部形成了内在自我认同单位的特征。因此，总体上来说，我国传统社会的基层可以说是保持了一定程度上的“自治”。虽然基层组织在实质上是被官府控制并且是处于协助地位，协助其对乡村社会进行组织、管理，但在形式上，它们又不是从属于政府的正式的政府机构，通常也没有官府发放的俸禄，其产生形式也主要是由民间进行推举。因此我们可以说，在传统的帝制时代，官府与乡绅是在长期的互动交往中形成了一种特定的行为模式，乡绅自觉地协助官府对乡村社会进行治理。帝制时期的农村基层并不是完全的自治，但也非完全的吏治或官治，而是一种可以称之“官督绅治”或者是“官督绅办”的治理体制。

二、乡村社区共同体内部的制度与规范

从历史上看，乡村社区共同体内部也存在形式不同的村规乡约。历代地方的自律规则、乡约、族规、宗法伦理秩序等，就是典型的形式。这些村规乡约不仅为乡村社区共同体的运行提供了规范，也是乡村社区居民的行为准则。

清代乡约作为统治乡里的工具，由原来的民间规范转化为官方化和制度化。清代乡约的基本精神和宋明两朝类似，但较前有所强化，历代皇帝都非常重视乡约，并要求全国上下都切实奉行。早在顺治十六年，清朝就在全国范围内推行乡里约，规定由约正、约副为乡约宣讲，每月朔望召集百姓听讲，并对乡里百姓的

善恶进行记录。[1] 康熙曾在“上谕十六条”中较为系统地阐明了自己的乡里教化思想：“敦孝弟以重人伦；笃宗族以昭雍睦；和乡党以息争讼；重农桑以足衣食；尚节俭以惜财用；隆学校以端士习；黜异端以崇正学；讲法律以儆愚顽；明礼让以厚风俗；务本业以定民志；训子弟以禁非为；息诬告以劝良善；戒匿逃以免株连；完钱粮以省催科；联保甲以弭盗贼；解仇愤以重身命”[2]。雍正更重视乡里教化，于雍正二年（1724 年）将万言《圣谕广训》颁布全国，系统阐述康熙的“上谕十六条”。雍正七年（1729 年）要求对全国各地执行乡约的情况进行全面而彻底的检查，不得有遗漏，“雍正间，城、村俱设约正，值月宣讲圣谕，设约讲三名，村落报充不一”[3]。乡约定期集会，宣讲圣谕广训，然后推举乡人的善行与过失并分别记入册籍，屡犯过失而不改者则要受到一定的惩戒。因此，乡约成为一种在地缘关系基础上依靠道德约束力而实行的教化组织，它与保甲制相辅相成，使清王朝的各项法令得以贯彻执行。

此外，族规等也是乡村社区的行为规范基础。徽州宗族基本依据儒家伦理制定宗族伦理规范，如绩溪宅坦村胡氏龙井派祠规就由“彰善、瘅恶、职守、名教”组成一个控制族人的族规体系。徽州其他宗族的家法族规虽有详略的不同，但大体不出这四项基本原则。宗族与国家之间也保持着密切的关系，宗族自身要求族人忠于君主，遵守国法，完纳钱粮，使得祠堂成为维护君主制及社会秩序的重要基础。宗族的宗法伦理以及家法族规，制约着族人的思想，帮助国家完成对百姓的思想控制。

三、帝制时代乡村社区的治理精英

我国历史悠久，幅员辽阔，人口众多，特别是农村人口及乡村地域范围更是广大，乡村社会的有效治理一直是国家治理的难题。尤其是在交通和通讯不发达、地域封闭性大、地域间文化和语言差异巨大的帝制时代，想要对当时的乡村社会进行有效治理更是难上加难。长期以来，对于传统社会中乡村治理的方式，最流行的看法是“皇（国）权不下于县”、“县以下实行自治”。早在 20 世纪初，马克思·韦伯就强调“事实上，正式的皇权统辖只施行于都市地区和次都市地区。……出了城墙之外，统辖权威的有效性便大大地减弱，乃致消失。”“‘城市’就是官员所在的非自治地区，而‘村落’则是无官员的自治地区！”[4] 如果说县下行自治，那么，

① 《士庶备览》，卷 2，《讲约事例》。

② （清）夏炘注，《圣谕十六条附律易解》，清同治九年江苏书局刊本。

③ 《石门县志》，卷 4，《食货志》。

④ 马克斯·韦伯著，洪天富泽：《儒教与道教》江苏人民出版社 2003 年版，第 77 页。

县下由谁自治？如何组织？如何自治？乡村自治组织与县府及王权又是何种关系？一种普遍的看法是传统社会中由士绅与家族承担。

秦汉时期，基层乡里置三老，他们是乡里社区的核心人物。[①] 汉代总结秦亡之弊，在地方社会控制方面也充分重视了乡村社会势力——父老阶层。守屋都美雄分析父老在刘邦建汉和维系汉政权稳定中的重要作用时指出，汉代国家权力的基础是原来的地缘协同体——里。“里”中的自律秩序是习俗的“父老—子弟”关系，父老是里中的领袖，充分联结和利用好父老是汉高祖对以里聚居的民众的一种最迅速、最有效的掌握手段。[②] 池田雄一从中国古代聚落发展的角度也表达了相同的观点。他认为秦二世而亡的重要原因不仅在于郡县制度的不完善，更在于没有联结和利用“里”组织中的父老势力。相反汉代的统治历史长达四百年，其建国初期的组织和选用官吏等情况，和秦政大致相同，但却没有重蹈秦亡的覆辙，其原因是建立了三老制，官府从里父老中选出乡三老、县三老、郡三老纳入国家权力体系。让三老与父老并列的行政二重性，尽管在制度上是不完善的，但国家却通过这样的方式掌控了里聚落的自律秩序。[③]

汉代对地方社会势力给予了足够的重视，汉王朝的创建和长期统治与重视和利用乡村的父老势力密切相关。汉武帝以后，随着专制集权体制的加强，以及地方豪族势力的兴起，父老的性质和重要性也在发生着变化。唐朝前期在基层社会控制方面建立了比乡里制更为完善的乡里村坊制，其中的村坊分治具有开创性的意义。唐太宗在尝试设乡长、佐控制乡村的方式失败后，又一次把目光转向利用乡村父老上，恢复乡里制，确认和强化父老的权威，维护乡村治理。

齐初的地方政权通过村耆一类权威人物管理乡村经济事务，延兴（494 年）前后，对村的管理进一步制度化，仿里制设立村职。至梁武帝天监十七年，“村司三老”构成村职，直接对县负责，是上级政权管理民村事务的代表，同时也是上令下达的渠道。据此，村作为自然聚落越来越多地具有了行政功能。这一趋势发展到唐代，便正式形成了村制。

北朝村落相关职能则由三长来承担。有学者分析指出，由于三长的责任众多，风险不少，待遇菲薄，非人所艳羡，虽然存在豪门为三长的现象，但实际对地方豪

① 对秦汉乡官中的三老，学者关注颇多。有学者认为三老制度产生于战国，盛行于秦汉，既带有初秋战国时的遗风，又同自耕农阶层的兴衰紧密地联系在一起。人数众多的乡县三老，职参百政，无所不涉。德高望重的国三老，年耆学明，为天子与臣民所尊。参见秦进才：《试论秦汉时代的三老》，引自《中国古史论丛》，河北教育出版社 1995 年版。

② 参见守屋都美雄：《父老》（中译文），引自《日本学者研究中国史论著选译》第三卷，中华书局 1993 年版。

③ ［日］池田雄一著：《中国古代社会聚落的发展情况》，引自李范文、陈奇猷主编：《国外中国学译丛》(1)，青海人民出版社 1986 年版。

强的吸引力不大。在实际生活中，三长也不为人所重视，在北魏的造像活动中，极少有人愿意把“三长”的职衔刻于碑上，暗示他们在村落日常生活中的地位不足挂齿。北魏末年以降，随着形势的发展，兵燹不断，赋役日多，成为百姓的沉重负担，这些都违背百姓利益与愿望。在这个时期，“三长”虽然扮演政府官方代言人的角色，但却因为百姓与朝廷在利益上的对立，使得他们在民间处于尴尬的境地。

在乡村宗族共同体中，士绅作为一个居于领袖地位和享有各种特权的社会阶层，在乡村共同体中也承担了若干社会职责，发挥了非常重要的作用。他们视自己家乡的福利增进和利益保护为己任。在政府官员面前，他们代表了本地的利益。他们承担了诸如公益活动、排解纠纷、兴修水利工程，有时还组织团练和征税等许多事务。他们在文化上的领袖作用包括弘扬儒学社会所有的价值观念以及这些观念的物质表现，诸如维护寺院、学校和贡院等。[①] 对于中国士绅阶层在乡村社会中的作用，费正清也有过精辟的概述。[②]

从历史上看，历代王朝也是借助乡里组织及乡绅以实现税赋征缴的目标。一个庞大的王朝想要顺畅地运转当然离不开赋税的支持，可以说农业赋税是国家财政收入的主要来源，是官僚薪俸的主要来源和保证。税赋的征缴历来也是乡里组织的最基本、最主要的职能。但是，广袤的乡村地域和分散居住的农民给税赋的征缴带来了相当大的难度，历代王权都致力于寻找最合适的方法来征缴赋税，以尽可能地缩小管理与控制成本。这就需要考验王权对社会的控制与干预能力了，但这并不是说王权对乡村社会深入的程度越大越好，而是如何有效率地征收税赋，且又能减少征收成本。于是，乡村组织与乡绅这一活跃群体便成了历代支持和协助征缴的对象，也就是说，历代王朝均是借助乡里组织及乡绅群体完成征缴赋税目的的。

国家政权的存在与发展主要依赖于自身的资源吸纳能力、社会控制能力和公共服务能力，这三方面的能力在帝制时代恰恰需要由乡里组织来完成的。但是，我们注意到了帝制时代社会的管控与税赋征收是由不同的组织完成的，同时也由家族或宗族协助完成。例如，亭里掌赋税、甲主治安。虽然在传统的乡村治理中财政吸纳、社会管控能力较强，但是农村公共服务的能力比较弱，例如，灾荒损失、抚恤，农民的生老病死、教育等都要农民自己承担。在这样的情况下，家族与乡绅在兴办公益事业、组织公共活动、维持村庄秩序、执掌乡村教化等方面发挥了重要的作用。此外，帝制时期通过对乡里保甲组织的设置协助官府从事乡村社会的组织与管理，乡里保甲组织和地方乡绅作为中间阶层力量在国家与地方之间来回穿梭，协助稳定乡村社会秩序。可以说，帝制时期

---

① 张仲礼著，李荣昌译：《中国绅士——关于其在19世纪中国社会中作用的研究》，上海社会科学院出版社1998年版，第54页。

② ［美］费正清著，张理京译：《美国与中国》，世界知识出版社2001年版，第36~37页。

的乡村社会保持了一定的“自治”色彩。只是这种自治更多的是国家放弃公共服务的责任而已。

正如瞿同祖与萧公权所指出的：帝制中心对边陲的社会并未发生深入的穿透，所以尽管其对边陲社会施以各种控制方法，但顶多达到消极维持统一的地步，而不能达到凝结、动员社会力量以及政治目标的程度。官方的权威并不直接加于民众头上，而是通过地方的中介绅士和其他较低级别的权威人物来实现，其行政制度所涉及的范围也只停留在州级或县级。①

第三节　帝制时代乡村社区共同体的认同

一、家庭、宗族及社区共同体的认同

中国传统乡村社会的最小构成单位历来都不是个人而是家庭。家庭自古以来就是乡村社区的最小构成单位。早在传说的黄帝时代，就有“使八家为井，井开四道而分八宅，凿井于中。”② 由此形成井田制，并按家户数量划分基层组织单位。春秋战国时代县下地方基层组织的基本形式是乡、里（或邑）。此后的秦代、汉代以及魏晋南北朝时期，虽然在地方基层组织设置的形式及治理制度上不同，但依然以家庭作为最小构成单位，按其数量大小进行规划。

家庭自其产生就是一个自然单位，可以说国家以及其他共同体都是在这个自然单位的基础之上建构的。历史上众多家庭的结合，是为了共同抵御灾难，追求互利。家庭作为一个最小的经济共同体单元，是社会化最小的单位。在历史上，我国农民长期处于自给自足的小农经济主导的生活方式，使得家庭作为乡村社区构成的最小单元具有封闭性、自利性等特征，这些特征又导致了家庭与家庭之间的分散性，导致社会凝聚力的缺乏，缺少了一个中间阶层来集合众多家庭之间的共同利益，使单个家庭集合为一个整体，便于家庭与国家之间可以进行顺畅的沟通。这就导致以家庭为单位的众多不同表现形式的共同体的产生，如豪族共同体、家族共同体、宗族共同体等。

在传统乡村，除自给自足的家族之外，还有家族和宗族这样超越家庭的血缘

① 陈吉元、胡必亮：《当代中国的村庄经济与村落文化》，山西经济出版社 1996 年版，第 201 页。
② 《文献通考》卷 12，《职役一》，历代乡党版籍职役。

组织。家族是一种以血缘关系为基础、由家庭房派结成的亲缘集团或社会群体单位，而宗族组织则具有以族房长为中心的特点，并以宗法制度为基础。宗族组织以辈数年龄为标准产生族房长，不分代际地进行宗族拜祖活动，但是进行大小宗祭祀则有严格的等级规定。宗族是传统中国社会中的重要组织形式。宗族和宗族制的历史渊源，可以追溯到原始社会末期的父系氏族时期，其以男性为中心，以血缘关系为纽带结成的氏族部落，就是宗族的最初形态。宗族产生以后，几经兴衰，至宋代，随着理学的兴起和广泛传播，伦理观念、血亲观念逐步深入人心，宗族的作用逐渐从政治职能转为社会职能，至清代达到极盛时期。

对于明清时期宗族的形成，学术界有不同的解释：其一，宗族民众化。认为清代的宗族下移为绅衿平民的组织，不仅绅衿控制它，不少平民也是家族的管理人，同时，他还拥有广泛的人民，具有民众性的特点。代表性学者如高达观、冯尔康、左云鹏、李文治等。其二，郑振满的“三化论”。他认为在明清时期，福建的社会政治发生了三大变化，即宗法伦理的庶民化、基层社会的自治化及财产关系的公有化。其中宗法伦理的庶民化强调民间对宋儒等士大夫所提倡的宗法伦理的改造。[①] 其三，刘志伟和科大卫的“国家认同论”。即认为地方社会与国家的整合是从下至上的认同过程，百姓模仿士大夫修谱建祠，即地方社会的国家认同。其四是常建华的“宗族乡约化”。他强调国家在推广乡约的过程中，宗族实现组织化。[②] 以上观点都强调明清宗族的形成是一个建构的过程，只是关注点各不相同。

如果从家族自身组织和功能特点，尤其是家族的组织形式和组织基础、族内关系、族际关系及家族与国家的关系等不同方面来考察，人们一般认为，20 世纪以前，我国的家族及家族制度在历史上的发展，就经历了三次大的变革。

第一个时期是宗法制度盛行的西周至春秋初期。周代的宗法体制的主要特征是，它的宗法体制实质也就是国家体制。此外，它的王权则表现为宗主权，进而形成了一个典型的“宗法国家”，即宗族与国家合一的国家形式。在这种宗法制度的控制下，庶民连同土地都被封受给不同的诸侯贵族或封建领主，个人和家庭并没有从中独立出来。由此可以看出，此时庶民实际上是被排除在宗法制度之外的。到了春秋战国时期，由于废除了世卿世禄制度及分封制，宗族制度也逐渐开始瓦解。在这个瓦解的过程中，因为生产力的不断发展，特别是这一时期开始使用铁器，同时改进了技术，这些都使个体及家庭开始走向独立成为可能。此外，还有一个原因，便是秦国商鞅变法的鼓励和推动不仅正式确认了土地私有制的关

① 郑振满：《明清福建家族组织与社会变迁》，湖南教育出版社 1992 年版。

② 常建华：《明代宗族研究》，上海人民出版社 2005 年版。

系，同时允许土地自由买卖。这些原因均导致此时的个体及家庭开始逐渐从宗族中独立出来。而且规定“民有二男以上不分异者倍其赋”，从而依靠国家的力量打破传统的世卿宗族，促进了家庭的独立。与此同时，到西汉还发展出一套家长制的家庭伦理和行为准则，如《孝经》和《礼记》。不过，虽然秦朝至西汉农民土地所有制长期占据统治地位，这时士庶等级的划分还不严格，但是，“有关这一时期宗法宗族制的记载很少，说不出具有什么时代特点。”①

第二个时期是世族门阀大家族盛行的东汉后期至魏晋至南北朝时期。世族门阀开始形成于东汉，到南北朝是其发展的顶峰时期。这一时期，以世族门阀为典型形式的大家大族逐渐代替了原有的小家庭和小家族。门阀地主到东汉时期已经在社会中占据了统治地位。此时，累世同居的大家族享有各种特权，同时还成为人们所推崇备至的对象。由于隋朝开始实行科举考试，废除了本来一直作为被世族垄断的九品中正制，开始了开科取士，使旧世族的部分特权受到剥夺，同时受隋末农民战争爆发形成的冲击，世族权势开始逐渐步入衰落。

宋代开始至明清时代是第三个时期。这一时期，随着科举制度进一步的推行，科举成为选拔官吏的基本形式，门第不再成为入仕的制约因素，此时就出现了庶民家族的平民化和大众化。同时，庶民地主随着传统世族的衰落、商品货币经济的发展开始不断出现，形成庶民家族，出现了创办族田义庄、私人修谱的现象。由于传统宗法血缘观念逐渐趋向淡薄，一些官僚士大夫开始期望通过重整宗法家族制度，用以维护社会秩序，这也放松了对庶民家族的限制，鼓励了家族的发展。尤其是到了明清时期，国家逐步废除了关于建祠及追祭世代等的限制，庶民户得以置祠庙及追祭祖先，这就使得庶民家族在社会上得到迅速发展。与此同时，族田义庄也迅速扩大，族规家法也日益严密。从此，家族不再限于少数贵族官宦之家，而成为平民社会的基本组织制度。如果说传统的宗法大家族是一种等级家族制的话，自宋之后，则成为一种平民化和大众化的家族制度。自此以后，大众化的家族组织及族谱、族田、族规、族祠等逐渐构成家族存在的基础和基本组织与活动制度。宋代以后的家族在组织及其运行方式上与此前的宗法家族有很大的不同。②

显然，家庭和宗族的形成发展经历了不同时期，不同时期有不同特点。不过，我国是一个幅员辽阔的国家，各地经济社会发展很不平衡，家族和宗族发展也有显著的地域差别。特别是16世纪以后，在华中、华南的大片地区，宗族形成运动不断发展，但各地区间的宗族普及和扎根状况不尽相同。据井上徹的研

① 李文治、江太新：《中国宗法宗族制和族田义庄》，社会科学文献出版社2000年版，第8页。

② 项继权：《家族的变迁与村治的转型——关于家族在我国乡村治理中的作用的一项宏观考察》，引自《中国农村研究》（2001年卷），中国社会科学出版社2002年版。

究，在中国最先进的地区苏州，像将据点设于府城的范氏义庄这样长期存续的宗族，数量并不很多；而在广东佛山，在以公有财产为基础的宗族的数量比重以及对宗法原则的运用上，都要比苏州高一个层次。这也不是仅限于广东的现象。在相对于经济、文化中心的苏州属于“周边”范畴的地区，如徽商的故乡徽州山区，江西山区，移民大量涌入的四川山区，东南沿海的闽、粤地区以及少数民族居住的地区（广西），其宗族的规模和密度都明显地超过苏州这一类先进地区。[①]因此，下面按区域分述之。

（一）华南宗族共同体的兴起

珠江三角洲是近年来学者们关注的一个热点区域。以科大卫、刘志伟、陈春声等为代表的华南学派，将历史学和人类学相结合，开展田野调查，发表了大量文章论述珠江三角洲等地的宗族问题。福建地区的宗族研究受到傅衣凌“乡族”论的影响，大多使用乡族、宗族、家族的概念，从不同侧面探讨该地区的宗族问题。[②] 其中，郑振满认为中国的家族制度在民间蔓延与明清时期政体的改装以及地方社会——经济实体的形成有密切关系，并将福建地区的宗族划分为三种类型：以血缘关系为基础的继承式宗族、以地缘关系为基础的依附式宗族和以利益关系为基础的合同式宗族。

那么，华南宗族究竟是怎么形成的？莫里斯·弗里德曼认为：“几乎在中国的每个地方，几个紧密相连的村落构成乡村社会的基本单位。氏族（书面语一般为“世系群”或“宗族”）通常只是村落的一个部分。但是，在福建和广东两省，宗族和村落明显地重叠在一起，以至许多村落只有单个宗族，继嗣和地方社区的重叠在这个国家的其他地区也已经发现，特别在中部的省份，但在中国的东南地区，这种情况似乎最为明显。”[③] 他指出中国东南部宗族发展的几项重要因素：其一，生态和经济要素。以拥有高度生产率的稻作经济所积聚的盈余为背景，通过共同财产体系的运行来保持其宗族的发展。水利设施的建设需要较大规模的社会团体的协作，从而对宗族的大量发展提出了要求；稻作经济可以造成财富的积累，进一步提供了共有土地的资本，促成祠堂的建设与宗族的发展。其二，社会、政治要素。其中一个重要的因素是边陲性。在边陲地区，国家行政控

---

① ［日］井上徹著，钱杭译：《中国的宗族与国家礼制》，上海书店出版社 2008 年版，第 316～317 页。

② 例如，郑振满：《明清福建家族组织与社会变迁》，湖南教育出版社 1992 年版；陈支平：《近 500 年来福建的家族社会与文化》，上海三联书店 1991 年版；杨国桢、陈支平：《明清时代福建的土堡》，台北国学文献馆 1993 年版。

③ ［美］莫里斯·弗里德曼著，刘晓春译：《中国东南的宗族组织》，上海人民出版社 2000 年版，第 1 页。

制难以有效，人们不得不聚族自保，移民自卫系统导致了地域化宗族的发展。边陲性是与经济要素并列的促进大规模宗族发展的重要原因。因此，在王朝的衰退期，宗族的影响力就强，而在王朝的兴盛期，与国家整合的程度就较高。

珠江三角洲在唐代之前是一由越人所居住的、栖息于历史角落的荒服之地，以宋代移民为契机才得到初步开发。宋室南迁时，朝廷官宦、士大夫也纷纷南移。当他们进入珠江三角洲时，面临着取得入住权和土地开发权的问题。为了兴修水利、开垦沙田，必须依靠宗族的力量，最终取得对当地的控制权。明代以后，土著的俚人（越人的一种）逐渐被融合。明中叶以后，各大族皆以中原高贵血统相标榜，而且在商业化中发展起来的单寒小姓，也开始仿效大族建立起宗族组织，从而冲破了传统宗族制与庶民隔绝的藩篱，宗族制走向民间化。在建构谱系中，对始祖的附会、对祖宗的粉饰，在珠江三角洲修谱时非常盛行。一些居住相邻近的寒姓单家，也以抽签、占卜方式来确定共同的姓氏，且虚拟共同祖先，合同组成一个宗族。虚拟宗族的流行成为珠江三角洲宗族制的一个重要特点。

嘉道时期一文士张海珊曾说："今者强宗大族所在多有，山东西、江左右，以及闽广之间，其俗尤重聚居，或者万余家，少亦数百家。"① 清末闽县各地的主要聚居宗族，总户数一般都有数百户乃至数千户，往往连亘数村乃至数十村。在白湖、仁南里、内七里、外七里等区，聚居千户以上的族姓比比皆是。而且像福州地区的那种宗族聚居规模，在福建沿海平原也很普遍。② 可见这个时期华南宗族之盛。宗族活动以宗祠为中心，在福建莆田，"营室先营宗庙，盖其俗然也"③，即居民区与祠堂同时形成。清初，屈大均曾经指出，"其大小宗祖称皆有祠，代为堂构，以壮丽相高，每千人之族，祠数十所。小姓单家，族人不满百者，亦有祠数所。"④ 广东顺德"以祠堂为重，大族祠至二三十区"⑤。据各时期志书的记载，存在于佛山的祠堂数在乾隆（18 世纪 50 年代）、道光（19 世纪 30 年代）、民国（20 世纪 20 年代）三个时期的各姓祠堂数分别为 145 所、174 所和 376 所。⑥ 在广州等大中城市，联姓祠甚多。光绪元年（1875 年）便有联姓祠宇 85 处。⑦ 对于缺乏血缘、地缘关系的虚拟宗族，祠堂具有更强的凝聚力。到民国年间，祠堂甚至采用股份制合同兴建。祠堂是宗族身份的标志，番禺沙湾就以是否有祠堂作为判定"埋边人"（即里边人，意指大族）和"开边人"（即外边人，

---

① 张海珊：《小安乐窝文集》，卷 1，《聚民论》，道光十年版。
② 郑振满：《明清福建家族组织与社会变迁》，湖南教育出版社 1992 年版，第 154、156 页。
③ 乾隆《莆田县志》，卷 2，《风俗》。
④ 屈大均：《广东新语》，卷 17，"官语"、"祖祠" 条。
⑤ 咸丰《顺德县志》，卷 3，《风俗》。
⑥ ［日］井上徹著，钱杭译：《中国的宗族与国家礼制》，上海书店出版社 2008 年版，第 286 页。
⑦ 光绪《嘉应州志》，卷 23，"禁联姓祠"。

指被役使的小姓）的根据。建祠和入祠可以提高一个人的社会地位，增强商业信用。可见，珠江三角洲祠堂的特别被重视及虚拟宗族之盛行和商业化有关。

（二）江南地区——强大的世家望族

江南地区，包括太湖平原的苏州、松江、常州、杭州、嘉兴、湖州、太仓六府一州。江南地区是明清经济文化中心，其宗族发展既具有一般宗族的共性，也具有其独特的地域特征，主要表现在世家望族势力强大，尤其是科举家族与文化家族颇多。从明清时期起，江南地方的家族现象就引起社会普遍关注，出现很多《氏族志》之类的著作，记录各地名家大族的情况，在地方志中也往往辟有专章。社会学家潘光旦20世纪30年代就著有《明清两代嘉兴的望族》一书，分析了明清嘉兴90余个家族的世系，发现家族平均可流衍8.3世之久，从而对“君子之泽，五世而斩”的提法提出了质疑。[①] 吴仁安对上海和江南的望族进行了深入的研究。他指出，明代中叶以后，随着江南社会经济的蓬勃发展，上海地区如雨后春笋般地先后形成了许多由科甲出仕起家的新的云间望族，诸如：上海杜氏、华亭徐氏、川沙乔氏、枫泾（今金山区枫泾镇）沈氏、青浦雷氏、张泽（今松江区张泽乡）吴氏、松江唐氏、南汇顾氏、娄县沈氏、龙华（今徐汇区龙华镇）张氏、上海沈氏、青浦陆氏、新场（今南汇县新场镇）的朱氏和闵家、川沙黄氏、金山姚氏、奉贤何氏、虹桥（今闵行区虹桥镇）宋氏、松江顾氏、崇明徐氏、泗泾（今松江区泗泾镇）秦氏、上海潘氏、嘉定钱氏、上海徐氏、横港彭氏、闸港（今闵行区闸港镇）施氏、上海曹氏、东门（上海县城东门）陆氏、下沙（今南汇区下沙镇）瞿氏，等等。据明末清初上海邑人叶梦珠著《阅世篇》卷五《门祚》记载，当时仅仅是古称“云间”的松江府一郡的名门望族即达六七十家之多，至于一般望族则自当更多。如果再把当时隶属太仓直隶州的崇明、嘉定、宝山三县的望族全部统计的话，那么明清时期上海地区望族的数目定是十分可观。且明清时期所有的望族几乎都是由科甲出仕起家的官僚缙绅、乡绅等士大夫支撑的。如明代“上海乔公子”乔一琦就是出身于累代官宦之家的上海县乔氏望族的世家子弟；清初的潘尧采亦出身于世代官宦之家的明代上海县名门望族的潘恩家族；明代上海县的陆深家族则是当时一个著称于世的文化世族。明清时期江东镇江、常州、苏州、太仓三府一州，不仅经济繁荣、文化发达，而且人文荟萃，也是著姓望族集中的地方。[②] 这些望族极大地影响着地方社会，正如张海珊在《聚民论》中所说“其耳目好尚，衣冠奢俭，恒足以树齐民之望而转移其

① 潘光旦：《明清两代嘉兴的望族》，上海商务印书馆1947年版。

② 吴仁安：《明清江南望族与社会经济文化》，上海人民出版社2001年版，第31～33、55页。

风俗”[1]，以至于影响一方。在当地，望族大都以儒家的道德规范行事，他们大力支持地方公益活动，积极参与地方文化建设，努力协助地方政府维护社会秩序，在一定程度上促进了该地区经济与文化的繁荣。

江南地区还以族田义庄和社区性的善会善堂众多闻名于世，两者高居全国首位。义庄始于北宋范仲淹于家乡苏州设置的范氏义庄，后成为千百年的典范。据范金民研究，江南义庄发展以清代为著，其中苏州一地，宋代义庄 4 个，明代 8 个，清代新设 185 个之多，至清末仅苏州一地义庄多达 200 余个。[2] 苏州作为全国经济中心，士绅也最为集中，因而由士绅来创建族田义庄成为苏州的一大传统。同时，族田义田的功能也在不断调整变化，“宋元时代，官僚创建义田祭田，主要着眼于尊祖敬宗和睦族收族。明代稍有不同，人们在提倡尊祖敬宗收族睦族的同时，与建祠修谱相配合，力图通过族田义庄的经济功能控制族众，缓和阶级矛盾，以达到稳定封建秩序的目的。”[3] 苏州义庄在明代至清代前期一直处于缓慢发展之中，然而道光以后，江南天灾不断，咸丰以后又遭战争摧残，庚申之役，苏州士绅尤受重创。但是战争之后，原有的基层组织网络大多废而不举，因而又转向士绅求助，于是宗族义庄和善会善堂各类组织又迎来了发展的契机。义庄和善堂在同治光绪年间得到空前发展，维持着基层社会的管理和保障功能。

江南经济的发展、社会的流动和开放对宗族的发展既有促进作用，也有消解作用。一方面，江南的商业化、城市发展、文教发达使得当地的官绅和商人实力强大，各地商帮在此聚集，特别是徽商、粤商、宁波商人等，使江南成为绅商家族聚集之地。尤其是商业财富与科举仕途两者的结合在江南体现得淋漓尽致。江南的很多宗族带有强烈的士商相混的特征，如大阜潘氏、南浔刘氏等，著名的洞庭商帮也是以徐氏、席氏等大家族为主导的。另一方面，如苏州，苏州可以说是当时江南商品经济最发达的地区，其宗族组织和宗族意识自东晋南朝开始就不断受到经济发展的强有力的冲击，明清时期苏州人有一种非常普遍的现象——分产异炊，因此，大规模同财共产、累世聚居的宗族则较为少见。唐力行等通过对苏州碑刻资料的分析，认为明清江南地区普遍是以小家庭为主体的家族结构，大宗族和累世共居的大家族则居于次要地位，分家析产现象普遍，血亲关系趋于淡薄。加之明初和清初国家都极力打击豪族富户，江南作为全国最为富庶的地区所受破坏最多。由于元末江南为张士诚势力范围，朱元璋建立明朝以后，对江南大肆打击，如征收高额赋税、诛杀大户和将大批富户迁往凤阳、南京等地，以致“江南北巨姓豪族，不死沟壑，则奔窜散处”。清初哭庙庵、空印案、通海案及文

① 张海珊：《聚民论》，贺长龄辑《皇朝经世文编》，卷 58，《礼政》。
② 范金民：《清代苏州宗族义庄的发展》，载于《中国史研究》1995 年第 1 期。
③ 李文治、江太新：《中国宗法宗族制和族田义庄》，社会科学文献出版社 2000 年版，第 76 页。

字狱等大族的株连都很严厉。而明清易代之际战乱的破坏尤其严重，《阅世编》所记载松江地方的70多个大族绝大部分在这一时期走向衰落。不过一旦局势安定，经济活跃，江南凭借其强大的经济和文教势力又能迅速恢复过来，并成为全国世家望族最为耀眼的地方。

（三）长江中游宗族的繁盛——以两湖为中心

在长江中游，明清时期是宗族大规模形成和繁盛的时期。以两湖地区为例，其宗族势力的发展与华南相当，“宗族主要分布在湖北的黄州府、武昌府，湖南的长沙府、永州、郴州等州府。在湖南慈利县，家庙祠堂多达217座。[①] 醴陵县从明代到民国初年修建祠堂达553座。”[②] 在湖北，聚族而居、兴建祠堂的现象也很普遍，在各地县志中皆有详细记载。

两湖地区宗族的形成和发展在一定的程度上带有“移植性”色彩，这与明清时期的两湖移民有着很大的关系。两湖地区属于典型的移民社会，与“江西填湖广”、“湖广填四川”的移民运动有关。[③] 由于移民型社会的移民嵌入定居地主要是以一家一户的方式进行，进而不断繁衍逐渐形成一村一户的聚居式宗族，最终形成村落，因此，在一些两湖地区，家族常常与村落重叠在一起的，形成了很多单姓村落。移民型的社会使两湖地区形成以“村户结构”为特征的家族组织模式，主要是这种单姓父系亲族聚居所形成的家族组织非常稳固，内部的房支分得很细。林济总结了该区域宗族的特点：第一，长江中游的宗族组织表现为地缘与血缘的紧密结合，形成以“村户结构”为特征的家族组织模式；第二，长江中游的宗族组织形成了家庭—亲房—房分—宗族的分层组织结构，具有较强的稳固性与凝聚力；第三，低级绅士成为宗族组织的主导力量。[④] 宗族共同体在基层社会的管理与控制中起着很强的作用。

鄂东南的家族祠堂可分为三类：宗祠、支祠、家祠，基本对应着聚落结构中的聚居区—村落—大家庭。宗祠由合族共建，在团状聚居的家族中，往往位于若干村落的中间地带，散居的宗族则会选择建在始迁祖所在的村落，宗祠对应着一群家族性村落，是一个家族聚居区的公共建筑。支祠是一个族姓在分支之后，房头支系聚居形成村落后建立的祠堂，一般位于自然村落中心位置，对应单个家族

---

① 民国《慈利县志》，卷11，《祠祀》。

② 民国，《醴陵县志·氏族志》。

③ 对此问题张国雄已有系统、详细的论述。参见张国雄：《明清时期的两湖移民》，陕西人民教育出版社1995年版。

④ 林济：《长江中游宗族社会及其变迁——黄州个案研究（明清~1949年）》，中国社会科学出版社1999年版，第17~19页。

村落，是一个村落的公共建筑。家祠则是一户一家发达后由家庭独建，以纪念一个家庭祖先之祠，是一个家庭住宅的中心区域和公共空间。总之，鄂东南以聚族而居为基础，将众多家庭组成家族、宗族，按照宗法伦理道德，依托祠堂等公共建筑，组成一个完整的结构，成为管理村落空间的重要组织。

在两湖的西部少数民族地区，改土归流以后，社会结构逐渐与汉族地区趋同。清代中后期，两湖土家族地区的宗族组织在土著大族的基础上逐渐建立起来。虽然改土归流以前土家族地区有汉族人口以各种方式进入，但直到改土归流以后才有大规模的移民进入，在清前期和中期建宗祠者较少，“兄弟分析，不图聚处。虽士人之家，亦无祠堂，岁时伏腊，各祭于正寝而已”①。到了光绪年间，则发生了变化。据光绪《施南府志续编》记载：“祭礼，则祀于正寝。近日寄籍者多创建宗祠，笃报本之念，而土著之家，亦渐师以为法。”在恩施，向、覃、谭、廖都是当地土家族的名门大姓，各有自己的宗祠谱牒。在建始县景阳河，到清代中后期，世居大姓向、黄、冉、刘逐渐形成大的宗族，并且纷纷将自己的身份定位为外来移民，皆称自己的祖先是洪武年间从江西吉安府迁来的。在清代中后期的修谱热潮中，冒认自己是历史名贤和名望家族之后成为这里的普遍现象。②许多宗族在修谱的时候都会建构一些移民故事，试图通过新的族群认同来忘却蛮夷的历史，以与旧的社会秩序决裂，这种家族历史的重新建构反映了湘鄂西土家族地区社会发展的一个重大转变，即改土归流后宗族定居和国家认同的逐渐形成。

（四）徽州宗族——正统宗族社会的典型

徽州位于皖、浙、赣三省交界处，古称新安。自秦置郡县以来，这里曾先后设新都郡、新安郡、歙州等。宋徽宗宣和三年（1121年）改歙州为徽州，历元、明、清三代，统“一府六县”，即徽州府、歙县、休宁县、婺源县、祁门县、黟县、绩溪县。自汉末始，南迁的北方氏族通过坚持和强固原有的宗族制，加强内部的凝聚力，又以浸透着宗法思想的中原正统文化进行教化，唐代以后，宗族组织成为当地社会结构的基础。作为朱子故里，理学之乡，宋代以后徽州宗族一直长盛不衰。明清以后，由于徽商的兴起，宗族社会发展更甚。可以说，徽州府是明清时期中国境内宗族组织极为发达、宗族制度较为典型的地域之一。

清代徽州宗族大体分以下三种结构：第一，一般宗族：宗族—房分；第二，

① 道光《施南府志》，卷10《风俗志》，（清）王协梦纂修，道光十四年刻本。

② 吴雪梅：《乡村记忆与清初土民社会转型——对鄂西南景阳河社区口述史的解读》，载于《江汉论坛》2005年第9期，第102～104页。

大宗族：宗族—房派—支派；第三，联宗宗族：始居地宗族—迁徙地宗族—房派—支派。[①] 徽州的宗族制有一个显著的特征，那就是血缘关系严格坚持以父系为中心，并结合地缘关系；等级制度严格，例如，长幼尊卑及主仆名分；重视祠堂与祖宗，孝道为崇等。徽州宗族组织的普遍存在和徽州人宗族意识的根深蒂固，加之徽州的崇山峻岭为宗族组织提供的天然屏障，为徽州社会秩序的稳定提供了有力的保障，故“歙无他郡流民，故风俗醇厚，无所渐染”。总之，徽州宗族制堪称正统宗族制传承的典型，它也一直保持着与正统文化的一致性。

明清时期是中国传统社会中承前启后的一个重要时期，在此时期，伴随着土地关系的松解，在中国的南方地区，宗法宗族制度逐渐普遍化、庶民化，宗族共同体的规模明显扩大，具有更强的社会整合力。尤其是清代的两百多年间，各宗族建置祠堂，修辑族谱，制定族规族约，将同族编织在一起，形成村际甚至跨村际的宗族共同体。因此，史学界普遍将祠堂、族田与族谱视为宗族组织发展和秩序维持过程中普遍存在且始终起作用的因素，甚至视为宗族组织的普遍模式。各个宗族组织按照血亲关系形成了一套严密完备的管理体系，具有管理各自宗族内部和外部事物的权利和功能，维护宗族伦理，实施社会救济，稳定社会秩序。虽然清王朝在实施政治统治、推动经济与社会发展的过程中，曾试图通过里甲、保甲、宗族来构筑牢固的乡村统治基础，但是里甲、保甲从实施伊始到清末新政地方改制为止，其对乡村社会的控制作用始终十分有限。而一直和乡村基层政权并存的宗族组织，其社会作用则非常突出。从明代中叶开始到清代雍乾时期的财政税赋改革，使得宗族共同体的职能进一步强化，宗族共同体担任着越来越重要的社会控制角色。到清代，由于宗族与国家在正统文化的价值体系中广泛的一致性，经过一系列制度上的改革和文化上的调适，宗族共同体与国家权力在矛盾中达到了最高程度的统一。

徽州宗族共同体作为传统宗法制传承的典型，其主要作用在于谋求尊崇的社会地位和政治特权，主要途径包括：例如，（1）重视族内子弟的培养，通过科举谋求官位，或者通过经商致富后“捐官”，所以明清时期出现了“人文郁起”的局面。（2）通过祭祖、分胙、读谱、宣约等活动，培养对本家族本位理念的认同，以加强族内凝聚力。

徽州宗族共同体的社会控制集中反映了宗族共同体的利益和意志。一般地，徽州宗族的宗子与族长是二元的，宗子由长房长子的血统来决定，在乡里有地位，但未必有功名。族长则是族人推举的乡绅，知书明理，在地方上有崇高的威望。在宗子、族长之外，各宗族的宗祠、支祠和亲房等还有一个轮值的管理班

① 冯尔康：《中国古代的宗族与祠堂》，商务印书馆 1996 年版，第 46 页。

子，分别由祠首、司事和房长等人员组成，每年一轮，负责祠堂的具体事务。在明清徽州人的心目中，祠堂的控制功能无可替代，是最重要的宗族公共机关。明清时期的徽州宗族祠堂从总体上来说，族内控制功能日益强化。儒家学说是徽州宗族维护社会秩序的理论工具，基本依据儒家伦理制定宗族伦理规范，如绩溪宅坦村胡氏龙井派祠规就由“彰善、瘅恶、职守、名教”组成一个控制族人的法规体系，徽州其他宗族的家法族规虽有详略的不同，但大体不出这四项基本原则。与徽州宗族共同体相比，江南地区、两湖地区的宗族共同体虽呈现出各自不同的地域特征，但总的来说，都是地方基层社会的主要控制力量，在维持地方秩序、推行教化、培养科举人才、征收赋税等方面担任了重要的职能，扮演了国家政权的基层社会组织的角色，保证了乡村社会的稳定和有序。

明代以后，珠江三角洲地区的宗族的经济功能不断扩大，这也成为该地区宗族共同体发展的一大特点。宗族除了承担珠江三角洲沙田的开垦与管理，同时还有族墟、族店、码头、族窑等，一些有政治特权的宗族甚至竞相控制重要的经济行业，如冼、霍、李、陈等世族就控制着佛山的铁冶业，从而掌握佛山的经济命脉。其族产已不像从前仅只作为宗族的活动经费以及恤族的用途，已经被注入商品意识，开始属于营利的性质了。此外，其经济功能也表现在通过明确家法族规限制、进而规范或禁止族众的某些经济行为。商品意识、商业行为都被应用到宗族组织的各种活动之中，诸如合股修建祠堂、兴修水利、组织合会等。

同时，宗族与国家之间也保持着密切的关系，宗族自身要求族人忠于君主，遵守国法，完纳钱粮，使得祠堂成为维护君主制及社会秩序的工具。宗族的宗法伦理以及家法族规，制约着族人的思想，帮助国家完成对百姓的思想控制。在乡村宗族共同体中，士绅作为一个居于领袖地位和享有各种特权的社会阶层，在乡村共同体中也承担了若干社会职责，发挥了非常重要的作用。他们视自己家乡的福利增进和利益保护为己任。在政府官员面前，他们代表了本地的利益。他们承担了诸如公益活动、排解纠纷、兴修水利工程，有时还组织团练和征税等许多事务。他们在文化上的领袖作用包括弘扬儒学价值观念以及这些观念的物质表现，诸如维护寺院、学校和贡院等。① 对于中国士绅阶层在乡村社会中的作用，费正清也有过精辟的概述。② 总之，宗族共同体是具有社会、政治功能的民间自治性组织，是传统国家统治力量的有机补充，有益于乡村社会秩序的稳定运行。

---

① 张仲礼著，李荣昌译：《中国绅士——关于其在19世纪中国社会中作用的研究》，上海社会科学院出版社1998年版，第54页。

② ［美］费正清著，张理京译：《美国与中国》，世界知识出版社2001年版，第36～37页。

二、华北：基于灌溉而形成的水利共同体

华北地区自古以来就经常受到北方少数民族的入侵，到了南北朝、五代十国及以后的许多时期又被北方少数民族的政权所统治，而且历来民族之间的战争，都造成大量的人口迁徙及人口的剧减。直至清初，虽有部分移民进入华北，但规模已经不能同日而语。此外，在此地域内的多次战乱使得原有的强宗大族重新洗牌，进而造成了华北地区多姓杂居的局面。因此，明清时期的人口迁徙过程中，人口的迁徙方式主要以个体和小家庭为主，迁入地本身也不再具备聚族而居的习俗，同时，在开展农耕活动的过程中，北方的旱田耕作也不太需要超出家庭的合作模式。所以，冀—鲁西北的宗族组织是比较不发达的。另外，从地缘政治学上看，北方一直处于中央政府的直接控制之下，国家对北方的有效控制大大强于南方地区。因此，相对于南方来说，华北的宗族聚居程度和势力很弱，基本没有形成宗族共同体。

但是，鉴于华北水资源的匮乏和在传统农业社会中的重要价值，在广大农村历史地形成了一套以“水”为中心的社会关系体系。由于水资源类型的多样性，围绕河水、湖水、泉水、洪水等水资源的开发便形成各类特征迥异的社区和水利社会。如在山西，围绕泉水资源的开发利用形成的一个个少则数村、多则数十村的微型社区。[①] 由于历史上水资源的严重匮乏，华北的水利社会更多地体现了水权的形成与分配。有学者指出，在历史上的水权斗争中，明争暗斗不断发生，官绅士庶介入其中，华北的民间—民间、官府—民间围绕着水利产生的纷争和形成的妥协，呈现着政治空间的横向联系和上下关系的复杂性。广大民众不仅形成了一种浓厚的水权意识，而且以水权为中心，还形成了一系列规章制度、地方文化、风俗习惯和社会心理。尽管水权占有和分配中具有分等级、不公平、不合理的方面，却能够在较长时期内得到地方社会的普遍认同，形成一个相对稳定的社会运行秩序。[②] 那么，华北地区所存在的大量水利组织和水利之争，是否就意味着华北存在水利共同体呢？

对此，一些学者强调，在中国近世（大致相当于宋元明清时期），国家不再试图按照中古时代将自耕农编组为“编户齐民”的方式来控制农民，而是以村落共同体或一个水系的水利组织来进行把握。水利共同体这种基于水利工程与水利

---

① 张俊峰：《明清介休水案与地方社会——对“水利社会”的一项类型学分析》，行龙、杨念群主编：《区域社会史比较研究》，社会科学文献出版社 2006 年版，第 77 页。

② 张俊峰：《前近代华北乡村社会水权的表达与实践——山西“滦池”的历史水权个案研究》，载于《清华大学学报》2008 年第 4 期，第 35～45 页。

协作的社会组织，实际上成为王朝国家借以控制乡村社会的工具之一，而这一共同体之成立，也有赖于王朝国家权力的适当介入。另外，水利共同体以共同获得和维护某种性质的“水利”为前提，共同体之成立与维系的根基在于“共同的水利利益”；在水利共同体下，水利设施“为共同体所共有”，修浚所需力夫、经费按受益田亩由受益者共同承担；而水利共同体“本身虽具有作为水利组织之独立自主的特性，但在营运上却完全倚靠其为基层组织的村落之功能。另一方面，村落也完全经由水利组织的协作，完成作为村落本身之部分生产功能”。在这个意义上，水利共同体具有村落联合的特性。①

不过，也有的认为，由于水资源紧缺，水资源的产权和利用常常引起纷争，加之豪强恶霸把持水资源，渠道管理者牟取私利，导致正常的用水秩序难以维系，水利组织即水利共同体难以形成，也容易解体。对传统社会中水利共同体的发展及功能不能夸大。迄今为止，对于历史上水利共同体的生成、发展及其功能和作用仍存在不同看法。②

三、文化与规约：乡村社区文化与制度认同

虽然人们对于社区有不同地理解，但普遍强调社区文化的维系力，以及社区居民之间形成的对社区的认同和归属感。社区文化是一个较复杂、较难界定的概念，不同学者的解释各有差异甚至大不相同。一般来说，社区文化包括历史传统、风俗习惯、村规民约、生活方式、交际语言、精神状态、社区归属（依赖）与社区认同感等。不同的社区文化都是不同社区的地理环境、人口状况以及居民共同生活的历史与现实的反映。社区文化在社区居民的日常生活与生产中，总是不同程度地影响或约束着其行为，总是有形或无形的为其提供较为系统的行为准则或规范，在一定程度上影响着社区居民的道德价值取向。此外，社区文化还具有社会教化的功能，且能不同程度地为社区居民提供某种心理支持，这样有利于增强社会生活共同体的凝聚力。③

农村社区居民的生活习惯、思维方式、心理状态、文化水平等受其所处的地域环境、人口数量和组织构成等的影响具有自身突出的特点。这种特点在帝制时代的农业社区中表现得非常明显。由于帝制时代是自给自足的小农经济，其生产方式也是属于经验型的，人们生活状况的维持只需要借助传统的日常经验即可，

①② 参见张俊峰：《“水利共同体”研究：反思与超越》，载于《中国社会科学报》2011 年第 177 期 6 版。

③ 吴理财：《农村社区认同及重构》，载于《中共天津市委党校学报》2011 年第 3 期，第 78 ~ 84 页。

在这种情况下，进行农村社区的文化规范主要就是靠传统经验的维护和延续。同时，帝制时代的社区认同、社区归属的实质也就是血缘认同、传统认同和土地认同，农村社区文化的特征也表现为人们的家庭及邻里关系、重视宗族及血缘关系、封闭及保守的心理，等等，这样也正体现了其维护传统的文化本质。

传统乡村的土地、河流、山林等生产、生活资源通常都是属于乡村社区的共有、共享资源，农民对这些公共资源的共享在一定程度上强化其对乡村社区的认同，使他们更容易趋向合作、互惠。此外，帝制时代的乡村社区具有封闭性的特征，这种封闭的结构会产生共同的期望和规范，从而增进对环境的信任程度，这些也是导致帝制时代农村社区农民的社区认同意识比较强的因素。宗族纽带血缘及乡规族约也是增强乡村社区的认同。

在帝制时代，乡村社区具有单一性和封闭性的特征，乡村社区之间的交往非常贫乏。人们一代代地繁衍生息，正常的生产和生活也只需要日常的经验传递即可满足，乡村社区的居民也基本上是按照上一代人传授的生产、生活经验重复着上一代人的人生轨迹。这样的情况下，经验的传递就变成了至关重要的任务。因此，社区里年长者的人生经验可以对年轻人进行传授，用自己曾经解决问题的经验来指导他们解决现在所遭遇的相同问题。他们也会具有较高的权威，得到人们的尊重。

纵观帝制时代乡村社区的历史特征我们可以看出，传统帝制时代我国乡村也存在村落和乡里社区，这些村落和乡里也是一种社会生活共同体。尤其是我们注意到，传统乡村社区结构基础拥有以家庭为最小构成单位而组成的村落网络，有一套层级分明、运行畅顺的组织结构，拥有以村庄为基础划分的地域范围及在此基础上形成的保甲制度，有一些积极活跃的社区精英人物（例如，族长和士绅等），他们作为社区领袖协助国家进行基层社会的治理。在这个不断发展和积淀的过程中，国家法定的治理体制——保甲制度推动了单个家庭纳入社区体系，基层社会的精英——乡绅阶层融合了乡村社区的内在关系，并且有机地将国家和乡村社区连接起来，从而构成了中国传统乡村社区复杂、缜密、封闭、稳定的运行机制。

第四节　20世纪前期乡村社区共同体的变迁

20世纪以来，中国传统乡里制度发生了重大变革。19世纪末20世纪初现代民族国家的建构过程强行介入地方社会，表现在国家政权的官僚化与合理化、渗透性、分化以及对下层社会控制的加强，从而将中国古代社会分散的、多中心的、割据性的权威体系逐渐转变为一个以现代民族国家为中心的政治结构。

中国现代民族国家的建构始于清末新政，展开于民国时期，其核心内容是建立合理化的官僚制度，使国家行政权力深入到地方社会。清末新政包括建立新式学校、实行财政革新、创建警察和新军、划分行政区域以及建立各级自治组织。光绪三十四年（1908 年），为了改善地方基层社会秩序，清政府颁布《城镇乡地方自治章程》，共九章。章程规定：凡府、厅、州、县官府所在地为城，其余市镇村庄屯集等地，人口满五万以上者为镇，不满五万者为乡，城镇乡地方自治机构的设立，采取代议权与行政权分立制衡原则，在城镇设立议事会和董事会，乡设议事会和乡董，人口过少之乡，不设议事会，以乡选民会代之，两者相互合作、互相监督，同时二者之上又由地方官负责对地方自治事宜进行整体监督。该章程基本体现了地方自治的精神。1914 年 12 月 29 日，袁世凯颁布《地方自治试行条例》，继而公布《施行规则》，其宗旨和基本制度与《城镇乡地方自治章程》一致。1921 年 7 月 3 日，北京政府大总统徐世昌公布《市自治制》和《乡自治制》，徐世昌为了和袁世凯划清界限，取消了自治区制，恢复了民初的市乡制。国民政府完成北伐后，于 1928 年 9 月 15 日公布了《县组织法》，规定县下划区，区下设村和里，村（里）下编闾，闾下编邻。1929 年 3 月 16 日，公布《各县划区办法》，6 月 5 日，公布重订的《县组织法》，10 月 2 日公布《乡镇自治施行法》和《区自治施行法》，1930 年 7 月又公布《修正县组织法》、《修正区自治施行法》等。根据这一系列法规，乡镇居民以 5 户为邻，25 户为闾，分别由居民会议选出邻长和闾长，原来规定的村、里建制分别改为乡、镇建制；乡镇为自治团体，100 户以上村庄称为乡，不满 100 户者得联合数村庄编为一乡，乡镇权力机关为乡（镇）民大会，乡（镇）民大会选举正副乡（镇）长、调解委员会、监察委员会。可以看出，近代国家的意图非常清楚，就是建立自上而下的一体化行政机构，完成对乡村社会的官僚化和行政渗透，从而达到控制乡村社会的目的。杜赞奇的研究也表明了这一趋势，他将国家政权深入地方分为三个阶段：第一阶段，从 1900 年到国民政府恢复闾邻制的 1929 年。随着国家政权的深入，捐税增加，村务扩大，宗族间的争斗更加激烈。第二阶段，1929 年，国民政府推行闾邻制，力图改变以宗族划分为基础的乡村政治体制，由闾邻制基本替代了过去的宗族代表制。30 年代中，乡的职能经常变动。由于横征暴敛和强行专制，国民政府建立以户为统治基础的努力收效甚微。1940 年，日本人推行保甲制，其中“甲”与传统的宗族组织中的“组”或“十家”基本重合。所以，进入 40 年代以后，宗族组织已难以保持其传统的政治作用。第三阶段，1941 年，日本侵略军在占领区推行“大乡制”，这种以 1 000 户为一大乡的编乡制将权力集中起来，破坏了村级代表制组织，在大乡制推行较彻底的地方，宗族势力被排挤出政权组织之外。[①] 总之，在20世纪前期的中国政治舞台上，不管中央和地方政权如何急剧地更替，国家政权对乡村社会的扩张以及对乡村社会资源的榨取从未间断。正如杜赞奇所言，所有的中央和地区政权，都企图将国家权力伸入社会基层，不论其目的如何，它们都相信这些新延伸的政权机构是控制乡村社会的最有效的手段。[②]

地方自治制度改变了基层社会原有的权力分配，表现在：（1）地方组织发生了根本的变化。原有的一些官职与机构被一些新的机构所代替。如民国政府规定：废府存县，改州为县，知县改称县知事，裁房改科，在县知事之下，设科长、科员若干，佐理县知事公署的政务。在教育方面，各地县普遍设立劝学所，由专人专门机构负责本地区的教育事业；在经济方面，设立劝业所，专门负责本地区经济建设工作；在警政方面，各县一般都设有巡警局，下设不同数目的分局，各有警佐警员负责维持社会治安。在清末自治的过程中还产生了县议会、县参事会等重要机构，各县也重新划分行政区域，推行了新的区制，改变了传统县政权的面貌。（2）传统社会中基层政权职能的变化。除了原来的征收赋税、征发徭役、维护社会治安、主持教化和社会救济活动外，基层地方组织还担负了更多的任务，如发展经济、地方自治、兴办教育、合理配置资源等。（3）新社会阶层的出现。随着科举的废除，民国的创立，新的制度催生了新的社会阶层，一些有别于传统旧士绅的人物开始登上历史舞台，成为连接官府和乡村社会的桥梁。这些新的地方精英包括伴随着新式学堂应运而生的乡村学董，学董的专职担任者多为地方上有一定文化的绅耆，在村中拥有很高的地位，负责学校事务，成为乡村组织生活中不可缺少的一环。新式学堂的另一个产物则是师范生以及各类新式学堂的毕业生，他们替代了传统的书生、秀才、举人，成为乡村转型中新的既得利益的代表人物和新型政权的后备军，在乡村政治生活中日益扮演着重要角色，他们推进地方自治、更除陋习、参与新政权的建设等事务。学董和毕业生作为清末民初一种新兴的阶层登上乡村社会舞台，为乡村治理增添了新的内容和功能。他们与乡地村正副一起构成乡村社会新的权力系统。随着新的权力系统的产生，旧的权力阶层逐渐退出，其中传统的士绅阶层成为过渡角色，新旧士绅出现融合与分化。这时的士绅阶层大致可分为新旧两代：由清代拔贡、附生、秀才组成的旧士绅和新式学堂毕业生、新绅商们组成的新士绅。在乡村社会生活中，一部分传

---

① 具体事例可参见［美］杜赞奇著，王福明译：《文化、权力与国家：1900～1942年的华北农村》，江苏人民出版社2003年版，第76～78页。

② ［美］杜赞奇著，王福明译：《文化、权力与国家：1900～1942年的华北农村》，江苏人民出版社2003年版，第2页。

统士绅开始从事新政或跻身于新式官僚队伍。在民国初期的乡村社会突发事件中，士绅群体也能积极出面，保境安民。但到了民国后期，因为旧式士绅的年岁已老，或纷纷告退，或病老身亡，新兴的士绅阶层逐渐成为乡村社会的主要角色，担任民国县政和村政的领导者。新士绅在20世纪前期剧烈的社会政治变迁中。成为乡村治理中权力结构的主体。

这种变化，体现了近代国家政权建设的进程，其目标是建立自上而下的行政一体化的官僚机制。由此也推动了传统乡村社会共同体的变迁：

一方面，原有宗族共同体一度继续存在乃至强化。民国初期，国家基层政权出现真空状况，南方发达而强大的宗族组织得以延续，仍是乡村社会秩序稳定的力量和组织。有些地区的族权和宗族组织甚至有较大的发展，其中最突出的表现就是大建祠堂、编修族谱和购置族田。据湘潭县志记载，民国初期，湘潭县199个姓氏建有族祠。在岳北地区，许多村一级的宗祠也都是在这时建筑的。只是民国初期的族权已与清代的族权在性质和形式上都具有了区别。[①] 在北方，与长江下游和珠江三角洲不同，华北缺乏南方地区较发达和强大的宗族组织，北方宗族既不庞大、复杂，也没有拥有巨额族产和强大的同族意识，但在乡村社会中，仍有宗族存在并发挥作用。黄宗智通过对满铁调查村庄的研究，将6个村庄分为3类。其中，第一类村庄如后夏寨和冷水沟即为紧密的村庄，它们的共同体特性表现在以自耕农为主和有较强的氏族组织，具有内生的而又相当闭塞的政权结构。在进入20世纪之后，即使村民已相当程度地半无产化，植根于宗族组织的政权结构仍继续存在，他们会以“自我封闭”来应付外部的威胁。面对国家政权的入侵以及赋税负担的加重，他们会采取红枪会、大刀会等自卫组织来与国家政权对抗，体现了很强的村庄内聚力。[②]

另一方面，原有乡村共同体的分裂与乡村政权内卷化。在黄宗智的研究中，第二类村庄如沙井村和寺北柴，它们开始时也是紧密的共同体，伴随着大量村民失去土地和外出佣工而日趋松散，随着越来越多的土地被外村人买走，共同体受到侵蚀，氏族和村庄组织开始衰弱。第三类村庄如吴店和侯家营也为“分裂了的村庄”，这些村庄半无产化的过程，加上战乱，导致村庄高度分化，缺乏强有力的氏族和乡村组织。在乡村的管理主体上，与传统士绅相比，民国士绅的成分非常复杂，且出现了士绅劣化的倾向，“民国之绅士多系钻营奔竞之绅士，非是劣衿、土棍，即为败商、村蠹，而够绅士之资格者，各县皆寥寥无几，即现在之绅士，多为县长之走狗。”[③] 在很多地方，原有村庄领导人拒绝继续管理村务，造

---

① 于建嵘：《岳村政治：转型期中国乡村政治结构的变迁》，商务印书馆2004年版，第138～139页。

② ［美］黄宗智著：《华北的小农经济与社会变迁》，中华书局2000年版，第299页。

③ 刘大鹏：《退想斋日记》，山西人民出版社1990年版，第336页。

成权力真空，一些恶霸、地痞等具有明显暴力倾向的地方强人勾结外来的人员出任乡村领导，他们将大量的赋税以及摊派强加于农民身上，于是出现了政权内卷化问题。

总的来看，20世纪是中国的国家和社会急剧变革的时期，家族组织及其在国家和乡村社会治理中的地位也发生了重大的变化。20世纪上半叶，家族组织在乡村不同地区依然存在，有的甚至保护着相当完整的组织形态，族谱、族祠、族规、族产及族长等一应俱全。不少时候，国家仍依靠家族对社会进行治理。但是，我们也应该看到，从20世纪初开始，因为受到多方面的冲击，我国的家族组织开始陷入解体之中。在家族权威下降、组织松弛的同时，家族组织与官府联系也出现紧张甚至中断。这最突出地表现在传统乡绅地位的动摇和乡绅本身的分化。在历史上，乡绅常常是乡村社会及所属家族的代表，也是乡村社会与国家联系的中介，他们在乡村社会的组织与管理及乡村家族与官府的联系中发挥着主导作用。20世纪初，乡绅的地位受到很大的冲击，农村的日益衰败使乡绅地位在总体上处于下降之中。科举制的废除割断了乡绅入仕的前途；西学的兴起动摇了乡绅的师统地位。在社会的急剧变迁中，部分乡绅顺势转变成新兴的商人、企业家和知识分子，不少乡绅则陷入堕落，由失落、愤世到玩世不恭、不负责任及利己主义泛滥。更有甚者则从传统的“社会精英”蜕变为土豪劣绅，横行乡里。如此等等，使乡保之职易落入“游手好闲或能说会道之人”甚至土劣地痞之手。①这也大大降低了乡村组织的合法性、凝聚力和权威，也阻碍了国家政权与乡村社会的正常沟通。②

家族组织在乡村社会治理中作用的衰退与国家权力在乡村社会扩张有直接的关联。在历史上，国家主要是通过里甲制和保甲制来实现对乡村居民的控制，但其控制力十分有限，仅仅体现在征收钱粮和差役上，政府缺乏组织和干预乡村社会生活的能力。但是，20世纪初开始，“国家竭尽全力，企图加深并加强其对乡村社会的控制。”③ 为此，国家正式的权力机构逐渐从县下延至乡村。如在1929年之后，国民政府统一北方后对乡村重新进行分区编乡，使村庄（或村庄联合）成为最基层的行政单位。从而打破了封闭的村落社会，也取代了家族血缘组织的部分功能，家族也随之丧失乡村组织与管理的合法地位。正如林耀华先生在义序所见到的，义序建乡之后，“乡公所内容，虽即祠堂会的实力，而外形则已更

① 朱德新：《二十世纪三四十年代河南冀东保甲制度研究》，中国社会科学出版社1994年版，第112页。

② 项继权：《家族的变迁与村治的转型——关于家族在我国乡村治理中的作用的一项宏观考察》，引自《中国农村研究》（2001年卷），中国社会科学出版社2002年版。

③ 杜赞奇：《文化、权力与国家》，江苏人民出版社1995年版，第1页。

改。"[①] 这一过程表明，国家力求以地域性的行政组织取代传统的血缘家族组织对社会的管理，从而削弱了家族的权力和地位。[②]

值得一提的是，20 世纪初国家权力扩张的重要原因就是"为军事和民政而扩大财源"，这一方面是支付帝制主义列强的巨额赔款，另一方面也是为了实行"新政"以重建国防及"革新图强"的现代化的需要。特别是在随后的军阀混战中，对财政的需求更加迫切，因此，"国家开始不断地向农村摊款，先是支付巨额赔偿，后来用来支持无休无止的混战。所有这些摊款很快便超出田赋的数倍。"[③] 对乡村大量的财政榨取不仅损害了国家政权组织机关本身在乡村社会的权威，也损害了家族的权威及其在乡村社会的调控能力。面对国家不尽的财政索取，如果家族配合官府对农民过度索取，势必引起农民的不满；反之，如果对官府的行为进行抵制，也会加剧政府与家族的矛盾。其结果都是破坏了国家、家族及农民之间的联系，加剧了乡村社会治理的混乱。[④]

随着中国革命的兴起，家族及家族制度遭受到最沉重的打击。在中国革命中，中国共产党人将铲除封建族权、打击土豪劣绅以及批判封建道德等作为革命的重要内容。随着新民主主义革命的胜利，旧的家族宗族组织从组织上彻底瓦解，各种宗族活动被明令禁止，宗法思想始终受到持续不断的批判。直到 20 世纪 80 年代，家族宗族始终受到严厉的限制，已丧失了组织和行为上的合法性。[⑤] 如果说传统的乡村社会主要是依靠"家族治理"的话，那么，自 20 世纪初开始，国家权力逐渐深入乡村，并力图实现乡村的行政控制。在那之后家庭血缘关系被日益打破，家族也逐步失去传统的组织和治理功能与地位，不过，这一目标只在新中国成立后才真正实现。

---

① 林耀华：《义序的宗族研究》，生活·读书·新知三联书店 2000 年版，第 4 页。

② 项继权：《家族的变迁与村治的转型——关于家族在我国乡村治理中的作用的一项宏观考察》，引自《中国农村研究》（2001 年卷），中国社会科学出版社 2002 年版。

③ 杜赞奇：《文化、权力与国家——1900～1942 年的华北农村》，江苏人民出版社 1995 年版，第 3 页。

④⑤ 项继权：《家族的变迁与村治的转型——关于家族在我国乡村治理中的作用的一项宏观考察》，引自《中国农村研究》（2001 年卷），中国社会科学出版社 2002 年版。

第三章

新中国成立后农村社区的改造

新中国成立后，中国共产党和政府在农村实行了一系列政治、经济和社会改革，重建了新型乡村基层政权，完成农村土地制度改革，实行农业的社会主义改造，大力推进农业合作化。这一系列措施对中国乡村社会和社区的组织和治理方式进行了根本性的改造，农村社区共同体的组织基础及其活动方式也发生了根本性的变化，农村社区及乡村治理也进入了新的历史时期。

第一节　新中国成立后农村社区的变革

新中国成立后，土地改革及农业社会主义改造摧毁了传统的以家族和血缘关系建立起来的乡村基层社区或社会生活共同体，使农村基层社区和共同体的基础发生了重大而深刻的变化。

一、乡村政府重建：乡村社区共同体的行政化

早在中国革命过程中，革命根据地就着力建设新型革命政权。新中国成立后，进一步加快乡村政权体系的改造，建设新的地方和基层政权。1950 年 12 月政务院发布的《区各界人民代表会议组织通则》、《区人民政府及区公所组织通则》、《乡（行政村）人民代表会议组织通则》和《（行政村）人民政府组织通

则》。1951 年 4 月，政务院又颁布了《关于人民民主政权建设工作的指示》。根据这些法规、法令，我国农村基层政权体制主要有两种情况：一种是实行区、村两级政府体制，即在县以下设立区政权和村政权，分别召开区、村人民代表会议，选举产生区政府和村政府，对本地区实施行政管理。这种体制在北方地区比较普遍。在这种情况下，村是一级政府，为农村基层政权。另一种是区乡建制，即在县以下设立区公所，作为县政府的派出机构，在区公所之下设立乡政权，召开乡人民代表大会，选举产生乡人民政府，而在村一级不再设立村政权。在南方的多数省当时实行这种体制。在这两种情形下，“村”和“乡”分别是不同地区的农村基层政权组织。特别是 1951 年之后随着区乡（行政村）划小，县辖乡数量增加，平均一个县辖百余乡，县的管理负担加重，为了便于管理，各地在乡之上设立区。到 1953 年，全国共设 18 900 多个区公所。1954 年 9 月，我国颁布了新中国的第一部宪法，宪法取消了过去的区村制和区乡制并存的制度，对全国农村基层政权进行了统一的规范，规定实行乡镇人民代表大会制度，乡镇为农村基层政权。同时也规定，人口居住集中的乡，乡人民委员会可直接领导居民组进行工作。面积较大、居住分散的乡，乡以下可由若干自然村分别组成行政村，行政村下按自然村划定居民组开展工作。[①]

新中国成立初的村乡体制的建立对乡村社区共同体有直接和深刻的影响。第一，随着村乡政府的建立，村乡组织边界重新划分和明确，乡村社区共同体的人员边界、地域边界及权力边界也进一步明晰和确定。第二，从村级及社区共同体的规模来看，新中国成立初“村的规模一般很小，平均每个行政村不足 900 人，东北各省人数较多，平均每村 1 500 人，内蒙古地广人稀，每一行政村面积较大。”[②] 这不仅显示出新中国成立初期农村基层治理单位规模比较小，也表明基层社区共同体的规模比较小。第三，随着村乡政府组织的建立，农村基层社区共同体也行政化、权力化和政治化。村和乡不再仅仅是一种社会自治组织，而是最基层的政府。行政村作为一级政府，不仅是国家治理基层社会的基础，也是执行各项行政任务的载体与平台，还是国家进行政治宣传、政治动员及意识形态教育的重要载体。第四，从组织基础来看，新中国成立之初的村乡制是建立在个体所有或私有制基础之上的。农民和农户拥有土地、生产工具等生产资料的所有权，劳动生产和经营的自主权。不过，随着这一时期合作化运动的开展，农民及农村社区日益组织化。由此不难看出，从历史上看，如果说在传统社会中村具有乡村

① 项继权：《从“社队”到“社区”：我国农村基层组织与管理体制的三次变革》，载于《理论学刊》2007 年第 11 期，第 85 页。

② 张厚安、白益华主编：《中国农村基层建制的历史演变》，四川人民出版社 1992 年版，第 188 ~ 189 页。

自治共同体的特征，直到民国时代，国家正式的政府机构也仅仅延伸到区或乡镇，村保持较强的半自治、半行政状态，那么，随着村乡政权的建立，乡村社区共同体逐步纳入国家政权体系之中，日益权力化、行政化和政治化。

二、土地改革：农民的个体化与乡村社区的阶级分化

新中国成立后，为彻底消灭剥削制度，实现农民耕者有其田，1950 年 6 月，《中华人民共和国土地改革法》颁布，计划用两年半到三年的时间，进行有步骤、有计划、有区别地消灭封建剥削制度，为农业生产发展打下基础。为了明确没收土地对象及分配对象，1950 年 8 月，中央人民政府政务院颁布了《关于划分农村阶级成分的决定》，对农民、富农、中农、贫农等身份做了明确规定①。阶级划分后，“没收地主的土地、耕畜、农具、多余的粮食及其在农村中多余的房屋”、“所有没收和征收得来的土地和其他生产资料，除本法规定收归国家所有者外，均由乡农民协会接收，统一地、公平合理地分配给无地少地及缺乏其他生产资料的贫苦农民所有”。② 在 1950 ~ 1952 年的整个土地改革中，全国 3 亿多无地少地农民（包括新老解放区在内）无偿获得了 7 亿亩土地和其他生产资料。这场轰轰烈烈的土地改革运动，消灭了两千多年的封建剥削制度，广大农民身份及命运都开始发生实质性变化。土地改革运动使农民的政治身份获得了改变，政治权利得到了一定程度的保障。

土地改革没收了地主和富农的部分土地、房屋及粮食等财产分配给了贫困农民，使广大农民获得了必要的农业生产资料，农民个人和家庭成为土地和生产资料的拥有者。这一过程不仅是农村土地个体私有化的过程，也是农民和农户独立化和分散化的过程。随着土地改革的完成，农民在获得土地所有权的同时，也获得了更大的独立性和自主权。由此也激发了农民个人和家庭的生产积极性，促使农村经济快速恢复和发展。

不仅如此，土地改革重新划分和确定了农村居民的社会政治地位、身份和权益。尤其是土地改革过程中对农村阶级的划分，不仅为土地改革及“剥夺剥夺者”明确了对象，也从根本上改变了传统乡村社会的阶级、阶层及社会结构。通过构建起不同的社会阶级成分，形成界限分明的阶级界限，重建了乡村的社会政治秩序。土地改革打击了传统的地主和富农阶级，贫下中农成为社会的主人，极

① 参见《关于划分农村阶级成分的决定》（1950 年 8 月 4 日政务院第 44 次政务会议通过，1950 年 8 月 28 日公布）对地主、贫农、中农、富农的划分与规定。

② 参见 1950 年 6 月 28 日中央人民政府委员会第八次会议通过的《中华人民共和国土地改革法》。

大地改变了中国的社会结构，也改变了乡村社区的社会结构。“作为一个巨大的社会变革和利益调整过程，土地改革在改变着农村经济秩序的同时，也在建立着一种新的社会政治秩序”①。

不难看出，新中国成立初期开展的土改运动，不仅使广大农民翻身做了主人，也从根本上改造了乡村社区传统经济基础、权威基础及社会关系。乡村社区出现了一系列新的变革：一是农民的独立性和社区的分散化；二是农民和社区的阶级化或阶层分化；三是乡村社区日益政治化，政治身份决定个人权益甚至生存空间。尤其是我们注意到，“土地改革废除了宗法社会的经济基础，农民在经济上对地主的人身依附关系也随之废除，成为了平等的、更具独立人格的人，形成了一种有利于国家向现代化发展的新的、民主的、自由的社会关系，这一社会结构的巨大变革，为社会主义民主制度建设奠定了基础，成为新中国向现代化迈进的契机”②。与此同时，由于阶级身份和政治地位决定和支配着农民的经济利益、社会地位以及生存空间，由此也在相当程度上左右着农民的行为。农民个人也日益政治化，这为后来对农民的政治动员奠定了基础。

三、合作化运动：乡村社区的合作化与组织化

土地改革完成后，农村实行农民个体私有制，农民也日益分散化。特别是一些地区新富农群体不断出现，农村社会出现新的分化。对此，毛泽东等党和国家领导人认为，“建设社会主义，必须解决小农经济同社会主义工业化之间的矛盾，社会主义不可能建立在小农经济的基础上，而只能建立在大工业和集体大农业经济的基础上”③，“只有农业生产合作社和集体农庄才是新道路，其他的都是旧道路”④，为此，中共中央决定推进农业合作化。这不仅可以将分散的小农引向社会主义道路，加快工业化发展，也可以阻止新的阶级分化。1953 年中共中央通过《关于发展农业生产合作社的决议》，提出通过社会主义改造，将落后的个体经济发展为大规模的合作经济，解决工农业无法实现协调发展的问题。

合作化运动不仅是一场经济变革运动，更是一场“具有强烈意识形态先导的

① 黄道炫：《洗脸：1946 年至 1948 年农村土改中的干部整改》，载于《历史研究》2007 年第 4 期，第 95 ~ 97 页。

② 马娜：《建国后中国共产党领导经济工作能力研究》，湖南师范大学 2008 年博士论文，第 20 ~ 21 页。

③ 佘君：《农业合作化运动对中国农业现代化道路的影响》，载于《滁州学院学报》2004 年第 9 期，第 51 ~ 53 页。

④ 黄道霞：《建国以来农业合作化史料汇编》，中共党史出版社 1992 年版，第 85 页。

社会改造工程。”[①] 合作化实际上可以被视为一次大规模的生产资源的集中化、集体化和公有化过程，也是农民的合作化和组织化过程。土地改革后，农村实行土地农民私有，农民家庭是基本的经营单位。随着合作化的推进，农业生产日益突破了家庭的界限。从劳动互助、生产互助和购销互助，以及初级社、高级社的发展，农民的生产资料日益集中起来，农民和农村社区也日益组织起来。到1953年底，全国参加农业生产互助合作组的农户已占总农户的39.5%；1955年初，全国农业生产合作社48万多个，1956年下半年全国合作化运动达到高潮时，全国已有91.2%的农户参加了农业生产合作社；到1957年，绝大多数的农户都加入了农业高级社，高级社成为农村社区的基本组织形式。[②] 同时，农村社区中共青团、妇联、民兵等社区组织也得到了不断的发展。农民和农村社区日益组织化。农村基层社区共同体的范围也不断扩大。

第二节　人民公社时期农村社区的再造及其特征

为了进一步推进农村集体化，“鼓足干劲、力争上游、多快好省地建设社会主义”，中国共产党和政府开展了“大跃进”，掀起了合作化的高潮，并迅速推进人民公社化。1958年7月1日，《红旗》杂志发表了陈伯达的《全新的社会，全新的人》一文，明确地提出了“把一个合作社变成一个既有农业合作又有工业合作基层组织单位，实际上是农业和工业相结合的人民公社”[③]。在此期间，参加人民公社的农户达1.2亿户，占总农户的99%以上。几经调整，到1978年改革开放前，全国人民公社总数略高于54 000个。

在此后的合作化和集体化过程中，国家废止了原有的村乡制度，转变为人民公社体制。如果从1958年乡村实现人民公社化算起至1982年人民公社被正式废除，人民公社制度在农村存在和延续了25年之久。25年间，虽然人民公社的规模和结构有所调整，但是，人民公社的基本组织原则和运作方式并没有根本性的变化。其中，最基本的组织特征表现为如下六个方面：

一是“一大二公”。人民公社面积大、人口多且公有化程度高。1954年全国设有218 793个乡，小者不足1 000人，大者不过1万人。1958年12月全国1.2

---

① 吴帆、吴毅、杨蓓：《意识形态与发展进路：农业合作化运动再反思》，载于《天津社会科学》2012年第1期，第138页。

② 夏忠胜、丁延武：《农村社区组织与制度》，四川大学出版社2007年版，第41页。

③ 陈伯达：《全新的社会，全新的人》，载于《红旗》1958年第3期。

亿农户组建为2.6万多个人民公社，平均每个公社4 600多户。1962年及其后人民公社的范围有所调整，但直到1982年人民公社废除前夕全国54 352个人民公社中，人口在1万以上的人民公社占61%，1万人以下的占39%。人民公社时期实行高度的集体化，农村资产的绝大部分归集体所有，不允许农民私营经济的存在和发展，实行土地及其他生产资料和资源的高度垄断。

二是“政社合一”。即国家基层政权组织与人民公社组织合为一体。公社管理机构为公社管理委员会（“文革”时期又称为公社革命委员会），受县政府及其派出机关的领导，设社长、副社长及管委会委员，公社中设党委，公社管委会由公社社员代表大会选举产生。作为经济组织，公社要负责本行政区域内的生产经营活动，组织、领导各级农业生产活动；作为行政组织，它必须接受上级政府的领导，对本行政区域内的行政事务实施管理。在组织与管理上，农村基层“政权组织”和“经济组织”合而为一。

三是“三级所有、队为基础”。1962之后，人民公社调整并确立为公社、生产大队、生产队三级组织架构，公社集体生产资料由公社、生产大队和生产队三级共同占有，生产队为组织生产、劳动和收益分配的基本单位。土地、牲畜、农具、山林、水面等归生产队所有，劳动力归生产队支配，生产队独立核算，自负盈亏，是基本的核算单位。这一体制通常被称为“三级所有、队为基础”。生产队成为农村基本的产权单位、生产单位和核算单位。

四是“党政不分”。实行党的一元化领导。公社一级设党委，大队一般设党支部，生产队则设党小组。公社党委和大队支部是各自区域的领导和决策机关，一切重大事务，包括生产和分配，招工招干和参军，救济粮款的发放，等等，都由党组织决定。公社权力一般都集中在党委，尤其是党委书记一人手里，事无巨细都由党委书记拍板。

五是“高度集中”。人民公社体制是，“党、政、经”不分的高度集中的组织和管理体制。农村基层的政权组织、共产党组织和经济组织处于高度的组织和功能融合状态。不仅如此，农民的生产和生活也严格组织起来。特别是人民公社制度是在20世纪50年代农村合作化和集体化的基础上形成的。随着合作化和集体化的逐步推进，农村和农民经过互助组、合作社、初级社、高级社直到人民公社最终被全面地组织起来。人民公社时期实行高度的集体化，农村土地等生产资料归集体所有，不允许农民私营经济的存在和发展。家庭这一传统的微观组织基本丧失了经济功能。集体经济成为公社的经济基础，集体劳动成为公社基本的生产方式，集体生活也成为农民基本的生活方式。“集体”及“集体化”是人民公社最基本的特征，也是公社赖以存在的基础。正因如此，农民通常将人民公社时期称为“大集体时期”。

六是“城乡分离”。农村人民公社体制是建立在计划经济及城乡分离的二元化制度和政策条件下，它本身不仅是计划经济体制的产物，也是计划经济的重要基础，同时也是维系城乡二元化体制的基本制度安排。在计划经济条件下，人民公社及农民的生产、消费和分配等一切均受计划的严格约束；与此同时，城乡之间实行严格的分离，限制农民自由流动。建立在城市国有与农村集体产权基础上的二元化户籍制度，以及由此而确定的二元粮食供应制度、二元就业制度、二元福利保障制度、二元教育制度、二元医疗制度以及二元公共事业投入制度，等等，将城乡之间划出一条不可逾越的鸿沟，由此形成了独有的二元经济和社会结构。①

人民公社的上述组织与运行机制对农村社区和社会生活共同体的组织和运行也产生了深刻的影响。在人民公社时期，农民都生活和工作在人民公社之中。人民公社实行“三级所有、队为基础”。“生产队”作为农村最基层的组织，也具有基层社区及社会生活共同体的特征。从其组织、交往及认同基础来看，这种社区或社会生活共同体有其自身特点：

其一是经济性。人民公社及其生产队组织是一种“政经不分”、“政社不分”的组织。生产队是最基层的生产单位和核算单位，农民的生活空间和生产空间重合，农村基层社区或社会生活共同体首先是一种生产共同体或经济共同体。

其二是集体化。人民公社及生产队是建立在集体经济、集体所有、集中经营的基础上，并以集体劳动、集体分配和集体生活为典型特征，一度还实行“组织军事化、行动战斗化、生活集体化”。由此，农村社区也是一种集体化、集中化的生活共同体。

其三是行政化。人民公社体制是一个政社不分、“党、政、经”高度集中的组织形式。它将农村基层经济组织及社会生活纳入行政管控之中，农村基层的社区共同体也是一个行政单位和组织单元，也具有高度的行政化和政治化。农村社区共同体也是一种行政共同体。

其四是封闭性。在人民公社时期，生产队及农村社区是以集体产权为边界，共同体的地域边界、经济活动边界以及人员构成边界基本上是同一的，具有强烈的封闭性和排他性，只有拥有生产队集体产权的人们才可能享有相应的权利。

其五是同质性。虽然人民公社时期生产队及农村社区的农民也有职业的不同，农民之间划分为阶级和阶层，但是，这种不同职业不过是一种工作分配，阶级和阶层则主要是一种政治划分，而非人们独立自主和自由选择背景下的社会分工与分层。作为个体，农民不过是公社的“社员”及国家的“农民”，而不是独

① 郭书田、刘纯彬：《失衡的中国》，河北人民出版社 1990 年版，第 7 页。

立的生产经营者，也难以选择和改变自身的工作、职业和身份，具有高度的同质性。正因如此，人民公社时期的集体社区或社会生活共同体不过是一种同质人们的“集合”或“聚合”而已。

其六是二元化。在计划经济条件下，人民公社及农民的生产、消费和分配等一切均受计划的严格约束；城乡之间实行严格的分离，限制和农民自由流动。城乡之间在组织、管理和服务上实行城乡二元结构，农村发展和乡村建设是建立在“城乡分割”及“二元化”的体制基础上的。①

毫无疑问，随着人民公社体制的建立，农村基层组织方式、治理结构以及治理方式发生了根本性的变化，农村基层社区也成为融社会、经济、行政和政治于一体的高度封闭的组织或共同体。在这一体制中，农业的生产资料已经完全集体化，农民也从个体农民转变为集体社员，农村基层政权组织与集体经济组织合一，农民个人的生活也依附集体，失去退出的自由。实行人民公社后，广大农民日益成为具有单位身份的社员，隶属于不同的公社及生产队。生产大队及生产小队成为农民的基本生产、生活单位，也是基本的社会经济单元、组织单元。政经社合一，公社成为全体群众的组织者、管理者。人民公社既是生产共同体也是生活共同体，此时的农村社区也逐渐从主要以家族血缘、地缘认同为基础的社会生活共同体转变为以集体产权、集体经济为基础的生产和经济共同体。农村基层社会生活共同体本身也成为国家基层的经济组织和行政管理单位，通过这一体制，国家实现对农村基层社会的直接控制，并努力追求自身的政治、经济和社会发展目标。②

人民公社的建立是农业和农村社会主义道路的探索，旨在通过将广大人民集中组织起来，对分散农民的集体化改造，并集中一切生产资料，加快推进国家工业化和农业现代化，促进农业经济和社会发展。虽然人民公社体制在历史上发挥了一定的积极作用，对农村社区的经济和社会发展产生了显著的影响，也具有很强的社会整合能力和动员社会资源能力；然而，由于高度的集体化和公有化，不允许个体和私营经济发展，农民群众失去生产经营的自主权，公社内部的“一平二调”、平均主义、吃大锅饭，等等，挫伤了农民群众的生产积极性；“以粮为纲”的政策极大地限制了多种经营的发展，大量农民被固化在有限的土地上搞农业生产，造成农业生产长期的低效率，农民的生计问题难以有效解决。人民公社及社区共同体有严格的地域边界、成员边界、组织边界、产权边界及活动边界，城乡之间以及农村社区之间组织封闭，农民横向之间无法自由流动，纵向之间流

① 郭书田、刘纯彬：《失衡的中国》，河北人民出版社 1990 年版，第 7 页。

② 李增元：《分离与融合：转变社会中的农民流动与社区融合——基于温州的实证调查》，华中师范大学博士毕业论文，第 75 页。

动也受到较大限制。这一切给农村经济和社会发展造成诸多不利影响——农业生产发展迟缓，人民生活水平增长陷入停滞等，并最终使农民的生产积极性受到严重挫伤，极大地阻滞了我国农村由传统社会向现代社会的转型。①

第三节　改革开放时期农村社区的发展及其特征

中国共产党的十一届三中全会之后，我国农村实行家庭联产承包责任制，开启了我国波澜壮阔的改革历程。随着家庭联产承包责任制的实施，人民公社体制的解体，乡镇政权的重建以及村民自治的推进，我国农村基层组织与管理体制发生了深刻的变化，农村社区共同体也呈现出新的特征。不过，随着经济社会的发展，乡村治理及农村社区共同体的一些矛盾和问题也显现出来，日益不能适应变化了的社会环境和人们的需求，面临新的变革。

一、家庭联产承包责任制与农村社区的变革

人民公社时期，生产大队和小队既是农村基层的经济组织，也是基层治理的单元，同时也是一种农民生产和生活共同体，具有农村社区典型的特征。不过，随着20世纪70年代末80年代初家庭联产承包责任制的实施，农村集体经济组织以及基层组织与治理体系发生了重大变革，人民公社体系迅速崩塌和解体，人民公社时期的农民生产生活共同体也发生了重大的变革。

第一，家庭联产承包责任制的普遍实行从根本上动摇了人民公社制度赖以存在的经济基础，农村社区产权结构发生了重大变革，日益多样化和多元化。人民公社作为合作化和集体的直接产物，它首先是通过对农民的土地及其他生产资料的归并、集中经营和资源垄断建立起来的。家庭联产承包虽然没有变更土地等集体生产资料的所有权属性——至少在法理上承包后的土地和资产仍归集体所有，但是，家庭联产承包从一开始就是以分户承包集体土地及其他生产资料为前提，农民也因此获得了对土地及部分集体生产资料的使用权及相应的受益权和转让权。在联产承包过程中，部分集体资产也折价转归农民和农户所有，后续的改革还允许对部分公有土地，如荒山、荒坡、荒水、荒滩的拍卖，农民也因此获得了部分生产资料的占有权。这一切都触动了人民公社赖以存在的根基，瓦解了人民

① 潘屹：《家园建设——农村社区建设模式分析》，中国社会出版社2009年版，第40页。

公社时期“一大二公”、高度集中的经济及组织基础。农村社区从单一的集体所有制和公有制向多种所有制并存转变。

第二，家庭联产承包使农民获得了生产经营自主权，改变了人民公社时期集中经营、集中劳动、统一分配的经营管理方式，使得农村集体经济组织的生产和生活控制能力弱化。在人民公社时期，农业及农村经济是以集体高度集中的统一经营和集中劳动为基本特征的。家庭联产承包责任制的实施虽然肯定并保留了集体统一经营和管理，但这种统一经营和管理的范围最初是极为有限的。在绝大多数村，这种统一经营和管理仅仅体现在村集体与农民和农户的土地发包与承包关系中，几乎没有其他更多的职责。在家庭联产承包的条件下，农民和农户拥有对土地等生产资料的使用权及生产经营的自主权，农户成为独立的经济主体，农民的家庭分散经营迅速发展，从根本上改变了人民公社时期单一的集中经营和集中劳动的生产经营方式。农民和农村社区内部日益分散化。

第三，农村经营管理方式的变化也改变了农民与集体及农民之间的关系，农村社区内部日益平等化、经济化和非政治化。在人民公社时期，农民失去独立的生产资料和财产权利变成公社的集体“社员”，成为集体整体的不可分的一分子。在集中劳动条件下，农民也仅仅是集体的生产者和劳动者。家庭联产承包责任制的实施，使集体与农户的关系出现双重变化，一方面，集体凭借对土地的所有权、剩余索取权及承包关系的调整权，集体与农户之间保持着“管理者”与“被管理者”的关系；另一方面，由于农民拥有生产经营的自主权，其承包权力也受到法律的保护，农户也成为相对独立的经济主体。因而，农户与集体已变成经济实体之间的平等的利益关系和承包契约关系。与此相应的，社区农民之间及农户之间一方面具有社区集体成员的关系，另一方面也是平等的经济主体之间的关系。特别是随着地主、富农的阶级划分的废止，农民的政治阶级身份弱化，乡村社区内部传统的高度政治化、行政化和组织化的关系开始弱化，经济利益关系变得更为突出。

第四，家庭联产承包使人民公社的管理功能迅速虚化，管理方式丧失效力，社区权力和权威的管控能力弱化。最为突出的是，随着家庭联产承包的实行，农业生产和经营管理的职能转到农民和农户手中，公社各级对农业直接经营管理及统一分配的职能随之消失。由于农民和农户获得了经济上的自主权和独立性，农民的流动性增大，传统管理中所依赖的种种经济上的制裁和强制手段随之失效。乡村干部普遍反映“承包之后农民没有过去好管，也管不了。”“过去不听话可以扣工分、口粮，办法多得很，承包之后就不行了。”

第五，家庭联产承包责任制的实行促使人民公社解体，乡镇村组织重建，政府与社区自治组织开始分离。随着家庭联产承包责任制的迅速推行，人民公社组织及管理方式的效能丧失，人民公社治理体系也开始大面积崩塌，不少乡村组织与管理机构陷入瘫痪之中。到1982年底，实行农业生产责任制的生产队已经达到全国生产队总数的97.7%，人民公社已经全面崩溃。1982年底，中央决定废除人民公社，重建乡村治理体系。1982年12月4日，党的五届全国人大第五次会议通过了《中华人民共和国宪法》。《宪法》第十五条规定："省、直辖市、县、市辖区、乡、民族乡、镇设立人民代表大会和人民政府。"宪法同时规定在城市和农村设立居民委员会和村民委员会，并在它们下面分设人民调解、治安保卫、公共卫生等委员会。这是废除人民公社、重建乡村基层治理体系的决定性的步骤。新宪法颁布后，中共中央又要求各地要"有计划地进行建立村民（乡民）委员会的试点。"1983年10月，中共中央国务院发出《关于实行政社分开建立乡政府的通知》，全国性政社分开，建立乡政府的工作陆续展开。1985年6月，建乡工作全部完成，全国5.6万多个人民公社、镇，改建为9.2万多个乡（包括民族乡）、镇人民政府。同时，按照宪法规定，取消了原有的生产大队和生产小队，建立了82万多个村民委员会。①

20世纪80年代初政社分开及乡镇和村民委员会的建设过程中，乡镇和村的设置大致有三种模式。第一种是一社一乡制：以原人民公社为基础设立乡镇政府，在原生产大队的基础上设立村民委员会，生产小队改为村民小组。少数地方仍保留过去设在人民公社之上的区，但区只是作为县政府的派出机构而存在。据统计，截至1984年12月止，一社一乡制占全国乡镇总数的55%，占主导地位。第二种模式是大区小乡制：在原人民公社基础上设区，改生产大队为乡，在生产小队基础上建村民委员会，如云南、广东和广西等省区就是采取此种体制。第三种模式是大区中乡制：如湖北等省在原人民公社基础上设区，在原公社之下的管理区的基础上建立乡镇，改生产大队为村民委员会，生产小队改为村民小组。由此在全国大多数省区的农村基层形成区—乡镇—村委会的三级基层建制。

尤其值得注意的是，在乡镇政权和村民委员会组织建设中，新的法规对乡镇与村民委员会关系进行了重大改革和重新定位。1987年11月全国人大常委会通过的《村民委员会组织法（试行）》明确规定："村民委员会是村民自我管理、自我教育、自我服务的基层群众性自治组织。""乡、民族乡、镇的人民政府对村民委员会的工作给予指导、支持和帮助。"1998年通过的新的《村民委员会组织法》对此再次予以确认。由此确立了"乡政村治"或"乡村分治"的新的治理体系。按照新的治理体系的设计，乡镇作为国家农村基层政权，依法行政；村民委员会作为村民自治组织，依法自治。乡（镇）村之间在法律上不再是行政上的

① 《全国政社分开建立乡政府的工作结束》，载于《人民日报》1985年6月4日。

上下级和直接的"领导关系"，而是"指导关系"。"乡政村治"体制不仅重新构造了农村基层的行政组织与管理体系，也力图重新划定国家权力与社会权力、农村基层政府与农村基层自治组织的权力边界，事实上也重新划分了政府与乡村社区的权力边界。这为乡村社会和社区的自我组织和管理提供了一定的社会和政治空间，也为农民的经济自主、政治民主和社区自治提供了制度和组织框架。

第六，随着农村党支部、村民委员会以及村级经济合作社的建设，农村社区内部经济、政治和自治组织开始分设和分化。1982 年 12 月 4 日，党的五届全国人大第五次会议通过了中华人民共和国宪法，强调废除人民公社体制，实行政社分开。在组织体制上，乡镇政府重建的同时，要求设立乡镇经济组织如乡镇经济联合社等，行使乡镇集体经济经营管理权。一些乡（镇）还设立了乡镇经济发展（总）公司，有的地方叫农工商公司、投资公司、股份公司等，主要负责投资建企业，开办工厂和商业公司等，并且对所办的乡镇企业进行经营管理。在经济组织重建的同时，中央也要求转变乡镇政府职能。《中共中央、国务院关于加强农村基层政权建设工作的通知》就特别强调，"政社分开之后，不少地方虽然分别建立了乡政府和乡经济组织，但实际上政企职责并没有完全分开。不少地方乡政府没有配备管理经济的人员，而把政府管理本乡经济的职权交由乡经济组织行使，仍然是政企不分。"为此，要实行政企分开。乡政府管理经济，主要是运用经济的、法律的和行政的手段，为进行商品生产服务。乡政府要支持乡经济组织行政的自主权，不能包揽或代替经济组织的具体经营活动，更不能把经济组织变成行政管理机构。① 不仅如此，在村级组织建设中，设立村民委员会自治组织的同时，要求组建村级经济合作组织，承担集体经济组织的产权及经营管理功能。从此，农村基层社区的经济组织与村民自治组织开始分离。尤其是，在政社分开、政经分开的同时，中央也要求实行"党政分工"，理顺基层党政关系。1986 年中央要求各地农村基层要"明确党政分工，理顺党政关系"。强调"乡党委要按照党章的规定和实行党政分工的要求，集中精力抓好党的路线、方针、政策的贯彻执行；乡党委对乡政府的领导，主要是政治、思想和方针政策的领导，对干部的选拔、考核、监督，对经济、行政工作中重大问题的决策，而不是包办政府的具体工作。乡党委要保证乡政府依照宪法和法律的规定独立行使职权，支持乡长大胆地开展工作。"② 在村级组织中，设立农村基层党支部，以使党组织发挥领导核心作用。这些要求表明，在人民公社体制改革过程中，中央也大力地推动

---

① 中华人民共和国民政部编：《中共中央、国务院关于加强农村基层政权建设工作的通知》，引自《农村工作文件选编》武汉大学出版社 1987 年版，第 84 页。

② 中华人民共和国民政部编：《中共中央、国务院关于加强农村基层政权建设工作的通知》，引自《农村工作文件选编》武汉大学出版社 1987 年版，第 83 页。

了农村基层社区党、政、经、社等组织的分离，从而也推动了农村社区内部的组织分化。

显然，随着家庭联产承包责任制的实施，我国农村基层治理体系发生了重大变革，农村社区内部的组织关系、权力关系、社会关系等也发生了深刻的变革。

二、改革以后农村社区面临的问题与挑战

虽然20世纪80年代以来的改革给农村基层治理和社区共同体带来了新变化。但是，此次改革是在特定的历史条件和背景下进行的，改革本身也不彻底，存在明显的局限。仅从农村基层治理体制及社区组织与运行机制的改革来看，改革初期设定的目标并没有完全达到，人民公社体制的一些核心内容及其制度安排并没有完全改变。

其一，"村社一体"：农村社区经社关系并没有完全理顺。在20世纪80年代的改革过程中，虽然中央要求实行"政经分开"、"政社分开"，并明确村民委员会是一种群众自治组织，要求在建立村民委员会的同时设立村社区合作经济组织，实行"村社分设"，但是，在实践中，绝大多数村社区合作经济组织与村民委员会实行"两块牌子，一班人马，交叉任职"，村委会或村社区的"村社一体"、"政经不分"。农民的社会生活共同体并没有完全从经济或生产共同体中分离出来。

其二，"组织封闭"：农村社区组织处在半开放半封闭状态。村民自治的组织与管理体制事实上是在村集体土地所有基础上形成的，基于土地的集体所有及承包关系，农民归属于一定的"集体"，享有相应的权力。村委会组织及党支部组织也是在这种集体范围内组建起来的。集体的土地边界及产权边界也是村民、村庄及村组织的边界，具有强烈的封闭色彩。这种封闭性也限制外来人员参与村委会的选举及公共事务的管理，使村委会及村民自治组织本身封闭起来。尽管随着市场经济的发展，各种生产要素伴随劳动力的自由流动，日益渗透和进入农村社区，农村社区也日益开放。但是，这种开放是有限的。因此，农村基层社区仍处在半开放半封闭状态。

其三，"自我服务"。根据《村民委员会组织法》，"村民委员会是村民自我管理、自我教育、自我服务的基层群众性自治组织"，一些部门和人员将这理解为村民自我投入、自我建设、自我管理和服务，不愿或很少对村民自治事务给予财政投入。

其四，“政社难分”：农村社区处在行政化和半行政化状态。自20世纪80年代初“乡村分治”以来，关于乡镇政权与村民委员会之间是“指导关系”还是“领导关系”的争论一直没有停止。从法律上讲，乡镇作为国家农村基层政权，依法行政；村民委员会作为村民自治组织，依法自治。乡（镇）村之间在法律上不再是行政上的上下级和直接的“领导关系”，而是“指导关系”。但是，村民委员会自开始就不是纯粹的社会组织，而是承担着农村基层组织与管理、政治与行政的职能，如何处理乡镇政府与村民自治的关系一直是个棘手的问题。乡村之间的“指导关系”一开始就遭到乡镇干部相当普遍的责难和否定，他们声称“这将使乡镇政府变成无脚的螃蟹，无法对乡村和农民进行有效的管理。”有的甚至担心会“导致农村的失控”。种种试图重新恢复乡镇政府对村委会事实上及法律上的“领导关系”的努力从未停止过。而一些村干部也认为，“没有乡镇政府的支持，工作难以开展。”其结果是村委会出现相当普遍而明显的行政化。21世纪初税费改革之前，上级及乡镇政府时常向村下达种类繁多的指令性任务，大凡公粮收购、计划生育、税费收缴及上报各种材料统计等等都下达严格的任务指标，规定完成期限，将任务与干部的工资待遇挂钩，给予一定的奖惩。免税之后，村委会自身财源枯竭，大多是靠县乡政府转移支付和补助维持。与此同时，政府对村民自治组织的控制也随之强化，“村账乡管”日益普遍化、合法化，村委会进一步丧失了经济上的独立性和自主权。随着而来的是村委会对上级政府的依赖进一步加深，甚至变成了事实上的乡镇的“村公所”。由此，村委会组织及农村社区共同体出现更加严重的行政化的趋向。

其五，“城乡分离”。村民自治体制下，虽然国家逐步改革城乡二元化体制，放宽了城乡之间流动的限制，但是，城乡之间在户籍、教育、医疗、卫生、就业、社保等方面仍存在明显的差异，城乡二元化的组织与管理体制依然延续。在城乡基层，城市实行街道、居委会及社区体制，乡村则实行乡镇与村委会及村民小组体制。

显然，从实践来看，改革以来的农村基层治理及社区共同体仍在相当程度上延续了传统人民公社时期经社不分、党政不分、组织封闭和城乡二元化的特征，人民公社体制的内核并没有从根本上改变。

不仅如此，随着农村经济社会发展，农村基层治理及社区共同体也出现一些新的矛盾、困难和问题。

1. 社区规模扩大化。新世纪以来，我国乡镇和村组进行了多次大规模的撤并。2006年平均每天减少两个乡镇，有13.6个村委会被撤，全年共有1.24万个村民小组消失。截至2006年年底，全国设有村民委员会62.4万个，比上年减少了0.5万个；村民小组453.3万个，比上年减少37.2万个。至2007年底，村民委员会的数量减少为61万多个；到2010年，村民委员会的数量减少为59.5万。村组合并虽然减少了村组干部，减轻了农民负担和财政负担，但是，附着村组合并，村组规模不断扩大，农村基层共同体的组织边界也随之扩张。这种扩张一方面造成长期形成的社队、村组为基础的，有较强认同的社区共同体的肢解，同时，也给新的社区共同体的组织重建和融合带来困难。随着社区规模的扩大，不仅给乡村管理造成困难，也给村民自治的组织及村民群众的参与造成不便。一些村民抱怨：现在的政府和村级组织“离农民群众越来越远了”，这导致社区的认同度和融合度下降。

2. 社区经济空虚化。虽然改革以来，我国一直强调壮大集体经济，但是，集体经济的发展却处在长期的衰退之中。据统计，2011年，我国有52.7%的村集体无经营收益，如果再加上集体经营收益在5万元以下的村，则集体经济薄弱的村占到了全国总村数的79.7%。[①] 可以说，绝大多数村集体经济是“空壳”。特别是到2006年，我国各省市和自治区相继宣布全部免除农业税。这大大减轻了农民的负担，也使乡村干部从催粮催款中解脱出来，减少了基层干部与群众的利益摩擦和矛盾，使干部有更多的精力为农民服务，密切了干群关系，为村民自治的发展创造了条件。但同时，减免农业税以及取消涉及农民的各种摊派和收费也减少了乡村的经济来源，使乡村财政收支矛盾和债务危机迅速暴露出来，村级组织也陷入了普遍的财政困境之中，绝大多数村委会负债累累。虽然税费改革后，中央和地方政府锁定了村级债务，并通过转移支付的方式以保障村级组织的运转，但是，财政转移支付政策性强，数量不多，且不稳定，村级债务依然存在，仍没有化解。由于村级组织财政困难、债务沉重，不仅难以为村民提供公共服务，也难以保证乡村干部的稳定，严重影响到村民自治组织的正常运转。

3. 社区居民“原子化”。实行家庭联产承包责任制之后，农民群众获得了生产经营自主权，农村集体经济经营形式发生了重大改变，传统的集中统一劳动被分散劳动所取代。农村村组社区农民日益独立化、分散化和“原子化”。特别是随着农村市场化的发展，城乡开通及农民大规模流动，使得农民的自主性、流动性及分散性显著增强；社区财务困难，难以给村民提供相应的福利，对居民的吸引力更加弱化；传统的管理和调控手段失效，也丧失对农民行为的约束力。这一切都导致社区内部分散化和原子化。乡村干部普遍反映改革以后，“农民不好管，也管不了”。虽然村民自治仍然存在，村级公益事业也要求一事一议来解决，但是，村级事务、民主议事“召集难、议事难、决策难和执行难”非常普遍地存在，这也凸显了村级组织及社区权威的困境。

---

① 国鲁来：《农村基本经营制度的演进轨迹与发展评价》，载于《改革》2013年第2期。

4. 社区人口空心化。随着我国工业化、市场化和城镇化的发展，农村人口大量外流。根据2013年2月22日中华人民共和国国家统计局发布的《中华人民共和国2012年国民经济和社会发展统计公报》，全国农民工总量已经达到26 261万人。其中，外出农民工16 336万人，增长3.0%；本地农民工9 925万人，增长5.4%。[①] 巨量的流动农民工也意味他们离开了自己的家乡社区，使得农村社区劳动力大量外流，社区日益空心化。

5. 社区内部日益分化。随着农村市场经济的发展，农村社区内部产权形式及经济组织形式日益多元化和多样化，集体、个体、私营及股份合作制等多种经济形式并存，单一的集体产权制度开始分化。与此同时，经过30多年的改革，农民家庭成员增减不一，占有的土地等资源数量不同，特别是在市场经济和多种经营过程中，个人能力、机会、资源和资本不同，经济收入出现显著的差别，社会和社区的经济分化、职业分化和社会分化非常显著。这种差异性的增强，也使社区内部的矛盾加剧，融合更加困难。

6. 社区日益复杂化。随着城市化及农村市场经济的发展，农地流转不断增多，不少人务工经商或移民城镇放弃土地经营，也有不少人远赴他乡承包经营，而一个村庄的居民也不再是世代聚居的"本村村民"，这种人口的流动及土地的流转造成地权关系变化及人口的杂居，使乡村日益开放，传统封闭的村落和集体组织日趋瓦解。农村土地流转也使土地关系更加复杂。这种多样化的产权结构和经济组织形式打破了传统单一的集体经济组织形式，或者说人们不再从属于单一的集体经济组织，社区也将不再是一种集体经济组织或生产共同体，而是从事多种经营、多种职业的人们的生活聚居地或社会生活共同体。

显然，经过30多年的改革，农村经济社会和人们的观念已经发生深刻的变革，农村社区共同体也在发生深刻的变革。特别是我们看到，随着改革开放的深入发展，村级组织及基层社区的封闭性被打破。尤其是随着经济和社会流动，村社区的多种所有制的发展，社区的地权关系、居民关系日益多元化和复杂化，由此不仅提出传统的乡村集体经济组织如何维系、如何运作以及如何生存的问题，也提出了建立在集体产权或集体经济之上的乡村社区管理组织如何维系和发展的问题。如何处理原居民与移居民的权力关系？"外来人员"是否有权参与居地村庄的自治事务？如何才能保障这些"外来人员"的经济、社会及政治权益？以及外来居民如何承担相应的义务和责任？等等，这也要求对现行的村民委员会的组织与管理体制进行改革，以容纳和整合社区全体居民。不仅如此，进入新世纪以

① 中华人民共和国国家统计局：《中华人民共和国2012年国民经济和社会发展统计公报》，2013年2月22日。

来，为了从根本上打破城乡失衡的二元结构，党中央提出城乡统筹、以工支农的方针。加大各级政府对农业和农村增加投入的力度，扩大公共财政覆盖农村的范围，推进城乡基本公共服务均等化。这表明，我国从此结束了长期的通过农业的积累支持工业和城市发展的发展战略，走上了以工业反哺农业、城市带动乡村的新的发展道路。随着我国农村政策从“资源索取”到“反哺农村”的战略转变，传统村民自治所承担的公共服务及公益事业将更多地由中央和地方政府承担，中央和地方也将更多地承担村民自治的财政及运行成本。乡村组织的工作内容和重点也发生了重大转变，从传统的税费征缴、计划生育向为农民提供公共服务转变。这就要求我们重新审视村民自治及村组社区的组织基础、财政基础、权力职责及其工作内容，对农村基层组织与管理的功能和作用进行重新定位。此外，长期以来，我国实行城乡二元化的体制。长期的城乡分割，使城乡社会分裂，缺乏有机的社会整合，阻碍了城乡自由流动和城乡一体化。为此，改革以来，党和国家推行了一系列改革措施，逐步废除了城乡二元的粮食供应制度，改革户籍管理方式，鼓励农民进城及劳动力自由流动，逐渐打破了长期城乡隔绝的局面，城乡一体化明显增强。尤其是市场经济改革及社会的分工和分化，也促进了人们相互依存和合作，促进了社会的“有机团结”。然而，迄今为止，城乡之间的二元化并没有完全消除。这不仅是因为城乡之间社会经济发展存在事实上的差距，更重要的是因为城乡之间在公共服务和公共管理体制上依然存在差别。在城乡基层，城市实行街道、居委会及社区体制，乡村则实行乡镇与村委会及村民小组体制，城乡之间在户籍、居住、就业、社保、教育、医疗、税收等方面的二元制度在相当程度上依然存在。这种城乡分割和二元化体制不仅成为阻碍我国经济发展的重大障碍，也成为引发社会矛盾、影响社会稳定、阻碍社会融合的重要因素。因此，当前不仅要进一步深化市场经济体制改革，破除阻碍城乡经济资源自由流动的障碍，让市场在资源配置上发挥基础性的作用，实现城乡经济的一体化，通过利益、分工和交换促进人们的合作和社会融合；也要进一步改革城乡公共服务体制，构建新型公共服务体系，实现城乡公共服务的一体化；还要进一步深化管理体制改革，构建新型公共管理体制，实现城乡公共管理的一体化。总之，随着改革开放及农村社会经济的发展，农村的经济结构、社会关系、利益格局发生了重大的和根本性的变化，农村社会变得越来越开放，社区日益分化、多元化，现存的村民自治已经不能适应农村社会经济的日益变化及农民群众的需求。特别是由于农民和农户获得了经济上的自主权和独立性，农民的流动性日益增大，因此，村委会的社会控制、组织和管理能力大大弱化，不再可能运用传统的经济或超经济的强制来控制农民的生产、生活及行为；农民的自立性和独立性的增强以及集体资源的缺失和福利供给的减少，使得农民已经不再完全依赖集体组织和村社区，农民的集体或村委会的社区认同不断弱化；市场经济的改革及农村多种所有制和多种经营的发展，促使农村社会和社区中人们的职业、身份、利益、观念等进一步分化、多元化；同质性的社会和社区日趋多样化和异质化，使得现在的集体组织已经失去了有效的容纳和融合能力，也失去了有效的组织与管理能力。这一切表明，在新的历史背景下，如何构建与农村开放、流动、分化和多元化相适应的社会组织与管理方式，妥善处理社区不同居民之间的权利关系，增强居民的社区及国家的认同和归属感，促进社区及整个社会的融合，已经成为亟待解决的问题。也正是在此背景下，中共中央和政府提出推进农村社区建设，构建新型农村社会生活共同体。由此，开始了新世纪推进农村社区建设的历程。

第四章

新世纪以来的农村社区建设

自2001年开始，我国的一些地方开始尝试建设农村社区的工作，农村社区建设进入地方自发试点阶段。2006年10月，《中共中央关于构建社会主义和谐社会若干重大问题的决定》做出了“全面开展城市社区建设，积极推进农村社区建设，健全新型社区管理和服务体制，把社区建设成为管理有序、服务完善、文明祥和的社会生活共同体”的重大决策。为了贯彻落实中央关于推进农村社区建设的决定，探索农村社区建设的思路，形成适合我国国情的农村社区建设管理体制和运行机制，2007年3月，民政部决定从全国有条件的县（市、区）中确定一批“全国农村社区建设实验县（市、区）”，用1~2年时间开展农村社区建设实验活动。此时进入农村社区建设的实验阶段。2010年审议通过的“十二五”规划纲进一步强调，积极推进农村社区建设，我国农村社区建设进入全面推进的新阶段。

第一节　新世纪农村社区建设的起源与目标

一、新世纪农村社区建设的起源和背景

从历史的角度看，改革以来我国社区建设最早是从城市开始的。1986年，为了配合城市经济体制改革和社会保障制度建设，国家民政部倡导在城市基层开

展以民政对象为服务主体的“社区服务”，首次将“社区”这一理念引入城市管理。1991 年，民政部从我国国情出发，借鉴国外先进经验，提出社区建设的概念，并随即在全国范围内各城市广泛开展社区建设活动。[①] 2000 年 11 月，中共中央办公厅、国务院办公厅转发的《民政部关于在全国推进城市社区建设的意见》指出，“社区建设是指在党和政府的领导下，依靠社区力量，利用社区资源，强化社区功能，解决社区问题，促进社区政治、经济、文化、环境协调和健康发展，不断提高社区成员生活水平和生活质量的过程。”

城市社区建设是我国城市改革发展的产物，也是适应新时期加强城市社会管理和服务的需要。从 20 世纪 80 年代中期开始，我国改革的重点逐渐从农村转移到城市。随着城市国营企事业单位的改革，城市社会经济结构及管理体制发生了急剧的变迁。在计划经济时代，城市的人们都生活和工作在一定的“单位”之中。“单位”是一种高度组织化和政治化的组织。人们的工作地和居住地合为一体，也缺乏居住和职业的自由流动。单位制度不仅是基本的经济组织，事实上也是城市基本的社会组织和管理单位。国家依托“单位”在对经济生产进行组织和管理的同时，也通过“单位”给人们提供各种物品和服务，并依靠“单位”对人们进行严格的组织与管理。也正因如此，一些学者将传统的城市社会称为“单位社会”。然而，随着计划经济体制的改革及国营企事业单位的改制，企事业单位原有的社会职能逐步向社会转移，人们也逐步从“单位人”向“社会人”转变，城市也逐渐从“单位社会”向“市民社会”转换。在这一转型过程中，我国在城市适时引入了社区制度，实行社区自治。1998 年，根据中央关于“加强城市社区建设，充分发挥街道办事处、居委会的作用”的要求，民政部在全国选定 26 个国家级社区建设实验区，开展社区建设的实验和探索。2001 年，社区建设在全国范围展开。

如果说我国改革是从农村进入城市，那么，社区建设则是从城市引入农村。随着我国农村改革的发展，传统集体单位也逐步解体，农民大规模流动，农村社会管理和服务问题也非常突出。尤其是长期的二元化体制，城乡公共服务水平有严重失衡，农村民生服务和社会建设的任务更加突出。也正是在此背景下，一些地方开始推进农村社区建设。2003 年 10 月，在党的十六届三中全会讨论通过的《关于完善社会主义市场经济体制若干问题的决定》中，明确提出了“农村社区服务”、农村“社区保障”、“城乡社区自我管理自我服务”的要求。2006 年 7 月，民政部党组在全国民政工作年中情况分析会上，从贯彻落实科学发展观、统筹城乡发展、推进社会主义新农村建设的角度，第一次向民

① 徐勇、陈伟东：《中国城市社区自治》，武汉出版社 2002 年版，第 26 页。

政系统提出“认真开展农村社区建设试点”的要求。同年9月，民政部下发了《关于做好农村社区建设试点工作推进社会主义新农村建设的通知》，进一步对试点工作进行了部署。2006年10月，党的十六届六中全会讨论通过的《中共中央关于构建社会主义和谐社会若干重大问题的决定》首次完整地提出“农村社区建设”的概念，要求“全面开展城市社区建设，积极推进农村社区建设，健全新型社区管理和服务体制，把社区建设成为管理有序、服务完善、文明祥和的社会生活共同体。”2006年11月，国务院召开的第十一次全国民政会议进一步强调指出，要着力建设城市和农村社区“两个平台”，“整合社区资源，推进农村志愿服务活动，逐步建立了与社会主义市场经济体制相适应的农村基层管理体制、运行机制和服务体系，全面提升农村社区功能，努力建设富裕、文明、民主、和谐的新型农村社区”。2007年10月，党的十七大报告不仅首次正式将基层民主及基层群众自治制度纳入社会主义民主政治的重要内容并给予重点强调，而且要求“健全基层党组织领导的充满活力的基层群众自治机制，扩大基层群众自治范围，完善民主管理制度，把城乡社区建设成为管理有序、服务完善、文明祥和的社会生活共同体”。2010年审议通过的“十二五”规划纲要强调，强化城乡社区自治和服务功能，全面开展城市社区建设，积极推进农村社区建设，健全新型社区管理和服务体制，把社区建设成为管理有序、服务完善、文明祥和的社会生活共同体。由此，农村社区建设上升为党和政府重大发展战略，纳入国家建设和发展规划，成为当前及今后相当长一段时期的重大建设工程。

对于新时期我国开展农村社区建设的背景和动因，主管农村社区建设的国家民政部基层政权和社区建设司做出了分析和解释。

首先，“开展农村社区建设是统筹城乡发展的必然要求。因为新世纪以来，我国经济社会发展已进入以工哺农、以城带乡的新的历史阶段。城乡二元体制结构给农村人口居住、就业、教育、社会保障、医疗卫生、文化生活等打上深深的烙印，已成为制约农村双增、经济发展、社会稳定的结构性‘瓶颈’。消除体制弊端、统筹城乡发展、构建和谐社会是经济社会发展到一定阶段的必然要求。与此同时，农村城镇化和城市现代化的加速发展，撤乡并镇、撤村建居等行政区划调整的加速推进，为农村社区建设打下了坚实的物质基础。农村社区的萌生，能有效搭建整合城乡资源的平台，促进资金、技术、人才、信息等各类生产要素在城乡之间的科学配置、合理流动；能完善和创新农村社会管理服务机制，为农民群众参与管理、反应诉求开辟渠道；能促进基础设施向农村延伸，公共服务向农村覆盖，科学技术向农村传播，现代文明向农村辐射，让农民共享改革开放和现代化成果，改变城乡之间传统的相对分割现状。开展农村社区建设，已成为经济社会科学发展、协调发展的必然要求。”

其次，“开展农村社区建设是提升农民生活质量的内在需求。随着农村工业化、城镇化和农业产业化的迅猛发展，农民物质生活水平逐步提高，农民群众对生活质量内涵的理解已不再停留在居有房、穿有衣、食有粮等基本消费层面上，而是逐步向人居环境追求舒心、人际关系追求和谐、居民发展追求个性、社会服务追求便捷、生产生活追求幸福、精神文化追求丰富等现代文明需求层面转变。主动地接受现代文明的影响、像城市居民一样享受现代文明成果，已越来越成为农民群众的迫切愿望。农村社区的产生适应了农民个性化、差异化、多样化的客观需求，通过组建社区居民中心，为农民群众提供生产生活服务，使农民生活得舒适、安逸；通过逐步把自发的、分散的群众文化、地方文化引导到有组织、有品位、有意义的发展轨道上来，不断丰富农民的文化生活；通过搞好农村社会管理，切实为农民提供公共安全的环境保障。开展农村社区建设，越来越成为农民追求新生活的内在需求和迫切需要。”

再次，“开展农村社区建设是组织制度创新的客观需要。长期以来，受计划经济体制的惯性影响，农村各类组织的发展‘行政化’色彩较浓，其设置方式、活动开展、服务实效等均严重滞后于农村经济社会发展，越来越不能适应经济市场化、城乡一体化发展需求。特别是随着农村各项改革的顺利推进，农村基层党群组织、村民自治组织工作内容陈旧化、工作重心事务化、工作方式行政化的问题更是暴露无遗。如何顺应以市场化为导向的经济体制改革，适应农民日益增长的个性化、多元化的发展需求，加快政府职能转变，不断增强基层组织服务改革、服务发展、服务群众的能力，需要对农村基层组织进行制度创新。农村社区建设的开展，创造性地组建具有自治性质的农村社区组织，打破按行政单元设置基层组织的惯例，设立村级党委、产业党支部、行业党小组等基层党组织，构建起以党群组织为核心，以自治组织为主体，以群众组织为补充的农村基层组织服务体系，与时俱进地推动了基层组织创新。”①

不仅如此，农村社区建设为新农村建设提供了制度和组织平台。2005 年 12 月，中共十六届五中全会提出了建设“生产发展、生活宽裕、乡风文明、村容整洁、管理民主”的社会主义新农村的重大历史任务。然而，从总体上看，当时各地新农村建设仍处于宣传、动员和国家支持阶段，还未深入和植根于农村实际生活之中。许多地方对于如何推进新农村建设还未找到切实有效的途径。为推进新农村建设，党中央、国务院采取了一系列支农惠农的政策，各级政府及有关部门

① 基层政权和社区建设司：《农村社区建设的探索与思考》，2007 年 10 月 19 日。国家民政部基层政权和社区建设司网站 http：//zqs. mca. gov. cn/article/cmzz/gzyj/llyjgzyt/200711/20071100004484. shtml。

加大了对“三农”工作的扶持力度，然而，如何把这些政策措施及时落实到基层，落实到农户，让亿万农民群众真正受益？如何广泛动员社会各方面力量支持和参与农村社区公益事业和公共事务，使各种捐助资金、项目、技术源源不断地流向农村，形成全社会关心、支持、促进新农村建设的有效机制？如何充分调动广大农民群众的积极性，把农民群众组织动员起来，参与和支持建设自己生活的家园？新农村建设涉及经济、社会、政治、文化和规划不同方面，如何统筹兼顾、集中力量、突出重点，保证新农村建设快速、健康和可持续发展？这些都是当前新农村建设中亟待解决的重要课题。农村社区建设实际上是农村社会的建设过程，是社会主义新农村建设的基点、平台和抓手。通过农村社区建设创新农村基层管理体制，不仅为社会主义新农村建设提供新型的制度和组织平台，也为新农村建设提供了有效的途径和制度保障。

最后，农村社区建设是农村民生建设、社会建设和社会发展的基本载体和重要途径。农村社区建设的开展，标志着我国农村及整个现代化建设目标向政治、经济、文化和社会建设“四位一体”转变。社会主义现代化建设是我们党和国家当前的一项历史性任务，在社会主义现代化建设的目标及总体布局上，中国共产党及中华民族的认识逐步深化，已经实现了三次重大突破：从建设社会主义物质文明，到提出社会主义物质文明和精神文明“两手抓”；从社会主义物质文明和精神文明“二位一体”，到社会主义物质文明、政治文明、精神文明“三位一体”。中共十六届五中全会首次将“社会建设”作为新农村建设的重要内容，强调在新农村建设中协调推进农村经济建设、政治建设、文化建设、社会建设和党的建设。党的十六届六中全会进一步强调在现代化建设中“推动社会建设与经济建设、政治建设、文化建设协调发展”，并将构建和谐社会作为现代化发展的目标。这是对社会主义现代化建设内容的丰富和发展，标志着我国农村及整个现代化建设目标从单纯政治、经济和文明建设“三位一体”向政治、经济、文化和社会建设“四位一体”转变。

毫无疑问，农村社区建设是社会主义新农村建设的重要平台；是促进农村和谐稳定，构建社会主义和谐社会的重要举措；是逐步改变城乡二元结构，建设城乡统筹发展的重要载体；是进一步深化村民自治，完善农村社会治理结构的重要途径；是提高农民群众生活质量，提升农村文明程度的重要手段。开展农村社区建设，有利于推动基础设施向农村延伸，公共服务向农村覆盖，科学技术向农村扩散，现代文明向农村辐射；有利于最大限度地调动和发挥农民群众的积极性、主动性、创造性，依靠自身力量，改善农村面貌；有利于完善和深化村民民主自治机制，让农民群众直接参与社区管理，表达个人意愿和合理诉求；有利于发展农村社区服务，增强农村的服务功能，提高农民群众的生活质量和文明程度；有利于改变传统城乡关系，促进资金、技术、人才、信息等各类要素在城乡空间合理集聚、科学配置，实现城乡协调发展。它是当前党和政府推进的一项重大民生工程，它将公共服务引入并全面覆盖农村；是一项重大的社会工程，它消除社会矛盾并实现社会整合和融合；是一项重大的政治工程，它赢得农民的拥护，进一步巩固了党在农村的执政基础。因此，农村社区建设不仅是农村社会经济发展的客观要求，也是新农村建设、和谐社会建设、农村社会建设以及城乡一体化建设的重要组成部分，是我国农村及整个国家经济社会发展的重大战略，也是农村基层组织、管理和服务体制的重大创新和变革。

二、农村社区建设的政策目标与任务

2006 年 10 月，党的十六届六中全会讨论通过的《中共中央关于构建社会主义和谐社会若干重大问题的决定》明确提出“全面开展城市社区建设，积极推进农村社区建设，健全新型社区管理和服务体制，把社区建设成为管理有序、服务完善、文明祥和的社会生活共同体。”这是党和政府关于农村社区建设目标和任务最集中、最完整和最规范的表述。此后，国家“十二五”规划纲要等规范性文件进一步重申这一规定，并对农村社区建设的工作重点进行了更具体的规划。

首先，农村社区建设的总体目标和方向是建设新型农村“社会生活共同体”。自从滕尼斯提出社区以来，虽然人们对于社区有不同的解释，但是，人们大多同意社区也是一定地域范围内的人们基于共同的利益和需求、密切的交往而形成的具有较强认同的社会生活共同体。其中，“一定的地域”、“共同的纽带”、“社会交往”以及“认同意识”是一个社区或共同体最基本的要素和特征。由于社区的地域范围、利益基础、交往方式以及认同取向的不同，不同时期及不同环境中的社区也有不同的类型和特征。从我国来看，在传统的农村社会中，由于血缘关系及家族利益是人们的共同纽带，由此形成一种血缘共同体及家族共同体。新中国成立以后相当长一段时期，随着我国农村集体化和人民公社制度的建立，农民都生活和工作在人民公社之中。生产队是最基层的生产单位和核算单位，农民的生活空间和生产空间重合，农村基层社区或社会生活共同体首先是一种生产共同体或经济共同体；人民公社实行政社合一、政经不分的体制，农林基层社区或社会生活共同体也是一种行政共同体；人民公社及生产队是建立在集体经济、集体所有、集中经营的基础上，并以集体劳动、集体分配和集体生活为典型特征，由此，农村社区也是一种集体化、集中化的生活共同体；改革以后，随着家庭联产承包责任制的改革，人民公社时期的农村的集中的生产共同体开始解体。但是，传统的基于土地的集体所有所形成的政经不分的农村组织体制依然存在。农村基层社会生活共同体并没有完全与经济和生产共同体、行政、政治和自治共同体分离。基层共同体仍呈现出严重的经济化、行政化、政治化和封闭性的特征。然而，随着农村改革和开放，乡村社会的急剧分化，农民的流动性日益增大，人们基于村集体和家族血缘关系的认同不断弱化，传统农村基层组织与管理体制已经不能适应社会经济发展。如何重新将农村和农民组织起来，重建乡村社区的组织与认同，增强居民的社区认同和归属感，重建并促进社区的整合与融合，已经成为亟待解决的问题。正是在此背景下，党和政府提出推进农村社区建设，构建新型农村社会生活共同体。

其次，健全管理体制实现有序管理是农村社区建设的重要任务。社区是社会组织与管理的细胞，也是一个国家社会有序管理、社会和谐的基础。自 20 世纪 80 年代以来，随着农村及整个国家的改革不断深入，农村进入了市场化、城镇化和现代化迅速发展的时期。农村社会经济结构及组织形式正发生急剧的转型和变革。特别是随着市场化和现代化的发展，农村社会利益和社会群体日益分化，价值观念及人们的需求日趋多元化，人口、资源及信息快速流动，社会关系更加复杂化，社会矛盾和风险也随之加大，社会整合、社会管理和社会控制的任务非常繁重。特别是我国社会经济结构的转型与体制改革的同时，旧的社会资源分配体系、管理体制、控制机制、整合机制趋于解体，而新的体系与机制尚未完善并充分发挥作用，可能诱发和加剧了一些特殊类型的矛盾和风险，如贫富差距过大、社会越轨乃至犯罪激增、族群冲突加剧、道德失范、信任危机以及种种侵害农民和他人权益的行为，等等。如何进一步深化改革，建立和健全农村社会组织与管理体制，加强社会管理和社会控制，保障人们的合法权益，是当前农村及整个国家改革的重点之一，也是国家治理和乡村治理的重点和难点。正因如此，中央将健全社区管理体制，实现乡村社会和社区的有效管理，达到管理有序，作为农村社区建设的重要任务和要求。在国家“十二五”规划纲要中，中央还明确提出进一步“完善社区治理结构”，要求在城乡社区建设，“健全社区党组织领导的基层群众自治制度，推进社区居民依法民主管理社区公共事务和公益事业，实现政府行政管理与基层群众自治有效衔接和良性互动。完善社区居民委员会组织体系，加强城乡结合部、城中村、流动人口聚居地等的社区居民委员会建设。积极培育社区服务性、公益性、互助性社会组织，发挥业主委员会、物业管理机构、驻区单位积极作用，引导各类社会组织、志愿者参与社区管理和服务。鼓励因地制宜创新社区管理和服务模式。”[①]

---

① 《中华人民共和国国民经济和社会发展第十二个五年规划纲要》，载于《人民日报》2011 年 3 月 16 日。

再次，完善服务体制加强社区服务是农村社区建设的工作重点。在强调健全社区管理体制，实现有序管理的同时，中央也将改革和完善社区服务体制，加强社区服务作为农村社区建设的又一个重要内容。国家“十二五”规划特别指出，要“构建社区管理和服务平台”，“健全基层管理和服务体系，推动管理重心下移，延伸基本公共服务职能。规范发展社区服务站等专业服务机构，有效承接基层政府委托事项。以居民需求为导向，整合人口、就业、社保、民政、卫生、文化以及综治、维稳、信访等管理职能和服务资源，加快社区信息化建设，构建社区综合管理和服务平台。完善优秀人才服务社区激励机制，推进社区工作人员专业化、职业化。加快建立政府投入与社会投入相结合的经费保障机制。加强流动人口服务管理。”[①] 事实上，国家民政部最早提出农村社区建设也是从加强社区服务开始。特别是建国以后我国户籍、居住、就业、社保、教育、医疗、税收等方面实行城乡有别的二元化制度，城乡之间公共服务及社会发展严重失衡，农村公共服务严重不足，迫切需要加强农村公共服务，加快农村社会建设。为此，在推进农村社区建设中，从中央到地方都强调要以社区服务作为工作的重点，大力加强农村社区公共服务设施建设，将基本公共服务全面覆盖农村，让农民共享改革开放和现代化成果，提升农民的生活品质。

最后，文化建设及社区认同是农村社区建设的本质要求。20 世纪 30 年代吴文藻先生就指出：“现代社区的核心为文化”。迄今为止，虽然人们对于社区有不同的理解，但普遍强调了社区文化的维系力，以及社区居民之间形成的对社区的认同和归属感。一般来说，社区文化包括历史传统、风俗习惯、村规民约、生活方式、交际语言、精神状态、社区归属（依赖）与社区认同感等。社区文化总是有形或无形地为社区居民提供着比较系统的行为规范，不同程度地约束着社区居民的行为方式与道德实践，客观上对居民担负着社会化（社教化）的功能以及对居民生活的某种心理支持，从而增强人们对社区的认同感及社会生活共同体的凝聚力，也是实现社区和谐的重要基础。在我国传统的农业社区中，基于自给自足的农业生产形成了有特色的农耕文化，农民有着非常强的土地认同、血缘认同和传统认同，同时也存在较强的封闭、排外和保守的心理、情感与行为方式。然而，改革开放以来，随着农村社会经济的发展，工业化、城镇化和市场化在乡村迅速发展，通讯、广播、电视和网络等传媒在乡村逐步普及，农村的流动日益加快，城乡和世界各地的信息、思潮、观念在乡村迅速传播，对农村及农村社区的文化及社区的认同产生了强烈的冲击，农村社会的开放、流动和解组也造成人际

① 《中华人民共和国国民经济和社会发展第十二个五年规划纲要》，载于《人民日报》2011 年 3 月 16 日。

关系的疏离、隔阂，农民的观念日益多样化，分化和冲突也日益明显。与此同时，农村不少地方文体活动场所和设施缺乏，业余文化生活贫乏，一些不良风气也迅速渗透乡村。在快速工业化和城镇化过程中，农村物质文化和精神文化受到严重冲击，一些优秀文化濒临消灭。在此情形下，如何加强、保护和传承农村优秀的文化传统，不断提高农民文明素质，增强社会和社区的认同，构建一个文明祥和的社会生活共同体，也是农村社区建设的迫切任务，同时也是当前农村社区建设的难点。

显然，从党和政府关于农村社区建设的要求来看，农村社区建设就是通过“健全新型社区管理和服务体制”，把社区建设成为“管理有序、服务完善和文明祥和”的“社会生活共同体”。如果说“管理有序”、“服务完善”和“文明祥和”是农村社区建设的基本要求的话，构建新型农村“社会生活共同体”则是农村社区建设的基本目标。为此，国家民政部在农村社区建设中，要求各地在农村社区建设中要全面建成“三大工程”：一是把农村社区建成新农村建设的“基础工程”。农村社区通过组织发动村民参与基础设施建设、整治改善环境、大力发展生产、丰富文化生活等，促进了新农村建设。加强农村社区建设，必须加大资源整合力度，找准其与新农村建设的有效结合点，努力实现农村社区建设与新农村建设的同步推进、同步发展。二是把农村社区建设成为深化基层民主政治建设的“配套工程”。农村社区通过组织村民广泛参与、自主协商、民主决策，搭建起村民参与村民自治的新平台，延伸和拓展了村民自治的工作领域。加强农村社区建设，应始终坚持这一方向，努力形成“党委政府领导、村级组织牵头，社会力量支持、群众广泛参与”的新格局，进一步健全村党组织领导下充满活力的村民自治机制。三是把农村社区建设成为构建和谐社会的“保障工程”。农村社区通过延伸公共服务、提供志愿服务、丰富群众文化精神生活，有效地促进了农村社会稳定。加强农村社区建设，就是要进一步创新服务机制，帮助农民更好地共享改革开放和现代化的成果，促进农民群众老有所养、残有所扶、孤有所帮、病有所医、贫有所助，不断增强农民的幸福指数。[①]

第二节　新世纪以来农村社区建设的实践进程

从新时期农村社区建设的起源和实践发展来看，大致可划分为三个时期：

① 基层政权和社区建设司：《农村社区建设的探索与思考》，2007 年 10 月 19 日。国家民政部基层政权和社区建设司网站 http：//zqs. mca. gov. cn/article/cmzz/gzyj/llyjgzyt/200711/20071100004484. shtml。

地方自发试点时期（2001～2006年），建设实验时期（2006～2008年）和全面推进时期（2009年开始）三个时期。农村社区建设正从试点示范向全面推进发展。

一、农村社区建设地方自发试点阶段（2001～2006年）

从实践来看，农村社区建设起步较晚，最早是从地方自发试点开始。在2001年，江西省一些地方就开始尝试建设农村社区的工作。2003年之后，江西省将农村社区建设的着力点转向自然村，积极开展了以“一会五站”为模式的农村村落社区建设。所谓“一会五站”模式，即通过民主选举，产生以德高望重、影响力和组织管理能力较强的“五老”（一般是老党员、老干部、老模范、老教师、老战士）人员为主体的志愿者协会；协会下设社会救助站、卫生环境站、民间纠纷调解站、文体活动联络站和科技信息传递站。协会按照便民、助民、利民、安民、富民的目标，在村“两委”的指导下，依托“五站”组织村民参与村落社区事务。2003年，江西省在100个自然村开展村落社区建设试点，到2008年年底，全省已有3万多个自然村落开展了社区建设。

从2004年开始，湖北省秭归县杨林桥镇就按照“地域相近、产业趋同、利益共享、规模适度、群众自愿”的原则，撤组建社。每个社区一般由30个左右的农户组成，社区群众“直选”产生社区理事会，设理事长1人，理事2～4人。理事会成员由所在社区农户“直选”产生，理事长由理事推选产生，任期1年。同时，创新村民自治运行机制，建立社区内自治、社区间联合自治、以村为单位整体自治的三层自治架构。2004年杨林桥镇模式在全县12个乡镇推广。湖北武汉在推进城市社区建设的“883行动计划”的同时，从2005年开始就在农村实施“家园建设行动计划”，选择一些村进行新农村社区建设。

2006年，江苏省太仓市启动15个农村新型社区建设试点村工作。在试点工作中，太仓市推出了社区建设的“12345”工程，具体是指：（1）建好一个农村社区服务中心。（2）设立两个阵地。要求各村设立一个宣传栏，建设一个符合农村居民需要的文体活动场所。（3）培育三支队伍，即专业管理队伍、专业服务队伍和志愿者队伍。（4）开辟四个室，即老人和残疾人活动室、图书阅览棋牌室、警务信访调解室和多功能教育室。（5）完善五个服务站，即在村民委员会5个专门委员会的基础上，赋予服务职能，分别建立农业服务站、社会事业服务站、公共卫生服务站、社会保障服务站和综合治理服务站，并由原来的5个专门委员会主任担任各自服务站的负责人。

总体来看，我国农村社区建设起源于江西省、湖北省、江苏省、山东省、四川省等一些地方在城市社区建设的同时启动的对农村社区体制的探索工作。在这一时期，表现最为突出的是我国最早开启农村社区建设试点的江西省和以创新村级管理体制入手进行基层自我整合的湖北省秭归县杨林桥镇。

二、农村社区建设实验时期（2006～2008 年）

在总结各地探索和试验的基础上，2006 年民政部党组在全国民政工作年中情况分析会上，从贯彻落实科学发展观、统筹城乡发展、推进社会主义新农村建设的高度，第一次向民政系统提出了"开展农村社区建设试点"的要求。并结合《中共中央关于构建社会主义和谐社会若干重大问题的决定》的会议精神随后在全国确定了 304 个全国农村社区建设实验县（市、区），20 400 个村作为农村社区试验村，这标志着农村社区建设工作正式步入全国试验阶段。

2006 年 10 月党的十六届六中全会召开后，国家民政部正式决定在全国开展农村社区建设的实验。从此，农村社区建设工作从各地自发试点阶段过渡到全国实验阶段。为了顺利地推进农村社区实验，民政部制定了《全国农村社区建设实验县（市、区）工作实施方案》，并在各地自愿申报的基础上第一批确定了 251 个全国农村社区建设实验县（市、区），这些实验区覆盖 28 个省（自治区、直辖市）。由于各地参与农村社区实验工作的积极性异常高涨，一些省（自治区、直辖市）的县市区纷纷要求加入全国农村社区建设实验工作，民政部不得不适应扩大农村社区建设实验的范围，增加全国农村社区实验县（市、区）名额。在确定全国农村社区建设实验县（市、区）的同时，各省（自治区、直辖市）及一些县市均选择并确定了一批地方农村社区建设实验单位。截止到 2008 年 10 月底，最终确定了 304 个全国农村社区建设实验县（市、区），占全国 2 862 个县级单位的 10.55%。共有 20 400 个村作为农村社区试验村，占全国 64 万多个村的 3.19%。全国除香港、澳门两个特别行政区及台湾地区之外，32 个省市和自治区均参与了农村社区的建设实验工作。

不过，从各地农村社区建设实验的分布及发展来看，发展并不平衡。山东诸城市、江苏吴江市、海门市及四川温江县率先在全国初步完成了县市农村社区组织设置工作，实现了"农村社区全覆盖"。山东省有全国农村社区实验县（市、区）38 个，占全省 140 个县（市、区）的 27.14%，如果加上省级确定的实验县（市、区），全省已经开展农村社区建设的县（市、区）已达到 65%，村占了 12.9%。江苏省 106 个县（市、区）中，有 33 个县（市、区）是全国农村社区建设实验县（市、区），占 31% 以上。全省 1 067 个乡镇，大部分建有社区平台，50% 以上建有社区服务中心，60% 左右的村建有卫生计生、农资供销等社区服务站（点）。吉林省先后向民政部申请两批共14个县（市、区）为全国农村社区建设实验县（市、区），实验面占全省县（市、区）总数的23.33%，覆盖全省9个市、州。其中，长春市五个城区全部是实验区，形成全市整体推进的格局。

但是，绝大多数省（自治区、直辖市）农村社区实验的覆盖面有限，有的仅停留在少数几个实验点上。据现有统计，河北省、山西省、内蒙古自治区、辽宁省、安徽省、福建省、河南省、湖南省、广东省、广西壮族自治区、海南省、四川省、贵州省、云南省、陕西省、甘肃省、新疆维吾尔自治区等17个省（自治区、直辖市）进行农村社区实验的县（市）不到10%，安徽只有4个实验单位，占县（市、区）总数的3.81%；经济发达的广东省也只有6个县（市、区）开展农村社区实验，仅占全省县（市、区）的4.96%（参见表4－1）。一些实验县（市、区）也仅仅是个别村作为试点，如广州市在荔湾区冲口街罗涌社区、深圳市在宝安区新安街翻身社区、东莞市在东城街道立新社区（以上为“村改居”社区）、汕头市在澄海区溪南镇西社村、茂名高州市在谢鸡镇保黎村、肇庆市德庆县在新圩镇大同村等村级单位开展农村社区建设的试点工作。海南省、青海省及西藏自治区各地只有1个县（市、区）开展农村社区建设的实验，各地也仅仅在少数几个村进行农村社区建设的试点。

各地普遍对未来农村社区建设进行了规划。如2008年江苏省委、省政府正式发文确定2年内在全省范围内推开农村社区建设工作；同年，浙江省委、省政府也下发推进农村社区建设工作的指导性意见，将农村社区建设由试点实验阶段转入全面推进阶段，争取用5年左右的时间，在全省建立起集管理、服务、教育、活动等功能为一体的1 200个乡镇社区服务中心、1.5万个村级社区服务中心，使农村社区工作者在其中能为群众提供社会救助、社会保障、卫生计生、司法调解、公共安全及证照办理等服务。吉林省2008年决定在总结试点工作经验的基础上，逐步扩大规模，力争用3～5年的时间，使全省75%以上的农村社区达到创建标准。重庆市决定2008～2009年全市农村社区建设在原有试点的基础上，从全国和市级农村社区建设试验区县中每年分别选择10个以上的村开展农村社区建设；其他区县每年分别选择5个以上的村开展农村社区建设，并不断总结经验，逐步扩大范围。到2010年，全市新农村建设“千百工程”实施村全面开展农村社区建设。到2012年，农村社区建设在全市全面开展，深入推进。山东省莱西市计划“十一五”期间抓好100个农村社区建设示范村。到2010年全市1/3以上的村庄达到农村社区建设的目标要求。这些表明，各地农村社区建设的范围正在逐步扩大，农村社区建设正从实验阶段转向全面推进阶段。

表4-1　全国农村社区建设实验单位情况（2008年12月统计）

省（自治区、直辖市）	实验县（市、区）（个）	占全省县（市、区）总数的比重（%）	县（市、区）农村实验社区（个）（大约）	占全县（市、区）农村社区总数的比重（%）（大约）
北京市	3	18.75（16）	42	1.06（3 964）
天津市	4	22.22（18）	128	3.35（3 821）
河北省	14	8.10（173）	309	0.62（49 678）
山西省	10	8.40（119）	228	0.81（28 323）
内蒙古自治区	5	4.95（101）	24	0.20（12 129）
辽宁省	8	8.00（100）	326	2.73（11 920）
吉林省	14	23.33（60）	134	14.29（9 375）
黑龙江省	15	11.54（130）	63	0.70（8 952）
上海市	6	31.58（19）	300	16.00（1 875）
江苏省	33	31.13（106）	3 117	17.05（18 282）
浙江省	18	20.00（90）	1 217	3.53（34 515）
安徽省	4	3.81（105）	135	0.56（24 076）
福建省	6	7.06（85）	48	0.33（14 630）
江西省	16	16.16（99）	4 679	27.15（17 233）
山东省	38	27.14（140）	7 002	8.39（83 483）
河南省	12	7.55（159）	396	0.82（48 145）
湖北省	13	12.75（102）	615	2.30（26 682）
湖南省	9	7.38（122）	134	0.30（44 538）
广东省	6	4.96（121）	314	1.44（21 825）
广西壮族自治区	6	5.50（109）	47	0.33（14 453）
海南省	3	15.00（20）	15	0.57（2 615）
重庆市	11	27.50（40）	60	0.60（10 015）
四川省	10	5.52（181）	170	0.33（51 198）
贵州省	4	4.55（88）	130	0.66（19 696）
云南省	8	6.20（129）	101	0.78（12 940）
西藏自治区	1	1.37（73）	11	0.19（5 886）
陕西省	9	8.41（107）	245	0.88（27 809）
甘肃省	8	9.30（86）	247	1.49（16 585）
青海省	1	2.33（43）	9	0.22（4 161）
宁夏回族自治区	4	18.18（21）	102	4.28（2 382）

续表

省（自治区、直辖市）	实验县（市、区）（个）	占全省县（市、区）总数的比重（%）	县（市、区）农村实验社区（个）（大约）	占全县（市、区）农村社区总数的比重（%）（大约）
新疆维吾尔自治区	3	3.03（99）	18	0.20（8 953）
新疆生产建设兵团	2		17	
全国	304	10.62（2 862）	20 400	3.19（640 139）

资料来源：该表源自项继权、袁方成：《全国农村社区建设实验与发展报告——系列报告之六》，《研究与咨询》，华中师范大学中国农村问题研究中心，2009年1月5日。

2006年10月，党的十六届六中全会关于《中共中央关于构建社会主义和谐社会若干重大问题的决定》正式明确提出"全面开展城市社区建设，积极推进农村社区建设，健全新型社区管理和服务体制，把社区建设成为管理有序、服务完善、文明祥和的社会生活共同体"①，标志着我国农村社区建设从地方行为开始转变为国家行动，从地方主导转变为中央推进。

在各地对农村社区建设展开试验的过程中，民政部先后分三批次在江苏南京、四川宜宾、湖南常德举办"全国农村社区建设实验工作讲习班"，对全国农村社区建设实验县（市、区）的有关负责同志和省（自治区、直辖市）民政厅（局）主管部门的同志进行集中学习、观摩考察②。2008年12月，又分别在吉林长春、江苏海门、山东诸城及云南昆明召开全国农村社区建设实验工作经验交流会。

三、农村社区建设全面推进时期（2009年以后）

随着农村社区实验的逐步深入，全国304个农村社区建设实验县（市、区）根据地方实际情况，因地制宜，建成了一批具有示范作用的新型农村社区，取得了较为显著的成果，形成了一套完整的农村社区建设理论实践体系，为农村社区建设的全面推进奠定了坚实基础，农村社区建设开始步入深入推广时期。为巩固

① 中国共产党第十六届中央委员会第六次全体会议：《中共中央关于构建社会主义和谐社会若干重大问题的决定》，2006年10月11日。

② 第一期讲习班有来自国家11个部委和全国27个省（自治区、直辖市）的85个农村社区建设实验县（市、区）的政府分管领导及民政局长共230多人参加。与会的8名专家学者对农村社区建设的相关理论和实践进行了讲解，与会代表还实地参观了江宁区、栖霞区农村社区建设情况。第二期有来自全国31个省（直辖市、自治区）、新疆生产建设兵团民政系统的领导干部和民政部领导以及82个实验县（市、区）的党政主要领导、民政局长共220人参加会议。与会代表实地参观了翠屏区火花村和珙县兴太村。第三期参加实验工作讲习班的学员有314名，涵盖了全国29个省（自治区、直辖市）。

农村社区建设实验工作的阶段性成果，扩大农村社区建设的覆盖面，促进农村经济社会又好又快发展，2009 年 3 月 6 日，民政部下发了《关于开展“农村社区建设实验全覆盖”创建活动的通知》。通知要求各地以邓小平理论和“三个代表”重要思想为指导，深入贯彻落实科学发展观，以农村社区建设规划为引领，以农村社区公共服务设施建设为抓手，以提高农村社区管理和服务能力为重点，以完善农村基层社会管理体制为保障，深入推进农村社区建设实验工作，推动各个层面确定的农村社区建设实验单位在较短的时期内尽快实现实验工作全覆盖，让更多的农村居民从中受益。[①]“农村社区建设实验全覆盖”创建活动正式铺开。民政部提出的五项具体要求，即农村社区建设领导协调机制的全覆盖、社区建设规划的全覆盖、社区综合服务设施的全覆盖、社区各项服务的全覆盖和社区各项管理的全覆盖，并据此对达标县市进行评估验收。截至 2012 年 3 月，全国通过农村社区建设验收的达到 106 个（见表 4－2）。

表 4－2　全国县级农村社区建设实验全覆盖示范单位（截至 2012 年 3 月）

北京市（1）	通州区	广东省（2）	中山市	安徽省（1）	黄山市屯溪区
天津市（1）	西青区		佛山市南海区	云南省（1）	曲靖市麒麟区
河北省（2）	石家庄市赵县	福建省（2）	福州市仓山区	湖北省（2）	宜昌市宜都市
	邯郸市峰峰矿区		厦门市集美区		宜昌市秭归县
上海市（2）	金山区	江西省（2）	南昌市青山湖	湖南省（2）	长沙市浏阳市
	青浦区		九江市都昌县		常德市临澧县
重庆市（2）	南岸区	四川省（2）	成都市龙泉驿	陕西省（2）	宝鸡市千阳县
	渝北区		成都市温江区		宝鸡市凤县
甘肃省（2）	金昌市金川区	贵州省（3）	贵阳市白云区	黑龙江省（5）	哈尔滨市道里
	酒泉市阿克塞哈萨克族自治县		遵义市汇川区		黑河市爱辉区
			遵义市余庆县		伊春市铁力市
吉林省（4）	长春市朝阳区	宁夏回族自治区（4）	银川市金凤区		伊春市嘉荫县
	长春市宽城区		银川市贺兰县		绥化市庆安县
	长春市二道区		吴忠市利通区	浙江省（9）	杭州市西湖区
	长春市绿园区		吴忠市青铜峡		杭州市余杭区

① 民政部《关于开展“农村社区建设实验全覆盖”创建活动的通知》，2009 年 3 月 6 日。

续表

河南省（5）	洛阳市汝阳县	辽宁省（6）	铁岭市调兵山	浙江省（9）	湖州市安吉县
	新乡市新乡县		本溪市本溪满族自治县		嘉兴市南湖区
					宁波市慈溪市
	安阳市北关区		丹东市东港市		嘉兴市平湖市
	安阳市殷都区		大连市旅顺口		宁波市镇海区
	安阳市国家高新技术产业开发区		大连市瓦房店		绍兴市诸暨市
			大连市普兰店		金华市义乌市
江苏省（17）	南京市雨花台区	南京市浦口区	苏州市相城区	南京市高淳县	苏州市吴江市
	南通市如东县	南京市栖霞区	苏州市昆山市	南通市海门市	
	南通市海安县	南京市江宁区	苏州市太仓市	南通市启东市	
	苏州市吴中区	南通市通州区	苏州市张家港市	南通市如皋市	
山东省（27）	潍坊市诸城市	济南市章丘市	威海市文登市	潍坊市潍城区	济宁市兖州市
	潍坊市寿光市	德州市德城区	青岛市黄岛区	潍坊市寒亭区	济宁市汶上县
	潍坊市昌乐县	德州市齐河县	青岛市城阳区	潍坊市坊子区	泰安市泰山区
	烟台市龙口市	淄博市张店区	青岛市胶南市	潍坊市高密市	滨州市沾化县
	烟台市莱州市	淄博市博山区	枣庄市市中区	潍坊市青州市	滨州市经济开发区
	烟台市招远市		枣庄市滕州市		

资料来源：该表源自项继权、袁方成：《全国农村社区建设实验与发展报告——系列报告之六》，《研究与咨询》，华中师范大学中国农村问题研究中心，2009年1月5日。

“农村社区建设实验全覆盖”创建活动正是在农村社区建设实验工作取得阶段性成果的基础上开展起来的，主要目的是进一步推动农村社区建设，扩大农村社区建设的覆盖面，让更多的农村居民分享到农村社区建设和发展的成果。农村社区建设正从试点和实验走向全面推进的新阶段。

第三节　农村社区建设的实践成效与局限

一、农村社区建设的实践成效

自2006年国家正式明确提出开展农村社区建设以来，中央有关部门尤其是民政部大力推进，各省（自治区、直辖市）及县（市、区）也积极参与，进行了不少探索，全国农村社区建设在实践中也取得了明显的成效。

第一，农村社区建设的理念日益普及，社区建设开始受到重视。我国20世纪50年代在城市短暂地建立过“社区”，90年代后期才在城市全面推进社区建设工作。正因如此，长期以来，社区及社区建设工作一直与城市联系在一起，被视为“是城市的事情”。“农村社区”及“农村社区建设”工作对于绝大多数人来说，是一个陌生的概念，也是一个全新的理念。对于什么是农村社区、为什么要建立农村社区及如何建设农村社区，人们缺乏充分的认识。随着农村社区建设实验的开展以及社区建设成效的显现，农村社区建设也受到政府部门和社会的关注，各级党政部门及社会公众对于农村社区建设的重要性、必要性和必然性的认识也明显提升。尤其是各级党政领导和民政干部开始确立了农村社区建设的理论，并开始从农村社区是否有必要、是否要抓的疑虑心态向如何推进及如何抓好农村社区建设的心态转变。一些地方政府对农村社区建设表现出高度的热情和大胆的探索精神，有力地推动了所在地区农村社区建设的开展。

第二，建立了农村社区建设推进机制，社区建设的推进力度加大。自全国农村社区建设工作开展以来，农村社区建设工作日益受到各级党政部门的重视，各地积极探索并建立了农村社区建设的体制和机制。从实践来看，各省（自治区、直辖市）在社区建设实验中普遍强调建立“党政统一领导、民政部门牵头、相关部门配合、社会力量参与、层层负责落实”的领导体制和工作机制。一些省（自治区、直辖市）和县（市、区）还将农村社区建设作为“一把手”工程，建立了党政主要负责人参与和直接领导的农村社区建设领导小组，并将农村社区建设列入地方党委和政府的中心工作之一，统筹安排，大力推进，为农村社区建设提供了领导和制度保障。为了解决有钱办事的问题，支持试点村搞好社区建设，各实验县（市、区）普遍加大了资金投入和帮扶力度，积极探索农村社区建设投入机制。一些省（自治区、直辖市）及实验县（市、区）的党委和政府将农村社区建设经费列入财政预算，加大公共财政的投入。与此同时，各地都尽量整合涉农部门各项涉农资金，支持农村社区建设；建立了部门对口帮扶、村企共建、城乡社区互助的推进机制，对口帮扶单位要在人力、物力、财力上支持试点村工作；鼓励社会团体、企事业单位和个人以捐赠、投资方式兴办农村社区服务项目，逐步形成“政府主导、部门支持、社会参与的多元化投入体制”。在农村社区建设中，各地都强调党委政府领导、民政部门指导、村级组织牵头、志愿者协会主办、社会力量支持、群众广泛参与，以便共同推进农村社区建设。这些建设思路和做法为农村社区建设提供了经验。

第三，大胆探索和创新社区建设模式，农村建设地方特色纷呈。我国幅员辽阔、区域差异大。考虑到我国农村经济社会发展的多样性和非均衡性，民政部从一开始就强调农村社区建设不搞统一的标准模式，要求各地结合本地的实际，因地制宜，探索适合本地实际的农村社区模式和建设之路。从实践来看，各省（自治区、直辖市）及实验县（市、区）进行了卓有成效的创造性工作，形成了特色多样的农村社区建设模式。如江西省以村落为基础的“一会五站”社区模式；湖北省、广西省等省区一些地方实行以村民小组或联组为基础的“一村多社区”模式；山东诸城的“多村一社区”及打造“两公里服务圈”的实践；北京市和上海市一些地方实行区、乡、村三级服务、“三级联创”的体制；吉林省实行“一村一社区”及“由村带屯、延伸服务”；湖南省出现了以临澧县为代表的“一村一社区，两委 + 协会”模式；以长沙市开福区为代表的“一村一社区，两委 + 中心（社区服务中心）模式”；以浏阳市为代表的“一村一社区，社区设小区”模式；以通道侗族自治县为代表的“村寨社区”模式；浙江省温州市“三分三改、联村建社、村社分开、经社分开”的模式，等等，为农村社区建设的积累了经验，提供了范例。

第四，农村社区服务明显加强，农村社区建设让农民享受实惠。在农村社区建设中，各地都将加强农村公共服务作为农村社区建设的中心内容，让农村享受到实实在在的实惠。农村社区建设实验以来，农村社区服务设施建设步伐明显加快，设施数量不断增加，覆盖面不断扩大；农村社区服务对象和内容得到拓展。各地通过建设农村社区服务中心，大力推动并引导卫生、文化、体育、民政、科技、社会治安等公共服务进入农村社区。服务对象已从老年人、残疾人、优抚对象等困难群体逐步扩展到全体社区居民；服务内容从社会救助延伸到社保、就业、卫生和计生、治安、文化、体育及便民利民等领域。农村社区新型社区服务机制初步建立，社区服务方式、方法得到改进。一些地方方便快捷的生活服务圈开始出现，“阳光超市”、“慈善超市”等新型服务方式的作用日趋显现，“一站式”服务不断推广，信息技术逐步应用于社区服务。各地也将农村社区建设与社会主义新农村建设有机结合起来，搞好村庄布局规划和中心村建设规划，着力加强农村社区基础设施建设，硬化村户道路，改水改厕，改善农村交通、生活条件；清理路障、垃圾、河道淤泥等，整治社区环境卫生；不断绿化、美化和亮化社区环境，逐步改善农村人居条件；一些地方通过开办娱乐活动中心、农民夜校、阅览室、文化宣传长廊、文化戏台，组建了农民剧团、农民乐团、舞狮队、腰鼓队、秧歌队，并组织开展各种健康有益的文体活动，丰富了农村文化生活，陶冶了广大农民群众的情操，营造了文明向上的新风尚。这些措施极大地改善了农民生产、生活环境和条件，让农民享受到实实在在的好处，提升了农民的生活品质和生活质量。

二、农村社区建设的局限

虽然农村社区建设时间不长，但成效比较明显。不过，从调查来看，各地农村社区建设发展不平衡，社区建设面临不少困难和问题，有待进一步研究解决。从各省（自治区、直辖市）及实验县（市、区）的反映来看，目前农村社区建设最突出的问题集中在如下六个方面：

第一，农村社区建设的认识模糊、重视程度不够。农村社区建设是一项新的事业，对“农村社区”及“农村社区建设”的含义、建设内容、建设目标等都处于摸索实验阶段。有的认为社区建设就是建集中居住的居民小区；有的认为农村社区建设只要照搬城市社区建设的做法就行，忽视了农村的特点和条件；有的关注农村社区建设的平台建设，忽视农村社区的制度创新；有的认为农村社区不过是村委会改头换面的产物，忽略了社区的服务功能；也有一些干部对农村社区不理解，新农村建设全包了，又提个农村社区建设，喧宾夺主，劳民伤财；有的领导和部门也不够重视此项工作，缺乏对农村社区建设领导和指导；一些地方民政局领导对是否应该由民政部门来抓农村社区建设、是否应该现在就着手农村社区建设还有不同的想法，抓农村社区建设缺乏主动性、积极性，对承担牵头协调任务存有畏难情绪。

第二，农村社区建设的经费不足、财政投入有限。农村社区建设是一项系统工程，基础设施建设、组织运转、公共服务、社区管理、设施保养等都需要投入一定资金。特别是不少地方农村社区公共设施严重不足，农村社区建设资源需求缺口大。虽然各地采取多元化的筹资和投入方式，但是，迄今农村社区服务仍缺乏稳定的投入机制，投资主体不明确，资金总量不足，社区基本公共服务的必要支出得不到保障。当前农村社区建设的投入主要依赖省市和县市地方财政，中央投入不足；绝大多数农村县市地方财政困难，仅仅依靠地方财政难以承担农村社区建设的投入；有不少地方农村社区建设没有纳入财政预算，缺乏稳定的财政投入机制；虽然中央加大了支农惠农投入，但条块分割，各自为政，效益不高。这些都严重影响了制约着农村社区建设。

第三，农村社区组织体制不健全、组织关系不顺。在当前农村社区建设中，各地在农村社区的组织定位、机构设置、管理体制和服务机制等方面进行了很好的探索，不同的省市及实验县市采取了不尽相同的做法，有的主张在村委会层级上建设社区，有的主张在村民小组或自然村范围构建社区，还有的主张以市镇为中心建设社区。在农村社区的组织机构设置及组织关系处理上，有的实行农村社区与村委会、村集体经济组织的一体化，有的则实行村委会与村社区分开或社区与社区合作经济组织分设；如何处理农村社区组织与上级乡镇和部门及其与村委会、村集体经济组织等的关系依然有待研究解决。与此同时，社区组织内部机构设置、人员配置、职责分工、产生方式以及社区的经济来源及财务管理等的制度化建设仍在探索之中，农村社区的社会管理和公共服务的具体管理制度及运行机制仍有待建立和完善；社区的公共参与、民主管理和民主监督机制也有待健全。

第四，农村社区公共服务水平不高、各地差距明显。在农村社区建设实验中，各地以加强农村公共服务为重点，进行了大量的探索，不断加大农村公共服务的投入，农村社会服务水平有了很大的提高。但是，从目前来看，农村公共服务及公共产品供给总量不足，覆盖面依然有限，基本公共服务不到位、市场化服务进入不足，一些农民群众最关心、最直接、最现实的利益问题在社区层面还没有得到根本解决，各地农村公共服务水平有明显差距。农村公共服务还没形成完善的长效机制，尤其是农村社区公共服务中，农村社区服务的内容和类型有哪些？哪些是基本的公共服务？哪些是非基本的公共服务？如何划分公共产品和公共服务的责任？如何处理国家社会公共服务与社区自我服务的关系？等等，都有待研究解决。

第五，农村社区服务队伍不健全、群众参与不足。不少地方反映农村社区工作队伍不稳定，结构不合理，文化素质不高。一些地方农村社区组织、管理和服务人员中，大多由原村里“两委”人员兼职，有的地方村干部年龄普遍偏大，缺乏社区服务应有的专业知识和技能。加之村和社区干部待遇偏低，一些水平较高、能力较强的乡镇干部或选调大学生不愿下到农村社区工作。虽然各地大力扶持农村志愿者组织，但目前社区志愿者服务网络不健全，志愿服务人员不多。尤其是不少地方农村社区建设中，农民群众的参与度比较低，甚至有的认为社区建设是政府的事、是干部的事，在社区公共建设方面存在“等、靠、要”的思想。

第六，农村社区建设缺乏法规支持、政策不明确。农村社区建设是一项创新性工作，全国各地仍处于探索阶段，国家层面也没有出台具体的法规政策，尤其是对农村社区的组织与功能定位、法律地位、制度结构、机构设置、职责权力、人员配备、财政财源、居民权益以及农村社区与地方和基层政府、基层党组织和群团组织及其他社会组织的关系，等等，缺乏明确和具体的规定。这使得农村社区建设缺乏有效法律和政策的指导、支持和规范，难以向深层次发展。

显然，当前农村社区建设存在的困难和问题是多方面的，有认识上的问题，也有实践上的问题；有体制上的问题，也有财政上的问题；有法律政策上的问题，也有具体操作上的问题。这些也是当前及未来农村社区建设必须解决的重点和难点。只有深入研究和切实解决这些问题，才可能使农村社区建设进一步顺利发展。

中　篇

组织与运行

第五章

农村社区的建置基础与类型

农村社区是一定地域范围内的人们基于共同的利益和需求、密切的交往而形成的具有较强认同的社会生活共同体。然而，在现实生活中，一个社会生活共同体或社区的认定并不是一件容易的事。尤其是在当前我国农村社区建设中，如何确定社区共同体的范围和边界，如何设定农村社区的合理规模，以及如何对农村社区建置“科学布局”，等等，一直是各地实践中的难点。为此，本章对当前我国农村社区的类型以及社区建置的合理规模、划分原则及组织基础等进行讨论。

第一节　农村社区的基本要素及影响因素

一、农村社区的基本要素

自滕尼斯提出农村社区或共同体的概念以来，人们普遍将社区视为社会生活共同体，或者称为社区共同体，并承认人类历史上最早出现的、也是最典型的社区是农村社区。不过，迄今为止，对于社区包括农村社区的存在形式、组织类型及内外特征仍有不同的看法。从已有成果的分歧来看，有的将社区看做人们的一种生活方式；有的则把社区看做是一种社会关系模式；有的视社区为一种组织与管理单元，有的则视社区为一种聚居空间；有的视社区为一种正式的社会组织，有的则视社区为一种非正式的社会群体；如此等等，不一而足。不同的理解不仅造成对社区认定和识别的困难，也给农村社区建设带来困难。

不过，根据美国学者G. A. 希莱里（Hillery，1955）等人的研究，直到今天，虽然人们对于社区及共同体有不同的理解和解释，但是，大多数学者将社区视为一定地域范围内的人们基于共同的利益和需求、密切的交往而形成的具有较强认同的社会生活共同体。“一定的地域”、“共同的纽带”、“社会交往”以及“认同意识”是社区或共同体的最基本的要素和特征。① 这些要素也是我们进行农村社区或社区共同体识别的基本要件。

（一）一定的人口

社区是一种社会生活共同体，人无疑是社区这个共同体的主体，因此，一定的人口是社区形成的必要条件。从历史上看，农村社区生活共同体正是人们在长期的生产、交往和繁衍过程中逐渐形成的。人口的规模也决定着社区的规模。随着人口的迁移或消亡农村社区或迟或早会衰落下去。因此，人口要素无疑是社区的首要和基本的要素，或曰“第一要素”，是形成社区的前提和基础。

与城市社区相比，农村社区人口数量少、人口密度低。从世界范围看，不同国家关于城市与农村建制的人口标准不一，即使在同一个国家，其城市和农村建制的人口数量标准在不同的历史时期也会发生变化。例如，美国在1950年以前凡是人口在2 500人以上的市镇、村镇、城市，只要组成自治单位就算城市。1950年以后，不论其是否组成自治单位，凡人口在2 500人以上的市镇，或人口达到每平方英里1 500人以上的地区及城市郊区均算作城市。欧洲各国一般以居住地人口数量在2 000人以下者为农村。②

我国城市与农村划分的标准大致与世界各国标准略同，同时具有中国本土特色。首先，坚持人口聚居数量的世界通行标准，以2 000人为界限，规定2 000人以上为城镇，以下为农村；其次，以职业作为辅助标准，即农业人口与非农业人口的比例，一般以非农业人口要占到50%以上才是城镇；最后，行政管理的标准，规定县（市）人民政府所在地不论人口多少皆为城镇。③

这种人口聚居的密度是划分城乡的重要标志，它表明农村社区的人口密度通常会小于城镇社区。但是，城乡人口的划分并不是城乡社区划分的标准。作为一

① George A. Hillery, Jr.,“Definitions of Community: Areas of Agreement”, Rural Sociology 20（1955）, pp. 194 - 204，转引自于燕燕著：《社区自治与政府职能转变》，中国社会出版社2005年版，第5页。

② 韩明谟编：《农村社会学》，北京大学出版社2001年版，第73页。

③ 韩明谟编：《农村社会学》，北京大学出版社2001年版，第77页。

个社区共同体，还要求其他相关要素，尤其是生活在一定的地域并有较强的关联和认同。

（二）一定的地域

一定的地域不仅是人们从事生产和生活交往的主要场所，也是农村社区的范围和边界。学理上的社区在本意上归属于一种共同体，意指人们之间互动而形成的一种社会关系，与地域没有必然的联系。美国芝加哥学派的区位学理论把地域性视作社区概念的中心。20 世纪 30 年代，“社区”一词传入中国后从一开始就被赋予了较多地域的含义。与传统内生和自然生长的社区不同，现代意义上的社区主要是一种“规划性”或“建构性”社区，需要人们在实践中去规划和建设。因此，赋予社区一种地域要素或操作性定义有其必然性和现实意义。

社区是一定地域范围的人口聚合。农村社区的规模和范围在一定程度上可通过社区人口在地域上的分布即人口密度来表示。与城镇社区和城市社区比较，农村社区规模小，人口密度相对较低。正是根据不同地域人口分布的数量和规模，人们将相应的社群聚落依次划分为村落、村庄、集镇、城市、大都市等（见表 5－1）。

表 5－1　　邓肯—哥尔兹密德的社会分类法

社会类型	人口规模	人口密度
1. 游移狩猎和采集氏族	很少	低
2. 游移狩猎和采集部落社会	小	低
3. 定居狩猎和采集部落社会	小	中
4. 牲畜村庄和部落社会	中	中
5. 游牧部落社会	中	低
6. 农业国家社会，含农村和市民社区	大	中
7. 以城市为主的工业国家社会	大	高
8. 都市——大都市社会	很大	很高

资料来源：何肇发、黎熙元编：《社区概论》，中山大学出版社 1991 年版，第 61 页。

在现实生活中，多大规模才可视为一个社区？或者说，一个农村社区的合理规模应有多大？不同的学者有不同的认定和划分标准。1915 年，美国威斯康星大学盖尔平教授认为：“一个农村社区是由一个交易中心与其周围散居的农家合成的。要划定这样一个社区，最好是利用那个交易中心的行为所能达到的距离，在其远处画下记号，将这些记号连起来，就形成了一个圆圈，圆圈以内就是一个农村社区。”①

美国乡村社会学家科尔布赞同盖尔平提出的用交易圈作为识别以集镇为中心的乡村社区的方法。他认为，这种交易圈所划出的一个乡村社区是一个实际的社区，但同时他强调，交易活动却并非是这种社区形成的唯一因素，交易区也不一定就是一个严格意义上的社区。他根据当时美国一些学者的新的经验和做法指出：用设在集镇上的中学所能服务的范围作标准，更适宜将一个集镇社区的界线识别出来。这就是说，通过调查，找出周围到某一集镇中学上学的最远的农户居住点，把这些点连接起来，便是该集镇社区的界线。不过，后来人们发现，这样得来的集镇中学服务圈，大多与盖尔平所说交易带的范围是重合的。

桑德森在此基础上，进一步提出以多功能服务圈来界定社区的观点。其具体方法是：首先找出几种主要的服务功能作标准，然后用社会调查的方法，找出每种功能服务的最大限域，绘出各种服务圈。这些服务圈一般有交易圈、学校服务圈、医疗服务圈、社交娱乐圈、宗教活动圈、技术服务圈等。他发现，这些圈实际上都是落在同一个有一定宽度的圆形轨道之内的。每种服务的界线，在轨道的某些段完全或部分重合，在另一些段则相互分开而平行或相互交错。他用统计的方法从中求出一条中线或众数线（同一线条中重合次数最多的线），用特别的颜色和粗线标出来，认为这条粗线所圈区域，就是被识别的社区的实际疆界。②

从国内来看，不少学者也赞同上述以服务圈为标准来界定社区的范围和边界的方法。我国老一辈乡村社会学家乔启明先生就是采用这种方法对江苏省江宁县淳化镇社区进行界定的。台湾地区学者杨懋春经过归纳和总结美国乡村社会学家的观点，提出划定一个社区范围的具体步骤：“可大略分为以下几个步骤：第一步是先在一张有集镇与若干农村的地图上找出某一个集镇。第二步是确定某个集镇后再找出此集镇在其周围农村或农民身上有哪些重要服务或功能。第三步是用社会调查法，找出每种服务在集镇周围所到达的距离。其做法是在每一个方向，看其每一种服务最远能到达那一个农村，或说找出那个来此集镇上办事的最远农村。找出之后，在该村作一记号。然后将在各个方向所找出的最远农村或所作的记号，连接起来，就形成一个规则的或不规则的圆圈。把这个集镇所有的每一种服务或功能，都一一如此作成服务圈，如有交易服务圈、学校服务圈、医药服务圈、社会娱乐服务圈、宗教活动服务圈、技术性服务圈等。……各服务圈的界线划定后，就用统计学方法求出一条中数线或众数线，用粗线条或显著颜色划出，

---

① 李方才：《对农村社区的定性分析和定位探讨》，转引自詹成付编：《农村社区文选》，中国社会出版社 2008 年版，第 116 页。

② 袁亚愚：《乡村社会学》，四川大学出版社 1990 年版，第 73 ~ 74 页。

这一个粗而显著的界线圈就是一个集镇区的范围。”①

不难看出，人们倾向于以社区活动半径尤其是社区服务圈来观察和识别一个社区的边界。由于历史上的社区并非完全是封闭和自给自足的，因此，以人们的交易范围或活动半径来界定的社区往往是一个集镇社区的范围。此外，上述以多功能服务圈为标准来界定社区边界的方法对现实社区的建构提供了重要的借鉴思路和参考方法。

（三）共同的纽带

社区之所以是一个小社会，但同时又有别于社会，其原因在于任何社区均有一套其成员共守或共享的“地方性知识”或处境化经验②，这些“知识”和文化把社区与外界分隔开来，形成一堵有形或无形的“墙”；对内则有利于增进社区互动，形成社区凝聚力和向心力。从现实来看，社区文化主要通过社区组织、公共设施和活动空间表现出来，它构成社区共同的纽带及社群一致行动的基础。

传统乡村不仅是人们从事生产和交往活动的社会生活共同体，而且也是一种经验传承、绵延传统、代代相袭的文化共同体。人们也正是基于村庄的历史和传说、各种宗教、娱乐活动以及村庄传统的外在可视化存在（如祠堂、村庙、戏台、祭祀仪式等）维系并强化着社区记忆，从而将个体的生命历程与社区的历史勾连起来，以此建立起社区认同。③ 现代性下乡对村庄文化传统形成巨大冲击，宗族的式微、传统的消逝以及各种宗教、礼仪活动的退隐，不仅造成了村庄历史传统和社区记忆的断裂，而且也离间和瓦解了社区团结。“文化败坏导致社会分崩离析，充满生命力的民间传统的丧失，削弱了个人之间的道德关系。”④

（四）社区的认同

地域、人口、共同纽带及相互联系是构成一个社区的必要条件，但并非充分条件。在这三个要素齐全的基础上，要加上“社区认同”要素，才能满足形成社区的充要条件。社区认同是社区概念的题中应有之义，只有社区成员与社区之间存在一种休戚相关、魂牵梦萦、生死与共的情感，即“社区是我家，建设靠大家”的社区意识和奉献参与精神，才能称为一个真正意义上的社区。

---

① 唐忠新：《农村社会学》，天津人民出版社 1988 年版，第 275 页。

② 吴理财：《处境化经验：什么是农村社区文化以及如何理解》，载于《人文杂志》2011 年第 1 期，第 143～147 页。

③ 卢璐、许远旺：《建构认同：新型农村社区建设与社区意识的生长》，载于《学习与实践》2012 年第 4 期，第 90～94 页。

④ ［美］克利福德·格尔兹著，韩莉译：《文化的解释》，上海人民出版社 1999 年版，第 187 页。

从社区的定义不难看出，社区成员对社区的认同和归属感是构成一个社区的前提和基础。社区认同本质上是一个建构“我者”和“他者”的过程，它是人们对社区文化、价值观念、集体规范的一种共享式理解和情境化体验。构成社区认同的因素多种多样，主要分为先赋性和后致性两大类型。在传统时期，人们聚族聚村而居，形成血缘性和地域性的自然社区，“血缘和地缘的合一是社区的原始状态”①。在这样一个“生于斯、长于斯、死于斯”的原始聚落里，社区认同具有先在构成性和不证自明的特点。随着个体化社会的推进和主体意识的凸显，人们在社区及社会认同方面的主动性和建构性愈发明显。与传统自然型的血缘和宗族社区不同，现代意义上的社区主要是一种建构性社区，社区认同的结构性和先赋性因素逐步让位于个体有意识的主观建构和心理内化过程。

中华文明深深浸润着农耕经济的传统和文化，在历史的长流中，人们以农为生、安土重迁，整个社会乡土性和人情味浓厚。“美不美家乡水，亲不亲故乡人”、“老乡见老乡，两眼泪汪汪”是对这一乡土情结的最好表达。传统乡村社会是一个熟人社会，也是一个相对自给自足的社会，人们从自己的村落和宗族获取大部分生产生活之所需，并由此建立起村社及家族认同。“在农民社会里，个人依靠他自己的亲族维持生计，得到在现代社会中要通过保险才能取得的安全保护，还可以得到教育、娱乐和建立主要的社会关系”②。从村社的组织基础和社会功能看，历朝统治者均重视在乡村建立起乡约、社学、社仓组织，用以教化乡里、抚恤乡邻、扶危济困、接济族众和穷人。同时，作为乡村治理精英人物的乡绅对所在的村庄和村民一般负有道义上的支持和经济连带责任，他们活跃于村社公益活动的各种舞台。即使出仕做官的乡绅也有造福桑梓的天然义务，退出官场生活后他们中的大部分仍要“致仕还乡”、荣归故里，表现出对家乡、家族和社区的依恋和认同。

毫无疑义，上述四大要素不仅是社区构成的基本要素，也是农村社区共同体识别的基本要件。

二、农村社区形成的影响因素

农村社区作为一种社会生活共同体，是历史形成的，也是人们长期交往和共同生活融合的结果。不过，从历史和实践来看，农村社区并不完全是自然形成的

① 费孝通：《乡土中国生育制度》，北京大学出版社 1998 年版，第 70 页。

② ［美］费正清、刘广京编：《剑桥中国晚清史：1800～1911（上卷）》，中国社会科学出版社 1985 年版，第 14 页。

结果，有的也是人们努力建构的产物。在传统社会中，农村社会保持较强的自然生产和自我发展的特点，农村社区表现出较强的自发性、先赋性和内生性特点，而在现代社会中，国家权力对社会生产和生活的干预显著增强，一些社区根据一定的规划创设和建设起来。事实上，这也是当前我国社区建设的重要特征。无论是自然形成还是规划建构的，农村社区形成也受到一系列因素的影响，这些影响在相当程度上决定了人们交往的方式和范围、密切联系的程度以及社区认同的状态。

（一）经济因素

人类一切活动及组织形式均是建立在一定经济基础之上的，经济发展水平在相当程度上决定人们的交往结合方式及其具体组织形式。在传统时期，社会生产力不发达，人们日出而作、日落而息，生活半径及活动范围有限。对大部分村民而言，终其一生其活动轨迹很少跨越村庄周围方圆几十里，村庄对他们而言往往意味着整个世界。随着从自然经济过渡到商品经济，“鸡犬之声相闻，老死不相往来”的生活状态被彻底改变，人类生产和交往活动的增多导致社区组织边界和规模不断扩大。

改革以来，乡村日益卷入市场化进程。随着村域经济活动的扩张，村庄资金往来、信息流动、人员交往、社会关系日益跨越村庄的边界和范围，在现实中出现一批“超级村庄”①，导致社区规模和范围的扩张。例如，被誉为“天下第一村”的江苏华西村，2001 年为克服村域经济社会发展面临的土地资源瓶颈，按照“一分五统”的理念（即村企分开、经济统一管理、人员统一安排、干部统一使用、福利统一发放、村建统一规划），先后兼并了周边的华明村、前进村、泾浜村、三金巷等 20 个村庄，致使村域面积从不到 1 平方公里扩张到 3.5 平方公里，人员也从近 2 000 人增加到 3.5 万人。

（二）政治因素

在历史上，社区的自然生长及封闭运行往往相对短暂，而社区的变动、冲突、更新、融合是社区存在和发展的常态。在影响社区变迁的众多因素中，政治因素无疑是一个重要影响变量。政府一项政策的推行及行政区划的变动均有可能

---

① “超级村庄”指改革以来村庄边界的分化与多元化，这些边界包括：以亲缘和地缘关系为基础的地域共同体的边界；以土地所属为依据的村界；以行政关系为基础的行政界限以及村庄经济活动的边界。由于改革滞后，出现村庄经济边界开放与社会边界封闭的冲突与共生现象。参见折晓叶：《村庄的再造：一个“超级村庄”的社会变迁》，中国社会科学出版社 1997 年版，第 287～289 页。

导致社区边界和范围的改变，甚至造成社区的新生或覆灭。如历史上各个朝代设置的为递送公文信息的“驿站”，卫戍城镇、园林和戍边的“堡”、“站”、“寨”、“坞”、“垒”、“津”、“桥”、“关”、“隘”、“塞”等，均是一些特殊类型的农村社区。[①]

新中国成立后，为加速实现工业化目标，国家在农村发动了人民公社化运动。在人民公社时期，国家对农村基层组织体系进行了根本性改造，基层组织体系相应变为公社—生产大队—生产队的建制，期间又屡经变动，对农村社区的范围和边界影响较大。经过互助组、初级社、高级社、人民公社等几个步骤和阶段，亿万农民步入“大集体”时代。人民公社是政社合一、高度集中的组织，其规模和性质具有“一大二公、政经合一”的特点。1954 年大陆设有 218 793 个乡，小者不足 1 000 人，大者不过 1 万人。1958 年 12 月全国 1.2 亿农户组建为 2.6 万多个人民公社，平均每个公社 4 600 多户。1962 年及其后人民公社的范围有所调整，但直到 1982 年人民公社废除前夕，全国 54 352 个人民公社中，人口在 1 万以上的人民公社占 61%，1 万人以下的占 39%。[②]

（三）文化因素

文化因素对社会群体的行为方式和组织形式具有深刻影响。基于此原因，人类学家主张采取文化的视角对不同的社区进行结构功能主义解释和分析。在一定意义上说，传统时期农村社区主要是一种文化共同体，正是不同的宗教、宗族、通婚、祭祀制度才维系一个一个的社群聚落，并决定社区的内外边界。对此，费孝通先生曾指出，由于不同的历史和文化，中国农民一直有聚村而居的习惯和传统，其原因主要包括：“一、每家所耕的面积小，所谓小农经营，所以聚在一起住，住宅和农场不会距离得过分远。二、需要水利的地方，他们有合作的需要，在一起住，合作起来比较方便。三、为了安全，人多了容易保卫。四、土地平等继承的原则下，兄弟分别继承祖上的遗业，使人口在一地方一代一代地积起来，成为相当大的村落。”而美国的乡下农户多是一户人家自成一个单位，很少屋檐相接的邻舍，这既是他们早年拓殖时代人少地多的结果，也是他们个别负责、独来独往精神的体现。[③]

中国乡村自古以来就有聚族而居的传统，家族观念不仅潜移默化地影响中国人的思维意识和行为方式，而且也在一定程度上决定乡村社区的结构和布局。如

---

① 韩明谟：《农村社会学》，北京大学出版社 2001 年版，第 83 页。

② 项继权：《村级组织》，转引自熊景明编：《进入 21 世纪的中国农村》，光明日报出版社 2000 年版，第 43 ~ 44 页。

③ 费孝通：《乡土中国生育制度》，北京大学出版社 1998 年版，第 8 ~ 9 页。

林语堂先生就指出，“家庭制度是中国社会的根基，由此而生发出各种社会特点，这个家庭制度以及乡村制度——家庭制度的更高一级阶段——可以用来解释中国社会中的所有问题。”[①] 五千年的宗族观念极其深刻地影响着乡村社会生活的各个方面，大到整个村镇规模形制，小到乡村社区建筑布局。如徽州古村落聚族而居，宛如城郭，祠宇相望，牌坊林立。宗祠、庙宇往往坐落于村落中心，或在村落的一侧集中布置，是村民社交、娱乐、集市等活动的中心。此外，风水观念、风俗习惯、宗教信仰也会影响社区的规模与布局。如壮族能歌善舞，“赶歌圩”是壮族特有的民族习俗，民居围绕歌圩舞场进行布置便构成了壮族乡村社区的特点。侗族聚族而居，鼓楼是侗族的标志，处于乡村社区地势较高的地段空间上统领全村，一般建在乡村社区的中心，是议事和文化娱乐的中心。北方乡村社区多建有庙宇，体现村民的各种信仰，如关帝庙、观音庙等。南方多少数民族地区，没有统一的宗教信仰，流行多神信仰与崇拜，主要有万物有灵论、祖先崇拜和英雄崇拜。如瑶族的青龙王，壮族、侗族的蛙神等。这种观念支配着人们的生产和生活，影响着乡村社区的居住空间布局及规模。[②]

（四）交通条件

国外城市规划专家的研究表明，在广泛使用小汽车之前，一个“最佳”城市邻里的尺度是600～1 500家庭，大约2 000～5 500人。这一尺度的城市邻里功能比较完善，拥有学校、购物中心等设施。随着教育的多元化及家庭小汽车的普及，这一最佳人口规模的假设发生变化，提高到2 000～3 000家庭，大约7 000～10 000人。希腊学者道萨迪亚斯（C. A. Doxiadis）的“人类聚居学”理论发现，人类聚居单元的规模，主要取决于聚居的经济功能。在农业聚落中，人们上工出行的距离决定了它的规模。在古代，人们步行去地里耕作，一般单程最远是步行半小时，即2.5公里，这个距离限定了该聚居的范围。实现机械化后，人们开车或骑自行车去上工，这样基本聚居半径扩大到10～15公里。[③]

在古代，由于交通工具和通讯手段不发达，人们的生活范围和活动半径较为有限。例如，我国农村有“日中为市”的说法，即村民为满足自身需要或交换部分剩余农产品，经常去集市赶集。村民生活的社区范围往往可以村民步行一日来回的距离测定。在平原的条件下，农村社区的边界一般距离村落中心约为5公里左右。进入现代化历史以来，随着交通工具和信息技术的改进，人们跨越地理屏

① 林语堂：《中国人》，郝志东、沈益洪译，学林出版社2000年版，第180页。
② 乔家君：《中国乡村社区空间论》，科学出版社2011年版，第54～55页。
③ 吴良镛：《人居环境科学导论》，中国建筑工业出版社2001年版，第252页。

障和自然界限的能力大为增强，导致社区的范围和边界扩大。

（五）地理环境

地理环境对农村社区的规模也具有重要影响。从社区的形成来看，历史上的社区往往具有自然的社区边界，即以河流、湖泊、空地、山林等为社区形成的边界。优越的自然区位是居民点产生并发展的先决条件。自然条件（如地质地貌、气候水文、土壤植被等）以及耕地资源、矿产资源、动植物资源等的丰饶度及其组合，都将促进或制约农村社区的空间与规模。

首先，从地形地貌来看，平原地区地势平坦、水源充足、交通便利，乡村居民点较密集，其规则度和紧凑度大于山地丘陵地区。乡村社区一般呈团聚状分布，有一个明显的中心功能区，社区呈现从中心向四周扩散的趋势。而山地丘陵地区，乡村居民点布局零散，呈树枝状或条带状。受地形限制，农宅布局分散，往往以寺庙、戏台、水井或碾场作为社区中心。

其次，从水文条件看，水是人们赖以生存的重要自然条件之一，乡村居民点的选址不可避免地受到水源的制约。凡是在水源充足的地方，居民点往往数量多、规模大。如江南水乡，村民的住房多建于水边，“小桥流水人家”是江南水乡的真实描写。福建省崇安县东南部的下梅村因坐落于梅溪下游河畔而得名，村落位于盆地中心，坐北朝南，三面山环，一面水抱，社区内有当溪穿过汇入梅溪，丁字形水网与街巷格局共同构成了下梅村的基本构架。

最后，从耕作条件看，农村社区是主要从事农业耕作的区域，农户耕作半径与居民地的空间分布紧密相关。一般而言，人多地少地区，耕作精细，土地需要经常管理，耕作半径小，村落规模小、密度大。空间布局上，往往以居住区为中心，周围是农业生产区，形成同心圆的带状结构，这在人口密集、耕作半径极小的中部平原农区表现明显。人少地多地区则相反，村落之间距离大，聚落规模较大。①

第二节　传统乡村社区的认识与分歧

虽然人们普遍承认社区是建立在“一定的地域”基础上的基于“共同的纽带”及“认同意识”而形成的共同体，但是，在现实生活中，农村社区及共同

① 乔家君：《中国乡村社区空间论》，科学出版社2011年版，第51～53页。

体的识别仍不是一件容易的事。无论对中国历史上的农村社区还是当下正在建设中的农村社区，人们的认识仍存在较大的分歧。

从已有研究来看，关于我国传统社会农村社区共同体的认识和划分有三种代表性观点。

一、村落共同体

社区的概念是个舶来品。虽然滕尼斯意义上的社区最早所指的乃是乡村共同体和社会，但是将社区的概念移植到中国以后，对于我国乡村社会尤其是村落是否存在社区及共同体，人们的看法并不一致。这其中以日本学者的研究最为代表。20 世纪 30～40 年代，针对历史上我国是否存在村落共同体现象，日本学者之间展开了一场论战，史称“平野—戒能论战”。一派以平野义太郎和清水盛光为代表，他们对有关村民的集会、村首领的集合以及治安、防卫、祭祀、祈雨、庆祝、娱乐、婚葬等行为和活动进行了详尽的考察和论述，认为包括中国在内的亚洲社会存在村落共同体。村落在农民生产生活中的农耕、治安防卫、祭祀信仰、娱乐、婚葬以及农民的意识道德中的共同规范等方面具有共同体意义的相互依存关系。另一派以戒能通孝和福武直为代表。他们两人不仅否认近代中国农村的闭锁性而强调其开放性，还指出村落成员相互间的关系是“极为独立的、赤裸裸的”。因而，中国的村落如同公寓一样是个松散的个人集合体，内部受实力关系支配，没有村落共同体意识，也称不上是“村落共同体”①。

由于各自的出发点和理论关注点不同，针对中国农村社会结构与共同体性质，平野和戒能虽然利用的都是“惯行调查”的相同资料，却得出截然不同的结论。在对 20 世纪初华北村落社会生活和村民互助合作行为进行调查和研究的资料当中，“满铁”惯行调查在内容的全面性和丰富性以及资料的翔实性等方面无疑独树一帜。后来国内外不少学者也正是利用这些资料对 20 世纪上半叶中国乡村社会进行研究，产生了一大批有影响和分量的成果，如马若孟的《中国农民经济》、杜赞奇的《文化、权力与国家：1900～1942 年的华北农村》以及黄宗智的《华北的小农经济与社会变迁》等。但是，日本学者依据该资料所从事的研究在一定程度上也带有先入为主的偏见。例如，平野的共同体研究在相当程度上是为其“中日亲善”、“大东亚共荣圈”的理论和观点进行论证；戒能也是从日本和欧洲的中世纪村落社会出发来研究中国村落的社会性质和特点。后来一些日本学

① 张思：《近代华北村落共同体的变迁——农耕结合习惯的历史人类学考察》，商务印书馆 2005 年版，第 30～32 页。

者也意识到两派研究的缺陷，诚如旗田巍所言，共同体肯定化与否定论“不谈该共同体的历史的性格”，“将共同体与阶级分化关系割离开来，脱离共同体的具体内容，谈论的是一般性的共同体”。石田浩也认为，“戒能氏从日本和欧洲的封建村落出发来看中国村落，由此否定中国村落的共同体的性格，没有从中积极地去理解中国农村社会”。[①]

二、宗族共同体

与华北村落和村治研究路径不同，海内外一些学者从血缘和宗亲世系关系出发来研究乡村，认为传统乡村共同体和社会是按照血缘和家族关系组织起来的，血缘及家族利益构成乡村社会成员精神和生活的共同纽带，也是人们相互交往和信任的重要基础。例如，弗里德曼就认为，“几乎在中国的每一个地方，几个紧密相连的村落构成乡村社会的基本单位”。他通过对我国东南地区广东和福建两省的研究发现，宗族与村落两者在相当程度上已经融为一体，共同的祠堂和族产构成宗族关系存续的纽带和基础[②]。费正清也指出，中国社会结构的基本单元是家庭而不是个人，家庭才是当地政治生活中负责的成分。“中国家庭是自成一体的小天地，是个微型的邦国”[③]。他认为，从社会角度看，村子里的中国人直到最近，主要还是按家族制组织起来的，其次才组成同一地区的邻里社会。村子通常由一群家庭和家族单位（各个世系）组成，他们世代相传，永久居住在那里，靠耕种某些祖传土地为生。每个农家既是社会单位，又是经济单位。其成员靠耕种家庭所拥有的田地生活，并根据其家庭成员的资格取得社会地位。马克斯·韦伯也把中国形容为“家族结构式的国家”[④]。费孝通则认为，中国传统乡土社会是个“熟人社会”，它是由“一根根私人联系所构成的网络”。个人与社会及他人的关系和联系存在一种“差序格局”的机制和现象，即“好像把一块石头丢在水面上所发生的一圈圈推出去的波纹。每个人都是他社会影响所推出去的圈子的中心。被圈子的波纹所推及的就发生联系。每个人在某一时间某一地点所动用的圈子是不一定相同的”；“范围的大小也要依着中心的势力厚薄而定”[⑤]。

---

① 参见张思著：《近代华北村落共同体的变迁——农耕结合习惯的历史人类学考察》，商务印书馆2005年版，第30~33页。

② ［英］莫里斯·弗里德曼著，刘晓春译：《中国东南的宗族组织》，上海人民出版社2000年版，第1~2页。

③ ［美］费正清著，张理京译：《美国与中国》，世界知识出版社1999年版，第22页。

④ ［美］费正清著，张理京译：《美国与中国》，世界知识出版社1999年版，第24页。

⑤ 费孝通：《乡土中国生育制度》，北京大学出版社1998年版，第24~31页。

三、市场共同体

“村落派”的假设认为，乡土社会是相对封闭的，它的那些最基本的社会关系及最基本的生活和交往规则，虽历经风雨的冲刷，但没有根本性的变化。“村落就像乡土中国的活化石，这活化石不仅蕴含着历史文化的积淀，还隐藏着解读中国深层社会结构的脉络”①。与“村落派”不同，一些学人将关注的目光从村落转向村落以外的世界，将集镇或乡镇作为一种研究单位来解读乡土社会，一般被称为“集市派”。“集市派”认为村落并不是封闭的，它的地域边界并不是经济社会联系网络的边界；村落也不是孤立的，它与一个宏大的市场网络联系在一起；村落更不是不变的，通过文化的传播，它随着宏观的、以城市和市场为中心的社会结构的变化而变化。“集市派”的代表人物主要有杨庆堃、杨懋春、乔启明等人。杨懋春先生在其博士论文《中国的集镇制度与乡村生活》中系统论述了集镇制度与中国乡村生活的关联。他认为在农村，家庭是初级群体，村庄是次级群体。在家庭和村庄之间，存在着各种过渡性的集团——宗族、邻里、以相似的社会或经济地位为基础或以学校为基础的家庭联合以及宗教团体。村庄之外是集镇，它以松散但明显的联系把所有村庄都结合起来。集镇代表着一个大地区，在集镇与村庄之间的过渡性纽带是小村庄结成的群体，以及分散在两三个邻近村庄的同宗家庭结成的群体。“有效的农村社区组织不应由一个村庄或者几个村庄构成，而应由集镇及周围农村构成”；“集镇是最自然、最合理的农村社区组织，因为它体现了同一地区的村庄之间的传统联系”②。“中国的农村社会，以家庭为单位，以农村为中坚，而以集镇区为其范围”③。

美国学者施坚雅也否定了村落作为农村基本单位的意义，提出“市场共同体理论”，认为市场结构具有农民社会或传统农耕社会的全部特征，因而将集市看做一种社会体系。他认为“农民的实际社会区域的边界不是由他所住村庄的狭窄的范围决定，而是由他的基层市场区域的边界决定。”“基层市场满足了农民家庭所有正常的贸易需求，既是农产品和手工业品向上流动进入市场体系中较高范围的起点，也是供农民消费的输入品向下流动的终点”④。作为一种社会体系，基层集市是农民熟人社会的边界，农户所需要的劳务和资金需求一般在这里得到满

① 李培林：《村落的终结：羊城村的故事》，商务印书馆2004年版，第36页。

② 杨懋春著，张雄等译：《一个中国村庄：山东台头》，江苏人民出版社2001年版，第236～237页。

③ 杨懋春：《近代中国农村社会之演变》，台湾巨流图书公司1984年版，第58页。

④ ［美］施坚雅著，史建云等译：《中国农村的市场和社会结构》，中国社会科学出版社1998年版，第6～40页。

足；基层市场构成了通婚圈的范围并与农民的娱乐活动有关。复合宗族、秘密会社分会、庙会董事会等组织都以基层集市为单位，因而较低的和中间的社会结构形成了与市场结构平行的等级网络；集市同时又是沟通农民与地方上层交往的核心。

此外，明恩溥也有类似的观点，他认为，“可以说，每个乡村都被一圈市场环绕着，每个市场都是一个圈环上的齿轮，同时也是其他乡村这种圈环上的齿轮。来到大市场的所有人都与许多周围远距离的人相识，所有买卖双方的需求都会适当地得到满足”[①]。西达·斯科波尔也指出：“我们必须留心，传统中国共同体的基本单位并非个体村落……而是包括一组村庄的市场共同体。……虽然农民在个体村庄内居住和工作，但市场共同体才是他们真正的世界。他们经常到定期市集做买卖，取得工匠的服务，贷款，参加宗教仪式，以及寻找婚姻对象。”[②]

上述三种理论界说虽然对传统乡村社会结构和性质作出不同的解释和分析，但至少考察和关注到乡村社会关系和结构的三个侧面，即村落、家族、市场在传统乡村社会生活中的重要影响，并在一定程度上说明了传统中国乡村共同体的复杂性、多面性。事实上，由于地域辽阔，不同地区的乡村其性质和特征表现不一。即使在同一地区，由于时间的变化和社区变迁，乡村共同体也可能表现出全然不同的面貌。例如，1971 年，施坚雅又提出自然村“开放”和“关闭”周期性变动的理论。他说：“当王朝兴起时，自然村商业活动开展起来，因此，这时的村庄呈开放状态；当王朝没落时，贸易体系遭到破坏，村庄也因社会秩序混乱而成立了自卫组织，最后产生了武装的内向社团，也就是高度封闭的共同体。”[③] 20 世纪 80 年代以后，日本学者针对我国农村社会的变化与发展，重新对我国农村进行实地调查，并在此基础上提出一些新的解释。如石田浩在《中国农村的历史与经济》中提出中国农村组织的基本性质不是“村落共同体”，而是“生活共同体”。佐佐木在《中国民众的社会与秩序》中，在福武直理论的基础之上提出了“中国村落的结社性质”、“多层结构”和“动态结构”等概念。还有的学者指出新中国成立后村落具有明显的共同体特征，但是这种村落共同体的性质已经不同于“满铁”调查时期的共同体，而是国家政权向乡村渗透之后的“官制共同体”[④]。

从历史来看，随着经济、政治、社会条件的变化及外部因素的介入，乡村社区的性质、特征及边界范围相应发生深刻变化。在传统时期，国家对广袤的乡村

① ［美］明恩溥著，陈午晴、唐军译：《中国乡村生活》，中华书局 2006 年版，第 113 页。
② ［美］黄宗智：《华北的小农经济与社会变迁》，中华书局 2000 年版，第 23 页。
③ 吴怀连：《农村社会学》，安徽人民出版社 1991 年版，第 77 ~ 78 页。
④ 秦晖：《传统中国社会的再认识》，载于《战略与管理》1999 年第 6 期，第 62 ~ 75 页。

地区主要奉行一种“简约治理”的策略。由于农耕经济的恒定性和稳定性，人们“日出而作、日落而息”，因此这一时期国家的职能相对简单，对乡村地区实行的是一种粗放式的管理，往往维持“统而不治”的状态。正式的官僚体系仅局限于县一级（城隍庙系统是其鲜明标志），县以下乡村实行相对自治，由乡里村社组织代行政府相关职能，如保甲主治安、亭里掌赋税，宗族和乡绅协助上述职能的履行。在政府与乡民二者之间起沟通和中介作用的是乡绅阶层。由于农业社会的离散性、广域化以及小农经济生产剩余有限，极大地制约了传统国家的资源汲取能力以及行政权力的辐射边界，因此“官督绅办”的体制在当时历史情境下是一种节约成本的制度安排及国家治理乡村的一种相对理性的选择[①]。

近代以降，自东西两大文明体发生碰撞以来，大一统的传统政治秩序遭遇“千年未有之大变局”，整个社会陷入全面的危机。费正清曾指出：“中国的现代调整问题是一个占优势的成年文明突然发现自己在世界上处于未成年地位的问题。”[②] 正是在这样一种内外交困的际遇下，中国社会步入艰难的现代化转型之中，开始了“政权下乡”的历史进程。1901 年，清末“新政”推行新式教育和警政，需要在州县之下划分相关的职能性区域并配备相关人员，从而改变了中国两千年来州（郡）县以下不设治的传统，使区、乡一级行政得以滥觞。[③] 从村的情况来看，在相当长的历史时期，村并不被看做是一级行政单位。由于土地私有，买卖频繁，过去一村之人可能在数村有地，而一村周围之地其主人可能散布数村，因此村无定界。随着国家权力的下渗，国家的税费和各种摊派引起了各村之间的冲突，村的利益主体及作为一级行动单位的意识开始凸显。青苗会本是村民为保护庄稼而成立的一种社会自治组织，在社会动荡时期，青苗会也会被组织起来对抗土匪及军阀的侵袭和骚扰。青苗会有“活圈”与“死圈”之分，前者是指一村按青圈之内所有地亩摊派并征税，而后将相应款项转交给外村地主所在的村庄；后者指将青圈之内所有税款收归村所有。在 20 世纪初，青苗会成为国家征收摊款的工具，为简化手续及降低征收成本，“活圈”逐步向“死圈”演化。日本学者旗田巍指出，村界是由“青圈”演化而来，“死圈”的形成标志着村界的形成。[④]

20 世纪前半叶的“政权下乡”使国家政权体系进一步延伸和渗透到乡村社会。不过，从历史来看，清末民初和国民政府时期的“政权下乡”是一种“无

---

① 项继权：《中国乡村治理的层级及其变迁——兼论当前乡村体制的改革》，载于《开放时代》2008 年第 3 期，第 77 页。

② 费正清编：《剑桥中华民国史：1912～1949（上）》，中国社会科学出版社 1994 年版，第 1 页。

③ 魏光奇：《官治与自治：20 世纪上半期的中国县制》，商务印书馆 2004 年版，第 122 页。

④ 从翰香编：《近代冀鲁豫乡村》，中国社会科学出版社 1995 年版，第 106～107 页。

根的统治"[1]，尽管政权从形式上下延到乡村，但并不能有效整合乡村社会的权威与秩序。由于政权本身的掠夺性和暴敛性，使"政权下乡"的过程充斥着官民之间的冲突和矛盾。从根本上扭转这一历史进程的是随后登场的新生的人民共和国。新中国成立后，在乡村逐步建立起人民公社的体制。人民公社是一种高度集中的政府全能主义治理模式，实行政社合一、政经不分，"工、农、商、学、兵""五位一体"，既是国家政权在基层的代表，同时又是集体经济组织的领导者和管理者，一度还推行"组织军事化、行动战斗化、生活集体化"。在人民公社体制下，农民所有生产资料和劳动积累都要归公，生产由公社统一指派，生活由公社统一安排，搞公共食堂"吃大锅饭"，人们从事生产、生活与工作学习的空间高度统一与重合。社队既是经济共同体，也是一种生活共同体，或者说是农村基层的社区共同体。

人民公社废除后，国家在乡村推行村民自治体制。乡镇以下实行村民的自我管理、自我教育、自我服务，形成"乡政村治"的格局。村民委员会承继了社队的人口、土地和资源，成为一种社区共同体。

第三节　新时期农村社区的识别与划分

自农村社区建设以来，人们对于新时期我国农村社区的识别和划分进行了大量的讨论。从目前关于农村社区及社会生活共同体的划分来看，大致分为四种倾向：（1）以自然村落为边界，将自然村落视为农村社会生活共同体的基础；（2）以基层行政区域为边界，将农村最基层的组织与管理单位视为农村社区，如将历史上的保甲及当今的村民委员会、村公所等看做农村社区；（3）以血缘关系为基础划定社区，如将农村家族和宗族作为共同体；（4）以农民经济活动范围为边界，以农民最基本的经济活动空间作为农村社区或共同体的边界。[2] 上述不同的划分事实上存在两种视角：一是从社区或共同体的空间地理及地域边界来划分，最常见的是以村落聚居为边界，将自然村落视为农村社区或共同体的边界；或者以基层行政区域为边界，将农村的组织与管理单位视为农村社区；或者将乡镇以及城镇视为社区单位。二是从社区或共同体的内在联系及认同意识的角度划分社区和共同体。其中最普遍的是以血缘关系为基础划定社区，如一些人将农村家族和宗

---

① 徐勇：《政权下乡：现代国家对乡土社会的整合》，载于《贵州社会科学》2007 年第 11 期，第 7 页。

② 项继权：《当前农村社区建设的共识与分歧》，载于《中共福建省委党校学报》2008 年第 9 期，第 4 ~ 5 页。

族作为共同体；有的以农民生产及经济活动范围为边界，以农民最基本的经济活动空间作为农村社区或共同体的边界。如基于农村水利服务范围人们区分出不同的农村社区。石峰就以关中水利为例，认为关中地区就存在“水利社区”，并由此指出中国北方乡村的社会组织形式与南方以家族主导的社区的不同。①

正是由于人们对于社区的基础和边界存在不同的理解，在当前农村社区建设实践中各地对农村社区建设的规模范围和边界定位不一，有的地方将社区定位于自然村或村民小组一级，有的定位于村委会一级，有的则是若干村联合组建。

从农村社区的具体规模来看，学者们也提出不同的观点。王承慧、朱静怡、马宁指出，根据公共设施追求规模经济的原理，一个恰当的农村社区规模应相当于一个城市居住组团，即在 1 000 ~ 3 000 人范围内波动，近期应控制在低限范围（1 000 ~ 1 500 人），随后可根据村庄功能的增强而拓展范围。② 储伶丽、郭江、王征兵根据交易成本理论并结合实证调查指出，调查样本村（中西部平原地区）行政村的最佳地域规模是 3.8 平方公里，人口规模为 2 102 ~ 3 102 人。③ 项继权经过历时性比较和现时性分析，认为乡镇村规模的合理限度在于能否实现乡村社会的有效治理和满足农民群众公共需求。当前基层组织处在新一轮调整和变动时期，由于各地情况不同及经济社会发展不平衡，乡镇村规模调整应从实际出发，以省市为基础，实行一种区域多元化的政策选择④。

在现实具体操作层面，各地农村社区建设规模标准各异。浙江省规定，农村社区以 1 000 ~ 5 000 人、农村居民出行 15 分钟为宜，既要防止规模太小，资源配置过于分散；又要防止人口规模太大、地域范围太广，不利于方便群众办事。山东省规定，原则上村庄人口规模在 2 000 人左右的，可在现行村民委员会范围内，按“一村一社区”形式组建社区；村庄规模较小、村庄密度较大或生产生活方式相近的地区，按照“几村一社区”形式建社区。河南省将新型农村社区规模划分为四大类型，即特大型社区（6 001 ~ 10 000 人）、大型社区（4 001 ~ 6 000 人）、中型社区（2 001 ~ 40 000 人）、小型社区（≤2 000 人）。江西省将村庄分为中心村和基层村，其中中心村又分为大型（大于 1 000 人）、中型（300 ~ 1 000人）、小型（小于 300 人）；基层村分为大型（大于 300 人）、中型（100 ~

① 石峰：《关中“水利社区”与北方乡村的社会组织》，载于《中国农业大学学报（社会科学版）》2009 年第 1 期，第 73 ~ 80 页。

② 王承慧、朱静怡、马宁：《城市化进程中的新型农村社区规划研究初探》，引自《城市规划面对面——2005 城市规模年会论文集》（上），中国水利水电出版社 2005 年版，第 728 页。

③ 储伶丽、郭江、王征兵：《行政村最佳规模研究》，载于《湖南农业大学学报》2008 年第 4 期，第 60 页。

④ 项继权：《乡镇规模扩大化及其限度》，载于《开放时代》2005 年第 5 期，第 149 页。

300人）、小型（小于100人）。[①] 可见，各地在实践中规划标准和操作细则不同。如何科学合理地确定农村社区的边界及建制范围，不仅是一个单纯的理论探讨问题，更是亟须解决的现实问题。

从实践来看，在新时期农村社区建设中，各地农村社区的建制主要有如下几种类型。

一、"一村一社区"

"一村一社区"是在现行村委会的基础上，一村只设立一个社区。从统计来看，有226个县（市、区）实行了"一村一社区"的建置，占实验县（市、区）总数的76.09%，是农村社区建设最普遍的模式。重庆市规定，"农村社区原则上一般以现有建制村为基本单元，一个建制村设置为一个农村社区"。武汉也规定，辖区内农村社区建设原则上以建制村为单位进行试点。

采取"一村一社区"的设置模式主要出于两点考虑：

一是可以利用现有的政治和组织资源优势。目前我国大多数农村都建立了村民委员会的组织，村委会在农民生产生活中发挥着广泛而重要的作用，从户口、婚姻证明到土地发包、宅基地分配以及民主选举和民主管理等，村民均需要到村委会"盖章"和确认。《村民委员会组织法》从试行到现在已经有20多年，农民在日常生活中习惯了"有事找支书、找村长"。在行政村设置社区，可以凭借既有的政治和组织资源，为农村社区的设置提供体制保障和群众认同。

二是可以实现公共服务提供的规模经济。农村社区建设的起点、重点和难点均在于公共服务的提供上。统筹城乡协调发展，缩小城乡差距，实现政府公共服务向农村覆盖和延伸，是农村社区建设的重点和难点。与城市社区比较，农村社区居住相对分散、人口密度相对较低，如何利用有限的财源和财力提供公共服务，让公共财政的阳光"普照"到所有农村，让农村道路、饮水、教育、医疗、社会保障等基本公共服务惠及每一位农民，发挥政府财政与公共服务的最大效能，就成为农村社区建设首先必须考虑的问题。农村基础设施建设、农田水利、村庄整治改造均是资本密集型公共产品或服务，具有"人多效能大"的规模经济优势，如果规模过小或达不到一定规模，就会加大公共服务成本。从历史来看，行政村是由人民公社时期的生产大队转变而来，当初在建立生产队体制的时候，为了发挥集体生产的优势，就考虑到了人口规模等因

① 杨贵庆编：《农村社区——规划标准与图样研究》，中国建筑工业出版社2012年版，第122页。

素。因此，在行政村设置社区，有利于实现公共服务供给的规模优势。

二、“一村多社区”

“一村多社区”即在一个村设立两个或两个以上的社区。在实际操作中，一般以自然村或村民小组为单位成立社区。全国共有21个实验县（市、区）实行“一村多社区”，占实验单位总数的7.07%。湖北省远安县洋坪镇双路村实行“撤组建社”，按照“一村多社区”的模式，把原来的7个村民小组撤销，重新按照以前的15个自然村落为单位设立15个社区。秭归县杨林桥镇也实行“撤组建社”，按照“地域相近、产业趋同、利益共享、规模适度、群众自愿”的原则成立农村社区，社区成立理事会。每个社区由30个左右的农户组成，社区内再划分3~5个互助组。江苏省一些地方则以自然村为单位建立“自然村社区”。广西也根据人口居住分散、自然村较多的实际，以一个或多个自然村为基础，设置农村社区。以自然村或村民小组设立社区，村级自治单元更加紧密，尤其是在合村并组后规模较大的村，以自然村或小组为单位成立村落型社区既有利于组织群众开展活动，也更能满足农民群众生产和生活的实际需要，方便群众的参与。

三、“多村一社区”

“多村一社区”即在相邻的两个或两个以上的村中选择中心村或较大的村为单位设立社区。全国共有45个县（市、区）实行“多村一社区”，占实验单位总数的15.15%。如山东省诸城市就采取这种形式。诸城市委市政府要求在农村社区建置中，要按照便于服务、便于开发利用社区资源的要求，根据各地实际情况，合理确定社区服务范围，服务半径一般掌握在3~5个村，居住户数为1 000~3 000户，有条件的地方可达到3 000户以上。规模较小的，可以适当增加村庄个数。为此，诸城市对全市农村社区进行统一规划，合理布局，确定全市设立156个农村社区，涵盖全市1 257个村庄70多万农民。由此，平均一个社区覆盖8个村、4 487人。在多村一社区建设中，一般选择一个中心村设立社区服务中心。诸城市委市政府还出台政策鼓励支持和推动规模小的村庄村民逐步向中心村集聚发展，以促进中心村的发展，整合优化社区资源、提高利用效率和服务水平。

四、“集中建社区”

“集中建社区”是在新规划的农民集中居住的居民小区设立“社区”。主要有两种情况：一是农（牧）民聚居设社区。如江苏、成都、天津等地都提出“农村人口向城镇集中、居住向规划社区集中、工业企业向园区集中”，支持和鼓励农民“迁村腾地”、“集中居住”。随着规划小区聚居人口的增多，为了加强管理、提供服务，单独设立社区。另一种是以甘肃阿克塞县为代表的在人口自然聚居而形成的地区设立社区。阿克塞县是甘肃省唯一一个以哈萨克族为主体的自治县，全县3.2万平方公里，辖2乡1镇10个村。全县人口9 100人，牧民所占比例较大。基于牧民农忙时分散放牧而农闲时在县城集中居住的实际，在开展农村社区建设实验工作过程中，将全县3个乡镇10个村整合成1个民族新村，建立牧农村社区，设立服务中心，下设3个牧农村社区服务站，配套党员服务站、社区工作站、文体活动中心、警务室、社区保障事务所、图书阅览室、医疗服务站、便民服务站、居民学校等，由此形成全县设立“一社区一中心三站”的社区模式。

五、“社区设小区”

在实行“多村一社区”或“一村一社区”的地方，大都在社区之下设“小区”。“一村一社区”的地方大都以村民小组或自然村为单位设立“小区”；而在“多村一社区”的地方大都以村为单位设立“小区”。社区设立社区服务中心，而小区则设立“社区服务站（点）”。陕西省规定，原则上一个行政村建立一个社区服务中心，经济条件较好或规模较大、居住分散的行政村，可在每个自然村设立社区服务中心，由此形成“社区—小区”的组织结构。吉林省将农村社区定位在村一级，但根据东北农村村屯距离较远的状况，要求各试点村积极将服务向自然屯延伸，逐步在离村中心较远的自然屯设立服务网点，建立集农民议事与活动于一体的服务站点或农家大院。如桦甸市、扶余县、长春市宽城区及二道区等实验县（市、区）已经开始在部分自然屯设立服务站点。

不难看出，当前不同地区农村社区的建制基础及规模范围不尽相同。有的将社区定位于自然村或村民小组一级，有的定位于村委会一级，有的则是若干自然村联合组建，还有少数地区农村社区是超出乡镇甚至是以县域为基础设立社区

（如甘肃阿克塞县）。[1] 有的社区是在传统的自然聚落的基础上建立的，有的则是通过“迁村腾地”及农民集中居住而重建的。除此之外，还有一些特别的地区采取特殊的做法，如在农村社区建设中，新疆建设兵团也大力推进兵团的社区建设。根据新疆建设兵团《关于加强兵团屯垦戍边新型团场社区建设的意见》的意见，各团场社区一般以500～1 000户为宜，并由多个相邻连队组成一个社区。一些社区是在原分场基础上组建的，在从分场组建社区的过程中，对各分场的办公用房及资产进行清理核实后一并化转给社区，归社区使用。

第四节　农村社区建置的合理规模与布局

显然，迄今为止，人们对于社区或共同体的识别及边界认定存在明显的分歧，在实践中也有不同的选择。不过，在此我们也不难发现，上述分歧不仅与人们对于社区或共同体的理解有关，也与我们对于建设中的农村社区的性质的认识有关。

自滕尼斯开始，人们都将“社区”视为一种“共同体”。然而，或许因为语言的翻译问题，人们将“社区”翻译为“共同体”的同时，相当多的人也将“社区”与“共同体”等同起来，模糊了两者的差别。其实，严格地说，虽然“社区”是在“一定的地域”基础上基于“共同的纽带”及“认同意识”而形成的“共同体”，但是，并非所有共同体都是“社区”。一般来说，“社区”与“共同体”都是人的集合体，也都有一定的认同及共同的纽带，但是，“共同体”更多地强调人群集合体的“共同性”或归属感，而“社区”在强调人们的认同意识的同时也突出人群集合体的“地域性”。因此，“共同体”的外延边界远远大于“社区”。正因如此，基于人群自我认同及归属边界，人们提出了血缘共同体、地缘共同体、精神共同体、民族共同体以及政治共同体等不同类型的共同体。“家族、社区、公司、国家等是共同体的不同表现”[2]。“社区”仅仅视为“共同体”的一种类型或一种形式。至于那些将“国家”、“民族”、“家族”以及“乡镇”、“村委会”及“地方行政单位”等视为“社区”的做法，不过是一种习惯的或形象的指称，而非严格意义上的“社区”。

不仅如此，人们对于当前我国农村社区的识别与边界的划分的分歧也与我们

① 不少地方的村民小组与村落范围并不一致，特别是南方地区村落分散，一个村民小组通常包括若干自然村落。

② 褚松燕：《个体与共同体》，中国社会出版社2003年版，第22页。

对于建设中的农村社区的性质的认识有关。作为一定地域范围内的社会生活共同体，其形成主要有两条途径：一是在长期的生产和生活中自然形成社区；二是由政府、组织或精英规划创建而形成的社区。由此也可将社区划分为两种类型："自发型社区"和"规划型社区"。对于前者来说，人们的"共同的纽带"及认同和归属感是在生产生活的交往中自然形成的，而后者则是有意识地推动和创建的。从当前我国农村社区建设来看，一个突出的特征就是"社区建设"，或者说是一种典型的"规划型社区"。农村社区建设也是政府改革和完善农村基层组织与管理、加强农村公共服务的组成部分。正因如此，当前建设中的农村社区不完全是基于自然形成的社区，而可能是在现有的自然社区的基础上的重组和重建。为此，国家民政部在全国农村社区建设实验过程中也要求各地"按照地域相近、规模适应、群众自愿的原则，科学界定农村社区的区域范围，明确农村社区的定位"，其实质是根据现实状况合理规划、建设农村社区。由此，我们不应将所谓的"村落社区"、"乡镇社区"等与当前建设中的"农村社区"等同起来，因为后者有特定的内容、目标和性质。如果说对自然形成的社区人们已有较强的认同的话，规划和建设中的社区人们的社区认同并没有完全形成，并不是严格意义上的共同体，而是建设中的社区共同体。

正是由于将"社区"与"共同体"等同起来，同时将当前建设中或规划性的"农村社区"与历史上自然形成的"农村社区"混淆起来，造成人们对于农村社区识别的困难以及划分的混乱。这也要求我们在理论上重新认识社区的性质与特征并在实践上对社区规模科学规划、合理布局。

从实践来看，党的十六届六中全会和党的十七大报告都强调，把城乡社区建设成为"管理有序、服务完善、文明祥和的社会生活共同体"。在此，中央明确指出，构建农村社区建设的目的是构建一种新型的"农村社会生活共同体"。"管理有序"、"服务完善"、"文明祥和"则是这一共同体的基本要求和特征。从一般意义上说，人类社会生活共同体的范围的确是大小不等、多种多样的，甚至一个民族、一个国家以致人类社会都是一种社会生活共同体。然而，这种"社会生活共同体"主要是一种文化意义上的社会共同体或社会生活共同体，是基于人们的文化认同边界和范围确定的；国内外的市镇虽然也是一种"社会生活共同体"或"利益共同体"，但是，它主要是一种行政共同体。严格地说，各国的地方政府，与我们当前正在建设的农村社区与社会生活共同体显然是有区别的。从我国农村社区建设来看，农村社区不仅仅是基于文化认同的社会生活共同体，而是具有明显而强烈的社会性、组织性、管理性、服务性及规划性等特征：它是农村基层社会生活共同体，而不是一级政府或政权组织。但是，农村社区承担着农村社会组织、管理和服务的功能，是为了实现对农村社区的有序的管理和完善的服务而建设的。农村社区事实上也是作为我国农村社会治理体系的基层性和基础性组织来建设的，与村民自治组织类似，是乡镇政权的组织基础；农村社区是党和政府一种重大的社会建设工程，也是一项重大的农村组织建设工程，是一种规划性的组织和制度建设，这与自然形成的或主要以文化或利益认同为基础的社会生活共同体存在明显的差别。

正因如此，我们必须从建设新型社会生活共同体的角度规划农村社区的规模和布局，科学划定社区的边界。首先，农村社区的规划及布局要根据农村社会的组织与治理的需要来确定。必须考虑农村社区的设置是否有助于对乡村社会的有序和有效管理，是否有助于将农民群众有效的组织起来，是否有利于农民群众参与社区事务的管理。其次，农村社区的规划及布局要根据农民群众的公共需求来确定。主要是看农村社区的设置是否有助于向农民群众提供公共服务，是否能满足农民群众的公共需求，是否有助于公共服务供给的公平与效率。最后，农村社区的规划及布局也要根据农民群众的历史传统、风俗习惯、利益关系及社会认同来确定，能否得到农民群众的支持和认可。因此，强调按“地域相近、习俗相似、产业趋同、利益共享、规模适度、群众自愿的原则”，以及“要按照便于管理、有利于公共服务资源整合利用”等原则来设置农村社区，是必要的和合理的。

社区人口数量和地域面积是制约和影响农村社区组织、管理及服务的重要因素。人口数量多、地域面积大，虽然有助于降低公共服务成本，提高规模效益，但是，如果社区范围过大，会对社区的管理和自我服务造成困难，影响自治活动的开展；如果社区范围过小，会造成管理成本加大，公用基础设施建设投入压力增大，甚至造成浪费。因此，人口过多或过少及面积过大或过小都可能增加农村社会管理及公共服务的难度，损害行政效能及服务效能，不便于居民参与本地管理及享受公共服务。只有适度才能优化资源配置，提高基础设施和公共服务的共享度，方便群众使用。各省市和实验区的经验表明，在绝大多数省市，农村社区范围以“一村一社区”为宜，农村人口大约 2 000 ~ 3 000 人左右。① 这不仅因为现行的村委会人口和地域规模比较适中，也是因为新中国成立以后特别是改革以来，村委会管理并承接了传统集体经济资产，人们形成了较强的利益关系及社会认同，村委会也建立和形成了相对稳定的组织机构和基础设施，这为农村社会的组织、管理和服务提供了基础和条件。当然，对于一些村委会规模较小的地方，如山东省（2005 年山东省村委会平均人口仅 812 人；乡镇平均下辖 58.7 个村委

---

① 2002 年《公安部、民政部关于加强社区警务建设的意见的通知》曾建议各地公安机关要根据社区规模大小、人口多少、治安状况等因素，以一名民警负责管理实有人口 3 000 人左右为基本标准，划分民警责任区。这可以作为农村社区人口规模的参考。

会），村委会规模过小无论是公共管理还是公共服务都存在不经济的问题，实行“多村一社区”显然是合理的。广西及江西和湖北等一些地方有的将社区定位于自然村，虽然考虑了利益的相关性及人们的认同，但是，这并不利于公共服务的规模和经济，也不利于社会组织与管理，乡镇基层政权面对如此众多的“社区”，组织、管理和服务上均存在数量过多、管理困难的问题。在村委会范围设置社区，而一些分散或偏远的自然村设立“服务站”或“服务点”，这样可以实现管理幅度与服务规模的平衡。

总之，当前新农村建设中的“农村社区”并非是一种自发形成的“社区”，也不是一般意义上的“共同体”，而是一种政府主导的规划性的社会生活共同体。农村社区承担着农村社会的组织、管理、服务功能。作为一种社会生活共同体，它要求立足农民共同利益、需求和认同基础，确定社区的边界；作为一种农村基层的组织、管理和服务单元，它也要求根据管理、服务效率和效益来划定边界。在实践中，各地应从本地实际出发，科学划定社区的组织规模与边界。其中，至关重要的是，应立足于业已形成的农民的共同利益、需求和认同。如此，农村社区才更有持久性和生命力！

第六章

农村社区的组织与治理结构

农村社区是在一定地域范围内的社会生活共同体。作为一种社会生活共同体，它本身是一种社会组织形式。与此同时，在社区地域范围内，通常还存在不同形式和多种类型其他组织。这些组织与社区共同体的关系以及社区组织内部的组织方式和治理结构对社区组织与运行有直接甚至决定性的影响。在我国农村社区建设中，如何建构社区治理结构，理顺社区与其他组织的关系，不仅是实践中的难点，也是新时期社会管理创新的重点之一。

第一节 农村社区的组织形态

在当前农村社区建设过程中，由于各地经济社会发展的不平衡，不同地方对社区的组织性质有不同的认识，社区的建置方式不同，社区的组织结构、权力配置及机构设置也有显明的差别。从调查来看，主要有如下六个类型：

一、“一村一社、村社一体”型

从目前农村社区的建置来看，绝大多数农村地区以现有村委会或建制村为基本单元，一个建制村设置为一个农村社区，实行“一村一社”制。由于“一村一社”体制下社区的人员边界、组织边界与村委会的人员和组织边界是同一的，社区组织基本上保持原村委会的组织结构，实行“村社合一”或“村社一体”。一些省市地方还直接将村委会改为“社区村民委员会”，村党支部改为“社区党支部”，同时规定，其村民自我管理、自我服务、自我教育、自我监督的基层群众性自治组织性质不变。“一村一社区”的地方大都以村民小组或自然村为单位在社区之下设立“小区”，由此形成“村委会—村民小组”与“村社区—小区”的组织结构。

如在农村社区建设中，重庆、吉林、河南等省市的实验县（市、区）普遍将村委会改为“社区村民委员会”，村党支部改为“社区党支部”，从而实现了农村社区与村民委员会、农村社区与村级党组织之间的组织融合与一体化。如重庆市规定，农村社区原则上一般以现有建制村为基本单元，一个建制村设置为一个农村社区，将“××村村民委员会”改为“××社区村民委员会”，其村民自我管理、自我服务、自我教育、自我监督的基层群众性自治组织性质不变。河南省的农村社区基本上都定位在建制村区域，统一更名为社区村委会、社区党支部，启用了新的印章。北京市通州区强调逐步理顺乡镇政府与社区居委会之间、村委会与社区居委会之间的关系，增强农村社区的管理、服务功能，逐步实现社区建设与村民自治的有机统一。湖南省农村社区建设的基本模式为一村一社区。湖南省3个全国农村社区建设实验县（市、区），共有19个试验村。这19个试验村的农村社区建设模式，可简要表述为“一会一中心六站”。“一会”：即把农村社区建在村上，实行村委会和农村社区合二而一，参照和仿效城市“居民委员会”改为“社区居民委员会”的做法，将原“村民委员会”改为“社区村民委员会”。“一中心”：即在社区党组织和社区村委会之下设立“社区服务中心”。“六站”：即在社区服务中心之下，设农业科技、扶贫帮困、文化教育、医疗卫生、法律、关心下一代等6个基本服务站。在服务站的设立上，因村而异，其名称和数量不强求统一。在这3个实验县，有的农村社区的服务站多达9个；有的村设了“工业园区管理服务站”、“居家养老服务站”等。为了使社区服务中心、各服务站真正服务农民，3个实验县的19个试点村均制定了一系列规章制度，如开福区3个试点村的规章制度就有：《社区服务中心工作制度》、《社区服务中心工作人员服务规范》、《农业科技服务站工作职责》、《文化教育服务站工作职责》、《扶贫帮困服务站工作职责》、《医疗卫生服务站工作职责》、《法律服务站工作职责》、《关心下一代服务工作职责》等。各村社区服务中心、各服务站工作人员的产生办法和待遇是：社区服务中心主任、副主任，在征得村民代表会议同意的基础上，分别由村党组织书记、社区村委会主任兼任，其原待遇不变。各服务站站长，一是由村两委成员兼任，原待遇不变；二是由村民代表会议推举、社区村委会聘请，聘请人员的待遇实行“义务为主，补贴为辅”的办法，其补贴标准视各村具体情况而定，每月100～800元不等。各服务站一般工作人员设3～4名，实行村民化、义务化，均由社区群众组织的成员担任。

二、“一村一社、村社分开”型

有的地方农村新社区虽然是以村委会为基础建立，但是，在社区组织与村委会组织上仍实行适当分离。通常是村委会组织不变，另行设立社区委员会或社区服务中心。不过，在这些社区，通常社区委员会或社区服务中心成员由村委会成员兼任，实行“两个牌子”、“一班人马”或“交叉任职”。如在浙江省诸暨市农村社区设有社区服务中心，村党组织书记兼任社区服务中心书记，村主任兼任社区服务中心主任。社区服务中心下设七个服务组织，分别是党建工作服务组、生产经营服务组、公共事业服务组、综合治理服务组、社会保障服务组、计生卫生服务组、文化体育服务组。各服务组设组长，分别由村两委会班子成员兼任。广西壮族自治区恭城瑶族自治县平安乡北洞源村在社区组织体制上继续保留村经济合作社、村民委员会等组织的同时，重新构建覆盖辖区全体居民的社区管理和服务组织机构“一会一体五小组”。如平安乡北洞源社区专门成立了“村民理事会”，下设党群共富信用联合体、生产发展服务小组、社会保障服务小组、文明卫生计生监管小组、矛盾纠纷调解小组和公益事业服务小组。社区村民理事设会长1名，副会长2名，理事会成员3名。配备8名农村社区干部，每个服务小组由2人组成。社区干部每年3万多元的薪酬和工作经费全部由县、乡财政负担。社区村民理事会在村党总支部领导和村民委员会部署下，具体实施社区的管理和服务的各项工作。五个服务小组具体负责相关的工作，并联系一个片区，实现对包片区“一口清”，即能熟练掌握自己所分片的居民基本情况，包括弱势群体、外来人口、可依靠对象等，承担起了社区自我教育、自我管理、自我服务的职能。

三、“一村多社、村社分离”型

在湖北省、江西省、广西壮族自治区等一些县市，农村社区实行“一村多社”，即在一个村设立两个或两个以上的社区。这些社区通常是以自然村落、村民小组或村民小组联合组建。在此情形下，农村社区组织与村委会组织分离，社区成为村委会范围内的下辖组织。如湖北省秭归县杨林桥镇实行“撤组建社”，江苏省一些地方则以自然村为单位建立“自然村社区”。广西壮族自治区也根据人口居住分散，自然村较多的实际，按照地域相近、习俗相似、产业趋同、利益共享、规模适度、群众自愿的原则，以一个或多个自然村为基础，设置农村社区。

四、“一村多社、村社一体”型

江西省都昌县是我国最早探索建立农村社区的地方。在2003年之前，都昌县参照城市城区建设的模式，探索建立了“一级政府、二级管理、三个层次”的“乡、村、自然村”三级社区建设模式。农村社区定位在自然村或村落一级，形成“一村多社”的格局。村落社区建立“村落社区志愿者协会”，下设若干服务站，形成“一会五站”，作为村落社区服务发展平台，组织村民开展各类服务活动。村落志愿者协会会长、副会长以及各站主要负责人都由村落全体居民民主选举产生，并按照民主决策、民主管理、民主监督的要求开展各项活动。不过，从2003年开始，都昌县对原有的“一会五站”的组织进行改革，提出了“中心+村落”的建设模式，即在原来“一会五站”基础上增加一站，成为一会六站，即农村村落社区志愿者协会，社会互助救助站、环境卫生监督站、民间纠纷调解站、文体活动联络站、公益事业服务站、科学技术传递站。同时，在村委会设立农村社区服务中心，村级农村社区服务中心下设农村新社区建设服务所、公共事务服务所、卫生保健服务所、农业生产服务所。村落社区“一会六站”与村委会“一中心四所”共同构成社区组织、管理和服务平台。从都昌县社区建设的发展来看，虽然仍保留村落社区或“一村多社”的格局，但是，正逐步向村委会社区过渡。由此出现了在社区组织定位上实行“一村多社”，但在社区组织与服务体制上，实行“村社一体”的格局。

五、“多村一社、村社分离”型

目前实行“多村一社区”最为普遍的是山东省。除山东省之外，浙江省、吉林省、辽宁省等省市部分地区也实行“多村一社区”。如吉林省长春市朝阳区既有一村一社区的建置，也采取“多村一社区”的模式。通常是以一个中心村为单位建立社区，社区服务大楼建立在中心村上，涵盖了附近几个村。同样，山东省诸城市将几个村庄规划为一个社区，实行“多村一社区”。一个社区包括3~5个村委会，居住户数为1 000~3 000户，有的地方超过3 000户以上。同时，根据地域特点、资源配置和居民生活习惯等因素，在社区内选择一个交通比较便利、班子基础比较好、发展潜力比较大的村庄，作为社区服务中心所在村，并以中心村为重点，规划农村社区空间布局。在中心村所在地设立社区管理委员会和社区服务中心。村委会是村集体经济的组织主体，仍拥有集体资产、土地产权等权益。虽然一些村委会成员可出任社区管理委员会的成员，但是，村委会与社区管理委员会在组织、产权和经营上是分开。

与此类似，浙江省温州市在农村社区建设中实行“三分三改”、“村委会转并联”等一系列改革，平均5~6个村联合组建一个新社区。新社区设立社区管理委员会，承担社区公共管理和服务功能；村委会原有的社会管理和服务功能“上提”到新社区，集体经济管理职责通过“三分三改”转移到新成立的村合作经济组织，村委会成为社区下面的社会组织。由此，实现了村社分离。在温州市的改革设计中，还将在原村委会设立“居民理事会”之类的机构，承担邻里纠纷调解以及一些社会性自治事务，同时，受社区的委托，也承担一些公共管理和服务的任务。与山东省诸城市多村一社区相比，温州的改革更为彻底，力度更大。

六、“多村一社、社区整合”型

在一些地方，农村社区也是由多个村委会联合组建而成，但是，与“村社分离”体制不同的是，它们实行撤村建社、社区整合，组建为一个新社区。这种做法主要集中在一些“迁村腾地”、“集中居住”的新建社区。在这些地方，若干村或来自若干村的村民重新规划一个新社区。如湖北省孝感市就在新开发区撤并一些村组织，重新规划新社区，重建社区组织与管理体系。甘肃省阿克塞县根据牧民生产生活的实际，将全县3个乡镇10个村整合成1个牧农村中心社区，建立牧农村社区服务中心，下设3个牧农村社区服务站，配套党员服务站、社区工作站、文体活动中心、警务室、社区保障事务所、图书阅览室、医疗服务站、便民服务站、居民学校等。社区成为独立承担组织、管理和服务的平台。

第二节　农村社区的治理结构

在当前农村社区建设中，人们对于社区本身的性质及其功能定位存在不同的看法。有的认为农村社区作为一种社会生活共同体本身不是一种正式组织，而仅仅是一种农村居民有认同感的区域，或者是一种“生活圈”、“服务圈”或“管理圈”。农村社区建设不过是通过强化服务，提升社区范围内的人们的生活品质。所以，农村社区建设与社区组织建设没有多大关系。另一种观点则认为，农村社区不仅是一种社会生活共同体，也是农村基层群众自治组织。基于两种不同的认识和看法，在农村社区的组织体制、组织关系及运行机制上有完全不同的选择，由此也形成不同的社区组织权力配置和运行机制。

一、基于自治组织的农村社区治理结构

2000年11月，中共中央办公厅、国务院办公厅在《关于转发〈民政部关于在全国推进城市社区建设的意见〉的通知》中明确强调，“社区是指聚居在一定地域范围内的人们所组成的社会生活共同体。目前城市社区的范围，一般是指经过社区体制改革后作了规模调整的居民委员会辖区。”在社区建设中，要加强社区居民自治组织建设，建立社区居民自治组织。“社区居民委员会的成员经民主选举产生，负责社区日常事物的管理。社区居民委员会的根本性质是党领导下的社区居民实行自我管理、自我教育、自我服务、自我监督的群众性自治组织。”显然，中央在此将城市社区定位为一种群众性自治组织，其组织形式就是社区居民委员会。

从农村来看，当前农村基层法定的群众性自治组织是村民委员会，如何定位农村社区与现行的村民委员会的关系就成为一个理论上、法律上和实践中的难题。迄今为止，在农村社区建设中，无论是中央还是部门法定文件都没有给农村社区的性质给予明确的规定。不过，在农村社区建设实验过程中，国家民政部有关部门和领导在工作指导中都强调通过社区建设提升基层民主自治水平，而村民自治也是农村社区建设的重要内容。国家民政部姜力副部长就指出，“农村社区建设是新形势下深化村民自治的一个重大措施，其目的是通过农村社区这个载体和平台，把农民群众组织起来，通过自治、自助、互助，满足农民群众各方面需求，增强村级组织的吸引力和凝聚力。开展农村社区建设，使自治单元更加明确、具体，覆盖的对象更加广泛，自治的内容更加直接和具体，从而在更广范围、更深层次上实现了农民群众的自我管理、自我服务、自我教育和自我监督，从这种意义上说，农村社区建设是村民自治的延伸和拓展，也是农村基层民主在新的历史条件下的创新和发展，使深化、完善村民自治找到了新的载体。”原民政部基层政权和社区建设司司长詹成付还特别要求，在社区建设中“要建立健全城乡社区居民会议或居民代表会议、居（村）民委员会向居（村）民会议报告工作、居（村）务公开、民主听证会、社区成员协商议事等制度，促进基层民主的制度化、规范化、程序化”。正是基于此，在农村社区建设实践中，一些地方都强调加强社区民主自治建设，有的则将农村社区视为一种农村基层自治组织，并参照村民自治组织和城市社区居委会组织，着力构建一套社区自治组织体系。

（一）村（居）民大会及代表会议——社区权力机关

在城乡基层群众自治体制中，村（居）民大会及代表会议是自治组织的民意代表机构，也是社区权力机构。在一些省市农村社区建设实验中，一些“一村一社、村社一体”的社区，通常将原有的村民大会和村民代表会议视为社区的权力和决策机构。在一些新建的社区，尤其是多村一社区，社区常常组建新的居民大会和居民代表会议机构。如浙江省温州市在农村新社区建设中，制定了地方性选举规程，在社区设立“社区居民代表会议”，由社区居民代表会议选举产生社区居民委员会。社区居民代表由居民按 30～50 户推选 1 人或以居民小组或以网格为单位推选产生；驻社区单位代表由驻社区单位推荐产生；社区社会组织代表由社区社会组织推荐产生；社区专职工作者代表由社区党组织和社区居民委员会共同推荐产生。每个社区居民代表具体人数根据社区规模情况确定，一般为 50～100 人。同时要求，在社区居民代表中，党员应占一定比例；妇女代表应不少于社区居民代表会议组成的 1/3 以上；多民族居民居住的社区，人数较少的民族应占一定的比例。这种社区居民代表大会行使社区委员会选举职能的同时，也承担重大事项的决策和监督工作。

（二）村（居）民委员会或社区管理委员会——社区日常议事和管理机构

在城市社区建设中，城市社区设立有居民委员会，作为社区的自治机关。农村村民自治中也成立村民委会员，行使村民自治事务的管理和决策权。在社区建设中，一些地方也着手建立居民委员会组织。创建方式主要有三种：

一是延续现行的村民委员会。以现存的村民委员会作为农村社区居民自治组织或自治机关。由村民委员会办理社区公共事务和公益事业，调解民间纠纷，协助维护社会治安，向人民政府反映村民的意见、要求和提出建议，行使村（居）民自我管理、自我教育、自我服务的功能，实行民主选举、民主决策、民主管理、民主监督。这是一种最常见的也是最简便的方式，在“一村一社区”的地区最为普遍。这种方式实质是不改变现行村民委员会的名称，不动摇现行的村民自治组织体系，不重建社区自治组织，以避免社区自治组织与村民委员会组织在法律地位上的尴尬和实践中的矛盾。

二是新建社区居民委员会，或将村民委员会转制为社区居民委员会。如山东省诸城市 2010 年 6 月决定撤销辖区内全部 1 249 个村委会，合并为 208 个农村社区。重新依法产生社区党委和居民委员会，取代原有的村支部和村委会。至 2010

年8月，全市208个社区党委全部选举产生，67个城郊和镇驻地社区居委会也按照城市居民委员会组织法选举成立，141个农村社区居委会则在《中华人民共和国村民委员会组织法》修改完成后实行选举。湖北省潜江市实行“一村一社区”的模式。在保留村民委员会组织的同时，在村民委员会指导下，按照《社区理事会章程》的规定由社区村民“海选”产生“社区理事会”，社区理事会一般由3~5名理事组成，设理事长1名、副理事长1名、理事2~3名。社区理事会理事每届任期1年，可以连选连任。社区理事会在充分征求社区村民意见后，将社区分为若干互助组，社区互助组一般由10户左右村民组成，设组长1名，原则上由社区理事会理事兼任。与潜江市不同，秭归县农村社区虽然实行的也是“理事会”制，社区理事会由3~5人组成，不过，其社区及社区理事会都是以自然村或村民小组为单位而成立的。由此形成“村委会—社区理事会—互助组—农户”的组织机构。社区理事会是负责社区日常事务的群众性自治组织，在村党总支的领导和村委会的指导下开展工作。贵州省遵义市汇川区在社区建设中也对一些村实行农民转居民、村委会转社区居委会、农村集体土地转国有土地的“三个转变”，将“××村”改为“××社区居民委员会”，撤销原村民委员会的建制和管理体制，按照平稳过渡、一村改一社区的原则，改设社区党组织和社区居民委员会。办公用房不变，原管辖地域不变，原选举产生的村委会成员全部过渡为社区居委会成员，村民小组长直接过渡为社区居民小组长，村民代表大会直接过渡为社区成员代表大会。改制后的社区居委会的办公经费、干部补贴与城市社区同步。社区居委会届满后，与全区同步统一换届。张家港市也要求建设社区居民委员会，发挥社区居委会主体作用。对社区居委会的功能和职责进行了规定，如依法组织居民开展自治活动，办理本社区居民的公共事务和公益事业，开展社区服务，实行居务公开；宣传国家法律和政策，加强精神文明建设，促进社区和谐；同时要发挥桥梁纽带作用，协助政府做好与居民利益有关的公共服务；密切与社区内社会组织的联系，维护居民合法权益。要加强对物业服务企业的指导和检查，监督物业服务行为；参与业主大会、业主委员会的筹建、选举、改选和换届工作；监督辖区内物业管理项目的移交、接管工作，调处物业服务中的矛盾纠纷；涉及重大公共事务的，社区居委会应当派专人列席会议，予以指导和监督，等等。社区居民委员会成为社区的自治机构。

三是设立社区管理委员会。在山东省和浙江省一些多村一社区的地区，农村社区通常设立社区管理、协调或推进机构。浙江省舟山市在并村的基础上建立“一村一社区”，并村后重新组建村党组织（同时也是社区党组织）、村民委员会、村经济合作社，在新组建的党组织、村民委员会、村经济合作社之上设立了一个“社区管理委员会”。社区管委会一般有3~5人编制，人员经费和工作经费由市、县（区）、乡（镇）三级财政承担，管委会主任往往也是村（社区）党组织的书记。舟山市委2005年规定："管委会主任由乡镇、街道党委、政府按干部任用程序决定选任"，故而往往是乡镇下派的带薪干部。管委会的其他成员由村"两委会"的其他主要干部担任，如现任村民委员会主任和并村前的各村书记、文书等。管委会成员趋向职业化、专业化。该文件规定"社区管委会"的职能是：社区管委会作为为民办实事的长期机构，在社区党组织的领导下，对本社区"履行统一的服务、管理职能"，具体职能包括：动员和组织群众完成政府依据法律、法规和国家政策下达的各项任务，如公共卫生、计划生育、征兵、社会保障、殡葬等各项社会事务；统筹规划建设本社区的公益设施，兴办、管理本社区的公共事务和公益事业；做好社会治安综合治理工作，调解民间纠纷、维护社会秩序；组织开展就业培训、扶老托幼、助残帮困、法律援助、全民健身等各种为民办实事的事务；向政府反映群众意见、要求和提出建议；其他上级交办的事项。可见，管委会实际上是乡镇的派出机构，对所辖社区（即新建村）实行统一的管理。[①] 山东省诸城市在撤村建居委会之前，要求各乡镇（街道）、开发区在每个农村社区都要建立社区发展协调委员会，办公地点一般设在社区服务中心。社区发展委员会一般有7人左右。社区发展协调委员会主任一般由社区党总支书记兼任，成员可由社区服务中心负责人或村级组织成员及其他相关人员组成。社区发展协调委员会不是一级行政管理机构，其职能定位是服务，与社区内村庄及其他单位不存在上下级领导和隶属关系，不能干涉村级内部事务。山东省庆云县也实行多村一社区，将原有381个行政村改建成109个农村社区。与此同时，撤销原行政村村民委员会，设置社区管理委员会，重建社区党支部。各社区挂起社区党支部和管委会的新牌子，并制定了"社区工作制度"、"财务管理制度"、"政务公开制度"、"居民代表议事会制度"等一系列制度规范。温州市于农村社区建设初期，在新建的农村社区设立社区管理委员会，作为新社区的管理和协调机构。由于管理委员会大都是在原街道办事处或管理区基础上组建，其主要成员大都是从原来的街道办事处直接转任，或上级政府部门下派，具有明显的行政化的色彩。为此，从2013年开始，温州市决定实行社区选举，选举产生新的居民委员会，由此推动社区管理委员会向社区居民委员会转型，从行政化组织向自治化组织转变。按照新的选举和组织办法，新的社区居民委员会由主任、副主任和委员组成，由登记参加选举的居民（以下简称选民）以无记名投票的方式直接选举产生。直接选举可以实行有候选人的差额选举，也可以实行无候选人的自荐直

① 李勇华：《农村社区管委会：对村民自治的除弊补缺——公共服务下沉背景下农村社区管委会体制的实证研究》，载于《研究与探索》2009年第2期，第23页。

选。任何组织或者个人不得指定、委派或者撤换社区居民委员会成员。新的社区居民委员会选举产生后，将取代社区管理委员会，成为社区的自治机关，承担社区自我管理和自我服务的功能。

（三）监督委员会——社区监督机构

自村民自治开始以来，为了加强对村务的监督，各地都探索建立了“民主理财小组”之类的民主理财和村务监督机构。2004 年，《中共中央办公厅、国务院办公厅关于健全和完善村务公开和民主管理制度的意见》进一步明确要求各村委会要设立村务公开监督小组。村务公开监督小组成员经村民会议或村民代表会议在村民代表中推选产生，负责监督村务公开制度的落实。……村务公开监督小组要依法履行职责，认真审查村务公开各项内容是否全面、真实，公开时间是否及时，公开形式是否科学，公开程序是否规范，并及时向村民会议或村民代表会议报告监督情况。据此，各地村委会组织普遍设立了村务公开监督小组。此后，2010 年新修订的《村民委员会组织法》进一步明确规定，“村应当建立村务监督委员会或者其他形式的村务监督机构，负责村民民主理财，监督村务公开等制度的落实，其成员由村民会议或者村民代表会议在村民中推选产生，其中应有具备财会、管理知识的人员。村民委员会成员及其近亲属不得担任村务监督机构成员。村务监督机构成员向村民会议和村民代表会议负责，可以列席村民委员会会议。”

上述村级民主理财或村务监督机构不过是村民委员会组织的内设机构，也是由村民选举产生的。但是，近些年来，不少省市在农村纷纷建立了村务“监督委员会”，这种监督委员会与原有的村级民主理财小组或村务监督委员会有很大的不同。新的监督委员会是由各级纪委和监察机关推动并在村级设立的，其地位与村民委员会并列，被视为是村支部、村委会之外的“第三委”。

2006 年 5 月，河南省渑池县 235 个村委会都设立了村务监督委员会，作为“第三委”。监委会成员一般有 2～3 名，由村民大会或村民代表会议直接选举产生，设主任 1 名，实行任期制，与村委会平行且同期同届。监委会成员既不能是村两委成员，也不能是其直系亲属。这种产生方法，改变了过去村务监督人员由村两委任命的状况，实现了人与事的相对独立。监委会在村党支部领导下开展工作，其成员有权列席或参加村“两委”会议；有权对不符合制度规定的“两委”决定提出废止建议，并交由村民代表大会表决；有权对 1/3 以上村民代表认为不合格的村干部向上级提出罢免建议，并召集村民代表大会进行表决。从 2010 年起，河南省全面推行村务监督委员会制度。根据河南省委办公厅、省政府办公厅已下发《关于全面推行村务监督委员会制度的意见》，全省农村整合民主理财小组、村务公开监督小组、村纪检小组等村级监督形式，成立监督委员会，村务监督委员会一般设委员5名，其中主任1名。村务监督委员会选举产生，与村民委员会同期同届，并与村“两委”干部一起接受村民大会或村民代表大会的民主评议。委员候选人由村民代表大会或村党组织提名，也可由村民自荐或联名推荐。监委会主任候选人应当是中国共产党党员，由乡镇（街道办事处）纪委会同村党组织提出，连同其他委员候选人报乡镇（街道办事处）党委审查同意后，提交村民大会选举产生。

虽然各地强调监督委员会的建设旨在以构建以村党组织为领导核心，村民大会和村民代表大会为决策机构，村民委员会为村务管理和决策执行机构，村务监督委员会为村务监督机构的村民自治机制，进一步改革和完善村民自治制度，不过，不少人都将监督委员会视为是纪检部门向村委会的延伸。湖南省在建设监督委员会时也强调此举旨在实现惩治和预防腐败体系的构建向村级组织延伸。同时规定，为便于开展工作，监委会主任也可由村党组织副书记或纪检委员担任。有的地方还规定监委会候选人只能由乡镇纪委提名。2011年6月底前，山东省诸城市也规定全市所有社区（居）都将建立社区事务监督委员会。按照诸城市委、市政府《关于在全市建立社区事务监督委员会的实施意见》要求，诸城市纪委、监察局在整合原村务监督小组和民主理财小组的基础上，在全市统一规范建立社区事务监督委员会。新成立的社区事务监督委员会，将是过去村“两委”（党组织、村委会）之外的“第三委”，属于村级民主监督组织，发挥民主监督作用，向村（居）民会议和村（居）民代表会议负责，在镇（街）纪（工）委指导和社区党组织领导下对村级事务实施监督。不仅如此，诸城市在已建立社区事务监督委员会的基础上，还进一步建立农村社区建立纪检组织。根据市委办印发的《关于在全市建立社区纪检组织的实施意见》和市纪委的统一要求，在设党委的社区设立社区纪律检查委员会，由3名委员组成，其中书记1名，由党委委员担任；设党总支的社区设立纪检委员，设纪检委员1名，由党总支委员担任，社区纪委书记（纪检委员）可兼任社区事务监督委员会主任。社区纪委书记、委员和社区党总支纪检委员的提名，由社区党组织与镇街纪（工）委协商，通过公示后，报镇街党（工）委审批，市纪委备案后由镇街党（工）委公布。社区纪检组织在社区党组织和镇街纪（工）委的双重领导下，对社区“两委”和社区村（居）务开展监督，逐步形成市、镇街、社区三级纪委联建、联管、联动工作机制。据此，在134个设党委的社区建立了社区纪委，在101个设党总支的社区建立了社区纪检委员，共配备了503名社区纪检干部，其中，有181名兼任社区事务监督委员会成员。由此，使全市纪检工作在基层社区有了“触角”，构筑起了市、镇街、社区三级纪检组织体系。

2012年11月5日，中纪委、中组部和民政部等12个部委联合印发的《关于进一步加强村级民主监督工作的意见》中明确要求，农村社区除设立宪法与相关法律规定、由村民投票选出村“两委”外，还须设立由村民会议或者村民代表会议在村民中推选产生的村务监督委员会，以制约并监督村干部对村集体财产的处置权力，并对村委会成员任期和离任进行经济责任审计。由此，村务监督委员会成为全国普遍性的要求，并正式成为在“两委”之外的相对独立的“第三委”。

从实践来看，上述村民议事、执行和监督机构是社区自治组织的基本组织架构。除此之外，一些社区还成立了社区发展促进会、志愿者协会以及各种专门委员会，等等，这些组织也参与社区的管理和服务工作，不过，必须强调的是，上述社区各类组织和部门都是在社区党组织的领导下开展工作的，由此实现党领导下的社区自治。

二、基于管理服务的农村社区治理架构

虽然有的地方将农村社区理解为一种基层自治组织，并致力于构建新型的社区自治组织体系，但是，从中央到地方相当多的部门和人员认为农村社区作为一种社会生活共同体，仅仅是一种人群的聚合，与组织没有关系，更不将社区视为一种基层群众自治组织。在他们看来，“社区是搞管理和服务的，村委会是搞民主和自治”。社区建设有助于村民自治的发展，但是，农村村民自治的基本形式仍是村民委员会组织，社区建设的功能主要是加强社会管理、完善社会服务，动员群众参与社区建设，为村民自治提供新的平台和载体。换言之，社区建设是一种提升村民自治的方式、方法和途径，或者说是村民委员会的村民自治的补充，而不是取代村民自治。更不能将社区视为一种基层群众自治组织，否则，不仅与现行的村民委员会组织相冲突，同时，也会导致农村基层出现两套村民自治组织。正因如此，在相当多的地方，农村社区建设仅限于农村社区管理和服务平台的建设，而不考虑农村社区自治组织的建设。

从社区管理和服务平台建设来看，不同地方也有不尽相同的做法。其中，最为典型的有如下几种形式：

（一）设立综合服务中心

各地农村社区建设中普遍设立社区综合服务中心。社区综合服务中心的组织与建置有两种方式：一种是独立建置。综合服务中心是农村社区的综合性管理和服务平台。这种形式在多村一社区或一村多社区的地区最为普遍。在山东省、浙

江省等一些多村共建社区，社区通常建立了综合性服务中心，作为社区管理服务平台，综合服务中心与村委会组织分离。在湖北省、江西省等一些一村多社区的县市，由于社区是在村组或村落范围内组建，社区通常设有服务站，而在村委会层面设立有综合服务中心。在上海市一些较为发达的地区，根据不同的人口分布设立社区服务中心，社区服务中心的服务范围覆盖若干社区。这类社区服务中心是独立建置，与村委会甚至社区分离。如上海浦东在乡镇下若干社区范围内分别设立三个中心，即"社区事务受理中心"、"农村社区卫生中心"以及"社区文化中心"。通过对这事关民生的三个中心统筹社会管理，提供公共服务。在社区则设立社区服务点或站，延伸相关服务。另一种是混合建置。社区服务中心既是社区的管理和服务平台，同时也是村委会的管理和服务平台。社区服务中心主任由村支部或村委会主要负责人兼任，在村支部和村委会领导下工作。如湖北省江夏区在建制村组织体系、管辖范围、名称"三不变"的基础上开展农村社区建设。在区、乡（镇、街）成立行政服务中心的基础上，在村建立社区便民服务中心，设"咨询服务室、医疗卫生室、民事调解室、社区警务室、图书阅览室、多功能活动室"。在村民小组成立便民服务站，设邻里互助组、环境卫生组、治安民调组，形成区、乡（镇、街）、村、组"四级"社区服务网络，同时成立邻里互助服务队、扶贫济困志愿者协会、红白理事会、老年人协会、残疾人协会、棋牌书画戏曲联谊会、环境卫生监督组、文艺宣传队、体育运动队等。通过健全组织体系和广泛开展各种活动，实现村民自我服务、自我教育、自我管理。辽宁省本溪市在"一村一社区"的基础上，实行"一村一社多站"，即在中心村建立社区综合服务中心，有的还在村民小组或自然村建立了服务站或代办点。这些站点包括社会互助救助站、民间纠纷调解站、卫生环境监督站、科技联络站、文体活动联络站和公益事业服务站，等等。村委会与社区管理和服务平台合一。河北省赵县南白庄社区更是明确强调"农村社区"实行村级党组织、村民委员会、农村社区服务中心"三位一体"的模式。[①] 在此，社区服务中心不仅是村委会、社区和党组织的工作平台，也是农村社区的组织载体和基本形式。

（二）成立理事会

在农村社区建设实践中，一些地方农村社区设立了理事会。不过，从调查来看，不同社区的社区理事会的组建方式及其地位不尽不同，其性质也有差别。一种社区理事会是由全体社区居民或居民代表选举产生的，社区理事会实质是一种

---

① 赵志勇、徐哲普、陈国华：《赵县确立"一村一社区"建设模式》，载于《石家庄日报》2010 年 5 月 16 日。

社区居民委员会，只不过其名称叫法不同。在这样的社区，社区理事会的地位与村委会平级，承担社区自我管理和服务的功能。另一种社区理事会则是村委会和村支部下设的农村社区建设及社区组织、管理、协调和服务机构。理事会成员有的是由村民代表选举的，有的是由村委会或党支部任命的。如湖北省武汉市新洲区在农村社区建设中，将武汉市推进“家园建设行动计划”中成立的“村家园建设理事会”和“自然垮家园建设协调小组”更名为农村社区建设的理事会和协调小组。理事会和协调小组是一个群众性组织，其主要宗旨是“立村民德、解村民难、帮村民富、助村民乐”，工作方式为“好事大家传，坏事大家管，家事大家评，村事大家办。”具体内容为“一建”：每个村建一个文化中心户；“三带”：理事会会员带头、带领、带动群众树立良好的道德风尚；当好“四个助手”：当好村“两委”发展经济、维护稳定、建设公益事业、构建和谐社会的参谋助手。每个理事会下设6个组，即村垮卫生监督组、公益事业服务组、社会互助合作组、民事纠纷调解组、科技信息传递组和计划生育宣传组。事实上，这种理事会不过是村委会下设的新农村建设或农村社区建设的宣传、组织和协调机构。江西省寻乌县南桥镇金桥村是一个移民新村，2009年成立，全村由来自全镇10个村240多户1 300多移民组成，少数来自其他乡镇。该村虽然成立了村“两委”，但他们只有4名工作人员，要管理1 000多人显然是力不从心。为此，在农村社区建设中，其尝试组建理事会。理事会下设互助救助站、矛盾纠纷调解站、环境卫生监督站、公益事业服务站、文体活动联络站和劳务输出服务站，形成“一会六站”的格局。“一会六站”在“两委”即党支部委员会和村民委员会的指导下开展工作，分工负责各方面的管理服务职责。如互助救助站为村民提供劳力、技术、资金等互助服务，倡导文明新风；同时成立了“爱心银行”，为遭遇重大疾病和重大灾难的村民提供资金救助。矛盾纠纷调解站负责调解邻里纠纷、家庭矛盾和法律咨询服务。环境卫生监督站负责村内的日常卫生保洁、规范畜禽管理、杂物堆放和卫生监管，定期开展“文明卫生户”评选活动。公益事业服务站负责组织村民投工投劳，参与硬化门坪、水沟和花池等公共设施建设。文体活动联络站组建了腰鼓队、农民乐队，设立了农家书屋、阅览室、乒乓球室、书法展览室，逢年过节举办各种文体赛事。劳务输出服务站建立了全村劳动力档案，根据移民的年龄、性别、特长等，分类组建了采果队、汽车运输队、建筑工程队，组织闲散劳力到超市、扎花厂、玩具厂就近就业，解决了移民的就业难题。

（三）成立协会组织

如果说社区理事会及服务站是比较正式的社区管理和服务机构的话，在一些地方，农村社区社会管理和服务则是由各类志愿协会组织承担。如湖北省汉南区在农村社区建设中实行“一会五站”模式，即在中心村成立以“老干部、老党员、老模范、老知识分子、老复员军人”为主体，热心农村社区建设的志愿者参加的农村社区志愿者协会，下设“五站”：社会互助救助站、卫生环境监督站、民间纠纷调解站、文体活动联络站、公益事业服务站。“农村社区志愿者协会”是村民自愿组织的为农村社区内全体村民进行公益服务的组织，它所开展的活动是在农村社区内部，参加活动的人员也是农村社区内的村民。农村社区志愿者协会属内部社团，经村委会批准即可成立。志愿者协会制定活动章程，“五站”则由志愿者协会成员分别担任站长，规定具体的工作内容，制定各站工作职责。协会成员不拿报酬，自觉自愿为群众办实事、办好事。湖北省钟祥市在各行政村普遍建立了农村社区志愿者协会，成员由“农村五老”、致富能人、无职党员和热心村民组成。协会下设分会，分会实行分会长负责制，分会长由分会驻地全体村民推选产生，工作职责重点是抓好“四联活动”。一是事务联管。以分会村民自治为主体，形成大小事务共商、户户权益相连、村民当家做主的联管机制。二是文明联创。以分会群众文化活动为主体，广泛开展文体活动，丰富村民生活。三是服务联动。以村民互帮互助为主体，重点开展便民利民服务、困难救助服务和助老助残助幼的福利服务。四是平安联建。以治安联防为主体，认真做好普法宣传、民事调解和法律援助等工作，促进农村社会稳定。湖北省京山县在各农村社区建设试点村中普遍建立了志愿者协会。协会成员由致富能手、农村“五老”和农民志愿者组成。同时，以自然塆落为基本单元，组建了农村社区志愿者分会，并在自然村塆推举本塆中有一定的组织能力、办事公道正派、热心公益事业的社区志愿者协会成员担任“塆长”。分会负责人由“塆长”担任。“塆长”不具备村组干部身份，不拿任何报酬，仅对塆落群众负责，受塆落群众监督、管理。“塆长”的主要职责是领头办理关系到湾内群众切身利益的琐事和小事、组织群众喜闻乐见的文体活动、开展邻里之间的互帮互助和化解邻里纠纷，开展平安创建。由此建立了“村委会—农村社区志愿者协会—塆长—基本农户”的农村社区组织体系。

如果从历史上看，最早进行农村社区建设的江西省就是以村落为基础进行，社区的组织、管理和服务工作也是通过在自然村成立以“五老”为主体，热心村落社区建设的志愿者参加的“农村村落社区志愿者协会”承担。志愿者协会下设“五站”：村落社区社会互助救助站，村落社区卫生环境监督站，村落社区民间纠纷调解站，村落社区文体活动联络站，村落社区公益事业服务站，等等。这种由志愿者协会作为社区建设的主体组织，并承担社区社会管理和服务的功能，较好地体现了社区建设的民间性、社会化和自治化。不过，随着农村社区建设的推进，各地都纷纷建立更加正式的社区管理和服务组织或机构。

第三节　农村社区党组织及其领导地位

我国是一个共产党领导的社会主义国家。党的领导贯穿从中央到基层及各个方面。在农村社区建设中，各地都强调加强党的基层组织，发挥党组织的核心领导作用。基层党组织成为组织、领导和协调社区各种组织和推进各项工作的领导机构。

一、当前农村社区党组织的建置及其类型

现今的大陆农村基层除中国共产党的组织之外并不存在其他政党组织，一些民主党派的活动及其组织主要限于城市。从历史上看，中国共产党历来十分重视党的基层组织的建设，习惯把党的基层组织称为“党在社会基层组织中的战斗堡垒”，视为“党的全部工作和战斗力的基础”。在农村社区建设中，中国共产党的基层组织居核心领导地位。目前农村社区党组织建置主要有三种方式：

（一）独立建置党组织

最为典型的是实行“一村社区”的村社区大都保持原有村党支部，作为社区党组织。有的村或社区范围较大，还成立了党总支或党委。如山东省诸城市是多村一社区，为此，在各个农村社区成立了社区党总支，各村委会建立党支部。社区党组织作为社区各项事业的政治领导核心，社区党总支接受乡（镇、街道）党（工）委的领导，在乡（镇、街道）党（工）委的领导下，围绕社区化服务与建设发挥协调指导作用。农村社区党总支书记可安排乡（镇、街道）干部兼任或者从村（居）党支部书记中的优秀人员选拔，委员可由各村（居）党支部书记担任。

（二）联合组建党组织

浙江省温州市农村社区实行“大党委制”。社区设党委，并按照“1＋X”的模式，将农村社区范围内各类组织和驻站单位的党组织统一纳入社区党组织体系

之中（见图6－1）。“1”代表社区党组织，统筹负责整个社区党建工作；“X”为隶属于社区党组织管理的单建和联建党组织。社区党组织领导班子成员人数按辖区内的村（居）、两新组织和驻社区单位的党组织和党员数量而定，一般不超过9人。社区内重点村（居）、两新组织和驻社区单位党组织负责人一般担任社区党组织委员，组织关系不隶属于社区党组织管理的单位党组织负责人可担任兼职委员，兼职委员不占班子成员职数。张家港市也加强了社区党组织的整合，推行“小区域、大党建”的模式，以构建区域化的党组织体系。

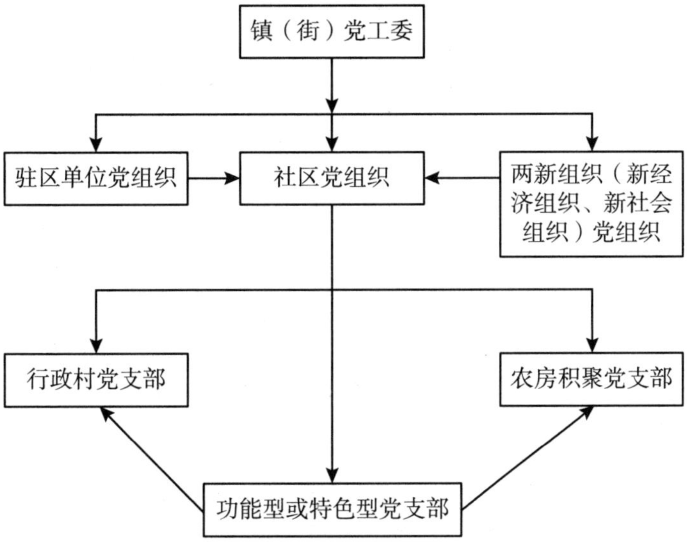

图6－1　温州鹿城区南郊社区党组织体系

（三）混合设立党组织

有些社区除设立相对独立的社区党组织如党支部之外，还建立了社区党支部与驻社区单位或组织党组织的协调机制，如“联席委员会”或“协调委员会”，以解决社区内部党组织的条块分割、资源分散的问题。由此进一步整合社区各个党组织，形成以社区党组织为核心、社区内各类党组织共同参与的社区党建工作格局。如温州市花前社区除建立社区党总支、村党支部之外，还建立了“共建组织党支部”，并设立“网络虚拟党支部”，一方面以整合与其他驻社区单位党组织资源，同时，也利用现代信息技术，加强社区各类组织中党员的联系（见图6－2）。

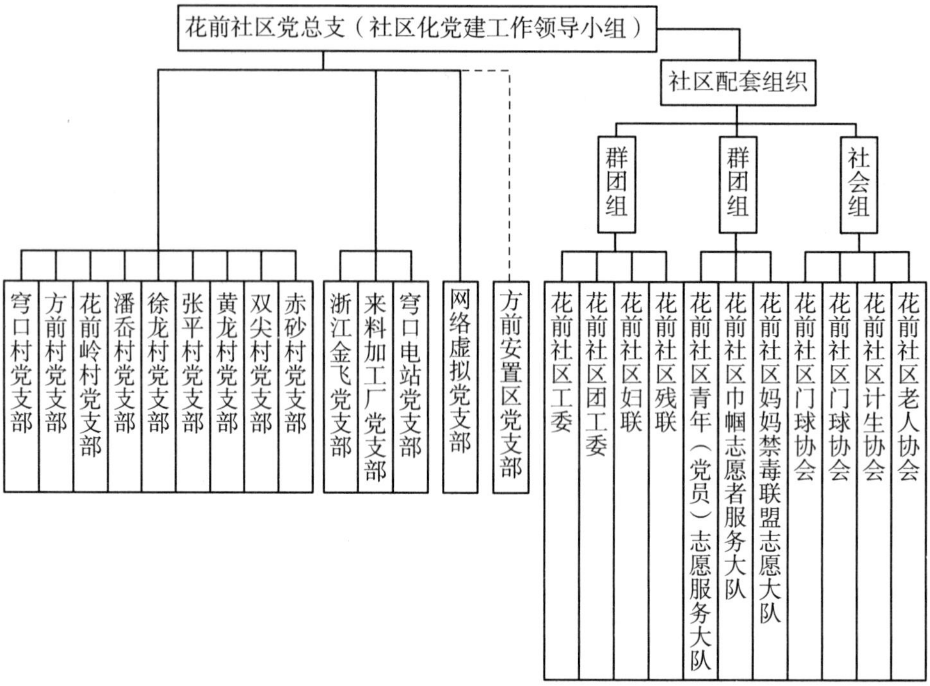

图 6－2　温州市花前社区党总支结构

二、农村社区党组织在社区治理中的地位和作用

社区从单纯的生活居住区，逐步演变为具有多种功能、提供多种服务的社会共同体。社区治理不再由一个单一主体承担，而由多元主体共同参与和承担。社区治理结构也是社区内各种组织和参与主体在实施社区事务治理和推进社区发展方面形成的制度化机制。在当前我国建设中的农村社区中，也存在人数不一、数量不等、种类繁多的组织。如果从其性质和功能来看，大致可划分为七种基本类型：农村社区党组织、社区居民自治组织、社区集体或合作经济组织、小区业主或物业管理组织、社区群团组织、社会志愿者组织以及各种驻社区单位和部门，等等。虽然不同社区这些组织的状况不同，有的不一定存在，但是，绝大多数社区的党组织、自治组织、经济组织、群团组织是存在的。这些组织在社区中的地位不尽相同，与社区有着极其复杂、多样的组织关系，由此也构成不同的组织和治理结构。其中，社区党组织处于核心地位，发挥领导核心作用（见图 6－3）。

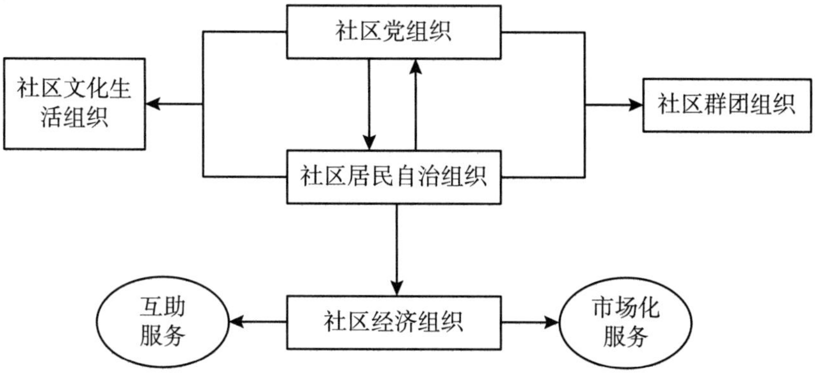

图 6－3　一般社区内部组织关系

早在 20 世纪 80 年代邓小平就说过"搞好中国的事情关键在党"。在城市社区建设中，中央自一开始就要求加强社区党组织建设，强调各社区"要按照《中国共产党章程》的有关规定，结合社区党员的分布情况，及时建立健全社区党的组织，开展党的工作。社区的党组织是社区组织的领导核心，在街道党组织的领导下开展工作。其主要职责是：宣传贯彻党的路线、方针、政策和国家的法律法规，团结、组织党支部成员和居民群众完成本社区所担负的各项任务；支持和保证社区居民委员会依法自治，履行职责；加强党组织的自身建设，做好思想政治工作，发挥党员在社区建设中的先锋模范作用。"① 在农村社区建设中，从中央到地方各级党组织也要求加强基层党组织建设，强化对社区建设的领导和统筹力。在我国这样的社会主义国家，社区自治不同于西方的社区自治，是在中国共产党领导下的社区自治，这就需要通过加强社区党建来实现党的领导，发挥社区党组织在社区组织中的政治领导核心作用，保证社区发展符合党的路线、方针、政策，符合国家的各项法律。社区党组织成为党在社区全部工作和战斗力的基础，是社区各类组织和各项工作的领导核心。

党在社区中的领导方式多种多样，其中最根本的是掌握社区干部的选拔及重大问题的决策权。从温州市一些社区的调查来看，社区管理委员会及各组织均是在党组织领导下工作，社区党委在社区决策中发挥着领导作用，社区管委会仅仅体现为一个执行意志机构（见图 6－4）。

① 《中共中央办公厅、国务院办公厅在关于转发〈民政部关于在全国推进城市社区建设的意见〉的通知》，2000 年 11 月 19 日。

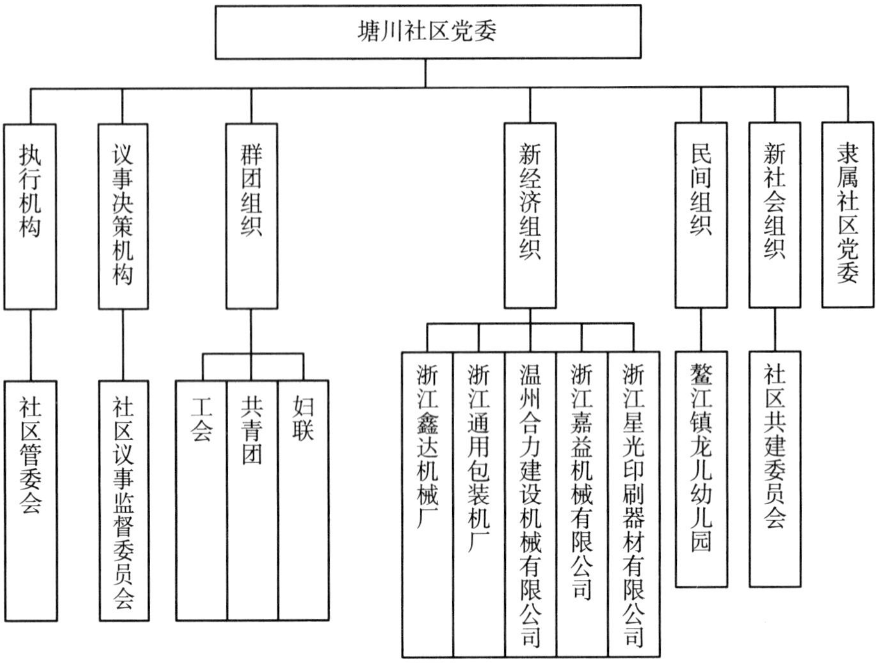

图6－4　温州市川塘社区领导决策体制

温州市文成县西坑畲族镇总人口20 550人，共设西坑、敖里、石垟、下垟、岭后等5个社区，设立了社区总支和管理委员会。社区党总支通常是在广泛收集群众意见基础上提出初步意见，提交镇党委、政府决定。对于社区内的公共事务，由召开社区党总支、社区管委会成员参加的联席会议，对社区所属党支部（或村委会）提议的事项，坚持“事前酝酿，民主讨论，集体决定”的原则进行充分讨论，参加会议人数须超过社区“两委”班子成员总数的4/5以上才能够举行，4/5以上表决同意方可通过商议。对于社区议事联席会议通过的事项，组织社区内的各级党代表、人大代表和政协委员举行听证会议，必须有2/3以上的代表参加，讨论事项须经全体代表总数的1/2以上同意方可通过。另外，社区每月组织召开一次社区工作例会，由镇主要领导和社区主要负责人参加。工作例会主要是传达上级政府有关文件和会议精神，制定详细的落实措施；总结社区工作任务。社区每年年底还要组织进行一次民主测评，由镇机关各科室负责人、镇领导班子、社区内村两委干部按照德、能、勤、绩、廉五个方面对社区干部进行综合考评，测评结果作为社区干部提拔使用、奖金发放、评先评优的重要依据。在这一系列重大事项上，社区党总支都具有较大的决定权力（见图6－5）。

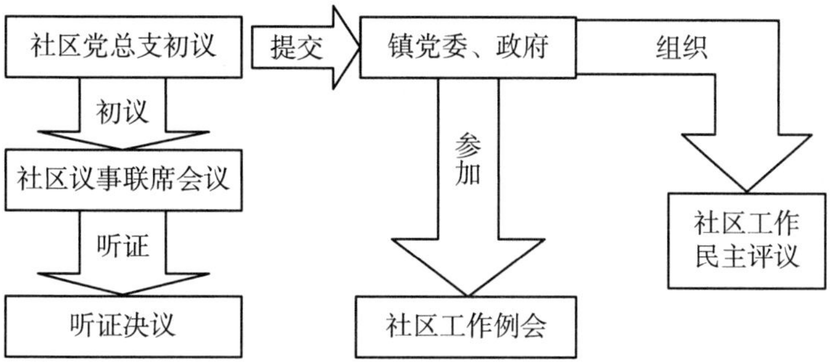

图6-5 文成县西坑畲族镇社区公共决策流程

第四节 农村社区的经社关系及其发展

人民公社解体之后，我国实行村民委员会体制，但是，这一体制仍是建立集体土地所有制基础上。村级组织仍在相当程度上保留和延续着人民公社时期村社（合作社）不分的体制。由于绝大多数农村社区是以村委会为基础建立的，因此，如何处理社区与集体经济组织的关系，就成为农村社区建设中的重大问题。

一、农村社区集体经济组织及存在形式

20世纪80年代初，随着家庭联产承包责任制的实施，我国决定废除人民公社体制，重建乡镇政权和基层组织，农村集体经济组织及经营形式也发生了重大变化。在重建乡镇政府的过程中，为了管理、经营原人民公社的企业及其他集体资产，要求在乡（镇）一级建立相应的集体经济组织，有的叫“经济联合社”，也有的叫“经济委员会”。在生产大队和生产队一级，在设立村民委员会的同时，要求设立相应的村集体经济组织，实行政社分开、政经分开。1983年的中央1号文件就明确规定：“人民公社原来的基本核算单位即生产队或大队，在实行联产承包后，有的以统一经营为主，有的以分户经营为主，它们仍然是劳动群众集体所有制的合作经济，它们的管理机构还必须按照国家的计划指导安排某些生产项目，保证完成交售任务，管理集体的土地等基本生产资料和其他公共财产，为社员提供各种服务。为了经营好土地，这种地区性的合作经济组织是必要的，其名称、规模和管理机构的设置由群众民主决定。”1984年的中央1号文件进一步规定：“为了完善统一经营和分散经营相结合的体制，一般应设置以土地公有为基

础的地区性合作经济组织，这种组织可以叫农业合作社、经济联合社或群众选定的其他名称，要以村（大队或联队）为范围设置，也可以生产队为单位设置，可以同村民委员会分立，也要以一套班子两块牌子。”据此，各地在村级相继建立经济合作社或经联社之类的组织，作为农村集体组织的主体。由于担心同时设立村委会和村集体经济组织“两套人马，增加农民负担”，大多数村采取了村社区合作经济组织与村民委员会两块牌子，一班人马，交叉任职。此后，村级社区集体组织在全国农村陆续建立，其中有以行政村为单位建立的，也有以村民小组为单位建立的。截至 1984 年底，全国有 99% 以上的人民公社完成了政社分设工作，共建立乡（镇）政府 91 171 个，村民委员会 926 439 个。至此，原来人民公社三级组织的行政隶属关系和原有的“三级所有、队为基础”的生产资料占有关系便不复存在了，原来的公社、大队、生产队三级也各自建立了独立的集体经济组织。至 1991 年，全国共建立各类社区集体经济组织 194. 5 万个，其中村级组织 54. 2 万个，占 27. 9%；村民小组级组织 140. 3 万个，占 72. 1%。据农业部统计，截至 1992 年，尚未建立社区集体经济组织的行政村还有 19. 2 万个，未建立或未参加社区集体经济组织的村民小组还有 126. 6 万个，分别占当年全国村、组总数的 26. 2% 和 23. 7%。在那些未建立社区集体经济组织的行政村中，村内集体统一经营的生产、经营、管理和服务活动等均由村民委员会代行。①

经过 30 多年的改革，农村集体经济的产权结构及其经营形式发生了很大变革。从目前来看，村集体经济的组织和经营形式有四种主要类型：

（一）双层经营

20 世纪 70 年代末至 80 年代初农村改革最大的变革是实行家庭联产承包责任制，把原来的集中经营、集体劳动、统一分配的集体经济生产经营管理体制转变为以家庭分散经营和集体统一经营相结合的经营管理体制。这也是通常所讲的统分结合的双层经营体制。根据这一经营形式，农户对农村集体土地承包经营，在分配上农民群众“上交国家的，完成集体的，剩下都是自己的”。在实行联产承包、生产经营，建立家庭承包经营的同时，集体还对一些不适合农户承包经营或农户不愿承包经营的生产项目和经济活动，诸如某些大型农机具的管理使用，大规模的农田基本建设活动，植保、防疫、制种、配种以及各种产前、产后的农业社会化服务，某些工副业生产等，由集体统一经营和统一管理，从而建立起一个统一经营层次。双层经营体制旨在使农业经营成果与农民的个人利益紧密联系，彻底解决了农业生产经营上的“大锅饭”。不过，改革虽然赋予了农民群众土地

① 国鲁来：《农村基本经营制度的演进轨迹与发展评价》，载于《改革》2013 年第 2 期。

承包经营权，但是，土地所有权仍是集体的，其他集体资产也仍是由村集体经济组织统一经营管理。

（二）集中经营

家庭分散经营与集体统一结营相结合的双层经营体制被视为我国农村的基本经营制度。不过，在全国农村推行家庭联产承包责任制的时候，我国有部分村并没有实行家庭承包。特别是一些“副业”比较发达、集体经济积累比较丰厚或者地广人稀的村庄，有部分人员尤其是时任村级主要领导人反对承包到户，有的认为这样会破坏集体经济，也有违社会主义原则，没有实行包产到户，而是坚持走“集体所有、统一经营”的路子。如河南省临颍县南街村、新乡县的刘庄村、江苏省江阴市的华西村、黑龙江省甘南县的兴十四村，等等。例如，20 世纪 80 年代初，全国农村开始全面推行大包干，兴十四村党支部认为当地地广人稀、土地瘠薄，一家一户难以抗御风险，为此，顶住了分田到户的压力，坚持走“集体所有、统一经营”和“共同富裕”的发展道路，“不让一户受穷，不让一人掉队”，发挥社会主义制度的优越性。还有一些村集体在当时实行了家庭联产承包，后来又将土地及村办企业集中到村集体，进行统一经营和管理，如河南省临颍县的南街村。这一模式的特点是，所有村民都是村集体经济组织成员；土地及村办企业等归村集体所有，由村民委员会代表全体村民履行所有者职能，实行“集体所有、统一经营”；强调村集体经济以村民共同富裕为目标，实行以按劳分配为主的分配制度和较高的社会福利制度，避免贫富差距。一些村还特别强调提升人们的道德水平，爱党、爱国、爱社会主义、爱村集体，如南街村大力宣传毛泽东思想，致力于建设“共产主义小社区”。

（三）合作经营

农村合作经营有不同形式，其中，最为典型的是专业合作社、股份合作社和专业协会。

1. 专业合作社。农民专业合作社是在农村家庭承包经营基础上，同类农产品的生产经营者或者同类农业生产经营服务的提供者、利用者，自愿联合、民主管理的互助性经济组织。农民专业合作社以其成员为主要服务对象，提供农业生产资料的购买，农产品的销售、加工、运输、贮藏以及与农业生产经营有关的技术、信息等服务。专业合作组织作为农民专业合作经济组织典型形式，可以认为是农民联合自助组织的组织形式。其基本特征是从事专业生产的农民自愿入社，退社自由，平等持股、自我服务、民主管理、合作经营。这类合作组织一般是实体性的，内部制度比较健全、管理比较规范、与农民利益联系紧密，形成劳动者约定共营企业和社会利益共同体。农民入股需交纳一定股金，合作社除按股付息外，主要按购销产品数量向社员返还利润。20 世纪 80 年代初期，一些地方就出现了由农民自愿组建、为家庭经营提供服务的自助组织，如“农民联合购销组织”、“专业协会”、“专业合作社”，等等，这些是农业专业合作社的早期形式。对此，国家给予了鼓励和支持。1983 年中共中央在《当前农村经济政策的若干问题》文件中指出，“适应商品生产需要，发展多种形式的合作经济”。1985 年《中共中央、国务院关于进一步活跃农村经济的十项政策》进一步提出，“按照自愿互利原则和商品经济要求，积极发展和完善农村合作制”。1994 年，中共中央 4 号文件强调“要抓紧制定《农民专业协会章程》，引导农民专业协会真正成为民办、民管、民受益的新型经济组织”。2003 年《中共中央关于完善社会主义市场经济体制若干问题的决定》指出，“农村集体经济组织要推进制度创新，增强服务功能。支持农民按照自愿、民主的原则，发展多种形式的农村专业合作组织。”2006 年 10 月国家颁布了《农民专业合作社法》，从法律上进一步明确了农民专业合作社的法律地位，规范了合作社的组织及运行机制，促进了专业合作社的发展。

2. 股份合作社。在发展农民专业合作社过程中，国家也鼓励合作社的体制机制创新。1998 年 10 月 14 日中国共产党十五届三中全会通过的《中共中央关于农业和农村工作若干重大问题的决定》就明确规定：“农民采取多种多样的股份合作制形式兴办经济实体，是改革中的新事物，要积极扶持，正确引导，逐步完善。以农民的劳动联合和农民的资本联合为主的集体经济，更应鼓励发展。”在实践中，股份合作社等一些新的形式相继出现，合作社的活动地区、范围打破了传统的社区限制，出现跨乡、跨县经营的专业合作社，合作社的产权结构和合作方式也日益多元化和多样化。股份合作社是在合作制基础上实行股份制的一种新型合作经济组织。其本质特点是实行劳动联合与资本联合相结合、按劳分配与按股分红相结合。与一般专业合作社不同的是，资本在股份合作企业的生产经营活动和收益分配中，占有比较重要的地位。这类组织一般也是实体性和紧密型的，全国各地都有，尤其在东部较多。近年发展较快，农民在兴办龙头企业或龙头企业牵头兴办合作组织，进行农产品加工、销售、运输、储藏、资源开发和水利建设等方面多采取这种形式。从村社区股份合作社来看，主要有社区土地股份合作社和综合股份合作社两种类型。土地股份合作社是以全村所有农户的土地入股方式组建的，通过土地股份化，村集体对全村土地进行统一规划和配置使用，如一部分用于对外整体发包、租赁来保证土地资产的收益；另一部分用于建设居住小区，改善村民生活条件和作为商品房出售；其余部分用作农业经营和优化村庄环境。社区综合股份合作社是包括全村土地、村办企业等集体资产，并吸收村民资金和技术入股所形成的合作社。综合股份合作社除了具有土地股份合作社的功能外，还具有产业开发和创办经营实体、建设厂房设施和工业园区等吸引外部投资、投资参股外部企业的功能。

北京市通州区所辖乡镇就成立了农村社区股份合作社，合作社以建立健全现代企业制度，促进新型集体经济发展为目标。股东代表由5~15户股东推选1名代表，50户以下的可以采取户代表，100户以上的代表原则上不能低于30人。农村社区股份合作社实行独立核算、自主经营、自负盈亏、民主管理，财务账目纳入乡镇“村账托管”体系，实行统一监管，财务收支按照财务公开程序进行季度公开，接受股东监督。股份合作社规定如果当年没有利润，则不进行股金分红，积累资金只用于发放基本生活补贴。

3. 专业协会。如果说专业合作社和股份合作社是一种比较紧密规范的经济实体的话，各类农业协会则是一种较为松散的合作形式。农业协会包括农业综合服务协会和专业协会等。农业综合服务协会为农户提供综合性系列化服务。专业协会主要从事专项农产品生产、销售、加工的农民，按照自愿互利的原则，以产品和技术为纽带，组建的社团性合作经济组织。专业协会着重为会员提供技术和运销服务，并在民政部门登记，注册为社团组织，其前途是向具有实体的合作社方向发展。凡是从事专业生产并达到一定规模的农民都可以加入协会，协会对会员进行无偿和低偿服务，入会农民根据协会的要求进行生产销售。

多种形式的合作社为农民生产提供了新的组织形式，也是集体经济发展的新形式。2013年中央1号文件《中共中央国务院关于加快发展现代农业　进一步增强农村发展活力的若干意见》（2012年12月31日）明确强调，农民合作社是带动农户进入市场的基本主体，是发展农村集体经济的新型实体，是创新农村社会管理的有效载体。要大力支持发展多种形式的新型农民合作组织，鼓励农民兴办专业合作和股份合作等多元化、多类型合作社。合作经济方兴未艾。

（四）公司经营

公司是以营利为目的的经营性组织。根据我国现行《公司法》（2005年）规定，公司的主要形式为有限责任公司和股份有限公司。据此，我国农村的股份合作社、专业合作社等事实上也是一种公司。在此将公司经营单列作为村集体经济的生产经营的一种形式，主要是考虑到在一些发达地区的村存在多种类型的公司。公司的产权结构、分配方式及经营方式也不尽相同，有的是村集体独资公司，有的是中外合资企业，有的则是全体村民或部分村民的股份制企业。有的村企业发达，村集体事实上是一个庞大的集团公司，拥有数亿甚至数百亿的资产；有的村企业弱少，还有绝大多数的村没有企业和公司。

仅从上述分析来看，当前农村集体经济生产经营形式多种多样。由于在不同的经营形式中，农民、农户及村集体的权力、地位和利益不同，不同经济组织和经营形式的组织和运行方式不同，活动范围不一样，与村委会的关系也不一样，这些也直接影响到其与农村社区的关系。

二、农村社区与集体经济组织的关系

从农村社区与村集体组织的关系来看，主要有三种形式。

（一）"经社不分"型

"经社不分"型即村集体经济组织与村社区的人员、产权、组织与管理边界同一。20世纪80年代农村改革的重要内容是"政社分开"、"经社分开"。乡镇一级将政治和政权组织及其功能从人民公社中剥离出来，重建乡镇政府，使人民公社重新成为单纯的农民群众的集体或合作经济组织，实现政社分开和政经分离。在生产大队和生产小队一级，重建村委会和村民小组，作为村民自治组织，建立村经济合作社或联合社，实现村社分开。但在实践中，大多数村社区合作经济组织与村民委员会实行"两块牌子，一班人马，交叉任职"。由此导致两种现象：一是在集体和合作经济薄弱的乡村，村社区合作经济组织有名无实，其功能完全由村民委员会承担，事实上又重新回复到"政经不分，以政代企（经）"的状态。二是在一些集体和合作经济发达的村，村社区非农产业尤其是村办企业发达，社区合作经济组织的组织形式是村企业和公司组织。在这些村，部分或大部分甚至全体村民都在村办公司和企业就业，村社区高度的企业化。村办企业和公司代行了村民委员会的职责，进而出现"以企代村（政）"，村民委员会"有名无实"。如湖南省临颍县南街村，村民委员会只是村集团公司的一个部门，主要承担组织村民选举以及计划生育等事务。山东省胶南市北高家庄也实行"以企带村、村企合一"模式。该村村办企业经济实力强大，仅2008年，全村经济总收入29.8亿元，农民人均纯收入10 230元。北高家庄社区居民既是企业的员工，也是社区集体成员。在组织体制上，以珠光科技集团为依托，实行村委会、村办企业、社区服务管理"一套班子、三块牌子、交叉任职"，"社区自治管理、行政管理、社区建设、企业经营管理、社区服务""五位一体"。社区规划、基础设施建设、社会福利、基本公共服务、行政管理都由集团承担。如企业投资130多万元，建设了集党史村史教育、村民议事、便民服务、社区医疗、民事调解、健身娱乐、物业管理等功能于一体的邻里中心；投资180多万元，新建了村庄小学，配备语音室、微机室等现代化教学设施。无论哪一种形式，结果都是村民自治组织与村集体经济组织的一体化。由于目前我国农村社区主要是在现有的村委会建制范围内组建，绝大多数是村委会与村社区合一，由此也直接导致农村社区与村集体经济组织的重合。村社区也承担农村集体经济经营管理的权力。

（二）“经社分离”型

经社分离村集体经济组织与农村社区组织分开。这种形式有两种类型：一种是“经社外部分离”。如山东省诸城市实行一村多社区，农村社区设立社区党组织、协调委员会及综合社区服务中心，综合社区服务中心内设一个办事服务厅和若干个服务站室。村委会的组织建制及产权归属等都不改变，村级集体经济组织独立地位不变。农村社区的职能主要定位为社区公共管理和服务，但它不是一级行政管理机构，也不是以生产经营为主的经营性组织，不干涉村级经济组织内部事务。由此，农村社区与村集体经济组织分开。与此类似，浙江省温州市农村社区也是实行多村一社区。在社区建设过程中，重建村级合作经济组织，村委会与村集体经济组织分离。村集体经济产权和经营主体是新成立的“土地股份合作社”和“经济合作社”。同时，新社区与村委会及村经济合作社分开，新社区不干预村级经济合作社的生产经营。在经社分开中，另一种类型是“经社内部分离”。在一村一社区通过实行集体经济股份制改造或集体经济资产的分管和剥离，实现村集体与社区组织分离。如上海市浦东新区要求按照“村资分离、分类改革、综合配套、惠及农民”的要求，逐步建立和完善“一支部两委”（村党支部或联合村党支部，村委会，村集体资产管理委员会）的村级管理机构。在此基础上本集体与社区分离。

（三）“半分半合”型

“半分半合”型的经社关系指的是一些农村社区，尤其是一些撤村建社、村组归并以及“村改居”的社区，或者是一些拥有集体土地、山林、水面、企业或其他资源资产的社区，通过集体资源的股份化改造，将原有集体资产产权明确付给原集体村民，外来新居民除通过一定程序接纳或入股外，不拥有产权，也不参与集体经营的分红。由此，社区内部形成一部分有产权、可以分红的居民，一部分则是没有产权、不能参与分红的居民。农村社区的人员边界与社区的集体经济组织不再重合。社区的权力边界也受产权边界的制约，具有一定的有限性。在一些社区，管理服务职能具体归为社区管理，经济职能则交给股份合作社，社区行政职能和经济职能适当分离。1993 年北京市就开始探索农村集体经济产权制度改革，也是我国较早推进集体经济产权改革的地方。截止到 2011 年底，全市累计完成改革的单位达到 3 645 个，其中村级 3 635 个，乡级 10 个，村级改革完成比例达到91.4%，300多万名集体经济组织成员成为股东。2012年底全市基本完成村级集体经济产权改革。北京农村集体经济产权制度改革有多种改革形式，如有的整建制转居委会，清产核资，股份化改革；有的个人投资入股、土地承包经营权入股；有的是“产权+林权”、“资源+资本”、“乡村联动”、“先重组，后改制”，等等。这些改革的具体做法不一样，但是，基本上户籍股人员界定的上限都定于改革基准日仍为本村（乡）农业户籍人口，如一轮土地承包时已经取得本集体经济组织土地承包经营权的农户及其衍生的农业人口；按照北京市政府制定的有关政策进行异地搬迁的水库移民、强泥石流易发区和采空区移民以及其他政策性移民等；劳龄股人员界定一般是改革基准日年满16周岁在乡村集体经济组织内部劳动1年以上。这些规定保障了原集体村民的权益。改制后的社区股份合作社按照现代企业制度要求逐步建立和完善公司法人治理制度：一是股东代表大会制度。股东代表的选举实行一人一票制。二是建立董事会。董事会由股东代表大会选举产生。董事长经董事会选举产生。三是建立监事会，作为股份合作社的监督机构。四是聘任经理人。经理一般由董事会提议聘任并经股东代表大会审议通过。改制后形成的新型集体经济组织大部分到农业主管部门登记为股份合作社，有的到工商部门登记为集体所有制（股份合作）企业，还有少量登记为有限责任公司。由此形成相对独立的治理结构。不过，在一些平原地区，特别是土地股份合作社中，一般实行了董事会、监事会和经理的交叉任职。实践中，往往在原有党支部、村委会基础上进行兼任，行使相应职责。由此，并没有完全理顺新型农村集体经济组织与村党支部、村委会及农村新社区的关系。新型经济组织与村委会及社区的职责也没有完全分开，改革后的集体经济组织仍承担着大量的公共事业和社会服务职能。新的集体经济组织对村委会及新社区仍是一种半独立的状态。

长期以来，如何处理村委会与村集体经济组织的关系，一直是我国农村基层体制改革中的难点。随着农村社区建设的开展，这一矛盾也转化为农村社区与社区集体经济组织关系的矛盾。从法律来看，2010年新修订的《村民委员会组织法》仍沿用了原法律的规定，强调“村民委员会依照法律规定，管理本村属于村农民集体所有的土地和其他财产，引导村民合理利用自然资源，保护和改善生态环境。”事实上，从组织性质及法律渊源来看，我国《宪法》规定，村民委员会是基层群众性自治组织，其职能是办理本居住地区的公共事务和公益事业，调解民间纠纷，协助维护社会治安并向人民政府反映村民的意见、要求和提出建议。作为村民群众自治组织，村民委员会具有政治性、社会性、群众性和自治性的特点，而村集体经济组织是经济组织，拥有集体产权，以追求利润为目标。其目标及内在的组织及运行原则有重大差别。根据《中华人民共和国物权法》（2007

年)，“属于村农民集体所有的，由村集体经济组织或者村民委员会代表集体行使所有权”，“分别属于村内两个以上农民集体所有的，由村内各该集体经济组织或者村民小组代表集体行使所有权。”（第 60 条）显然，集体经济产权属于集体经济组织，村民委员会并不拥有村集体产权，仅仅是“代行”集体产权而已。

村民委员会与村社区集体和合作经济组织的关系不清，在实践中也造成诸多的混乱。在“村社合一”、政经不分、责任不明的条件下，村委会组织直接行使集体经济组织的权力，可以直接处置村集体的产权（如承包、发包），使得集体经济组织丧失了独立自主经营的市场主体的地位；在村社合一条件下，人们习惯于用集体经济的积累来办理村级公益事业以及本应由国家承担的社会管理和公共服务，使集体经济组织承担了大量的社会负担；集体经济组织直接受制于村民自治组织，尤其是定期换届、选举竞争的政治和行政的影响，缺乏组织独立和经营自主权。控制村委会就意味着控制集体土地、企业和资源以及由此带来的巨大利益和机会，也正因如此，使一些地方村民自治选举异常激烈，一些人不惜重金收买选票，严重干扰了基层民主和选举。农村集体经济组织和产权的封闭性，也使之受制于村落家族和血缘关系，难以在更广阔的市场和社会中获得必要的人才、资本和资源，这些都导致集体经济组织失去稳定性和竞争力。另外，在政社合一条件下，村委会的成员也是村集体经济组织的当然成员，可以无偿分享集体的产权和利益，造成诸多的矛盾和冲突。如只要是集体成员都有权无偿获得一份土地，造成村集体内部永不停息的土地再分，土地承包经营权不能稳定，加剧了村民集体内部矛盾。而且，由于土地的不断细分，更难以实现农业的规模经营。村民如果离开农村集体就意味着土地权益的丧失，所以其不能轻易放弃土地，农民和土地无法自由流动，使农村土地难以充分利用。在村社不分的体制下，村集体土地的产权边界是村民的身份和权力边界，也是村级组织的组织和管理边界。外来人口进入村社区意味着分享原村民的土地、产权、福利等利益，不可避免地会遭到原村民的强烈反对，由此造成村级组织封闭，不仅城乡之间的人口难以流动，农村内部村级之间、社区之间人口也难以流动。尽管有的外来人口长期工作和生活在某个乡村，但是，这些“新居民”无法真正融入其生活和工作的社区。村级公共服务和管理对象也仅限于本村村民，难以对外来人员提供平等的基本公共服务，也无法实施有效的管理，造成巨大的管理真空，使得农村社区和社会难以实现有效的整合和融合。这一切都是造成我国集体经济组织难以发展、社区组织封闭以及内部矛盾冲突不断的制度性根源。正因如此，必须进一步深化改革，理顺村委会、农村社区与村集体经济组织的关系。

从实践发展来看，深化农村集体经济产权制度改革，完善基层治理体制和机制是当前改革的方向。从全国来看，截至 2011 年底，全国 30 个省（区、市）

（不含西藏）实施农村社区集体产权制度改革的村已达 2.32 万个（其中已经完成改革的村有 1.66 万个，正在实施改革的村有 0.66 万个），占全国总村数的 3.8%。其分布是以经济较为发达的东部地区为数居多，而中西部地区则相对较少，其中东部地区完成改革的村有 13 622 个，中部 546 个，西部 2 381 个，占完成改革村数的比重分别为 82.3%、3.3% 和 14.4%。特别是位居东部的北京市、江苏省、浙江省、广东省四省市，完成集体产权制度改革的村已经占到全国总完成村数的 75.5%。[①] 村集体经济产权制度改革不仅有助于保障原集体成员的财产权益，完善集体经济组织经营体制，让集体经济真正走向市场，做大做强，也有助于理清集体成员、村民以及股民和居民等不同主体的权益关系，打破村社区的封闭性，消除利益矛盾，为农村社区的形成奠定基础，创造条件。

① 国鲁来：《农村基本经营制度的演进轨迹与发展评价》，载于《改革》2013 年第 2 期。

第七章

农村社区社会管理及其创新

加强和创新社会管理，是事关党的执政地位，国家长治久安，人民安居乐业的重大问题。社区是社会的细胞，也是社会管理的基础。健全新型社区管理体制，实现社区的有序管理，是农村社区建设的基本内容和重要任务。在农村社区建设中，各地不断探索和创新农村社会管理，有不少好的做法，积累了不少经验。不过，当前农村社会管理中一些体制性和机制性问题仍没有完全理顺，社会管理仍存在诸多的困难和局限，社会问题仍比较突出。这就需要进一步立足实际，大胆创新，构建符合中国国情和农村实际的社区管理体系，实现农村社会和社区的有序管理。

第一节　农村社区社会管理的内容与结构

一、农村社区社会管理的内容与目标

有序的社会管理是一个社会以及政权赖以维系和正常运转的条件。改革以来，特别是新世纪以来，随着市场化、工业化、城镇化、信息化和全球化的深入发展，传统的社会管理体制和方法日益失效，我国社会管理问题也不断突出，加强社会管理的任务也更加迫切。党和政府也将加强和创新社会管理放在极其突出

和重要的位置。

对于什么是“社会管理”，不同的学者也有不同的理解和解释。如应松年认为，社会管理是“指政府及社会组织对社会公共事务实施的管理活动”①；郑杭生则认为，社会管理是指政府和社会组织对社会生活、社会结构、社会制度、社会事业和社会观念等各个环节进行组织、协调、服务、监督和控制的过程②；何增科将“社会管理”定义为“规范和协调社会关系、社会行为和社会组织以维护社会秩序的活动”③。从上述定义可以看出，“社会管理”具有以下特征：第一，社会管理的主体是社会公共组织尤其是政府组织；第二，社会管理的目的是维护社会秩序、化解社会矛盾、促进社会和谐；第三，社会管理的途径是组织化手段的合法、合理和有效使用。

从实践和理论来看，社会管理存在两种不同理解：一种将社会管理理解为社会的自我管理，另一种将社会管理视为政府对社会的管理。前者社会管理的主体是社会组织，后者则是政府。前者主要是依靠社会力量对社会事务进行自我管理，而后者则是依靠公共权力对社会事务进行管理。显然，上述两种不同的社会管理的管理主体和管理方式存在显著的差别。在我们看来，社会管理是政府和社会组织对社会事务进行组织、协调、指导、规范、监督和纠正社会失灵的过程。社会管理的目标是实现社会组织、社会生活和社会发展的有序和协调。就此而言，社会管理包括广义和狭义两个理解。狭义的社会管理是社会的自我管理。广义的社会管理则包括政府的公共管理和社会的自我管理，是政府和社会组织依照宪法和法律的规定，调节社会利益关系、化解社会矛盾冲突、协调社会群体活动、规范社会运转秩序，以实现社会稳定和谐、促进社会有序发展的管理过程。

从农村社区社会管理来看，农村社区作为一种社会生活共同体或群众性自治组织，社区的社会管理是社会生活共同体内部的自我组织和自我管理。但与此同时，社区又是国家和社会的基本管理单元，我国社区组织承担和承接政府社会管理的责任。因此，社区社会管理既包括政府通过社区的行政性管理，又包括社区内部的自我组织和自我管理。作为社会的细胞，小社区也是大社会，社区社会管理的内容涉及面广，其中，最主要的包括农村社区规划、环境、文化、教育、卫生、治安、危机管理与救助及公民思想道德管理等方面。

社区规划管理：社区规划管理是对社区生产生活的土地利用、产业规划、基础设施以及人文生态等的空间布局和规划。

---

① 应松年：《社会管理创新引论》，载于《法学论坛》2010 年第 6 期，第 5 页。

② 郑杭生主编：《中国人民大学中国社会发展研究报告 2006——走向更讲治理的社会：社会建设与社会管理》，中国人民大学出版社 2006 年版，第 255 页。

③ 何增科：《中国社会管理体制改革路线图》，国家行政学院出版社 2009 年版，第 1 页。

社区环境管理：社区环境管理不仅包括社区自然生态、人居条件、卫生环境的维护和管理，也包括社区人文景观、乡土特色、族群关系以及风俗习惯等人文社会环境的管理。

社区文化管理：社区文化管理不仅包括社区内文艺体育活动等公共文化管理，也包括社区居民的群众文化、家庭文化管理；不仅包括文化设施的建设、使用和维护，也包括文化活动的规划与监管；不仅包括社区优秀文化的传承、保护和利用，也包括推进社区文化的创新和发展。

社区治安管理：社区治安管理包括法制宣传、矛盾调解、治安维护以及生产安全，等等，这是保障社会和社区秩序的基础性工作。

社区卫生管理：社区卫生管理不仅包括社区公共卫生、疾病防治工作，也包括环境卫生设施的建设，环境绿化美化，治理脏、乱、差，防范和处理生活污染、农业面源污染以及社区工业污染，等等，以不断改善社区居民的生活环境，建设环境优美的文明社区。

社区人口管理：社区人口管理不仅包括社区人口计划生育管理，还包括社区内的外来人员、流动人员的登记管理，并配合有关部门做好流动人口清查工作、户籍管理工作、人口普查工作。

社会组织管理：社会组织管理包括社区社会组织的培育和建设，社会组织活动的监管与支持。特别是随着社区社会工作的社会化，社会团体将参与和承接更多的社会管理工作，社会组织建设和管理的任务也会更加突出。

社区财务管理：社区财务管理就是对社区的一些投入、建设、生产和经营的财务情况进行管理。随着各地实行“村财乡管”，村（居）民委员会的财会事务上移到乡镇部门，但是，基础性的财务管理尤其是民主理财仍在村和社区。因此，社区理财仍是一项重要工作。

社区危机管理：社区危机管理就是对社区突发公共事件的预防、干预、应急与修复性管理。

不难看出，社区社会管理的内容广泛，不仅包括社区公共管理，也包括政府公共管理的内容；不仅包括对个人、家庭、邻里关系的调节，也包括社区组织、居社单位以及政府部门及相关组织关系的调处；不仅包括常规的日常事务管理，也包括突发事件的应急管理。这些事务的有效管理是维护社区和社会秩序的基本条件。

我国是一个农村地域辽阔、农民人数众多的国家，农村社会的有序治理一直是国家和社会治理的难题，也是国家和社会有序治理的基础。农村社区作为农村最基层的社会生活共同体，也是农村社会的组织细胞和管理单元。农村社区的社会管理对于农村及整个国家的社会管理、政治稳定与社会和谐有着举足轻重的作用和影响。改革开放后，尤其是近10年来，我国的农村社会经济快速发展，农村社会和社区发生了深刻的变化。特别是农村市场经济的发展，农村的职业和身份日益多元化，农村社区成员之间的利益分化和阶层分化加剧，社区成员的相似性与认同度正在下降，农村社区内部的利益矛盾和社会冲突也随之增加，一些基于家族、社群乃至“本地人”与“外地人”之间的对抗及群体性冲突事件多发。随着农民在城乡之间、区域之间的大规模流动，农村社会日益开放，社会的流动性、异质性和多样性日益明显，给管理带来困难。大量的农民外出务工就业将城市的价值、观念和文化带入农村，城乡文化交融的同时，文化、传统、道德和习惯的冲突也随之增大，农村传统道德观念和风俗习俗对人们行为的约束力弱化。家庭、宗族等建立在血缘、地缘之上的传统村社组织的作用趋于下降。随着农村集体经济生产和经营方式的改革，村级组织的动员力、控制力和认同感、归属感下降，社区管控日益困难。大量的村民尤其是青壮年劳动力的外流，使得农村社区的公共事务管理、公共事业建设、公共服务供给等过去能够自行解决的事务到今天都难以得到有效处理。而且，随着城乡之间、地区之间的相互开放和彼此交流，使不少农村尤其是城中村、小城镇和经济较为富裕的村庄涌入了大量的外来人员，这些外来流动人员对现行农村社会管理带来了困难与挑战。如此等等显示出，当前农村经济、社会、文化、观念以及体制都在发生显著而深刻的变化，迫切要求创新社会管理体制，促进社会的有序管理和社会的稳定和谐。

也正因如此，胡锦涛在2011年2月19日举行的中央党校省部级主要领导干部社会管理及其创新专题研讨班的开班式上强调：“加强和创新社会管理，根本目的是维护社会秩序、促进社会和谐、保障人民安居乐业，为党和国家事业发展营造良好社会环境”，因此，“社会管理的基本任务包括协调社会关系、规范社会行为、解决社会问题、化解社会矛盾、促进社会公正、应对社会风险、保持社会稳定等方面”。由此，对于农村社区的社会管理而言，其主要任务，就是要通过以乡镇党政机关、社区（村）党支部与村民委员会为主导的农村社区社会管理主体的社会管理活动的有效实施，以实现协调农村利益关系、规范村民社会行为、化解村庄矛盾冲突、解决乡村公共问题、营造和谐公正乡村、妥善应对社会风险、保持农村社会稳定等诸方面的要求，从而为农村实现全面协调可持续发展和加快社会主义新农村建设提供基本条件。

二、农村社区社会管理的主体与结构

2006年10月11日，中国共产党第十六届中央委员会第六次全体会议通过的《中共中央关于构建社会主义和谐社会若干重大问题的决定》明确提出：“积极推进农村社区建设，健全新型社区管理和服务体制，把社区建设成为管理有序、服务完善、文明祥和的社会生活共同体。”该决定不仅明确了我国农村社区建设的内容和重点，也明确了农村社区建设的目标和方向。在此，健全农村社区管理体制，实现社区的有序治理，是农村社区建设的重点之一。从广义上看，“社会管理包括社会子系统的自我管理和公共权力系统（又可称为党政权力系统）对社会子系统的外部管理两个部分。”① 对于当前我国的农村社区而言，行使和参与农村社区社会管理的权力和行动主体不仅包括政府和社区公共权力机构和组织，也包括各种社会组织和团体。这些社会组织和团体是实现社会自我组织、自我管理、自我服务的基本途径，也是社会自组织和自我调节的体现。具体来说，在实践中这些管理主体包括：（1）党政权力机关（尤其是与农村社区直接联系并提供服务的乡镇政权）；（2）社区（村）党组织；（3）法定的农村社区自治组织（村民委员会）；（4）其他农村社团如农民协会组织、志愿者组织，等等。其中，乡镇党政机关、社区（村）党组织和村民（居民）委员会是参与农村社区管理的公共权力主体。

乡镇政权是我国处于最低层级结构的一级政权，它上联“国家”又下接乡村社会。一方面将中央政权所代表的“国家意志”与省（自治区、直辖市）、市（自治州）、县（区、县级市、自治县）的政策传递给农村社区并加以实施，从而与农村社区和农民直接衔接，又直接为农村社区和农民提供公共服务并将农村社区和农民的意愿诉求向上级政权反映。乡镇政权代表“国家”对农村社区直接管理，并组织推动农村社区的经济社会发展，因此乡镇政权的管理行为在很大程度上影响着国家政权的政治合法性基础。我国的乡镇政权主要包括三大组成部分：乡镇党委、乡镇政府与乡镇人大，其中乡镇党委是乡镇政权的领导机构，乡镇政府是乡镇政权的政策制定与实施机构，乡镇党委与乡镇政府构成了我国农村社区社会管理党政权力机关主体的最重要的组成部分。根据我国《宪法》、《中华人民共和国各级人民代表大会和地方各级人民政府组织法》和《中国共产党农村基层组织工作条例》等法律法规的规定，乡镇党委有6项职责任务、乡镇政府有7项职权、乡镇人大有13项职权，但总体而言，乡镇政权的职权主要有执行权、制令权、管理权、保护权和办理上级政权交办的其他事项等其他职权②。

社区（村）党支部是中国共产党在农村社区最基层的党组织。根据《中国共产党农村基层组织工作条例》规定，社区（村）党支部的主要职责有：（1）贯彻

① 何增科主编：《中国社会管理体制改革路线图》，国家行政学院出版社2009年版，第1页。

② 徐勇、高秉雄主编：《地方政府学》，高等教育出版社2005年版，第105页。

执政党的路线、方针、政策和上级党组织及本村党员大会的决议；（2）讨论决定本村经济建设和社会发展中的重要问题，需由村民委员会、村民会议或集体经济组织决定的事情，由村民委员会、村民会议和集体经济组织依照法律和有关规定作出决定；（3）领导和推进村级民主选举、民主决策、民主管理、民主监督，支持和保障村民委员会依法开展自治活动，领导村民委员会、村集体经济组织和共青团、妇代会、民兵等群众组织，支持和保证这些组织依照国家法律法规及各自章程充分行使职权；（4）搞好党支部委员会的自身建设，对党员进行教育、管理和监督，负责对要求入党的积极分子进行教育和培养，做好发展党员工作；（5）负责村、组干部和村办企业管理人员的教育管理和监督；（6）搞好本村的社会主义精神文明建设和社会治安、计划生育工作。社区（村）党支部既接受乡镇党委的直接领导、按照乡镇党政机关的要求完成相应的工作，又领导本社区（村）的群众自治组织做好本社区（村）公共事务的管理工作。

村民（居民）委员会是我国农村社区的基层群众自治组织，是改革开放后我国农民在基层自治方面的伟大创造。1982 年 9 月召开的党的十二大在政治报告中明确提出：“社会主义民主要扩展到政治生活、经济生活、文化生活和社会生活的各个方面，发展各个企事业单位的民主管理，发展基层社会生活的群众自治”；1982 年 12 月召开的第五届全国人大第五次会议通过的《中华人民共和国宪法》的第 111 条明确规定：“城市和农村按居民居住地区设立的居民委员会或者村民委员会是基层群众性自治组织”；1983 年 10 月中共中央、国务院下发的《关于实行政社分开建立乡政府的通知》中明确指出：“村民委员会是基层群众性自治组织，应按居民居住状况设立，村民委员会要积极办理本村的公共事务和公益事业，协助乡人民政府搞好本村的行政工作和生产建设工作”；1987 年 11 月第六届全国人大常委会第二十三次会议通过的《中华人民共和国村民委员会组织法（试行）》第二条规定：“村民委员会是村民自我管理、自我教育、自我服务的基层群众性自治组织”，从而正式从法律上明确了村民委员会的性质和地位。根据 2010 年 10 月第十一届全国人大常委会第十七次会议修订的《中华人民共和国村民委员会组织法》第二条规定，村民委员会“是村民自我管理、自我教育、自我服务的基层群众性自治组织，实行民主选举、民主决策、民主管理、民主监督”及村民委员会的职责是“办理本村的公共事务和公益事业，调解民间纠纷，协助维护社会治安，向人民政府反映村民的意见、要求和提出建议”。

农村社会团体、社会组织也是农村社区社会管理的主体之一，它是指除了村民委员会、村民小组之外由村民自发组织起来的、或由农村社区外的组织和个人在农村社区内开办的并为农村社区居民提供服务的公共非营利性组织。在很多农村社区中都自发成立了老人协会、妇女协会等组织，这些组织将农村社区内特定成员组织起来，办理一些如调解纠纷冲突、维持公共秩序、清洁环境卫生等农村社区公共事务，参与到农村社区的社会管理中。除此之外，一些农村社区中还成立了社区发展促进会、志愿者协会以及各种专门委员会，以及农村各类教育、文化、慈善、互助性的社会组织，这些组织也参与社区的管理和服务工作。尤其需要关注的是，随着社会工作在我国的逐步铺开，一些社会工作机构在农村社区设立了工作站、服务点为农村社区居民提供专业化的社会公共服务，这是我国农村社区社会管理主体发展变化的新趋势。但必须强调的是，上述社区各类组织和部门都是在社区党组织的领导下开展工作的，由此实现党领导下的社区自治。

因此，在当前我国的农村社区中，乡镇党政机关、社区（村）党支部与村民委员会构成是农村社区社会管理主体。我国《宪法》、《中华人民共和国村民委员会组织法》、《中国共产党农村基层组织工作条例》等法律、法规、条例对三者之间的关系作出了明确规定，其中按照《中华人民共和国村民委员会组织法》第五条规定："乡、民族乡、镇的人民政府对村民委员会的工作给予指导、支持和帮助，但是不得干预依法属于村民自治范围内的事项"，同时，"村民委员会协助乡、民族乡、镇的人民政府开展工作"；按照《中华人民共和国村民委员会组织法》第四条规定："中国共产党在农村的基层组织，按照中国共产党章程进行工作，发挥领导核心作用，领导和支持村民委员会行使职权，依照宪法和法律，支持和保障村民开展自治活动、直接行使民主权利。"因此，根据我国《宪法》、《中华人民共和国村民委员会组织法》、《中国共产党农村基层组织工作条例》等法律、法规、条例的规定，村民委员会作为乡村的自治主体，由村民直接选举产生，在民主管理村庄公共事务的同时，接受乡镇的指导，配合乡镇完成国家任务；同时，村民委员会作为村庄自治权力的代理行使者，代表村民向乡镇党委政府反映村民的合理诉求，维护村民的合法权益，乡镇政权与自治村庄是地位平等的、相互独立的、以"指导—协助"关系为基础而互动的基层组织[①]，从而形成了"乡政村治"的"乡—村"关系模式。与此同时，社区（村）党支部与村民委员会则是明确的"领导—被领导"关系[②]；而乡镇党委和社区（村）党支部之间则是明确的上下级关系，《中国共产党农村基层组织工作条例》第五条明确规定"村党委受乡镇党委领导"。因此，乡镇政权就可以运用上级党组织对下级党组织的领导关系，通过社区（村）党支部影响村民自治和村民委员会的运作。因

① 卢福营等著：《冲突与协调——乡村治理中的博弈》，上海交通大学出版社 2006 年版，第 84 页。

② 白钢、赵寿星：《选举与治理》，中国社会科学出版社 2001 年版，第 46～47 页。

此，当前我国农村社区的社会管理体制建构与实施过程中，乡镇党政机关、社区（村）党支部与村（居）民委员会构成最主要也是最重要的农村社区社会管理主体的关系模式如图 7－1 所示。

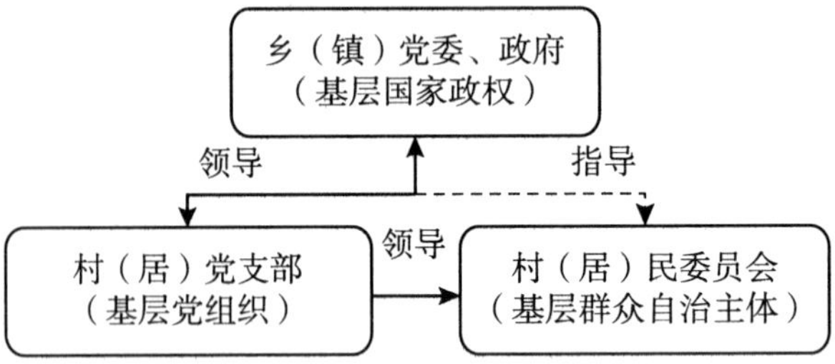

图 7－1 "乡政村治"下各社会管理主体关系

第二节 我国农村基层社区社会管理的演变

中国农村延续、发展了几千年，"乡村社会的组织形态和管理体制也经历了从宗法组织型、行政权力支配型，向现代基层自治型的渐变过程"[①]。在农村社区建设过程中，农村社区社会管理的体制和方式也不断创新，形成各有特色的管理模式。

一、帝制时代的编户齐民与乡绅自治

中国的古代政权，就其根本是一个统治性政权[②]，政治制度设计的目的是维护特定政权的专制统治并为政权延续汲取经济、行政与军事所需的资源，因此，古代中国的行政体制与社会管理的目的主要有两个：维持既定政治秩序以防止动乱与反叛，汲取维持既定政治秩序所需的各类资源。古代中国是一个传统的农业生产大国，农民和农村是中国社会的主体，为古代中国的政权提供粮食、税赋与兵员。对于传统中国的专制皇权而言，农村社会管理的任务就是征粮收税、征集兵役并维持稳定。传统中国的国家政权是家族血缘关系的扩散，国家间的君臣关系、君民关系是家族血缘关系的放大。历代王权在对农村进行管理和统治的时

① 白钢、赵寿星：《选举与治理》，中国社会科学出版社 2001 年版，第 1 页。
② 刘建军编著：《古代中国政治制度十六讲》，上海人民出版社 2009 年版，第 7 页。

候，只要能完成农村社会管理的三项主要任务，一般就很少再对农村公共事务加以行政干涉。由此在古代中国的农村社会管理中形成了“自治为主、行政为辅”的形态，故有“国权不下县，县下惟宗族，宗族皆自治，自治靠伦理，伦理造乡绅”① 之说。从夏商周到秦汉，再到唐宋与明清，虽然中央集权体制不断强化并加强了对农村社会的控制，但并没有完全消除传统中国的农村社会管理的自治因素，“隋、唐、宋以至元、明、清，随着封建专制制度的强化，地方乡里自治的色彩越来越淡，代之而来的是非常严密的控制，但乡里社会仍有自治的因素存在”②。

秦朝以前的中国实行的是分封制度，“封诸侯、建藩卫，是夏、商、周三代地方管理体制的核心”③，地方有“国”、“野”之分，其中“野”就是指农村。周代的农村采用“乡遂制度”，是以“五家为邻，五邻为里，四里为酂，五酂为鄙，五鄙为县，五县为遂”④，分设邻长、里宰、酂长、鄙师、县正、遂大夫等职⑤，对乡村公共事务进行管理。秦始皇统一中国以后，废除了封建制度并改行郡县制，“县”构成了秦王朝的最低级地方政权，并对县以下的乡里制度进行调整，乡置三老、啬夫、游徼各一人管理本乡事务，里设里正，里中实现五家为伍、二伍为什的什伍制度，以伍老、什长管辖并推行连坐法，从而形成组织更加严密的乡、亭、里三级农村社会管理制度⑥。秦代创立的郡县制和乡官制为两汉、魏晋、南朝所沿袭并加以完善，乡里什伍制度的主要职能是缉查盗贼以维护社会治安，并代表官府向农民征粮收税、派发徭役⑦。

唐宋开始，乡里制度被逐渐废止，乡官制开始向职役制转变，乡村公共事务的管理者的合法性不再像秦汉的乡官那样建立在社会认同之上，而是由国家委任办事员，从而导致人员素质的退化⑧。尤其是在北宋时期，王安石为了加强兵政并增加财赋收入变法推行了保甲制度，以“十家为一保，选主户有干力者一人为保长，五十家为一大保，选一人为大保长；十大保为一都保，选为众所服者为都保正，又以一人为副”⑨，平时务农、农闲练兵，需要时即可作战；同时以 30 家

① 秦晖：《传统中华帝制的乡村基层控制：汉唐间的乡村组织》，引自《传统十论》，复旦大学出版社 2003 年版，第 3 页。

② 赵秀玲：《村民自治通论》，中国社会科学出版社 2004 年版，第 4 页。

③ 韦庆远、柏桦编著：《中国政治制度史》（第二版），中国人民大学出版社 2005 年版，第 275 页。

④ 《周礼·地官·遂大夫》。

⑤ 参见白钢、赵寿星：《选举与治理》，中国社会科学出版社 2001 年版，第 6 页。

⑥ 参见韦庆远、柏桦编著：《中国政治制度史》（第二版），中国人民大学出版社 2005 年版，第 278 页；刘建军编著：《古代中国政治制度十六讲》，上海人民出版社 2009 年版，第 247 页。

⑦ 参见白钢、赵寿星：《选举与治理》，中国社会科学出版社 2001 年版，第 9 页。

⑧ 参见刘建军编著：《古代中国政治制度十六讲》，上海人民出版社 2009 年版，第 253 页。

⑨ 《宋史》卷 192《兵志六》。

税户为一甲，设甲长主管放贷青苗钱和收税。保甲制度的建立，虽然并未完全吞噬农村社会管理中的自治因素，但标志着国家权力尤其是中央政权对农村社会大幅度的渗透与控制，使农村社会管理的任务在维持治安与秩序、征收税赋派发徭役之外，又增加了教化民众的职能①。

明清两朝，除沿袭了唐宋所确立的职役制和保甲制以外，还发展产生了乡绅制度。乡绅是农村中文化地位、政治地位、经济地位较高的特殊群体，构成了国家政权与农村居民之间的中介枢纽。他们在乡村社会传达贯彻并带头执行朝廷与官府的政令，又作为乡村社会的领袖向国家政权表达村民的意愿诉求；既帮助国家征粮收税、摊派徭役，又主持本乡公共事务、调解村民间矛盾纠纷，还执掌教化、维持治安②。因此，在明清两朝的农村社会管理中，乡绅构成了农村社会管理的主体，他们对内代表国家政权征收税赋、派发徭役、执掌教化、维持治安、调解纠纷，对外代表乡村社会反映民意、表达诉求、保护乡民利益，构成国家政权与乡村社会的桥梁纽带。因此，明清两朝的农村社会管理，是建立在乡绅中介基础上的行政逻辑与自治逻辑的合作关系。但即便如此，也“不能改变乡村社会组织结构的‘行政权力支配型’实质”③。

二、晚清民国的地方自治及治理的国家化和内卷化

第二次鸦片战争和太平天国运动以后，晚清的部分有识之士和高级官吏开始意识到在西方帝制主义的侵略下要想实现救亡图存，就必须开始改革，学习西方，以实现自立自强，由此开始了向西方学习科技军事的洋务运动。但甲午战争的失败使洋务运动的军事科技自强计划破产，国人开始探索通过政治制度改革以强国图存的道路。加上维新变法运动的推动和日俄战争的刺激，清政府于1906年9月1日颁布《宣示预备立宪谕》，开始“预备立宪”。1908年，宪政编查馆奏呈了共计9章112条的《城镇乡地方自治章程》，开启了中国法律意义上的“地方自治”的大门。根据《城镇乡地方自治章程》规定，“城”为地方政府所在地，其余非政权机关所驻的聚居区，人口满5万及以上为“城”、不足5万为“乡”；“城镇”设议事会、董事会，“乡”设议事会、乡董，议员由该城镇乡选民互选产生并需定期召集开会；学务、卫生、道路工程、农工商务、善举、公共营业、办理本条各款筹集款项等事均属自治事宜。虽然《城镇乡地方自治章程》

① 参见刘建军编著：《古代中国政治制度十六讲》，上海人民出版社2009年版，第253页；韦庆远、柏桦编著：《中国政治制度史》（第二版），中国人民大学出版社2005年版，第294页。

② 参见刘建军编著：《古代中国政治制度十六讲》，上海人民出版社2009年版，第258~259页。

③ 白钢、赵寿星：《选举与治理》，中国社会科学出版社2001年版，第19页。

明确规定“地方自治以专办地方公益事宜，辅佐官治为主”，但由于没有也来不及建立普选机制，所以并没有真正推动地方自治和农村社会管理体制的根本性变革。虽然该章程颁布后不少地方都设立了咨议局、选举了议员并召开了议会以讨论公共事务、反映意愿诉求，但能担任议员者大多是地方乡绅与有名望人士，因此，明清两朝制定的建立在乡绅中介基础上的行政逻辑与自治逻辑的合作关系的农村社会管理模式，并没有得到太多的改变。

辛亥革命后，北洋政府沿袭了清末预备立宪确立的地方自治精神，于1914年12月颁布了《地方自治试行条例》，又在1915年4月公布了条例的实施细则，但并未得到真正落实。20世纪20年代开始，一些省开始实行“区（市）、村制”，村设村公所、委任村长，并在村内以5户为邻、5邻为闾，分设邻长、闾长①。但北洋政府时期的“地方自治”仍旧是流于形式，国家政权对农村社区的需要仍然是钱粮、兵役与稳定，农村社会管理体制不仅没有发生根本性变革，反而因为“国家政权内卷化”② 现象的出现而趋于恶化了，农村社会逐渐陷入了混乱无序的状态。但即便在这一时期内，国内还是有个别地区开始探索以“自治”为原则的农村社会管理改革实践，如河北定县翟城村在定县知事孙发绪和当地乡绅米鉴三、米迪刚的主持下仿造日本的自治模式而建立起“自治模范村”，实行议行合一制、建立各种自治会、扩大村民的参与。阎锡山主政山西时也参照日本的村治模式在山西推行带有一定民主自治精神、建章立制明确村务公开、健全村组织各类机构的“村制”。云南在1924年颁布了《村自治条例》，组织符合条件的村民选举代表组成村议会来管理村务。20世纪30年代有梁漱溟、晏阳初等学者发起的“乡村建设运动”也推动实验乡村在卫生、治安等方面组织起来实现自治③。虽然这些探索并没有从根本上改变我国的农村社会管理体制，但通过推行一定程度的自治，将部分农民发动起来共同管理村庄公共事务，从而推动了农村社会管理的民主化、参与性的发展。

1928年，南京国民政府公布了《县组织法》，确立了县以下实行区、村（里）、闾、邻四级行政编制；1934年，南京国民政府又制定了《改进地方自治原则》，规定乡、镇、村为自治团体，其中村为最低层次的自治团体，乡镇村长由民选产生；1939年9月，国民政府又通过了《县各级组织纲要》，规定了地方

---

① 参见韦庆远、柏桦编著：《中国政治制度史》（第二版），中国人民大学出版社2005年版，第655～656页；白钢、赵寿星：《选举与治理》，中国社会科学出版社2001年版，第22页。

② 参见杜赞奇：《文化、权力与国家——1900～1942年的华北农村》，江苏人民出版社2006年版，第41页。

③ 参见赵秀玲：《村民自治通论》，中国社会科学出版社2004年版，第9～12页。

自治的“管、教、养、卫”原则和乡村自治[①]。但为了进一步汲取农村资源、强化对基层社会的控制并“清剿”红军，蒋介石于1932年8月签署《施行保甲训令》等文件，在豫鄂皖三省实行保甲制度，并在1937年通过《保甲条例》在全国推行保甲制。保甲制实行“管、教、养、卫”一体化，“管”即清查户口、推行联保连坐；“教”即实行党化教育；“养”即摊派各种经费、征缴税赋；“卫”即编练民团、修筑工事、搜集情报、剿捕缉拿[②]。保甲制度的重新确立并进一步强化，使得国家政权得以深度控制乡村社会，地方自治荡然无存。“保甲组织，是一种党、政、军、特合一的组织，成为蒋介石专制统治法西斯化的基础”[③]。在蒋介石和国民政府重新建立起强化了的保甲制度以后，中国的农村社会管理体制不仅沦为蒋介石专制统治的工具，而且随着“国家政权内卷化”现象的严重而进一步丧失了维护良好的农村秩序、妥善化解村庄内部矛盾、保护农民合法权益、实现乡村公平正义的能力，彻底成为了“强权即真理”。

三、新中国成立后农村社区社会管理的变革与改革

新中国成立以后，在全国县以下的基层政权实行区、乡两级制；1950年12月政务院颁布的《乡（行政村）人民政府组织通则》规定，行政村与乡为一级地方政权机关，并废除保甲制度，在农村建立农民协会和农民代表大会；1954年制定的《中华人民共和国宪法》和《地方各级人民代表大会和地方各级人民委员会组织法》明确规定我国的农村基层政权为乡、民族乡、镇，并取消了行政村建制[④]。为解决赶超型现代化的快速工业化要求与农业发展不能满足工业建设需要的矛盾，中央政府于1954年在全国实行农产品的统购统销政策，从而通过行政权力加强了对农村生产经营活动的控制，限制了农民的经济自由的同时实际上也取消了在中国农村延续了几千年的市场交易；并在随后鼓励农业合作化，进一步将农村和农民纳入国家行政权力的直接监控之中，最终在全国范围内建立起了人民公社体制，将农民从身份到行动都纳入国家政权的直接管控之下。在高度政治化的“党政合一、政社合一”的人民公社体制下，任何试图反对、或者仅仅游离于集体化和人民公社外的个人，都将受到国家强制的规束。“公社以下的各

---

① 参见白钢、赵寿星：《选举与治理》，中国社会科学出版社2001年版，第24～25页；赵秀玲：《村民自治通论》，中国社会科学出版社2004年版，第12页。

② 参见韦庆远、柏桦编著：《中国政治制度史》（第二版），中国人民大学出版社2005年版，第656页。

③ 白钢、赵寿星：《选举与治理》，中国社会科学出版社2001年版，第25页。

④ 参见赵秀玲：《村民自治通论》，中国社会科学出版社2004年版，第15～17页；白钢、赵寿星：《选举与治理》，中国社会科学出版社2001年版，第28～30页。

级生产组织同时可以实施专政功能，凡是不顺从高指标和军事化管理的人均可作为‘阶级敌人’对待”[①]。高压政治下的农民只能在严密且强大的国家管制下生产与生活。“从1949年到1957年，乡村社会的政治结构随着土地改革完成后农村经济结构的变化而变化，从区村（行政村）制、区乡制，到划一为乡、民族乡、镇的小乡制，取消行政村建制；又从小乡制合并改建为大乡制；更因农业合作化运动从初级社到高级设置的转变，‘一村一社’的村社合一体制已露端倪，行政权力支配乡村社会的特征变得更加突出。”[②] 1958年8月的中共中央政治局扩大会议通过了《中共中央关于在农村建立人民公社的问题的决议》，最终在很短时间内在我国农村普遍确立起“三级所有、队为基础”的人民公社体制。人民公社体制是“党政合一、政经合一、政社合一”的农村生产、生活、管理、教育共同体，它使国家可以直接控制着农业生产、农民生活和福利分配，农民没有对农业生产进行选择的权利与自由，更谈不上独立自主的空间。“1966～1976年的十年‘文化大革命’期间，中国农村基层政权基本处于瘫痪状态，民主和‘自治’的成分越来越淡”、“人民公社一元化管理体制的特点，决定了村干部的任免权主要取决于上级政府而不是民众”[③]，国家政权对农村社会实现了彻底控制。

人民公社实现了对农业生产和农民生活的全面控制，而农民也被动地参与到政治生活中，这是一种半军事化的管理体制[④]，其经济基础是农业生产资料的集体所有。而随着1978年农村家庭联产承包责任制的推行，权力高度集中的人民公社管理体制也失去了经济基础，“‘包产到户’还从根本上打破了人民公社时期‘一大二公’的体制，使农民获得了身心自由，为村民自治的产生提供了有主体性的农民”[⑤]，由此也提出了改革乡村管理体制的要求。面对人民公社体制难以有效运行而造成乡村公共事务管理的真空，1980年在广西宜州的合寨村，村民自发组织起来建立起中国第一个村民委员会，并通过民主选举的方式产生了村委会成员，以管理村庄的集体事务，由此开启了我国村民自治的大门。1982年第五届全国人大修改宪法，将“人民公社”恢复为乡镇政府，确立其作为基层国家政权的政治地位，同时肯定并推动村民委员会的建立。村庄通过建立村民委员会而实行自治，并接受乡镇政权的指导和协助乡镇政府的工作，由此形成了“乡政村治”的基层政治结构，这也就意味着国家政权无法对乡村进行全面和彻底地

---

① 沈延生：《国乡治的回顾与展望》，载于《战略与管理》2003年第1期。

② 白钢、赵寿星：《选举与治理》，中国社会科学出版社2001年版，第31页。

③ 赵秀玲：《村民自治通论》，中国社会科学出版社2004年版，第18、19页。

④ 参见白钢、赵寿星：《选举与治理》，中国社会科学出版社2001年版，第40页。

⑤ 赵秀玲：《村民自治通论》，中国社会科学出版社2004年版，第27页。

控制了。村民委员会作为乡村的自治主体，由村民直接选举产生，在民主管理村庄公共事务的同时，接受乡镇的指导，配合乡镇完成国家任务；同时，村民委员会作为村庄自治权力的代理行使者，代表村民向乡镇党委政府反映村民的合理诉求，维护村民的合法权益。从法理上看，乡镇政权与自治村庄是地位平等的、相互独立的、以“指导—协助”关系为基础而互动的基层组织①。村民自治在中国幅员最为广大的乡村实现了基层民主，将宪法赋予人民当家做主的权利落到了实处。由此，广大农民不再是人民公社体制下国家政治动员的对象，而是有自主意志、个人利益的社会行动个体；村民委员会也不再如人民公社体制下“人民公社—生产大队”那样作为乡镇政权的延伸，而是由村民通过直接选举产生的村庄公共事务的管理主体。随着村民自治的发展深化和“乡政村治”体制的确立，农村社区的公共事务的管理权也就重新回到了农民的手中，农民可以根据宪法和村民委员会组织法的规定，按照“四个民主”的要求管理本村公共事务、发展本村公益事业、解决村内公共问题、协调化解利益冲突。由此，我国农村社区的社会管理体制逐渐回到正轨并正常运行，建立在村民自治基础上的农村社区社会管理体制真正让农民成为自己的主人、让村庄公共组织按照自己的意愿为自己服务。

但必须意识到的是，村民自治是改革开放后国家政权对于乡村管理体制的一种建构，其合法性与正当性都来源于国家政权的规范和约束，究其本质而言，是一种“授权自治”。正是由于国家政权的让渡和授予，乡村才获得了自治的合法性。因此，农村的自治并非完全的“自治”，作为具有中国特色的制度安排，村民自治“是中国共产党农村基层组织领导之下的一种群众性组织建构，带有‘准行政单位’的印记”②，有学者甚至将乡村民主建设称为“政府主导型民主建设”③。同时，改革开放后通过打破人民公社体制、发展村民自治使农村社区社会管理模式得到了明显的转变，但农村社区社会管理体制就其实质而言并没有得到根本的改革，因为当前的村民自治仍然是建立在将行政村视为一个独立的“单位”的基础之上的，“每个单位都成了一个相对孤立的社会和政治实体”④。虽然改革开放促使中国的政权产生了从“革命性”向“发展性”的转变⑤，但是建立在村民自治基础之上的农村仍然是按照户籍关系确定村民权利行使与村庄福利享

① 参见卢福营等：《冲突与协调——乡村治理中的博弈》，上海交通大学出版社 2006 年版，第 84 页。

② 白钢、赵寿星：《选举与治理》，中国社会科学出版社 2001 年版，第 38 页。

③ 参见卢福营等：《冲突与协调——乡村治理中的博弈》，上海交通大学出版社 2006 年版，第 65 页。

④ 李侃如：《治理中国——从革命到改革》，中国社会科学出版社 2010 年版，第 186 页。

⑤ 参见刘建军编著：《古代中国政治制度十六讲》，上海人民出版社 2009 年版，第 8 页。

有的资格，而农民在村庄之间、在城乡之间虽然能够自由流动，但一旦离开了本人户籍所在的村庄就无法在他处有效行使宪法和法律赋予的村民基本权利、享受村庄基本福利与公共服务。如果说，“单位重要性的关键在于以下这个事实：很少有人被允许从一个单位转入另一个单位”[①] 所描述的是改革开放前单位制下的中国实情的话，改革开放后农民虽然能够更为自由地流动，但由于其权利行使与福利享有资格难以跟随其流动而转移，因此人民公社和单位制虽然早已不复存在，其基本运行逻辑却仍然发挥着重要作用。由此可以发现，改革开放后建立在村民自治基础上的农村社区社会管理体制，虽然其形式已经发生了巨大的变化，但其实质——建立在单位制之上的行政控制逻辑，却仍然在持续运作，并与社会发展要求呈现出越来越显著的摩擦与对撞。新中国成立以后，我国长期采用“大政府、小社会”的农村社区社会管理模式，从而导致农民的利益表达渠道缺失、政府及村级公共组织的信誉降低、农村社会矛盾趋于严重、国家政权对乡村社会的管理和控制成本增高[②]，这种农村社区社会管理模式已完全不适应21世纪中国农村社区的发展要求了，农村社区社会管理体制的改革与创新的任务十分紧迫。

第三节　当前我国农村社区社会管理的经验

一、我国社会管理体制创新的目标和要求

2004年6月党的十六届四中全会上就提出要“加强社会建设和管理，推进社会管理体制创新”。2007年党的十七大报告明确提出要“建立健全党委领导、政府负责、社会协同、公众参与的社会管理格局”。2009年的全国政法工作电视电话会议更强调将“社会矛盾化解、社会管理创新、公正廉洁执法”作为指导我们党精神文明建设的重要纲领列入三项重点工作的组成部分之一。2012年，党的十八大更是用专门的篇幅强调加强和创新社会管理，明确提出“要围绕构建中国特色社会主义社会管理体系，加快形成党委领导、政府负责、社会协同、公众参与、法治保障的社会管理体制，加快形成政府主导、覆盖城乡、可持续的基本公共服务体系，加快形成政社分开、权责明确、依法自治的现代社会组织体制，

① 李侃如：《治理中国——从革命到改革》，中国社会科学出版社2010年版，第186页。

② 参见吴丽峰：《农村社会管理模式改革》，载于《延边党校学报》2008年第1期，第51页。

加快形成源头治理、动态管理、应急处置相结合的社会管理机制。”加强和创新社会管理已经成为当前和今后我国经济社会全面协调可持续发展中所要着力解决的战略问题，也是基层社会建设的中心工作。

党委领导、政府负责、社会协同、公众参与、法治保障的社会管理体制在我国的农村社区社会管理中有着十分具体的体现。党委领导，即在乡镇党委和村党支部的领导下，各农村社区社会管理主体按照执政党的方针政策并贯彻国家意志来处理农村社区的公共事务、发展农村社区的公益事业、提供农村社区的公共服务。政府负责，即一方面是各级地方政府要为农村社区社会管理的实施提供财政、政策等的支持；另一方面是作为农村社区内部“政府”的村（居）民委员会要与乡镇政府一起处理好农村社区的各项公共事务，从而促使农村社会社会管理的有序进行。社会协同，是指在农村社会社会管理的过程中，要充分动员、发挥社会各界的力量，在党委和政府的领导下，引导和鼓励包括农村社区内部的社会团体（协会）、农村社区外部的社会组织甚至一些企事业单位，集聚资源共同参与农村社区社会管理，从而提高农村社区社会管理的质量和效益。公众参与，是指在农村社区社会管理的过程中，一方面要坚持村民自治的“四个民主”原则，以民主方式共同参与农村社会社会管理的各项工作；另一方面要扩大村民自治的内涵，打破城乡、户籍界限从而让本农村社区的所有居民而非仅限于户籍村民都能够平等地参与到农村社区社会管理的过程中，以行使其基本权利、维护其合法利益，从而推动“村民自治”向“居民自治”的转变。法治保障，即一方面农村社区社会管理必须依法进行，尤其是必须坚持宪法和村民委员会组织法确立的“村民自治”的基本原则，不能出现违背村民自治、侵害村民合法权益的事件的发生；另一方面要根据农村社区社会管理的现状和发展加快相关法律法规的制定和修订，逐步推动基层自治和社会管理在城乡之间、在社区所有居民之间的平等待遇、统一立法，从而将法治作为构建公平正义的社会管理体系的保障，消除城乡二元结构，推动城乡一体化、公民平权化的实现。

二、当前农村社区社会管理的实践形式及其探索

（一）网格化管理

网格化管理是当前我国社区管理与社会管理中普遍采取的管理方式。网格化管理源于城市。最初是运用数字化、信息化手段，以街道、社区、网格为区域范围，以事件为管理内容，以处置单位为责任人，通过城市网格化管理信息平台，实现市区联动、资源共享的一种城市管理模式。在农村社区建设中，这一方式也

被引入农村社区。农村社区网络化管理是将农村社区划分为不同的“网格”，配备管理员（网格员），并构建信息平台，对网格内的人口、治安、环卫、服务等各项事务进行信息的采集、反馈、监控、管理和处置。这一方式实质上是通过组织化、信息化和责任化手段，对农村基层社会和社区管理的方式，也是旨在消除开放社会中基层政府和社区组织对社会信息掌控不全、反馈不快、处置不力的弊病。不过，在实际操作中，普遍存在着“管控为主、服务为辅”、人员臃肿、成本较高的状况。尤其是一些地方将网格化管理视为一种维稳的措施和工具，变成对居民和社会的监控；网格组织在事实上取代了原有村民小组等基层组织，窒息了基层自治。

案例 7 – 1

浙江舟山“网格化管理、组团式服务”①

2007 年下半年开始，舟山市普陀区先后在桃花镇、勾山街道等地开展“网格化管理、组团式服务”的改革试点，并于 2008 年 8 月开始在全市各乡镇（街道）推广。舟山市以“有利于党委、政府的管理服务职能覆盖社区延伸网格，有利于网格服务队上门服务包干负责”的综合治理原则，按照渔户村 100 ~ 150 户、城市社区适当扩大的规模，将全市划分为 2 430 个基层治理网格，实现基层服务管理“横向到边、纵向到底”的网格全覆盖。同时，舟山市对每个网格都配备了一支由 1 ~ 2 名乡镇（街道）机关干部、1 ~ 2 社区干部、1 名医护人员、1 名教师和 1 名民警组成的网格服务队。2008 年年底舟山市网格服务队共有人员 13 565 人，其中县（区）干部 772 人、乡镇（街道）干部 2 479 人、社区干部 2 011 人，另外包括普通党员、片区民警、医务人员、教师、农技人员等共 8 303 人。网格服务队必须对本网格内群众进行至少每年 2 次走访以全面了解所有居民的基本情况，并将这些基本情况输入网格化信息管理系统；网格服务队还必须及时了解本网格内群众的利益诉求、传达群众的声音要求，主动帮助协调解决群众反映的问题和困难。舟山市的“网格化管理、组团式服务”一方面有效整合了基层社会管理与公共服务资源，将“上面千条线”与“基层一张网”有机衔接；另一方面将社会管理与公共服务平台前置下移，变被动管理为主动服务，推动了信息化政府与服务型政府的建设。舟山市的“网格化管理、组团式服务”的经验于 2009 年 8 月开始在浙江全省推广。

① 参见魏礼群主编：《社会管理创新案例选编》（下册），人民出版社 2011 年版，第 1122 ~ 1126 页。

（二）协商式民主

党的十八大报告明确提出“健全社会主义协商民主制度”的要求，指出：“社会主义协商民主是我国人民民主的重要形式；要完善协商民主制度和工作机制，推进协商民主广泛、多层、制度化发展。”发展协商民主制度，能够将社区内各利益群体聚合在一起以对公共决策制定和公共事务管理开展平等、自由且充分的探讨，从而不仅能将社区居民的意愿诉求有效反映、传递到社区治理的公共平台上，使各利益相关方的要求都能得到尊重，而且能够经过讨论协商尽可能达成社区治理的共识并更好地为利益相关各方所广泛接受，并降低社区治理的成本、提高社区治理的效率，最终形成社区“协商合作、平等包容、共同治理”的社会管理格局。因此，在平等、自由、包容、自治的基础上在农村社区治理中建立并发展协商民主制度，是推动农村社区社会管理创新的必要举措。

案例 7－2

浙江温岭“民主恳谈会”①

“民主恳谈会”1999 年 6 月诞生于浙江省温岭市松门镇，是在松门镇“农业农村现代化教育建设论坛”的基础上发展起来的。设立该论坛的本意是想打造一个自上而下地向群众宣传政策、普及观念的平台，但松门镇领导班子试图改变过去由干部向民众进行单向说教的模式，转化为干部与群众对话，对社会热点问题、群众关心问题、社区难点问题进行共同探讨。论坛召开前，镇政府提前五天在每一个村以及镇里的闹市区等处张贴公告，告知群众何时、何地召开何种主题的论坛，请群众自愿参加；论坛召开时，镇里的主要党政领导、职能部门如财税、工商等负责人坐在台上，群众坐在台下，就他们关心的一些问题提出意见，干部解答；最初设定的主题比较宽泛，如发展经济、社会治安等，从而形成了民主恳谈会的雏形。松门镇的实践得到群众的广泛响应与高度参与，其成功经验得到了温岭市委、市政府的高度重视。在温岭市委、市政府的支持鼓励下，2000 年 8 月开始，“民主恳谈会”开始在全市各乡镇（街道）、村、社区、非公有制企业和政府机关等全面展开，论坛的主题也从最初由群众提出的与自身利益密切相关的问题转变为涉及村、镇、企业或全市的公共事项；并逐步形成了“以群众

① 参见尹冬华选编：《从管理到治理：中国地方治理现状》，中央编译出版社 2006 年版，第 235 页；周松强：《乡村社会治理变迁与多中心民主协作治制度的创新——以浙江省温岭市村级“民主恳谈会”为例》，载于《理论与改革》2005 年第 5 期，第 50～52 页；郎友兴：《商议式民主与中国的地方经验：浙江省温岭市的“民主恳谈会”》，载于《浙江社会科学》2005 年第 1 期，第 33～38 页；陈奕敏：《温岭民主恳谈会：为民主政治寻找生长空间》，载于《决策》2005 年第 11 期，第 32～33 页。

出题目，政府抓落实”、“一期一主题”为基本形式的“民主恳谈”制度，成为了村、镇和各级政府部门在制定重要事项和重大决策前必经的政务公开程序。随着实践的发展，温岭“民主恳谈会”已逐渐变成了党政部门组织、广大群众参与、平等对话沟通、协调利益关系、推进合作共赢的听证会、协调会、促进会，在温岭的农村社区社会管理中发挥着巨大的作用。

（三）企业化管理

在一些村企合一、经社不分的村，社区管理实行经社一体的企业化管理。企业是社区经济社会管理的主体组织，全体村民及居民都纳入企业统一管理之中。最为典型的是一些全国闻名的典型村、明星村，如河南南街村、江苏华西村，等等。

案例 7－3

山东胶南“企业治村”①

自 2004 年以来，山东胶南北高家庄以珠光科技集团为依托，积极探索形成了一条“以企带村、村企合一”的社区管理和服务道路。社区实行村委会、村办企业、社区服务管理“一套班子、三块牌子、交叉任职”的组织办法。村办企业经济实力强大，仅 2008 年，全村经济总收入 29.8 亿元，农民人均纯收入 10 230 元。北高家庄社区居民既是企业的员工，也是社区集体成员，社区规划、基础设施建设、社会福利、基本公共服务、行政管理都由该集团承担。如企业投资 130 多万元，建设了包含党史村史教育、村民议事、便民服务、社区医疗、民事调解、健身娱乐、物业管理等功能在内的邻里中心，使社区内各类居民办事不出村；投资 180 多万元，新建了村庄小学、配备语音室、微机室等现代化教学设施，让社区自己管理社区教育。完善了以党组织为核心的村民自治机制，并通过务工妹书屋、职工教育日等加强社区内各类居民教育管理，提升村民、职工整体素质，使外来人与原村村民能够融洽相处、共同参与、推动社区发展。形成了“社区自治管理、行政管理、社区建设、企业经营管理、社区服务”五位一体的管理服务体制，使社区成为容纳多元身份成员的开放性社会生活共同体。

（四）“政经分离”式管理

“政经分离”就是要将农村集体资产的经营管理权从村（居）委会剥离出来

① 参见李增元、田玉津：《农村社区管理及服务体制创新》，载于《重庆社会科学》2012 年第 1 期，第 29～34 页。

并进行股份制改革，由全体村民平等持股建立合作社从而对农村集体资产进行企业化的经营管理；同时让村（居）委会社区将职能专注于管理农村社区公共事务、提供农村社区公共服务、发展农村社区公益事业之上。这样可以防止当前普遍存在的村集体资产的受益在原先产权不明的情况下被少数人或村干部侵吞强占的现象，让每个村民都能平等地享受村集体经济发展和集体资产增值所带来的收益；也通过职能剥离纠正利益导向下村（居）委会重视经营农村集体资产、忽视管理农村公共事务的情况。"政经分离"的管理模式实现了农村社区社会管理的社会化和社区化，从而能够提高农村社区社会管理的水平、维护农民的合法权益。

案例 7-4

广东南海的"政经分离"①

1992 年，南海以股份合作经济的思路进行农村集体经济改革，将农村土地的承包权和使用权分离，将承包经营权作为股份，量化到全体农民，使农民成为股东，取得土地收益分配权，实行股份分红，同时允许股权进行流转交易。南海农村的股份制改造完成以后，村一级的集体经济"经联社"社长，通常由村党支部书记担任，而村支书多兼任村委会主任；小组一级的"经济社"社长，则由村组长担任。两级集体经济组织的领导成员，均不需另行选举。由此弊端马上凸显：由于村干部成为村集体经济合作社的自然管理经营者，从而导致程度更高的"政经合一"现象的产生。而且由于村干部因此获得了直接经营村集体经济并取得收益的途径，从而使得村干部职位上附加了巨大的经济利益诱惑，导致在村干部的换届选举中为得到村集体经济组织的控制权，贿选舞弊甚至冲突械斗现象层出不穷。而由于村干部往往多个职位"一肩挑"，农民难以对其进行有效监管，一些村干部就开始腐化堕落，贪污集体资产为个人牟利。同样，高度"政经合一"体制和村集体经济所能获得的巨大收益使得村干部将更多精力放在经商盈利上，村委会的公共管理和公共服务功能被弱化甚至忽略，村民自治的目的被扭曲，效力也受到严重损害。2010 年 12 月，南海制定并实施《关于深化农村体制综合改革的若干意见》，"政经分离"成为了此次改革的核心。南海把集体经济组织独立选举作为"政经分离"的重要前提，明确规定村（居）党支部书记、村（居）委会领导成员不能与集体经济组织成员交叉任职，并将集体经济组织领导成员任期年限从 3 年调整为 5 年，村两委成员仍是村集体经济理事会成员，但

① 部分资料来源于：《南海力推"政经分离"给基层"松绑"》，载于《南方日报》2012 年 4 月 26 日；董景山：《农村股份合作改革之法律视角初探——以农村社区集中具体改革模式为讨论基础》，载于《上海财经大学学报》2010 年第 5 期，第 42 ~ 48 页。

他们只能监督村集体经济组织的经营运转并提出建议，但不能参与决策。通过实行“政经分离”，南海将农村的经济职能从自治职能中剥离开，以确保村集体经济发展按市场规则运行，而自治组织也回归村庄公共事务管理和公共服务供给的职责上。南海还在广东省内率先建立农村集体资产管理交易中心，凡达到规定额度的集体资产必须进入中心进行管理交易，使集体资产的管理“信息化”、交易“阳光化”。另外还建立起村（居）集体经济财务平台，引入社会中介机构如会计师事务所等第三方对集体资产、资金、合同、债券等进行管理。南海的“政经分离”获得了首届“广东治理创新奖”的“农村改革”类奖项。

（五）“政社互动”式管理

“政府、社区互动式”管理是指政府、社区居民和社区组织之间合作、互动，以共同推动社区管理和服务的一种管理模式。这种模式是对政府公共管理和社区自我管理有效衔接进行的有益探索。

案例 7－5

江苏太仓农村社区“12345 工程”[①]

从 20 世纪 90 年代开始，江苏太仓将城市社区建设的经验普及到农村社区建设中启动了“12345 工程”，即建好一个社区服务中心、设立二个阵地（宣传栏、文体活动场所）、培育三支队伍（专业管理队伍、专业服务队伍、志愿者队伍）、开辟四个室（老年人—残疾人活动室、图书阅览棋牌室、警务信访调解室、多功能教育室）、完善五个服务站（农业服务站、社会事业服务站、公共卫生服务站、社会保障服务站、综合治理服务站），推动全市建成“一镇一品、一区一景”各具特色的群众满意的社区服务中心。与此同时，太仓市还加大了财政投入，改善农村社区的公共服务水平，让城市社区的公共服务与农村社区的公共服务逐步平等。在生产上提供服务，开展生产资料配套供应，发布农产品产、销、供信息；在生活上提供服务，为婚丧喜事、村民休闲娱乐提供场所；在维权上提供服务，在邻里纠纷调处、法律法规咨询等方面发挥服务作用；在文化上搭建平台，组织社区民间组织为村民开展一系列活动，如“百团大展演”、社区志愿者“情暖万家”系列活动，提高村民认同感和归属感；在自治上扩大范围，大力倡导“护村嫂”、村民代表议事组等自治新力量，搞好农村居民自我管理和自我服务，实现

① 参见张觉良：《太仓农村新型社区建设管理调查》，载于《中国老区建设》2012 年第 10 期，第 26～27 页；吕红娟：《开辟新领域驶入新天地：太仓市探索建设中国新型农村社区》，载于《学习时报》2004 年 8 月 23 日。

政府行政管理和社区自我管理的有效衔接。既发挥政府作用，又动员社会力量，江苏太仓走出了一条“政府、社区共同管理”的农村社区社会管理模式。

（六）专业化管理

在农村社区社会管理过程中，通过引入专业化的社会工作服务，能够更好地提升农村社区社会管理的效力并提高农村社区公共服务的水平。我国的社会工作起步较晚，东南沿海地区的部分经济较发达城市主要仍是在城市社区开展社会工作服务，农村社区仍未开始大力推广农村社会工作服务，这主要是因为社会工作服务采取“政府购买服务”的方式，而大部分地区尤其是农村仍未摆脱“吃饭财政”，因此财政缺乏购买社工服务的能力。应该在农村社区社会管理过程中推进农村社会工作的发展，大力发展专业社工队伍，推进社会工作专职化和专业化。

案例 7－6

“含羞草讲堂”关爱留守女童①

广东省茂名市地处粤西，是农村青壮年外出务工大市，700 多万人口中外出务工人员达 140 多万人。由于大量农村青壮年劳动力外出务工且很多是父母双方共同外出，在全市留下共 51.36 万留守少年儿童，留守儿童数量居全省第一，占全市义务教育阶段学生人数的 49.16%，而留守儿童中约一半的是女童。由于父母不在身边，很多留守女童对自身发育情况懵懵懂懂，一知半解；自我安全保护意识淡薄，不懂求助；没有正确的人生观与世界观，容易被坏人诱导，误入歧途。对此，茂名市青年志愿者协会阳光 365 志愿服务总队、市阳光社会工作服务中心组织于 2012 年设立了“含羞草——关爱留守女童身心健康成长讲堂”，在全市和省内招募近 30 名具备相关专业知识技能的志愿者，其中包括健康教育教师、中学的生物教师、心理咨询师、法律人士以及退休老干部等，多次深入农村中小学为留守女童授课，让留守女童了解自身青春期成长的变化以及掌握一些相关的卫生健康知识，提高女孩的自我保护意识，以及引导她们树立正确的人生观和世界观。志愿者服务队还向女生派发卡片，通过 QQ、书信、电话沟通等方式，对留守女童进行持续成长解疑、普通心理问题和学习辅导服务。

（七）开放式管理

长期以来，我国城乡之间以及农村社区之间由于户籍和“村籍”的限制，村

① 摘引自《茂名：含羞草课堂开讲，关爱留守女童》，载于《茂名日报》2012 年 12 月 7 日。

委会及社区的管理仅限于本村村民，对外来居民无法有效管理。随着农村社会和社区的日益开放，人口大量流动，如何让外来人员、流动人口即便户籍关系不在本地，也能融入到他们工作、生活的社区之内，使他们与“当地人”相融合、共享有、齐奋进，并实施有效的管理，是当前农村社区管理的难点之一。为此，一些地方开始推进外来人员、流动人口融入社区，让外来人口参与社区管理并享受社区服务，对外来人口实行一体化的管理。

案例 7－7

宁波建立“和谐促进会”推动融合共生①

宁波的“和谐促进会”首创于慈溪市坎墩街道五塘新村。该村本地户籍村民有600余人，租住在村里的来自全国20多个省、市、自治区的外来务工人员有3 100多人，他们基本上都在村子周围企业工作。外来务工者的大量入住给村民每年带来230多万元房租收入的同时，也带来一些不和谐：村里本地人和外地人的纠纷增多、矛盾增多。2006年4月20日，五塘新村70多名居住和租住在该村的新老村民汇集在一起，成立了一个叫和谐促进会的民间组织。和谐促进会是以“融合新老居民，促进和谐相处”为目的，以村（社区）为单位组建的具有民间性、共建性、互助性、服务性特点的民间群众自治组织。和谐促进会通过外来务工人员与当地村民共同参与五塘新村的公共事务管理与公益事业发展，激发外来务工人员的社会责任感，通过“共建共享”塑造外来务工人员的社会成就感并使外来务工人员在管理村庄公共事务的同时加深了本地户籍居民对外来务工人员的了解，改变了他们对外来务工人员的认识，从而起到了融合服务、共同管理、共建家园、共促和谐的功效。2007年6月，宁波市开始在全市推广慈溪的“和谐促进会”的经验。2008年9月，宁波市委、市政府出台《关于全面推进基层和谐促进工程的实施意见》，在全市城镇、农村、企业和外来人口居住集中地区四个层面全面创建基层和谐促进会、和谐促进小组、和谐促进员三级网络。与此同时，从2008年开始，宁波为所有的外来人口提供了一份“低门槛、广覆盖、低费率、可转移”的“社保套餐”，这份“社保套餐”包括工伤、大病医疗、养老、失业、生育等5项保险，保障水平与同城市民基本相同，参加“社保套餐”的外来工不用掏一分钱，由用人单位的缴费。此外，宁波市在制定政策、增加投入，使“新居民”在医疗卫生、就业培训、公共服务、九年制义务教育等19个

① 主要参考陈志卫、周志华：《农村基层社会组织和谐促进会在宁波全面推广》，载于《社团管理研究》2010年第6期，第12～13页；《享社保医疗义务教育政策，400万外来人口融入和谐宁波》，载于《人民日报》2010年12月26日；《宁波市“和谐促进会”获“中国社会创新奖”》，载于《东南商报》2011年1月10日；《3万外来工有了“关爱学堂”》，载于《东南商报》2012年7月28日。

方面能与本地户籍居民共享。宁波的“和谐促进会”获得了2010年的“中国社会创新奖”。在“和谐促进会”的推动下，宁波的社会融合步伐不仅在逐步加快，而且也在不断创新，如余姚市陆埠镇就为外来务工人员设立了“关爱课堂”，将教学地点搬到车间、工厂，每年为外来务工人员免费开展生产技能培训和职业素养教育，积极探索社区教育促进外来人员社会融合的机制。针对外来人员居住分散，教育组织难，自身学习又不重视等问题，“关爱课堂”通过企业推荐和学校招募的形式，组建了一支由30多名优秀外来务工人员组成的社区教育志愿者队伍，宣传招生政策、发布招生信息，动员同事、老乡、亲戚等参加社区教育和培训活动，既提高了学校教育培训的知晓率，又扩大了外来人口教育培训面，从而促使陆埠镇外来人口总体素质稳步提高。

（八）参与式治理

“参与式治理”是强调公众直接参与公共管理和服务的一种方式。与代议制民主不同，它强调的不是“代议”，而是“直议”；不是“精英”，而是“民众”；不是“少数”，而是“多数”。同时，从理论和实践来看，参与式治理的重点是地方和基层事务，而不是高层政治或国家事务。正因如此，在村民自治和农村社区建设中，参与式治理成为一种基本的要求和必然的选择，强调让全体村民和居民参与社区公共事务的管理。

案例7-8

苏州市吴中区红庄社区的社会治安“参与管理”①

江苏省苏州市吴中区城南街道红庄社区是典型的“城中村”，常住人口有1 228户、3 350余人，另有4.5万名暂住人口居住在本地908户私房出租户出租的16 580间出租屋内。长期以来，红庄的社会治安情况混乱，经常发生抢劫、斗殴等恶性事件。2006年初，红庄社区为了改善治安、加强管理，通过3个月的专项整治，将大量流动商贩清理取缔、捣毁十余处地下赌场，并加强了外来人员、暂租住户的管理，以期改善社会治安和社区环境。但经过整治后红庄的治安案件发生率并未大幅下降，反而增加了居民生活的不便并减少了居民的收入。通过调查研究发现，红庄的社会治安案件中受害者的2/3是外来人员，同样加害者的2/3也是外来人员，因此，红庄社区党支部、居委会转变工作思路，开始鼓励、组织外来人员参与到社区治安管理中。城南街道派出所的所长谭秋华将辖区

① 摘引自《加强和创新社会管理典型实例经验与启示》，人民日报出版社2011年版，第33~36页。

内360余家企业的500余名保安组织起来，成立了“红庄”社企义工巡防队，在红庄五六名社区民警的带领下，轮流参与红庄社区的安全巡防工作。巡防队规定每名队员全年参加义工巡防的时间不少于一周，其中每天不少于8小时，保证每天都有6名以上社企义工队员在社区内巡逻。红庄社区警务室还专门开辟储藏室、购置保险柜，帮助外来务工人员在年节回家时免费寄存保管贵重物品，解决外来务工人员担心回家后出租屋被盗的后顾之忧。与此同时，红庄的社区工作人员还在社区内积极教育宣传“同城待遇”的理念，将社区成员统称“居民”，避免“本地人”与“外地人”的区分，帮助外来务工人员解决工作生活的各种问题，从而增加了外来务工人员的认同感与归属感。红庄社区通过服务共享、参与管理的形式，较好地促进了外来务工人员与本地户籍居民的相互融合，逐渐塑造和谐共生、共建共享的社会环境氛围。

（九）社团自治管理

一些地方在农村社区建设中，大力培育社会团体，支持社团组织参与社区管理。一些地方农村社区组织者和管理者主要是志愿者，最为典型的是湖北秭归和江西的一村多社区或村落和村组社区，其管理由社区志愿者承担。有的则是由社会团体自我组织和自我管理，如一些社区通过老年协会，利用长老权威进行社区管理工作。

案例7－9

湖北省洪湖渔场老年协会①

洪湖渔场老年协会是在湖北省新闻出版局下派到渔场驻点的小康工作队和当时在华中师范大学中国农村问题研究中心任职的贺雪峰教授的指导、支持和协助下于2003年5月24日成立的。成立时工作队出资10 000元作为办会的启动资金；华中师范大学中国农村问题研究中心出资5 000元购买音响器材和影碟；渔场腾出一个20多平方米的会议室作为活动中心。渔场内凡年满60周岁的老年人都可入会；老年协会主要由选举产生的理事会负责时常工作，理事会由13人组成，7个村民小组都有代表参加，其中女性1名；理事会成员分别负责财务、放映等工作和诗歌、书法、象棋、表演等兴趣小组的活动，并每天由两人轮流值班以打扫卫生、烧茶水和提供其他服务；理事会的所有成员都是义务工作。洪湖渔场老年协会日常开展的工作活动主要有：（1）开展唱戏、书法、棋牌、电影

① 王习明：《中国农村的NGO与乡村治理——基于湖北洪湖渔场老年协会实验的研究》，引自中国（海南）改革发展研究院编：《中国农民组织建设》，中国经济出版社2005年版，第430～437页。

等各类休闲文娱活动以丰富老年人的精神生活；（2）为老人提供物质资助和精神慰藉，并为去世老人筹办丧礼；（3）通过宣传培育敬老氛围和筹集活动资金；（4）对村内发生的不孝行为进行批评教育，维护老人合法权益；（5）调解家庭矛盾，教育、管理、维护、改善村内卫生条件等。同时，村两委还主动请老年协会派人参加党支部、场委会的会议并监督其财务收支，帮助村两委开展渔场公共事务管理工作。

第四节　当前我国农村社区社会管理的创新与趋势

当前我国已经进入工业化、市场化、城镇化、全球化和信息化深入发展的时期，也处于破除城乡二元结构，实现城乡一体化的关键时期。农村社会和社区日益开放，必须进一步解放思想，深化改革，破除一些体制和机制的障碍，探索和创新农村社会和社区管理体制机制。

一、理顺政经关系推动政经分离

1978 年开始的家庭联产承包责任制的改革，打破了封闭的、低效的“大锅饭”体制，让农民获得了土地经营权和生产自主权，从而极大地激发了农村活力，推动了农业的持续快速发展和农民生活水平的提高，为农业资本的积累和增值创造了条件。但是，由于包括土地在内的乡村自然资源和村集体资产仍是由村庄所有，并且由村民委员会进行管理经营，村民委员会作为农民选举产生的自治组织，不仅受农民委托管理村庄公共事务、办理村庄公益事业，也有权力对土地、山林、水面等由农民承包的自然资源和村集体资产进行管理，同时具备了“基层自治组织”、“村庄公共组织”、“村集体经济经营组织”这三种属性。如此，在村民委员会这一复合型组织身上同时聚集了“社会性”、“政治性”、“经济性”的三种职能，实际上与“政经合一”、“政社合一”的人民公社体制并没有本质的区别。由此造成政经不分、经社不分、组织封闭，制约了集体经济的发展，也加剧了社区利益冲突，损害村民自治，同时也导致管理真空，不利于社区经济社会的发展。

因此，必须进一步理顺农村社区社会管理中的政经关系，将农村集体资产的经营管理职能从村民委员会身上分离开来，使农村集体资产按照市场经济活动的要求独立经营发展，从而让农村社区社会管理主体之一的村民委员会还原为村民的自治组织。村委会在村党支部的领导下按照"四个民主"的原则要求专注于履行协调农村利益关系、规范村民社会行为、化解村庄矛盾冲突、解决乡村公共问题、营造和谐公正乡村、妥善应对社会风险、保持农村社会稳定等诸方面农村社区社会管理职责。理顺政经关系、推动政经分开，让村民自治从"政治民主"与"经济民主"的重合向"政治民主"与"经济民主"的相互分离和独立运转发展。村民可以选举热心公益、勤恳负责、群众威信高的村民担任农村社区的领导人，使其专注于管理社区公共事务、发展社区公益事业，从而有效维护社区公共秩序，以推动农村社区社会管理的科学化、合理化发展。

二、厘清村社边界形成农村社区合作治理

从当前我国农村社区社会管理实践中看，农村社区内部的自我管理主体主要是村（社区）党支部与村民（社区居民）委员会这两个村级组织。前者是中国共产党的农村基层组织，是官方的半行政性组织；后者虽是基层群众自治组织，但由于其是按宪法和法律规定设立的并在现实运作中往往要承担乡镇政府下派的诸多行政事务，因而实际上也具有很强的官方性和行政性，是"基层政府的权力延伸机构"①。随着社会发展和公民素质的提高，在不少农村社区逐渐出现了很多民间社会组织，其中部分是社区内村民自发组织形成的各类协会，部分是从外界进入农村社区以从事相关专业性工作的社会团体。这些农村社会组织逐渐参与到农村社区的社会管理过程中，为化解农村社会矛盾、维护农村稳定和谐发挥了重要作用，实际上也构成了农村社区社会管理主体的组成部分。党的十七届五中全会通过的"十二五"规划建议中明确提出："发挥群众组织和社会组织作用，形成社会管理和服务合力"，并强调："培育扶持和依法管理社会组织，支持、引导其参与社会组织管理和服务"，社会组织主要从事公益性、互助性和自律性的活动，它们是公民社会的重要组成部分，社会组织的发展壮大及其与国家的良性互动关系是社会管理格局中发挥"社会协同"作用的前提条件②。包括农村公益性组织、村民互助组织、专业社工服务机构等农村社会组织参与农村社区社会管理，能够很好地弥补村（社区）党支部与村民（社区居民）委员会这两个村级组织由于资金、技术、能力等方面的缺乏而难以有效履行农村社区社会管理职能的不足，并为农村社区的居民提供更专业、更优质的公共事务，对农村社区公益

① 汪锦军：《论行政主导模式下农村社会管理创新中的政府角色》，载于《行政管理改革》2012 年第 1 期，第 62 页。

② 何增科主编：《中国社会管理体制改革路线图》，国家行政学院出版社 2009 年版，第 35 页。

事业的良性发展和农村社区社会秩序的和谐稳定发挥重要的推动作用。随着越来越多的民间社会团体、公民组织参与到农村社区社会管理的实施过程中，就需要厘清农村社会组织与村（社区）党支部、村民（社区居民）委员会这两个村级组织的权力范围与责任边界，让农村社会组织与村（社区）党支部、村民（社区居民）委员会各显其能、各司其职、各负其责。党的十八大报告明确提出："加快形成政社分开、权责明确、依法自治的现代社会组织体制"，只有在农村社区社会管理过程中厘清村级组织与社会组织的边界、实现行政性组织与社会性组织分开，才能使双方做到不越位、不错位、不缺位，从而使农村社区社会管理体制合法运转、合理运转、科学运转、良性运转、高效运转。

三、创新社区党建探索党的领导的新形式

中国共产党是中国特色社会主义事业的领导核心，农村社区的村（社区）党支部作为农村社区的基层党组织，是中国共产党在农村社区全部工作和战斗力发挥的基础，是农村社区内各类组织运转与各项工作开展的领导核心。农村社区党组织的建设发展状况与农村社区社会管理体制的运行与活动的实施成效密切相关，"党领导下的村民委员会，这是目前中国农村村民自治的一个显著特点"[①]。因此，加强农村社区党组织的建设、充分发挥农村社区党组织的战斗堡垒作用和党员的先锋模范作用，对于农村社区社会管理的有效实施意义重大。但是，在当前我国农村社区的社会管理过程中，或者说从改革开放以来的村民自治推行和运转的过程中，普遍出现了作为农村社区基层党组织的村（社区）党支部与作为农村社区自治组织的村民（社区居民）委员会之间的矛盾摩擦，影响农村社区社会管理的绩效，严重的会造成村级组织的运转低效乃至瘫痪，甚至引发群体性的对立冲突，给农村社区的社会稳定、氛围和谐与农村社区的健康发展带来严重的负面影响。造成"两委"关系失衡的原因，有观念意识问题、意见分歧问题，但最根本的还是对权力以及附着在权力之上的利益的争夺[②]。为此，要进一步明晰农村社区"两委"的权力关系。《村民委员会组织法》第四条规定："中国共产党在农村的基层组织，按照中国共产党章程进行工作，发挥领导核心作用，领导和支持村民委员会行使职权，依照宪法和法律，支持和保障村民开展自治活动、直接行使民主权利"。党的十八大报告明确指出："围绕构建中国特色社会主义社会管理体系，加快形成党委领导、政府负责、社会协同、公众参与、法治保障的社

① 白钢、赵寿星：《选举与治理》，中国社会科学出版社 2001 年版，第 47 页。
② 参见白钢、赵寿星：《选举与治理》，中国社会科学出版社 2001 年版，第 292 页。

会管理体制”。因此，党的领导不是包办更不是取代村民自治组织，而是领导和支持村民自治组织更好地办理自治事务。对于我国农村社区的社会管理而言，党委领导体现为农村社区党支部对农村社区社会管理工作的政治领导、思想领导和组织领导，以保证农村社区社会管理和农村社区居民自治工作围绕党的路线、方针、政策有序开展，通过把握宏观方向、协调各方关系、总揽全局的方式体现党组织的领导核心作用。“在农村社区治理中，监督和保障职能才是社区党支部的主要职责：依据村民自治的有关法律规定，社区党支部应该承担监督村民自治的各项工作是否符合法律规范，保障村民自治依法推进的职能”①，而不是事无巨细、亲力亲为地代行社区村民自治组织和其他农村社会组织的工作职能。部分地区试图通过推行“两委一体化”、“两委交叉任职”、“村党支部书记兼任村委会主任”的方式减少“两委”摩擦，这实际上是对人民公社时期“一元化领导”的回归，混淆了党的基层组织与基层群众自治组织的性质，既不利于加强和改善党对村民自治的领导，又伤害了村民自治的原则②。“两委一肩挑”必须建立在法律和制度的基础上，让村（社区）党支部成员可以通过自由竞争的民主选举进入村民（社区居民）委员会、村民（社区居民）会议或代表会议，从而实现交叉任职。

四、扩大居民参与促进社区共建共享

农村社区是村民的生活共同体，农村社区社会管理的根本目的是通过对农村社区的公共事务的妥善管理和对农村社区社会秩序的有效维护，改善村民生活条件、提高村民生活水平、塑造良好生活环境。农村社区社会管理的运行过程与成效直接影响农村社区内每个居民的生活质量、事关农村社区内每个居民的切身利益。每位直接利益相关的农村社区成员都能有效地参与到农村社区社会管理过程中来，了解农村社区社会管理的过程并在参与中锻炼、提升自身素质能力，更好地维护和增进自己的合法权益。当前我国农村社区社会管理体制运行中所存在的问题和今后我国农村社区社会管理体制改革的方向趋势，都要求通过扩大参与式管理让每名农村社区成员都能自觉、自主地增进合法权益、管理公共事务、维护社会秩序、促进社会和谐而承担起作为主人和公民的社会责任，从而推动农村社区社会管理创新。在农村社区参与式社会管理创新的过程中，要更加注重《村民

---

① 胡维维、吴晓燕：《农村社会管理与新型农村社区管理体制建设》，载于《新疆财经》2011 年第 1 期，第 62 页。

② 参见白钢、赵寿星：《选举与治理》，中国社会科学出版社 2001 年版，第 293 页。

委员会组织法》规定的作为农村社区最高权力机关和最高决策机构的村民会议[1]和农民自创的“村民（户）代表议事会议”的民主决策、民主管理和民主监督作用，推动农村社区自治的“四个民主”的均衡有序发展；并且根据农村社区的发展状况与发展方向，探索户籍不在本社区的外来流动人口、社区新居民参与农村社区社会管理的方式途径。让包括外来流动人口、社区新居民在内的所有农村社区成员都能通过参与农村社区社会管理来维护和增进合法权益、获得平等的对待与尊重，从而促进社区和谐，营造平等有序、公平正义、包容协作的新型农村社区。

五、动员社会力量推进社区治理的协同合作

当前我国农村社区社会管理体制改革和创新的目标，就是要通过对现行体制进行改革实现合法、有序、科学、理性的治理，促使我国农村社区社会管理的“善治”。“治理”意味着管理主体的多元化、社会参与的广泛性及各管理主体间的有效衔接协作。家庭联产承包制的实施打破了人民公社的一元化管理的经济基础，而村民自治将参与、选举、自治引入到农村社区的社会管理过程中，推动了农村社区社会管理主体的多样化并催生了农村社区向民主治理方向的转变。党的十八大报告明确提出要“形成党委领导、政府负责、社会协同、公众参与、法治保障的社会管理体制”，这为确定各社会管理主体的权责地位、界定各社会管理主体的职能边界、明晰各社会管理主体的运作方式指明了方向。因此，在农村社区民主治理局面已经形成的情况下，要有效协调各农村社区社会管理主体的行动，促使他们协同合作地推动农村社区社会管理的有效运行与良性发展，就必须按照宪法和相关法律、条例的规定，在乡镇党委的统一领导下，乡镇政府、村两委有效履行宪法和法律规定的职责，同时将乡镇政府、村两委管不了的、做不好的社区公共事务和社区公共服务交由社会组织、公民团体去做。正如 2012 年 3 月 19 日的第十三次全国民政会议上，时任国务院总理温家宝在讲话中明确提出的“政府的事务性管理工作、适合通过市场和社会提供的公共服务，可以适当的方式交给社会组织、中介机构、社区等基层组织承担，降低服务成本，提高服务效率和质量”。乡镇政府、村两委可以通过财政购买、合同外包等方式，将管不了的、做不好的社区公共事务管理和社区公共服务供给职能转交给社会组织、公民团体去履行，但在转交职能的同时必须承担好管理与监督责任，从而防止农村社区社会管理行为的扭曲和质量的下降。与此同时，在农村社区社会管理过程中

① 参见白钢、赵寿星：《选举与治理》，中国社会科学出版社 2001 年版，第 61 页。

要拓宽民主渠道、推进决策公开，充分推动“四个民主”的均衡协调发展。只有乡镇党政机关、村两委按照宪法和法律规定切实做好对农村社区社会管理的政治领导、宏观管理和政务公开工作，将社会组织、公民团体做得更好、效率更高的事项交由社会组织、公民团体去做，并拓宽渠道、健全机制以充分落实“四个民主”，才能推动农村社区社会管理的协同合作，从而促使农村社区的民主治理迈向“善治”。

六、促进制度公平以推进社会融合

改革开放以后，大量的农民不再如人民公社体制下被束缚在乡村专门从事农业生产劳作，而是能够外出务工就业，从而开始了新中国成立以后大规模的自发的人口流动。大量的农民进入城市或经济较发达地区的乡镇和农村，从事各种职业工作，为中国的经济发展、城市化与现代化水平的提高做出了巨大贡献。这些同为祖国建设者的农民工们工作在他乡、居住在他乡、生活在他乡，但由于法律和制度的原因，却无法成为真正的“当地人”，也无法在工作和居住所在地参与选举履行宪法赋予的公民权利并享受同等的公共服务与社会福利。根据国家人口计生委 2012 年发布的《中国流动人口发展报告 2012》显示，2011 年我国流动人口总量已接近 2.3 亿人，占全国总人口的 17%。对于这 2 亿多的在他乡工作生活的流动人口而言，其中大部分由于户籍关系不在工作和生活所在地，虽然同为建设者，通过辛勤劳动为当地的经济社会发展做出了巨大的贡献，但由于户籍原因从而无法与拥有当地户籍的“本地人”同等地行使公民权利、享受公共服务、获取社会福利，由此因制度原因而变成了“二等公民”。他们大多备受歧视与欺凌，由于社会地位和身份的差异无法有效融入当地社区，从而与同住在当地的“本地人”产生撕裂感，严重的甚至会发生同一社区内户籍不在当地的“外地人”与拥有当地户籍的“本地人”的冲突对抗。为此，必须打破户籍制度所造成的身份与资格差异，让包括外来的“新居民”在内的所有农村社区成员都能够参与到本社区的公共事务管理和公共服务享有中，以维护并增进合法权益、推动社区认同形成、实现社区和谐有序发展，将新型农村社区变成所有成员“共建共享”的生活共同体。对于农村社区居民而言，农村户籍上依附着许多包括土地（山林）承包权、宅基地用益权等与农村集体资产密切相关的各项权益，要通过对农村集体资产的经营管理体制进行改革，将农村集体资产的经营管理权与农村社区的社会管理权相剥离，并逐步将附属在户籍制度上的身份、职业、公共服务、社会保障等功能剥离开来，消除阻碍外来新居民进入社区的体制障碍。

七、重塑“乡—村”关系划清权责边界

家庭联产承包制的实施打破了“政经合一”、“政社合一”、“党政合一”的人民公社体制的经济基础，也确立起了“乡政村治”的基层政治结构和“乡村共治”的农村治理模式。乡镇政权与村级自治组织之间的关系是“指导—协助”关系：乡镇政权指导村级自治组织开展社会管理工作和行政事务工作，而村级自治组织则根据乡镇政权的指导协助乡镇党政机关完成必需的行政事务工作并处理好本农村社区的公共事务。但在农村社区社会管理的实际运作过程中，由于乡镇政权在资源、权力、经费、人事等方面处于绝对优势地位，从而经常将行政事务向村级自治组织转移，导致村级自治组织不得不按照行政逻辑而非自治逻辑运转，忙于应付乡镇下派的行政事务而忽视了村庄自治事务。这种“乡政”扭曲甚至有吞噬“村治”情况的出现，究其根本在于在农村社区社会管理过程中的行政逻辑与自治逻辑的冲突。由于冲突双方的地位力量不对等，加上法律规定得不清晰，从而造成“乡政”的“越位”、“错位”与“村治”的“失位”。“绝大多数村庄的村务决策都有乡镇政府不同程度的参与，易于产生政府干预多、村民做不了主的情况”①，为此，必须理顺乡镇政权与自治村庄之间的关系，根据宪法和法律的规范，界定农村社区社会管理主体之间的权责边界。乡镇政府不干预村委会和社区法定的自治事务；虽然社区需要承担和协助办理一些政务，但必须严格限制委办事务的数量，制定权力下放或委办事务目录。政府性的法定事务不得随意转嫁社区，需要由社区参与和承担的必须通过“费随事转”等方式由社区承担。一些公共管理和公共服务事项可以通过共建平台、共同参与的方式协同完成，实现协同治理。

八、加强社会工作解决农村社区社会问题

社会工作是通过提供专业化的服务，满足特殊社会群体的需要，从而解决特定社会问题并实现助人与自助相结合的非营利性的职业活动。2006 年 10 月 11 日，党的十六届六中全会做出《中共中央关于构建社会主义和谐社会若干重大问题的决定》中提出“建设宏大的社会工作人才队伍”的要求，并明确指出：“造就一支结构合理、素质优良的社会工作人才队伍，是构建社会主义和谐社会的迫切需要。”2010 年中央发布的《国家中长期人才发展规划纲要（2010 ~ 2020）》，

① 卢福营等：《冲突与协调——乡村治理中的博弈》，上海交通大学出版社 2006 年版，第 87 页。

其中将社会工作人才提升至与党政人才、企业经营管理人才、专业技术人才、高技能人才、农村实用人才并列的第六支主体人才地位，明确到2015年要培养200万名社会工作专业人才，到2020年要培养300万名社会工作专业人才。2011年7月发布的《中共中央、国务院关于加强和创新社会管理的意见》中也强调要发展社会工作专业服务机构，加强社会工作专业人才队伍建设。但从目前的情况看，我国专业的社会工作人才的培养力度仍无法满足社会工作岗位的需要，而且我国目前的社会工作开展较好的地区主要集中在东南部沿海发达地区的核心城市，在农村社区内系统、全面推动社会工作服务开展的地区是十分稀少的，这也导致我国目前并不富余的社会工作专业人才向东南部沿海发达地区的中心城市聚集，分布极不均衡。因此，应加大各级财政对农村社区购买社会工作的经费投入，同时通过设立专项资金并将购买社会工作的费用纳入“一事一议”财政奖补政策中，以缓解农村社区推广社会工作服务的资金短缺问题。针对农村专业化社会工作人才匮乏问题，除了对农村社区干部、积极分子开展社会工作技能培训之外，还可以采用“专业社工与志愿者相结合”、“专业社工为主志愿社工为辅”的方式，由专业社会工作人员带领、培训农村志愿者开展社会工作服务，同时应鼓励农村社区居民自发建立各种协会、团体开展助人与自助活动，以弥补农村社区专业社工人才匮乏的问题。

第八章

农村社区服务及其方式

建立和完善社区服务体系，促进基本公共服务均等化，让农民群众享有丰富和便捷的市场化和社会化服务，是当前农村社区建设的重点之一。2011年国务院办公厅专门印发了《社区服务体系建设规划（2011～2015年）》，对社区服务体系建设提出了具体的要求，强调必须统筹城乡经济社会发展，把国家基础设施建设和社会事业发展重点放在农村，推进城乡基本公共服务均等化，实现城乡、区域协调发展，使广大农民平等参与现代化进程、共享改革发展成果。在新的改革形势下，随着我国农村经济的不断发展，农村居民收入的提高将对公共物品的供给提出更多更高的要求，原有的计划经济时代所建立的农村公共服务体系，已经不能满足日益增长的农民生产和生活的需要。因此，如何改革农村社区公共服务的投入，建立适应农村市场经济发展和满足农村社会全面发展所需的新型社区公共服务平台，强化农村社区服务，促进我国农村社区公共服务的规范化发展，是我国农村社区建设迫切需要解决的问题。

第一节 农村社区服务的类型与重点

农村社区服务平台是农村社区组织运转和开展各项社区活动的基础，可以说农村社区的建设水平与农村社区服务平台的发展状况息息相关。它不仅是一项惠及民生的基础性工程，还是一项复杂的系统工程，除了需要科学的规划和合理的布局，还要兼顾城乡统筹发展，整合资源，多元投入，从而才能消除历史遗留的城乡二元结构差异，真正提高农民的生活水平。

一、农村社区服务的内涵与类型

广义的社区服务可以说是社区组织或社区成员实施的社区的福利性项目。它一般以一定层次的社区组织为依托，以广泛的群众参与为基础，用服务设施和服务项目来增进社区的公共福利，提高生活质量。狭义的社区服务，在国外被称为"社区照顾"，是指发动社区成员，通过互助性的社会服务，就地解决本地区的社会问题。

农村社区建设是从加强农村社区服务开始的。2003 年 10 月，中共十六届三中全会《关于完善社会主义市场经济体制若干问题的决定》提出了加强"农村社区服务"、"农村社区保障"、"城乡自我管理、自我服务"的要求。2005 年，中共十六届五中全会确定了"建设社会主义新农村"的重大历史任务。2006 年，中共十六届六中全会《关于构建和谐社会若干重大问题的决定》首次提出了农村社区建设的任务，指出要"完善公共财政制度，逐步实现基本公共服务均等化"；要"全面开展城市社区建设，积极推进农村社区建设，健全新型社区管理和服务体制，把社区建设成为管理有序、服务完善、文明祥和的社会生活共同体"。2007 年，党的十七大号召"确保到 2020 年实现全面建成小康社会的奋斗目标"，"要加快推进以改善民生为重点的社会建设，着力保障和改善民生，推进社会体制改革，扩大公共服务，完善社会管理，妥善处理人民内部矛盾，促进社会公平正义，努力使全体人民学有所教、劳有所得、病有所医、老有所养、住有所居，推动建设社会主义和谐社会"。同年，《国务院关于加快发展服务业的若干意见》明确指出要大力发展面向农村的服务业，不断繁荣农村经济，增加农民收入，提高农民生活水平，为发展现代农业、扎实推进社会主义新农村建设服务。在这个过程中，"统筹城乡"、"科学发展"、"基本公共服务均等化"、"社会公平正义"等新的执政理念正在逐步转变为各级政府的战略和政策。

农村社区服务是以政府引导支持，社会多元参与为主体，以农村社区设施为基础，以社区组织为基本力量，以社区成员为服务对象，以满足成员生产、生活所必需的基本公共服务、互助服务和以市场服务为目标的服务。主要包括三大类型：

（一）基本公共服务

"基本公共服务是指建立在一定社会共识基础上，由政府主导提供的，与经济社会发展水平和阶段相适应，旨在保障全体公民生存和发展基本需求的公共服务”。“基本公共服务范围，一般包括保障基本民生需求的教育、就业、社会保障、医疗卫生、计划生育、住房保障、文化体育等领域的公共服务，广义上还包括与人民生活环境紧密关联的交通、通信、公用设施、环境保护等领域的公共服务，以及保障安全需要的公共安全、消费安全和国防安全等领域的公共服务”。

——基本医疗服务。基本医疗服务包括整合城乡卫生资源，建立健全农村三级医疗卫生服务网络，进行医疗卫生设施的供给与维护保养，提供新型合作医疗服务，常见病多发病医治，卫生防疫，计划生育服务和大病医疗统筹等。

——基本社会保障。基本社会保障包括农民就业指导和技能培训，农村扶贫和最低生活保障，农村社会救济，农村社会保险，养老保险，计划生育保险，失业保险和工伤保险，农村社会福利，五保户供养，未成人、妇孺及老年人福利，优抚安置。

——公共教育。公共教育包括服务主体协助政府相关部门和企业为社区居民提供相应的基础设施及相应基础设施的维护保养，组织培育教育科技服务队伍，提供幼儿教育、九年义务教育、高中教育、职业教育的机会，科技信息等。

——就业服务。通过政府和社区劳动保障工作平台，向就业困难人员提供就业再就业咨询、再就业培训、就业岗位信息服务和社区公益性岗位开发等有针对性的服务和援助。

——计生服务。通过社区卫生服务中心（站）为主体的社区卫生和计划生育服务网络，以妇女、儿童、老年人、慢性病人、残疾人、贫困居民等为重点，为社区居民提供预防保健、健康教育、康复、计划生育技术服务和一般常见病、多发病、慢性病的诊疗服务。

——文体活动与治安。文体活动与治安包括文体活动设施与场地供给和维护保养，组织农民群众开展文化娱乐体育活动，开展精神文明建设，传播科学技术知识，满足农民的精神文化需求；以及社区巡逻，防火、防盗，纠纷调处等。

——交通、电力、农田水利、信息服务。此项服务包括服务主体协助政府相关部门和企业为社区居民提供相应的基础设施，交通、电力、农田水利、信息基础设施的维护保养，相关费用收缴的代理服务等。

——生态环境。生态环境包括农村社区绿化、美化，社区道路与绿地的建设和维护；宣传社区环境保护，加强对农村工业污染、生活污染和农业面源污染的防范和监督；推广沼气、秸秆利用、太阳能等可再生能源技术；加快改水、改厨、改厕等。

享有基本公共服务是公民的权利，提供基本公共服务是政府的职责。基本公共服务是政府提供的全社会普遍分享的、满足人们生存和发展基本需求的服务。基本公共服务体系是由基本公共服务范围和标准、资源配置、管理运行、供给方式以及绩效评估等所构成的系统性、整体性的制度安排。通过这些制度安排，给社区居民提供基本而有保障的公共产品，让农民群众平等分享改革发展成果。

（二）社区互助服务

社区互助服务是社区居民委员会、社区内社会组织和居民根据本社区的实际向社区居民提供的自助和互助性的服务。相对于公共服务而言，互助服务具有服务范围小、服务方式灵活、服务时间较短且不确定、服务深入家庭内部等特点。这些特点使其具有在应急事件中能够快捷提供便利服务的优势，是对社区公共服务的必不可少的补充。

农村社区互助服务的内容不仅包括社区自办的面向老年人、儿童、残疾人、社会贫困户、优抚对象的社会救助和福利服务，面向社区居民的便民利民服务，面向社区单位的社会化服务，面向失业人员的再就业服务等生活性服务，也包括面向社区居民、社区单位及其他进入社区的生产经营主体提供的生产性服务。这些服务包括：

——生产互助服务。生产互助服务包括生产互助服务相关设施设备的供给服务及具体生产互助服务，如农忙季节的换工服务、农业生产工具的相互协作、生产技术的互帮互带、农用物资和农产品购销的相互协作等。

——生活互助服务。生活互助服务包括生活互助服务相关设施设备的供给服务及具体生活互助服务，如生活物资短缺时的互借互助、日常生活中的邻里关照、社区群体性文化体育活动的相互协作、家庭纠纷调处等。

——应急事件互助服务。应急事件互助服务包括应急事件互助服务相关设施设备的供给服务及各类应急事件互助服务，如为居家的孤老、体弱多病和身边无子女老人提供各种应急服务；为优抚对象、残疾人及特困群体缓解生活困难提供服务；为婚丧嫁娶、自然灾害、偶然灾祸等紧急事件发生后居民之间在物质、精神和心理上的互帮互助等。

（三）市场化服务

2011 年 12 月 20 日，国务院办公厅印发了《关于社区服务体系建设规划（2011～2015 年）的通知》，其中明确指出要完善社区便民利民服务网络，优化社区商业结构布局；鼓励和支持各类组织、企业和个人兴办居民服务业，重点发展社区居民购物、餐饮、维修、美容美发、洗衣、家庭服务、物流配送、快递派送和再生资源回收等服务，培育新型服务业态和服务品牌；鼓励有实力的企业运用连锁经营的方式到社区设立超市、便利店、标准化菜店和早餐网点等便民利民网点；鼓励邮政、金融、电信、供销、燃气、自来水、电力、产品质量监督等公用事业服务单位在社区设点服务，满足居民多样化生活需求；统筹家庭服务业发展，支持大型家庭服务企业运用连锁经营等方式到社区设立便民站点；推进社区诚信计量体系建设，继续实施以“便利消费进社区、便民服务进家庭”的社区商业“双进工程”，初步建立规划合理、结构均衡、竞争有序的社区商业体系。

具体而言，农村社区市场化服务供给功能，主要表现为为农业产业化发展提供产前、产中和产后服务，具体包括为农村社区居民提供的以下几类主要服务：

——产品供销服务。产品供销服务包括产品供销服务设施的供给和维护保养、对农业产业化的扶持、农机市场化服务、生产性基础设施的供给、种子统一供给、重大病虫害统防统治。

——科技服务。科技服务包括科技服务设施的供给和维护保养，农业科技服务与农业技术推广、家庭手工业与农村工业技术服务等。

——信息服务。信息服务包括信息服务设施的供给和维护保养，产品需求、劳动力需求、新技术等信息的收集、整理与供给等。

——金融服务。金融服务是指提供满足农村居民和社区组织需求的金融产品，包括融资服务、保险服务等。

二、当前农村社区服务的重点

农村社区服务是在政府的倡导和支持下、在社区范围内实施的具有福利性、互助性、综合性、地域性和公益性的各种社会服务活动。农村社区服务涉及面广，服务内容多，其中包括劳动就业、社会保险、社会服务、医疗卫生、计划生育、文体教育、社区安全、法制宣传、法律服务、法律援助、人民调解、邮政服务、科普宣传、流动人口服务管理等服务项目。从当前社区服务的内容和对象来看，最为迫切地是加强农村公共服务，推进基本公共服务的均等化；切实保障优抚对象、低收入群体、未成年人、老年人、残疾人等社会群体服务需求，为社会弱势群体提供生产和生活的安全保障。

（一）农村社区服务的重点内容

农村社区服务建设不应局限于成员生活服务，而应该定位于为农业生产、农村发展、社会管理和农民生活提供全方位的服务，以促进农村社区经济转型发展和现代化、农村社会和谐稳定为目标。通过农村社区公共服务建设逐步实现基本公共服务均等化，使城乡居民在生产生活基础设施、基础教育、基本医疗、社会保障、社会治安等方面享受到机会均等、结果大体相同的服务，并且让社会成员的自由选择权得到充分尊重。

1. 劳动就业。劳动关系是影响社区就业发展的重要因素之一，我国就业发展过程中劳动关系存在着很多问题，因此，建立富有弹性的、多层次的、人性化的劳动关系体系，使社区就业规范化，具有重要的现实意义。[①] 这就要求推进农村社区就业服务，加强农村社区劳动保障工作平台建设，通过提供就业再就业咨询、再就业培训、就业岗位信息服务和社区公益性岗位开发等，引导农村剩余劳动力有序转移，对就业困难人员提供针对性的服务和援助；结合社区居民物质文化生活需要开发就业岗位，挖掘社区潜在就业机会，提高就业稳定性；与此同时，还应积极探索建立信用社区、创业培训与小额担保贷款联动机制，为农村失地、失业人员自谋职业和自主创业创造条件；此外，在进行社区公共服务建设的过程中，还应建立就业与失业保险、农村居民最低生活保障工作联动机制，促进和帮助享受失业保险、最低生活保障待遇的相关人员尽快实现就业。

2. 社会保险。社会保险具有自身职能和专业优势，加强社会保险的创新和管理，无疑是帮助政府提高社会管理效率、提升社会保障水平的有效途径。[②] 这就要求贯彻广覆盖、保基本、多层次、可持续原则，加快健全农村社会保险体系；按照个人缴费、集体补助、政府补贴相结合的要求，建立新型农村社会养老保险制度；创造条件探索城乡养老保险制度有效衔接办法；做好被征地农民社会保障，做到先保后征，使被征地农民基本生活长期有保障；完善农村最低生活保障制度，加大中央和省级财政补助力度，做到应保尽保，不断提高保障标准和补助水平；全面落实农村五保供养政策，确保供养水平达到当地村民平均生活水平；完善农村受灾群众救助制度；落实好军烈属和伤残病退伍军人等优抚政策；发展以扶老、助残、救孤、济困、赈灾为重点的社会福利和慈善事业；发展农村老龄服务；加强农村残疾预防和残疾人康复工作，促进农村残疾人事业发展。

3. 社会服务。政府社会服务社区化是实现基本公共服务直达基层、贴近居民的现实需要。[③] 这就要求着力健全以城乡最低生活保障制度为核心，以农村五保供养、自然灾害救助、医疗救助、流浪乞讨人员救助制度为主要内容，以临时救助制度为补充的社会救助体系；以扶老、助残、救孤、济困为重点，逐步拓展社会福利的保障范围，推动社会福利由补缺型向适度普惠型转变，逐步提高国民福利水平；加强优抚安置工作；在社会救助方面，采取多种措施提高老年人、残疾人、未成年人和重病患者的保障水平；建立低收入家庭认定体系，健全收入核

---

① 朱伟、张宏：《我国社区就业劳动关系之探讨》，载于《特区经济》2009年第3期，第49页。

② 郭左践：《保险服务社会管理的机制创新》，载于《中国金融》2013年第7期，第103页。

③ 孔娜娜、陈伟东：《合力或抗力：政府社会服务社区化问题研究》，载于《贵州社会科学》2012年第12期，第96页。

查制度；依托社区综合服务平台，为社区居民提供公益便民利民社区服务；在基本养老服务方面，社区服务应适应人口老龄化趋势，有条件的地方可发放高龄老年人生活补贴和家庭经济困难的老年人养老补贴；此外，建立健全养老服务体系，鼓励居家养老，拓展社区养老服务功能，增强公益性养老服务机构服务能力也是不可忽视的一个重要方面；在优抚安置上，社区要落实和实现好社会优抚人员的各项政策，为他们提供各种便利措施。

4. 医疗卫生。公众满意度是社区卫生服务的核心价值所在。这就要求社区加强农村基本医疗卫生服务要坚持政府主导，整合城乡卫生资源，建立健全农村三级医疗卫生服务网络，完善社区卫生服务运行机制，向农村社区居民提供安全价廉的基本医疗服务，实现人人享有初级卫生保健的目标；加快农村社区卫生室建设，巩固和发展新型农村合作医疗制度，提高筹资标准和财政补助水平，坚持大病住院保障为主、兼顾门诊医疗保障；完善农村医疗救助制度，注重农村社区卫生人才队伍建设，定向免费培养培训农村卫生人才，妥善解决乡村医生补贴，完善城市医师支援农村制度；坚持预防为主，扩大农村免费公共卫生服务和免费免疫范围，加大地方病、传染病及人畜共患病防治力度；加强农村药品配送和监管；积极发展中医药和民族医药服务；加强农村妇幼保健，逐步推行住院分娩补助政策；坚持计划生育的基本国策，推进优生优育，稳定农村低生育水平，完善和落实计划生育奖励扶助制度，有效治理出生人口性别比偏高问题。

5. 文体教育。在市场经济日益活跃的今天，农民不仅要求生活富足，还迫切要求精神富有，即不仅要求物质温饱，还要求文化温饱，文化小康。[①] 这就要求社区：巩固农村义务教育普及成果，提高义务教育质量，改善农村学生营养状况，促进城乡义务教育均衡发展；发展农村社区学前教育、特殊教育和继续教育，加强农民技能培训，培养农村实用人才，提高农民科学文化素质；此外，还要增强农村社区公共文化服务，满足农民日益增长的精神文化需求；推进广播电视村村通、文化信息资源共享工程建设，为社区居民读书、阅报、健身、开展文艺活动提供场所；建立稳定的农村文化投入保障机制，尽快形成完备的农村公共文化服务体系；建立文化科技卫生“三下乡”长效机制；加强农村文物、非物质文化遗产、历史文化名镇名村保护；发展农村体育事业，开展农民健身活动。

6. 社区安全。社区治安是指在一定地域内对社会治安问题的治理，即基层政府和社区居民自治组织依靠社区群众，协同公安、司法机关，对涉及社区的社

---

① 聂德民、葛学梁：《农村社区文化现状的三级成因探讨及出路探寻》，载于《理论与改革》2003年第4期，第37页。

会秩序和人民群众生命财产安全依法进行治理的公共活动。这就要求社区加强农村社区安全服务，坚持服务农民、依靠农民，完善农村社会管理体制机制，深入开展平安创建活动，推进农村社区警务建设，实行群防群治，搞好社会治安综合治理；拓宽农村社情民意表达渠道，做好农村社区信访工作，加强人民调解，及时排查化解矛盾纠纷，切实把矛盾和问题解决在基层，化解在萌芽状态，实现“小事不出村，大事不出镇，矛盾不上交”的目标；建立健全农村社区应急管理体制，提高社区应对突发事件的能力；加强社区民族团结教育，巩固和发展平等团结互助和谐的民族关系；全面贯彻党的宗教工作基本方针，依法管理宗教事务；反对和制止利用宗教、宗族势力干预农村公共事务，坚决取缔邪教组织，严厉打击黑恶势力，保持农村社会和谐稳定。

（二）农村社区服务的重点人群

随着经济社会的快速发展，我国已经步入经济社会急剧转型期，由此也带来了一系列的社会问题，特别是社会中的一些特殊人群，已经成为影响社会和谐稳定发展的重要诱因。

1. 未成年人。在家庭生活日益社会化的今天，传统意义上所具备的生活和教育功能已经逐步退化。特别是在农村地区，伴随着城乡二元体制、被称为“制度性孤儿”的留守儿童出现的一系列问题已经成为社会关注的焦点。据全国妇联统计，全国留守儿童的人数约为5 800万，其中14岁以下的留守儿童超过4 000万[①]，社区服务也因此逐渐成为解决未成年人生活和教育问题的关键。在未成年人的生活方面，面临着幼儿托管、小学生接送、中小学生就餐以及课余时间托管等问题。现有的学校和家庭已经不能发挥这些服务功能，这就要求社区利用自身的资源，积极拓展自己的服务范围。在未成年人的教育上，社区应当根据不同年龄段的需求提供针对性的服务。针对部分由于各种原因导致的边缘不良少年，社区应该制订相应的矫正计划，通过家庭、学校、社区三位一体的帮教服务体系，引导他们尽快步入正常的发展轨道中去。

2. 老年人。由于生活面临各种困难，很多老年人对社区服务有不同程度的需求。[②] 据全国第六次人口普查数据显示，我国50岁以上乡村人口占乡村总人口的比例已经达到28%（见表8-1），老龄化趋势不可逆转。21世纪以来，随着现代化进程的不断加速，我国也开始步入老龄化时代，人口年龄结构失衡和经济

① 郭嘉、谢晓怡：《留守儿童：期许不再孤单》，载于《人民日报》2010年12月22日。

② 张凡：《对长春市城区老年人社区服务需求意向的调查》，载于《人口学刊》1991年第1期，第58页。

社会体制之间的矛盾日益加剧，特别是老年人退休后在身体健康、生活照料、文娱活动、法律保护等方面出现了一系列的空白或缺失，造成近年来老年人问题突出。目前，我国针对老年人的养老服务有社会通过福利院、敬老院等提供的集中养老模式和在家庭养老基础上的社区照顾养老模式两种。纯粹的社会养老和家庭养老已经不能满足农村养老的需要，日渐兴起的社区养老逐步成为老年人养老的一种理想模式。这种模式既方便照顾了老年人，又帮助家庭成员减轻了照顾压力。在社区老人健康服务方面，主要从生理健康和心理健康两个方面着手，通过一系列心理和保健讲座、适度体育锻炼、定期身体检查、送药上门等服务，为老年人排除身心障碍。在生活服务方面，针对老年人需求开办老年人用品商店，开展上门采购服务、“再就业”工程、“再婚”工程、老年大学等，满足老年人的生活和学习需求、愿望。在老年人文化娱乐方面，举办适当的有益于身心健康的文娱活动，促使老年人“老有所养、老有所乐”。在保障老年人权益方面，应针对老年人的特点，开办各种法律讲座，为老年人提高必要的法律援助，以维护他们的合法权益。

表 8-1　　全国乡村人口各年龄段分布状况

年龄	人口数（人）			合计占总人口比重（%）
	合计	男	女	
0~19 岁人口	173 312 088	93 100 132	80 211 956	26
20~49 岁人口	306 748 216	154 778 079	151 970 137	46
50 岁以上人口	182 745 019	91 410 110	91 334 909	28
乡村人口总计	662 805 323	339 288 321	323 517 002	100

3. 残疾人。由于残疾人在生理或者心理上不同于常人，因此常常会在求学、就业、生活等方方面面处于不利的地位。根据第二次全国残疾人抽样调查领导小组、国家统计局联合发布的第一批调查数据显示，全国各类残疾人为 8 296 万人，占全国人口的 6.34%。全国城镇残疾人口中，在业的残疾人为 297 万人，不在业的残疾人为 470 万人。全国农村残疾人口达 6 225 万人，占全国残疾总人口的 75.04%。农村残疾人口中，有 319 万人享受当地居民最低生活保障，占农村残疾人口总数的 5.12%；11.68% 的农村残疾人领取过定期或不定期的救济。为残疾人特别是农村残疾人提供服务，成为当今社会关注的焦点之一。传统的专业康复治疗由于花费高、社会化程度低并不能满足广大残疾人的需求，而社区康复成本低且能让残疾人群体感觉到社会的关爱以及物质、经济、法律等方方面面的帮助，能使残疾人群体更好地融入社会，社区康复成为未来的重要发展趋势。

表 8-2　全国残疾人康复需求与供给状况　单位：%

项目	医疗与救助	救助或扶持	辅助器具	康复训练
残疾人需求	72.78	67.78	38.56	27.69
已经提供服务	35.61	12.53	7.31	8.45
两者之差	37.17	55.25	31.25	19.24

资料来源：国家统计局、第二次全国残疾人抽样调查领导小组：《第二次全国残疾人抽样调查主要数据公报》，2007 年 5 月 28 日。

在日常生活方面，社区应为残疾群体提供必要的上门服务、婚介服务、公共设施服务，保障其正常的生活需求。根据第二次全国残疾人抽样调查，15 岁以上残疾人文盲达到了 3 591 万人，占全体残疾人的 43%（见表 8-3）。由此可见，在教育方面的缺失已经成为残疾人融入社会的主要障碍之一。因此，需要对伤残弱智儿童进行相应的基本生活技能、社会适应能力教育，对普通残疾人进行相应的技能培训、就业咨询、心理辅导教育并提供适合的就业机会，帮助他们在今后生活中更好地融入社会。社区在这方面有着不可替代的优势。

表 8-3　全国残疾人受教育程度

项目	小学程度	初中程度	高中程度	大学程度（大专及以上）	15 岁以上文盲	残疾人总数
数量（万人）	2 624	1 248	406	94	3 591	8 296
比例（%）	32	15	5	1	43	100

4. 贫困者。新中国成立以来，我国已经逐步建立起一套针对社会贫困人口的社会救助体系。但随着我国步入经济社会急剧转型期，农村贫困人口仍不能得到良好的扶助。扶贫对象规模大，相对贫困问题凸显，返贫现象时有发生，贫困地区特别是集中连片特殊困难地区（以下简称连片特困地区）发展相对滞后。根据《中国农村扶贫开发纲要（2011～2020 年）》① 数据显示，全国贫困人口仍有 2 688 万人，扶贫开发任务仍十分艰巨。一方面是由于政府部门没有认识到农村社会救助的重要性以及农村社会救助制度缺失；另一方面是单靠政府单一主体参与社会救助并不能够满足庞大贫困群体的基本生活需求，这就需要发挥农村社区针对农村贫困人口服务方面的作用。首先，需要社区内部建立针对贫困人口的社会救助制度，协助有关政府部门开展贫困人口的统计调查和救助工作。其次，社

① 中共中央、国务院：《中国农村扶贫开发纲要（2011～2020 年）》，2011 年 12 月 2 日。

区内部也要开展相应的社区互助活动，如针对不同贫困人群需求的“送温暖”活动；针对贫困家庭儿童教育问题的专项活动，调动社区甚至社会各个方面的力量参与到农村贫困人群的救助之中。

5. 失业者。2010年3月22日，时任国务院总理温家宝会见出席中国发展高层论坛2010年会的外方主要代表时指出：“我知道美国有200万失业人口，这让政府十分焦急，但中国失业人口有2亿！”中国有13亿人口，失业人口却有2亿，平均不到7个人中就有一人失业。这充分说明，失业问题已经成为我国经济社会发展的又一重大问题，而作为为广大居民提供服务的农村社区在这其中则能够发挥很大作用，特别是在社区再就业工程方面，作为最贴近群众生活的组织，有着不可替代的优势。在社区服务中心建设方面，依托社区服务中心，在全面掌握社区居民失业原因、技能特长、求职愿望等方面的具体情况之下，构建社区与企业之间的信息资源需求网络，成为推动失业人口再就业的关键。另外，社区服务中心还可以依托自身的信息资源优势，举办各种技能培训活动，将社会需求与失业者技能培训相结合，从而改善失业者的就业状况。在社区服务业发展方面，社区可以将社区服务与社区居民就业相结合，推动社区居民围绕福利服务、便民利民服务方面创业，提高其自我发展能力。在失业者救助方面，社区可以根据自身实际情况和失业人员具体情况，将失业人员的生活困难、子女教育、医疗卫生等需求与社区服务项目有机结合，努力将“解困”与“再就业”结合起来，推动经济社会协调发展。

6. 优抚对象。社会优抚对象主要包括革命烈士家属、牺牲病故军人家属、革命伤残军人家属、革命伤残军人、现役军人家属、复原退伍军人和其他特殊对象。[①] 社区作为这一群体的直接承载者，在其中应发挥更为重要的作用，将其作为自身一项基本任务融入日常工作当中去，让社会优抚对象感受家的温暖和关怀。社会优抚对象由于各种特殊原因，往往会在生理和心理上产生种种障碍，影响到他们的日常生活生产，并且这也直接关系到国家军队服役人员的心理状况和国防建设与国家的稳定安全。这就需要社区在为军民提供服务的过程中关注他们的特殊需求，在就业、住房、养老、教育、医疗等方面给予专门的服务，切实开展拥军优属和军民联谊活动为他们提供帮助。

① 于显洋：《社区概论》，中国人民大学出版社2006年版，第264页。

第二节　农村社区服务平台及服务体系

农村社区服务平台建设要坚持紧紧围绕“扩大公共服务，完善社会管理”；“促进社会公平正义”，“逐步实现基本公共服务均等化”；城乡居民共享改革发展成果，如期建成全面小康社会等重要目标，着力构建农村社区公共服务、互助服务和市场服务体系平台，建成农村社区服务体系正常运转的体制和机制，夯实社会主义新农村的坚实基础，促进农村社区全面发展。

一、农村社区服务平台的建置及类型

根据中央的要求，一些省市纷纷制订规划，加快推进农村社区建设全覆盖工作。如江苏省委省政府于2011年6月29日出台了《关于加强新形势下城乡社区建设的意见》，制定了《江苏省城乡和谐社区建设发展“十二五”规划》，将城乡和谐社区建设达标率先纳入《江苏省基本实现现代化指标体系》，并会同省财政厅下发了《江苏省城乡社区建设省级“以奖代补”专项资金补助办法》。截至2011年底，江苏省建成社区服务设施15 148个，其中社区服务中心1 727个，社区服务站6 558个，其他社区服务设施6 863个[①]，农村社区服务平台建设得到了前所未有的发展。湖北省委省政府2011年8月25日出台了《关于进一步加强社区建设的意见》，首次提出要规范社区公共服务站建设。截至2011年底，湖北省建成社区服务设施总数7 981个，其中社区服务中心552个，社区服务站2 027个，其他社区服务设施5 402个[②]。截至2011年底，山东省建成农村社区综合服务站点1.3万个，40个县（市、区）基本实现农村社区化服务与管理全覆盖。2011年全省城镇化率达到50.9%，越来越多的农民享受到了与城里人一样的公共服务和幸福生活。这些都表明，各地农村社区建设范围正在逐步扩大，农村社区服务平台建设正从试点和实验走向全面推进的新阶段。具体截至2012年第三季度我国各省（直辖市、自治区）社区服务设施情况如表8－4所示。

① 江苏省民政厅：《2011年4季度江苏民政事业统计报表（一）》，2012年5月15日。

② 湖北省民政厅：《2011年湖北民政事业统计4季度报表》，2012年2月9日。

表 8－4　　2012 年第三季度我国各省（直辖市、自治区）社区服务设施数量

单位：个

名称	社区服务设施合计	社区服务中心		社区服务站		其他社区服务设施	社区服务设施覆盖率（%）
		城市	农村	城市	农村		
全国	161 237	14 713	1 386	57 894	10 233	88 630	23.74
北京	9 507	181	5	5 358	2 700	3 968	142.19
天津	1 306	189	—	508	39	609	25.18
河北	5 189	283	10	1 133	93	3 773	9.95
山西	1 880	265	13	1 315	241	300	6.24
内蒙古	1 521	615	9	474	1	432	11.52
辽宁	3 890	611	8	2 142	20	1 137	26.12
吉林	419	281	29	138	—	—	3.78
黑龙江	2 175	502	22	1 319	40	345	18.53
上海	3 432	202	10	2 589	346	641	62.55
江苏	16 043	1 685	485	7 770	1 628	6 588	74.27
浙江	19 062	1 215	170	3 955	771	13 892	57.77
安徽	4 266	652	22	1 875	286	1 739	23.4
福建	2 062	362	10	1 365	38	335	12.4
江西	3 208	269	38	1 079	49	1 760	15.99
山东	22 155	945	148	8 467	335	12 743	28.35
河南	3 116	497	9	576	25	2 043	6.09
湖北	7 718	570	51	2 155	81	4 993	25.97
湖南	7 734	477	56	1 799	127	5 458	16.36
广东	22 050	1 716	110	4 011	700	16 323	85.44
广西	1 097	160	15	447	11	490	6.82
海南	70	1	—	69	1	—	2.31
重庆	3 758	300	6	1 781	59	1 677	34.24

续表

名称	社区服务设施合计	社区服务中心		社区服务站		其他社区服务设施	社区服务设施覆盖率（%）
		城市	农村	城市	农村		
四川	3 724	785	19	1 770	116	1 169	7.04
贵州	6 613	198	1	218	2	6 197	33.72
云南	634	87	2	537	48	10	4.49
西藏	29	28	—	1	—	—	0.53
陕西	2 765	494	127	1 907	133	364	9.57
甘肃	2 450	326	11	1 611	291	513	14.13
青海	151	112	—	39	—	—	3.29
宁夏	1 207	61	—	344	51	802	43.86
新疆	2 006	544	—	1 142	1	320	17.63

资料来源：中华人民共和国民政部：《2012年三季度各省社会服务业统计数据》，2012年10月26日。

全国各地农村社区服务平台的空间布局及类型多种多样。山东省胶南市绝大多数地区、新疆维吾尔自治区的北疆等地实行“一村一平台”建设模式，湖北省初步形成了“一村一平台、社区设小区”的建设模式；山东省诸城市以“多村一平台”、“中心村设平台”的布局来规划和建设社区服务；青岛以胶州市龙镇为代表，比较注重乡（镇）村“三级服务网络”平台建设；江西省形成了“村落（寨）平台”的特色；海南省在新农村建设中，以生态文明村建设为平台，形成了自然群落“区片联创”的格局。农村社区服务平台的空间布局类型或模式上的差异，是不同的区域文化、村落传统、规划理念以及政府财政实力的综合反映。

（一）“一村一平台”模式

村的沿革历史悠久（如西北地区游牧部落定居而成村、有的自公社时期至今村域边界一直未变），社区居民归属感与认同感强烈，是一个较为完整的社会生活共同体。社区建设规划关系到社区范围的划定，关系到工作能否顺利健康地发展，也影响到公共服务平台的建设。① 自1988年至今，经过20多年的建设发展和不断完善，村民自治的体制、机制以及村域社区生产生活管理和服务网络平台

① 李秀忠：《我国农村社区建设公共服务覆盖机制问题探讨》，载于《东岳论丛》2013年第2期，第150页。

日臻完善和成熟。21 世纪以来，新一轮建制村调整整合渐成趋势，目前大规模合村并组已经基本结束，村建制将趋于基本稳定。这些条件都有利于“一村一平台”模式的发展。

“一村一平台”模式的主要做法和特色是：第一，社区设置与建制村合一，在村域中心地段改造和建设一定面积的社区服务大厅或邻里服务中心；同时，完善“两委”办公、村民议事、文化教育、图书资料、广播和远程教育、社保救助、社区警务、医疗计生、文体活动等室（站、场）基础设施。第二，村民委员会自治管理服务与社区服务职能合一，以村两委干部为主体，动员和组建社区服务志愿者队伍或政府购买公益岗位，解决社区服务人员配置，依托服务大厅或邻里中心，为社区成员提供生产生活的基本公共服务和市场化服务。第三，中心之下，按“地域相近、人缘相亲、利益紧密、联系方便、村民自愿”的原则，或者以自然村落或者以村民小组为单元，在社区设小区，村民在小区内实行自治，主要发展社区互助服务。

“一村一平台”可以充分利用现有村级组织资源，利用社区政治、经济和社会资源，从而减少社区动荡、降低建设和运转成本，有序推进。因此，“一村一平台”模式是当前我国农村社区建设规划布局的主要选择。但“一村一平台”模式需要正确理顺社区与村民委员会、合作社等现有村级正式组织的关系，其中一些问题还涉及现有法律（村民委员会组织法、专业合作社法）的调整问题，在政府强力推动的背景下，村级社区服务平台建设极易步入“换牌子”的形式主义窠臼。同时，“一村一平台”并不适合所有地区，需要探索适合不同地域的新形式。

（二）“多村一平台”模式

在我国东部沿海经济发达的农村地区和一部分人口密度较大的中西部平原地区，形成了以一个中心村为主体，带动周边多个建制村的特定地域范围内的生活共同体，从而形成了多村一社区的格局，在社区服务平台建设上也因此形成了“多村一平台”模式。通过完善农村社区服务缩短城乡差别，并不意味着我们建设农村社区就是要把农村变成城市、把农村社区变成城市社区，但是农村社区与城市社区相比在享受公共服务方面存在的差别，最终一定要通过农村社区建设而取消。[①]

“多村一平台”模式的主要做法和特色是：第一，在中心村或原有的乡村之间的管理片，设立社区服务中心，由中心村社区提供公共服务和市场化服务；中

① 徐付群：《完善服务是农村社区建设的重点》，载于《乡镇论坛》2008 年第 14 期，第 1 页。

心村之外的村作为中心社区的小区建设，村民在小区内实行自治，构建互助服务平台，并提供部分市场化服务。第二，每个中心村社区安排 7 人左右的服务人员，纳入乡镇干部管理体制。第三，组建中心社区党总支和社区发展协调委员会，规范其职能——社区服务中心，不是一级行政机构、与所服务的村不是隶属关系、不干涉村级日常事务，具体承接、延伸与协调各村政务服务、公共服务和市场服务。

诸城市将现有 1 257 个建制村规划为 208 个社区服务中心。事实上，我们考察的中心社区都建立在原设立在乡村之间的“管理片”上。构建社区服务（大厅）中心，健全内设机构。诸城市已建成的农村社区，一般都设立“一厅八站”，即一站式服务大厅和社区医疗、社区环卫、文教体育、人口计生、社会保障、社区警务、灾害应急、社区志愿者等 8 个服务站（室）。大多数服务大厅都悬挂本社区的“社标”，排列 7～8 个服务窗口，其余如村民议事（会议）大厅、图书室或农家书屋、社区医务室、老年之家、幼儿园、文体娱乐室、农资超市、慈善超市，条件好的社区还有电子图书室、交通和治安电子监控室、百货超市、计生茶座、书画研究室等。农村社区服务中心大多面积不低于 300 平方米，条件好的上千平方米，配备工作与服务人员。诸城市的中心村社区一般配备 7 名工作和服务人员，这些人员主要从乡镇机关选派、从村干部中选拔。诸城市还规定，乡镇（街道）提拔干部，提拔对象至少要有半年以上农村社区工作经历。实行农村社区化服务后，大批机关工作人员进入社区，在为农村服务的过程中，转变作风，增强了服务的自觉性，把城市社区的服务理念和做法延伸到农村。诸城市提出，“要为 1 257 个村提供城市社区式一揽子服务”。诸城市财政对先期建设试点的每个农村社区给予 20 万元的扶持，对建成后的农村社区，每个社区每年补助 5 万元运行经费。每个社区的服务大厅都能看到各式服务手册（彩色折叠式印刷品），服务项目有：暂住人口申报服务，计划生育服务（包括一孩生育免费登记、二孩生育审批和独生子女办证等服务），民事调解服务，卫生许可申办服务，企业代办服务，外商投资服务等。

（三）“三级网络平台”模式

自 2006 年党中央提出建设农村社区的战略目标以来，各地从试点试验到重点推广掀起了农村社区建设的热潮。[①] 农村社区服务网络化平台建设模式是充分利用现有行政层级网络平台和组织资源，整合乡（镇）、中心村或管理片、村民

① 安彩英：《阶段与转换：政府在农村社区建设中的角色思考》，载于《理论与改革》2013 年第 1 期，第 87 页。

委员会的服务职能和手段，构建的多层级分工负责的服务网络平台。社区服务网络化供给模式是城市社区服务功能向农村社区延伸和互动的一种有效形式，有利于形成城乡一体、基本均等的城乡社区服务平台。

“三层级服务网络平台”模式的主要做法及特色是：第一，乡镇政府牵头整合“七站八所”的服务职能和资源，构建乡镇层面的一站式便民服务中心，使之成为农村社区服务平台的龙头。第二，在中心村或管理片建设农村社区服务站，其服务人员主要由乡镇政府派出，或政府购买公益岗位。第三，在村组设立社区服务室和服务岗。如青岛胶州市九龙镇总面积 72 平方公里，现辖 50 个建制村，3.1 万人。在农村社区服务平台建设中，九龙镇构建了以镇便民服务中心为龙头、管区集中受理和村庄代理的农村社区三层级服务网络平台。镇便民服务中心是农村社区服务平台的龙头。该中心设立便民服务值班领导以及纪委、妇联、组织办、户籍室、司法所、财政所、农业办公室、劳动保障中心、经管审计中心、社会稳定中心、合作医疗办公室、社会事务办公室、外商投资服务中心、农业科技服务中心、计划生育服务中心、镇村建设文化服务中心等服务窗口。在全镇原有的 7 个管区设立便民服务受理室。在村一级建立服务岗，根据村庄大小，每村配备 2 名服务代办员，一般由村文书和计生主任兼任。开通便民服务直通车，始发站设在便民服务窗口，通过便民服务电话、服务信箱和服务网站等途径，收集需要上门服务的相关信息，登记分类后统筹安排出车，重点对老弱病残、行动不便的社会弱势群体提供直通车服务。三层级服务网络平台，使九龙全镇上下形成了农村社区服务运转平台和一条龙式的服务链。

（四）“中心加村落平台”模式

江西省是全国最早开展农村社区建设的省份之一。自 2003 年开始，把社区建设重点放在村落社区及其服务平台建设上。江西省的主要做法是：第一，农村社区建设布局定位以自然村为单元。江西省开始进行农村社区建设时，曾经将社区布局设定建制村社区，但江西省村落分散，1 个建制村往往由 8 ~ 10 个自然村组成，实行一村一平台，使得社区服务幅度过宽，众多服务无法满足村民需要。而且，同一村落的血缘、亲缘、地缘纽带，使之利益需求比较一致，有较强的认同感、责任感，开展社区服务容易组织，形成共识与合力，也最容易见成效。第二，充分利用农村闲置房地产建立村落社区服务中心。江西省的农村有许多闲置房产，如宗族祠堂、校舍、仓库、民居等。通过充分利用这些社会资源，建立村落社区服务中心，并在中心内开辟各种服务场所。一般而言，每个村落社区开辟了志愿者协会办公室、社区学校、图书阅览室、文体活动室。村落社区服务中心都有专人管理并坚持天天开放。

（五）“分片组建平台”模式

分片组建社区服务平台是在一定区域内组合若干自然村联合建设一个服务中心。如海南省充分考量村落的地理环境、房屋建筑特色、自然风貌、人文景观、民俗风情等，把若干个自然村落系统联片成一个群落，实行“区片联创”。在自然村群落的中心位置选定中心村，建设社区服务中心，自然村群落共享公共设施及资源，其主要设施包括农民文化活动室、图书室、医务室、警务室，农民休闲娱乐广场，运动场（海南农村排球活动普及且有水平），戏台（海南农民喜爱琼剧）。“区片联创”降低了新农村建设成本，避免了拆迁对传统民居、环境以及村落文化的破坏，同时共建、共享和集约利用了公共资源。“区片联创”不囿于行政区域界线，照顾自然村群落关系的历史渊源，根据“地域相近、联系方便、村民自愿”的原则自行组合。它是在自然村群落的中心位置选定中心村，建设社区服务中心以及公共服务和服务业基础设施，承担联片社区的主体服务功能，其他各自然村一方面共建、共享中心社区的公共资源和服务，另一方面完善现有基础设施和服务功能，弥补中心社区服务的缺陷，构筑自然村群落社区特色各具、功能互补、分工协作的完整服务平台。自然村群落“区片联创”服务平台的特色在于：以自然村为单位创建，但不囿于村落社区；不强调农民向中心村、社区或小城镇集中，但却充分考量自然村群落系统联片，共建、共享和集约利用公共设施及资源。自然村群落“区片联创”模式，既可以避免以自然村落为单元建设社区服务平台的资源利用效率较低的问题，也可以避免过分强调建制村的完整性导致部分自然村落无法享受足够的社区服务的问题，这种做法值得类似区域借鉴。

（六）分类分设平台

上海市浦东新区在乡镇分别设立三个服务中心，即社区事务受理中心、农村社区卫生中心以及社区文化中心。通过对事关民生的这三个中心和服务平台的进一步统筹管理，实现了公共服务的全覆盖与便利化。首先是实现社区事务受理中心“一站式”运作机制的全覆盖。按照“基本服务项目、运行机制、管理模式、服务规范、标志标识”统一的要求，11 个镇社区事务受理服务中心初步完成标准化建设目标，并在川沙和曹路设立 6 个受理分中心。11 个镇社区事务受理服务中心平均面积 1 540 平方米，并建立了 20 个服务延伸点。其次是统筹农村社区卫生中心建设。建立并实施市、区两级医疗机构支援农村卫生工作制度，建立医疗联合体，探索双向资源共享和双向转诊。推进农村新型合作医疗政策调整，即合作医疗管理体制、筹资渠道不变，筹集、补偿标准统一，筹集、补偿标准提高。加大社区卫生设施投入，全面完成村卫生室标准化建设。进一步完善“家庭养老、居家养老、机构养老”相结合的养老模式，加大养老设施建设的扶持力度，加大卫生医疗服务进养老机构的扶持力度，为入住老人提供医疗便利服务。11 个镇社区卫生中心平均面积 5 798 平方米，并建立了 138 个服务延伸点。最后是加快推进社区文化中心的建设。通过推进农村社区体育事业发展与村综合文化活动室的建设，基本实现了“镇上建苑（健身苑）、村村建点（健身点）”。浦东新区的 11 个镇社区文化中心平均面积达到 3 630 平方米，并建立了共计 400 多片的体育活动场地。

二、农村社区服务体系及模式

推行农村社区服务平台建设，可以有效承接基本公共服务从城市向农村的延伸，逐步改变农村公共服务边缘化的问题。但是，当前的农村社区服务平台建设仍处于初级探索阶段，其运作方式与服务流程仍需要不断地完善。针对不同服务项目、服务对象的特点，在建设农村社区服务平台的同时还应制定与之相适应的规范性运行模式，以利于具体服务工作的良好有序开展，达到为社区居民提供优质服务的目的。

目前，农村社区的服务方式主要有以下几种：依托社区服务中心（站）的一站式服务、依托现代信息技术的网络式服务、依托营利组织的政府购买式服务、依托非营利组织的志愿式服务。

（一）一站式服务

“一站式服务”原为欧美国家的商业概念，即商家为赢得消费者，不断扩大经营规模和商品种类，尽最大努力满足消费者的购物所需而不需东奔西跑，其实质就是服务的集成、整合。随着我国社区建设的不断推进，“一站式服务”在社区建设中被广泛采纳。“社区服务中心（站）一站式服务”意味着只要居民有需求，进入所在的社区服务中心，所有的问题基本都可以解决或者由社区服务中心工作人员代办，社区居民本身没有必要亲自再找其他政府机关办理有关手续。如湖北鄂州市建立“1+8”社区综合服务中心。“1”是指社区综合办公场所；“8”是指社区综合服务中心具有便民服务、综治维稳、文体活动、就业培训、卫生服务、计划生育、农村党员群众电教培训和村级综合服务等 8 项服务功能。近年来，该市“1+8”社区综合服务中心不断创新服务方式，形成了以公共服务为重点，以生产生活服务为补充的社区综合服务体系。山东省青岛市九龙镇则探索了“一窗受理、内部运作、三级联动、分层服务”的模式。九龙镇将辖区所有服务分类为98项，实行一个窗口对外，一体化办公，一站式服务。中心对服务对象设一个受理窗口，按照窗口受理登记、分流交办、跟踪督办、各部门承办、主要事项领导批办、情况反馈和处结后窗口归档等七个环节进行。为方便农民、政务服务公开和跟踪督查，每一个服务窗口都张贴“便民服务承诺”和服务人员（照片、姓名、职责等）监督岗，还开通了“九龙镇便民服务中心”网站，开发了一套基于互联网的管理系统，设立网上信箱、网上服务等。温州市实行多村一社区模式，在社区设立综合性社区服务中心（站），向居民提供一站式服务（参见图8－1）。

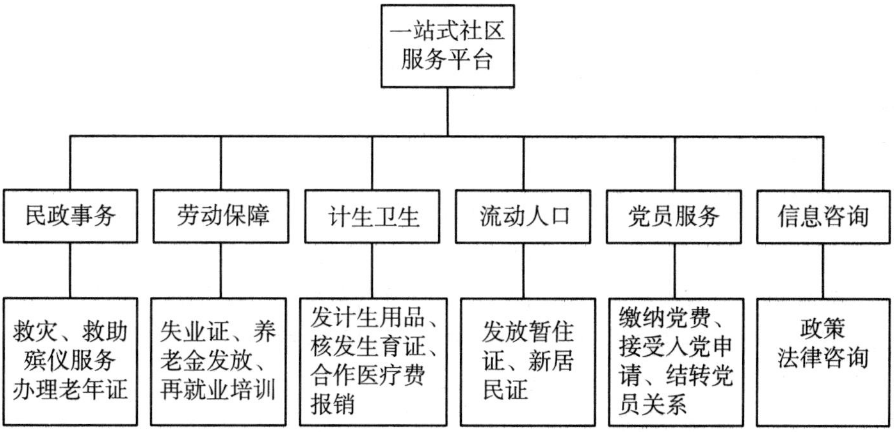

图8－1　温州市文成县一站式服务平台设置

（二）分层式服务

分层式服务是指在农村社区服务提供的过程中，利用当前已有的行政层级网络，发挥乡镇、管理片区、村民委员会的服务职能，从而实现各类服务资源的有效整合。这种把农村社区服务功能分解到不同层级，形成多层级服务平台，上下联动、一体化办公的平台和机制，可以有效地实现社会管理服务，将各项工作迅速而有效地落实到最基层，可能是未来我国农村社区服务平台发展的一种趋势。分层式服务的重点是构建起社区服务中心—社区服务站（室）—社区服务点三级服务网络。三级网络之间没有行政隶属关系，各机构之间在服务对象上是整体与部分的关系；在服务内容上是相互延伸和承接的关系；在服务功能上是互补与协调的关系。

1. 在乡镇设立农村社区服务中心。在乡镇设立农村社区服务中心，建立一站式综合服务大厅，组织乡镇干部和整合“七站八所”等管理和服务职能部门，在综合服务大厅设立相应服务窗口，为农民、农村个体户、中小企业、合作经济组织等新经济主体，提供生产生活管理服务等基本公共服务。乡镇农村社区服务中心是乡镇政府下属的向农村社区居民提供相关服务的专门机构，不仅直接为辖区内居民提供相关服务，同时为辖区内其他社区服务组织提供指导、协调服务。

2. 在管理片区、中心村和建制村设立社区服务站（室）。采用管理片区模式的乡镇，在管理片区设立农村社区服务站，管理片区农村社区服务站的性质与乡镇农村社区服务中心一致；采用以中心村带周边村的管理模式，在中心村设农村社区服务站，若以管理片区或中心村带周边建制村为单元设立统一农村社区，则管理片区或中心村社区服务站为社区内部服务机构，直接为社区居民提供公共服务。以建制村为单元设社区的区域，在建制村设社区服务站（室），村社区服务室为社区内部服务机构。农村社区服务站（室）下设综合服务大厅，组织村党支部、村民委员会的干部以及公益岗位的工作人员、志愿者等开展社区管理自治、生产生活及代理代办服务。

在村民小组、自然村寨设立社区服务点。以管理片区和中心村带周边村为单元设立统一社区的，社区内的各建制村设社区服务点；以建制村为单元设社区的，在村民小组或自然村寨设服务点。各服务点组织村小组干部和民间服务组织及志愿者，延伸和落实中心社区和建制村社区的相关服务。

（三）“一网式”服务

21 世纪是知识经济的时代，也是信息技术快速发展的时代，由于现代信息技术具有快速、便捷、高效等特点，已经被社会各行各业广泛采纳，渗透到人们日常生活的方方面面。农村社区的现代信息化建设也成为日后发展的重要方面，特别是通过现代的信息技术，运用网络、电话、电视等具体可操作的媒介，为社区居民提供方便快捷的服务，实现“一网式”服务，满足人们日益增长的物质文化需求。中共湖北省委、湖北省人民政府于 2007 年 2 月 4 日联合下发了《关于深化社区建设推进社区服务工作的若干意见》，其中明确指出，要积极进行社区综合信息平台，建立覆盖全省所有社区的由管理信息系统、以城市为单元的社区服务信息网站和社区服务热线系统等构成的社区管理与服务网络系统；加强和完善社区综合信息平台建设，促进政府转变职能、规范社区工作、提高社区管理和服务水平；按照统一规划、统一标准、统一建设的原则，充分利用、整合各级政府现有的信息网络资源，以居民信息为基础，以社区为终端、市州为连接、省为中心，建设全省社区管理信息系统，实现全省各级政府、相关部门信息资源共享和协同服务；以城市为单元，建设社区服务信息网站和服务热线系统，不断提高社区服务的现代化水平。如今，这一系统正在一些农村社区推行。

社区服务信息化建设工程主要包括：建立居民、家庭、社会组织、社区活动电子档案，实现社区服务队伍、服务人员、服务对象信息数字化，改进信息技术装备条件，完善社区服务设施网络环境，并逐步规范化、标准化，形成互联、互通、共享的信息服务系统。推进社区服务信息化建设，社区服务中心、社区服务站接入宽带网络，建立社区同步信息网络环境成为其中的关键环节。加大对社区网络和信息资源的整合，建立起覆盖县（市）或更大范围的社区综合信息管理和服务平台，从而保障数据一次采集、资源多方共享，进一步凸显信息化服务的优势。在面向社会公众和企事业单位服务的流程中，要逐步实现行政管理、社会事务、便民服务等社区管理与服务一体化，逐步健全新型社区管理和服务模式。

（四）组团式服务

组团式服务最早起源于浙江省舟山市的实践经验。在原有社区服务的基础上，将家庭作为社会管理服务的基本单位，将社区组织划分成网格，继而进行社会公共资源的整合，通过网格服务团队的模式推进社会服务工作，实现社区服务的多元化、精细化及个性化。

组团式服务模式是对过往社区服务的大胆创新和创造。首先，组团式服务改变了以往被动式服务理念。之前农村地区自上而下的公共服务供给机制往往带有很强的行政性、指令性、单一性，导致了供需信息的不对称，村民只能被动地接受服务，缺乏对公共服务的参与性和选择性。而组团式服务则要求服务团队深入乡村社区，及时收集农村居民对公共服务的需求信息，并制定与之相对应的服务内容。其次，组团式服务实现了服务方式向现代化的迈进。传统农村服务采用的多是档案、台账等方式，而组团式服务则充分利用现代信息技术，将数据库、短信互动平台等运用到日常工作之中，不断提高管理服务的精细化水平，实现办公效率的提升。2008 年开始，浙江省全面推进农村社区服务中心建设，诸暨市是“枫桥经验”（见图 8 - 2）的发源地。在推广舟山市“网格化管理、组团式服务”经验后，全省进一步规范和创新了“网格化管理、组团式服务”工作，尤其是结合农村社区服务中心建设，重点突出组团式服务。

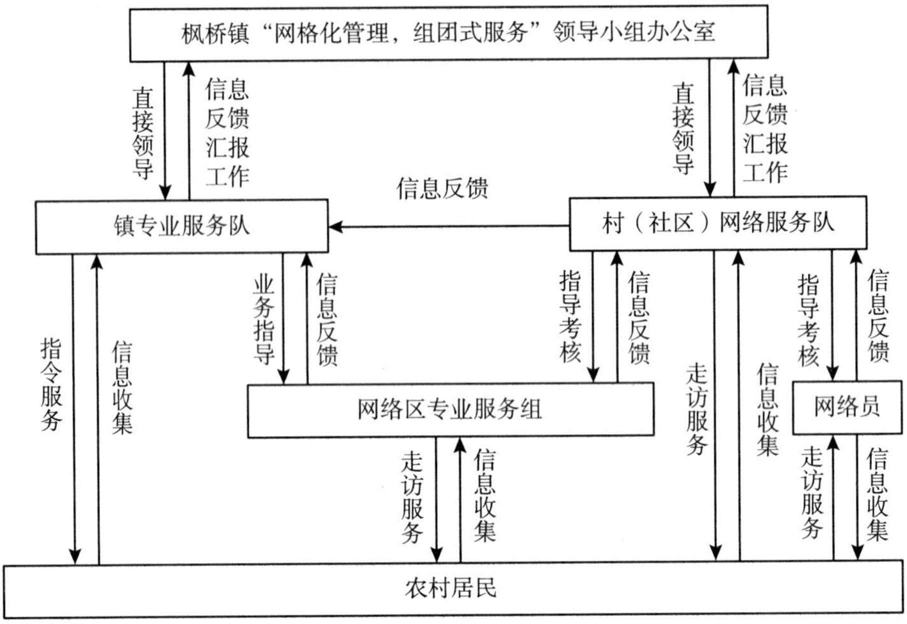

图 8-2　浙江省枫桥镇“网格化管理，组团式服务”

（五）下派式服务

下派式服务是指上级部门下派人员服务，或者直接设立政府性服务中心，提供服务。设立的社区服务中心或其他社区服务组织，不具有一级行政管理机构的性质，不干涉村级内部事务，也不是以生产经营为主的经营性组织。社区服务中心的职能定位是服务，它是协助他人克服个人和社会问题，促进人际关系，从而改善生活环境、解决社会矛盾的机构。作为社区提供服务的主要机构和平台，社区服务中心内设一个办事服务厅和若干个服务站室，这些社区服务部门由上级部门下派人员组成，或者直接由政府设立。社区服务中心协调有关社会服务组织；承担政府委托的社会事务等方面的管理和服务项目，如卫生体育、教育科普、计划生育等工作；负责政府委托的社区服务项目招投标的相关工作；开展便民利民、文化娱乐等服务；提供政务信息、便民服务信息等咨询服务；推进社区建设的窗口式服务让大家感受到社区的关爱。社区工作人员通过个案工作、小组工作、社区工作，提供不同类别的服务。

（六）购买式服务

政府购买服务是政府实现公共服务的重要形式，是指政府不直接向有需要的社区居民提供公共服务，而是由营利性的社会服务机构向社区居民提供服务、由政府支付资金的社区服务方式。以广东省为例，广东省人民政府于 2007 年印发了《关于加强和改进社区服务工作的意见》，制定了社区公共服务的项目和服务标准，并且指出，可以采用向市场购买的方式为社区居民提供公共服务。目前广东省社区公共服务中的公共卫生、体育、计生、残疾人服务、居家养老等项目均采用政府购买服务的方式。很多地方已经开始建立居民需求、政府购买、市场提供、项目运作、资金补贴的新型社区服务体系，进一步扩展了社区服务提供主体，激发了社会活力，提高了社区居民的服务水平。基于经济社会快速发展和人们日益增长的物质文化需求，依托盈利组织的政府购买式服务，对社区组织开展的公益性服务和社会力量兴办的微利服务给予政策和资金扶持，成为完善社区公共服务的重要推手。

社区购买服务的方式，需要建立“政府、社区、居民、购买对象”四者之间的有机服务机制，其中政府部门各项政策发挥着极其重要的作用。对于政府购买服务，应进一步健全购买服务运行机制和评估体系，不断完善购买服务的实施流程，使这些项目的购买服务更加规范、更加高效地进行。同时应扩大类似青少年教育、残疾人康复、社会保障、劳动保障、司法调解、社区教育等适合向社会购买的服务。在确立购买服务前要对提供购买服务的主体进行深入的调查研究，分析其服务成本和标准，规划服务总量，细化购买流程，并制定实施细则，审核通过后才能推广。

（七）志愿者服务

非营利组织是社区服务的一支重要力量。2011 年 12 月 20 日，国务院办公厅印发了《关于社区服务体系建设规划（2011 ~ 2015 年）的通知》，其中明确指出，要加大社区志愿式服务活动的开展，开发应用社区志愿者注册登记系统，注册社区志愿者达到本地区居民总数的 10% 以上，每个社区拥有 5 支以上志愿者服务队伍。对于社区居民成立的慈善组织、群众性文体组织、科普组织和为老年人、残疾人、困难群众提供生活服务的社区民间组织，民政部门应积极支持其开展社区服务活动，将社区非营利组织依法纳入备案范围，加强引导和管理，使其在政府和社区居委会的指导和监督下有序开展服务活动。有条件的地方，可以把部分社区服务公共设施交由民间组织使用，或为从事公共服务和公益慈善事业的民间组织提供必要的活动场所和办公经费。

全面推行社区志愿者注册制度和服务认证制度，特别是要加强对社区志愿服务人员的专业技能教育培训，建立完善的服务评估体系和服务认证体系，针对服务效果进行相应的补贴，并使参与志愿服务的人员能够在今后有相应需求时及时得到帮助。在“十二五”期间，国务院办公厅提出了“一社区一名大学生”政策，实施50万大学生服务社区计划，支持社区服务人员参加各种职业资格考试和学历教育，对社区服务人员进行系统培训，每名社区服务人员至少培训1次；坚持政府倡导、社会化运作模式，积极动员共产党员、共青团员、公务员、专业技术人员、教师、青少年学生以及身体健康的离退休人员加入志愿服务队伍，优化志愿人员结构，壮大志愿人员力量，促进社区服务和社会福利事业的健康发展；规范社区志愿行动，加强社区志愿管理，引导社区志愿服务重点放在福利性、公益性服务等方面，以社区老年人、未成年人、外来务工人员、下岗失业人员、残疾人和低收入家庭为重点服务对象，把社区救助、慈善公益、优抚助残、敬老扶幼、治安巡逻、环境保护、社区矫正、科普咨询和法律援助等作为重点服务领域，充分发挥社区志愿服务的作用，使社区志愿服务真正满足居民最迫切的需要，促进社区的和谐发展。

（八）经营性服务

经营性服务是社区在确保公益性服务的前提下，为普通居民群众提供的抵偿、有偿服务。如在社区内设置便民网点，在服务项目较为集中的街巷，形成“社区服务一条街”，同时不断引导更多受欢迎的服务项目到服务街上来，为居民提供集中式服务。

社区服务作为朝阳产业，经过几年的实践与探索，已经初步形成了比较规范的服务体系，服务功能实现了由单一型向综合型、粗放型向集约型、被动应付型向主动创造型的转变。[①] 随着现代社区服务模式的不断创新，农村社区建设快速发展，人们的生活水平也在不断提升，思想认识和观念更加多元和开放，除去一些基本的社区公共服务之外，越来越丰富的有偿社区服务进入到社区服务体系中，社区市场化服务有着良好的发展前景。在综合建设各类公益性社区服务的基础上，有条件地进行经营性社区服务建设，不仅可以满足更广泛的群体对不同种类公共服务的需求，也可以在一定程度上为社区开源创收，增加财政收入，进而更大力度地投资于群众关心的基础设施，实现良性循环。

三、农村社区服务流程与方法

农村社区服务中心不仅要及时地采集并获得社区内全体的基本信息和需求，并要求能够有效地帮助其办理各项事务，为其提供便捷、高效的服务。一般情况

① 周静韬：《对油田社区有偿服务的思考》，载于《工会论坛》2005年第5期，第91页。

下，社区服务中心主要负责社区内的医疗卫生、文化教育、计划生育、就业保障、培育社区组织等最基本的服务事项。在某种程度上来说，农村社区服务中心的服务质量，直接影响到社区居民的生活质量和幸福指数。因此，逐步完善农村社区服务工作的流程，成为健全农村社区服务体系的重要方面。农村社区的服务流程与农村社区所享有的权力息息相关，推广"一站式"服务就是要在进一步扩大明晰社区职权的基础上，推动社区建设发展。一般情况下，农村社区各项事务的运作都是采取县（市、区）政府、乡（镇）政府、社区服务中心（站）的三级运作模式。县（市、区）政府以文件、通知等形式向乡（镇）政府、街道办事处下达工作任务；乡（镇）政府、街道办事处向社区工作站传达工作任务并指导其开展具体社区事务；社区服务中心（站）把相关社区事务以信息数据、总结报告等形式上报乡（镇）政府、街道办事处，并接受其工作监督；社区服务中心（站）汇集、总结社区事务办理情况并向县（市、区）政府上报。这一运作模式在实际工作中有利有弊。其利在于能够合理运用上下级关系，较有效率地传达及完成相关的社区事务，方便监督工作完成情况；同时，方便居民集中办理各项事务，也避免了市场运作带来的不稳定和利益瓜分。其弊端在于社区工作站承担了大量行政事务，工作站的自主权较低，缺乏计划性，疲于奔命，不利于工作站开展实务工作及进行工作方式的创新，工作质量也难以保证。另外，政府部门包揽全部服务，使工作和服务效率低下，并导致机构及人员膨胀问题的出现。

从当前农村社区公共服务的特点来看，社区公共服务应该向规范化、科学化方向发展，并能保证服务效率。居民在接受具体公共服务时应该遵循一定的工作流程（见图8-3）。首先，由需要服务项目的当事人到社区公共服务平台申请相关服务（特殊情况下，也可通过电话、电子邮件等形式与社区工作人员取得联系）。其次，社区公共服务平台工作人员对当事人的相关资质进行初审，对符合条件的按照相关服务流程立即给予办理，对那些不符合办理条件或者无政策依据的业务，应该请示相关领导，并及时地答复当事人，按照相关要求进行处理，或在平台给予办理，或转交其他相关部门处理。最后，对办理完成的各项服务事务应该一一记录，并整理归档，以备查阅。

根据农村社区的事权，农村社区主要肩负着信息服务、社区的整体规划、土地服务、计生服务、民政事务服务、劳动保障服务等功能，据此可以将其服务流程具体分为以下几大类：

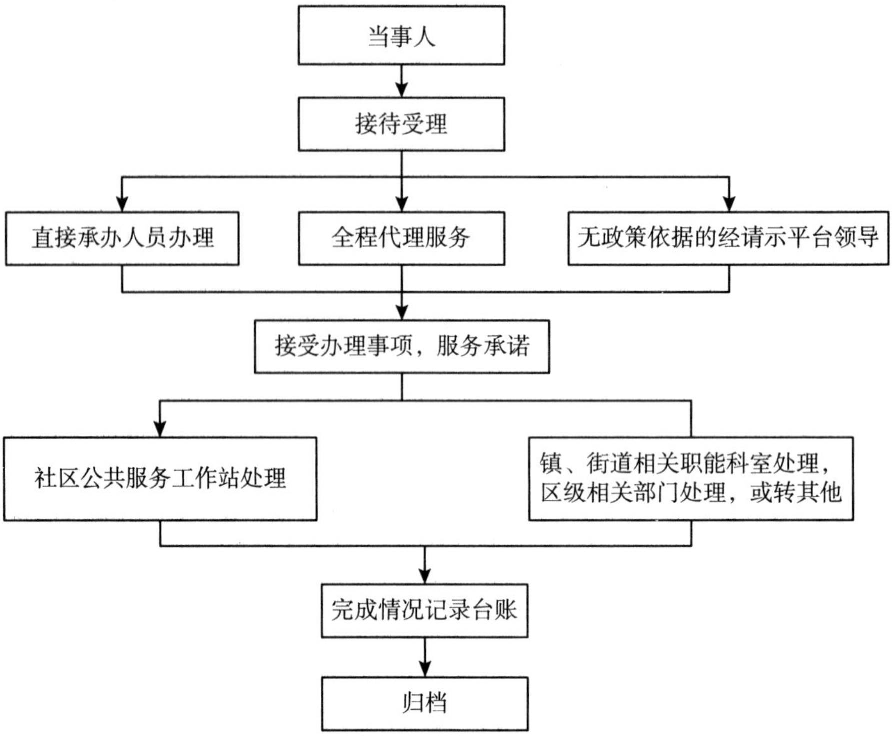

图8－3　农村社区一般工作服务流程

（一）信息服务

随着信息时代的来临，信息服务已经成为农村社区服务中的重要方面。一方面，需要不断提高社区内有线电视、互联网等数字化信息覆盖面；另一方面，要积极发挥宣传展板、发放彩页、集中演示等功能，向居民进行“数字兴农”信息服务功能宣传，使居民了解“数字兴农”的信息发布、广播、电话等功能，以文字、表格、电视字幕等形式发布本辖区范围内的通知公告、动态新闻、组织结构、村务公开、财务公开、紧急通告等相关信息（见图8－4）。

社区服务平台还应做好处理各种紧急事件信息发布的措施。当突发事件或重大自然灾害出现时，可能网络不能使用，电视断电后无法开机，居民无法在第一时间接收相关信息，而应急广播和应急短信则可以让社区居民改变这种“睁眼瞎”的困境。社区应急广播接收装置应具有太阳能充电、手摇发电等功能，可以在较为恶劣的条件下确保将预警信息及时发布到千家万户，并随时告知具体灾情，方便居民积极主动应对。它还应该能作为临时电源，为居民的手机充电，帮助居民与外界保持通信联络。这些功能恰恰可以在电视、互联网、防空警报等受到客观条件限制时发挥预警作用（见图8－5）。

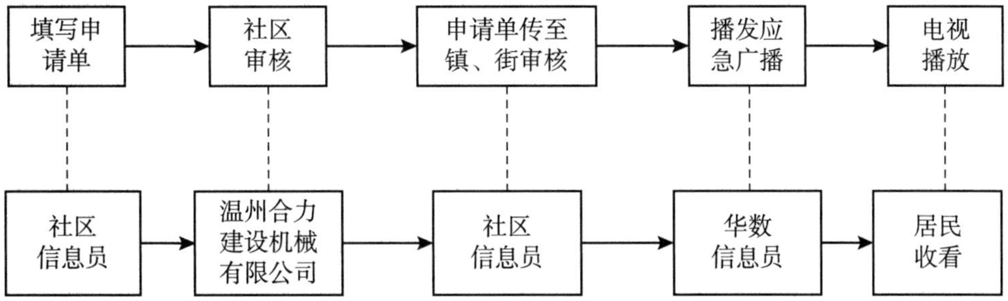

图 8-4　信息发布流程图

注：杭州市余杭区民政局：《浙江省杭州市余杭区农村社区公共服务规范》，2011 年 12 月 19 日。

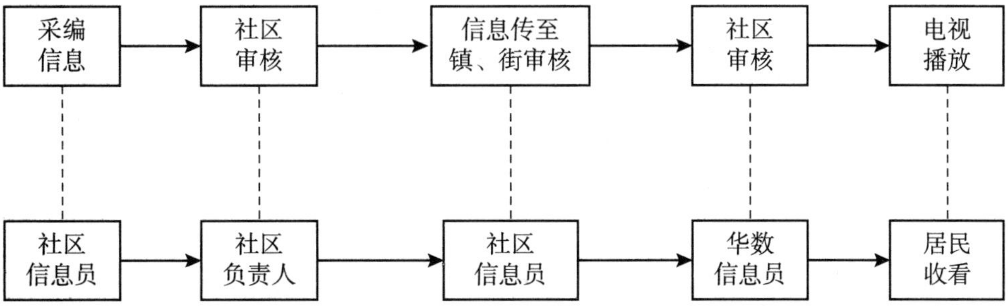

图 8-5　应急广播、应急短信应用流程图

注：杭州市余杭区民政局：《浙江省杭州市余杭区农村社区公共服务规范》，2011 年 12 月 19 日。

（二）社区规划与土地服务

国土资源是国计民生的根本依托，是经济社会发展的重要基础。农村土地规划、管理和服务是一项重要工作。农村社区规划及土地服务一般涉及建筑工程规划许可证、农村个人建房户用地审核（包括新、拆扩建）、乡村建设规划许可证、建设用地规划许可证等相关证件的办理，通常由本人到户籍所在地的社区服务中心，提供相关申请表、户籍证明、身份证、协议书、规划施工图等申报材料，经过社区服务中心相应窗口服务人员审核通过后直接办理，如果需要乡镇及以上政府职能部门审核批准的，则由社区服务中心服务人员代办。

农村社区规划、土地服务内容及流程如表 8-5 所示。

表8－5　　农村社区规划、土地服务内容及流程

服务内容	申报条件	申报材料	承办时限	办理程序
建筑工程规划许可证	规划区范围	1. 个人建房许可通知（国土资源局）； 2. 户口本（护照）； 3. 房产证或镇、社区出老屋建筑面积的证明； 4. 建筑施工图（层高超五层、公寓式套房）； 5. 加高项目需提供房屋权证、土地证、房屋质量鉴定书； 6. 有关部门（水利、电业、消防、交通、环保、林业等）意见	15个工作日（不包括公示期和县局审核时限）	1. 建房户申请； 2. 缴纳相关规费； 3. 审核、签发、办证
农村个人建房户用地审核（包括新、拆扩建）	规划区内已经规划部门许可，在集体土地上新拆、扩建的，出具社区意见	1. 农村私人建房用地申请表（居委会）； 2. 规划区内的提供规划许可证（辖区规划所）； 3. 户籍证明； 4. 拆、扩建的，提供原土地权属权原证件； 5. 农村居民在本社区还有别处房屋的需提供与集体签订的原房屋收回协议	7个工作日（不包括公示期和县局审核时限）	1. 国土资源所初审； 2. 镇政府审核； 3. 国土资源局办事窗口受理
乡村建设规划许可证	规划区范围	1. 国土部门联系单； 2. 户口本（护照）； 3. 房产证明（镇、社区出具老屋建筑面积的证明土地证、四邻的意见）； 4. 建筑施工图（层高超五层、公寓式套房）； 5. 加高项目需提供房屋权证、土地证、房屋质量鉴定书； 6. 有关部门（水利、电业、消防、交通、环保、林业等）意见	15个工作日（不包括公示期和县局审核时限）	1. 建房户申请； 2. 初审、实地勘察、整理材料； 3. 与土地部门并联审核； 4. 绘图、公示； 5. 审核签发； 6. 办理规划许可证

续表

服务内容	申报条件	申报材料	承办时限	办理程序
建设用地规划许可证	规划区范围	1. 个人建房户申请表； 2. 土地批准文件（土地证等）； 3. 户口本、身份证（护照）； 4. 协议书（四邻意见）； 5. 委托书和被委托人身份证（本人不要）	15个工作日（不包括公示期和县局审核时限）	1. 建房户申请； 2. 初审、实地勘察整理资料； 3. 与土地部门并联审核； 4. 绘图公示； 5. 审核签发； 6. 办理规划许可证

（三）计划生育服务

农村社区计划生育服务主要包括办理《流动人口婚育证》、《生殖健康服务证》、《独生子女父母光荣证》，提供计划生育家庭特别扶助、农村计划生育家庭养老保险等服务事项，涉及新婚随访、免费婚前医学检查、免费孕前优生检测、孕期服务、产后服务、药具发放、生殖健康服务等内容。该服务经过社区服务中心相应窗口服务人员审核通过后直接办理，如果需要乡镇及以上政府职能部门审核批准的，则由社区服务中心服务人员代办。

农村社区计划生育服务内容及流程如表8-6所示。

表8-6　　农村社区计划生育服务内容及流程

服务内容	申报条件	申报材料	承办时限	办理程序
流动人口婚育证办理	18~49周岁，育龄人员离开户籍地30天以上外出经商、务工	1. 身份证； 2. 结婚证； 3. 育龄人员外出审批表； 4. 单寸照片2张	即办	1. 窗口受理； 2. 镇审核； 3. 发证
生殖健康服务证办理	生育第一孩，符合《人口和计划生育条例》相关规定	1. 身份证； 2. 结婚证； 3. 户口簿； 4. 优生两免检测通知； 5. 单寸照片2张	即时	1. 窗口受理； 2. 镇审核； 3. 发证

续表

服务内容	申报条件	申报材料	承办时限	办理程序
独生子女父母光荣证办理	生育一个子女或现存一个子女并采取可靠避孕节育措施的	1. 结婚证； 2. 户口簿； 3. 自愿终身只生育一个子女的婚龄夫妇申请登记表； 4. 放环证； 5. 孩子单寸照片 2 张	即时	1. 窗口受理； 2. 镇审核； 3. 发证
计划生育家庭特别扶助	1993 年 1 月 1 日以后出生；女方年满 49 周岁；只生育一个子女或合法收养一个子女；现无存活子女或独生子女被依法鉴定为残疾（伤、病、残达 3 级以上）	1. 身份证、结婚证或离婚证、户口簿、死亡证明或伤残证明、收养证； 2. 计划生育特别扶助对象申请表； 3. 个人承诺和调查表； 4. 居委会证明； 5. 群众调查表； 6. 单寸照片 2 张	20 个工作日（计生局审批时间除外）	1. 窗口受理； 2. 镇审核； 3. 公示时间； 4. 上报县计生局审批； 5. 扶助金直接存账到户（信用社存折）
农村计划生育家庭养老保险	本人及配偶均为本县农业户口，没违反计划生育法律法规政策，只生一个子女或现存一个子女并领取《独生子女父母光荣证》，男年满 45 周岁、女满 40 周岁	1. 本人及配偶身份证、结婚证（离婚证）、户口本、准生证（收养证）、子女死亡证、独生子女证、透环证（结扎证）； 2. 农村计划生育家庭养老保险申请表； 3. 单寸照片 2 张； 4. 季度困难证明和低保证	20 个工作日（计生局审批时间除外）	1. 窗口受理； 2. 镇审核； 3. 公示时间； 4. 上报县计生局审批； 5. 发证、缴费

（四）民政事务服务

农村社区民政事务服务主要涉及农村低保人员就业援助证、低保对象基本生活保障、重度残疾人生活保障、优待证、残疾证、农村困难群众住房救助等服务事项。对于前来办理各项保障及相关证件的服务对象，要进行一次性告知办事事项，符合申领条件且材料齐全的人员，给予及时办理。这些服务事项由于要到县民政、社保等相关机关科室进行审核审批，所以承办时限一般在 15 个工作日。对于申请社会保障的服务对象，要及时完成入户调查，对于符合条件的要张榜公布，征求各方意见，若有异议，需重新审核，公开评议。

农村社区民政事务服务内容及流程如表 8－7 所示。

表 8－7　　农村社区民政事务服务内容及流程

服务内容	申报条件	申报材料	承办时限	办理程序
农村低保人员就业援助证	低保对象并处劳动年龄段内，有一定劳动能力和就业愿望的人员	1. 农村低保户； 2. 户口簿； 3. 身份证原件和复印件	15 个工作日（社保局审批时间除外）	1. 本人申请； 2. 窗口受理； 3. 填写《农村低保人员就业援助申请表》； 4. 镇审核； 5. 报县就业管理服务处确认后，报县人事劳动社会保障局审批； 6. 发证
低保对象基本生活保障	年收入低于本地低保线的农村困难对象	1. 本人申请报告； 2. 低保对象生活保障申请表（一式三份）； 3. 户口簿； 4. 身份证复印件； 5. 村委会讨论公示盖章； 6. 镇审核的家庭收入证明	15 个工作日（民政局审批时间除外）	1. 窗口受理； 2. 镇审批； 3. 上报县民政局审批； 4. 发证
重度残疾人生活保障	一级、二级重度残疾	1. 重度残疾人基本生活保障申请表（一式三份）； 2. 户口簿复印件； 3. 身份证复印件； 4. 残疾证复印件； 5. 居委会讨论公示盖章； 6. 镇审核的家庭收入证明	15 个工作日（民政局审批时间除外）	1. 窗口受理； 2. 镇审批； 3. 上报县残联审批； 4. 发证

续表

服务内容	申报条件	申报材料	承办时限	办理程序
优待证	年满 60 周岁以上	1. 身份证复印件； 2. 个人单寸照片	15 个工作日（县、省老龄协审批时间除外）	1. 窗口受理； 2. 镇审批； 3. 材料上交县老龄协、上报省老龄工作委员会办公室监制； 4. 发证
残疾证	精神、智力、肢体、语言残疾	1. 本人身份证复印件； 2. 村委会证明	15 个工作日（县残联审批时间除外）	1. 窗口受理； 2. 镇审批； 3. 上报县残联审批； 4. 发证
农村困难群众住房救助	农村最低生活保障户、低保边缘户、五保户、贫困残疾人、其他困难家庭中的无住房和住房困难户	1. 书面报告申请； 2. 填写住房救助申请表； 3. 身份证和户口簿复印件	15 个工作日（县有关单位审批时间除外）	1. 窗口受理后对符合救助条件的对象进行确定、评议、公示、审查； 2. 报县农村困难群众住房救助工作领导小组办公室核准； 3. 县农房救助工作领导小组组织有关部门逐户验收

（五）劳动保障服务

我国是处于发展中的大国，农业人口占有相当大的比重，因此，需要接受劳动保障服务的人口群体庞大。政府控制的公共劳动保障服务资源虽然较多，但相对巨大的公共服务社会需求，无论在空间地域上还是服务需求的种类和层次上，都难以完全满足需要。[①] 社区作为为农村居民提供丰富多样的公共服务的公共组织，其以社区公共服务平台为载体可以通过各种形式参与进来，弥补劳动保障服务资源的不足。从现实状况分析，当前农村社区劳动保障服务一般包括城乡居民合作医疗住院报销、再就业优惠证、家电下乡补贴等服务事项，农村社区服务中心相关工作人员应及时掌握居民的就业情况，及时帮助有劳动能力和就业愿望的求职登记人员实现就业。

农村社区劳动保障具体内容及服务流程如表 8－8 所示。

① 赵立卫：《公共劳动保障服务多元化治理结构探析》，载于《中国劳动》2011 年第 9 期，第 19 页。

表 8-8　　农村社区劳动保障内容及服务流程

服务内容	申报条件	申报材料	承办时限	办理程序
城乡居民合作医疗住院报销	参加城乡居民合作医疗保险，且在保险有效期内住院	1. 身份证或户口簿复印件； 2. 住院发票原件； 3. 费用总清单； 4. 病例或出院记录； 5. 农村信用社存折号码	22 个工作日	1. 窗口受理； 2. 镇领审核； 3. 上报县卫生局审批； 4. 报销款直接转账到报销户信用社存折
再就业优惠证	在法定劳动年龄内（在校学生、现役军人、办理提前退休人员除外）有劳动能力和有就业愿望的人员均处于失业状态，且无经营性投资性等收入的家庭	1. 户口簿； 2. 身份证； 3. 事业证明（下岗失业人员）	15 个同昨日（社保局审批时间除外）	1. 向户籍所在居委会提出申请登记，由村委会初审公示 7 天； 2. 窗口受理，并填写《城镇“零就业家庭”申请认定表》； 3. 镇审核； 4. 县就业管理服务处确认后，报县人事劳动社会保障局审批； 5. 发证
家电下乡补贴	购买家电下乡产品的农村群众	1. 户口原件，户口簿户主及购买人复印件； 2. 身份证原件、复印件； 3. 发票； 4. 家电下乡标示卡； 5. 农村信用社存折	15 个工作日	1. 窗口受理； 2. 资料审核； 3. 录用电脑； 4. 家电下乡补贴申请表购买人签字； 5. 家电下乡补贴金发放

第三节　农村社区服务体系的完善和创新

变革和创新农村基层服务体制，是农村社区服务体系建设的重大任务和目标之一。当前我国农村基层管理组织体系中的各级组织，均承担着为农村社区居民提供不同内容的服务职能。为适应农村社区化管理要求和农村社区服务需求目标，必须改革当前的农村社区服务体制，更好地为农村社区居民提供方便快捷的社区服务。

一、农村社区服务遵循的原则

从我国农村社区的实际情况出发，农村社区服务平台建设应该纳入统筹城乡发展、城乡一体化和新农村建设规划的大格局中通盘考虑、整体规划；应坚持目标适度超前、建设重点突出、建设内容明确、实施的政策与措施可行；与此同时，农村社区服务体系建设的布局，还必须坚持因地制宜、地域联片、规模适度、节约高效和便于服务等原则。

（一）以人为本原则

农村社区建设是在新农村建设的框架和背景下提出的发展农村、振兴农业、富裕农民的新思路和新举措，是基层群众自治组织在农村地区深入发展的新方式和新模式，是社会管理创新模式在农村地区广泛推广的新方法和新体系。[①] 农村社区服务体系建设的根本出发点，就是要解决农村居民作为社会公民的权利平等问题，同时相应解决一些基本的民生问题，因此，“以人为本”是农村社区服务体系建设的出发点和内涵的原则要求。

农村社区服务体系建设的以人为本原则，就是要树立“解决问题就是改革的观念”，从各地农村社区的实际情况出发，以农民群众最关心、最直接、最现实的利益问题为重点，着力解决群众需要解决的问题，把群众满意作为衡量农村社区建设成果的标准；就是要扩大社区民主，真正赋权于民，实行农村社区自治；就是要切实尊重和保障农民群众参与管理基层公共事务和公益事业的权利，提升农村社区管理与服务功能，增强社区凝聚力，完善村党组织领导下充满活力的村民自治新机制。

（二）公平公正原则

社会公平从本质上说是伦理学的概念，即对社会成员之间各种权利及利益的分配是否合理，是否符合人的平等权利的一种评价[②]，而社会公平问题的存在以社会成员的目标冲突和社会物质资源有限为前提[③]。当前，推进农村社区建设、

① 周悦、崔炜：《社会参与理论下的农村社区建设现状分析与机制构建》，载于《前沿》2012 年第 12 期，第 126 页。

② 陈燕：《公平与效率》，中国社会科学出版社 2007 年版，第 27 页。

③ 张长春：《倡导社会公正促进公共服务设施配置均等化》，载于《中国经贸导刊》2006 年第 21 期，第 96 页。

完善农村公共服务坚持公平公正原则，就要按照城乡统筹和城乡一体化的要求，让城乡居民之间在享受社区公共服务上地位平等、机会均等和结果相当。因此，在公共服务发展规划和实施的过程中应坚持城乡统筹、互利共进的原则，改变过去重城市社区建设，轻视农村社区发展，在公共产品供给上出现城乡不平衡倾向的状况。此外，发展社会服务还应该注重不同群体之间的公平公正，即在农村社区内部，让不同群体之间能够公平公正地享受公共服务，不因工作、收入、受教育程度、年龄、健康等原因而受到区别对待。

（三）统筹兼顾原则

农村社区服务体系建设是一项系统工程，涉及农村工作的方方面面，既需要统筹兼顾多种目标和多方利益，也需要统筹安排农村社区服务体系建设的各方面内容。坚持因地制宜，注重统筹与可持续的构建方式，寻求发展中的均衡性。

该原则要求：统筹兼顾农村社区服务体系建设与当前我国在农村地区开展的其他各项建设间的关系，保证农村社区服务体系建设与已有和正在开展的各类农村建设项目间的协调。注重协调近期目标与远景目标。既要保证建设目标实现的可能性，也要保证建设目标的前瞻性，不因建设过程中面临的困难而放弃前瞻性标准，也不为了理想目标而脱离建设基础条件，在保证建设目标能够如期实现的同时，保证建设内容在较长的一个时期内不至于落伍而被社会淘汰。此外，还应统筹城市社区服务体系与农村社区服务体系。农村社区服务体系的建设标准，既要基于“均等公共服务”目标，保持与城市社区服务体系的建设标准的相对一致性，又要考虑我国农村社区的特殊性。

（四）参与性原则

农村社区服务体系建设的参与性原则，一方面，要求建立社会多元主体参与农村社区服务体系建设的体制与机制，鼓励各类社会主体参与到农村社区服务体系建设，增强农村社区服务体系建设的力量；另一方面，要求各地的农村社区服务体系建设始终要以农村社区居民的参与性为核心评价指标，建设之前要考量社区居民的参与需求和参与的可能性，建设过程中要考察社区居民参与的广度与深度，建设之后要评估社区居民参与的效果。通过居民积极参与社区服务体系建设，根据其对服务项目的需求制定相关对策，提供相关服务内容，完善服务标准和绩效考核。通过居民参与带动多元化服务，通过多元化服务增强居民对于社区的认同感。

（五）主导性原则

农村社区服务体系建设的主导性原则，主要体现以下三个方面：首先，政府作为社区公共服务的主导供给者，应成为公共服务体系建设的主要投资者，由其他主体供给的公共服务可政府赎买；其次，政府是推动农村社区服务体系建设进程的主导力量，要联合多方力量、整合多种建设资源，广泛宣传发动，统筹安排建设进程，共同推进农村社区服务体系建设；最后，政府是农村社区服务体系建设中多方利益的均衡者与裁判员。政府应保持中立者的立场，均衡处理农村社区服务体系建设过程中的不同主体和不同区域的利益。

（六）节约性原则

"资源节约型、环境友好型"社会建设是我国经济社会中的长期战略任务。社区作为承接社会管理和公共服务的新型微观公共空间和重要日常生活领域，既是人们生活方式、价值观念形成的平台，也是落实管理、服务和设施建设的基础，在"资源节约型、环境保护型"社会建设中起着重要和基础性的作用。[①] 农村社区服务体系建设的节约性原则，一是要尽可能节约建设经费；二是要尽可能节省建设用地。要合理确定建设的目标要求，严禁拔高建设标准；要用好用足社区内现有和潜在的各类服务资源；要建立节约建设投资和节省用地的激励机制。

二、农村社区服务体制机制改革的方向

农村社区服务体系是一个有机整体。按照为社区成员提供生产、生活的基本公共服务、互助服务和市场化服务，促进社区转型发展，构建和谐农村社区的目标设计，农村社区服务体系建设应构建覆盖广泛、机制灵活的社区服务网络体系。

（一）公共服务的均等化

公共服务均等化是指政府要为社会公众提供基本的、在不同阶段具有不同标准的、最终大致均等的公共物品和公共服务。公共服务均等化有助于公平分配，实现公平和效率的统一。当前，我国基本公共服务的整体水平偏低，而且基本公

① 姚茂华、舒晓虎：《两型社区建设：追求新生活方式的社会行动》，载于《社会主义研究》2010年第1期，第91页。

共服务在区域间、城乡间的差异非常明显[①]。当前农村与城市的隔离状态被打破，农民的生活方式以及思想也发生了深刻变化，物质需求和精神需求也越来越高，强烈渴望在居住、消费、文化、教育、医疗等公共产品和服务方面与城市居民享有同等条件。因此，推进农村社区建设过程中的公共服务均等化，有助于扭转农村公共服务设施陈旧、服务资源稀少、服务项目匮乏、服务手段滞后的局面，保障农民群众的基本生活权益，满足农村居民多层次、多样化的物质文化生活需要，维护社会公平，让人民共享社会发展的成果，促进社会和谐安定。

（二）社区服务的多元化

随着社会一体化程度越来越高，广大人民群众的公共需求，特别是公共服务需求随之提升，公共服务供给及管理工作的地位日益凸显。[②] 根据农村地区间的不同情况采取不同的公共服务对策。要强化政府在农村公共服务中的投资主体地位，同时增加农村社区公共服务的多元供给主体。

在农村社区公共服务运行中，要根据不同的情况采取不同的对策，为贫困农村居民特别是欠发达地区的贫困农村居民提供强有力的有关生存的公共服务，保证这些地区的贫困农村居民能够像其他一般农村居民那样生活。在这部分公共服务上要强调公民的权利和公平原则，政府对这部分公共服务的提供不能以这部分农村居民的贡献和义务为基础，而是将它作为一种政府行为，把这部分资金开支列入中央政府和地方政府的财政开支。

（三）社区服务的协同化

在农村公共服务中，传统的单一供给模式存在政府主导的供给模式的官僚化困境、自主供给模式的资源困境和委托供给模式的监督困境。而且，这些传统的供给模式在公共服务供给中过于碎片化，无法为农村公共服务提供整体协调的机制安排。[③] 作为一个全方位、系统的社会工程，农村社区服务建设实现政府公共服务与社区自我服务的有效衔接、市场服务的有效补充，实现服务资源、投入的协同和整合十分必要。政府作为基本公共服务的必然供给主体，拥有为农村社区

---

① 梁功平、刘方：《促进我国基本公共服务均等化的政策建议》，载于《中国财政》2013 年第 5 期，第 86 页。

② 吴平、蒋飞海：《新形势下社区公共服务多元化供给模式探索》，载于《人民论坛》2012 年第 20 期，第 49 页。

③ 汪锦军：《农村公共服务提供：超越“碎片化”的协同供给之道》，载于《经济体制改革》2011 年第 3 期，第 79 页。

居民提供基本公共服务的天然责任，也是农村社区服务体系建设的必然主导者。同时，政府应适时引导社区自我服务、市场化服务的发展。应通过发展社区社会组织、引入市场服务等方式，弥补因社区服务工作人员少、组织部门设置不到位等缺陷，迎合当前农村居民需求多元化的趋势，为其提供更专业、更优质的社区服务，提高居民生活质量。

（四）社区服务的社会化

农村社区公共服务建设是全方位的、系统的社会工程，需要全社会的广泛参与和支持。既要坚持政府引导与农民自力更生相结合，也要坚持农村社会的广泛参与。要动员政府机关和各行各业的志愿者参与支持社区建设，引导社会资本、社会团体、民营企业参与社区建设。[①] 要在群众自愿的基础上引导居民建立各种维权类、服务类、文化娱乐类的民间组织，奠定社区组织参与的形式基础，并引入各种中介组织提供保洁、保安、医疗等社区公共服务。在社区建设中坚持走市场化、社会化之路。在社区服务社会化建设过程中，我们应该吸取西方发达国家和地区的有益经验，社区服务项目、服务管理、服务经费及设施都可以通过社会化的办法来解决，形成规范、开放的运作。

（五）社区服务的标准化

推进公共服务标准化，不仅要求将公共服务一体化和一站式办理，如同一条流水线，而且还应制定相应标准，即对乡镇便民服务术语定义，以及便民服务的目标要求、机构设置、工作要求、实施要求、服务内容要求、制度要求和考核评议等方面，制定质和量的可以共同遵守、重复使用的标准，建立起系统的、可测的、符合实际的最佳秩序，使农村社区服务步入标准化管理轨道。比如，术语定义中，对便民服务中心的职能、业务部门设置、村便民服务室的布局和地点、岗位和职责等都进行规范的界定；设施要求中，规定便民服务中心和服务室都要有明确醒目的服务标识、热线电话、微机网络系统、便民服务手册、信息箱监督台等；工作要求中，制定办理流程，提出礼貌、礼仪、便捷、效率和廉洁要求，以及对即办、承办、代办、补办、否定等的含义和准则进行规定；制度要求中，规定领导带班制、首接负责制、服务承诺制、联合调处制、绩效测评制等。如此一来，便可以实现规范有序的社区公共服务建设和运行机制，保障社区良性运作，方便居民生活。

---

① 周良才、胡柏翠：《农村社区建设与建设社会主义新农村之间的关系》，载于《广西社区科学》2007 年第 2 期，第 23 页。

第九章

农村社区文化的变迁与重建

第一节 农村社区文化：概念与功能

文化是社会的黏合剂，也是社区认同的基础。文化不仅赋予个人生存和生活以一定的价值和意义，引导人们的思考和行动，也为社区提供共同的认知和精神的纽带，赋予社区以独有的内涵、品格和品位。它是一个社区共同体得以存在、延续和发展的精神基础。在快速的工业化、市场化、城镇化、信息化和全球化过程中，我国农村社区文化正发生深刻的变化。在农村社区建设中，如何保护、传承和发展农村社区文化，如何建设和创新社区文化，如何培育和加强公共文化，是当前亟待研究和解决的问题。

一、处境化经验：理解农村社区文化

（一）农村社区文化的概念及争议

对于什么是农村社区文化，目前似乎没有统一的定义，甚至一些学者并未严格区分“农村社区文化”和“农村文化”两个不同概念，常常将它们相提并论或者混为一谈。很明显，农村社区文化是指农村社区的文化，而非一般意义上的

农村文化。不同的农村社区具有不同的社区文化，俗话说：农村“五里不同风，十里不同俗”，讲的就是农村社区文化的差异。而农村文化这个概念，主要是相对城市文化（或都市文化）而言的。农村社区文化是农村文化的重要组成部分。

1. 何谓文化。

在界定农村社区文化之前，首先要弄清楚什么是农村社区、什么是文化，然而，关于农村社区和文化的定义又是众说纷纭。相比较而言，文化的定义更加纷繁复杂。一般认为英国人类学家泰勒（Edward B. Tylor）最早对文化进行定义，他说：“文化或者文明，就其广泛的民族学意义而言，是指这样一个复合整体，它包含了知识、信仰、艺术、道德、法律、习俗以及作为一个社会成员的人所习得的其他一切能力和习惯。”① 格尔茨（Clifford J. Geertz）认为，这种泰勒式大杂烩理论方法将文化概念带入一种困境。这在克拉克洪（Clyde Kluckhohn）的《人类之镜》一书中表现得尤其明显。在论述文化概念时，克拉克洪用了将近27页的篇幅将文化依次界定为：（1）“一个民族的生活方式的总和”；（2）“个人从群体那里得到的社会遗产”；（3）“一种思维、情感和信仰的方式”；（4）“一种对行为的抽象”；（5）“就人类学家而言，是一种关于一群人的实际行为方式的理论”；（6）“一个汇集了学识的宝库”；（7）“一组对反复出现的问题的标准化认知取向”；（8）“习得行为”；（9）“一种对行为进行规范性调控的机制”；（10）“一套调整与外界环境及他人的关系的技术”；（11）“一种历史的积淀物”。最后，或许是出于绝望，他转而求助于比喻手法，把文化直接比作一幅地图、一张滤网和一个矩阵。② 格尔茨从符号学角度，把文化定义为“一些由人自己编织的意义之网”，他因此主张“对文化的分析不是一种寻求规律的实验科学，而是一种探求意义的解释科学”③。尽管人们不满意泰勒对文化所下的定义，但是几乎每一个研究文化的学者都不得不引用他的定义开始自己的研究。在博安南（Paul Bohannan）和格雷泽（Mark Glazer）看来，泰勒的文化定义“是当其他定义被证明为太麻烦的时候，人类学家可以回头求助的定义”④。其实，对泰勒文化研究的最大争议并非是其文化的定义，而是他关于文化的观念。

“一方面，遍及各种文明的一致性，在很大程度上或许能够归结为基于相同的原因而产生的相同行为；然而另一方面，其不同的级别可能被视为发展或者进化的不同阶段，每一阶段都是之前历史的产物，并且为塑造未来的历史扮演相应

① Edward B. Tylor, *Primitive Culture*. Reprint 1958, New York: Harter& Row, 1871, P. 1.

② 转引自［美］克利福德·格尔茨著，韩莉译：《文化的解释》，译林出版社1999年版，第4~5页。

③ ［美］克利福德·格尔茨著，韩莉译：《文化的解释》，译林出版社1999年版，第5页。

④ Paul Bohannan & Mark Glazer, *High in Anthropology*. New York: McGraw - Hill, 1988, P. 62.

的角色。"①

简单地说，泰勒关于文化的观念，实际上是由两个部分组成的：一是均变论（Uniformitarianism）；二是遗留物（Survivals）的概念。泰勒这一进化论思想影响了一大批文化学者。例如，摩尔根（Lewis H. Morgan）的《古代社会》就体现了类似的文化进化论观点。他在该书开篇就表明了自己的观点：

"关于人类早期情形的最新研究结果都倾向于得出这样一种结论：人类是从最低等级开始其生涯的，并通过缓慢的经验性知识的积累，逐步从蒙昧迈向文明。不可否认，人类家庭中仍然有部分生活在蒙昧社会状态，也有部分生活在野蛮社会状态，当然还有部分生活在文明社会状态。他们都经历了或是即将从蒙昧迈向文明的过程，这似乎是一样的，从而这三种不同的情形在一个自然的，同时也是必然的进化序列中彼此关联。"②

尽管有许多学者批评了这种单线历史进化观，但是直到今天，文化进化论仍然得到不少人的认同。文化进化论实际上是一种历史普遍主义，与之不同的是，如今越来越多的学者主张历史具体主义的文化观点，试图对各种特殊文化模式进行解释，甚至强调从特殊的文化语境中理解一个特定社会的文化实践。例如，格尔茨认为，文化只是"地方性知识"。这种文化相对主义思潮日渐抬头，对于我们研究中国农村社区文化具有重要启发性。

2. 争议性的农村社区文化。

接下来再来看看国内关于农村社区文化的定义。从现有的研究来看，国内关于农村社区文化的专题研究还不多见，其中不少论文回避了农村社区文化概念的界定，直奔主题讨论农村社区文化和农村社区文化建设问题。从个别文章的定义来看，无论是关于社区文化还是农村社区文化的界定，基本上是泰勒式的。例如，张健等认为："社区文化是指在特定区域内的社会生活共同体所反映出来的有关人的行为模式、社区习俗、生活方式、价值观念、思维走向等文化现象的总和。"③ 郑杭生认为："社区文化包括物质生活方式和精神生活方式两方面。前者主要是指人们衣食住行以及工作和娱乐的方式；后者主要包括人们的价值结构（追求、期望、时空价值观等）、信仰结构和规范结构（风俗、道德、法律等）诸方面。"④ 毕天云认为："社区文化是指社区居民在长期的生产和生活过程中产生和形成的并为社区居民分享的思想价值观念（Values）和行为规范（Norms）

① Edward B. Tylor, *Primitive Culture*. Reprint1958, New York: Harter & Row, 1871, P. 1.

② Lewis H. Morgan, *Ancient Society or Researches in the Lines of Human Progress from Savagery, through Barbarism to Civilization*. New York: Henry Holt, 1877, P. 3.

③ 张健、任剑：《论城市社区文化的功能与发展》，载于《学术交流》2000 年第 1 期，第 86 页。

④ 郑杭生：《社会学概论新修》，中国人民大学出版社 1997 年版，第 363 页。

的总和。”[①] 孟固、白志刚认为：“社区文化是社区成员为保护、改善聚居地的条件、形态、氛围，并使自己与之相融而形成的精神活动、生产方式和行为规范的总和。”[②] 对于农村社区文化的定义，一般只是在前述社区文化定义的基础上加上“农村”二字而已。例如，赖晓飞、胡荣认为，社区文化是我国新时期兴起的一种社会文化形态，农村社区文化建设作为农村社区建设的一个重要方面，已不仅仅是一种文化娱乐、文化设施，还影响和包容着人们的行为规范、民情习俗、信仰观念、人际关系等。[③] 张桂芳认为，农村社区文化就是由居住在农村的一定地域范围内（非严格的行政区划）的人们，由一定的纽带和联系而形成的共同的价值观、生活方式、情感归属和道德规范等。从形态的视角出发，农村社区文化可分为三个层次：物质文化、制度文化和观念文化。三者缺一不可，相互联系，相互促进，构成社区文化统一体。[④] 诸如此类的农村社区文化定义，严格而言不利于农村社区文化研究的累积或增量推进。

（二）处境化经验

这些关于农村社区和农村社区文化的定义，都试图找出一个关于什么是农村社区、什么是农村社区文化的本体主义的答案。然而，由于人们世界观和价值观的不同必然对于一个事物是什么存在不同的看法，这就导致一个概念界定的分歧或争议。这样的界定更多是一种概念的分析或词语的“考古”，而不是一种经验性研究——缺乏实践性内容和生活意义。所谓经验性研究，就是根源于社会实践，在理解的基础上对社会实践的一种阐释，因此它不得不深入社会实践而具有属人的生活价值。从经验性研究而言，所谓农村社区，就是指一群农民日常生活的范畴（这一范畴不单指地理区位的范围，更主要是指生活本身的差别与界分），他们享有共同的价值规范。因此，农村社区不能仅从区域上进行解释，还须从生活本身去理解，也就是说，与其说农村社区是一个界限分明的地理区域，毋宁说是一个活生生的生活共同体。所谓文化，是指一套处境化的经验以及论证该套经验合理性的话语和相应的维护机制（如行为规范等）。在这样的基础上，不妨将农村社区文化定义为：一群农民日常生活所共同享有的处境化经验及其价值规范。

---

① 毕天云：《社区文化：社区建设的重要资源》，载于《思想战线》2003 年第 4 期，第 86 页。

② 孟固、白志刚：《社区文化与公民素质》，中国社会出版社 2005 年版，第 4 页。

③ 赖晓飞、胡荣：《论社会资本与农村社区文化建设——基于 CGSS2005 调查数据的分析与思考》，载于《西南政法大学学报》2008 年第 6 期，第 117 页。

④ 张桂芳：《试论转型期农村社区文化建设》，载于《兰州学刊》2004 年第 5 期，第 213 页。

1. 农村社区文化是一种在地性文化。在地性具有本地性、地方性和区域性等多种意涵。这也就是说，农村社区文化是农村社区本地人所共享的文化，也是一种“地方性知识”，因而它具有区域性特点，不同的区域具有不同的文化。

2. 农村社区文化具有特定的社会适应性。每个具体的农村社区文化只是适应那个农村社区的社会生活需要，与该社区特定的物质条件和生产方式相统一。恰如毕天云所言，对于“局外人”来说，社区文化是一个重要的社区象征，了解一个社区的文化，也就在很大程度上把握了一个社区；对于“局内人”而言，熟悉和掌握本社区的文化就成为一种适应社区的“生存和生活技艺”，这种“技艺”能够使他（或她）在社区里的一切生活和活动显得“自然而然”。[①]

3. 农村社区文化跟农民的日常生活相关联。农村社区文化不是脱离日常生活的独立实体。尽管农村社区文化一旦生成以后具有一定的独立性，但是这种独立性也只是相对于生活于其中的个体而言的。即便如此，个体的行动一方面虽然受制于该社区文化，另一方面却也在某种程度上实际地影响着该社区文化，吉登斯（Anthony Giddens）的结构化理论对此已有恰到好处的解释。

4. 农村社区文化是生活经验的表征。文化是作为经验存在的，它只在实践时发生。[②] 经验是一种实践性知识，因此，农村社区文化是农村社区日常生活实践理性的表现，它跟这个社区农民的生产和生活实际相联系。这种实践性知识是长期累积的结果，在当地反复进行实践，并被实践所检验、印证和改造。为什么在传统的农村社区里长老具有很高的威望和权力？因为他们人生阅历的丰富而拥有应付该社区生产、生活，几乎一切的实践知识或生活经验。如果该社区成员实际地脱离了这种生产和生活实践领域，这一农村社区文化对他也就失去了作用。譬如，一个农民进城务工以后如果他的工作脱离了农业生产，其生活的重心也转向城市的话，不但原有的农村社区文化和社会资本无益于他现今的工作和生活，而且也对他产生不了规制或约束作用，其行为必然脱离原来社区的道德生活，产生一种“脱域”[③] 效应。

5. 农村社区文化是一套经验体系。农村社区文化既包括具体的生活经验知识，也包括与之相应的意识形态和价值规范。所谓的意识形态，实际上是一种论证性话语，它常常论证并维护某一社会结构的合理性。严格地说，农村社区文化本身具有一定的层次结构，基础层次是一套生活经验知识，其次是与这套经验知识相适应的意识形态和价值规范。意识形态论证该套生活经验的合理性，价值规

---

① 毕天云：《社区文化：社区建设的重要资源》，载于《思想战线》2003 年第 4 期，第 87 页。

② ［美］杰里·D·穆尔著，欧阳敏、邹乔、王晶晶译：《人类学家的文化见解》，商务印书馆 2009 年版，第 274 页。

③ ［英］安东尼·吉登斯著，田禾译：《现代性的后果》，译林出版社 2000 年版，第 25 页。

范则规约人们按照这套经验知识去行动——玛丽·道格拉斯（Mary Douglas）说得好，她说："从公共意义上说，文化是将一个群体的价值观标准化，它在个人经验间起仲裁和调和的作用。"①

6. 农村社区文化呈现差序格局。由于生活经验体系是有层次的，农村社区文化也因此而具有一定的差序结构。一个具体的社区生活经验只是符合该社区的生活需要，与该社区处于同样物质条件和生产方式的相邻社区一起则表现同一区域的文化形态。譬如，皖南农村地区文化与皖北农村地区文化不同，华南农村文化与华北农村文化相差异，农业文化与游牧业文化相区别。从一个具体的农村社区由内向外看，农村社区文化呈现出明显的差序格局。

（三）处境化理解

那么，如何来研究农村社区文化？既然农村社区文化是一套处境化经验体系，也就只能通过处境化的方式去理解、阐释。

所谓处境，就是一个东西存在于其中的各种情况的相互关联的网络。处境总是基于特定社区而言的。

居于语境这个概念基础深处的，是地点这个要素。语境是地点创造的：地点是最底层形式的语境。地点不仅就地理方面而言，还包括观念上的地点。这样的地点是由意义、文化价值取向、支配社会礼仪礼节的规则、地区性的场景和空间方位、时间和历史契机、个人经历上的因素、与会话直接相关的圈子、当前的境遇等等意识形态的、宗教的华盖塑造形成。一个世界就是围绕着由类似于此的因素组成的地点而崛起。②

这里所说的"地点"，便是我们所说的社区。

1. 处境化理解采取的是主位的视角。简单地说，所谓主位的视角，就是研究者站在被研究者的角度、立场去看问题。在研究农村社区文化时，只有站在该社区人民的角度、立场去看待他们的文化，才能发现该社区文化是符合当地人的生活实际需要的。也只有从这个角度才能得出这样的结论：其实每一种文化不分高低、落后与先进，它之所以存在是有其存在的理由，而且这个存在的理由也只是局限于这个特定的社区范围，它是由这个社区特定的生活条件和生产方式所决定的。

2. 处境化理解也是一种"内部的视界"。格尔茨非常赞赏马林诺夫斯基用

---

① ［英］玛丽·道格拉斯著，黄剑波、卢忱、柳博赟译：《洁净与危险》，民族出版社2008年版，第49页。

② ［美］W. E. 佩顿著，许泽民译：《阐释神圣——多视角的宗教研究》，贵州人民出版社2006年版，第151页。

"文化持有者的内部视界"去研究另一个文化,"你不必真正去成为特定的'文化持有者本身'而理解他们,亦即文化人类学的分析方法所昭示的两重概念所揭示的角色处理问题。或者,更确切地说,在不同的个案中,人类学家应该怎样使用原材料来创设一种与其文化持有者文化状况相吻合的确切的诠释"①。强调从文化持有者的内部眼光来看问题,而不是把研究者的观念强加到当地人的身上,不仅是从研究者的视角来对当地的文化现象做出解释和评判。

去理解一些别人的贴近感知经验的概念,并将之有效地重铸进理论家们所谓已知的关于社会生活一般知解的遥远感知经验中去,是一种极其设身处地精微细致的任务,即使它不像是魔术那样不可思议,也应像是钻进别人皮层内里一样深入体察。其关键就是别被向你提供信息的当地人把你导入其内在精神的同一对应。或许,应该像我们大多人一样,用他们自己的方式去指称他们自己的心灵,他们毕竟不似有人指称的那样敏锐。最重要的是描述出他们自己是怎么想,怎么做的。②

处境化理解尽管不是跟文化持有者融为一体,却是要求把研究者纳入社区整体进行思考,即研究者处身其中对社区文化进行理解和阐释,而且把研究者与该社区的人关联起来,不是简单地把二者对立起来或者采取主/客二分的方式去解释。语言人类学家派克(Pike Kenneth)针对人类学描写的"族内人"(Insider)和"外来者"(Outsider)两种不同视角,提出了"emic/etic"的描写理论:emic是文化承担者本身的认知,代表着内部的世界观乃至其超自然的感知方式。它是内部的描写,也是内部知识体系的传承者,它应是一种文化持有者的唯一的谨慎的判断者和定名者。而 etic 则代表着一种用外来的观念来认知、剖析异己的文化。在这儿,"科学性"是 etic 认知及描写的唯一的谨慎的判断者。③ 王海龙认为,etic 这种以外部的描写、外部的理解来对特定的文化颁布给定的名义,它到底有多少"科学性",以及在什么意义上赋予其"科学性"是值得质疑的。④ 尽管派克的"emic/etic"的描写理论抛弃了"主/客"的分析,但是他讨论的两种描写方式仍然是判然相对的。处境化理解显然超越了这种对立的描写和思考方式,将二者构成一个互动的统一体。研究者在进入异己文化理解之前,是一个

① [美]克利福德·吉尔兹,《地方性知识——阐释人类学论文集》,王海龙、张家瑄译,中央编译出版社 2004 年版,第 73 页。

② [美]克利福德·吉尔兹,《地方性知识——阐释人类学论文集》,王海龙、张家瑄译,中央编译出版社 2004 年版,第 74 页。

③ Kenneth L. Pike, *Language in Relation to a Unified Theory of the Structure of Human Behavior*. 2nd ed. The Hague: Mouton, 1967, pp. 46 – 58.

④ 王海龙:《导读一:对阐释人类学的阐释》,引自[美]克利福德·吉尔兹:《地方性知识——阐释人类学论文集》:王海龙、张家瑄译,中央编译出版社 2004 版年,第 18 页。

“外来者”，往往持有“科学性”的价值理念，但是在理解的过程之中，他试图深入到这个异己文化结构的深处，站在“族内人”的角度去体验、去看问题，并在此基础上再抽身出来进行理论的阐释，这一阐释虽然不可避免地带有一定的主观，却也带有文化持有者的印记，这是 etic 所不具有的。

我们在关于中国农村社区文化的研究中看到，更多的学者戴着“有色眼镜”研究农村社区文化。在他们眼中农村社区文化不免是落后的或者低人一等，主张用先进的城市文化去取代农村社区文化。即便有个别学者自觉地抛却了这种“有色眼镜”，但他们采取的却是 etic 描写方式，以所谓科学或客观的名义去研究农村社区文化。问题是，这一 etic 描写方式的结论最终跟前者合流，他们主张用所谓的现代性文化去改造落后的中国农村社区文化。与之相反，如果采取处境化理解，或许看到中国农村社区文化的另一番景观，在这种景观中不可能存有任何的文化偏见；在处境化理解方式中，我们看到中国农村社区文化正在遭遇千年未有之变化，国家的和市场的力量正在重新型构中国农村社区文化。[①]

二、农村社区文化的核心功能：社区认同

农村社区文化是一定地域内农民在日常生产生活过程中逐步积淀成的用于论证集体生活合理性的意识、习俗以及价值规范体系。农村社区文化主要体现为特定社区内生的公共性，而非私人性。这种公共性为社区内每个个体所分享，界定着个体成员身份，培育着社区认同。农村社区认同主要是对农村社区文化中公共性的分享与珍视。农村社区文化与社区认同存在紧密的相关关系，农村社区文化是社区认同的内容，而社区认同则是农村社区文化的核心功能。

（一）“社区认同”的界定

关于社区认同，有不少学者将它纳入心理学范畴，一方面是因为没有区别社区认同、社区认同感、社区心理认同等概念之间的差异，简单地把社区认同视为心理学意义上的认同的一个组成部分或分支；另一方面是因为社区认同在事实上的确跟人们的社区心理感受（或情感）分不开，但是社区认同的本质却是社会文化性的，即对社区共有价值的认可、赞同和珍视。

譬如，高鉴国基本上是从心理学意义上把社区认同归属于社区意识的一个构成因子，它和“社区依属”、“社区凝聚”和“社区满意”一起构成社区意识的

① 吴理财：《处境化经验：什么是农村社区文化以及如何理解》，载于《人文杂志》2011 年第 1 期，第 143～147 页。

基本形态。他认为“社区意识是一种主观感受，而不是价值判断”，“社区意识可以转化为以责任、义务为核心的社区价值观的心理基础，但其本身有别于价值理念或意识形态”①。

按照麦克米伦（David W. McMillan）和查维斯（David M. Chavis）的理解，社区意识指社区成员的归属感，对相互重要关系的感知，对社区重要意义的感知，以及通过群体义务满足成员需要的共同信念。他们提出从四个方面或要素理解社区意识：（1）成员意识，即感受到自己已成为一个成员并具有归属的权利。成员意识包含五个特质：界域、安全感、归属和认同感、个人投资以及共同的符号系统。（2）影响，即对影响力的感受。影响是双向的，包括个体成员对社区的影响和社区对成员的影响。（3）需要的整合与实现，即意识到成员的需要将通过群体成员所得到的资源而满足，从而产生强化（Reinforcement）。强化是一种行为激励因素，任何群体要保持凝聚意识，必须对其成员提供奖赏。（4）共同的情感联系，即社区成员具有共同的重要事件和交往经历，因而产生共同的义务感和信念②。

他们总结认为：（1）交往假定：人们互动越多，越可能变得密切。（2）互动质量：经历和关系越积极，联系越紧密；成就促进凝聚。（3）行动阻断：如果互动是不确定的，社区的任务没有实现，群体的凝聚将受到抑制。（4）同价事件假定：共同经历的事件越重大，社区连接越紧密。（5）投入：投入决定了社区的历史和现状对成员的重要性（如对邻里事务投入财力和时间多的人更容易感到社区生活事件的影响；对社团投入和时间多的人，也会产生更大的感情联系）。（6）社区的荣誉与耻辱对成员的影响：社区中的荣誉和耻辱对成员看待社区的态度具有重大影响。（7）精神联系：共同的精神（如宗教信仰、种族主义）所产生或强化的联系。麦克米伦和查维斯的最终结论是：“社区意识的经验确实是存在的，并作为一种力量在人类生活中发生作用。”③ 其实，从他们的研究中也可以看出，社区认同不仅仅是一种社会心理现象，它常常与社区成员的互动交往（即人际关系）、社区文化价值、社区精神、社区责任相联系。

在心理学研究中，社区认同常常与“社区依属”、“社区情感”等纠结在一块。麦基佛界定了社区情感的三个成分：（1）社区自身意识，即由于共同利益而产生的“我们”、“我们的”意识；（2）位置和身份感，对自己在社区整体中的

---

① 高鉴国：《社区意识分析的理论建构》，载于《文史哲》2005 年第 5 期，第 135 页。

② David W. McMillan & David M. Chavis, Sense of Community: A definition and theory, *Journal of Community Psychology*, 14 (1), 1986, pp. 9 – 16.

③ David W. McMillan & David M. Chavis, Sense of Community: A definition and theory, *Journal of Community Psychology*, 14 (1), 1986, P. 6.

角色、责任和任务的认知；（3）依属感，将社区作为自己生活不可缺少的条件，包括物质依赖和精神依赖[①]。波普林（Dennis E. Poplin）对有关社区“文化心理”的社会学研究进行文献梳理，认为社区情感的结构是：（1）共同价值、信念和目标；（2）共同准则或行为预期；（3）成员身份感和集体认同（如“我们”）[②]。坎贝尔（Christopher D. Campbell）甚至将社区情感定义为社区的社会学概念的三大要素（社会结构、空间和情感）之一，坎贝尔解释说，社区情感“说明社区的心理、符号和文化因素……指社区是一个可感受、体验、认识（想象）或沟通的事物”[③]。

又例如，孙立平认为，所谓认同，是指一种“我们的”的意识的形成，对这个“我们”有一种感情的投入。这是社区的最基本的基础，也是将社区与社区成员联系起来的最基本的纽带[④]。在这里，孙立平实际上是把社区认同与社区认同感（或社区归属感）相提并论。同时，他又认为，“认同是与财产关系相联系的，但频繁的交往和较密切的社会关系，也是认同感和归属感形成的重要条件……促进交往和强化社会关系的基本途径，是社区中的共同活动。人们只有在共同的社区活动中才能增进交往，才能形成社会联系”。“社区发育的一个重要内容就是社会交往的恢复和社会关系的重建”。而社会资本的创造，才是社区发育的真正内涵[⑤]。

尽管社区认同与社区的心理意识有着千丝万缕的联系，但它毕竟是一个社会学概念。在社会学研究中，有学者划分不同层次对一般性认同进行了论述。例如，社会学家汉斯·摩尔（Hans J. Mol）认为，认同分为个人层次和社会层次，在个人层次方面，“认同是一个人在混沌环境中所占据的稳固方位，个人能够据之对外在环境做出积极的防御”；在社会层次方面，“认同是一个基本的及普遍拥有的信仰、模范及价值之综合，它能抵抗外在事物对本身环境与成员的威胁及维续自身”[⑥]。而社会认同则表现为价值认同、工作或职业认同、角色认同三个层面。基于此，我们也不妨把社区认同划分为三个层次，即社区价值认同、社区人际关系认同、社区角色认同。所谓社区价值认同，是对社区文化、习俗、精神的

---

① Robert M. Maclver, *Society: Its Structure and Changes*, New York: R. Long & R. R. Smith, 1917, pp. 61 – 63.

② Dennis E. Poplin, *Communities: A Survey of Theories and Methods of Research*, New York: Macmillan, 1972, P. 22.

③ Christopher D. Campbell, Social Structure, Apace, and Sentiment: Searching for Common Ground in Sociological Conceptions of Community, *Research in Community Sociology*, 2000, pp. 45 – 47.

④ 孙立平：《社区、社会资本与社区发育》，载于《学海》2001 年第 4 期，第 129 页。

⑤ 孙立平：《社区、社会资本与社区发育》，载于《学海》2001 年第 4 期，第 95 页。

⑥ 转引自梁丽萍：《中国人的宗教心理》，社会科学文献出版社 2004 年版，第 14 页。

认同，其内核是对社区共有价值的认可、赞同和珍视；所谓社区人际关系认同，是对社区伦理、人际行为规范的认同；所谓社区角色认同，是对处身其中的社区成员自身角色的认同，并遵从相应的行为模式。这种划分只是分析讨论的方便，实际上三者之间相互影响、相互作用。

（二）社区认同与农民行为逻辑

农村社区认同是影响农民行为逻辑的一个重要变量，农民的行为逻辑也只有放置在农村社区具体的场域中才能得到理解，抛开具体的社区场域讨论农民的行为逻辑往往会陷入价值判断的泥沼之中。在另一方面，农民的实际行为逻辑也影响着农村社区认同，要么再生产农村社区认同，要么改变农村社区认同。

1. 社区认同奠基于社区居民的互动。没有社区居民的互动，就不可能形成社区认同。农村社区认同同样建立在生活在同一社区农民的行为互动的基础之上，他们日常的生产和生活活动即便可以离开市场或其他更大的共同体却不可能离开同一社区的其他农民的互助和互惠行为。只不过农民在农村社区内的这些日常行为互动相比其他的社区或共同体行为更加具有天然性或强制性，尤其是在传统封闭的农村社区或是在人民公社体制中，这种天然性或强制性互动特点更加显著——农民一出生就生活在这样的农村社区里，加上社会性或制度性原因他们甚至要在这个社区里生活一辈子。也正因为如此，农民的社区认同也具有更多的天然性或强制性。

互动生产社会资本，互动产生共同价值观，并最终形成社区文化。农民在日常互动中形成了特有的农村社区文化。

2. 社区认同与该社区的社会资本呈正相关关系。所谓社会资本，是指这样一种社会资源，它推动了那种既非个人的也非自然的而是社会关系中所固有的行动①。也就是说，这种资本“既不是固定在个人身上，也不是固定在物质生产工具之中”，而是“存在于人们之间的关系结构之中”②。具体而言，社会资本是“实际的或潜在的资源的总和，这些资源与由相互默认或承认的关系所组成的持久网络有关，而且这些关系或多或少是制度化的”③，它“包括互惠的规范和公民参与的网络”④。

---

① ［英］阿纳尔多·巴尼亚斯科：《信任与社会资本》，引自［英］凯特·纳什、阿兰·斯科特主编，李雪、吴玉鑫、赵蔚译：《布莱克维尔政治社会学指南》，浙江人民出版社 2007 年版，第 241 页。

② James S. Coleman, A Rational Choice Perspective on Economic Sociology, in N. J. Smelser and R. Swedberg (eds.), *The Handbook of Economic Sociology*, Princeton: Princeton University Press, 1994, P. 302.

③ Bourdieu, Pierre. The Forms of Capital, in J. Richardson (Ed.), *Handbook of Theory and Research for the Sociology of Education*, New York: Greenwood, 1986, P. 248。

④ ［美］罗伯特·D·帕特南著，王列、赖海榕译：《使民主运转起来》，江西人民出版社 2001 年版，第 195 页。

帕特南认为，社会资本“能够通过促进合作来提高社会的效率，也有助于解决集体行动的问题”[①]。很显然，一个社区的社会资本越高，越有利于社区成员之间的互惠或合作，为了共同利益促成共同行动，从而强化了人们的社区认同。恰如我们在前面所指出的，社区认同的本质是对社区共有价值的认可、赞同和珍视，它也是将社区与社区成员联系起来的最基本的纽带[②]，因此，社区认同必然有利于社区内社会资本的生产和再生产。

社会资本“更为一般的被视为能够促进行动的一种资源”[③]。在一个社区内，“社会资本促进了自发的合作”[④]。这也就不难解释，在传统的农村社区内，农民的社区认同意识较强，因此也更加容易趋向互惠、合作；而在一个趋于解体的农村社区内，农民的社区认同意识较弱，他们之间的互惠或合作则成为一个难题。

在传统的中国农村社区里，农民的社区认同之所以较强，是因为土地、山林等资源一般都是实行村社共有制，这些公共资源的共享在相当程度上强化了农民的社区认同。然而，当下所推行的土地经营私人化、林权明晰化改革和土地向村社之外流转均在一定程度上消解了农民既有的社区认同，农民之间的互惠和合作也就愈来愈难了。

传统中国农村社区的社会资本之所以相对较高，还与它相对的封闭性有关。“封闭的结构增加了相互监督的可能性，产生了期望和共同规范，并促进了环境的信任程度”。“个人的流动可能会破坏社会资本”[⑤]。

社会资本与社区认同一样，其实都是有边界的。超出了一定的社区范围，社会资本要么失去它的作用，要么发挥消极的作用，从而阻碍人们的行动。以农民工为例，从我们对农民工的调查来看，外出务工的农民主要依赖的仍然是自己在乡土社会（建立在亲缘或地缘基础之上）的社会支持网络。“传统的亲缘和地缘关系网络几乎是农民外出务工的唯一可以运用的社会资本”[⑥]，这种社会资本限制甚至阻碍了农民工在城市社会的有效行动（包括找工作、社会交往、寻求帮

---

① ［美］罗伯特·D·帕特南著，王列、赖海榕译：《使民主运转起来》，江西人民出版社 2001 年版，第 195 页。

② 孙立平：《社区、社会资本与社区发育》，载于《学海》2001 年第 4 期，第 94 页。

③ ［英］阿纳尔多·巴尼亚斯科：《信任与社会资本》，引自［英］凯特·纳什、阿兰·斯科特主编，李雪、吴玉鑫、赵蔚译：《布莱克维尔政治社会学指南》，浙江人民出版社 2007 年版，第 242 页。

④ ［美］罗伯特·D·帕特南著，王列、赖海榕译：《使民主运转起来》，江西人民出版社 2001 年版，第 196 页。

⑤ ［英］阿纳尔多·巴尼亚斯科：《信任与社会资本》，引自［英］凯特·纳什、阿兰·斯科特主编，李雪、吴玉鑫、赵蔚译：《布莱克维尔政治社会学指南》，浙江人民出版社 2007 年版，第 244 页。

⑥ 吴理财：《从流动农民的视角来看公共产品的供给——皖、川、鄂三省问卷调查》，载于《华中师范大学学报（人文社会科学版）》2006 年第 2 期，第 10 页。

助、维权、城市社会适应、城市公共参与等)[①]。而且，社会资本和社区认同的相互促进作用，只能发生在特定的社区之内，而不是在这个社区以外的地方。

3. 社区认同促进社区成员的公共利益。既然社区认同可以促进社区资本的生产和再生产，诚如肯尼斯·纽顿（Kenneth Newton）所指出的那样，社会资本又把个人从缺乏社会良心和社会责任感的、自利的和自我中心主义的算计者转变成为具有共同利益的对社会关系有共同假设和共同利益的共同体的一员，从而构成了将社会聚合在一起的粘合剂[②]。因此，社区认同有利于促进社区成员的利益趋同，从而增进公共利益。

或许传统的农村社区未必是基于共同的利益联结而成（滕尼斯对此已有论述），但是包括传统农村社区在内的一切社区的共同认同却有助于增进公共利益（当然，这里的公共利益仅局限于这个社区）。发生在农村社区之间的竞争乃至争斗，尤其明显地体现了社区认同与社区利益之间的这种直接关联关系。对于那些宗族型传统农村社区，之所以强调宗族族规的作用和相关的礼仪，与其说是为了加强宗族认同，毋宁说是为了增强社区认同。在当前农村村民自治中也有类似的表现，居住在同一社区的村民宁愿把选票投给本社区的、而未必本宗族的人，因为他一旦当选可以为本社区争取更多利益。

4. 社区认同增进社区成员义务和责任感。社区认同是社区成员与社区联结的一种重要机制，社区认同的强弱反映着这种联结的紧密或松弛程度。社区成员越是认同这个社区，意味着他对这个社区投入的情感越多，因此也越愿意为之付出，尽更多的义务和责任。

在传统中国农村，人们对自己的社区认同程度高，乡绅和退隐的官僚一般都会积极参与家乡社区的公共事业造福桑梓。然而近代以降，农村精英纷纷离开乡土社会到城市定居工作，即便农村仍然保留有他们的家产、土地和亲人，但是他们的生活重心已然转换到城市社会，他们对农村社区的认同越来越淡漠，间或参与农村社区公共事业也不再是义务和责任使然而是基于其他的原因，农村社会由此而渐趋衰落。它又进一步刺激农民通过教育等途径把自己的子女送出农村（也就是通常人们所说的“跳农门”），从而加剧了农村社会的落后。

5. 社区认同减弱，导致社区参与不足。改革开放以后，农民取得了土地的自主经营权，原本依靠强制性集体生产维持的农村集体逐渐解体，农村社区认同也随之减弱；尤其是解除城乡之间的人口流动的樊篱以后，农民开始离开土地大

---

① 吴理财：《农民工的行为倾向与思想道德：现状、问题及对策——武汉市农民工问卷调查报告》，载于《学习与实践》2007 年第 4 期，第 120 页。

② ［英］肯尼思·纽顿：《社会资本与现代欧洲民主》，引自李惠斌、杨雪冬：《社会资本与社会发展》，社会科学文献出版社 2000 年版，第 381 页。

规模进城务工，城市成为他们工作的主要场所。农民逐渐从原有的家庭、亲缘、社区的权力下解放了出来。“集体化终结、国家从社会生活多个方面撤出之后，社会主义的道德观也随之崩溃，既没有传统又没有社会主义道德观，非集体化之后的农村出现了道德与意识形态的真空。与此同时，农民又被卷入了商品经济与市场中，他们便在这种情况下迅速地接受了以全球消费主义为特征的晚期资本主义道德观。这种道德观强调个人的权利，将个人欲望合理化”①。以致阎云翔在黑龙江下岬村所观察到的自我中心的“无公德的个人”在中国许多农村地区泛滥开来，人们不再珍视自己社区的共有价值，社区也不再是他们人生价值展现的主要舞台。社区已经退隐到人们生活领域的边缘地带，其原因除了年轻一代农民的社区认同发生了从农村到城市的转移以外，更为重要的是“村民的个性和主体性的发展基本被限制在私人领域之内，从而导致自我中心主义的泛滥”②，原子化的个体逐渐取代了传统的社区成为这些“无公德的个人”认同的主要对象。社区认同减弱势必导致社区参与不足。

在当下，没有权力强制的，也没有情感的、更没有理性的力量，促使农民参与到社区的公共事务中来。在传统中国农村社区，人们更多地基于血缘、亲缘、地缘等情感性力量结合在一起，并因此产生强烈的社区认同；在人民公社体制下，国家通过政治强制、集体生产和意识形态宣传，使农民对（类似于这个时期城市的单位、工厂的）生产队、生产大队等社会主义集体社区产生了新认同；尽管在现代社会有许多基于理性主义原则结成的社区，然而当下中国农村盛行的“无公德的个人”只想获取不想给予，难以在理性主义原则基础上形成合作。在一次农村调研中，一位农民用朴实的语言对我们说：“现在是金钱社会。人人为金钱忙碌，人人眼中只有金钱，人与人之间只是金钱关系，没有钱谁也不愿意做公益事业！”③ 在农村税费改革之前，农民还因为税费的关系参与村庄的选举，如今农民连村庄选举这样的公共事务也不愿意去参与了。社区参与的不足将进一步削弱人们的社区认同。

6. 社区认同越强，社区的公共舆论规约性越大。“舆论压死人”的现象只能出现在社区认同较强的熟人社会里，也只有在这样的社区里公共舆论才能发挥规制人们行为的作用。一旦人们感受到了“人言”的“可畏”，舆论惩罚的威慑力就生效了，个体在社区公共领域做事情也就有了“分寸”。然而，在一个日益开

① ［美］阎云翔著，龚小夏译：《私人生活的变革：一个中国村庄里的爱情、家庭与亲密关系 1949～1999》，上海书店出版社 2006 年版，第 260 页。

② ［美］阎云翔著，龚小夏译：《私人生活的变革：一个中国村庄里的爱情、家庭与亲密关系 1949～1999》，上海书店出版社 2006 年版，第 261 页。

③ 2010 年 4 月安徽长丰县农村调研笔记。

放、认同日渐减弱的社区里，社区公共舆论对于人们行为的影响越发显得乏力无效，各种偏常（Deviance）或失范（Anomie）行为层出不穷。在当前中国农村，影响到个人利益的程度越深，农民在实际行动中所体现出来的社区认同度就越低。农民在口头上表示的高社区认同度很难经受住金钱和利益的考验，个人利益远远超过了社区利益。同时，诸如“那是人家的事”这样的社区公共舆论，形式上似乎趋向尊重他人的个人权利和隐私而显得更加包容，实则是公共道德力量的式微或消解。没有了公共舆论，也没有了对村庄公共舆论的顾忌，村庄的公共性和伦理性不但日益衰竭，村庄本身也越来越缺乏自主价值生产能力①。

7. 人际规范趋向功利化，社区认同趋向弱化。人际规范是社区认同在人际关系上的重要表征。农村改革开放以后，农民在私性领域逐渐生长出个体权利和利益意识，但是并未同时在公共领域培育出公民意识或公共理性，相反，农民的公共生活却急剧衰落，私性意识在没有任何公共理性的节制下得以肆意膨胀，人们简单地按照功利化原则处理彼此之间的关系，农民之间原本亲密的互助关系被赤裸的利益关系所取代，农民在日渐功利化的同时，也日益原子化、疏离化，致使传统社区走向瓦解。人际规范趋向功利化跟社区认同趋向弱化，是上述同一发展过程的两个方面的表现而已。

8. 社区认同越高，对社区成员的行为预期越明确。在一个高度认同的社区里，人们按照社区既有的规则行动，因而他们的行为是可以预期的，仿佛一列火车沿着既定的轨道前行一样，可以预期它何时到达目的地。然而，在一个认同程度较低的社区里，人们基本上是依据各自的理性原则在特定的情境条件下即时地选择性行动，很难对其行为做出明确的预期判断。

在传统中国社会里，农村社区几乎是一个封闭的社会单元，年轻一代农民基本上是沿着上一代的人生轨迹行进，好像一个巨大的转轮一样不断轮回重复。也只有在这样的社区里，年长者才得到应有的尊重和权威，因为他们的人生经验可以指导年轻人应对那些他们曾经遭遇过的问题。“在变化很少的社会里，文化是稳定的，很少新的问题，生活是一套传统的办法。”恰如费孝通先生所言：“如果我们能想象一个完全由传统所规定下的社会生活，这社会可以说是没有政治的，有的只是教化。事实上固然并没有这种社会，但是乡土社会却是靠近这种标准的社会。”②

可是在当下，这样的乡土社会早已经逝去了，传统的农村社区在开放中瓦解，各种理性计算因子开始渗透到农民的生活逻辑中来，其行为充满着越来越多

---

① 贺雪峰：《现代化进程中的村庄自主生产价值能力》，载于《探索与争鸣》2005 年第 7 期，第 27 页。

② 费孝通：《乡土中国 生育制度》，北京大学出版社 1998 年版，第 66～67 页。

的变数而无法进行有效预期。

9. 社区认同与社区记忆是一种正向关系。所谓社区记忆，简单地说，就是社区长期累积的传统①，或关于社区过去的表征（The Representation of the Past），它可以通过口述的传统、文字、仪式或者物质文化等形式一代一代地向下传递②。社区记忆使社区生活保持连续性和共同性，因此它是形成社区认同的一个重要机制。一般地，社区记忆越强，社区认同也越强。

在中国传统农村社区里，社区记忆主要是通过老者口述的村庄历史和传说、村规民约、族谱、宗族和宗教活动、有关生命历程的仪式、包括祠堂庙宇在内的村社标志性建筑物等展现或生产的。这些精神的和物质的形式不断维续着社区记忆，从而强化了人们的社区认同。然而，这些形式在革命后大多视为封建糟粕而被打破、抛弃，试图以此建立起农民对新政权的直接认同。如果说新中国成立初期依靠的是国家的力量打破了村社的旧传统，从外部强制性地嵌入了新式传统，那么，改革开放以后则主要是依靠市场经济的力量瓦解了村社既有的（无论是旧的还是新的）传统，“使得村庄历史出现断裂，过去一直以长老权威和习惯法进行治理的乡村社会已经为现实的利益所支配”③，从而从内部消解了农村社区认同。

即便某些农村社区仍然或多或少地保留着某种社区记忆，但是这些社区记忆也已“转向了功利性的利用”④。仝志辉还发现，村庄历史的记忆和现实的村治面貌之间显然存在着某种联系：那些对历史记忆清晰的村庄往往其内聚力也强，村庄公共舆论发达，而那些对历史淡忘的村庄内聚力不强，村中各色人等自行其是，缺乏公共的行为评价标准⑤。由此可见，重构人们的社区认同是当下新农村建设的一个重要课题。

10. 社区文化的消解，减弱社区认同。“文化是依赖象征体系和个人的记忆而维护着的社会共同经验”⑥。所谓社区文化，乃是一套社区生活（生产）的经验及行为规范。在中国传统农村社区里，祖先们的经验“也必然是子孙们所会得

---

① “累积的传统”作为一个概念，不论是在内容上还是在形式上，都不是不可改变的或最终性的。它指涉的是某种可理解性地和可经验性地加以认知的东西，尽管这并不是一个具有内在一致性或自给自足性的独立的实体。参阅［加］史密斯：《宗教的意义与终结》，董江阳译，中国人民大学出版社 2005 年版，第 346 页。

② 赵旭东：《文化的表达：人类学的视野》，中国人民大学出版社 2009 年版，第 352 页。

③ 贺雪峰：《村庄精英与社区记忆：理解村庄性质的二维框架》，载于《社会科学辑刊》2000 年第 4 期，第 34 页。

④ 徐晓军：《转型期中国乡村社区记忆的变迁》，载于《社会科学》2001 年第 12 期，第 56 页。

⑤ 仝志辉：《社区记忆》，仝志辉博客（http：//blog. china. com. cn/tongzhihui/art/3315719. html）。

⑥ 费孝通：《乡土中国　生育制度》，北京大学出版社 1998 年版，第 19 页。

到的经验”①。因此，其“文化是稳定的，很少新的问题，生活是一套传统的办法”②。社区认同因为这种社区文化的稳定而得以延续。

然而，在一个日益卷入庞大的市场经济体系的现今社会里，传统的经验应对当下的生活需要已付之阙如了，传统的农村社区文化势必趋于消解，加上农民因为工作的场域与自己生活的社区相分离，原有的经验在新的工作场域中完全失效，进一步加剧了既有农村社区文化的没落。农民对自己家乡社区的认同也因为这一社区文化的消解而减弱。

11. 社区越开放，建立社区认同越难。社区认同实质上是对社区边界的承认，所有的认同都建立在人我差异分别的基础上。社区的开放势必打破既有的社区界限，因此社区越开放越难建立社区认同。当下农村社区认同的减弱乃至消解，跟农村社区的日益开放、农民频繁的流动不无关系。在这样一个开放的社会里，农村社区认同的重构显然不可能回复到传统模式之中——通过制度安排把农民束缚在土地上。

12. 生产方式变革决定社区认同的变化。诚如马克思所言，“思想、观念、意识的生产最初是直接与人们的物质活动，与人们的物质交往，与现实生活的语言交织在一起的。人们的想象、思维、精神交往在这里还是人们物质行动的直接产物”③。“物质生活的生产方式制约着整个社会生活、政治生活和精神生活的过程。不是人们的意识决定人们的存在，相反，是人们的社会存在决定人们的意识”④。农民的社区认同意识、社区文化的变化也是由其生产方式的变化决定的。

传统中国小农经济生产方式有两个基本前提：一是人多地少的约束；二是把农民束缚在土地上。为了维持这样的稳定的小农经济，历史上有各种相应的制度安排或设置，如户籍制度、赋税制度、保甲连坐制度、粮食统销制度和人民公社制度等。与这种小农经济生产方式相适应，人们形成了稳定不变的社区认同。

在改革开放之前，尽管国家通过土地改革、生产合作化以及人民公社化等社会性运动，“来引导私有观念根深蒂固的农民‘不知不觉地’成为‘一个社会主义者’”⑤，破除小农的“劣根性”，然而，这些运动并不总是奏效的，因为小农经济的基本前提并未发生任何变化。

改革开放以来，虽然中国当前的人多地少矛盾仍然没有得到有效解决，但是把农民束缚在土地上的制度安排却在不断松动、变革。大量农村青壮年劳动力进

---

① 费孝通：《乡土中国　生育制度》，北京大学出版社 1998 年版，第 21 页。
② 费孝通：《乡土中国　生育制度》，北京大学出版社 1998 年版，第 66 ~ 67 页。
③ 《马克思恩格斯选集》第一卷，人民出版社 1995 年版，第 72 页。
④ 《马克思恩格斯选集》第二卷，人民出版社 1995 年版，第 32 页。
⑤ ［美］费正清著，张理京译：《美国与中国》，世界知识出版社 2002 年版，第 357 页。

城寻找工作，他们的生产卷入了巨大的工业经济和商品经济洪流中，农民这种生产方式的变化从根本上冲击着他们传统的社区认同。总之，在农村社区里，其生产方式的根本变化决定了社区认同的变化。①

第二节　农村社区文化变迁：动因与后果

农村社区文化是一定地域内农民在日常生产生活过程中逐步积淀成的用于论证集体生活合理性的意识、习俗以及价值规范体系。农村社区文化主要体现为特定社区内生的公共性，而非私人性。这种公共性为社区内每个个体所分享，界定着个体成员身份，培育着社区认同。我们所讨论的农村社区文化超越了家庭等私性领域，辐射整个农村社区空间，为农村社区每位成员所共享，并受其预设性规约的文化。

在追寻现代化的征途中，特别是改革开放以来，中国社会经历着整体性变迁，农村社区文化从集体主义意识形态走向个体主义世俗话语。现代性个体权利观念、理性功利性主义行为逻辑以及物质消费主义的生活态度大行其道，已有的传统农村社区文化在现代性的冲击下持续解构，趋于多元化、碎片化与个体化。农村社区文化的公共性不断被外在的个体利益诉求“殖民化”，“为自己而活”的个体主义成为人们当然的行为信条。

一、农村社区文化的变迁

改革开放后，人民公社制度解体，农村进入非集体化时代，中国农村社会发生了深刻的社会历史变迁。在此背景之下，农村社区文化在经验层面、话语层面和规范层面几乎同步发生不可逆转的变迁。整体而言，当前农村社区文化变迁的总体性方向是趋向衰落。

（一）经验层面的变迁：传统生活经验式微

在经验层面上，传统的生活经验日渐衰微。传统生活经验是围绕小农生产产生并累积起来的，农民脱离农业生产和农业生产模式的改变都将直接导致传统生

① 吴理财：《农村社区认同与农民行为逻辑——对新农村建设的一些思考》，载于《经济社会体制比较》2011 年第 3 期，第 123 ~ 128 页。

活经验的衰落。改革开放伊始只是小部分人通过考学、当兵、招工、招干等狭隘的渠道脱离农村社区。进入20世纪90年代以后，越来越多的农民（尤其是青壮年劳动力）从土地上走出来，进入当地的乡镇企业工作或者进城务工，在初期他们往往利用农闲的时间去从事非农工作，到了90年代中后期农民从事非农工作逐渐成为他们维持生计的主要职业，传统的农业已由农民家庭的主业演变为副业（一般由妇女或老人承担）。于是，传统的农村社区因为外出务工农民的增多而日益"空心化"——它不仅表现为社区成员的减少，而且表现为社区生活的衰落——原本应付这个社区生活的一整套生活经验逐渐失去它的功能。特别是进入21世纪以来，与老一代农民工相比，新生代农民工具有更加强烈的城市生活取向，他们不再愿意也不可能再回到农村社区生活，他们不屑于了解传统的农村社区生活经验，在他们眼里，这些生活经验不但是无用的东西，而且是落后的东西。

此外，进入21世纪以后，国家倡导现代农业生产和合作经营模式，一些农村传统的小农生产逐渐被这种现代农业生产和经营模式所取代，农业也加速了卷入市场经济的步伐；另一部分农地则由于城市的扩张、基础设施建设的征用而消失；还有些农地在政策许可之外被流转变成非农用地，农民因为失去土地不再从事农业生产。这些变化使得传统生活经验在一些农村社区失去了作用。

与此同时，现代生活技术逐渐取代传统生活经验，在社区生活中发挥着越来越重要的作用。这些现代生活技术借助图书、电视、电脑等现代技术装置深入社区生活，填补被抛弃的传统生活经验留下的空白。生活技术与生活经验有诸多不同之处，譬如，生活技术是专业性知识，而生活经验是"地方性知识"；生活技术在某一专业领域内具有普适性，生活经验则局限于某一"地方"或特定处境，具有特殊性；生活技术主要依赖"文本"传播，而生活经验主要依靠"身体"传授。但是，对于生活在特定社区里的人来说，二者根本的分别是：生活技术是弥散的可以随时学习，而生活经验是累积的只能是前辈向后辈手口相传。

现代生活技术取代传统生活经验，不单是现代科学技术进步推动的，也与现代教育的发展相关。现代教育既提高了农民的识字率，也在无形中向他们灌输了现代性思想。现代传媒和现代教育的发展，使年轻人完全可以摆脱老人，按照书本、电视或电脑进行农业生产。此外，农村卫生条件的改善及卫生观念的转变，使巫医失去了市场，日常生活经验因此而祛魅化，破除了对传统生活经验的迷信和神秘感。

（二）话语层面的变迁：传统话语体系失势

所谓话语，实际上是这个社会的观念形式，对于维持、整合该社会具有重要的作用。这一话语概念主要源自福柯（Michel Foucault）。福柯意义上的"话语”，就是对展示出某种外在功能的符号系统的称呼。换言之，话语的基本含义是展现秩序的符号系统。每个社会（无论大小）都有自己的一套话语或观念，为该社会群体所共同享有。伴随着农村社区文化经验层面的变化，与之相适应的话语必然发生改变。在当下农村社区里，现代性话语逐渐盛行，话语总体上呈现碎片化结构状态，而话语的本质从集体指向转向个体自身。尽管自近代以来，在国家层面上一直都在追求现代化，即便在今天现代国家建构仍然没有完成，但现代性话语真正进入农村社区则主要是最近30年来的事情。特别是现代传媒的传播和农民大规模进城务工，加剧了现代性话语大举进入乡村社会的步伐，使得现代性话语普遍流行于农村社区，原有的传统话语快速失势。

需要注意的是，这些进入农村社区的现代性话语本身并不是一个统一的观念体系，而是杂糅的混合物，即各种非传统的多元乃至相互冲突的观念谱系。因此，它与失势但未消失的传统话语一起呈现出一种完全碎片化的结构状态。这样的话语结构，对于现有的农村社区文化不但没有起到维持、建构的作用，相反正在消解或破坏农村社区文化。

（三）规范层面的变迁：农村社区规范去功能化

与社区生活经验和社区话语同步发生变化的还有农村社区规范，这些规范原本起着维护农村社区文化的作用。具体来说，农村社区规范主要体现在组织、规约和舆论三个方面，农村社区公共组织的弱化、村规民约的消解和公共舆论去公共化以及三者之间的相互影响，不仅导致了农村社区规范的整体式微，而且农村社区规范也逐渐去功能化。社区规范大致可以划分为两种类型：一种是“外在性”的规范；另一种是“内生性”的规范。

1. “外在性”规范的弱化。一般而言，“外在性”的规范是由正式的组织制定或从外部强加给社区居民的。这些规范更加具有硬化的形式和硬性的力量，但是，在制定和实施的时候，一般都需要进行合理性或正当性论证，以此说明制定和实施这些规范符合社区的公共利益。这些外在的规范，或可称为“明规范”（或“显规范”）。“外在性”规范是以一定的组织为依托的，自然会受到组织的影响——组织越强，这些外在规范发挥的作用越强；组织越弱，这些“外在性”规范发挥的作用越弱。改革开放以来，农村进入非集体化时代，农村社区组织逐渐弱化，人们对仅存的村级组织认同也非常低，原本依存于社区组织的社区规范势必随之式微。出于同样的原因，村规民约由于缺乏强有力的社区组织去行使，往往成为一纸空文，不再发挥应有的规制功能。

2. “内在性”规范的漠视。“内在性”的规范是从社区生活中自然生成的，一般处于内隐的状态，或者人们的行为不自觉地受其驱使，觉得之所以这样行动是理所当然的，不需要缘由（且不需要向人说明缘由）。这种“内在性”的规范，或可称为“潜规范”（或“隐规范”）。如果说当下农村社区的外在规范更主要地受到国家力量影响的话，那么其内在规范则更多受到市场原则的浸染。市场经济的利益算计原则日益渗透于社区生活之中，人与人之间的关系日益功利化，这种利益算计原则日益解构着农村社区传统的“内在性”规范。维护农村社区“公共性”的“内在性”规范抵挡不住市场化的功利个体主义的强势攻击，在市场化的洪流中纷纷为人们所抛弃，无力匡正乡村社会的善恶是非，难以规范人们的行为模式。[①]

二、农村社区文化变迁的社会动因

改革开放以来，从传统性社会向现代性社会转型过程中，农村社会处于急剧变革期，农村社区文化随之发生快速变迁。农村社区文化变迁的总体方向是走向衰落，但这一衰落过程不是孤立发生的，而是农村社会整体变迁的一个部分，具有其深刻的经济社会动因。具体表现为：生产方式的转变、农民内部的分化、传统家庭结构的解体、快速的城市化、现代信息技术的发展、现代性“下乡”与国家基层的治理转型。[②]

（一）生产方式的转变

首先是生产方式的根本变化，它突出表现在两个方面：一是农村土地制度的变革，使农业从集体生产转为家户经营；二是市场经济的发展，使农民不再束缚于土地，可以自由择业进入农业以外的产业。尽管二者的变化有时序的差异和各自不同的发展逻辑，但是越到后来二者之间的相互影响越加交错、紧密：市场经济促进了农业在家户经营的基础上渐趋规模化和现代化，并深深卷入市场经济体系之中；农业的现代化和市场化，又进一步促进了人口、资本和技术等市场要素的自由流动、优化配置。包括农村社区文化在内的中国农村社会各个方面均因此发生深刻的变革。

生产方式的这一变化导致农村社区文化趋于衰落。农地的家户经营培育了农民的私人利益意识，但是这种私人利益意识由于公共领域的衰落并未得到应有的制约而恣意膨胀，从而使得当下农民的身份认同对象逐渐从社区退缩到家

① 吴理财：《改革开放以来农村社区文化的变迁》，载于《人民论坛》2011 年第 8 期，第 40 ~ 43 页。

② 吴理财：《改革开放以来农村社区认同消解之逻辑》，载于《江西师范大学学报（哲学社会科学版）》2011 年第 2 期，第 3 ~ 7 页。

庭乃至个体。与此同时，大量农民外出务工，又加剧了这些农民对农村社区事务的淡漠。

更为主要的还是市场经济的发展。农民无论是在乡务农还是进城务工，都被卷入了市场经济体系之中，使得市场及其准则延伸到农民的日常生活的所有方面。当人们在行动时，总是要问自己“我能从中得到什么好处?”于是，人际关系也因此变成待价而沽的交易关系。正是因为过分注重这种交易关系，以至于把社会关系也量化为金钱的形式。① 农村社区邻里之间传统的互惠性换工、帮工、互助已不复存在，无论是在生产上还是在日常生活上，农民之间的劳动关系变成了即时性的金钱交易。社区内人际关系的金钱化，既从根本上削弱了传统的农村社区文化认同，也从根本上消解传统农村社区自身。

（二）农民内部的分化

改革开放以来，农民内部发生了明显的分化，这种分化是多种因素综合作用的结果，其中利益的分化是最根本的影响因素。

在集体化时期，农民在劳动中实行无差别化的生产分工和利益分配，享有同样的身份地位和权利义务，农民基本上是一个同质性身份群体。而改革开放以后，农民的利益不但发生了分化而且其分化日渐扩大，农民不再是一个意义和内涵单一的身份指称。根据经济资源、社会资源和组织资源的不同，农民分化为农业劳动者、农民工、乡镇企业管理者和乡镇企业职工、农民知识分子、个体工商户、私营企业主、农村管理者等不同的社会阶层，由于这些阶层间财富积累速度和量与质的差异，进一步加剧了农民内部的分化。这些分化逐渐固化，并形成为一种非同质的社会结构。农民角色和身份的多元化、地位和需求的差别化导致了彼此价值理念的冲突，从而在一定程度上消解了传统的农村社区文化。

尽管集体化时期跟中国传统社会一样，农村社区都呈现出同质性且社区间相互分离的特点，但是，前者依靠的是集体化强制，是一种自上而下的权力控制模式；后者依赖的是自然的小农生产方式，是一种自下而上的有限合作模式。

（三）传统婚姻家庭的解体

“家庭生活是共同体的生活方式的普遍基础”②。然而，当下大规模的人口流

---

① ［英］保罗·霍普：《个人主义时代之共同体重建》，沈毅译，浙江大学出版社 2010 年版，第 60 ~ 61 页。

② ［德］滕尼斯著，林荣远译：《共同体与社会》，商务印书馆 1999 年版，第 71 页。

动却正在消解传统的农民婚姻家庭生活及其观念，也因此在消解农村社区生活方式。近些年，农民的离婚率急剧上升，打破了农民婚姻家庭一贯的稳定型态，农民的性观念、婚姻观念、家庭观念和养老观念也随之发生着深刻的变化。原来农民对婚前性行为说三道四，如今外出打工农民婚外同居、农村女孩进城“做小姐”、城市妓女“下乡”、农民婚丧的脱衣舞表演已屡见不鲜，农民对此也见怪不怪了。

在马克斯·韦伯看来，现代资本主义的基本过程是商业从家庭的分离，同时也是生产者从他们生计来源的分离。那一分离的两面性使得除了谋生之外的赢利行为也挣脱了道德和感情之网，摆脱了家庭和邻居的束缚[①]。改革开放以后，中国农村也发生了类似的分离现象，使得农民脱离了家庭和社区的道德和情感约束。

这也就是吉登斯（Anthony Giddens）所讨论的“脱域”（Disembeding）现象。所谓“脱域”是指人们的社会关系从互动的地域性或地方性场景中“挖出来”（Lifting Out）或“抽离化”，并使社会关系在无限的时空地带中“再联结”起来[②]。简单地说，也就是“它把社会关系从具体情景中直接分离出来”[③]。而一切社区的共有价值、行为规范、伦理道德都是基于社区生活的需要而形成的，也就是说，社区文化其实是处境化的生产和生活经验及维持和保存它而建构起来的规范体系。一旦人们的行为脱离了这个社区场域，其行为必然不被原社区所规约。大量进城务工的农民已摆脱了原有农村社区生活的约束，与此同时，城市社会又对他们缺乏有效的管制，他们实际上游离于城市或乡村制度性和文化性规制之外，仿佛如脱缰之野马，在大大增加行动自由的同时，也大大增加了行动失范的风险。它在冲击农民传统的婚姻家庭生活的同时，也极大地削弱了农村社区文化对农民的束缚。

（四）快速的城市化

除了农村社会内部结构变革所引起的农村社区文化变迁以外，诸如市场化、城市化、现代性“下乡”等外在力量也极大地改变着传统的农村社区文化。

很显然，农村社区文化是建基于农业社区生产以及与之相适应的生活方式之上。城市化不仅仅是城市地盘的扩展，同时也是城市生活方式的扩张——它把农村生活方式视为“前现代的”或“落后的”，并试图去取代传统的农村生活方式。农民在城市化进程中，不但被城市虚华的生活方式所吸引、诱惑或迷恋，同时也产生了对自己原有文化的自卑感而羞于回归传统的农村生活方式。

---

① ［英］齐格蒙特·鲍曼著，欧阳景根译：《共同体》，江苏人民出版社 2007 年版，第 30 页。

② ［英］安东尼·吉登斯著，赵旭东、方文译：《现代性与自我认同》，生活·读书·新知三联书店 1998 年版，第 19 页。

③ ［英］安东尼·吉登斯著，田禾译：《现代性的后果》，译林出版社 2000 年版，第 25 页。

"发展的整个过程可能在什么样的意义上理解为城市生活和本质的进步的倾向……农村组织不得不更多地用它自己的力量去供养和促进城市，对于自我的补偿，它已可有可无；因此它也在走向瓦解，这种瓦解的后果必然导致城市的那些以它为基础的机关和活动的随后的瓦解"①。改革开放以来我国进入快速城市化阶段，据《中国城市发展报告》称，1949 年我国城市化水平仅 10.6%，到 2009 年底城市化水平则达到 46.59%，预计到 2020 年将有一半以上的人口居住在城市，2050 年将有 3/4 的人口居住在城市②。总而言之，城市化的加速发展，首先瓦解了农民传统的生活方式，进而消融了农村社区文化。

不过，滕尼斯却认为："由本质意志和共同体所表现的共同生活的外在形态区分为家族、村庄和城市，它们是整个现实生活和历史生活的持久的类型……只有到了城市发展为大城市时，城市才几乎完全丧失了这些特征，单一化的个人或者家庭相互对立，他们所拥有的共同的地方，只不过是作为偶然的和选择的居住场所。但是共同体的生活方式作为唯一的、现实的生活方式，还继续持久地存在于社会的生活方式的内部，尽管日益枯萎，甚至日益消亡。"③ 这也就解释了，为什么一些偏远的农村地区至今仍然保留一定的共同体文化，不过从总体上来看，农村社区文化在整体趋向式微，城市社区认同也是碎片化的。

（五）现代信息技术的发展

进入改革开放以后，我国各种现代科技发展迅速。其中，对农村社区认同影响最大的莫过于电视、电脑和互联网等现代信息技术。

柯克·约翰逊（Kirk Johnson）在《电视与乡村社会变迁：对印度两村庄的民族志调查》中谈到电视对印度的冲击时说：在一个更为普遍的城市主义、民族主义、国家团结的过程中，电视的冲击是其中最重要的组成部分，与其他因素相互促进。（电视的）特征使它倾向于属于国家精英，他们享受有钱、有权和有闲的美好生活，鼓励地方民众接受外界信息。城镇居民在（电视节目的）世界中挖掘生活模式和价值观，并因此最终影响当地权威的社会规范，越来越多的人仿效它们。随着时间的流逝，电视逐渐帮助国家推动社会自由化的进程。

改革开放以后的中国农村社会也同样受到电视传播的深刻影响，这种影响不仅仅停留在农民对"城市主义"的接受和向往上，刺激了农民的现代消费欲望，

---

① ［德］滕尼斯著，林荣远译：《共同体与社会》，商务印书馆 1999 年版；转引自谢立中编：《西方社会学经典读本》，北京大学出版社 2008 年版，第 201 页。

② 韩洁、罗沙：《中国进入城镇化加速期，2010 年一半人口住在城市》，新华网（http://news.xinhuanet.com/politics/2010-05/11/c_1289573.htm）。

③ ［德］滕尼斯著，林荣远译：《共同体与社会》，商务印书馆 1999 年版，第 70 页。

同时也被有闲阶级的观念所熏染——金钱至上和“娱乐至死”等颓废的资产阶级个人主义价值观开始渗透到单纯、简朴的农民生活世界之中。更为重要的是，电视休闲方式也带来了农民人际联结的松弛和农村社区生活的衰落，就像美国人“独自打保龄球”一样，“独自看电视”业已成为中国农民的一种日常生活方式①。电视的出现，使得人们的休闲活动更加“个人化”了②。无论是前者还是后者，它对农民的传统社区文化均产生着消极的冲击作用。

进入20世纪以后，电脑和互联网又快速地步入农民的日常生活，它们对农村社区文化的消解作用比电视有过之而无不及。这些现代“信息传输技术的出现，给予共同理解的‘自然而然性’以致命的打击：信息流已经从物体的运输中获得解放。一旦信息可以独立于它的载体，并以一种远远超过甚至是最先进的运输方式的速度进行传递（就像我们现在所有人生活于其中的这种社会），‘内部’与‘外部’之间的界限再也无法划定，更别说是维持下去了”③。由于现代交通的发展和现代信息技术的迅速进入农村，“‘距离’这个曾经是共同体防御能力中最为可怕、最难克服的东西，现在也就失去了它的大多数意义”④。这些现代技术及其物质建设对农村社会发展的促进作用已被过分夸大了，而对于它们对农村社会发展所产生的消极作用却缺乏应有的评估。当前，国家正在大力推进“家电下乡”、电视广播“村村通”和信息共享工程，似乎对这些现代信息技术对农村公共生活的解构作用估计不足。

（六）现代性“下乡”

伴随着城乡社会的开放和流通，以及现代传媒、物流及城市消费生活方式的“下乡”，现代性大举进入农村社会，渗透到农民日常生活的各个层面。

现代性固然有它进步的一面，但是，同样也不可忽视它的消极作用。诚如王思斌教授所论，“现代化是一个破坏传统社区的力量，它以经济理性和社会流动的力量冲击传统社会中普遍存在的共同体意识和情感性联系，并造成颠覆性后果”⑤。对于韦伯而言，所谓的现代性社会也就是工具理性大行其道的社会。随着现代性“下乡”，农民的工具理性或经济理性不断上扬，“它不仅会改写家庭

① 申端锋：《电视下乡：大众传媒与乡村社会相关性的实证研究》，载于《华中科技大学学报（社会科学版）》2008年第6期，第5页。

② Robert D. Putnam, Bowling Alone: America's Declining Social Capital, *Journal of Democracy*, Vol. 6, No. 1, 1995, pp. 74–75.

③ ［英］齐格蒙特·鲍曼著，欧阳景根译：《共同体》，江苏人民出版社2007年版，第9~10页。

④ ［英］齐格蒙特·鲍曼著，欧阳景根译：《共同体》，江苏人民出版社2007年版，第9页。

⑤ 王思斌：《体制改革中的城市社区建设的理论分析》，载于《北京大学学报（哲社版）》2000年第5期，第10页。

的结构与意义，重塑社会的联结模式，还会导致他们的生活意义弱化，现时化与自利化，并对村庄乃至整个社会的道德与秩序产生重大影响”，使当下农村社区陷入“结构混乱”之中①。这必然导致农村社区文化的衰落。

“送法下乡”也是国家推行的现代性工程的一个重要组成部分。然而，现代意义的法治由于缺乏“本土资源”的支持，“它破坏了原有的礼治秩序，但并不能有效地建立起法治秩序”②。农民的社区生活也因此隐藏着“失序”的危险。或许我们发现一些农村社区的村民之间的矛盾和纠纷并不多见，但这并不表示他们之间的关系更加亲密了，与之相反则是由于彼此间的互动减少，相互的期待降低，实质关系淡化而“貌合神离”③。

（七）国家基层治理转型

新中国成立初期，国家通过土地改革，在打破旧有的地主乡绅构成的国家与乡村社会之间的实体化中介层以后，基本上确立了国家政权与农民直接沟通的关系。这种新关系的确立，虽然有助于乡村社会秩序的重构，但也同时带来新的挑战。这种挑战主要来自两个方面：第一个方面是小农固有的生产生活方式及其意识形态的消极影响；第二个方面是国家不得不从农民微薄的土地收入中直接提取更多的资源投入到宏大的社会经济建设上来。对许多农民来说，土改后的蜜月年代主要是重建家庭、结婚生子和提高收入④，而不是其他更高的追求。农民这种根深蒂固的观念显然跟当时的国家建设要求相去甚远，因此，对他们进行社会主义改造，显得十分必要。于是，国家试图通过集体化与“大跃进”等制度变革和社会运动推动集体主义，建构社会主义新传统，使农民将其忠诚的对象从家庭转移到集体乃至国家那里，从而“引导私有观念根深蒂固的农民‘不知不觉地’成为‘一个社会主义者’”⑤。其结果之一，就是将农民从家庭忠诚的成员转变为原子化的人民群众。

改革开放以后，国家的基层治理又发生重大变革，国家改变了过去将权力强制性植入农村的做法，在抛弃“全能主义”国家治理型式的同时，也逐步减弱了对私人生活的控制，并将主要精力放在经济和政治的关键部门。结果，市场经济的价值

---

① 董磊明、陈柏峰、聂良波：《结构混乱与迎法下乡——河南宋村法律实践的解读》，载于《中国社会科学》2008 年第 5 期，第 95 页。

② 费孝通：《乡土中国　生育制度》，北京大学出版社 1998 年版，第 58 页。

③ 董磊明、陈柏峰、聂良波：《结构混乱与迎法下乡——河南宋村法律实践的解读》，载于《中国社会科学》2008 年第 5 期，第 89 页。

④ ［美］弗里曼、毕克伟、塞尔登著，陶鹤山译：《中国乡村，社会主义国家》，社会科学文献出版社 2002 年版，第 251 页。

⑤ ［美］费正清著，张理京译：《美国与中国》，世界知识出版社 2002 年版，第 357 页。

观、商品生产的方式以及全球性的消费文化等成为推动农村社会变迁的主导力量，特别是随着市场经济的日益发展和全球化进程的加快，这种影响加速了对传统农村社会生活方式的解构作用。非集体化后国家对地方社会干预的减少引起了在私人生活发展的同时却是公共生活的迅速衰落；村民的个性和主体性的发展基本被限制在私人领域之内，从而导致自我中心主义的泛滥——他们只强调个人的权利，却无视应有的义务与责任，最终沦为"无公德的个人"[①]。颇具讽刺意味的是，"社会主义国家是实现农民主体性以及高度自我中心的个人之崛起的主要推动者"[②]。

如果说摧毁传统的家庭结构和村庄权力结构是改革开放之前时期国家的一种自觉行为的话，那么，改革开放以后国家所加快推进的一系列现代化工程包括国家基层治理方式的改变却不自觉地导致了农村社区的解体。随着地方性共同体的解体，市场化的深入，交通、通信、传媒等现代技术的发展，"去魅化"的国家试图效仿其他发达国家通过更为隐性和精妙的手段直接对个体的理性农民进行规训和监控[③]。然而，这种"用理性权力设计出来并通过日常的监视和管理加以维系的秩序"，在"把隶属者束缚在能够看到他们并因而能对任何违反规则的人立即施加惩罚的位置上"的同时，"也把监视者自己束缚在这个他们不得不进行监视并实施惩罚的对方上"[④]。这或许是所有现代国家所没有预料到的现象。而且，这种由国家（而不是通过社区）直接规训、监控分散的理性农民的方式，成本无疑是最高的；在现实生活中，往往由于国家财力有限、管治体系存在"盲区"或"漏洞"、监控技术跟不上，大量流动的理性农民游离于国家的规训和监控之外，给社会增添了诸多危害社会安全和公共利益的隐患。

三、农村社区文化变迁的后果

（一）"敬祖尊老"的传统家庭伦理退化

1. 老人社会地位下降。源于现代科技教育进步成果的现代"普遍性"知识成为推动现代社会发展的主导动力，由传统"地方性"日常生活中产生的传统生活经验业已失去其重要性。这一趋势导致农村社区长老及老人权威与社会地位的

---

① ［美］阎云翔著，龚小夏译：《私人生活的变革：一个中国村庄里的爱情、家庭与亲密关系（1949～1999）》，上海书店出版社2006年版，第257～261页。

② ［美］阎云翔著，龚小夏译：《私人生活的变革：一个中国村庄里的爱情、家庭与亲密关系（1949～1999）》，上海书店出版社2006年版，第257页。

③ 董磊明：《宋村的调解：巨变时代的权威与秩序》，法律出版社2008年版，第181页。

④ ［英］齐格蒙特·鲍曼著，欧阳景根译：《共同体》，江苏人民出版社2007年版，第35页。

衰落。长老或老人之所以在传统农村社区得到广泛尊重，一个主要的原因是这些长老掌握和控制了该社区的生活经验。一旦这些生活经验失去功用，或者年轻人可以随时学习并能掌握生活技术，老年人的权威必将趋于消解，从而导致老人社会地位下降。这些生活层面的变化，也必然冲击着社区原有的道德生活。如今，嫌弃老人、忤逆老人乃至虐待老人屡有所闻；一些农村老人自杀现象越来越多，这也从一个侧面反映了当代农村社区道德生活的退化。

2. 家庭伦理关系“倒置”。这种变化体现在价值层面上，对老人的轻视使得人们的祖先意识趋于弱化。于是，社区生活中的代际关系从“敬上”转向“爱下”（或许“怕下”更合适些），具体表现为子女不孝顺父母、父母却为子女成家立业操心[①]，农村家庭的代际关系不仅“失衡”，而且发生了根本性逆转，甚至伦理“倒置”。在许多农村，人们发现年轻人对父辈的剥夺越来越严重，也越来越赤裸，孝道日益衰落；同时，年轻一代的兄弟关系也越来越离散。[②] 一个家庭的伦理道德尚且如此，建基于一个个家庭之上的农村社区道德生活状况怎么样亦可想而知。

（二）“无公德的个人”的出现

1. 现代性话语的工具性运用，以逃避应尽义务与责任。在当下农村，到处充斥着权利、自由、法治、平等、民主等现代性话语，但恰如“话语”一词所揭示的那样，诸如权利、自由、法治、平等、民主等现代精神并没有真正在农村社会生活中扎根，人们充其量也只是在话语层面上言说而已，这些言说只是用来遮掩自身功利主义或利己的诉求，变成一种工具性“价值”。譬如，人们使用权利话语，往往是为了逃避义务；使用自由话语，往往是为了规避责任。于是，当所谓的法治话语取代乡情、民俗时，传统的礼治秩序被打破，社区生活从和谐趋向紧张；当所谓的男女平等话语取代父权话语、婚姻自由取代旧的婚姻模式，传统的家庭道德生活也趋向瓦解，一方面是孝道衰落，另一方面是所谓的性解放和性自由冲击着原本稳定的夫妻关系；当所谓的市场交易原则取代社区既有的互惠合作等交换原则以后，人与人之间各种关系的维持只能依靠金钱，沦为即时性的金钱交易。

2. 农村社区个体化进程加速，产生大量个体化的个体。同市场经济共生而来的现代性话语对农村社区文化的“污染”，表面上看是从外部浸染的，实际是

---

① 贺雪峰：《农村家庭代际关系的变动及其影响》，载于《江海学刊》2008 年第 4 期，第 110 页。

② 陈柏峰：《农民价值观的变迁对家庭关系的影响——皖北李圩村调查》，载于《中国农业大学学报（社会科学版）》2007 年第 1 期，第 106 页。

从内部开始的，即生活在农村社区的人逐渐接受了极端自私自利的个体主义，这一个体主义在农村社区的抬头和兴起，往往被诸如权利、自由等现代性话语的外衣所包裹。换言之，当下农村社区的话语从本质上而言已由原来的集体指向转换为个体取向，一切以个体自身的利益最大化为旨趣。不幸的是，原来守望相助的社区成员如今已转变为一个个原子化的“无公德的个人”。阎云翔认为，市场经济的价值观、商品生产的方式以及全球性的消费文化等成为推动农村社会变迁的主导力量，特别是随着市场经济的日益发展和全球化进程的加快，这种影响加速了对传统农村社会生活方式的解构作用。非集体化后国家对地方社会干预的减少引起了私人生活发展的同时却是公共生活的迅速衰落；村民的个性和主体性的发展基本被限制在私人领域之内，从而导致自我中心主义的泛滥——他们只强调个人的权利，却无视应有的义务与责任，最终沦为“无公德的个人”[①]。其实，仅仅将这些变化归因于国家、市场的力量是不够的，还有农村社区内在因素的作用，具体来讲就是人们自身价值观念的改变。更准确地说，这些变化是国家、市场和农村社区三者共同作用的结果。

（三）农村公共舆论的去公共化

1. 公共舆论“私域化”。公共舆论从公开场合或公共领域退隐到私下场合或私性领域。人们不再在公开场合或公共领域谈论、批评甚或指责某个人的失范或败德行为，如果说对某人的失范或败德行为有所微词的话也仅局限于私下场合或非常狭隘的圈子范围内，这种谈论、批评根本不想失范者或败德者知道并扩散到整个社区，与其说是公共舆论不如说是私下宣泄，对维持社区的规范起不了一点作用。

2. 公共舆论不再以公共利益为旨归。人们关注自身的利益远远超过了社区的公共利益，社区公共事务陷入了“越是集体的越少有人关注”的自利经济学陷阱之中。与之相关的，人们所谈论的公共话题也仅限于无关痛痒的表达或者无关社区生活实质的内容。诸如“那是人家的事”这样的社区公共舆论，形式上似乎趋向尊重他人的个人权利和隐私而显得更加包容，实则是公共道德力量的式微或消解。没有了公共舆论，也没有了对村庄公共舆论的顾忌，村庄的公共性和伦理性不但日益衰竭，村庄本身也越来越缺乏自主价值生产能力。[②] 人们开始肆无忌惮地做任何事情，年轻人开始频繁地虐待老人，村干部可以毫无顾忌地贪污，甚

① ［美］阎云翔著，龚小夏译：《私人生活的变革：一个中国村庄里的爱情、家庭与亲密关系（1949～1999）》，上海书店出版社 2006 年版，第 257～261 页。

② 贺雪峰：《现代化进程中的村庄自主生产价值能力》，载于《探索与争鸣》2005 年第 7 期，第 27 页。

至与乡村混混势力联合在一起。[①] 农村社区成为无规制之地，丛林原则肆虐横行，成为当下农村治理不可回避的重要问题。

（四）农村社区价值规范的式微

农村社区规范依托于一定的组织载体。一般而言，强规范是由强组织支撑并发挥着强功能。非集体化后农村社区组织逐渐弱化，人们对村级组织认同亦降低，依存于社区组织的固有农村社区规范随之式微。由农村社区组织保障实施的村规民约由于缺乏强有力的社区组织去行使，往往成为一纸空文，难以发挥应有的规制功能。

1. 家族（或宗族）组织的功能弱化。在中国传统农村社区里，家族（或宗族）组织承担着农村社区规范的制定和执行职能，这套农村社区规范适应那个时候社区生活的需要。新中国成立以后，国家为了在农村社会加强政权建设，对宗族（或家族）组织实行打压、破坏的政策，这个时候“准政权”的社队组织代替了传统的宗族（或家族）组织行使社区规范的实施职能。改革开放以后，国家废除了“队为基础、三级所有”的高度集权的人民公社体制，逐渐在村级推行村民自治制度。国家在农村基层治理方式的这一改变，大大减弱了对农村社会的直接控制和强力整合。于是，在一些地方，农村家族（或宗族）组织开始“复兴”。但是，这些新起的家族（或宗族）组织往往是一种礼仪性组织，主要承担祭祖和修谱等文化性功能，不再具有传统家族（或宗族）组织那种全面涉及社区经济、政治、社会和文化生活的总体性功能。这些改变，使得农村社区组织的作用趋向弱化。

2. 村级组织的合法性减弱。特别是农村税费改革以后，许多农村地区进行了大规模的撤村并组，有不少地方撤销了村民组长的设置，即便是村级组织也普遍被削弱，成为一种事实上的“维持会”，在广大中西部地区农村尤其突出。问题之严重尚不仅如此，税费改革之后的村级干部的工资由于依赖国家财政的拨款而更加官僚化，加之村级组织不能给村民带来直接的经济利益，以及大量村民外出打工无暇顾及村级组织的选举（更不必说参与村庄的日常治理），村级组织在村民中的合法性大为减弱。[②]

---

① 陈柏峰：《现代性、村庄与私人生活——评阎云翔〈私人生活的变革〉》，载于《学术界》2006 年第 4 期，第 293 页。

② 吴理财：《改革开放以来农村社区文化的变迁》，载于《人民论坛》2011 年第 8 期，第 40 ~ 42 页。

第三节　农村社区文化建设：困境与对策

就目前而言，在农村社区文化处于整体趋向衰落状态下，作为公共性的农村社区文化载体的各种农村社区公共文化组织、资源与活动明显匮乏，不能满足农村社区成员的文化需求。基层村组织无能力也无资源推动农村社区文化建设，来复兴每况愈下的农村社区文化。在农村社区文化建设过程中，存在着一系列的误区与困境。在农村社区文化建设中，政府应该而且必须成为农村社区文化建设的主导性力量，加强农村社区公共文化服务体系建设，重建农村社区文化。

一、农村社区文化建设的困境

（一）“轻文化、重经济”的片面发展逻辑

在现代化发展进程中，经济的发展是整个国家一个时期的追求，寻求经济发展，追求 GDP 指标成为重心。在这种片面追求经济建设的环境下，各级政府形成一种压力型体制关系，上级政府对下级政府的考核多注重于经济发展指标，以至于对农村社区文化建设关注不够。这表现在：地方政府对农村社区文化建设的投资太少，农村社区文化设施的建设滞后，政府在农村社区文化活动上组织力度不够（参见表 9－1）。

表 9－1　被访农民所认为的当地农村文化活动少的主要原因

	频数	有效比例（%）	累积比例（%）
没有钱	306	31.5	31.5
没有文化设施	223	22.9	54.4
没有文化人才	90	9.3	63.7
没有政府组织	339	34.9	98.6
农民不感兴趣	14	1.4	100.0

资料来源：2011 年 3～4 月课题组对社会主义新农村建设的农民文化问卷调查，调查地点为安徽省肥西、舒城、潜山（共发放问卷 1 200 份，回收问卷 1 105 份，有效问卷 1 030 份）。

在农村税费改革之前，乡镇文化站主要围绕乡镇政府所谓的“中心”工作

（如收费征税、计划生育等）而运转，几乎没有将精力放在农村社区文化服务上；农村税费改革以后，现有乡镇财政在只能勉强维持单位人员工资的情况下，农村社区文化建设方面资金投入更是捉襟见肘；加之农村社区文化发展很难在短期内彰显政绩，以至于农村社区文化发展在农村基层政府的工作中处于边缘化状态。

农村社区文化工作的"边缘化"，以及一些地方乡镇机构改革中乡镇文化站的"虚设化"，导致了农村社区文化服务的严重匮乏，难以满足农民日益增长的、文明的社区文化生活的需要。

（二）"本土化"的农村社区文化服务队伍严重不足

我国长期以来城乡之间的非均衡性发展，不仅体现于国家对农村社区文化建设的投资少于城镇，还体现在农民进城打工所导致的大量农村社区文化精英向城镇的流入。农村社区文化精英外流和农村社区文化人才匮乏，也是当前农村基层政府开展农村社区文化工作和组织农村文化活动的一个重要困境（参见表9－2）。

表9－2　被访乡镇干部认为当前农村文化工作的主要困难（多选）

主要困难	有效比例（%）
投入不足	74.1
缺乏场所	69.1
文化人才不足	65.0
农村文化组织网络不健全	44.4
政府重视不够	26.3
农民的参与热情不高	36.9

资料来源：2011年3～4月课题组对社会主义新农村建设的农民文化问卷调查，调查地点为安徽省肥西、舒城、潜山（共发放问卷1 200份，回收问卷1 105份，有效问卷1 030份）。

在当前农村社会转型的关键时期，我国农村的中青年劳动力大量外出务工，尤其是中西部地区这种现象更为突出，农村社会呈现为一种"空心化"发展趋向；与此同时，农民之间的亲密互助关系逐渐被直白的经济利益关系所取代。农民在日渐功利化的同时，也日益原子化、疏离化。如果一个农村社区缺乏文明的公共生活，尤其是公共性的文化生活，农民之间关系的功利化、原子化和疏离化将是一个不可避免的趋势。尽管在不少农村地区，农民还有一些所谓的公共生活，但是，这些公共生活也主要是通过牌桌、麻将桌、宗祠、寺庙和教堂的形式表现出来的，这样的公共生活不但会瓦解现有的社会主义农村的公共生活，也会破坏传统的建立在血缘、亲缘和地缘基础上的农民生活方式。

虽然目前农村社区文化设施建设十分滞后，政府组织和举办的农村社区文化活动普遍偏少，但这些只是一种表象而已，最重要的问题是“人”和“机制”问题。一是农村精英大量外流；二是优秀的民间文化无人继承和发扬；三是农民文化素质亟待提高；四是过分重视“物”的建设，而轻视（忽视）“人”的建设。正如我们在一些农村所看到的，国家免费赠送给农村的诸如数字放映设备、计算机等先进文化设施，由于无人操作而大量闲置、损失。因此，无论是社会主义先进文化的建设还是农村优秀民间文化的保护、开发和发扬，都需要真正能够扎根在农村的文化精英（人才）来担纲。在这一点上，单靠外部人才输入是不够的，最根本的是要建设一支本土的农村社区文化精英队伍，使之在农村社会能够因为从事农村社区文化事业而过上体面且受人尊敬的生活。

（三）“只输入，不培育”的单向服务误区

农村社区文化式微也与“只‘送’不‘种’”的农村社区文化工作思路、理念不无关系。长期以来，政府大多注重“送”“文化下乡”，却很少注重挖掘、开发和保护优秀的农村民间文化，更不注重先进文化与优秀民间文化的对接、融合，从而培育出具有深厚土壤、根基的社会主义新农村文化形式。“送”“文化下乡”的背后逻辑：一是认定农村社区文化贫困，需要从外“输入”文化；二是认定农村社区文化是一种落后的文化，需要输入“先进的”文化对它进行“改造”。但是，实践告诉我们这种“只输入，不培育”的农村社区文化工作形式往往事与愿违。

社会主义文化，包含着一种强调社会成员之间互助合作的公共性。在改革开放以前，农村的公共性主要是通过强制性的集体生产和劳动，依靠国家的力量向农村社会强行“植入”的；而且，它还排除了乡村社区传统的各种公共性活动。实际上，某些传统的公共活动有助于农民形成公共性理念。这种从外植入的公共性由于没有很好地与优秀的农村传统公共形式相对接、相融合，单靠国家力量从外面强制地“嵌入”农村社会，难以在农村社会这块沃土中植根、发育、开花、结果，是一种“无根”的文化形式。一旦国家力量从农村社会撤出，这种根系不够发达的文化，就极容易凋谢。

在当前这种社会转型关键时期，尤其有必要重塑农民的公共性观念，以消解农村社会发展过程中出现的“空心化”现象，遏止人与人之间的“功利化”、“原子化”和“疏离化”过度膨胀之势。但是，重塑农民的公共性不能重走老路——依靠强制性集体生产来维持——而应该更主要地依赖新农村社区文

化建设，增进农村社区认同，让农民在享受健康、文明、先进的文化生活中，自然而然地“生长”出公共性意识和互助合作精神。

（四）政府文化服务供给匮乏且单一

农村公共文化设施远离农民的日常生活，农民难以享受农村公共文化设施的好处。长期以来，对农村文化的有限投入大多局限于县乡文化馆站的建设，以至于政府供给的公共文化资源主要集中在乡镇政府所在地和城镇，真正进入村庄内部、与农民群众日常生活相联系、能够被农民群众所享受的农村公共文化设施不但数量极为有限，而且缺乏多样性，难以满足农民群众多层次、多方面的文化需求（参见表9-3）。

基层政府组织的公共文化活动单一，难以满足农民的文化需求。农村基层政府或村级组织举办的文化活动十分罕见，而政府组织的少有的几次公共文化活动，也仅以放电影为主。

表9-3　被访乡镇干部和农民对当前农村文化状况的总体评价　单位：%

	对农村文化设施的总体评价		对农村文化活动的总体评价	
	乡镇干部	农民	乡镇干部	农民
缺少/贫乏	86.4	79.6	80.7	77.8
一般	13.1	19.6	17.4	21.5
多/丰富	0.5	0.8	1.9	0.7

资料来源：2011年3~4月课题组对社会主义新农村建设的农民文化问卷调查，调查地点为安徽省肥西、舒城、潜山（共发放问卷1 200份，回收问卷1 105份，有效问卷1 030份）。

政府对农村文化建设所需的基本条件供给不足，不能满足农村文化服务的需要。农村文化服务必须有充足的文化服务经费保障、一定的农村文化服务设施配套和较高业务素质的文化服务工作者支持和参与，否则就等于空谈。然而，从当前的农村实际来看，这些基本的条件都不完全具备。农村文化服务经费投入过少、公共文化设施缺乏、文化服务人员匮乏而且其素质也不能满足农村文化服务的需要，是当前农村文化服务中存在的普遍问题。

农村文化服务供给主体单一，服务绩效低下。从现实来看，我国农村的文化服务基本上是由政府供给，企业及非营利性组织很少参与到这一服务中来。在政府财力有限的情况下，仅靠政府的单方面投资导致了农村文化服务经费投入相对其他公益性事业严重偏少，农村文化服务的基础设施匮乏，文化服务人员的业务素质欠佳等现象。①

二、农村社区文化建设的对策：构建社区公共文化服务体系

（一）建设农村社区公共文化服务设施及其网络体系

结合社会主义新农村的总体规划，推动县、乡、村公共文化设施和阵地的配套建设，构建县以下面向农村基层的公共文化设施支撑体系。坚持以政府为主导，以乡镇为依托，以村为重点，以农户为对象，建设县、乡、村公共文化设施和文化活动场所，构建农村公共文化基础设施网络。通过政府和社会的紧密结合，逐步形成以政府为主导、社会广泛参与、结构合理、发展均衡、网络健全、服务优质、覆盖农村社会的比较完备的公共文化设施体系。

农村公共文化服务网络建设要以文化工程项目为基点，加快推进农村“三大”文化工程，健全农村广播电视、文化信息和电影服务网络，满足农村居民基本公共文化需求。不仅要确保中央业已确定的三大农村文化项目的建设与完成，还要建立保证这些项目长期正常运行的长效机制。例如，大力推进“村村通”工程，尽快全面实现广播电视进村入户；以国家文化信息资源共享工程为基础，健全“人”、“机”配套的激励约束机制，开展农村数字化文化信息服务；大力推进农村数字电影放映，探索农村电影发行放映新机制，逐步建立以数字化放映为龙头、以乡为重点、以村为基点、公共服务和市场服务相协调的农村电影放映体系。

（二）引导社会资本参与农村社区公共文化服务

由于存在地区之间文化发展差异和地域文化特色，农村社区文化在文化设施和文化活动方面呈现出广泛的差异性，难以在全国范围内按同一标准统一建设。在这些项目实施的过程中，国家重在引导。

引导地方和社会资金支持农村非物质文化遗产保护项目，发展农村社区特色文化。农村社区特色文化，是农民应对现代文明和都市文化冲击的有效缓冲机制。发展农村特色文化，既可以让农民在自己的文化体系中实现生活的意义，又具有保护农村非物质文化遗产的功能。新时期，农村非物质文化遗产保护是农村

① 吴理财、夏国锋：《农民的文化生活：兴衰与重建——以安徽省为例》，载于《中国农村观察》2007年第2期，第67~68页。

文化建设的重要内容。农村非物质文化遗产内容十分丰富，基本上是公益文化产品，应该纳入公共财政的支持范围，建议国家进一步加大对非物质文化遗产保护的财政投入。

引导社会公益组织和个人投入“送戏下乡”、“送书下乡”等工程。“送戏下乡”（流动舞台车）项目，满足农村中老年群体的文化需求，实现传统地方戏曲“活态”保护目标与农村文化建设目标的二合一，受到基层政府部门和农民群众特别是中老年群体的普遍欢迎。农村的“三农”图书和报刊数量偏少、实用性差、价格偏高。中国农村广阔，差异极大，国家统一配送方式目前在操作过程中还存在着一些无法解决的技术性难题。例如，“送书下乡”要求送到乡镇文化中心，有村级文化室（中心）、“农家书屋”的地方，要求送到村级文化室、文化中心和“农家书屋”。为了使“送戏下乡”、“送书下乡”等工程具有更强的针对性、有效性，在条件允许的情况下，在“送戏下乡”、“送书下乡”工程项目中引入竞争机制，放开对社会中介组织的准入限制，切实提高“送戏下乡”、“送书下乡”的效率和服务水平。

（三）实现“送文化”与“种文化”结合

支持农村社区文化精英人才的培养，引导地方培养基层文化队伍，奖励和补贴农村社区基层文化带头人培训项目。历史经验证明，尽管几十年来国家对农村社区一味的“送文化”花费了不算小的公共资源，但几十年来的努力并没有从根本上改变农村社区文化的落后面貌。农村的许多文化观念是依靠国家力量从上而下向农村社会强行“植入”的，主要表现为一种精英文化对大众文化的改造和替代，但现实的情况是，这种单靠国家力量从外面强制“植入”乡村社会的精英文化观念，难以在农村社会中植根、发育、开花、结果，是一种“无根”的文化。一旦国家力量从农村社会中撤出，这种“无根”文化就会凋谢。因此，通过国家公共财政引导的方式，建立一支乡土化、农民化和本土化的农村文化精英队伍，使之成为农村文化的承载者和传播者，这是当前农村社区公共文化服务建设的迫切任务。

支持和鼓励农村民间文化组织开展农村公益和准公益文化活动，奖励地方为保护优秀民间文化而进行的文化保护、开发和研究项目。我国历史悠久，农村民族民间文化资源丰富。要实现保护优秀民族文化资源和发展当代农村社区文化的双重目标，必须充分发挥政府和社会两方面的积极性，形成合力。通过公共财政的政策和利益导向，吸收社会力量参与，实现公共财政投入和社会参与热情在农村优秀文化资源保护和开发平台上的有机结合，改善当代农村社区文化的状况。

支持和鼓励农村民间自办文化，奖励“农村文化大院（中心户）”、“农村电影队”、“业余剧团”、“农家书屋”等，为当地农村社区提供特色文化产品，通过民办公助、公办民助，以多种形式支持和鼓励农民自办文化。国家鼓励各种面向农村、面向农民社区的文化经营活动，培养农民成为农村文化建设的主体。积极扶持热心文化公益事业的农户组建文化大院、文化中心户等，允许其以市场运作的方式开展形式多样的文化活动。国家支持农民群众自办农民书社、集（个）体放映队等，大力扶持民间职业剧团和农村业余剧团的发展。

（四）整合体制和资源，整体提升农村社区公共文化服务

长期以来，政府对农村基层文化建设中的“基层”存在认识上的误区，一般认为乡镇所在地就是农村基层，但乡镇所在地并不是农村文化的最基层。因此，农村文化建设必须重心下沉，改革以前农村文化管理以乡镇为主的模式，在行政村范围内建设公共文化服务体系，建设相应的文化设施、开展相应的文化活动。建设村级文化交流平台，将村落社区公共文化服务场所建设纳入村庄整体规划之中，并建立相应的村级公共文化服务体系。

整合资源，建设综合性的农村公共文化服务平台。一是整合各部门的资源。目前，由于我国条块治理的行政体制，乡镇文化资源主要分布和沉淀在文化、广电、新闻出版、教育、科技等系统。将分散在各部门的农村文化建设资源集中使用，在县或乡一级“打包”整体下拨至村一级，是一种可行的选择。二是充分利用农村文化资源存量。目前农村文化经过长期的建设，已有一些存量，如“村村通”等相关的硬件设施，合并后废置的村小学校舍，农村党员远程教育网络等，在资源投入仍有缺口的条件下建设农村公共服务体系可以综合利用，充分整合农村现有文化资源存量，使农村公共文化的有限资源实现效益最大化。

统筹协调都市文化和农村文化，推进城乡文化一体化发展。推进城乡文化一体化发展，是我国现代化发展道路的独特要求。农村文化的边缘化是“晚发外生型”国家现代化过程中的陷阱。国家的现代化一般始于城市，为了配合城市的物质增长、经济发展，城市必然发展出一套与之相应的行为方式、制度和文化价值体系。在城市高速发展和集聚、吸纳农村资源的过程中，城市始终处于主导和中心地位，农村的文化体系不断被边缘化。这种状况对于我国的可持续发展不利。因此，我们必须充分认识并统筹城乡文化发展的重要性和紧迫性，把统筹城乡文化发展的理念贯穿于国家文化设施布局、文化经费投入、文化服务建设、文化产品生产等各个方面，在政策和投入等方面向农村倾斜。实行城市带动战略，以大城市辐射带动中小城市、小城镇和广大农村，建立城乡互动、互利双赢、协调发展的统筹机制。

（五）确立公共财政支持农村公共文化服务建设的多种实现模式

新时期要扭转农村社区文化建设持续下滑的趋势和改变农村社区文化落后的面貌，必须要有国家力量的介入，国家公共财政支持是改变农村社区文化落后状况基本的途径之一。

总体上，我国农村社区文化体系是一种与传统农业文明相适应的价值体系，在迅猛的国家现代化进程的推动下，当代农村社区文化进入了一个快速的结构转型过程中。传统农耕文化环境下形成的农村社区集体主义的文化结构业已松动和瓦解，而与现代市场经济体制配套的农村社区文化结构的建立又不是一朝一夕之功。在市场的选择下，科技含量的高低日益成为决定文化产品发展前景的重要因素，电视和网络的普及，使得以戏曲、民间工艺为代表的农村传统文化形态日益面临边缘化的窘境。因而，农村社区文化总体上是新旧夹杂，发展无序，在城市文化的比照下，更显得落后。而这种社会结构变动带来的农村文化结构的变迁，则超出政府的能力所及。当前我国农村文化发展滞后既有国家投入不足的原因，也有着深刻的社会原因，因此，公共财政加大对农村社区文化的投入并不能完全解决农村社区文化发展滞后问题，只能承担提供基本公共文化产品的有限责任。

公共投入机制创新的核心在于激发政府和社会两个积极性，要在农村社区文化建设中引入“民办公助”和“公办民营”等多种实现模式。“公办民营”即通过政府搭建基础平台，吸收社会力量参与，政府与社会两种力量通过整合，形成合力，有利于加快改变当前农村文化发展滞后的状况。“民办公助”即以民间力量为主体，公共财政予以补贴奖励，引导民间力量服务于农村公益文化事业，同样可以达到公共财政投入最大化的目标。在当前农村文化建设中，“公办民营”或“民办公助”可以在一定程度上解决公共文化投入责任主体不明、效率不高的问题。一些具有现场存在、即时消费特点的文化活动和文化服务，均可借助于政府购买的渠道逐步纳入“公办民营”、“民办公助”等公共经费的支持范围，通过扶持民间文化市场主体，形成国家主导下的农村公共文化服务和文化市场服务相结合的综合型服务体系，满足农村多层次的文化需求。[①]

（六）培植“内生性”农村社区文化，增进社区认同

集体化时代将社会主义或集体主义价值观灌输给农民，虽然在一定程度上建构了农民对社会主义国家和集体的认同，但同时也破坏了农村传统的婚姻家庭

① 财政部教科文司、华中师范大学全国农村文化联合调研课题组：《中国农村文化建设的现状分析与战略思考》，载于《华中师范大学学报（人文社会科学版）》2007 年第 4 期，第 107 ~ 111 页。

观、家族认同和道德伦理生活。这种靠外在国家力量植入的意识形态，随着农村集体性生产的抛弃和国家基层治理方式的转变，很快趋于衰落。在这个时候，由于改革开放以及随后市场经济的发展，农民既有的文化观念逐渐被城市文化观念所取代，并在这个过程中产生了对自己原有的农村文化的自卑心理，就连农民自己都瞧不起自己的文化了。所谓先进的城市文化对农村社会的蔓延和渗透，表面上看似乎促进了农民生活方式的"城市化"——物质生活富足而精神生活空虚，但与此同时却严重破坏了农村社区仅存的一点公共生活，农村社区认同也因此急剧消解。

农村社区认同的消解、农民行为逻辑脱离农村社区固有文化的规约、新的过于理性化的农民行为会重塑农村社区文化，致使农村社区文化发展变迁，走向衰落。因此，农村社区文化的建设离不开农村社区认同重建，二者是相互促进、同步一体的关系。

1. 建设"生活化"的农村社区文化，增进社区认同。涂尔干曾经说过："每个民族的道德准则都是受到他们的生活条件决定的。倘若我们把另一种道德反复灌输给他们，不管这种道德高尚到什么地步，这个民族都会土崩瓦解，所有个人也会痛苦地感受到这种混乱的状况。"[①] 也就是说，农村社区文化建设简单地靠输入先进文化是行不通的，甚至是事与愿违的。农村社区文化是一套处境化的生产和生活经验体系，它由该社区的生产和生活条件所决定，无论如何"先进的"文化从外面输入到这样的社区也是脱离实际的。这也就是说，农村社区文化建设必须跟农民的日常生产和生活相联结、相融合。

2. 在农村社区公共生活中孕育农村社区认同。在新农村建设中重构农村社区认同，最为关键的是从涉及农民生产和生活农村社区公共活动实际出发。公共生活的建设可以为构建富有生机的、互相支持的和赋予包容性的地方共同体带来愿景；同时，也能够抵御生活在这个个人主义时代的一些消极因素。建设农村社区公共生活的根本目的，是培养人们的公共精神，形成农村社区公共文化和基本认同，为农村社区公共文化服务建设提供社会文化资源。[②]

① ［法］埃米尔·涂尔干：《社会分工论》，生活·读书·新知三联书店2000年版，第195页。

② 吴理财：《农村社区认同及重构》，载于《中共天津市委党校学报》2011年第3期，第83～84页。

下　篇

发展与未来

第十章

共同体构建：农村社区建设目标的重新定位

自中共中央提出开展农村社区建设以来，人们对于农村社区建设目的、目标及发展方向一直有不同的认识。一些分歧不仅在于对中央有关社区建设的政策的不同解读，也源于对“社区”本质特征的不同理解，同时，也源于对我国特定的经济社会及政治背景下社区建设的特殊性的认识和把握。对于社区及社区建设不同的认识和理解直接影响到我国农村社区建设的路径及发展方向。在当前农村社区建设中，首要的问题是正本清源，进一步明确我国农村社区建设的目标和方向。

第一节　农村社区建设目标的分歧及重新定位

一、农村社区建设目标和方向的不同认识

从调查来看，自中国提出开展农村社区建设以来，人们对于农村社区建设目的、目标和方向有如下五种倾向：

一是“平台论”。该理论认为农村社区建设是“搭建推进社会主义新农村建设的有效平台”。自 2005 年 12 月，中共十六届五中全会提出了社会主义新农村之后，各级政府及有关部门加大了对“三农”工作的扶持力度，然而，如何把这

些政策措施及时落实到基层，落实到农户并广泛动员社会各方面力量支持和参与农村社区公益事业和公共事务是一个突出的问题。为此，通过农村社区建设作为新农村建设的“平台”和“抓手”，以“把新农村建设的各项政策措施落到实处”。

二是“服务论”。该理论强调农村社区建设是“引导政府的社会管理和公共服务向农村延伸”。由于长期的二元化体制，我国城乡差别呈继续扩大的趋势。农村基础设施落后，公共服务薄弱，为此，通过积极推进农村社区建设，整合农村基层资源，完善农村基层服务设施，增强农村社区服务功能，引导政府的社会管理和公共服务向农村延伸，拓展农村基层文化、教育、卫生、社会保障和社会福利事业。

三是“管理论”。该理论认为农村社区建设是“加强社会管理并作为社会管理创新的切入点”。社区是社会的基本单元，也是社会管理的基本单位。加强农村社区建设，完善农村社会管理，“把问题和矛盾解决在城乡社区、化解在萌芽状态”，同时，“城乡社区范围小、可控性强”，“城乡社区功能全、全息性好”，“城乡社区管理体制创新既是城乡基层社会管理体系创新的重要一环，也为更大范围内的社会管理创新提供了有力借鉴。”①

四是“村改居”。有不少人将农村社区建设视为农村城市化或城镇化的产物和要求，农村社区建设就是“村改居”。为此，有的撤销一些城郊村或非农产业较发达的地区“村委会”改为“居委会”，有的则在大搞“迁村腾地”，兴建农村居民小区，让农民“集中居住”，实行“居民管理”和“物业管理”。

五是“发展论”。早在全国开展城市社区建设之时，国家民政部在《关于在全国推进城市社区建设的意见》（2000 年 11 月 3 日）中就指出：“社区建设是指在党和政府的领导下，依靠社会力量，利用社区资源，强化社区功能，解决社区问题，促进社区政治、经济、文化、环境协调和健康发展，不断提高社区成员生活水平和生活质量的过程。”这一表述将社区建设视为一种促进社区发展的过程。在农村社区建设中，国家民政部在讨论和制定有关推进农村社区建设的意见中也强调通过社区建设促进农村发展。2006 年《民政部关于做好农村社区建设试点工作推进社会主义新农村建设的通知》就强调，“改革开放以来，我国农村经济快速发展，农民生活水平显著提高，村民自治制度初步建立并显示出巨大的政治优势，但随着科学发展观的落实，农村经济社会发展中的一些深层次矛盾逐步显现出来，城乡差别呈继续扩大的趋势，农村基础设施落后公共服务薄弱，村民自

① 何晏：《中央何以如此重视社区建设——专访民政部副部长姜力》，载于《半月谈》2011 年第 7 期。

治组织的行政化倾向严重，凝聚力不强，严重制约着全面建设小康社会的进程，影响着农民群众参与社会主义新农村建设的积极性。近年来，一些地方围绕新农村建设，积极探索开展农村社区建设，依托村党组织和村民自治组织，整合农村基层资源，完善农村基层服务设施，增强农村社区服务功能，为深化农村民主政治建设，拓展农村基层文化、教育、卫生、社会保障和社会福利事业，活跃农村经济，方便农民生活，开辟了一条有效途径。实践证明开展农村社区建设，有利于把新农村建设的各项政策措施落到实处，引导政府的社会管理和公共服务向农村延伸，搭建推进社会主义新农村建设的有效平台；有利于协调农村利益关系，化解农村社会矛盾，调动农民群众和社会力量参与新农村建设的积极性。”农村社区建设被视为推进新农村建设、加快农村经济社会发展、促进城乡一体化的途径和方式。

上述不同看法从不同角度揭示了农村社区建设的不同内容，也是我国农村社区建设的一些具体要求和目的。如从中央的要求及实践来看，农村社区建设包括健全新型社区管理和服务体制，加强农村社会管理和公共服务的内容，促进农村经济社会发展的内容；农村社区建设也是推进新农村建设及城乡一体化的重要途径和方式；在农村社区建设中，一些高度工业化和城镇化的地方存在“村改居”的要求，一些人少、分散且衰败的村庄在村民同意的前提下也可适当合并集中居住。但是，农村社区建设并不是上述任何一个单一的目的，将社区建设目标仅仅归结上任何一项目标都是片面的。

事实上，农村社区建设并不是简单的迁村腾地、集中居住，更不是农村的城镇化或“村改居”，也不仅仅是单纯的加强农村公共管理和公共服务，或者为新农村建设集中资源而建设的组织和工作平台。从“村改居”来看，随着城市化发展，我国一些农村“村委会”改制组建为“居委会”。村委会改为居委会在形式上是撤销村委会，改建居委会的过程，事实上，这是在现行城乡二元化体制下农村组织管理体制、土地产权制度、公共服务体制以及农民身份的转换过程。在村改居过程中，不仅要求撤销村委会的建制，建立社区居委会，也要求转变农村集体土地的产权性质，并对农民的集体资产进行重新处置，如农村集体土地原则上依法征用，转为国有；村集体资产仍属原村集体经济组织所有，再组织清产核资，界定村集体资产享受对象，进行股份制改革。村改居后，原属村集体或农民经批准建造的集体用房或私房，在集体土地征为国有土地后，准予房屋所有权登记，按规定发放房屋所有权证。但对各类违章建筑，要依照政府有关规定予以处理。村改居后，按有关规定和程序办理村民就地农转非手续，村民农转非后，享有与市区居民同等待遇，并履行应尽义务。村改居范围内的公共基础设施建设及道路、环卫、绿化以及用水用电维护管理等都统一纳入市政设施建设和管理。显然，这是一个农村土地、人口、社保、组织等全面转制和城市化或市民化的过程。从目前来看，国家并没有制定统一的“村改居”的具体条件、标准和程序，但是，在实践中，有些地方按照三个基本条件来办理由村改居的问题：一是土地条件。有的地方规定，凡是人均占有土地不足一分的村，经批准后可以全村集体“农转非”。二是户籍条件。凡是全村集体农转非的村，经区政府批准后可以由村委会改为社区居委会。三是城建规划条件。有的地方规定，为加快城市化进程，凡是在城建规划区域内的村，一般都要进行“村改居”。[①] 由此也不难看出，“村改居”有严格的条件，其适用范围也是“城中村”或高度城镇化的地区。“村改居”的过程也是农村城镇化、土地国有化、农民市民化及管理城市化的过程。在城镇化过程中，在现行体制下，一些村委会转制为居委会是正常而普遍的，但将农村社区建设简单地理解为“村改居”显然是错误的。如果农村社区建设仅仅是现行的城镇化过程中的“村改居”，也就无须进行农村社区建设了，因为，事实上，在开展农村社区建设之前，这一过程一直在进行。尤其是农村社区建设更不应是简单地将农村变为城镇，农民变成市民。

从社区发展的角度看，加强农村公共服务，加快农村经济社会发展，促进城乡一体化，无疑是农村社区建设的重要内容。英国、美国等国家，最早进行社区建设也是旨在消除社区贫困，进行社会救助，激发社区居民的参与，促进社区发展。1955 年联合国还发表了《通过社区发展促进社会进步》（Social Progress Through Community）的专题报告。该报告也强调要动员和教育社区内居民积极参与社区和国家建设，充分发挥创造性，与政府一起大力改变贫穷落后状况，从而促进经济的增长和社会的全面进步。在一些发展中国家，联合国在农村地区也力求通过“扶贫性”的开发促进地区的社会进步与发展。在一些发展中国家的城市地区，也进行城市的住宅和贫民区的改造计划，等等。可以说，通过动员社区居民参与，激发社区内在活力，促进社区发展，是各国进行社区建设的重要目的。也正因如此，在我国农村社区建设中，从中央到地方都致力于通过社区建设促进社区发展。但是，我们并不能将社区建设仅仅视为经济增长或经济发展。我国农村社区建设就将管理有序、服务完善和文明祥和作为农村社区建设的重要内容。更重要的是，农村社区建设不仅仅只是一种发展工具，它还包含更丰富的内容。如果仅仅是为了农村建设和一个区域（如社区范围）的发展，也无须另起炉灶，提出“农村社区建设”，或建设农村社区。依托现存农村基层政权和组织体系，如基层党组织、乡镇政府组织、村委会组织及原有的“七站八所”等事业单位体制，也可以推进农村经济和社会建设、新农村建设以及加强农村公共管理和服

① 王在水：《村改居需要什么条件》，载于《社区》2002 年第 17 期。

务。事实上，在农村社区的调查中，不少基层干部和农民就疑惑："搞新农村建设，为何又提出'农村社区建设'？农村社区建设与新农村建设究竟是什么关系？""农村村级组织已经存在村支部、村委会，还有村集体经济组织，为何还要再搞一套'社区组织'？是不是多此一举？"这些疑惑正是由于人们仅仅将农村社区建设视为促进农村经济社会发展的一种方式、途径或工具，用农村社区建设的一些具体内容替代了农村社区建设更重要而深远的目标。事实上，无论是城市社区建设还是农村社区建设，中央都将"健全新型社区管理和服务体制，把社区建设成为管理有序、服务完善、文明祥和的社会生活共同体"作为社区建设的目的和任务。其中，"社会生活共同体"是社区建设的根本目标，而"健全新型社区管理和服务体制"不过是社区建设的内容，"管理有序、服务完善、文明祥和"则是新型社区的基本特征。

二、农村社区建设旨在构建新型农村社会生活共同体

众所周知，自滕尼斯开始，虽然人们对于"社区"有不同的理解和解释，但是，人们普遍都将"社区"视为一种"社会生活共同体"。"社会生活共同体"也是社区的本质属性。其中，"一定的地域"、"共同的纽带"、"社会交往"以及"认同意识"是一个社区或共同体最基本的要素和特征。农村社区也是农村一定地域范围内的人们基于共同的利益和需求、密切的交往而形成的具有较强认同的社会生活共同体。对于农村社区建设来说，无论农村社区建设的实践活动及工作内容多么丰富，各地农村社区建设的工作重点多么不同，其最终目标都应是建设这样一种"社会生活共同体"，否则，农村社区建设就违背了社区最基本的要求和本质特征。显然，中央将"社会生活共同体"作为我国城乡社区建设的目标和方向是科学和准确的。

不过，如前所述，虽然人们将社区视为一种社会生活共同体，但是，社区的划分和识别并不是一件容易的事。尤其是，在现实生活中，共同体是多种多样的，哪些属于社会生活共同体？哪些属于农村社会生活共同体？在理论上和实践上都存在不少分歧。按照齐格蒙特·鲍曼的说法，"共同体是指社会中存在的、基于主观上或客观上的共同特征（这些共同特征包括种族、观念、地位、遭遇、任务、身份等）（或相似性）而组成的各种层次的团体、组织，既包括小规模的社区自发组织，也可指更高层次上的政治组织，而且还可指国家和民族这一最高层次的总体，即民族共同体或国家共同体，既包括有形的共同体，也有无形的共同体。"① 也正

① ［英］齐格蒙特·鲍曼著，欧阳景根译：《共同体》，江苏人民出版社 2007 年第 2 版，第 1 页。

因如此，人们提出了血缘共同体、地缘共同体、精神共同体、行政共同体、民族共同体以及政治共同体等不同类型的共同体。“家族、社区、公司、国家等是共同体的不同表现。”①

上述不同类型的共同体，其组织基础及组织形态不尽相同。如从共同体的认同基础来看，我们可以划分为血缘共同体、地缘共同体、行政共同体、经济共同体、民族共同体、精神共同体；如从共同体的实体形态来看，我们可以划分为有形共同体和无形共同体，前者包括家庭血缘共同体、行政和地域共同体、社会生活共同体等，后者则包括基于信仰、理想、爱好而形成的精神共同体；如果从共同体的规模层级来看，可以划分为地方性共同体、民族国家共同体、超国家共同体等；从共同体的开放程度来看，可以划分为开放的、封闭的或半开放的共同体，等等。这些不同类型的共同体各自有其特征和特点。

社会生活共同体仅仅是一种类型的共同体。对于社会生活共同体的构成要求和特征，人们已经进行了大量的研究。在我们看来，除一般意义上的人口、地域等要素之外，最本质的有如下几个特性：

第一，社群性。一定的人口被视为是社会生活共同体的基本要素。但是，仅仅是一定的人口的聚集并不一定是一个社区或社会生活共同体。社会生活共同体是由一部分在生活中有一定关联、相互依赖、具有互动关系的人群。一定人口的聚集或聚居无疑会产生共同的需求，也会为人们的交往提供条件，奠定基础，但是，作为一个社会生活共同体，它所强调的首先是“社”，其次才是“区”。唯有人们之间有密切的社会关系、社会关联以及社会互动，才可能成为一个社会生活共同体。

第二，认同感。社会生活共同体的核心是人们对于所属的群体有认同感和归属感。这种认同感和归属感也是人们对自己所属的群体的一种认可、喜爱、依恋和皈依的思想及心理感觉。正是这种感觉，同一社区的人们才具有与其他社区“己”与“他”、“我们”和“他们”的区别。这种认同感不仅使个体的行为与群体的行为保持协调，也使自己的心理与他人产生共鸣。这种认同感不仅是群体规范内化的结果，也是形成群体规范的基础。

第三，地域性。人们生活在现实社会之中。生活本身具有一定的时空。作为社会生活共同体，它存在于一定的地域，也是在一定地域形成的。虽然单独个体的活动空间不完全一致，但是，一个群体中每个个体生活也存在交集的地方，而这种群体生活交集的空间，也是一个社区或社会生活共同体的空间。也正因如此，在不同的社会和不同的时代，人们活动范围不同，社会生活共同体的范围也

① 褚松燕：《个体与共同体》，中国社会出版社2003年版。

不尽相同，由此也形成不同范围的社会生活共同体。

第四，基础性。根据人群和地域的范围，社会生活共同体也分为不同层次。从小范围的“邻里”到大范围的“地方”、“市镇”，都可能构成不同层级的“社会生活共同体”。不过，作为实践中或社会学意义上微观社会细胞的“社区”或“社会生活共同体”，它具有基层性或基础性。它是一种最基层或最基本范围的社会生活共同体，也是与人们日常生活最密切相关的社会生活共同体。也正因如此，不同学者都将村落、街坊、邻里等视为典型的“社区”或“社会生活共同体”。

第五，生活性。社会生活共同体的本质是一种生活的共同体。这种社会生活共同体不仅与经济的、行政的、民族的共同体不同，严格地说，与血缘共同体、家族共同体和地缘共同体也存在差别。“经济共同体”是一种生产共同体，它是基于人们的经济生产形成的利益共同体。其中，最为典型的是基于生产而形成的“生产单位”、“企业”或“厂矿”。虽然这些生产单位是人们生存或生活的基础，也是一种组织形式，但是，这种经济共同体或生产共同体是根据生产方式和生产过程来组织和规范人们的关系。人们之间的关系是一种工作关系、生产关系以及经济利益关系。“行政共同体”是基于行政权力而形成的权力共同体或政治共同体。其中，最为典型的是一些国家和地区的乡镇和市镇以及地方和基层政府。“血缘共同体”以及“家庭共同体”是基于血亲关系而形成的共同体。在实践中，人们之间存在多种经济、政治、行政以及血缘或地缘关系，上述多种类型的共同体与社会生活共同体有着密切联系，有的生产共同体、经济共同体以及血缘家族共同体与人们的生活共同体具有重合或一体化关系，一个单位、一个家族，可能同时也是一个最基层的社区或“社会生活共同体”。但是，我们必须注意到，这些经济的、生产的、家族的或行政的共同体与社会生活共同体之间仍存在本质的差别。作为社会生活共同体，它是基于人们的社会关系或社会生活需要而形成的，人们之间的关系及共同体的形成是超脱单纯的生产关系、权力关系或血缘关系。

第六，公共性。生产单位是一种经济和生产共同体，也是市场交换的主体和组织形式，家族是一种血缘共同体，也是社会的组织细胞或组织形式。但是，无论是作为生产单位的生产共同体，还是作为家族的血缘共同体，在本质上都是属于“私域”的范围，或者说是基于具有相对独立的自主权力的主体进行管控的领域。生产单位以及家庭家族具有严格的权力、利益和人员边界，且在相当程度上具有封闭性，并非自由参与或分享的领域。能否参与或接纳不完全取决于自由意志或个人需求，而是受制于生产单位或家族本身的规则。在这个领域，产权以及血缘关系在各自领域具有决定权和支配权。显然，这与基于公共需要、公共利益、公共权威或公众自由参与的"公域"或"公共领域"不同。如果说经济共同体、生产共同体以及血缘共同体都是一种"私性共同体"的话，社会生活共同体则超越了生产单位的经济边界以及家庭家族的血缘空间，是一种具有社会性和公共性的共同体。

基于上述分析，我们不难看出，我国农村社区建设旨在构建一种具有社群性、社会性、公共性以及有较强认同感和归属感的社会生活共同体。这种社会生活共同体与传统乡村的家族血缘共同体、生产单位共同体、行政单位共同体有本质的区别，也有着全然不同的组织机理和运行机制。作为农村社区，这种社会生活共同体具有基层性和基础性，是农村社会最基层的生活和组织单元，也是社会的细胞。

第二节　传统乡村社区共同体的特征及组织和认同危机

一、传统乡村社区共同体的组织与认同基础

自20世纪初开始，国内外人们对于中国社会共同体问题也进行了大量的研究。[①] 日本学者清水盛光、平野义太郎、戒能孝通和福武直等人依据"满铁"的《中国农村惯行调查》资料对中国农村基层共同体问题进行了讨论。然而，他们却得出截然相反的结论。[②] 清水和平野认为中国农村存在着"乡土共同体"，并认为包括中国在内的亚洲村落以农村共同体为基础，以家族邻保的连带互助形式实施的水稻农业要求以乡土为生活基础，以生命的协同、整体的亲和作为乡土生活的原理；村落在农村生活中的农耕、治安防卫、祭祀信仰、娱乐、婚葬以及农民的意识道德中的共同规范等方面具有共同体意义的相互依存关系。而戒能孝通和福武直则认为，中国近代农村是开放的，而非封闭的；村落没有明确的地理边界，没有形成固定和稳定的村落地域集团；村落是由松散的个人联合而成的集

① 最早倡导中国本土化社区研究的是著名人类学家、社会学家吴文藻先生和吴景超先生。20世纪30年代初，他就主张把社区作为社会学的研究对象，强调进行本土化的实地调查研究。"日本的一些中国学研究者自第二次世界大战以前便十分关注中国农村的村落共同体问题。……由此还形成了日本中国农村研究的一大传统。"张思著：《近代华北村落共同体的变迁》，商务印书馆2005年版，第15页。

② 日本学界关于中国村落共同体的争论的简要概述参见张思著：《近代华北村落共同体的变迁》，商务印书馆2005年版，第14~35页。

团，由纯粹的实力关系支配，没有村落共同体意识，也不存在村落共同体。中国农村不存在日本农村对村民具有巨大制约作用的规范，村民的关系是扩散性的，村落本身不是共同体，而仅仅是一种结社性质，村内只是由“看青”等安全防卫等基础层次上的需求组织起来的。

显然，由于人们对于我国乡村村落社会的组织边界及开放程度的不同认识，对于乡村村落共同体的存在与否出现分歧。不过，越来越多的研究表明，在中国历史上，乡村社会存在不同类型的共同体。日本学者谷川道雄就指出中国历史上存在包括“豪族共同体”、“村落共同体”、“地域共同体”、“民族共同体”、“国家共同体”等不同类型和层面的共同体。① 人们也看到，随着社会的发展，乡村共同体的功能及组织方式发生了重大的变化。一些学者就强调新中国成立后村落也具有明显的共同体特征，只不过这种村落共同体的性质已经不同于“满铁”调查时期的共同体，而是国家政权向乡村渗透之后的“官制共同体”。在这种村落共同体中，人民公社时期已经建立了村落的经济基础，确立了明确的村落边界。

如果从历史的角度看，在中国传统乡村社会中，由于血缘关系及家族利益是人们的共同纽带，也是人们交往和信任的重要基础，因此，在家族范围内人们相互信任、守望相助、亲密无间，由此形成一种血缘共同体及家族共同体。在不少地方，家族的聚居也形成以家族为中心的地域共同体。正如费正清所指出的，从前，中国的社会单元是家庭而不是个人，家庭才是当地政治生活中负责任的成分。每个农家既是经济单位，又是社会单位，村子里的中国人直到最近，主要还是按家族组织起来的，其次才组成同一地区的邻里社会。而村子通常由一群家庭和家族单位（各个世系）组成。② 马克斯·韦伯也把中国形容为“家族结构式的国家”③。费孝通则认为中国乡土社会存在一种“差序格局”，传统社会是“一根根私人联系所构成的网络”，个人与他人的关系“是好像把一块石头丢在水面上所发生的一圈圈推出去的波纹。每个人都是他社会影响所推出去的圈子的中心。被圈子的波纹所推及的就发生联系。每个人在某一时间某一地点所动用的圈子是不一定相同的。”“范围的大小也要依着中心的势力厚薄而定。”④ 在这里，虽然不同学者对传统农村社会有不同的描述，但是，他们都发现血缘关系成为社会关系的重要基础，也是乡村社区及共同体组织的重要基础。家庭、家族、邻里、街坊、村落等不过是基于远近亲疏的血缘关系建立起来的。虽然血缘关系内部具有紧密甚至亲密的关系，但是，由于血缘关系是一种先赋的和单向的关系，具有明

---

① 谷川道雄著，马彪译：《中国中世社会与共同体》，中华书局 2008 年版。

② 费正清著，张理京译：《美国与中国》，世界知识出版社 1999 年版，第 22 ~ 28 页。

③ 参见费正清著，张理京译：《美国与中国》，世界知识出版社 1999 年版，第 24 页。

④ 费孝通著：《乡土中国、生育制度》，北京大学出版社 1998 年版，第 24 ~ 31 页。

显的等级性、封闭性和排他性，人们无权选择也难以改变，因此，基于血缘关系建立起来的家族组织及地缘共同体组织也具有明显的封闭性。

必须指出的是，从绝对意义上说，无论是个人、组织还是社会，从来就不是完全孤立和封闭的。毕竟，人之所以为人首先在于其社会性，与他人之间存在着无法割裂的社会联系和社会关系。而社会，则是各个个人之间的关系和联系的总和。由此而论，一种完全孤立和封闭的农民、乡村社会及社会共同体是不现实，也不可能存在。无论是费正清、韦伯还是费孝通，都指出传统乡村社会中个人与社会及从家族到国家之间社会联系的多层性和广泛性。这也意味着，即使是传统的家庭血缘共同体也会通过家庭血缘关系而与外界发生着联系。当然，从这种社会联系的范围、指向、强度及方式来看，由于在传统乡土社会中，社会联系及信任网络主要是沿着血缘关系及私人关系展开的，传统社会中个人与社会及多层组织之间的外部联系具有明显的“单向性”。

从经济及政治联系来看，传统乡村社会及社区或共同体与外界的联系也不是完全封闭的，不过，总的来看，外部联系是有限的，也具有明显的单向性。从生产经营和经济关系来看，传统社会中的农业生产过程在相当程度上是一种自然生产的过程，主要是农民个人及家庭面向自然，依靠自己的劳动与自然资源的交换，生产过程主要由个人或家庭独立完成，缺乏甚至毋须他人或社会的参与。虽然生产的分工及市场交换一直存在，不同时期及不同地区的生产资料及农产品交易还十分发达，特别是近代江南地区产品市场化程度达到很高水平，但是，总的来看，“男耕女织、自给自足”依然是传统农业生产和农民经济生活的典型特征。农业生产剩余很少，生产目的也是以自给自足为主。农民除纵向上交皇粮租税之外，横向的市场交换程度比较低。因此，传统社会中农业生产过程及产品分配也具有“单向性”。从政治关系来看，关于帝制时代乡村社会的治理有两种对立的判断：其中之一是认为“皇（国）权不下县”、“县下行自治”，传统社会中农村的秩序主要由士绅与家族自我管理。与此相反的观点则认为，传统乡村自治并不存在，事实上，王权对于乡村社会有深度的干预和严格的控制。按照秦晖的说法，中央集权国家控制下的乡村社会是一种“编户齐民”社会，或者说是一种“非宗族的吏民社会”。在他看来，“国权归大族，宗族不下县、县下惟编户主、户失则国危，才是真实的传统。”① 与此类似的是，吉尔伯特·罗兹曼也曾指出，“19 世纪以来某些西方观察家提出：中国的村社是‘地方自治主义式的民主’或者是一种‘自由的、自我管理的社团’，因为地方行政管理的正式结构并没有下

① 秦晖：《传统中华帝制的乡村基层控制：汉唐间的乡村组织》，引自黄宗智主编：《中国乡村研究》第 1 辑，商务印书馆 2003 年版，第 21 页。

伸到农村。这种想法已绝对不可信。"[①] 虽然人们对王权对于乡村社会的控制方式及程度有不同的看法，但是，无论是何种观点，都显示了传统乡村社会政治关系的单向性和封闭性。"皇权不下县"及县下宗族自治表明传统王权对乡村社会及社会共同体的直接干预的有限性，同时也说明传统乡村社会及共同体"天高皇帝远"，在政治生活上具有边缘性、孤立性和封闭性。与此相反，"编户齐民"及君主专制的观点虽然说明王权已经渗透乡村社会及社区之中并对社会有强控制，但是，这种"编户齐民"也显示出权力控制及政治关系自上而下的"单向性"。

由此不难看出，在帝制时代，传统乡村社会及社区的经济、社会和政治并非是完全的封闭，经济分工及产品交易在不断发展，但是，缺乏成熟的市场及市场交易，以自给自足为主；农村家族血缘关系发达，血缘及地缘联系紧密，但缺乏超越血缘和地缘之外的广泛的社会联系；王权通过士绅对乡村社会及社区保持着权力的渗透和干预，也存在一定的社会政治流动，但是，政治权力及政治关系具有明显的单向性和等级性。由此可知，传统乡村在经济生产、社会联系及政治生活方面均存在一些单向的联系，有时这种联系还十分紧密和发达，但是，这些单向联系本身却具有自身的封闭性。人们在经济上、社会上和政治上缺乏独立性、自由选择及自由流动，由此也形成了乡村社区和共同体的封闭性。特别是由于家族血缘共同体及农村社区组织也受到王权的深度干预，家庭血缘共同体的自由空间非常有限，由此也导致秦晖所提出的，在传统帝制时代，中国的家族和村社等"小共同体"受到国家"大共同体"的制约，"大共同体""不仅扼杀了个人权力和个性的发展空间，甚至在很大程度上压缩了小共同体的自治空间。"[②]

二、当代中国乡村社区和共同体的转型及认同危机

从根本说，传统乡村社会和社区的封闭性是自然经济的产物和结果，也是封建制度及血亲关系的表现。随着晚清闭关守国被打破，工商业及商品经济的发展以及民主观念的传播，传统的自然经济、家族血缘关系以及封建君主制度开始瓦解，我国传统乡村社会及社区的封闭性也开始被打破。不过，直到20世纪中国革命胜利，农村社会及社区在经济上、社会上和政治上的单向性和封闭性仍没有完全改变，自然经济、家族血缘关系及政治上的封闭性仍在相当程度上存在。新中国成立之后，我国建立了新的社会政治及经济制度，传统的家族组织被迅速清

① 吉尔伯特·罗兹曼主编：《中国的现代化》，上海人民出版社1989年版，第78页。

② 秦晖：《"大共同体本位"与传统中国社会》（上、下），载于《社会学研究》1998年第5期和1999年第4期。

除，农村党政组织普遍建立起来，农民的经济、社会及政治生活也纳入全国政治生活之中，经济、社会及政治的一体化明显增强。不过，我们也不能不看到，直到改革以前，虽然我们打破并改造了传统农村社会和社区的单向性，但并没有完全消除农村社会和乡村社区的封闭性。

新中国成立以后相当长一段时期，随着我国农村集体化和人民公社制度的建立，农民都生活和工作在人民公社之中。人民公社实行“三级所有、队为基础”。“生产队”作为农村最基层的生产单位和核算单位，也具有基层社区及社会生活共同体的特征。农民的生活空间和生产空间重合，农村基层社区或社会生活共同体首先是一种生产共同体或经济共同体；农村一切生产资料归人民公社集体所有，集体生产和经营。生产队及农村社区是以集体产权为边界，共同体的地域边界、经济活动边界以及人员构成边界基本上是同一的，具有强烈的封闭性和排他性，只有拥有生产队集体产权的人们才可能享有相应的权利。在计划经济体制下，人民公社及农村社区的集体经济也是整个国民经济的一部分，人民公社的农业生产、分配和消费都受国家计划的严厉控制，农民及社队没有生产经营的自主权。因此，计划经济下虽然有农产品和物资的流通和交易，但是，其主要是一种“计划调配”、“划拨”和“供给”，而非自由和平等的等价交换和市场交易。作为生产者，无论是农民个人还是社队集体之间都缺乏横向的商品交换和利益联系。所以，人民公社及集体的生产行为和经济行为具有单向性和封闭性。

从社会组织及社会关系来看，人民公社时期，传统的血缘和地缘及家族组织被进一步摧毁，宗教组织也停止了活动，农民群众及乡村社会被严格地组织起来。人民公社集中劳动，统一分配，一度还变成半军事化的组织，实行“组织军事化、行动战斗化、生活集体化”。因此，农民不仅缺乏经济上的独立性，也缺乏社会生活的独立性。人民公社时期，农民已经不再有自由退社的权力和自由，也难以在公社之间自由流动。与此同时，由于城乡二元体制，农民个人在城乡之间也不能自由迁徙和流动。虽然人民公社时期生产队及农村社区的农民也有职业的不同，农民之间划分了阶级和阶层，但是，这种不同职业不过是一种工作分配，阶级和阶层则主要是一种政治划分，而非人们独立自主和自由选择背景下的社会分工与分层。作为个体，农民不过是公社的“社员”及国家的“农民”，而不是独立的生产经营者，也难以选择和改变自身的工作、职业和身份。

从政治上看，人民公社及其生产队组织是一种“政经不分”、“政社不分”的组织。国家通过合作化和集体化及人民公社化最终将中国农村和农民全面组织起来，党和国家得以借助严密的组织体系将权力延伸到农村基层，并可能对农民的思想和行为进行深度的干预。但是，在计划经济体制下，人民公社体制是“集党、政、经、军、民、学于一体”的农村基层单位，“政经不分”，“政社合一”，事实上是一个自给自足的小社会。人民公社主要是依据行政区划及行政隶属关系建立起来的，农民的经济组织行政区域化，经济管理也行政化，公社之间缺乏横向联系，尤其是经济的联系。如是，也就造成了舒绣文所说的“蜂窝结构”(Honeycomb)。[①] 各自相对独立或孤立的人民公社仅由国家垂直行政权联系起来，缺乏横向的联系。

不难看出，新中国成立之后，我们摧毁了传统的以家族和血缘关系建立起来的乡村基层社区或社会生活共体，使得农村基层社区和共同体的基础发生了重大而深刻的变化。其最显著的特点就是从主要是以家族血缘或地缘认同为基础的社会生活共同体转变为以集体产权或经济为基础的生产和经济共同体；从一种自然或自发形成的社区或共同体转变为由国家权力深度干预和控制而形成的政治共同体。在“政社不分”、“政经不分”和集中经营的条件下，基层社队或社区经济组织同时兼有行政和政治组织的功能，经济组织和管理依赖于行政命令和政治的强制。社队不过是一种集经济、生产和政治于一体的农村基层共同体。虽然人们注意到在人民公社时期人们对于集体表现出较强的集体意识和社区认同，但是，从根本上说，这种集体意识和社区认同不过是集体所有的产物，是基于对集体经济的依赖以及对权力的服从而已，并不是独立和自由选择的结果。人民公社时期农民对于所属的集体和社区事实上没有“选择权”和“退出权”。农民作为“社员”对集体和社区的依赖不过是在经济和超经济控制下的生存依赖。正因如此，20 世纪 70 年代末以后，随着家庭联产承包责任制的改革及传统的经济和超经济的控制一旦弱化，农村人民公社体制迅速解体，而建立在集体经济和政治控制基础上的基层社区或共同体也趋于瓦解。

废除人民公社体制之后，农民获得了生产经营自主权，但是，农村依然实行“统分结合”的“双层经营体制”，乡村社区依然保留了土地的集体所有制。一些地方的集体的统一经营依然存在，在原有的生产大队或小队的基础上组建的村民委员会依然行使着社区组织的功能。不过，由于农民和农户获得了经济上的自主权和独立性，社区农民的流动性日益增大，因此，原有的集体化和集中化的生产和生活共同体已经改变；村委会作为新的社区组织，其社会控制和组织能力大大弱化，不再可能运用传统的经济或超经济的强制来控制农民的生产、生活及行为；农民的自立性和独立性以及集体资源的缺失和福利供给的减少，使得农民已经不再完全依赖

---

① Vivienne Shue, The Reach of the State: Sketches of the Chinese Body Politic (Stanford: Stanford University Press, 1988); Vivienne Shue, “State – Society Relations in Rural China”, *Remaking Peasant China*, Jorgen Delman Clemens Stubbe Osteraard and Flemming Christiansen (eds.), (Denmark: Aarhus University Press, 1990), pp. 60 – 76.

集体组织和村社区，农民的集体或社区认同不断弱化；市场经济的改革及农村多种所有制和多种经营的发展，使得农村社会和社区中人们的职业、身份、利益、观念等进一步分化、多元化；同质性的社会和社区日趋多样化和异质化。如果说农村改革加剧了农村社区的内部分化的话，改革开放也打破了农村社区的孤立性和封闭性。这一切都表明，传统集体的保护、责任和控制已经弱化，建立在集体经济和政治控制基础上的农村社区或基层共同体走向衰落，而农民对于原有的集体及村社区的认同和归属感已经淡化，乡村社区及共同体陷入信任与认同危机。所以，如何重建乡村社区和共同体的信任和认同，成为亟待解决的问题。正是在此背景下，党和政府提出推进农村社区建设，以重建农村社会生活共同体。

第三节　农村新型社会生活共同体的重建之路

一、20世纪初的乡村衰败与社区重建

无论从国外还是国内来看，社区重建都是与社区共同体的衰败和解体直接相关的。滕尼斯最初对于社区的研究以及对社区与社会的区分，也是对传统乡村社会共同体的解体、城镇化的发展的反思。我国的社区研究起源于20世纪30年代，同样是对当时日益严重的乡村衰败的反思以及对乡村复兴和社区重建的思考。正如吴文藻先生在《现代社区实地研究的意义和功用》所谈到的，“从五四运动起，思想的革命已引起了一般的‘社会不安’，而自国民革命以来，社会紊乱的现象，几乎遍及全国，同时社会变迁的速率日益激增，形成了中国空前未有的局势。”为此，不同的人们提出了不同的政治和乡村社会建设主张，乡村社区研究也迅速兴起。“政府方面有全国经济委员会、农村复兴委员会、国防委员会等重要机关，先后设立，以谋国家的出路；社会方面也已相继响应，乡村建设的声浪，一时其言尘上，同时关心边疆问题的人，亦日多一日。这种空气是极利于社区研究的。本来研究内地的乡村社区和边疆的部落社区，是研究社会学和民族学的人应有的特殊的任务，这时正可利用机会，本其独特的训练，‘到民间去’实地探查，‘到边疆去’亲眼观察，根据目击耳闻的实在资料尝试系统的分析，编制精密的报告，以飨国人。”① 社区调查和研究事实上也是为了探寻中国乡村

① 吴文藻：《现代社区实地研究的意义和功用》，载于《社会学研究》1935年第66期或引自《吴文藻人类学社会学研究文集》，民族出版社1990年版。

复兴和社会重建的道路。社区重建也是乡村社会建设或社会重建的核心内容，而乡村建设的种种实验也是乡村社区重建的实验和实践探索。

从20世纪上半叶中国乡村社会和社区建设的主张及实践来看，大致可分为三条道路：乡村建设运动、乡村复兴运动和乡村革命运动（见表10－1）。[①]

表10－1　　20世纪上半叶乡村建设和发展的三条道路

	主导力量	典型模式	建设目标	建设方略
乡村建设运动	知识分子	晏阳初“定县实验”	通过平民教育，培养具有“知识力”、“生产力”、“团结力”、“健康力”和“公德心”的“新民”，改造乡村，“民族再造”	采取“学校式”、“家庭式”、“社会式”“三大方式”，实施“文艺教育”、“生计教育”、“卫生教育”和“公民教育”“四大教育”，以文艺教育治“愚”，以生计教育治“穷”，以卫生教育治“弱”，以公民教育治“私”
		梁漱溟“邹平实验”	中国社会（农村）存在的根本问题“并不是什么旁的问题，就是文化失调”，要“创造新文化，救活旧农村”	“欧化不必良，欧人不足法”，“认取自家精神，寻取自家的路走”，立“乡农学校”，集政、教、养、卫于一体，把乡村组织起来；向农民进行安分守法的伦理道德教育，达到社会安定的目的；组织乡村自卫团体，以维护治安；在经济上组织农村合作社，“促兴农业引发工业，更从工业推进农业”
	实业家	卢作孚“北碚实验”	“目的不只是乡村教育方面，如何去改善或推进这乡村的教育事业；也不只是在救济方面，如何去救济这乡村里的穷困或灾变”，而是要“赶快将这一个乡村现代化起来”	“办大工业”，使“一切产业都工业化”，用工业解决一切生产问题、政治建设和文化建设问题；一是吸引新的实业项目，发展乡村经济；二是兴办文化事业和社会公益事业，丰富乡村文化生活；三是开展民众教育活动，开启民智。树“民风”、启“民智”和谋“民生”、保“民享”

① 项继权著的《集体背景下的乡村治理》（华中师范大学出版社2002年版）中提出了20世纪上半叶的乡村建设和发展的三条道路。

续表

	主导力量	典型模式	建设目标	建设方略
乡村复兴运动	国民政府	江西服务区及蒋经国赣南新政	“人人有工作，人人有饭吃，人人有衣穿，人人有屋住、人人有书读”的新社会	“农村社会之进化，须藉政治、经济、文化等各方面力量推进，决非某一力量能使之突进……务使农业、合作、教育、卫生、工业均配合于地方自治内，彼此联系”，因此，他们力主“管教养卫连锁推进”，“农民不能，吾人鼓励之，进行有障碍，即协助解决，事业乏经费，则介绍金融机关投资，若推而不动，或动而不速，均委婉引导，任其循次渐进，决不越俎代庖，处处在培养农民自动能力，激发互助精神，使之能自治、自学、自给、自卫，以至于自强不息”
乡村革命运动	中国共产党	革命根据地	消灭封建地主土地所有制，实现“耕者有其田”	农民问题是中国革命的中心问题，而农民问题的核心是土地问题。在民主革命时期应动员和组织农民，实行土地改革，实现耕者有其田；通过政治革命，实现社会政治解放

注：晏阳初、梁漱溟等关于乡村建设的论述参见郑大华著：《民国乡村建设运动》，社会科学文献出版社 2000 年版。卢作孚的论述参见《卢作孚文集》，西南师范大学出版社 1989 年版。

“乡村建设运动”自 20 世纪 20 年代末开始，至 30 年代中期达到高潮。据美国学者拉穆利（Harry J. Lamley）统计，到 1934 年，我国各地从事各种乡村建设活动的公私团体有 691 个。[①] 台湾地区学者杨懋春根据申报年鉴统计，自 1925 ~ 1934 年，全国各地举办的乡村建设、农村改造、民众教育、自治实验等共计有 63 处。[②] 其中，影响最大的有晏阳初领导的中华平民教育促进会（平教会）在河北定县进行的平民教育活动；梁漱溟在邹平主持的乡村建设实验和黄炎培领导的中华职业教育社在江苏进行的乡村教育工作。各地乡村建设实验形成了各具特色的乡村建设模式，如“邹平模式”、“定县模式”、“徐公桥模式”、“无锡模式”等。其中邹平模式注重文化，发扬传统儒教精华，唤醒农民内力；定县模式偏重教育农民文化知识，扫除文盲；无锡模式与徐公桥模式将农业与教育并重，推广

① Harry J. Lamley, “Liang Shu-ming, Rural Reconstruction and Rural Work Discussion Society, 1933 - 1935”, Chung Chi Journal, Vol. 8, No. 2, May 1969, P. 60.

② 杨懋春：《近代中国农村社会之演变》，台湾地区巨流图书公司 1984 年，第 107 页。

农业技术；晓庄学校把教育与农村改造融为一体同时进行。除一些知识分子主持的乡村建设实验之外，一些实业家也纷纷开展乡村建设实验。如卢作孚在重庆市北碚从事乡村建设实验约 20 年，力图通过兴办实业，发展工业，实现乡村现代化。20 世纪初的乡村建设及乡村实验的立场、观点和方法不尽相同，“各有各的来历，各有各的背景。有的是社会团体，有的是政府机关，有的是教育机关；其思想有的‘左’倾，有的右倾，其主张有的如此，有的如彼。”① 但都是致力于乡村建设、乡村改造和社会与社区重建。其乡村建设和发展目标不仅是旨在推动乡村发展，也是“改造乡村，改造中国”，通过乡村建设和改革以拯救中国，寻求中国救亡和民族复兴之路。从建设内容和途径上看，他们大都身体力行，注重乡村实验，将理论与实践结合起来；非常重视文化教育、经济合作、农村自治等对乡村发展的作用，这些对后来乡村建设和社区发展都产生了重大的影响。

不过，当时的乡村建设运动基本上都是一批知识分子主导的，因此，在当时特殊的历史条件下，他们的乡村建设实验成果非常有限。晏阳初将农村衰败归结为“愚”、“穷”、“弱”、“私”，忽视宏观的政治体制和政策。一些实验倚重教育，力主教育救国，梁瀨溟强调恢复传统，但忽视社会组织、权力结构的改造及下层民众的参与，失去了农民的支持和同情，造成“号称乡村运动而乡村不动”的结局。在乡村建设中，他采取“政教合一”的方式，力求通过乡村建设的教育机关与国民党各级政权合作，共同推行乡村建设运动。“办社会教育的机关，藉政府力量施行他的社会教育；而政府则藉社会教育工夫，推行他的政令。”最终变成政府的附庸。在他看来，中国的问题不是政治问题，也不是经济问题，而是“文化”或“教育”问题；中国并不需要任何制度性的根本改革，甚至提出应返回到“农本社会”、“伦理本位社会”，于是号召知识分子到农村去，进行乡村建设。“欧化不必良，欧人不足法”，以孔孟为代表、以儒家为根本、以伦理为本位的中国文化“比西方文化要来得高妙”，“世界未来的文化就是中国文化复兴”。强调“救活旧农村”，中国人应当“认取自家精神，寻取自家的路走”，其乡村建设更像“是一场民族文化的复兴运动”。日本侵华战争爆发也使他们失去实验的空间和最后的机会。

“乡村建设运动”是 20 世纪初中国农村发展道路的一种主张，或一个流派。除此之外，国民党推行的“乡村复兴运动”及共产党进行的“乡村革命运动”则是针锋相对的两条发展道路。

“乡村复兴运动”是国民党政府为重振乡村，依靠政府的力量推动的乡村建设活动。20 世纪 30 年代，面对农村困境及政治动荡，国民党政府也力求“复兴

① 祝彦：《20 世纪三十年代乡村建设运动述评》，载于《学习时报》2006 年第 8 期。

农村”，巩固政权。1933 年 5 月，国民政府还成立了农村复兴委员会，其附属于国民政府行政院。农村复兴委员会先后对浙江、江苏、陕西、河南、广西、云南等地进行专题调查，在此基础上提出了一些乡村复兴的建议。国民党政府在一些地方也推动实施了一些乡村改革和建设计划，其中，最为典型的是江西的乡村复兴计划。20 世纪 30 年代中期，由于长期战争破坏和严重自然灾害摧残，江西农村已到了破产的边缘。1933 年冬，在即将占领江西苏区之际，蒋介石授意全国经济委员会，请派国际联盟的 3 位专家伯饶尔、郭乐逊和司丹朴赴江西考察农村问题。3 位专家考察江西农村后，向蒋介石建议：在江西设立 10 个农村服务区，开展农村教育、农业实验、农村卫生与合作社组织工作。蒋介石采纳了这一建议并实施江西复兴计划。1934～1935 年，在全国经济委员会及驻江西办事处的主持下，确定了临川之章舍，南城之尧，丰城之冈上，新干之三湖，高安之藻塘，永修之淳湖，南昌之青云谱，吉安之敦厚，上饶之沙溪，宁都之石上等 10 个服务区。根据复兴计划，农村服务的主要内容是协助地方从事管、教、养、卫等基层工作，辅助农民改进生产和生活。首先，“由管入手”，服务区首先建立各种组织，把农民组织起来，依靠农民自己进行农村社会改造。其次，以教为先导，就是运用教育的手段去促进服务事业的完成。比如，农业技术改良、优良品种推广、农村合作的开展、医疗卫生事业的推进，等等，都是通过教育手段去推动的。再其次，以养为基础，就是把发展经济作为服务区的中心工作，力求使农民获得实惠，让农民在经济上得到发展，在生活上有奔头。最后，以全面改进农村社会和改善农民生活为根本目的。农村服务“目的在改善农民生活，改进整个农村社会”。由此实现“管教养卫连锁推进”。①

国民政府的乡村复兴运动是政府主导下的乡村建设。江西农村服务区先是隶属于全国经济委员会，后来又先后隶属于实业部、农林部，是在国民党中央的掌控下进行工作的。在经费上，服务区经费由国民政府拨款，全国经济委员会从棉麦贷款项下拨 190 万元充作江西农村复兴费用，指定其中 50 万元为农村合作事业费，20 万元作农业院建立费，30 余万元设立省卫生处，6 万元补助乡村师范，而以 35 万元作为办理 10 个农村服务区的费用。但是，随着复兴活动的开展尤其是抗战爆发，服务经费日益困难，入不敷出，平均每年国民党各级政府用于农村服务区的拨款只有十几万元，大多数服务区的服务事业被迫中止。②1939 年 6 月，在苏联学成归国的蒋经国正式接任江西第四区行政督查专员，继续在江西大力推行新政，力求建立一个革新政治的示范区。他提出“我们在三

---

① 参见万振凡：《论民国时期“政府主导、服务型”乡村改造模式》，载于《上海师范大学学报》2005 年第 6 期。

② 孙展：《江西“赤化”新政、蒋经国的“新赣南”》，载于《先锋～国家历史》2008 年第 13 期。

年之内，要办 331 个工厂，要开垦 2 万亩荒地，要办 314 个农场，要建筑 995 个农业示范区，要成立 3 000 个合作社，要建筑 6 043 个水利工程，要开辟 321 个果园，要建筑 259 个新校舍……”在 3 年内，将赣南建成一个“人人有工作，人人有饭吃，人人有衣穿，人人有屋住，人人有书读”的新社会。虽然蒋经国为当时腐败的政坛吹来一阵清风，江西一度被称为模范区，但是，他所实行的“统制经济”和“计划经济”并不为民众所欢迎①，而其“良心政治”及“耕者有其田”也为权势阶层所不容。最终难以为继，赣南的实验随着蒋经国的离去而终结。

国民党的农村复兴计划也是希望在不动摇现政权的基础上挽救乡村的衰破，同时也是期望通过乡村的复兴来阻止共产主义革命在乡村的发展。与此不同的是，从城市转向农村的中国共产党人则在农村开展“乡村革命运动”。在中国共产党人看来，农民问题是中国革命的中心问题，而农民问题的核心是土地问题。中国乡村的衰败是旧的反动统治剥削和压迫的结果，只有打碎旧的反动统治，中国农民才能获得真正的解放。必须发动农民进行土地革命，消灭封建剥削制度，实现“耕者有其田”，才能解放农村生产力。为此，毛泽东及共产党人在农村动员、组织和领导农民进行乡村革命，在革命根据地大力推动土地改革。1928 年底颁布的第一个土地法即《井冈山土地法》中就规定：“没收一切土地归苏维埃政府所有，以乡为单位，分配给农民共同耕种，禁止买卖。”与此同时，共产党一直把发展农民合作作为一项重要工作，通过合作社“将农民组织起来”。1933 年中华苏维埃共和国临时中央政府就制定了《劳动互助社组织纲要》、《耕田队条例》、《关于组织犁牛合作社的训令》等文件，并强调将“尽可能地发展国营经济和大规模地发展合作社经济”作为“经济政策”的基本内容。②

显然，20 世纪上半叶不同社会派别及不同政治力量对严重的乡村衰败和乡村危机都高度关切，并将农业、农村和农民问题视为中国问题的关键问题。他们都注意到乡村建设和社区发展是一个整体，涉及政治、经济、文化、组织与技术不同方面，并提出包括政治建设、经济建设、文化建设及社会建设的任务和目标。虽然不同的人员和不同的党派对于乡村危机的根源确有不尽相同的解释，对于乡村建设和发展的对策和主张也不尽相同，在实践中有不同的进展及成效，但是，我们在其中也不难发现其中的共性：不同力量都强调当时农村土地分配及经营上存在严重问题，必须进行土地改革，教育和改造农民，发展合作经济，引入现代农业技术，并将此作为乡村建设的重点。如农村土地制度方面，共产党人主

① 政府对各种日用品比如盐、米等统制起来，定量出售。

② 《毛泽东选集》第 1 卷，人民出版社 1991 年第 2 版，第 133 页。

张坚决彻底的土地改革的同时，孙中山及国民党人也赞成土地改革。孙中山先生对中国社会的散漫、无组织深恶痛绝，称之为“一盘散沙”，认为应“以俄为师”，多次强调要解决中国的民主问题，就必须发展合作经济，在工人、农民中促进合作企业。国民政府建立后，对合作社采取积极扶持的政策，成立专门的合作委员会，制定和颁布了《农村合作社暂行规程》（1930 年内务部颁布）、《合作社原则》（1932 年 9 月 28 日中央政治会议通过）和《合作社法》（1934 年 3 月 1 日国民政府公布）等法规，推动乡村合作经济。[①] 不仅如此，一些乡村建设者如梁漱溟等也认为当时的土地分配及经营制度存在缺陷，强调合作经营。梁漱溟甚至认为，“土地分配不均，是从土地私有制来的流弊；私有土地的结果就难免不均。要想根本免于不均，只有土地全归公。”不过，他并不赞成土地的公有化，认为这对社会没有好处，实行不易，也不可能真正实行。因为“历史告诉我们，欲推翻（私有制）者无不失败，即限制者也收效甚微。”他主张只能通过农民的合作。“使耕者有其田，固已给予农业上有说不尽的好处；但如其各自经营生产，还不是土地合理的利用。我们必须更从土地的合作利用（一种利用合作社），达到土地利用的合理化，农业经营的合理化。”[②] 在此，我们也不难发现，这一时期对于土地制度的改造及合作经济的发展可以说是社会的“共识”。不过，中国共产党人强调要真正消除土地分配不均，实行“耕者有其田”，就必须进一步消灭土地私有制，实行公有制。如果说国民党人及梁漱溟等不能或不愿做到这一点，那么，中国共产党人是革命的现实主义者，对于革命目标和宗旨的追求并不妨碍根据不同的社会历史条件和环境作出阶段性的政策选择。在他们看来，实现完全的公有制是社会主义的目标，而消灭封建地主土地所有制，实现“耕者有其田”则是新民主主义时期应达到的目标。

二、20 世纪下半叶农村发展道路的两次转变

20 世纪下半叶，我国农村建设和发展道路有两次重大转变：一次是 50 年代初期的合作化和集体化；另一次是 70 年代末 80 年代初的家庭承包经营制度的改革。两次转变中农村建设和发展的战略目标、建设途径和具体对策有较大的转变（见表 10－2）。

---

① 费孝通先生的《江村经济》中就专门提到国民党政府对合作经济产生了一定的推动作用。

② 梁漱溟：《乡村建设理论》，引自《梁漱溟全集》第二卷，山东人民出版社 1990 年版，第 529～532 页。

表10-2　20世纪80年代农村建设和发展道路的转变

	问题判断	建设目标	建设途径
人民公社时期的农村发展模式	私有制导致两极分化，与社会主义制度相矛盾；个体分散经营效率低，规模不经济，不利于土地合理利用，不利于农田基本建设，不利于生产的专业化、机械化及生产力水平的提高；不利于国民计划及国民经济的协调发展；等等	将农民引导到社会主义道路；变农业国为工业国；建设社会主义新农村	“一化三改”（实现社会主义工业化及对农业、手工业、资本主义工商业的社会主义改造）；产权上消灭私有制，实现公有制；组织上实行集体化和人民公社化，政社合一；经营上实行集中经营与统一分配；产业上“以粮为纲”；生产及流通上实行计划经济；财政上以农支工；社会管理上实行严格的户籍制度，城乡分离，禁止流动；政治上划分阶级，强调“政治挂帅”等
改革之后的农村发展模式	“政社合一”和“政经不分”助长了“强迫命令”和“瞎指挥”；计划经济和集中经营使农民失去生产自主权；分配上的“大锅饭”和平均主义挫伤农民生产的积极性；片面推行“以粮为纲”的方针，制约农村了农村经济全面发展	构建社会主义市场经济体制；中国特色工业化、城镇化、农业现代化	实行家庭联产承包责任制，产权上实行“两权分离”、“双层经营”，集体所有，家庭承包，承认并鼓励个体私营经济发展；组织上实行政社分开，政经分开，乡村分治；经营上实行双层经营，保障农民经营自主权；产业上强调多种经济全面发展，大力发展乡镇企业；生产和流通上实行市场经济改革；在社会管理上逐步放户籍制度，允许农民流动；政治上废除阶级身份，从阶级斗争为中心向经济建设为中心转变；实行村民自治

新中国成立以后，刚刚夺取政权的中国共产党继续实行新民主主义革命，在农村进一步实施土地改革及政治和社会改造。废除地主土地所有制，实行农民个体私有制。在政治上消灭地主阶级、在经济上消灭封建剥削制度，通过土地革命和政治革命，促进农村经济和社会发展，并为整个国家的发展奠定基础。革命前夕，毛泽东就指出：“发展农业生产，是土地改革的直接目的。只有消灭封建制度，才能取得发展农业生产的条件。在任何地区，一经消灭了封建制度，完成了土地改革任务，党和民主政府就必须立即提出恢复和发展农业生产的任务，将农村中的一切可能的力量转移到恢复和发展农业生产的方面去，组织合作互助，改良农业技术，提倡选种，兴办水利，务使增产成为可能。农村党的精力的最大部分，必须放在恢复和发展农业生产和市镇上的工业

生产上面。”“消灭封建制度，发展农业生产，就给发展工业生产，变农业国为工业国的任务奠定了基础，这就是新民主主义革命的最后目的。”① 1952年，全国性土地改革基本完成，“使全国3亿多无地、少地的农民无偿地获得了7亿亩的土地和其他生产资料，免除了过去每年向地主缴纳的700亿斤粮食的苛重地租”，形成了自耕农所有制。农民不仅获得了土地，而且对拥有的土地“有权自由经营、买卖和出租”。

然而，农村土地私有制并不是共产党人所追求的目标。早在1943年，毛泽东就指出，“在农民群众方面，几千年来都是个体经济，一家一户就是一个生产单位，这种分散的个体生产，就是封建统治的经济基础，而使农民自己陷于永远的穷苦。克服这种状况的唯一办法，就是逐渐地集体化；而达到集体化的唯一道路，依据列宁所说，就是经过合作社。在边区，我们现在已经组织了许多的农民合作社，不过这些在目前还是一种初级形式的合作社，还要经过若干发展阶段，才会在将来发展出苏联式的被称为集体农庄的那种合作社。”② 1949年在党的七届二中全会的报告中，又再次强调必须谨慎地、逐步地而又积极地把“占国民经济总产值百分之九十的分散的个体农业经济和手工业经济”引向现代化和集体化的方向，其办法是组织各种类型的合作社。随着土地改革及乡村政治革命的完成，党中央制定了过渡时期的总路线和总任务（“一化三改”），开始进行农业社会主义改造，并为此制定了1956～1967年全国农业发展纲要，提出了“建设社会主义新农村”的目标。③ 在党中央看来，农民个体经济限制着农业生产力发展，不能满足人民和工业化事业对粮食和原料作物日益增长的需要，它的小商品生产的分散和国家有计划的经济建设不相适应，因而这种小农经济与社会主义工业化事业之间相矛盾，个体私有制也与社会主义制度相矛盾，“国家政权和社会主义建设事业不能建立在两个不同的经济基础上”。因此，必须通过农业生产资料的社会主义改造，大力推行合作化、集体化和人民公社化，逐步使得个体农民私有的土地所有制改造为人民公社所有以生产队为基础的集体所有制。从此，农业和农村发展从新中国成立初的实行个体私有制转变为消灭私有制，实行公有制，变多种经济成分为单一的社会主义公有制经济，变商品经济为计划经济。人民公社作为社会主义新农村的理想目标及实践形式，在农村存在并运行了20多年。人民公社的基本特征是产

① 毛泽东：《在晋绥干部会议上的讲话》，1948年4月1日。

② 《毛泽东选集》第3卷，人民出版社1953年版，第934页。

③ 1956年一届人大第三次会议通过的《高级农业生产合作社示范章程》提出了“建设社会主义新农村”的奋斗目标。邓颖超在在这次会议上的讲话中指出，高级农业生产合作社示范章程（草案）“是建设社会主义新农村的法规”（参见《人民日报》1956年6月24日第5版）。这是中央领导人中最早提出建设社会主义新农村的概念。

权上集体所有，生产上统一经营，分配上集体分配，组织上政社合一，并一度实行组织军事化、行动战斗化、生活集体化。不仅如此，国家对于农业和农村实行严格的计划经济、城乡分离的户籍管理，禁止农民流动。农村社区成为以集体土地所有为基础，融经济生产共同体、政治行政共同体和社会生活共同体于一体的社区共同体。

从历史的角度看，人民公社的治理在一定程度上推动了乡村社会经济发展。人民公社制度在中国历史上首次将农民和农村社会组织起来，从根本上改变了中国社会一盘散沙的状态，有效地保证了国家政策的贯彻执行，尤其是通过人民公社及一系列配置措施和政策，国家得以大规模地动员和吸纳乡村资源以快速推进工业化。在人民公社时期，各地集中人力、物力和财力，对大江大河进行治理，进行大规模的农田基本建设，兴修水利，极大地改善了农业生产条件；并且大力推进农业“水利化”、“机械化”、“良种化”、“化学化”等措施，引进和应用现代技术的使用，促进了农业现代化的发展。与此同时，在农村逐步建立了包括敬老院、合作医疗、“五保”供养制度等社会保障体系，大大改善了农民的生存和生活质量，促进了社区社会事业的发展。人民公社的社员选举、民主监督、群众会议等扩大了农民的社会政治参与，也在一定程度上将现代民主制度和民主观念引入乡村，促进了农业经济和社会政治发展。

然而，人民公社高度的“一大二公”及集中经营，使得农民缺乏生产经营的自主权和积极性。在“政社合一”的体制下，农业生产和农村建设依靠政治动员、行政命令甚至经济及非经济的强制，不可避免地造成脱离各地实际的瞎指挥和强迫命令；分配上的“大锅饭”、平均主义等都会挫伤农民生产的积极性；片面推行“以粮为纲”的方针，严格的经济计划，限制了农村非农产业的发展，阻碍了农村经济的发展。在人民公社时期，在农业为主要生产活动的情况下，农业生产的分散性、生产过程的多样性使对农民行为的监督成本过于高昂，事实上也难以进行有效的监督，以至于形形色色的“怠工”、“出勤不出力”现象屡禁不止。显然，仅从经济上看，人民公社的经营管理制度是一种管理成本极高的制度。尤其是随着时间的推移，人民公社自身的矛盾也使这一制度本身难以继续存在下去。

20世纪70年代末80年代初，我国农村实行了家庭联产承包责任制的改革。这是新中国成立以后我国农村发展战略和建设模式的第二次重大转变。此次重大转变主要表现在：家庭联产承包的改革使农民获得了土地经营使用权及生产经营的自主权，废除人民公社，确立以家庭承包经营为基础、统分结合的双层经营体制，改变了人民公社时期的集中经营、集中劳动、统一分配的经营管理方式；随着以农产品的购销体制为核心的计划经济体制的改革，全面放开农产品市场，农村从“以粮为纲”向“多种经营”发展，乡村经济的市场化和工业化迅速发展；农民务工经商和流动逐步放开，农民的流动性急剧扩大；村民自治制度实施，农村民主政治也迅速发展。由此，传统的政经不分、经社不分的共同体开始解体。不过，值得注意的是，20 世纪末的农村改革中，集体化时代农村发展的一些基本制度仍在延续。其中，最为突出的是农村土地的集体所有制度及支持和发展集体经济的方向并没有改变。改革只是“把家庭承包这种经营方式引入集体经济，形成以家庭联产承包为主，统分结合的双层经营的体制，使农户有了生产经营自主权，又坚持了土地等基本生产资料公有制和必要的统一经营。”中央要求将这种“统分结合的双层经营体制”作为乡村集体经济组织的一项基本制度长期坚持下去。另外，农村发展中的城乡二元化制度和政策依然存在。虽然城乡之间经济社会一体化不断发展，但传统的城乡分离户籍制度及以此为基础的教育、医疗、社保和就业等等一系列社会管理和公共服务体制依然实行城乡分离。

三、新时期农村建设和社区发展的新战略与新思维

进入新世纪以来，在新的历史条件下，党和政府再次提出了“建设社会主义新农村”的任务，中共中央和国务院专门制定了《关于推进社会主义新农村建设的若干意见》(2005 年 12 月 31 日)，对新农村建设的目标、任务和措施提出了具体的意见。2006 年 10 月《中共中央关于构建社会主义和谐社会若干重大问题的决定》又进一步提出“全面开展城市社区建设，积极推进农村社区建设，健全新型社区管理和服务体制，把社区建设成为管理有序、服务完善、文明祥和的社会生活共同体”。从历史的比较及实践来看，新时期党和政府提出的“建设社会主义新农村”及推进农村社区建设，使得我国乡村建设和社区发展的战略和路径发生了重大的转变。

第一，从“经济发展”到“社会建设”和“五位一体”转变。20 世纪 80 年代改革之前，人民公社时期农村建设主要在“以粮为纲”和“阶级斗争为纲”两条主线上展开，突出经济建设与政治斗争。80 年代的改革否定了“左”的“阶级斗争为纲”，将工作重点转移到经济建设上来。但是，一度也出现单纯追求经济增长和发展的倾向，忽视了农村社会建设及生态文明建设。与此不同的是，党的十六届五中全会通过的《中共中央关于制定国民经济和社会发展第十一个五年规划的建议》及《关于推进社会主义新农村建设的若干意见》强调，要“按照‘生产发展、生活宽裕、乡风文明、村容整洁、管理民主’的要求，协调推进

农村经济建设、政治建设、文化建设、社会建设和党的建设。”农村社区建设也将“管理有序、服务完善、文明祥和的社会生活共同体”作为建设的目标，更加突出社会建设，重视农民的民生。党的十八大报告进一步将生态文明建设与经济建设、政治建设、社会建设和文化建设并列，强调经济、社会、政治、文化和生态建设的全面协调可持续发展，这也表明乡村建设和社区发展的目标、内容和重点发生了重大转变。

第二，从“改造农民”向“尊重农民”和“以人为本”转变。在中国近现代历史上，所有的乡村建设和发展目标无不将“教育农民”、“改造农民”和“组织农民”作为基本出发点。近代的乡村建设运动中，农民时常被视为无知、散漫甚至无能，需要教育和改造的对象。梁漱溟也试图通过政教合一的乡农学校教育农民、改造乡村。新中国成立后我党就提出对农业进行社会主义改造以及建设“社会主义新农村”的目标，力求在教育农民、改造农业的同时，通过合作化、集体化来组织农民，建设社会主义的新农村。虽然历史上新农村的建设者无不充满着对农民生存命运的深切关怀以及改造乡村社会的理想和热情，他们的实践和努力也在不同程度上促进了乡村的发展，然而，在这些乡村建设的过程中，农民常常是被动和被改造的对象，对农民的不信任也导致对农民权益的不尊重和侵害，进而不可避免地引起农民的不满和抗拒，为此，不少人及不少地方便采取对农民强制的办法推行自己的主张及发展目标。与此不同的是，在新的历史时期，党和政府一再强调，社区建设必须以人为本、服务居民，坚持以不断满足社区居民的社会需求，提高居民生活质量和文明程度为宗旨，把服务社区居民作为社区建设的根本出发点和归宿。“坚持从各地实际出发，尊重农民意愿，扎实稳步推进新农村建设”。从“改造农民”到“尊重农民”和“以人为本”，乡村建设和社区发展也从传统的“强制推动”向“引导支持”转变，农民也从传统的乡村发展的“被动角色”向“主体地位”转变。

第三，从“集体化”向“合作化”和“多元化”转变。从一定意义上说，推进乡村合作经济的发展是20世纪乡村建设和社区发展的共识。然而，新中国成立以后，我国农村发展战略从合作化走向了“集体化”。这种集体化是建立在集体所有制及政治强制基础上，否定农民土地等生产资料的私有权、生产经营的自主权以及集体经济组织的退出权。农村改革赋予农民土地经营权和使用权，但仍保留集体所有权。在当前的新农村建设中，中央强调坚持以家庭承包经营为基础、统分结合的双层经营体制，但同时强调赋予农民更加充分而有保障的土地承包经营权，鼓励农村多种所有制共存和发展。《中共中央关于推进农村改革发展若干重大问题的决定》（2008年10月12日）进一步明确提出“两个转变”：即“家庭经营要向采用先进科技和生产手段的方向转变，增加技术、资本等生产要素投入，着力提高集约化水平；统一经营要向发展农户联合与合作，形成多元化、多层次、多形式经营服务体系的方向转变，发展集体经济、增强集体组织服务功能，培育农民新型合作组织，发展各种农业社会化服务组织。”“按照服务农民、进退自由、权利平等、管理民主的要求，扶持农民专业合作社加快发展，使之成为引领农民参与国内外市场竞争的现代农业经营组织。”从而进一步明确当前的集体所有制下的“双层经营体制”发展方向是支持和发展合作经济，这不是传统的强制性的“集体化”、“归大堆”及“集中经营”，而是建立在明晰产权基础上农民的自愿联合和合作经营。这也表明，新农村建设及乡村社区的产权基础及制度安排已经发生了重大转变。

第四，从“城乡分割”向“城乡一体”和“城乡融合”转变。新中国成立以后，我国的乡村建设和社区发展是建立在“城乡分割”及“二元化”的体制基础上的。这种城乡分割的二元体制不仅造成乡村长期的低度发展，也造成城乡发展的严重失衡，进而构成我国现代化及政治、经济和社会一体化的严重障碍。改革以后，党和国家推行了一系列改革措施，尤其是废除了城乡二元的粮食供应制度；改革户籍管理方式，鼓励农民进城及劳动力自由流动，推进乡村工业化和城市化，逐渐打破了长期城乡隔绝的局面，城乡一体化明显增强。然而，迄今城乡有别的政策和制度并没有完全消除，城乡之间在户籍、居住、就业、社保、教育、医疗、税收等方面的二元制度在相当程度上依然存在，农民和农村发展仍受到诸多的政策上和制度上的束缚。为此，党的十六届三中全会明确提出统筹城乡发展，建立有利于逐步改变城乡二元经济结构的体制。“十一五”规划再次强调，要从社会主义现代化建设全局出发，统筹城乡区域协调发展。从“城乡分割”到“城乡一体”、从“城乡隔绝”到“城乡融合”、从“城乡二元发展”到“统筹城乡发展”，这不仅表明我国乡村建设和发展战略的重大转变，也表明未来新农村建设将建立在全新的体制基础之上。未来的乡村将是城乡一体、自由流动、社会融合的和谐社会。

第五，从“资源索取”向“以工支农”和“反哺农村”转变。新中国成立以后的相当长时期内，党中央虽然高度重视并大力推进农业和农村的发展，也提出了建设社会主义新农村的奋斗目标，但是，相对于城市和工业发展而言，农业和农村的发展始终是服从和服务于城市和工业发展目标的。特别是新中国成立后党中央就确立了“以农业为基础、以工业为主导”的发展国民经济的总方针。为了快速推进国家的工业化和城市化，我们采取农业支持工业、农村支持城市的发展战略，通过人民公社及一系列配置措施和政策，大规模地动员和吸纳乡村资源以快速推进工业化。据估算，改革前，国家通过工农产品价格剪刀差形式从农村隐蔽地吸取了8 000亿元资金。[①] 正是依靠这种积累，我国在较短时间内建立了比较完整的工业体系，并推动了城市的快速发展。但是，这一发展战略造成对农业、农村和农民过度的索取，其直接的后果是压抑和打击了农民的积极性，使农业生产长期徘徊不前，不仅限制了农业和农村的发展，也制约着城市和工业的发展。为了从根本上打破城乡失衡的二元结构，在党的十六届三中全会上中央提出城乡统筹、以工支农的方针。"十一五"规划进一步明确，我国农村发展和改革已进入了新的阶段，必须按照统筹城乡发展的要求，贯彻工业反哺农业、城市支持农村的方针，坚持"多予少取放活"，加大各级政府对农业和农村增加投入的力度，扩大公共财政覆盖农村的范围，强化政府对农村的公共服务，建立以工促农、以城带乡的长效机制，推进社会主义新农村建设。这表明，我国从此结束了长期的通过农业的积累支持工业和城市发展的发展战略，走上了以工业反哺农业，城市带动乡村的新的发展道路。

显然，新时期新农村建设和发展具有新的目标、新的内容和新的发展战略，表明党和国家农村工作的重点、农村发展的战略、乡村建设的道路等都发生了重大转变。农村社区是农村居民生产和生活之地，也是社会组织与管理的细胞。"新社区"是新农村的社会细胞，也是新农村建设的落脚点。新农村建设新的思路和发展战略，也意味着农村社区建设和发展思路的转变。农村社区建设已经从传统的单纯社区经济建设向社会建设转变，更加注重农民民生和社区服务；社区建设也不再仅仅是"村民自治"和农民自我建设，而是更多地获得工业支持和国家投入；从集体经济向合作经济及多种所有制并存转变，农村社区的产权基础已经发生并仍将发生重大而深刻的变化；城乡开通、农民流动也将使城乡社区更加开放，为城乡社会的融合奠定基础。如此等等，显示出了新时期农村社区建设和发展的新的理念、内容、重点和方式。

四、通过服务构建农民的社区认同

社区是一种社会生活共同体，其本质和核心是人们有较强的社区认同感和归属感。如何重建人们的社区认同，增强社区的凝聚力，是农村社区建设的关键。从我国农村社区建设和发展的实践来看，长期以来，人们提出并尝试过多种途径，其中，最有代表性的有如下三种：

一是文化建设。文化建设指通过社区文化活动和思想教育促进社区认同。早在20世纪30年代，梁漱溟就把中国问题归于文化的衰弱，指出中国社会及乡村

① 发展研究所综合课题组：《改革面临制及创新》，上海三联书店1988年版，第7页。

重建也要以振兴儒家文化为旨归，认为“故我以为中国问题的内涵虽包括有政治问题、经济问题，而实则是一个文化问题。”同样，晏阳初也认为当时中国农村的基本问题是西方文化输入所引起的中国传统文化的失落或崩溃。1933 年他在《中华平民教育促进会定县工作大概》中写道：“在定县，我们研究的结果，认为农村问题是千头万绪。从这些问题中，我们又认定了四种问题，是比较基本的。这四大基本问题可以用四个字来代表它，所谓愚、贫、弱、私。”① 由此，他们都把农民教育、文化复兴作为乡村建设的首要内容，力求通过文化建设以增强乡村社会和社区的凝聚力。新中国成立以后，我国也实行了社会主义改造，其中，加强对农民教育、培育社会主义新人，也是社会主义新农村建设的重要内容。人民公社时期，农村社队还纷纷组织文艺宣传队，开展多种形式的文化活动，以此加强对农民群众的集体主义、社会主义教育，提高农民群众的思想觉悟，增强农民群众对集体的认同。在新时期农村社区建设中，一些地方在社区建设实践中也加强了文体团体、活动设施的建设，开展多种形式的文体活动。在台湾地区社区营造中，也将“文化引领”作为社区建设的核心和重点。毫无疑问，文化是社会和社区的黏合剂，丰富多彩的文体活动可以加强人们的关联，促进社区的融合。同时，加强农民的思想道德教育，实质是国家、社会以及社区规范社会化的方式。通过这种教育，也有助于提升人们的思想道德水平，强化对人们行为的规范，从而促进社区的认同、团结和融合。也正因如此，文化建设是构建人们认同的必要的和有效的方式。

二是组织建设。组织建设指通过构建社区组织与制度建设增强社区调控能力和凝聚力。社区本身是一种社会组织，具有自身的组织网络，也有一定的组织形式承担社区功能。组织建设也是实现社区联合的基本方式。在不同国家和地区及不同时期的社区建设中，人们都注重社区的组织建设。20 世纪 30 年代的乡村建设运动中，一些知识分子就组织各种团队，进行乡村建设实验，推动乡村发展；国民党在乡村也强调“管教养卫”，将“管”置于首位，力求“由管入手”，通过建立一套组织体系，将农民组织与管理起来，并通过农民自我管理，改造乡村。新中国成立后，中国共产党特别强调将农民“组织起来”，并在农村建立了党政经一体的人民公社组织体系。通过这一套组织体系，将农民群众全面地组织起来。在农民组织化过程中，也加强了对农民的控制，并最终形成农民对社队组织的依附及高度的认同。不过，随着家庭联产承包责任制的实施，这种严密的组织及组织认同日益解体。1982 年中央就指出，“最近以来，由于各种原因，农村一部分社队基层组织涣散，甚至陷入瘫痪、半瘫痪状态，致使许多事情无人负

① 《晏阳初全集》第 1 卷，湖南教育出版社 1989 年版，第 247 页。

责，不良现象在滋长蔓延。"[①] 为此，再次要求各地高度重视并切实加强农村基层组织体制的建设。不过，在重建乡村组织的过程中"出现了两种管理思路。一种可叫'回归型'，遇到难点，留恋过去的管理办法和手段，抱怨现行政策软、手段弱，主张强化基层干部权威，强化威慑手段，施行强硬手段'管'、'治'。另一种思路可叫'发展型'，总结过去的经验教训，本着适应、发展、前进的思路，研究新形势下出现的新问题，主张用民主管理的办法，走民主之路。"[②] 从实践来看，20 世纪 80 年代以后，我国最终选择了村民自治的道路，希望通过农民的自我组织、自我管理和自我服务，实现农村社会和社区的有序管理。不过，在实践中，乡镇政府对村委会一直保持着较强的行政、财政和人事控制，村民委员会事实上被"行政化"了。税费改革以后，随着"村财乡管"以及村干部纳入财政补贴等措施的实施，乡镇政府对村委会的控制进一步强化，村委会组织的行政化色彩更加浓烈。在新社区建设中，各地再次强调加强社区组织建设，通过组织建设，增强社区的组织、管理和服务能力，进而增强社区的影响力及社区的凝聚力。

三是经济建设。经济建设指通过发展社区集体和合作经济以促进社区发展和社区融合。自 20 世纪以来，无论是乡村建设学派、乡村复兴运动以及乡村革命运动，还是新中国不同时期的农村建设，无不将农村经济建设作为乡村建设和发展的重点。为此，人们提出了发展合作经济、发展集体经济、发展乡村工业等不同路径。虽然人们的主张不同，但是，"经济发展"无不是基本的甚至是首要的目标。从社区发展本身来看，经济发展无疑是社区建设的重要内容和目标。不仅如此，一些公共资源和经济的存在，也为社区服务提供了公共资源。即使在传统帝制时代，一些家族宗族都有自己的公田、族产，并以此提供贫弱家庭的支持以及奖励耕读和各种表彰。乡村建设学派中有的也强调发展合作经济，促进乡村发展。人民公社时期，乡村的集体化也成为乡村集体和社区的经济基础，也是人们生产和生活的基础，并由此形成对集体社队和社区的依赖和认同。也正因如此，在当今农村社区建设中，一些地方也强调大力发展集体经济。有的学者批评家庭承包和分散经营破坏了农村集体经济，也破坏了社区公共资源和社区认同的基础，强调壮大集体经济，将发展集体经济作为社区重建和认同的基础和根本。有的地方在实践中则推动农村土地的归并、集中经营，甚至重建"集体农庄"。[③]

---

① 中共中央文献研究室、国务院发展研究中心：《新时期农业和农村工作重要文献选编》，中央文献出版社 1992 年版，第 114 页。

② 李学举：《村民自治三年实践的思考》，引自中国基层政权建设研究会编：《实践与思考：中国基层政权建设研究会 1991 年年会论文集》，中国社会出版社 1992 年版，第 4～5 页。

③ 此类分歧可参见倪方六：《江苏"新集体农庄"调查》、《大陆学者热议"新集体农庄"》，载于《凤凰周刊》2006 年第 4 期。

毫无疑问，文化建设、组织建设、经济建设均有助于增强社区的关联和认同，推动社区的发展。不过，在我们看来，任何单一的方式都不足以完成社区公共体的重建。尤其是在实践中，每一种推进社区建设的方式都存在并常常出现一些偏差。从文化建设来看，通过社区文化建设是促进社区认同的必要选择。但是，长期以来，我们常常赋予文化建设更多的政治宣传和教育的功用。一旦社区文化活动成为政治和政策的工具，也会偏离文化自身基本和内在的功能和目标。从根本上说，文化根植于社会，社区文化活动也是为了满足社区居民精神需求。文化生活的政治化最大的危险在于存在脱离社会和社区以及人们自我精神的需求，成为政治教育的工具。从"文化大革命"的实践来看，文化政治化的结果常常是导致社会和社区的紧张，最终也破坏社会和社区的和谐与融合。

从社区组织建设来看，完善的组织体系是成熟社区的标志，也是社区存在和活动的基础。不过，长期以来，一些地方将社区组织建设理解为构建农村基层社区的组织与管理体系，并由此加强农村社会和基层社区的有序管理。事实上，社区组织建设不是单纯的行政性、管理性组织建设，更不是完全依靠外在输入的组织体系，或者使社区成为行政化的组织单元。社区组织建设包括社区居民的自组织和他组织，包括社区管理组织、政治组织、兴趣组织、志愿组织及经济和文化组织，等等，同时，也包括整个社区的组织网络的建设。依靠权力和强制而建立的组织管理体系，或者是行政化的管理单元和组织，其结果必然是社区的行政化、政治化。这种行政化和政治化的共同体并不是一种社会生活共同体。政治和行政权力可以规划并组建一个"社区"，将人们组织起来，人们也可以对这种社区组织及权力表示敬畏与服从，但是，这并非是建立在内在认同基础上的"共同体"。

从社区经济建设来看，一定的公共经济和公共资源可以为社区管理、服务及人们的认同提供支持，发展社区经济也是提高社区居民生活质量的方式。但是，在此必须指出的是，社区经济发展绝不仅仅是集体经济的发展，公共资源也不仅仅是集体经济。有的学者就曾正确地指出，"公共资源包括三种类型：第一类是'公共自然资源'，包括土地、河流、山脉等；第二类是可以形成直接投入和计算的'公共经济资源'，包括财力、物力和劳力；第三类是基于个人组成的群体在进行集体行动时的'公共社会资源'，包括（1）道德、伦理、信任、互助、合作、理解等规范型资源，也包括（2）规范、规则、组织等制度型资源。"① 从实践来看，新中国成立以后的合作化、集体化及人民公社化最终实现了社区资源的公有，建设了一种高度集体化的社区。高度的集体化和集中化也为人们的认同提

① 黄平：《重建社区公共性——新农村社区建设的实践与思考》，载于《中国经济》2010年第3期。

供条件。但是，人民公社时期的集体化的实践已经表明，集体化否定人们的自由选择权利，如果缺乏经济或超经济的强制，集体化组织本身是难以维系的。对集体化组织的认同也不过是人们的一种生存依赖或对强制的敬畏和服务而已。这种认同是不自愿，也是不稳定的。也正因如此，一旦外在强制弱化和消失，人们对于集体的认同并连同集体本身也一并解体。为此，社区公共经济的形成以及公共资源的发展，必须建立在严格的产权独立、民众自愿的基础上。因此，在新农村及社区建设中，社区公共经济的发展不应是集体化，而是“合作化”。如果说集体化是建立在产权的集中化或集体化及归并以及集中经营的基础上的话，“合作”则是强调在尊重农民个人的产权基础上的自愿联合。

显然，农村社区建设必须致力于社区文化建设、组织建设和经济建设，但是，必须切实把握建设的重点和方式。除此之外，在新时期农村社区建设中，必须更加注重社区民生服务，通过“服务”将分散的人们重新联系起来，在“服务”的基础上重建社区认同。

在任何社会中，人们的生产和生活都不可能是孤立的，都存在一定的共同的需求。正是基于共同的需求，人们之间建立和形成了不同类型的社会组织。从根本上说，人们所指的历史和现实中种类繁多的“共同体”，也是基于共同的需要而形成的。是否能够满足人们的共同的或公共的需求，是一个社区或共同体赖以存在的基础，也是形成人们认同和归属感的条件。在传统社会中，建立在血缘、地缘关系基础上的农村基层共同体为乡民提供了水利、耕作、治安、防卫、祭祀、信仰以及娱乐等的支持和保障，由此获得了人们的认同和信任；在集体化时代，社员的生产、生活以及教育、医疗、卫生和安全等也完全依赖集体组织，由此也形成了社员对于集体的服从与认同。在现时代，随着农村及整个国家的改革不断深入，尤其是随着经济发展和社会流动，农村社区的多种所有制的发展，社区的地权关系、居民关系日益多元化和复杂化，传统农村村落社区与集体的封闭性已经打破；随着社区和集体的组织、管理及服务功能的弱化，传统的社区和集体的认同也不断弱化。不过，也正是随着市场化的发展，农民分散化的同时对于社会公共服务的需求更加强烈，要求国家、社会和社区能够提供更多的社会支持和保障。然而，新中国成立后相当长一段时期，我国在教育、医疗、卫生及社会保障方面实行城乡二元化体制，国家财政投入重城轻乡、重工轻农，整个国家公共服务体制也是一种城市优先发展的体制，由此造成城乡之间基本公共服务水平严重失衡，也严重制约了农村基层社区组织向农民提供公共服务的能力。由此，不仅导致农民群众对基层社区组织的失望，也引起农民对于国家政策的不满；既损害了农民对于基层社区的信任和认同，也损害了对国家和社会的信任和认同。因此，只有强化农村社区公共服务，才可能真正增强农民对于所在社区共同体的认同和归属感，同时，也增强农民对于整个国家和社会共同体的认同。

事实上，自农村社区建设提出之初，党和政府就强调将加强公共服务作为农村社区建设的重要内容。早在 2003 年 10 月，党的十六届三中全会讨论通过的《关于完善社会主义市场经济体制若干问题的决定》就是从“农村社区服务”、“社区保障”及“城乡社区自我管理、自我服务”的角度提出农村社区建设问题。2006 年 10 月，《中共中央关于构建社会主义和谐社会若干重大问题的决定》进一步明确提出“全面开展城市社区建设，积极推进农村社区建设，健全新型社区管理和服务体制，把社区建设成为管理有序、服务完善、文明祥和的社会生活共同体”。各地在农村社区建设的实践中，普遍推行“一站式服务”。不少省市要求按统一标准、统一规范建设农村社区服务站，实现“统一管理体制、统一服务标识、统一窗口受理、统一服务规范”。通过设立农村社区综合服务站，将各类服务纳入社区服务中心，面向社区公众提供集中式服务。一些地方县市及乡镇政府直接选派人员进驻农村社区服务中心，将“服务送到农民家门口”。

不难看出，在新的历史时期，“服务”将是人们与社区及国家联系的纽带，也是人们对于国家和社区认同的基础。完善的公共服务和社区服务，不仅将农民与社区联系起来，赢得人们对社区积极的、发自内心的支持、信任、认同和归属感，同时也增强人们对于国家和社会的认同感，增强国家政权的合法性并促进整个社会的融合。加强农村公共服务，通过服务增强人们的社区归属感和认同感，这是当前农村社区建设的正确方向，也是构建新型社会生活共同体的必由之路！

第十一章

社区化治理：农村基层治理体制的变革

社区是社会的细胞，也是社会的组织单元。在不同的国家、不同地区和不同时期，社区有不同的组织形态和存在形式，但是，作为社区组织，都承担着一定的社会组织和管理的功能。如果说有的国家，社区仅仅是一种社会组织，社区主要承担社会管理功能的话，那么，在有些国家和地区，社区则本身是一种地方和基层自治组织，承担行政管理功能。在当前我国农村社区建设中，对于农村社区是一种纯粹的社会组织还是一种基层群众自治组织，人们仍存在严重分歧，社区组织也有不同的定位和制度安排。在我们看来，在中国特定的环境和制度背景下，农村社区是一种“农村基层群众性自治组织”，农村社区建设也是旨在构建新型农村基层组织、管理和服务体制。随着农村社区建设的发展，农村基层治理从单位化治理向社区化治理转型，从村民自治向社区自治发展。这也是当代中国农村基层治理体制的重大变革。

第一节　改革前中国农村基层的单位化治理

2000年民政部关于在全国推进城市社区建设的意见中，对城市社区建设的必要性和必然性进行了阐释。其中，首要的就是强调：“推进城市社区建设，是改革开放和社会主义现代化建设的迫切要求。在新的形势下，社会成员固定地从属于一个社会组织的管理体制已被打破，大量“单位人”转为“社会人”，同时大量农村人口涌入城市，社会流动人口增加，加上教育、管理工作存在一些薄弱环节，致使城市社会人口的管理相对滞后，迫切需要建立一种新的社区式管理模式。”事实上，改革以前，尤其是人民公社时期，农村基层组织管理也是建立在集体所有制基础上的单位制。农村社区建设也是针对传统农村集体单位制解体，需要重建基层组织与治理体系而展开的。

一、单位制：一种统合性的社会治理体制

一般认为，我国单位制萌芽于中国革命时期，革命根据地建立起来的供给制组织就具有单位制的特征。新中国成立后，单位制迅速普遍并全面建立起来，直到80年代改革前，单位制成为国家社会组织和管理的基本制度。从单位制的研究来看，较早的专门研究始于美国社会学家魏昂德。1986年，魏昂德出版了《共产党社会的新传统主义：中国工业中的工作环境和权力结构》一书。本书旨在分析“共产党社会的劳工关系”，并进一步“探讨现代中国工业中的权力关系及其相对于其他国家的特殊性”，以“帮助人们理解共产党国家政治结构的社会基础”。虽然他在著作中并没有使用“单位”的概念，但是，他将我国的工厂视为一种单位组织，并通过这种非常普遍而又具有社会主义特点的组织形式的研究，力求揭示中国城市社会的基层结构，回答“中国社会究竟是个什么样子，以何种方式来加以组织和管理”。① 以后，李猛、周飞舟、李康、路风、李路路等一批学者沿着这一路径，对我国城市的单位制的形成机理、运行逻辑及发展变化进行分析和解释。单位制既成为我国城市基层社会组织与管理特征的概括，也成为一种理论分析工具，用以解释社会主义国家基层社会结构与治理方式。

从现有的研究来看，人们对于我国的单位及单位制的特征虽然有不尽相同的分析和解释，但是，人们普遍将单位看成是计划经济时代我国城市最普遍的一种组织形式，也是一种国家对社会调控及社会组织管理的一种方式。魏昂德在其《共产党社会的新传统主义：中国工业中的工作环境和权力结构》中认为，中国工厂有别于西方企业，是社会主义再分配的一个环节，而工人则通过工厂获得生存的资源和机会，工人与单位之间形成一种“组织性依附”。这种再分配体制下的“组织性依附”也是这一特殊组织的核心。② 此后，李猛等学者则直接将单位称为“再分配体制下的制度化组织”。③ 刘建军则指出单位是“一种特殊的组织

---

①② WALDER A G. Communist neo-traditionalism: work and authority in Chinese industry [M]. Berkeley: University of California Press, 1986.

③ 李猛、周飞舟、李康：《单位：制度化组织的内部机制》，载于《中国社会科学季刊》（香港）1996年第16期。

形式和社会调控形式”。

在中国社会中，人们对于单位有不同的类型划分，其中，有的根据单位的工作内容和功能进行划分，将具有生产和经营职能的工厂、商店称为“企业单位”；将具有管理职能的党政机关称为“行政单位”；将承担社会服务职能的学校、医院、研究机构称为“事业单位”。有的则依据所有制性质，将单位划分为“国营单位”和“集体单位”。虽然单位有不同类型，但是，典型的单位组织具有一系列鲜明的特征：

第一，单位的普遍性。尽管人们对于单位有不同的划分，但是，20世纪80年代改革以前，每一个城市人无不生活在特定的“单位”之中。“单位是中国社会经济和政治生活的基本组织形式”①。

第二，单位的公有性。单位是随着新中国的成立及工商业的社会主义逐步建立起来的。城市单位虽然有国有单位或集体单位之分，但是，城市单位的绝大多数是国家性质，生产资料主要实行全民所有制。

第三，单位的经济性。工作本身是生产和谋生的方式。单位给人们提供工作场所，也为人们提供经济收入和生存的保障。

第四，单位的行政性。不同单位根据其规模大小及隶属关系的不同，具有不同的行政等级特征。每一个单位组织都被组织到国家的行政等级制度中，获得一个相应的行政等级位置，承担相应的责任，享有相应的权利和义务。通过单位，国家实行对社会和居民的行政管理。

第五，单位的社会性。单位不仅是一个企业单位、事业单位，同时也是人们的生活空间。人们的活动、交往集中在单位。虽然城市是一个“陌生人的社会”，但是，人们朝夕相处的单位则是一个“熟人社会”。也正因如此，单位管理具有“社会生活共同体”的特性。

第六，单位的政治性。单位组织中普遍设立党组织，在政治上和法律上代表党和政府。基层政治活动以及政治宣传都是通过单位实现的。单位管理具有强烈的政治意识形态导向。个人在单位中的地位、福利、权力以及机会在相当程度上也取决于个人的价值取向及意识形态的忠诚。一些政治思想受到怀疑的人员会在政治上、经济上和生活上被边缘化。

第七，单位的全能性。由于单位既是一种生产和经济组织，也是人们工作和生活的单位，同时，也承担着社会组织、行政管理和政治控制的功能。单位垄断一切政治、经济、社会以及精神资源，也是一个功能合一、政经不分、政社一体，集生产和生活于一身的全能性组织。

---

① 朱光磊：《当代中国政府过程》，天津人民出版社1997年版，第349页。

第八，单位的封闭性。单位组织具有明确的人员、权力、组织和资源边界。单位的人员和资源流动受到严格的政策规范。在计划经济时代，单位资源和人员流动主要依靠行政性的规范，并非市场化的自由选择和流动。单位对个人的全面保障以及人们对单位的依赖也降低了人们对单位之外的需求。

第九，单位的依附性。单位的依附关系表现在单位与国家和个人的关系上。在单位与国家的关系上，单位的存在取决于国家的意志，也受制于国家的资源。单位在权力上和资源上都依附于国家。另一方面，作为一个普遍而全能的组织，个人脱离单位将无法生存，个人依附于单位。由于国家控制着绝大部分的资源和机会，并通过单位将资源分配到个人和家庭，由此形成国家—单位—个人之间强制性的依附关系结构。

最后，单位的保障性。一旦进入单位，单位就承担其生、老、病、死各种保障，对人们的生产、生活和生存负有无限的义务。个人的一切都依赖单位。事实上，单位承担了国家和社会保障功能。这种保障也给人们以稳定性和安全感。

不难看出，正如有的学者所指出的，“单位具有政治性、多重性、功能性、受令性、体系性、全能性、依赖性等特点。”单位并不仅仅是一种工作或生活平台，也是一种社会组织、行政管理、政治控制的方式，是一种融合多种功能于一身的组织。从“社区”或“共同体”意义上看，单位既是一种经济共同体、生产共同体，也是一种生活共同体和社会共同体。一个单位也是一个典型的社区，只不过这种社区是一种融合性或统合性的社区。

不仅如此，单位是在国家对社会各种资源高度垄断和全面控制的基础上建立起来的，“是我国各种社会组织所普遍采取的一种特殊的组织形式，是我国政治、经济和社会体制的基础。”① 同时，各类单位共同构成一整套组织体系，形成一套“单位制度”，这一组织体系和制度本身又是国家体系和制度的一部分，也是国家统合生产系统、生活系统、社会系统、行政系统以及政治系统的方式。正因如此，无论从微观还是宏观上看，单位制度也是一种统合性的社会治理体制。

在统合性的社会治理体制中，单位是个人和家庭与国家之间的桥梁和中介。“在当代中国的城市中，每个人都隶属于某一个单位。单位对于中国人来说，是介于国家与家庭之间的至关重要的桥梁。它为个人的社会活动提供了一个必不可少的空间，是个人生活定位、身份定位和政治定位的外在标志，同时，又是国家调控体系的承载者与实现者。”② 通过单位组织，国家实现对社会和个人的全面管控。“从单位与国家的关系来看，单位作为国家调控体系的基本单元，既是国

---

① 路风：《单位：一种特殊的社会组织形式》，载于《中国社会科学》1989年第1期。

② 刘建军：《单位中国——社会调控体系重构中的个人、组织与国家》，天津人民出版社2000年版，第16页。

家政策的最终落实者，又是整个政治体系的支撑者和资源的最终分配者。从单位与个人的关系来看，它充当了个人安身立命的公共空间这一特殊角色，任何一个中国人必须依靠单位赋予的身份才能获得行动的合法性基础。”①

显然，单位制是国家进行资源分配、社会控制、社会整合和社会治理的制度。虽然国家通过单位对个人可以进行较强的控制，并由此形成国家—单位—个人和家庭之间紧密的依存关系。但是，大量的研究表明，单位内部也存在复杂的权益交换，并出现种种庇护关系。由于单位本身存在自身利益，而国家对个人的资源分配和调控是通过单位来实现的，因此，单位负责人及单位自身的有限的利益选择也会影响国家权力的行使以及国家、单位与个人的关系，进而影响社会的治理效能。

不仅如此，在单位治理体制下，由于单位本身具有全能性和封闭性，单位之间的横向关系则是割裂而脆弱的。特别是因为单位拥有相对闭合的空间，其人员边界、资源边界、组织边界及权力边界是封闭的，单位仅仅承担对本单位人员和事务的管理责任和保障义务，超出单位之外的则被排除在外，由此划定了“单位”与“社会”的边界。单位之内属于内部事务，单位之外则是属于社会领域。单位之间的资源和信息交换依赖上级及国家政策的规范，缺乏自主性，因此，单位与社会之间也存在断裂。特别是随着单位的发展，单位不断挤压社会的空间，最终随着单位的普遍化，社会也丧失自主性及自我组织和服务功能。另外，由于单位的全能性扩张，单位承担和包揽了大部分社会事务，出现“单位办社会”现象，单位在吞噬社会的同时，也异化为一种“小社会”。不过，单位的封闭性也使各个单位的小社会割裂开来，社会本身也因单位的社会性扩张而支离破碎。也正因如此，在单位治理体制下，国家对社会的控制具有单向性，整个社会因为单位的分割而破裂，出现“单位化”、“原子化”和“区格化”。这种状态的社会关联，实质上也是一种迪尔克姆所称的“机械团结”。

二、人民公社体制是一种典型的单位制

人们普遍认为单位制是我国计划经济时代的一种特殊的组织与管理体制。但是，除极少数学者之外，绝大多数都认为单位制只存在于我国城市，而不是农村。有的学者强调，单位是一种再分配体制，而“农村基层组织由于处于再分配体制的边缘，并且制度化、组织化都较差，只是具有某种‘单位’特征”，不是

① 刘建军：《单位中国——社会调控体系重构中的个人、组织与国家》，天津人民出版社2000年版，第1~2页。

单位。“真正意义上的单位只存在于城市之中。”① 而自魏昂德开始，人们对单位制的研究也基本上集中在对城市单位的研究。

然而，现在的问题是，如果说农村不存在单位，也没有单位制的话，在计划经济时期，农村基层组织和治理方式又是如何？人民公社是不是一种单位呢？对此，有的持明确的否定态度。有的强调，在城市实行单位制的同时，农村社会的基本单元是“自然村”或“村落家族”。有的强调，“村落家庭是乡土文明的载体，单位是城市文明的载体。中国农村的村落基本上是一种自然生成的体系，所以我们有时称之为‘自然村’，城市单位体系则是在政治计划力量的主导下形成的一种格局。”② “中华人民共和国成立之后，曾经有过运用国家力量打击村落家族、重构农村基层权威的努力。尤其是从 1954 年乡政府成立、村委会建立到后期的人民公社化运动，我们可以发现乡村组织变迁的线路，即从服务于经济内在要求的适应性变革转变为把农业作为建设工业化的基础和对社会政治经济全面调控的改造性变革，结果形成动员式的集体主义体制，传统的社会自组织机制被切断了。”然而，虽然“血缘关系和村落家庭体制被政治重建和动员式集体主义打破了”，但是，“真正能够消解村落家族文化的物质文化的冲击不那么深入”，因此，“村落家庭共同体的潜能依然存在。”实行家庭承包责任制之后，“当承担资源分配职能的生产队这一基本的生产组织单位，因包产到户政策的推行面临解体的时候，家族文化的复活便获得了其经济基础和制度空隙。行政控制的弱化和有限退出，导致了在许多地区，家庭共同体重新成为农村社会的基本单元。”③

正因如此，“在中华人民共和国成立之后，农村社会与城市社会都经历了一个被重新改造和回归国家的过程”，但是，“在新中国成立前较为强盛的家族力量经过土地改革、农村合作化、村委会建立等一系列社会改造运动之后，农村基层社会的基本单元开始由村社来承担，村社与家庭构成了功能互补的共同体，一起维持着农村社会的稳定与发展。”“由于家庭系统的内在逻辑并没有受到真正的破坏，所以在改革开放之后，国家力量从农村中的有限退出，导致了家族的复活。”④

显然，在一些学者看来，即使在人民公社时期，基于村落家族而形成的自然

① 刘建军：《单位中国——社会调控体系重构中的个人、组织与国家》，天津人民出版社 2000 年版，第 42 页。

② 刘建军：《单位中国——社会调控体系重构中的个人、组织与国家》，天津人民出版社 2000 年版，第 5 页。

③ 参见王沪宁：《当代中国村落文化》，上海人民出版社 1991 年版，第 61 ~ 63 页。刘建军著：《单位中国——社会调控体系重构中的个人、组织与国家》，天津人民出版社 2000 年版，第 5 页。

④ 刘建军：《单位中国——社会调控体系重构中的个人、组织与国家》，天津人民出版社 2000 年版，第 6 页。

村落或“村社”仍是乡村社会及乡村治理的基本单元。或者说，人民公社体制外壳包裹的仍是家族共同体，甚至人民公社本身也是基于家族村落共同体而形成的。基于这一判断，有的还进一步强调，虽然村落家族在“利益保护”、“权威认同”和“信息垄断”等方面具有“一致性或相似性”，但是，家庭村落与单位的组织与运行机理完全不同。① 第一，生成动因不同。村落家族文化存在的前提是村落家庭共同体的存在。村落家族共同体的所有成员以相同的血缘关系为聚结纽带，并从这一血缘关系出发，联结其他亲属关系。因此，村落家族文化的生成动因在于血缘关系的扩展。而单位是一种具有现代性的组织形式，它的生成显然是来自外部力量的推动，党与国家则是最为重要的推力。② 第二，生存路径不同。“村落家庭的生存路径呈现出明显的‘自给性’。这是农耕性的自给自足的经济性质所决定的”。“单位的生存路径与村落家族有着明显的区别，单位存续的资源依赖于国家的赐予与分配。”第三，社会定位不同。家族是作为对社会体制的有效补充而获得其合理的表达形式。换言之，村落家族仅仅是国家基层体制的补充。而“单位作为国家社会调控体制的组成部分，并不像家庭那样是对国家力量的补充，而是其本身就代表着国家的权威。正是因为单位在体制中的特殊定位，才导致了单位政治性的特征。”③ 第四，聚合形态不同。“家族的聚合形态呈现出极强的聚居性。村落家族共同体作为一个整体，作为一个群体，要能继续存在，一个重要的条件就是这个群体必须居住在共同的大致有限的地域之内。所以，血缘性表明其生物学的特征，聚居性表明其地理学的特征。血缘关系为群体提供了无形的联带，地缘关系为群体提供了有形的联带。”④ 但是，“单位却是领先外在的力量把人们统合在一起的。”⑤ “单位本身就成为管委会小社会。单位之外没有完整的社会，个人离开单位不仅寸步难行，而且还会丧失主人的身份。”⑥ 第五，调节手段不同。家族依靠礼俗来调节内部事务，单位则是依靠科层体制调节内部的关系，维持单位内部的运转。也正因此，“单位是国家理性在基层社会的表达形式。”

从上述分析来看，一些学者注意到城乡之间基层组织与治理方式的一些差

---

① 参见刘建军：《单位中国——社会调控体系重构中的个人、组织与国家》，天津人民出版社 2000 年版，第 7 ~ 16 页。

② 刘建军：《单位中国——社会调控体系重构中的个人、组织与国家》，天津人民出版社 2000 年版，第 8 页。

③ 刘建军：《单位中国——社会调控体系重构中的个人、组织与国家》，天津人民出版社 2000 年版，第 11 页。

④ 王沪宁：《当代中国村落文化》，上海人民出版社 1991 年版，第 23 页。

⑤ 刘建军：《单位中国——社会调控体系重构中的个人、组织与国家》，天津人民出版社 2000 年版，第 12 页。

⑥ 路风：《单位：一种特殊的社会组织形式》，载于《中国社会科学》1989 年第 1 期。

别，尤其是家族村落在乡村社会的重要影响。但是，将家族村落视为农村基层的治理单元显然是错误的。不仅如此，将家族村落共同体视为一种普遍的组织形式，也是不准确的。事实上，虽然一些地方农村基层社会组织及管理单元可能是在家族村落范围建立的，但是，家族村落仅仅是一种自然聚落，本身并不一定是一种制度化的组织，更不一定具有完整的组织形态。家族村落只不过为乡村社会制度化的组织及治理体系提供条件和便利。能否以家族村落作为独立的社会组织和治理单元，并不取决于家族村落本身，而是基于乡村组织和治理的需要。不仅如此，我国不同地方家族的发展状况不一。一般来说，以某一家族为主体甚至是单一的家族村落多见于南方，而北部乡村大多是杂姓村落，家族的组织形态并不典型和完整，家族在乡村社会组织和治理中的影响也没有南方地区强烈。将家族村落视为中国农村普遍性的组织形式是不准确的。尤其是中国革命和改造严重打击了传统家族组织，其功能及影响也急剧消退。尤其是人民公社时期，广大农村地区的家族组织普遍解体，不再能以一种独立的家族组织形态而存在和活动。虽然在人们的日常生活中，家族关系、家族联谊依然存在，在一定范围内对人们的行为以及乡村治理产生影响，但是，这种影响日益式微，在乡村治理中也难以发挥作用。即使在家庭承包之后，家族组织在一些地区及一定程度上有所复兴，但是，家族组织及功能已经发生了根本性改变。如果说传统家族有族田、族规、族长并承担一定的社会控制、社会救助以及社会调解的权力，那么，现在的家族在组织上已经不再完整，功能上极其有限，基本上限于归根认祖、血缘联系等文化和情感方面。如果说传统家族是一种血缘共同体、社会共同体甚至是乡村社会的管理组织的话，改革后的家族在相当程度上是一种文化共同体或精神共同体。因此，将家族及家族村落视为当代中国农村基本的社会组织及基层治理单元显然是不准确甚至是错误的。

从实践来看，新中国成立以后，随着农业社会主义改造的完成，农村从合作化、集体化到人民公社化，农村基层最基本的组织形式是人民公社，乡村治理体制也是人民公社制。如果与城市单位及单位制比较，农村人民公社也是一种典型的单位组织。农村治理也是一种单位化的治理。

第一，人民公社是农村基层的组织形式，具有普遍性。人民公社制度是在20世纪50年代农村合作化和集体化的基础上形成的。随着合作化和集体化的逐步推进，农村和农民经过互助组、合作社、初级社、高级社直到人民公社最终被全面地组织起来。到1958年底，我国农村基本上实现了人民公社化。虽然此后人民公社的规模有所调整，数量也有变化，但是，直到20世纪80年代农村改革之前，8亿农民生活和工作在5.4万多个农村人民公社之中。如果说80年代改革以前，每一个城市人无不生活在特定的“单位”之中的话，那么，这些时期的每一个农民无不生活在人民公社之中。城市的“单位”和“农村人民公社”成为我国城乡最基本和最普遍的组织形式。

第二，人民公社实行集体所有制，“一大二公”。人民公社时期实行高度的集体化，农村土地等生产资料归集体所有，不允许农民私营经济的存在和发展。家庭这一传统的微观组织基本丧失了经济功能。集体经济成为公社的经济基础，集体劳动成为公社基本的生产方式，集体生活也成为农民基本的生活方式。“集体”及“集体化”是人民公社最基本的特征，也是公社赖以存在的基础。正因如此，农民通常将人民公社时期称为“大集体时期”。虽然人民公社时期的集体所有制与城市单位全民所有制之间存在一定的区别，但是，集体所有制和全民所有制一样，都是属于公有制。不仅如此，在人民公社时期，集体所有制向全民所有制靠拢和发展，甚至被视为一种进步和发展的趋势。集体所有制并不完整和稳定，也存在“一平二调”的现象。由于集体产权也受制于国家政策和行政权力，因此，城乡全民和集体所有制的差别并没有人们想象的那样大。

第三，人民公社政、经、社不分，具有融合性。城市单位制的突出特点是单位既是一种生产组织、工作单位，也是一种社会组织、管理单元，并承担着政治控制的功能。众所周知，人民公社既是一种农业生产和经济组织，也是国家农村基层政权组织。公社管理委员会不仅要负责本行政区域内的生产经营活动，组织、领导各级农业生产活动，也行使对本行政区域内的行政事务的管理权。由此，农村基层“政权组织”和“经济组织”合而为一。不仅如此，人民公社不仅是人们的生产单位，也是人们的生活单位。人民公社也是农民生活共同体。同城市单位一样，农村人民公社也是经济共同体、行政共同体和社会共同体合一的组织，在组织上和功能上具有多功能和全能性。

第四，人民公社供给社员的一切，具有全能性。同城市单位一样，农村人民公社也给农民提供生产、生活和生存所需的一切。社员对于集体具有高度的依附性，脱离人民公社集体，农民也无法生存。正如当时流行的一首歌中所唱的那样：“人民公社是长青藤，社员都是藤上的瓜，瓜儿离不开藤，藤儿离不开瓜……”

第五，人民公社有严格的组织边界，具有封闭性。城市单位组织具有明确的人员、权力、组织和资源边界，同样，农村人民公社是建立在集体产权基础上的，也有严格的产权边界。基于集体产权，人民公社确定其人员边界、组织边界、权力边界和服务边界。只有拥有某一集体产权的人们才属于这个集体，并享有集体的福利。而人民公社集体也只能在一定的集体产权和集体成员范围内行使权力。人民公社之间的资源流动也不是自由的和市场化的，而是取决于上级政策和决策。人民公社相互之间具有封闭性。

不难看出，虽然农村人民公社在生产资料所有制、国家公共投入和服务水平、人员的社会政治地位等方面存在一定的差异，但是，农村人民公社具有城市单位的典型特征。同城市单位一样，农村人民公社也是农村社会组织和管理的基本组织形式，也是国家实行计划经济、行使社会管理、进行政治动员和控制的方式。通过人民公社体系，国家权力得以顺利地延伸和渗透到乡村各个角落，并可以全面地干预农民的生产、生活以致农民的价值选择。如果说国家通过城市单位将城市市民组织起来并对城市社会进行治理的话，那么，在农村则是通过人民公社将农民组织起来并对农村社会进行治理，进而由此实现对整个国家和社会的管理。从人民公社的组织机理、运行机制、活动方式以及承担的经济、社会和政治功能来看，人民公社也是一种单位，人民公社制度不过是单位制的一种形式。也正因如此，我们同意曹锦青等的看法：农村政社合一的组织与城市单位组织一样，都是单位组织。① 事实上，在农村人民公社组织体系中，生产大队和生产小队，本身就被视为一种生产单位，而乡村基层干部和普通农民通常也将“集体”称之为“单位”。

第二节　人民公社单位制的改革及其延续

人民公社时期的单位制实现了对农村社会高度集中的管理，具有很强的组织、动员和资源吸纳能力，在一定程度上推动了农村政治经济的发展，也支撑了城市及工业的发展。但是，人民公社体制是一种成本高昂的体制，存在内在的矛盾。特别是高度集中、政治强制及过度的资源吸取，严重压抑了农民群众的生产积极性，造成经济上、政治上和社会上诸多的不良后果。随着家庭承包制的实施，最终废除了人民公社体制，重建乡村治理体系，实行村民自治。不过，人民公社的废除并不意味着农村单位化治理的完全消失。事实上，改革以后，人民公社的单位制的内核在相当程度上仍保留下来，并一直延续至今。

一、人民公社单位制的矛盾及其解体

人民公社体制的形成标志着我国农村建立了一套高度集中的新型治理体系。

---

① 曹锦青、陈中亚在《走出“理想”城堡——中国“单位”现象研究》（海天出版社 1997 年版，第 64 页）中就强调，“单位是一种一元化的集体组织形态，是隶属于国家的职能部分。国家是一耸立在单位之上的大单位，它是由千百万块‘单位基石’逐级垒造而成的金字塔。农村政社合一的组织和城市中所有的集体组织均被视为单位。”

如果从新中国成立后党和政府推进合作化、集体化，实行农村社会主义改造并“将农民组织起来”的战略和目标来看，人民公社体制的建立也表明这些目标大部分都实现了。从此，全国农村土地等生产资料实现了集体化和公有制，农民的“私有制”、“自发性”被有效制止；广大农民无一例外地被组织在人民公社之中，真正结束了中国社会长期的“一盘散沙”的状态；旧的统治阶级及传统的社会组织受到严厉的打击，在相当程度上已经被摧毁，党和政府在社会上的权威在农村完全树立起来；通过人民公社体系，国家权力得以顺利地延伸和渗透到乡村各个角落，并可以全面地干预农民的生产、生活以致农民的价值选择，由此，使党和政府得以有效地动员和组织农民，保持对乡村社会极强的动员、组织和资源吸纳能力。正是借助这一体制，国家可以集中农村的人力、物力和财力，进行大规模的农田基本建设，开展对大江大河进行治理，兴修水利，极大地改善了农业生产条件。同时，通过人民公社体制，国家大大降低了农村钱粮税费征收的成本，可以更便捷地从农村吸纳资源。正是依靠这种积累，我国在较短时间内建立了比较完整的工业体系，促进了工业和城市的发展。

毫无疑问，人民公社体制的形成是中国农村基层治理体制的历史性变革。人民公社构建了国家、集体单位与农民的依存关系，实现了国家对农村社会的深度干预和有效的调控。同城市单位制一样，人民公社也成为国家在乡村治理的基石。

不过，人民公社体制也是一种成本高昂的体制，对农村经济社会高度集中的管理也制约了经济社会的可持续发展。

从经济方面看，人民公社的重要目标是通过生产资料的集体化、土地的规模化、农民的组织化以及经济的计划化，加快农业和农村经济的发展。但是，在人民公社时期，由于土地等生产资料的集体化和集中化，村民集体成为生产资料的所有者，使农民失去了对土地等生产资料的直接经营、利用和处置权；一些地方“一大二公”以及“一平二调”，严重损害了农民个人及集体的权益；虽然人民公社的一切产权归集体所有，农民名义上是集体经济的主人，但他们与集体财产之间的实际关系却始终未能做到普遍的名副其实，无法使农民对集体经济建立起基本的信任。由于以上原因，使得农民对集体劳动缺乏积极性，并一有机会就会参与对集体财物的侵占和蚕食，使人民公社集体经济陷入困境。[①] 在严格的计划经济体制下，各生产大队生产资料和劳动力的投向、劳动产品的交换和分配及劳动和作息的安排等都要听从上级政权的安排，使得农民及农民集体失去了生产经营的自主权。不仅如此，与工业不同，农业生产天然具有地域空间上的分散性和

① 发展研究所综合课题组：《改革面临制度创新》，上海三联书店 1988 年版，第 4 ~ 35 页。

时间上的季节性，农业生产活动不可能集中于一个时点或地点上，同时，也依赖单个劳动者在生产经营中对湿度、气温和其他气候条件做出迅速决策，要对农业劳动者的劳动进行密切的外在监督，监督的准确程度很低，监督成本高昂，以至于不可能实现。①人民公社时期，虽然制订了考勤如“工分制度”和各种“经济处罚”措施，但对农民劳动及农业生产过程和质量的监督仍非常困难，因此，在相当程度上不得不依靠“思想教育”、“农民的觉悟”和“相互监督”等方式由社员和集体“自我实施”。但其结果并不理想，仍难以真正做到“按劳计酬、多劳多得”，只能总体上维持分配中的平均主义，“干多干少一个样”，其结果是难以有效监督劳动的同时又缺乏有效的劳动激励，各种怠工行为屡见不鲜，损害了人民公社的效率。此外，人民公社时期片面推行“以粮为纲”的方针，限制了农村非农产业的发展，把农民束缚在有限的土地上，不仅使农业劳动生产率得不到提高，自然资源得不到合理利用，经济效益差，也阻碍了社会分工及商品生产和交换的发展；在工作中，一些干部权力过分集中，脱离实际搞瞎指挥和强迫命令，使劳动生产变成运动式的“战天斗地”的“大会战”，造成大量的劳力和资源的浪费。如此等等，不仅使农业和农村经济发展失去内在的动力，也使有限的资源被低效和无效利用，阻碍了农村经济的发展。

从管理方面看，人民公社体制也是一种统合式的乡村治理方式。尤其是人民公社是政经不分、政社不分、党政不分和高度集权的体制，国家通过人民公社对社会各类资源的集中和垄断以实现对农村社会实施全面的管控。这一体制具有很强的社会组织和管控能力，但是，也存在内在的矛盾和冲突。首先，人民公社实行政经不分的体制，将社会治理、政治控制与经济管理融合起来，通过对人们经济生活的控制实现行政管理和政治控制。这一方式不仅使人们生产和生活政治化，也使经济和社会失去相对独立和自主的空间。行政原则和政策原则支配甚至取代经济原则，不可避免地出现对人们生活的超经济强制以及对经济生产的行政命令和政治强制，在加剧社会矛盾的同时，也阻碍了经济的发展。其次，人民公社体制实行“三级所有、队为基础”，内部结构远比城市单位更为复杂。人民公社本身是一个利益和权力主体，公社内部各生产大队和小队也是利益和权力主体。虽然国家力求通过人民公社贯彻国家政策，实施行政管理，但不可避免地受到人民公社及公社内部各权利主体的行为选择的影响。一些政策也取决于公社领导对政策的理解。在城市单位中，基于国家和单位资源的分配形成庇护关系，同样，人民公社内部也存在不同层面的庇护关系，这些都影响到国家政策的贯彻。

① 林毅夫：《制度、技术与中国农业展》，上海三联书店、上海人民出版社1994年版，第27~28页。

正因如此，人民公社时期，基于自身利益的考量，种种形式的“虚报”、“瞒报”、“私分”等行为不绝，导致政策的失真，管理失效。特别是在高度集中的体制下，公社严密的组织及强大的动员和控制能力为“左”的政策和路线的推行提供了条件。一些“左”的错误及危害通过人民公社的强制而放大。最后，人民公社本身是一种单位化的封闭的组织。在计划经济体制下，人民公社体制是“集党、政、经、军、民、学于一体”的农村基层单位，事实上是一个自给自足的小社会。人民公社主要是依据行政区划及行政隶属关系建立起来的，农民的经济组织行政区域化，经济管理也行政化，公社之间缺乏横向联系，尤其是经济的联系。如是，也就造成了舒绣文所说的“蜂窝结构”，各自相对独立或孤立的人民公社仅由国家垂直行政权联系起来，缺乏横向的联系。人民公社的分散化和孤立化，损害了乡村社会的一体化，进而也削弱了乡村社会自我组织、自我发展的能力。

从社会方面看，人民公社体制摧毁了传统中国家族、宗教及其他社会组织，建立了高度集体化、集中化和行政化的组织形式。事实上，在“政经不分”、“政社不分”的体制下，人民公社及生产大队和生产小队既是经济组织，也是行政组织，同时也是人们的社会生活组织，社会组织高度地经济化、行政化和政治化。公社的阶级划分，使人们之间的社会关系日益阶级化和政治化。在人民公社时期，“成天大会小会，运动不断”，政治学习、思想教育、阶级斗争及政治运动连绵不绝，无止无休，不仅造成社会关系紧张和矛盾，也耗费了大量的人力、物力、财力及人们的精力。“政治挂帅”及不断的政治运动最终也导致人们政治上的挫折和厌倦。另外，人民公社及与之相配套的口粮制度、工分制度、户籍制度与集中劳动等在相当程度上限制了农民迁徙、流动和改变身份的自由，使农村社会结构固化和僵化。城乡二元化的体制也造成城乡之间严重的发展失衡和权益不公。特别是长期的“以农支工”的发展战略，对农业和农村资源的过度吸取，使农村失去经济的积累能力和发展能力，农村社会经济的发展缓慢最终也引起农民的不满。

仅从上述可以看出，无论从经济、管理还是社会方面看，人民公社体制都存在内在的矛盾和局限，进而损害了其经济目标、政治目标和社会目标，不利于农业和农村经济社会的持续发展，不利于国家对整个社会有序的治理，也不利于整个社会的团结和融合。正如舒绣文所指出的，毛泽东时代虽然努力将国家权力延伸到农村基层，但这时的国家不过是一个“根长面窄”的国家，国家权力虽然纵向深入了基层，但横向权力扩展不足，且没有制度化。不仅如此，计划经济体制使人民公社体制及各地方和基层单位孤立化、分散化和封闭化，其结果是农村社会和管理呈现为一种“蜂窝结构”。这种类似细胞状的、紧密内聚的相对孤立的社区单位还形成一种地方主义的副文化，阻碍和削弱了国家对农村社会和基层的控制能力。①

人民公社自成立之始就不断受到农民的抗拒。到20世纪70年代末80年代初，党和政府逐步认可农民实行家庭承包的行动。随着家庭承包经营体制的实施，农村人民公社迅速解体。1982年底，中央正式决定废除人民公社，重建乡镇政权，实行村民自治制度，农村基层治理也从人民公社体制过渡到村民自治体制。

二、村民自治体制中单位制的遗存及矛盾

1982年底五届全国人大第五次会议通过了《中华人民共和国宪法》。《宪法》第15条规定："省、直辖市、县、市辖区、乡、民族乡、镇设立人民代表大会和人民政府。"同时规定在城市和农村设立居民委员会和村民委员会，并在它们下面分设人民调解、治安保卫、公共卫生等委员会。由此，在《宪法》上正式废除了人民公社体制。新宪法颁布后，中共中央要求各地要"有计划地进行建立村民（乡民）委员会的试点。"1983年10月，中共中央国务院发出《关于实行政社分开　建立乡政府的通知》，全国性政社分开、建立乡政府的工作陆续展开。1985年春，建乡工作全部完成，全国5.6万多个人民公社、镇，改建为9.2万多个乡（包括民族乡）、镇人民政府。同时按照宪法规定，取消了原有的生产大队和生产小队，建立了82万多个村民委员会。②

与人民公社体制比较，改革后的村民自治体制在组织与运行方式上发生了重大改变。

首先，农村统合性基层组织体系开始分离。人民公社体制的典型特征是"政经不分"、"政社不分"、"党政不分"，农村政、经和社组织体系融于一体。在废除人民公社、重建乡镇政府及基层组织的过程中，根据中央《关于实行政社分开　建立乡政府的通知》，各地重建乡镇政府和政权组织，同时，实行政社分开。各地在建乡镇政府的同时都设立"乡镇经济联合社"、"乡镇经济发展（总）公司"等乡镇集体经济组织，行使乡镇集体经济经营管理权。中央也要求转变乡镇政府职能，使乡镇政府与经济组织功能分开。乡政府管理经济，主要是运用经济

① Vivienne Shue, The Reach of the State: Sketches of the Chinese Body Politic (Stanford: Stanford University Press, 1988); Vivienne Shue, "State – Society Relations in Rural China", Remaking Peasant China, Jorgen Delman Clemens Stubbe Osteraard and Flemming Christiansen (eds.), (Denmark: Aarhus University Press, 1990), pp. 60 – 76.

② 《人民日报》1985年6月5日。

的、法律的和行政的手段，为发展商品生产服务。乡政府要支持乡经济组织行使其自主权，不能包揽或代替经济组织的具体经营活动，更不能把经济组织变成行政管理机构。[①] 在村级组织建设中，根据中央要求，设立村民委员会，村民委员会是村民群众性自治组织。与此同时，中央也要求组建村级经济合作组织，承担集体经济组织的产权及经营管理功能，从而实现乡镇和村级组织的“政经分开”、“政社分开”。在政社分开、政经分开的同时，1986 年中央要求各地农村基层要“明确党政分工，理顺党政关系”。强调“乡党委要按照党章的规定和实行党政分工的要求，集中精力抓好党的路线、方针、政策的贯彻执行；党委对乡政府的领导，主要是政治、思想和方针政策的领导，对干部的选拔、考核、监督，对经济、行政工作中重大问题的决策，而不是包办政府的具体工作。乡党委要保证乡政府依照宪法和法律的规定独立行使职权，支持乡长大胆地开展工作。”[②] 在村级组织中，设立农村基层党支部，使党组织发挥领导核心作用。随着农村乡镇政府、村委会组织、乡镇和村党组织的建设，农村基层社区党、政、经、社等组织开始分离。

其次，农村集中化的经营方式开始分散。人民公社体制是建立在对土地等生产资料集体所有并集中经营的基础上的。而家庭承包责任制是以“集体所有、承包经营”为基本方式的生产经营方式。这一方式虽然被概括为“双层经营体制”，但是，它一开始就是以分户承包集体土地及其他生产资料为前提，农民也因此获得了对土地及部分集体生产资料的使用权及相应的受益权和转让权。在联产承包过程中，部分集体资产也折价转归农民和农户所有，后续的改革还允许对部分公有土地，如荒山、荒坡、荒水、荒滩的拍卖，农民也因此获得了部分生产资料的占有权。这些改革从根本上触动了人民公社赖以存在的根基，瓦解了人民公社时期一大二公、高度集中的经济及组织基础。通过家庭联产承包，农民获得了生产经营自主权，改变了人民公社时期的集中经营、集中劳动、统一分配的经营管理方式。随着家庭联产承包的实行，农业生产和经营管理的职能转到农民和农户手中，公社各级对农业直接经营管理及统一分配的职能随之消失。由于农民和农户获得了经济上的自主权和独立性，农民的流动性增大，因此，传统管理中所依赖的种种经济上的制裁和强制手段随之失效。[③]

再其次，农村单一的产权结构开始多元化。人民公社是通过土地等生产资料

---

① 《中共中央、国务院关于加强农村基层政权建设工作的通知》，引自中华人民共和国民政部编：《农村工作文件选编》，武汉大学出版社 1987 年版，第 84 页。

② 《中共中央、国务院关于加强农村基层政权建设工作的通知》，引自中华人民共和国民政部编：《农村工作文件选编》，武汉大学出版社 1987 年版，第 83 页。

③ 项继权：《从“社队”到“社区”：我国农村基层组织与管理体制的三次变革》，载于《理论学刊》2007 年第 11 期，第 86 页。

的合作化和集体化逐步建立起来的，并最终实行单一的集体所有制。在人民公社时期，农民虽然一度拥有宅基地的产权以及少量“自留地”，但是，“自留地”的产权仍属集体所有，宅基地的私有产权也缺乏严格的保护，其产权交易也受到严格的限制。农民事实上成为没有任何生产资料的集体社员。生产资料是生产的基本要素，对生产资料的控制也是实现社会控制的最重要的方式。也正因如此，人民公社得以对农民行为及社会实施严格的管制。家庭承包经营制虽然没有改变人民公社的集体所有，但是，给农民自主经营及后续的私有财富的积累创造了条件。在“承包经营”过程中，农民对“发家致富”焕发出极大的热情，私人财产也迅速积累。同时，随着农村“四荒”拍卖、多种经营及经营权的长期化，农村的个体和私营经济迅速发展，农村产权结构日益多样化和多元化。农村产权的多样化在给农民提供更大自由及生存和发展空间的同时，也意味着传统依靠生产资料的集中和垄断对农民行为进行控制的方式也日益失效。

最后，农村国家与社会的关系开始调整。人民公社在本质上是国家对社会一体化和集权化治理的方式。通过人民公社体制，国家对农村基层社会深度干预和调控。在废除人民公社过程中，根据中央的要求，重建乡镇政府，实行村民自治。1987 年 11 月全国人大常委会通过的《村民委员会组织法（试行）》就明确规定，“村民委员会是村民自我管理、自我教育、自我服务的基层群众性自治组织。”“乡、民族乡、镇的人民政府对村民委员会的工作给予指导、支持和帮助。”1998 年通过的新的《村民委员会组织法》对此再次予以确认。由此确立了“乡政村治”或“乡村分治”的新的治理体系。按照新的治理体系的设计，乡镇作为国家农村基层政权，依法行政；村民委员会作为村民自治组织，依法自治。乡（镇）村之间在法律上不再是行政上的上下级和直接的“领导关系”，而是“指导关系”。“乡政村治”体制不仅重新构造了农村基层的行政组织与管理体系，也力图重新划定国家权力与社会权力、农村基层政府与农村基层自治组织的权力边界。[①] 虽然在实践中，乡镇与村委会的指导关系一直受到一些干部的质疑，但是，至少在法律上和制度上，乡镇政府与村级组织、国家与社会的权力关系开始改变，由此也促进相互之间的行动逻辑的转变。

显然，从人民公社体制到村民自治体制，农村基层治理的组织体系、权力配置、资源控制及管理方式发生了重大改变，传统的高度集中的单位化治理方式也开始发生变化。

不过，从实践来看，我们也看到，人民公社体制的改革是在特定的历史条件

---

① 项继权：《从“社队”到“社区”：我国农村基层组织与管理体制的三次变革》，载于《理论学刊》2007 年第 11 期，第 87 页。

和背景下进行的，改革本身并不彻底，改革初期的目标并没有完全达到，人民公社体制的一些核心制度安排并没有完全改变，改革后的村民自治体制仍在相当程度上带有单位制的特点。

首先，农村基层统合性的组织结构并没有完全改变。在人民公社改革过程中，虽然中央一再要求农村基层实行"政经分开"、"政社分开"、"党政分开"，但是，在实践中，绝大多数村社区合作经济组织与村民委员会实行"两块牌子，一班人马，交叉任职"。在集体和合作经济薄弱的乡村，村社区合作经济组织有名无实，其功能完全由村民委员会承担，事实上又重新回复到"政经不分，以政代企（经）"的状态。以至于相当数量的村民和乡村干部只知有"村"（村民委员会），不知有"社"（社区合作经济组织）。另外，在一些社区集体和合作经济发达的村，村社区非农产业尤其是村办企业发达，社区合作经济组织的组织形式是村企业和公司组织。在这些村，部分或大部分甚至全体村民都在村办公司和企业就业，村社区高度企业化。村办企业和公司代行了村民委员会的职责，进而使村民委员会"有名无实"，成为"一个空牌子"。从村级党支部和村委会的"两委关系"来看，大多数地方实行"两委一肩挑"，村委会主任由村支部书记兼任。村级两委关系从改革初期要求"党政分开"到现在的"两委一体"，党政关系及两委关系也没有理顺。

其次，村民自治及基层治理单位的封闭性依然存在。单位制的突出特点是组织的封闭性。改革以来，随着农村市场经济的发展以及城乡开通，农民大规模流动，农村社会和社区日益开放，但是，迄今为止，村民自治组织体系仍是在村集体土地所有基础上建立起来的。基于土地的集体所有及承包关系，农民归属于一定的"集体"，享有相应的权力。村委会组织及党支部组织也是在这种集体范围内组建起来的。集体的土地边界及产权边界也是村民、村庄及村组织的边界，具有强烈的封闭色彩。这种封闭性也限制了外来人员难以进入，因为一旦进入，就意味着有权获得集体土地，分享集体的利益，所以会遭到原集体村民的反对，以至于大量在一些村长期工作和生活的"外地人"无法在工作的社区入籍、扎根。"外来人"也无权参与村委会的选举及公共事务的管理，使得村委会及村民自治组织本身封闭起来，导致村民自治仅仅是原有集体村民的自治。

最后，政府对基层自治组织的行政控制依然存在。单位制是国家制度的一部分，也是对基层社会一体化控制的方式。在人民公社改革过程中，无论在法律上还是政策上，中央都明确乡镇政府与村民委员会之间是"指导关系"，而不是"领导关系"。乡镇作为国家农村基层政权，依法行政；村民委员会作为村民自治组织，依法自治。但是，从实践来看，乡村之间的"指导关系"一开始就遭到乡镇干部相当普遍的责难和否定，他们声称"这将使乡镇政府变成无脚的螃蟹，无法对乡村和农民进行有效的管理。”有的甚至担心会“导致农村的失控”。种种试图重新恢复乡镇政府对村委会事实上及法律上的“领导关系”的努力从未停止过。而一些村干部也认为，“没有乡镇政府的支持，工作难以开展。”税费改革之前，上级及乡镇政府时常向村下达种类繁多的指令性任务，大凡公粮收购、计划生育、税费收缴及上报各种材料统计等都下达了严格的任务指标，规定了完成期限，将任务与干部的工资待遇挂钩，给予一定的奖惩；免税之后，村委会自身财源枯竭，大多是靠县乡政府转移支付和补助维持，与此同时，政府对村民自治组织的控制也随之强化，“村账乡管”日益普遍化、合法化，进一步丧失了经济上的独立性和自主权。随之而来的是村委会对上级政府的依赖进一步加深，甚至变成了事实上的乡镇的“村公所”。由此，村委会组织及农村社区共同体出现更加严重的行政化的趋向，村民委员会依然是“上级政府的一只脚”。这也显示出国家和政府对社会的深度干预和控制依然存在。

显然，农村改革以来，虽然人民公社的组织体制被废除了，但是，人民公社单位制的基本要素依然存在。农村基层自治组织及治理单元依然具有封闭性，国家和政府依然掌握基层单位的经济和政治的控制权，农村基层党支部、村委会和村集体经济组织依然具有统合性特征，这些不仅使乡村村级组织呈现出封闭的单位化特征，也使国家得以通过村级组织进行总体性的调控。

然而，农村基层治理中单位制的延续也不可避免地带来单位化治理的不良后果。特别是随着农村改革开放和农村经济社会迅速的发展，农村单位化治理的矛盾和问题更加突出。

第一，村级组织的封闭性及单位化的管理体制，与日益开放的乡村社会和大规模的人口流动不相适应，造成巨大的管理真空。由于现行的村级组织实行村社不分，村集体土地的产权边界是村民的身份和权力边界，也是村级组织的组织和管理边界。外来人口进入村社区意味着分享原村民的土地、产权、福利等利益，不可避免地遭到原村民的抵制，由此导致外来人口难以进入村社区。如果说在现行户籍和公共服务体制下，农民难以进入城市的话，那么，在现行的体制下，市民也更难进入乡村。这不仅导致城乡之间人口难以流动，农村内部村级之间、社区之间人口也难以流动。尽管有的外来人口长期工作和生活在某个乡村，但是，这些“新居民”无法真正融入生活和工作的社区。村级公共服务和管理对象也限于本村村民，难以对外来人员提供平等的基本公共服务，也无法实施有效的管理，造成巨大的管理真空。

第二，村级组织的封闭性及公共服务的内部性，与日益均等化的社会服务体制不相适应，造成公共服务的有限性。在村级组织封闭的条件下，不仅村委会组织的管理对象限于户籍村民，村级服务的对象也限于本村村民。虽然在实践中一些地方也让外来新居民分享一些公共设施，并赋予他们享有某些社区服务，但是，这些服务是有选择且非制度化的，外来居民与本村居民之间也是不平等的。不仅如此，享受国家基本公共服务是每个国民的权利，而在现行的体制下，村级组织是国家基本公共服务的分配者，由于外来居民没有移居村的村籍和户口，无法在居住地就近获得国家基本公共服务，而只能回到户籍所在地获得相应的基本公共服务，如在外地就医还必须回乡报销费用。这不仅极大地增大了流动农民工享有国家基本公共服务的成本，事实上，也使相当数量的农民丧失了享受国家基本公共服务的权利。因此，封闭的体制不可避免地造成国家基本公共服务不能及时、平等供给。

第三，村级组织的封闭性及村民选举的限制性，与基层民主自治的广泛性和普遍性不相适应，造成村民自治的局限性。村民自治是我国农村基本的民主自治组织形式，也是社会主义民主政治建设的基础性工程。2007 年党的十七大报告还将“基层群众自治制度”与人民代表大会制度、中国共产党领导的多党合作和政治协商制度、民族区域自治制度并列作为我国的基本政治制度，不断进行改革和完善。从实践来看，改革以来，村民自治制度不断完善，自治民主的形式不断创新。但是，我们也看到，现行的村民委员会及村民自治体制也是建立在集体土地所有基础上的，土地的产权关系决定着村委会的人员边界及权力范围。村民自治仅仅是拥有村集体产权的“村民”的自治，只有拥有土地产权的“村民”才可能参与村级民主选举、民主决策和民主管理。在一些外来人口较多的村社区，村民自治成为少数村民的自治，甚至是“少数拥有土地的地主”的自治。

第四，村委会组织与集体经济组织“经社不分”，与产权的独立性和经营的自主权不相适应，制约了集体经济的发展。虽然村委会是群众自治组织，村集体经济组织是经济组织，其性质、功能、目标及运行方式有很大的不同，但是，在“村社合一”、政经不分、责任不明的条件下，集体经济组织直接受制于村民自治组织，尤其是定期换届、选举竞争的政治和行政的影响，缺乏组织独立和经营自主权。农村集体经济组织和产权的封闭性，也使之难以在更广阔的市场和社会获得必要的人才、资本和资源，受制于村落家族和血缘关系，难以做大做强。另外，村社不分，政经合一，也使村民自治的选举竞争受到集体经济和利益的影响。控制村委会就意味着控制集体土地、企业和资源以及由此带来的巨大的利益和机会。也正因如此，一些人不惜重金收买选票，严重干扰了基层民主和选举。

第五，村级组织的封闭性和排他性，使得外来人口难以直接融入社区，也使社区难以实现有效的整合。与此同时，村级组织的封闭性也导致乡村社区的“单位化”、“区格化”和“碎片化”，与整个社会的一体化不相适应，不利于全社会的融合。

虽然，随着农村市场经济的发展，社会的日益开放和流动，现存的封闭性的村级组织及单位化的治理方式日益不能适应其发展，必须进一步深化改革，构建新型的乡村治理体系，实现乡村治理的转型和重建，这就是从单位制向社区制转变。

第三节 从单位制到社区制：乡村治理机制的重建

农村社区建设不仅旨在重建人们的社区认同，也要求打破现行村民自治组织的封闭性，构建与农村开放、流动和市场经济发展相适应的社区组织、管理和服务体系，实行社区化的治理。社区化治理的实质是重建社会公共性。

一、社区化治理的核心是公共性的重建

社区化治理是由具有公共性的社区组织对社区公共事务实行自我组织、自我管理和自我服务的治理方式。其核心是社区和社会公共性的重建。社区化治理与单位化治理存在本质性差别：

首先，单位化治理是一种社会国家化的治理，社区化治理是一种社区社会化治理。正如有的学者所指出的，“中国单位制是一种带有军事化色彩的社会组织形式，又是国家权力全面扩张的社会控制系统，单位作为国家代理，行使全方位的组织、治理、发展、控制和资源分配等职能，是政治—经济—社会三位一体的合成物，故又被称为再分配制度。”① 这种单位制最突出的特征是国家吞噬社会、包揽社会、管理社会以及“单位办社会”，这是一种典型的社会国家化状态。在单位制体制下，国家权力全面扩张，社会成员和社会事务几乎全部被纳入单位之中，社会成员和社会事务的社会空间极其有限。事实上，在高度的计划经济时期，无论是城市还是农村，国家通过机关企事业单位及农村人民公社，实现了对社会成员及社会事务的全面管理。社会组织也依附于国家和单位。如果说城市单位和农村人民公社本身也是一种社会生活单元或社会生活共同体的话，那么，这种社会生活共同体也是依附于单位，本身没有独立性和自主权。

与此不同，社区化治理是一种社区社会化治理。一方面，社区本身是一种社会组织，也是一种社会生活共同体。社区组织的存在及发展也是社会组织以及社

① 纪乃旺：《当代中国单位制的形成及特征》，载于《经济研究导论》2011 年第 30 期。

会自身的发展。高度发达的社区组织也是高度发达的社会的表现。另一方面，社区事务及管理责任是社区内部的社会事务。在此，国家权力与社会权力、国家事务与社会事务、国家空间与社会空间适当分离。政府行使国家公共权力，承担国家公共责任，社区则承担社区范围内的社会事务的管理。正因如此，从单位化治理到社区化治理是国家权力从社会领域收缩，社会空间扩大和社会自主性增强的表现。

其次，单位化治理是一种垄断性和全能性治理，社区化治理是一种有限性治理。单位制的典型特征之一是资源的垄断性和功能的全能性。单位本身是一种具有政治、经济和社会功能的全能性组织，国家和单位集中和垄断了社会的生产资料和生活资源，控制了个人的生存和发展的机会，对社会成员和社会事务实施“无所不包”、“无所不能”的全面干预和管理。与此同时，国家通过单位对人们的收入、权力、地位、声誉等资源进行分配，对单位成员提供从生产到生活及“生、老、病、死”各方面“无微不至”的保障。由此，也造成单位成员对单位及国家的全面依赖。在人民公社体制下，农民作为社员，本身成为公社的一份子，农民个人及其家庭的生存的一切都取决于集体，脱离集体单位，也意味失去生存的空间。

与此不同，社区化治理仅仅是一种有限的社会性治理。社区作为一种社会组织或社会生活共同体，社区组织与经济组织、政治组织以及其他群众团体和社会组织在组织上和功能上适当分开，并不能控制和垄断社区的经济政治和社会的全部资源。另外，社区组织仅仅承担社区内部的社会性事务的管理，并提供社区公共产品，不能也不可能包揽经济、政治和社会全部事务。虽然社区组织可能承接和承担一些政府行政性事务以及服务和协助社区经济和政治组织的活动，甚至承接其他委托事务，但是，这一切都取决于社区组织的自愿性。也正因如此，社区组织不得干预其他经济、政治和行政组织法定范围内的事务，也没有义务承担和包揽社会成员的生产和生活事务及相关的社会保障。因此，社区在组织上和功能上限于社区公共事务的管理和公共产品的供给，具有有限性。

第三，单位化治理依靠国家权力具有强制性，社区化治理依靠社会权力具有自治性。无论在城市企业单位还是人民公社，单位内部不仅要完成国家相关经济计划，还设置有党政机构、组织或人员履行国家行政和政治功能，同时，单位制本身是一种国家制度，也是国家权力体系的一部分。单位的权力源于国家的授权，单位的管理也依托国家政权和权力。马克思主义者早就指出，国家是一种暴力机器，国家政权以军队、警察、监狱和司法等暴力机关为依托。由此，单位治理的实质也是以国家权力和暴力为依托行使管理权，具有权力的强制性。也正因如此，无论在城市单位还是农村人民公社，通过阶级划分、阶级斗争及政治斗争，可以剥夺部分人员的权利甚至生存的机会。

与此不同，社区化治理是一种社会自我组织和自我管理。社区组织的权力具有共享性、自愿性和社会性。社区权力的行使虽然依靠国家法律和政策的授权，并在法律和政策范围内活动，在政社分开的条件下，社区也要协助政府工作或者可以承接政府事务，但是，社区本身不是国家机关，不能直接行使国家行政管理权。如果说单位治理是依靠或者行使国家权力的话，那么，社区化治理则主要是依靠权威，实行社区自我组织、自我管理和自我服务。因此，单位和社区的权力属性有着本质的区别。

第四，单位化治理是一种组织封闭性的治理，社区化治理则是一种社会开放性的治理。封闭性是城市单位和农村人民公社的典型特征之一。人民公社是一种经社不分的体制，集体经济组织的边界决定了社区社会组织和公共管理组织的边界。在人民公社体制下，基于集体土地的产权边界划定了公社的人员和组织边界。集体单位之间资源是一种非市场化的分配，主要由国家政策和上级政府调控，缺乏资源和人员的自由流动，也缺乏严格的社会分工。虽然农村改革在相当程度上已经打破了社区的产权边界、人员边界和资源边界，人员和资源开始按照市场原则自由流动，但是，由于村民自治组织与集体经济组织依然维持着融合的状态，集体经济的产权边界依然造成村民自治组织的封闭性。正因如此，打破社区组织的封闭性，是社区化治理的内在要求和基本目标。

社区是一种基于社区居民而组织起来的地域性组织，社区化治理是一种社会开放性治理。在社区化治理下，社区组织与社区经济组织分离。是否拥有经济组织或集体产权不再是成为社区成员的基本条件。居住在社区而没有社区集体产权的成员也是社区成员。由此，社区的组织边界也不再与集体经济组织的产权边界一致。社区组织真正成为独立于其他组织的社会组织，对居住在社区或愿意进入社区居住的人员开放。这种开放性也为城乡之间以及农村不同地区和社区之间人们的自由流动创造了条件。由此，也为全社会的开放、流动和融合创造条件。

第五，单位化治理是一种身份依附性治理，社区化治理是一种独立性公民性治理。在单位体制下，单位本身具有身份和层级，单位内部也存在身份和等级。城市单位和农村人民公社由于所有制性质的不同，经济和社会地位存在显著的差别，城乡居民的身份和待遇也有很大的差别。不仅如此，城市单位由于单位所属的部门的不同，单位功能不同，机关和企事业单位之间也存在身份和地位的差别。同时，城乡单位内部，阶级的划分形成不同的阶级身份和地位，党员与群众、干部和群众之间也存在政治身份的差别。因此，单位制事实上也是一种严格的身份体系，单位之间以及单位成员之间都存在并赋予了特定的身份、地位及权力。特别是在单位制背景下，政治组织、行政组织、经济组织以及社会组织的融合，使人们的社会身份与政治身份和经济身份交集，并在相当程度上由政治身份决定。单位的身份色彩比传统社会的单纯的社会身份更强烈，人们的身份依附和影响也更为严重。

与单位制不同，社区化治理是建立在独立的个人、居民以及公民身份基础上的。在社区生活中，虽然人们可能在不同的单位、组织和岗位工作，执掌不同的权力，并具有不同的政治、经济和社会地位，但是，作为社区成员，他的个人身份与单位身份脱离，还原为社区居民，与其他社区成员之间在身份上是平等的。这种居民身份的独立化、平等化本身也是社会成员公民化的过程。其实质是社区居民以独立和平等的公民身份参与社区事务。与此同时，社区作为一种社会生活共同体，具有独立性、自治性和平等性，其实质是公民共同体。不同的社区组织之间也没有高低之别，都是作为平等的社会或社区组织存在。

不难看出，从单位制向社区制的转变以及从单位化治理向社区化治理的转型，不仅是城乡基层治理体制和治理方式的变革，也是我国国家与社会关系的重大调整，是社会组织的发育、社会公共空间的成长的过程，同时，也是从社员到居民、从员工到公民、从依附到独立的过程。从根本上说，这一过程是社区公共组织、公共制度、公民身份、公民社会及公共空间的再造过程，或者说，是社区和社会公共性的再造过程。这一转变，无疑是我国国家、社会以及城乡基层治理的重大转型。

在此，必须指出的是，有的学者虽然也指出社区建设是公共性的重建过程，但是，有的将社区的公共性与社区资源的集中和土地等生产资料公有化联系起来，认为无论是西方历史上的社区共同体还是中国历史和现实的公共体，公地、公产以及公共资源都是社区公共性的基础和表现。改革以来，由于集体经济体制的改革，农村集体土地及公共资源的分散化，导致公共性的弱化以及乡村集体和社区的衰败。① 的确，从人民公社以来的历史来看，土地等生产资料的公有制和公有化是形成社区较强认同的根源。随着家庭承包责任制的实行，社区集体组织的权威和认同感下降。然而，必须指出的是，虽然土地等生产资料的公有化可以为社区认同提供公共资源，也是社区公共性的重要表现，但社区的认同及社区的公共性并不必然要求实行土地等生产资料的公有制，更不一定是集中化经营。事实上，农地作为生产资料，其产权有明确的边界。集体经济组织及集体化的土地产权，本身也是一种私性权力，其权益由产权所有者享有。对于集体成员来说，

① 黄平：《重建社区公共性——新农村社区建设的实践与思考》，载于《中国经济》2010 年第 3 期。在《公共性的重建：社区建设的实践与思考》（黄平、王晓毅主编，社会科学文献出版社 2011 年版）中，相关作者在多篇文章中都对集体公共资源对社区公共性建设的意义和作用进行了讨论。

集体产权可以成为集体的公共资源，并为集体认同奠定基础，但是，在一个产权多元化和外来人口较多的社区，集体产权不仅不是社区融合的基础，恰恰是排斥其他居民、损害社区融合的根源。在此，集体产权本身并不具有社区的公共性。特别是从人民公社的历史实践来看，农村大一统的集体产权及其经营形式是阻碍农村经济持续发展和阻碍社区融合的重要原因。

其实，正如一些学者所指出的，社区公共性需要一定的公共资源，但是，“公共的社会资源是一种基础性资源，具有非私人性、非商品性、非物质性、非经济性特点。”公共资源本身具有广泛性和多样性，至少包括三种类型：“第一类是‘公共自然资源’，包括土地、河流、山脉等；第二类是可以形成直接投入和计算的‘公共经济资源’，包括财力、物力和劳力；第三类是基于个人组成的群体在进行集体行动时的‘公共社会资源’，包括：（1）道德、伦理、信任、互助、合作、理解等规范型资源，也包括（2）规范、规则、组织等制度型资源。”① 土地等自然资源为人们生产和生活提供条件，但是，土地等是否采取集体化和公有制的方式，则不仅取决于社会政治需求和条件，更重要的也取决于经济发展的效率和效益。另外，社区公共性的重建更重要的是公共性的社会资源的培育和发展，同时，向社区居民提供更多的公共产品。其实，这种公共产品本身也是重要的公共资源。在分享公共产品的过程中，人们对社区本身会有更多的认同。

在社区公共性的重建中，也必须正确认识社区与社会的关系。滕尼斯对社区与社会的划分，就将社区与社会对立起来。他强调，“社区”或“共同体”是自然形成的、整体本位的，而“社会”是非自然的即有目的人的联合，是个人本位的；“共同体”是小范围的，而“社会”的整合范围要大得多；“共同体”是古老的、传统的，而“社会”则是新兴的、现代的。按照这种理论，社区本身也是一种小范围的私域组织，社区的整体本位使人缺乏独立性，而社会才是以个人为本位，具有独立性。由此，人们从社区走向社会是一种个性的解放，也是一种公民化的过程。这一分析对于西欧一些国家传统村社、马克、采邑等“共同体”与社会的关系无疑具有解释力。在这些西欧国家的历史上，传统的村社、马克等是建立在社区资源高度垄断和人们对于共同体严重依赖的基础上的。村社和采邑解体的过程是人的解放过程。但是，必须注意到，这些村社中个人对共同体的依赖并不是因为他们是社会生活共同体，而是由于对生产资料及社会权力的垄断，也是经济权力、政治权力与社会权力融合的结果。这一状况与我国的人民公社制极

① 黄平：《重建社区公共性——新农村社区建设的实践与思考》，载于《中国经济》2010 年第 3 期。另参见黄平、王晓毅主编：《公共性的重建：社区建设的实践与思考》，社会科学文献出版社 2011 年版，第 208 页。

为相似。只有实现社区组织与经济组织、行政组织及政治组织的分离，社区才可能真正消除社区本位，实现个人本位。与此同时，人们摆脱了传统的经济、社会和政治的强制和依附，成为独立的个人或公民，在独立的个人基础上重建社会生活共同体或社区，实质是公民共同体的构建。这种公民共同体也是现代公民社会的组织基础。正因如此，新型社区与社会也不再是对立的，而是现代公民社会的一部分。社区公共性的重建实际上也是社会公共性的重建。新型社区共同体的建设也是新型公民社会建设的一部分。由此，我们可以看出，我国农村和农民从单位制到社区制及社区公共性的建设过程也是人的解放、社区解放和社会解放的过程，同时也是新公民、新社区和新社会建设的过程。

二、从“村委会”到“居委会”：农村社区自治组织的转换

在社区化治理中，公共性社区组织是治理的主体。改革开放以来，我国农村实行村民自治制度。村社区的组织和治理体系是“乡镇—村委会—村民小组”。如前所述，这一组织体系是经社不分、功能融合的封闭和半封闭性组织，具有单位制的基本特征。随着市场经济及农村社会的开放，必须构建与之相适应的新型社区组织体系。从现实来看，必须进一步深化改革，推动社区治理组织体系转型和重建。具体如图 11－1 所示。

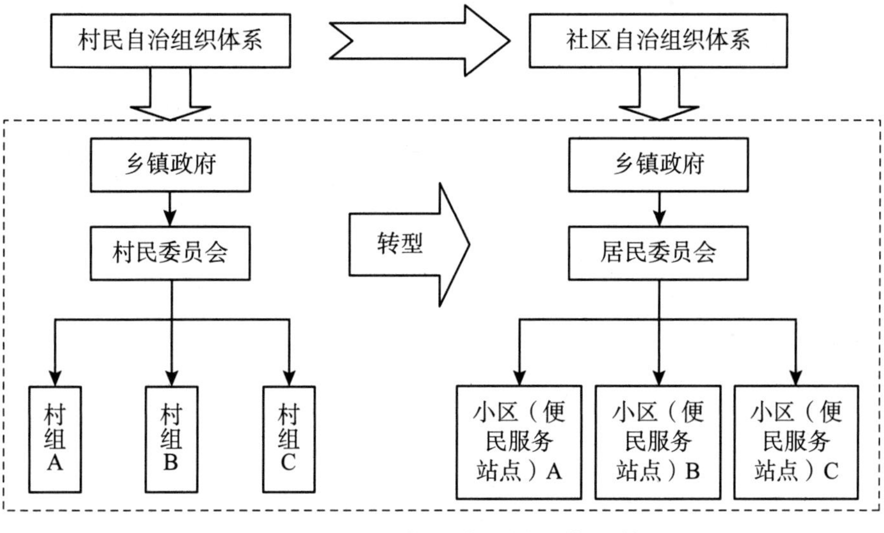

图 11－1　农村基层治理组织体系转型

首先，从村委会组织向居委会组织过渡，建设社区公共治理主体。在目前农

村社区建设中，一些部门以及一些地方认为农村社区建设主要是进一步加强社区管理，完善社区公共服务，而社区管理和服务的组织主体或社区的权力主体仍是村民委会员。也正因如此，一些地方在社区建设中不涉及社区自治组织体系的建设。有的虽然注意到社区组织建设的重要性，但是，社区组织建设仅仅限于社区公共服务平台的建设。由此，在一些地方出现在村民委员会组织之外另行建设社区服务中心或社区服务平台的情况。温州市在社区建设中尝试撤销村民委员会，但是，这一尝试一直受到有关部门和领导的质疑和反对，有的甚至认为此举违背《村民委员会组织法》。如此等等，不触动村民自治组织，或者，另行建设社区服务中心，造成社区组织关系更加复杂。其实，在我国现行条件下，社区不仅是一种社会生活共同体，还承接着大量的管理、服务及行政性事务。与其他一些国家和地区不尽相同，我国农村社区也有严格的地域和人员边界。无论从中央到地方还是基层干部和农民群众，普遍将社区组织视为一种具有管理功能的组织。为了保证社区公共权力机构的统一性和权威性，避免社区管理主体的重复、分散和混同，在农村社区建设中，必须建设具有唯一性的社区公共权力主体组织。由于现行的村民委员会依然是一种封闭的自治组织，其成员主体是拥有集体产权的村民，因此，必须推动村民委员会向社区居民委员会的转变，将在社区居住的所有居民都纳入自治组织范畴。

其次，建立社区居民自治机构及运行机制，完善居民自治体系。社区居民委员会是由全体居民参与的开放的自治组织，必须建立和完善社区居民自治组织体系，保障广大居民的自治权利。为此，应在社区范围内设立社区最高权力机关——社区居民大会，取代原有的村民大会。社区居民大会由居住在本社区内的年满十八周岁的所有居民及驻村社单位的成员组成，作为社区最高权力机关。设立社区居民代表大会，社区成员代表大会由社区单位代表和居民代表组成，可设主席 1 人，副主席 1 ~ 2 人，秘书 1 人，是社区居民大会的常设机构，在居民大会闭会期间具体负责社区民主决策事务。设立社区居民委员会作为社区自治的执行机关。居委会由生活在社区内的所有居民通过选举产生，其名额根据社区居民总人数按照一定比例产生，对全体居民负责。其选举可参照当前的村民委员会组织法或城市社区居委会组织法。鼓励社区党支部书记通过选举程序兼任社区居委会主任，鼓励社区党支部成员参选社区居委会成员。另外，根据需要设立人民调解、治安保卫、公共卫生与计划生育等下属委员会，并允许居委会成员兼任下属委员会的成员。切实保障社区居委会的群众自治组织性质，作为居民大会和居民代表大会的执行机关。另外，设立社区监督委员会，作为对社区居委会权力行使的监督机关。社区监督委员会成员可由社区居委会“推荐”候选人，按照社区居民总人数比例，由社区全体居民直接选举产生，或者由社区居民直接提名选举或代表选举产生。社区监督委员会成员不得与社区居民委员会成员交叉，以便加强对居民委员会的监督。

再其次，构建开放性和地域性的基层党组织体系。我国是一个社会主义国家，党的领导是一项政治原则。长期以来，我国基层党组织主要是按照单位和组织建立，具有显著的单位化特征。在传统的单一公有制和单位制条件下，这一体制是有效的，可以保证基层党组织的覆盖面和统一性。但是，随着改革开放，国营企业和集体企业改制，越来越多的“单位人”转为“社会人”，大量退休人员、下岗失业人员和流动人员进入城乡社区，各种新经济组织、新社会组织大量涌现，传统的以单位建党的方式已经不能满足人们的需求，严重制约了党组织的覆盖面；由于流动党员越来越多，一些党员脱离了原单位，也失去了与党组织的联系，党员的作用也难以发挥；随着各类组织不断增多，非公企业迅速发展，以单位为基础、条条主导为主的党的组织体制也出现了协调困难等问题。正因如此，早在2004年，在城市社区建设过程中，中共中央办公厅转发《中共中央组织部关于进一步加强和改进街道社区党的建设工作的意见》的通知，要求加强社区党建工作，将更多的党员纳入社区化党组织，并加强社区各单位党组织的协调和领导。在十七届四中全会上，党中央进一步强调在新时期新阶段，要推进基层党组织的组织创新和工作创新，致力于扩大基层党组织覆盖面。“实现党组织和党的工作全社会覆盖，做到哪里有群众哪里就有党的工作、哪里有党员哪里就有党组织、哪里有党组织哪里就有健全的组织生活和党组织作用的充分发挥。”要“按照便于党员参加活动、党组织发挥作用的要求，探索完善基层党组织设置形式。”不仅按单位也按地域设置基层党组织，并推广在农民专业合作社、专业协会、产业链、外出务工经商人员相对集中点建立党组织的做法，抓紧在非公有制经济组织中建立党组织，加大在中介机构、协会、学会以及各类新社会组织中建立党组织力度。要统筹城乡基层党建工作，促进以城带乡、资源共享、优势互补、协调发展。这些措施也是旨在根据党员的流动性、组织的多样化以及人的社会化的需求，加强基层党组织建设。

第四，构建社区公共管理和服务平台。在社区化治理中，应逐步构建“乡镇综合服务中心—社区综合服务大厅—便民服务点”三级服务管理组织体系，将涉及民众切身利益的养老、医疗、社会救助、就学、计划生育、土地管理、社会治安等职能下沉到社区中，政府通过在社区内派驻社区服务中心等方式，负责社区居民的公共管理和公共服务工作。同时，根据社区范围大小，因地制宜地在社区范围内设立社区便民服务（站）点，作为社区服务中心的派驻机构，并充分吸纳村委会成员等作为便民服务点的服务人员。在设立便民服务站点时，可充分考虑通过购买服务的方式将村委会成员吸纳为便民服务站点服务性人员。通过购买服务的方式，让他们协助社区服务中心进行合作医疗、养老保险办证、低保补助及社会治安协防等各项服务管理活动。这样不仅能够更好地方便当地农民，同时能够充分发挥他们在农村社会管理与服务中的作用，避免因撤销村委会所造成的基层社会管理和服务困境，也容易消除村委会撤并所造成的部分人心理不平衡及社会矛盾。通过新型公共管理与服务组织体系的建构，将社区内生活的所有居民都纳入基本公共服务供应中来，满足他们的基本服务需求。

三、农村社区化治理的治理机制创新

在构建和完善社区化治理组织体系的同时，要进一步完善社区化治理的运行机制。在我国目前的社会政治体制下，新型社区化运行机制如图 11－2 所示。

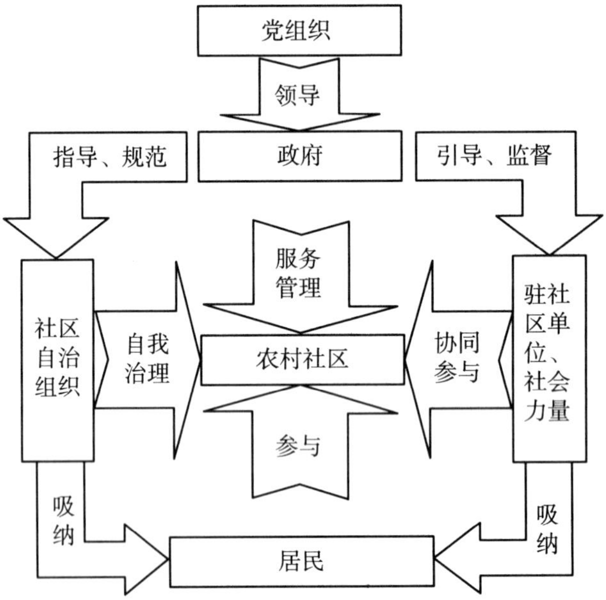

图 11－2　新型农村社区化治理机制

首先，构建党委领导下的“政府、社区、社会”多方参与和合作治理机制。社区是一种社会生活共同体，也是国家治理基层社会的基础单元，社区需要承担一定的基层治理职能，这些都对社区治理结构提出了更高的要求。另外，在快速的经济社会发展中，社区日益成为容纳各种企业经济实体、驻社区各类单位、各种性质的社区居民的新型社会生活共同体，不同社区成员及社会力量也有自身的利益需求，客观上也要求参与到社区治理中来。从当前来看，社区发展关涉到多方利益主体，也需要多元利益主体的参与，以更好地解决各类社会矛盾，促进社会和谐。从基层社会治理的角度来看，保障多元主体的参与是未来基层治理的发展趋势。因此，在社区化治理中，应改变现有单位制治理模式，通过改造完善社区组织机构，健全完善社区自组织机构，划清政府、社区在社区治理中的各自边界，政府突出公共管理与公共服务功能，社区突出自我治理功能。同时拓宽社区治理的渠道，积极发挥驻社区单位、社会力量参与社区治理的优势作用，形成对政府与社区力量的有力支撑。另外，充分发挥党组织的领导作用，通过自上而下的党组织系统，发挥社区党支部对社区自治组织的领导作用，以及社区党支部对整个社区党组织的统筹协调作用，积极发挥党组织在社区建设中的作用。在社区治理结构构建中，通过机制、体制创新，逐步形成党委领导下的政府、社区、社会共同参与的社区化治理结构。

其次，构建政府行政管理与社区自我治理各自负责又相互衔接的运行机制。社区既是一个社会自组织单元，也是国家治理基层社会的基本单元，它具有自治、公共管理与服务的双重职能。因此，新时期的社区公共治理就需要政府与社区的合作治理。治理的最终目的在于使生活在社区内的所有居民都能够平等地享受国家的各项公共服务，使社区居民都能够平等地参与到社区自我治理中来，实现社区居民公民权与社区居民自治权的协调统一，促进新时期人的全面自由发展。从现实来看，建立起社区居民大会、代表大会、监督委员会等自治性架构，实行自我治理，鼓励社区自治组织充分借助社区服务中心载体平台，组建自己的社区志愿性服务管理队伍，专门从事社区内部公共事务的管理与服务工作，充分发挥社区辖区内村干部的力量。同时，设立社区服务中心承接政府公共管理与服务工作，在社区层面上实现政府行政管理服务于社区自治的有效衔接机制。

再其次，建立和完善社区居民广泛参与的社区自我管理、自我服务的自治机制。从总体上来看，社区治理是一个有机的体系，社区自我治理机制是社区治理的核心所在，也是社区群众自治的根本体现。应从实际情况出发，选举产生一定规模的社区自治机关，保障社区自治机关成员的广泛代表性，这个方面可以通过建立下设的各类具体委员会的形式来实现；建立不同驻社区单位成员共同参与的社区公共事务协商机制，实现定期协商与互动，积极拓展有利于社区居民表达自身利益的相关渠道。形成社区层面社区居民大会、代表大会决策，社区居委会执行，监督委员会监督的自治体制，同时，通过建立社区内各类经济社会组织、居民、驻地单位参与社区自治的参与机制与参与渠道，形成社区层面的自我治理机制。另外，通过引导建立各居民点、村庄或小组为基础的民间社团性自治组织的发展，形成以社区内各集聚点为基础的微观自我治理，作为社区内部的微观自治方式，从而形成社区层面自治与社区内群众自我治理的多层次的治理网络及治理机制，使社区内在自我治理更为丰富。当然，在治理过程中，应鼓励各地因地制宜，构建起与本地情况相适应的治理制度，保障各层次治理机制的有效运转。

最后，建立政府引导、多元筹资和资源整合的社区治理经费筹措和保障机制。社区公共管理、公共服务及公共活动需要一定的财政投入和经费保障，因此，必须加大政府公共事务的投入，尤其是要对现有中央各部门支农惠民政策进行全面清理，强化县市财政部门对涉农项目和资金的审查与统筹，按照“渠道不乱、用途不变、各司其职、集中使用”的原则，凡性质相同、用途相近的，都应纳入整合范围，统筹安排，集中使用，并设立单独账户统一管理，在基层和农村社区项目实施中有效地整合，提高资金的使用效率和效益。在加强政府投入的同时，要广开财路，多元筹措。要进一步拓宽民资进入渠道，鼓励引导社会资本投入社会服务管理，吸引外商投资，形成社区服务多渠道投入和多元化供给机制。要调动社会力量的参与，大力发展公益慈善事业。与此同时，要充分利用财政杠杆调动金融市场，加强银企合作，用好现代投融资工具，发挥金融的作用。进一步解放思想，破除传统观念和制度障碍，盘活现有资源，为社区治理提供支撑。

第十二章

均等化服务：社区和社会融合的基本条件

在现代社会中，平等地享受基本公共服务是公民的基本权利，向全体公民提供均等化的公共服务是政府的责任。农村社区是农村社会生活共同体，也是农村基层的组织、管理和服务平台，社区在自主组织社区服务的同时，也承担国家基本公共服务供给的组织、协助、分配和监督的责任。然而，长期以来，我国城乡之间基本公共服务存在差异性，城乡社区内部户籍人口和外来居民之间也存在明显差别。因此，均等化的服务不仅要消除国家基本公共服务城乡二元化和非均等化，也要消除社区内部社区服务的封闭性和排他性，实现社区服务的均等化。

第一节　基本公共服务的内容及均等化的标准

基本公共服务均等化，首先必须确定基本公共服务的内容、范围以及均等化的判断和检测标准。

一、基本公共服务的范围和内容

提供公共产品和公共服务是政府的基本职责。然而，对于什么是公共产品和公共服务、哪些是政府应提供的基本公共产品和基本公共服务，人们并没有一致的看法。从理论和实践来看，人们对于公共产品及公共服务的认定及政府责任的确定有两种不同的思路：

一是从产品属性的角度来划分，即凡是满足人们的公共需求、具有“公共品”性质的产品和服务就是公共产品和公共服务。按照经济学的分析，人们需求的产品分为三大类型：“公共产品”、“私人产品”及介于公共与私人之间的“混合产品”。公共产品与私人产品的根本区别在于是否具有“竞争性”和“排他性”。公共产品是那些具有非竞争性和非排他性的产品，因为其“无利可图”，难以由市场和社会提供和保障，只能由政府来承担。私人产品则是个人消费的物品，人们可以通过市场来获得，无须政府负责。除上述私人产品和公共产品之外，还有大量的介于两者之间的混合物品。这些物品具有一定的竞争性和排他性，既具有私人性，又具有社会性。对于这些混合物品的生产和供给，应由政府、社会及市场共同提供。据此，政府的责任只是提供那些具有非排他性和非竞争性的公共产品和公共服务。然而，问题是，“公共产品”和“公共服务”是否一定要政府来承担？是不是只要是“私人产品”政府就可以完全免责呢？在现实生活中，一些没有竞争性和排他性的社会服务工作可能并不完全由政府来承担，而纯属私人需求问题也要求政府解决，如个人因病、因灾而无力生存时政府也不能“见死不救”。

正因如此，人们提出另一条解决的思路，就是根据需求及供给状况来确定政府的责任：凡是人们迫切需要而社会和市场做不了、做不好和不愿意提供的产品，均是政府的责任。其潜在的逻辑是：不论是否是公共产品，只要是人们必需的而其他方式不能有效供给的产品，即使是私人产品，也应由政府来承担。反之，即使是具有非竞争性和非排他性的产品，只要社会和市场愿意并能够提供，政府也可放手让社会和市场来承担。如有些产品虽然是私人产品，但由于信息不对称、自然垄断及道德底线等原因难以由市场和社会充分供给，必须由政府出面解决。由此可以解释为什么政府必须对无助的人们提供救助，必须对医药价格进行干预以及对一些偏远而贫困乡村的村内道路和设施提供支持——即使这仅仅服务于个别人或个别乡村，或者本质上属于市场交易行为。

显然，两条思路有着不同的出发点和重点：前者强调“只有公共产品才是政府的责任”，而后者则强调“不能有效供给的必需品都应由政府来供给”。如果说根据产品的性质来判定政府责任是一种“消极标准”的话，根据需求供给状况来确定政府的职责则可视为一种“积极标准”。在此，政府责任的范围也显著扩大，不仅包括提供传统的公共产品和公共服务，也包括一些难以有效供给的私人产品和服务。

无论是何种标准和思路，公共产品的范围及政府公共服务的责任都是为了满足人们的现实需求。政府的职责是向社会提供人们生存和发展所必需的且无法通过其他方式有效供给和保障的产品和服务。然而，在现实生活中，由于人们的需求具有多样性和无限性，而政府能力始终是有限的，所以，面对众多的需求，任何政府都无力完全满足，必须根据产品和服务的性质、需求的紧迫和重要程度以及政府能力来确定政府公共服务的优先顺序。事实上，并不是所有的公共需求都需要由政府或公共权力机关和组织来提供，有的需求可以由社会组织或市场来提供。根据人们需求的公益性程度及其需求满足中对政府的依赖程度的不同，我们可以将公共服务分为“基本公共服务”和“非基本公共服务”两类。前者是政府必须承担和满足的公共产品和服务，后者则可以通过政府以外的社会组织或市场来提供。有相当多的需求和产品具有混合的特征，在市场和社会提供的同时需要政府的支持和参与，这可以称为一种“准基本公共服务”。一般来说，政府是基本社会公共服务的提供者，是非基本社会公共服务的倡导者和参与者，同时又是整个社会公共服务的规划者和管理者（杜戈鹏，2006）。具体如表12－1所示。

表12－1　　公共服务分类

基本公共服务		政府依照法律法规，为保障社会全体成员基本社会权利、基础性的社会福利水平，必须向全体居民均等地提供的社会公共服务
非基本公共服务	准基本公共服务	为保障社会整体福利水平所必需的、同时又可以引入市场机制提供或运营的，但由于政府定价等原因而没有营利空间或营利空间较小，需政府采取多种措施给以支持的社会公共服务
	经营性社会公共服务	完全可以通过市场配置资源、满足居民多样化需求的社会公共服务

不过，基本公共服务应包括哪些内容，人们对此也存在不同的看法。有学者认为，根据政府提供服务的性质和类型来看，基本公共服务应包括四大领域：一是底线生存服务，包括就业服务、社会保障、社会福利和社会救助，主要目标是保障公民的生存权；二是公众发展服务，包括义务教育、公共卫生和基本医疗、公共文化体育，主要目标是保障公民的发展权；三是基本环境服务，包括居住服务、公共交通、公共通信、公用设施和环境保护，主要目标是保障公民起码的日常生活和自由；四是基本安全服务，包括公共安全、消费安全和国防安全等领域，主要目标是保障公民的生命财产安全（陈海威，2007），具体如表12－2所示。有学者认为，根据我国现阶段的实际、国际经验和我国宪法以及党的十六届六中全会《决定》，应当把我国现阶段的基本公共服务界定在医疗卫生或者叫公共卫生和基本医疗、义务教育、社会救济、就业服务和养老保险。而且，义务教育、公共卫生和基本医疗、最低生活保障，应当是我们基本公共服务中的“基

本”。还有学者认为，“基本公共服务”是指建立在一定社会共识基础上，根据一国经济社会发展阶段和总体水平，为维持本国经济社会的稳定、基本的社会正义和凝聚力，保护个人最基本的生存权和发展权所必须提供的公共服务，其规定的是一定阶段上公共服务应该覆盖的最小范围和边界。也就是说，基本公共服务回答的是特定阶段应该提供什么公共服务的问题。正因如此，不少学者都强调“基本公共服务”的内容不是绝对的，它会因时间、地点的变化而变化。在我们看来，基本公共服务是一个社会中人们生存和发展必需的基本条件，是一个社会非由政府提供不能有效满足和充分保障的基本福利水准。不同的国家及不同地区，政府确定和提供的基本公共服务的内容不尽相同。按联合国“政府职能分类（COFOG）”体系，政府基本公共服务一般包括四个方面：普通公共服务与公共安全，社会服务（包括教育事务和服务、健康事务和服务、社会保障和福利、住房、供水、文化等方面），经济服务（包括燃油和电力、农林渔业、交通运输与通信等方面），以及未按大类划分的支出（如政府间转移支付）等。按国际货币基金组织的分类，政府基本公共服务包括十大类，每一大类下又有若干小类。但是，无论是从世界各国还是从我国实践来看，义务教育、基本医疗、公共卫生、社会保障、公共文化、公共安全等都被视为最基本的公共服务。我国《国家基本公共服务体系“十二五”规划》也确定了现阶段基本公共服务的范围，强调“基本公共服务，指建立在一定社会共识基础上，由政府主导提供的，与经济社会发展水平和阶段相适应，旨在保障全体公民生存和发展基本需求的公共服务。”“基本公共服务范围，一般包括保障基本民生需求的教育、就业、社会保障、医疗卫生、计划生育、住房保障、文化体育等领域的公共服务，广义上还包括人民生活环境紧密关联的交通、通信、公用设施、环境保护等领域的公共服务，以及保障安全需要的公共安全、消费安全和国防安全等领域的公共服务”。该规划还在基本公共服务领域确定了44类80个基本公共服务项目，作为现阶段基本公共服务的工作重点。

表12－2　　基本公共服务范围体系

服务领域	具体内容	权益特征
底线生存服务	就业、社会保障、社会福利、社会救助	生存权
公众发展服务	义务教育、公共卫生、基本医疗、文化体育	发展权
基本环境服务	居住、交通、通信、公用设施、环境保护	自由权
基本安全服务	公共安全、消费安全、国防安全	安全权

基本公共产品和公共服务是人们生存和发展的必需品。不过，由于不同生

产和生活方式以及不同的自然和社会环境，人们的基本需求仍存在一些差别。特别是对于农村地区及农民群众而言，农业生产和农村生活仍有一些有别于城市市民和工人的基本需求，需要政府给予支持和供给。从我们对农村的调查来看，当前农民的需求广泛，涉及乡村道路、农业技术、义务教育、合作医疗、公共安全、公共文化、畜牧防疫、农田水利、财政金融、民政优抚、市场信息、就业服务、环境保护等不同方面。在对最迫切需求的调查中，调查的23 140人（缺失633）中有49.7%的农民选择了乡村道路建设，45.4%的人选择了农业技术指导，44.6%的农民选择了农村义务教育；43.8%的选择了农村合作医疗。农产品供需信息、社会治安、劳务输出和就业信息等的需求比例分别为34.3%、32.7%和30.7%。此外，农田水利设施建设、文化体育活动、农村信贷、农村饮用水设施建设、病虫害防治、最低生活保障、环境保护、电力及通讯设施建设、社会救济和优抚和畜牧防疫检疫等7个需求选项的百分比在20%~30%之间。[①] 在上述农民的需求中，信贷金融、电力电信、市场信息等在现代社会中可以通过市场方式来供给，可归属于非基本公共服务；有的需求并非必须由政府供给才能获得，如市场交易及就业信息、借贷金融、部分农业技术以及畜禽治疗等，这些服务属于准基本公共服务，而义务教育、公共安全、基本医疗、卫生服务、社会保障、公共文化、生态环境等则是政府的职责，是基本公共服务。由于生产性质和生活环境的不同，农民有些需求是与农业生产和农民生活相联系的，如农业技术推广、农田水利建设、畜禽防疫等，这是农村特有的公共服务。

二、基本公共服务均等化的内容与标准

基本公共服务均等化指的是国家保证全体公民均等地享有基本公共服务。然而，如何判断公共服务是否均等并不容易。有学者认为，“均等化”的“均等”的内容包含两个方面：一是公民享受公共服务的机会均等；二是公民享受公共服务的结果均等，在数量和质量上都应大体相等。相比之下，结果均等更重要。基本公共服务均等化的终极目标是应当使人与人之间享受到基本公共服务的均等化。有的学者强调“基本公共服务均等化”的内涵包括三个方面：第一，全体公民享有基本公共服务的机会应该均等，“有着保障生存权和发展权”的意义；第二，全体公民享有基本公共服务的结果应该大体均等或者说相对均等；第三，

① 2007年2月，课题组在19个省、市和自治区进行了“农村基本公共服务的状况与农民需求”随机抽样调查。调查发放问卷25 000份，回收23 140份，其中633份缺失需求项目数据。

社会在提供大体均等的基本公共服务成果的过程中，尊重某些社会成员的自由选择权。有的学者则认为“公共服务均等化”是一个过程，初级阶段的目标可能更侧重于区域公共服务均等化，主要表现为区域内、区域间的公共服务水平的差距明显缩小；中级阶段的目标会更多地侧重于城乡公共服务均等化，主要表现为不仅在区域内，而且在各区域城乡之间的公共服务水平接近；高级阶段的目标则为实现全民公共服务均等化，主要表现为区域之间、城乡之间、居民个人之间的公共服务基本形成均等状态。还有的学者强调不要把基本公共服务均等化误解为公共服务的平均化，其本质内涵是指在基本公共服务方面有全国统一的制度安排。

基本公共服务均等化的目标和内容涉及人们的平等和公正观念及其要求。对于平等、公平或正义，人们向来存在分歧和争论。从理论上来看，人们对于平等或均等的理解和解释有四种标准，不同的评判标准也会有不同的政策和社会后果：

1. 结果平等。平等原则乃是人类最复杂也最重要的道德原则。结果平等强调城乡社区居民在享受公共服务时的处境、享受公共服务的便利程度和享受的效度相等。但是，在现实生活中，由于各地社会经济发展水平不同，各地的需求结构和要求也不同，以及人们先天与后天的条件的差别，完全或绝对的均等是不可能的。况且，结果平等也可能因人们的需求偏好和要求不同而不平等，因为有的人可能有特别的或更大的需要，而且这种要求可能在大部分民众的要求之上。[①]这样的一种评价标准也具有较强的主观性，按照这种评价模式进行评估，将会导致公共服务的平均主义和一律化，忽视城乡社区居民不同的服务需求，与基本公共服务多样化和多层次化相矛盾。

2. 机会平等。机会平等原则也是一种权利平等原则，具体是指获得这些具体权利的机会平等。[②] 机会平等将关注的焦点在城乡居民在享受公共服务时具有同等的条件、权利和机会，而非看中实际享受的结果，这种机会平等的标准常常被看做一种自由主义。“起点平等”或“机会平等”要求为城乡居民享受公共服务提供最起码的便利条件，它不仅强调法律及权力的平等，也要求对于贫穷落后及利益受损者以适当的补偿，但是这其中也隐含着实际结果的不均等。

3. 能力平等。能力平等的评价标准是指允许城乡社区居民根据能力的不同而获得不同的公共服务，也就是能力有多大，享受就有多少。这样的公共服务评价标准反对绝对的平等或均等，强调处于不同发展水平和条件的人们可以享受不

① 基本公共服务均等化研究课题组：《让人人平等享受基本公共服务——我国基本公共服务均等化研究》，中国社会科学出版社 2011 年版，第 10 页。

② 王海明：《平等新论》，载于《中国社会科学》1998 年第 5 期，第 52～68 页。

尽相同的公共服务水平，但是从另一个方面讲，它也将鼓励和扩大现实中不同地区和不同群众之间公共服务的不平等。掌握更多资源的人就会获得更高层次上的公共服务，而且这种公共服务极有可能是剥夺另一部分人最基本的公共服务权利而获得的。这种评价标准的政策后果是承认并将扩大现实生活中公共服务享受的不平等。

4. 需求平等。需求平等强调对于不同的需求给予同样的满足才是平等，如“按需分配”。需求平等要求针对不同的需求提供不同的公共服务，其困难不仅在于如何确定并满足不同偏好和不同强度的需求，也可能因此促进截然相反的政策，如可能因贫困落后的农村社区的需求大而加大公共服务的投入，也可能因其需求简单而减少投入。对于发达的城市社区甚至可能因其需求多、要求高而增加公共服务的投入，进而进一步拉大城乡公共服务水平的差距。这种评价与最终实现城乡社区公共服务均等化的初衷相悖。

各种平等理论的政策指向与政策后果如表 12－3 所示。

表 12－3　　平等理论的政策指向与政策后果

平等理论	政策指向	不良后果
结果平等	向人们提供并保证人们实际享受相同内容和标准的公共服务	平均主义，一律化，与多样化和多层次的需求矛盾
起点平等	向人们提供基本的公共服务，对弱势群体和地区提供特别支持，以消除现存差距	出现实际结果的不平等
机会平等	赋予并保障人们平等享有公共服务的权力，并提供共享的条件和机会	可能出现实际结果的不平等
能力平等	不同发展水平和条件的人们和地区可以享受不尽相同的公共服务水平	承认并将扩大现实生活中公共服务的不平等
需求平等	根据不同的需求提供相应的公共服务，“各取所需”、“因人而异”	需求具有无限性、多样性、变动性，难以操作和满足，有扩大差距的风险

显然，从一般意义上说，公共服务的结果完全平等显然是不现实的；而单纯的能力平等的结果将是进一步拉大公共服务水平的差距；需求平等及起点平等和机会平等存在操作上的困难，也存在扩大差距的危险。这些与我们强调的公共服务均等化的目标也不尽一致。因此，基本上任何一种标准的政策都不尽如人意。

不过，从理论、实践及可操作性的角度来看，根据人们的需求、社会发展和政府能力综合运用上述不同标准是一种可行的选择。任何社会中，我们不可能做到完全的结果平等或均等，但是，我们可以要求并实现基本公共服务的均等化，即人们生存和发展最基本的需求和条件的均等。这不仅是一种生存底线的平等，也是符合起点和机会平等的要求，同时还满足最基本的需求的平等。基本公共服务均等化内含并要求基本公共服务的内容和水平的均等化（消费均等和结果平等）、服务设施和条件及资源占有的均等化（条件均等和起点平等）以及赋予人们相同的权利和机会（权利平等及制度平等），不因其身份的不同享有不同的待遇，其目标是保证生存和发展的起点公平、基础性的服务均等以及人们基本权利的平等。这不仅要求国家对公共服务及资源的分配对全体公民同等关照，人们享有同等的机会与原则，同时也要求全体公民享有大体相同的基本公共服务水平，不能有太大的差距。

由于基本公共服务均等化涉及服务的设施条件和服务效果的主观判断，因此，我们可以从客观和主观两个方面进行判断和监测：一是对基本公共服务的设施和条件测量，如对基本公共服务供给的类型和内容、基本设施的数量和质量、服务的便利性和可及性等客观条件进行测量和评价；同时，考察服务供给的开放性程度，是否存在排他性。二是对基本公共服务公平性的满意度的主观测量，主要是人们对于基本公共服务的可及性、满意度及公平度进行调查和测评。不过，除上述检测方式之外，由于基本公共服务是由政府提供的，财政投入的状况在相当程度上也决定了基本公共服务的数量和质量，因此，基本公共服务的均等状况也可由财政投入及均衡程度来衡量（见表 12 - 4）。各个地区的居民所享受的公共产品主要由两部分构成：一部分是由中央政府提供的全国性公共产品；另一部分是各地方政府提供的地方性公共产品。由于中央政府直接提供的全国性公共产品在理论上各地大致相同，而中央通过地方及由地方直接提供的公共产品的差别均反映在地方公共服务的财政投入上，因此，公共服务均等化的水平在相当程度也转变为地方政府公共服务的财政能力及财政投入。

表 12 - 4　　　　基本公共服务均等化的检测方式

测评方式	方法与途径	偏差与不足
基本公共服务的设施与条件的均等化测评	对不同类型基本公共服务的供给数量、设施、条件的调查评估	忽视主观评价
基本公共服务的开放性和可及性程度测评	基本公共服务是否对其他群体或个人具有排他性，或者造成其他人员的不便利与不可及	无限的开放性存在拥挤的风险

续表

测评方式	方法与途径	偏差与不足
基本公共服务满意度与公平度的主观测评	通过问卷、访谈对人们关于基本公共服务的可及性、便利性、经济性及满意度进行调查评估	存在多样性、多变性和模糊性
基本公共服务财政能力与投入均衡性测评	对基本公共服务财政投入的状况尤其是地方公共服务财政能力及均衡性进行调查评估	忽视服务成本、效率、效益等因素对公共服务的质量和数量的影响

对于均等化状况的评估，一般是通过测量不均等来描述的。在社会统计学上，测量不均等的技术和方法很多，例如，用于比较两者之间差异的绝对离差法、相对比率法、极差法等，以及用于衡量总体差异的标准差法、差异系数法、基尼系数法、舒尔茨系数和泰尔（Theil）系数法等。比较常用的是基尼系数法和差异系数法。因此，可以通过上述不同方法对我国城乡基本公共服务的均等化水平进行测量。

第二节　城乡基本公共服务非均等性程度及其根源

从我们的调查来看，目前我国城乡之间、地区之间以及不同人群之间，基本公共服务的数量和质量仍存在显著的差别。造成这一情况的原因是多方面的，但是，从根本上说，主要是由现存城乡二元的体制和政策造成的。因此，实现城乡基本公共服务的重点和难点均在农村。

一、我国城乡基本公共服务的非均等性

新中国成立以后特别是改革以来，我国基本公共服务的范围不断扩大、服务质量不断提高。但是，总的来看，我国基本公共服务不仅存在“供给不足”的问题，也存在“享受不均”的问题，非均衡或非均等性问题突出，地区之间及城乡之间的差距明显。教育、卫生、社保和文化等是国家最基本的公共服务，这些方面的差距在相当程度上也反映了我国城乡之间基本公共服务水平的差距。

（一）城乡义务教育

义务教育是最基本的公共服务，“教育公平是最大的公平”。改革以来特别是新世纪以来，我国农村义务教育有了快速的发展，均等化水平也不断提高，但是，城乡义务教育的非均等性依然存在。这突出表现在大部分城市和发达地区城市社区的基础教育状况良好，而在大部分农村地区，有相当一部分学校几乎不能完成国家规定的义务教育任务。[①] 具体来说，当前我国城乡之间义务教育的设施条件、资源分配以及教育权利存在明显的非平等性。城乡之间在学校设施、师资力量方面存在显著的差距；城市社区和农村社区学校获得的财政投入及社会资源也存在较大的差距。以义务教育经费为例，2007 年，农村学生占总学生数比例为 82.75%；农村经费占总经费比例为 59.29%。城镇学生占总学生数比例为 17.25%，城镇经费占总经费比例为 40.71%。按此推算，2007 年平均每个城市学生占用的经费相当于 3.29 个农村学生占用的经费。

从学前教育来看，根据《2005 年全国教育事业发展统计快报》的数据显示，2005 年，我国共有幼儿园（含托儿所、学前班）124 400 个，其中，城市社区幼儿园 75 200 个，占 60.45%，农村社区幼儿园 49 200 个，占 39.55%（见表 12－5）。幼儿园的在园幼儿共有 21 790 300 人，其中，城市社区在园幼儿 5 691 900 人，占 26.12%，农村社区在园幼儿 16 098 400 人，占 73.88%。[②] 从城乡社区幼儿对幼儿园的拥有率来看，城市社区幼儿的幼儿园拥有率为 1.32%，农村社区幼儿的幼儿园拥有率为 0.31%，也就是说，城市社区每 100 个幼儿拥有 1.32 个幼儿园，而农村社区每 100 个幼儿只拥有 0.31 个幼儿园，城乡社区幼儿拥有的幼儿园资源很不均衡，城市幼儿优于农村幼儿，每个城市社区幼儿拥有的幼儿园资源是农村幼儿的 4 倍多。从城乡社区对幼儿园的拥有率来看，城市社区的幼儿园拥有率为 94.06%，农村社区的幼儿园拥有率为 8.0%，也就是说，100 个城市社区拥有 94.06 个幼儿园，而 100 个农村社区才拥有 8 个幼儿园，城乡社区拥有的幼儿园资源严重失衡，城市社区好于农村社区，城市社区拥有的幼儿园资源是农村社区的近 12 倍。[③]

---

① 基本公共服务均等化研究课题组：《让人人平等享受基本公共服务——我国基本公共服务均等化研究》，中国社会科学出版社 2011 年版，第 95 页。

② 张振助、贺绍禹、付炜：《2005 年全国教育事业发展统计快报》，载于《教育发展研究》2006 年第 15 期，第 18 ~ 25 页。

③ 陈伟东、张大维：《社区公共服务设施分类及其配置：城乡比较》，载于《华中师范大学学报》（人文社会科学版）2009 年第 3 期，第 10 ~ 18 页。

表12-5　　2005年城乡社区学前教育设施拥有率比较

地区	机构数（个）	社区数（个）	幼儿对设施的拥有率（%）	社区对设施的拥有率（%）	占机构总数的百分比（%）
城市	75 200	79 947	1.32	94.06	60.45
农村	49 200	615 000	0.31	8.0	39.55

资料来源：张振助、贺绍禹、付炜：《2005年全国教育事业发展统计快报》，载于《教育发展研究》2006年第15期。

义务教育的非均衡性不仅反映在城乡教育设施和教育资源分配和分布的不均衡，更突出地表现在义务教育的机会、可及性和便利性的差距。从城乡来看，农村地域广，学校少，特别是在义务教育学校布局调整中，一大批中小学撤并，导致农村适龄儿童上学困难，交通成本高，安全成本大。不仅如此，大量进城务工的农民工子女以及在农村异地就业的农民工子女因户籍、学籍等的限制，仍无法就近上学，受教育权利得不到充分保障。

（二）城乡卫生服务

公共卫生服务是政府提供的基本公共服务之一，其均等化是现代文明发展的一杆标尺①。20世纪80年代以来，在农村地区家庭联产承包责任制迅速推开以及市场经济体制改革逐步深入发展的背景下，以农村集体组织为依托的农村合作医疗制度解体，农村公共卫生服务状况日益恶化，农民的医疗保健支出日益增长，因病致穷、因病致困的现象极其突出，导致城乡公共卫生服务的差距拉大。从医疗卫生服务来看，城乡之间人们占有的医疗资源、财政投入及医疗卫生服务的待遇上都存在差别，同时，城乡之间二元化的医疗卫生保障体系也严重影响医疗服务的均衡发展。优质医疗卫生资源过分向城市和大医院集中。2005年城市居民人均卫生费1 044元，农村为377元，城市是农村的2.7倍多；79%的农村居民人口为自费医疗群体，而城市为44.8%，农村比城市高出约34个百分点；农村医疗服务经费中17%来自于政府拨款，另外83%来自农民缴费，包括合作医疗缴费；城镇居民人均医疗保健支出为600元，而农村居民仅为168元，相差3.5倍。② 北京以占全国1.2%的人口占全国6.46%的卫生费，上海以占全国1.39%的人口占了全国5.13%的卫生费，两个城市共占了近12%的卫生

① 张力文、高博、李秀宁：《推进基本公共卫生服务均等化与全民健康——基于公共价值分析的视角》，载于《改革与发展》2011年第2期，第67～71页。

② 田毅、季谭：《高强谈农村医改难点：医疗经费17%来自政府拨款》，中国新闻网，2007年11月15日。

费用。[1] 近些年来，不管是城市还是农村，医疗卫生机构床位数都在逐年增加，城乡均等化有明显的提升。根据《中国统计年鉴（2012）》的数据显示，2011 年全国城市医疗卫生机构床位数是 2 475 222，农村医疗卫生机构床位数为 2 684 667，农村床位数有大幅度增加，从总量上来看，两者相差不多。从人均床位来看，5 年以来，城乡差距在逐步缩小，从 2007 年的 2.45，缩减到了 2011 年的 2.23。然而，城市每千人口医疗卫生机构床位数仍远高于农村：城市每千人口医疗卫生机构床位数是 6.24，而农村每千人口医疗卫生机构床位数却只有 2.80，城市是农村的 2.23 倍（详见表 12－6）。

表 12－6　　　　城乡医疗卫生机构占有比对比

项目 / 年份	医疗卫生机构床位数		每千人口医疗卫生机构床位		
	城市	农村	城市	农村	城市/农村
2007	1 831 308	1 869 768	4.90	2.00	2.45
2008	1 963 581	2 075 126	5.17	2.20	2.35
2009	2 126 302	2 290 310	5.54	2.41	2.30
2010	2 302 297	2 484 534	5.94	2.60	2.28
2011	2 475 222	2 684 667	6.24	2.80	2.23

资料来源：《中国统计年鉴（2012）》，中国统计出版社 2012 年版。

城乡之间医疗保障、卫生筹资、资源配置、服务提供的不均等，最终必然导致健康结果的不均等。[2] 农村卫生和城市社区卫生发展严重滞后，群众不能平等享受到安全、有效、方便的医疗卫生服务。我国城市初步建立了城镇职工基本医疗保障制度，城镇居民基本医疗保险试点已经启动，农村新型合作医疗迅速发展。但是，我们也看到，新型农村合作医疗保障的覆盖面仍然有限，各地发展不平衡，保障水平偏低，社会医疗保险发展缓慢。

（三）城乡社会保障

从社会保障来看，我国城乡发展还不平衡，广大农村地区社会保障发展严重滞后，城乡一体的社会保障服务体系没有完全建立起来。城市社区和农村社区之间社会保障水平和质量存在较大的差距，且一度还有所扩大，说明城乡之间社会

① 高新才：《我国公共医疗卫生服务的区域非均等化分析》，引自中国（海南）改革发展研究院编：《中国公共服务体制：中央与地方》，中国经济出版社 2006 年版，第 68～69 页。

② 管仲军、黄恒学：《公共卫生服务均等化：问题与原因分析》，载于《中国行政管理》2010 年第 6 期，第 56～60 页。

保障存在严重的非均衡性和非公平性。从社会保障范围来说，城市社保服务涵盖就业再就业、最低工资、最低生活保障、社会保险、优抚救济、救助等多项内容，而农村社会保障仅有五保制度、最低生活保障、优抚救济、社会救助等，且覆盖范围有限、保障水平低。在城乡之间还存在相当数量的既没有公费医疗保险又没有职工基本医疗保险和新型农村合作医疗保险的所谓“三不靠”人员，主要是少年儿童、大学生、重度残疾人、老年居民和其他一些非从业人员；农村最低生活保障服务起步较城市晚 7 年，一些地方农村仍没有实行；迄今城镇居民享有低保的人员数量和低保金额均大大高于实行低保的农村。2003 年城镇居民享有每万人中最低生活保障的人数为 2 247 人，而农村居民每万人中享有最低生活保障的人数只有 367 人。按享受社会保障的从业人员计算，农村社会保障覆盖率只有 3%，城乡社会保障率的比例为 22∶1，城乡人均社会保障费的比例为 24∶1。在扶贫救助方面，按民政部统计，2002 年农村仅有 404 万人得到最低生活保障，占应保人数的 25%，而城镇享有最低生活保障人数达到 2 054 万人，基本实现了应保尽保。到 2007 年 8 月，按国家民政部的统计，农村的低保人数仅为 2 311 万人，低保的平均补差标准是 28 元。① 根据国家民政部的统计数据，2010 年底，农村低保人数为 5 214 万人，农村低保补助 74 元/月；农村养老依然是以家庭养老、土地保障为主，并辅之五保制度及社会救济。城乡间、不同群体间社会保障待遇差距仍然较大。这说明城乡分割的社会保障制度仍然是我国统筹城乡经济社会发展和构建社会主义和谐社会的一大障碍。②

（四）城乡文化服务

2006 年 10 月党的十六届六中全会通过的《中共中央关于构建社会主义和谐社会若干重大问题的决定》明确指出，“加快发展文化事业和文化产业，满足人民群众文化需求。坚持把社会效益放在首位，坚持把发展公益性文化事业作为保障人民文化权益的主要途径，推动文化事业和文化产业共同发展”。农村文化服务是农村公共服务的一项重要内容。促进城乡社区基本公共服务均等化，加快发展农村文化产业，对于构建和谐社会、保障农民基本权益、推进政府治理转型均具有重要意义。

农村文化服务主要是指农村文体娱乐性服务、科技知识性服务、文化信息性服务，用以满足农民日益增长的多方面、多层次精神文化需求，保障他们的文化

---

① 2007 年 8 月 22 日上午 10 时，民政部部长李学举在国务院新闻办公室举行新闻发布会上的讲话。《目前全国农村低保人数达 2 311 万温饱为基本标准》，中国网，2007 年 8 月 22 日。

② 高君：《统筹城乡社会保障　构建和谐社会》，载于《马克思主义与现实》2006 年第 5 期，第 138 ~ 140 页。

权益。虽然近年一些地区出现了农村文化中心户、“文化大院”等多种形式的乡村民间文化服务形式，但是我国农村文化服务主要还是通过村级文化室、文化书屋等来提供的。尽管有些地区在农村综合改革中将体育、广播、电视乃至宣传等职能整合进来，形成综合功能的文化站，但是，这些乡镇文化站机构仍然带有较浓的计划经济时代的烙印，在这种体制下，乡镇文化站更主要的是一种部门化的文化管理机构，而不是一种农村公益性文化服务组织。因此，管理多于服务，输送多于培育，“养人”多于“养事”，体现着控制、改造、管制的核心理念，是一种非农民主位的文化服务体制——不是以满足农民群众日益增长的、更高层次的文化生活需求，不以保障农民群众文化发展权利为根本目的。随着我国农民群众物质生活的日益富足、农村市场经济的不断发展，这种体制越来越不适应社会主义新农村建设的需要，越来越不符合农村基层政府从管制型向服务型转变的需要①。农村地区的文化服务长期发展之后，与城市社区繁荣的文化活动形成鲜明对比。

仅从上述几个方面可以看出，迄今为止，我国城乡基本公共服务的服务设施、服务标准、服务能力和质量水平都存在明显的差别。当前我国公共服务的重点和难点仍是农村，最大的民生问题依然是农民的民生问题。

二、城乡基本公共服务非均等化的制度根源

从世界范围来看，城乡发展差距是各国经济社会发展中普遍的现象，有些国家城乡公共服务的非均衡性也非常突出。对于城乡差别及其根源，人们有不同的解释，见仁见智。有学者认为，城乡差别是伴随着人类社会分工、城市产生和城乡分离而产生的历史现象。美国著名经济学家刘易斯等人在提出二元结构理论时就认为，发展中国家的经济通常是由落后的农业和先进的工业两大部门组成，二者之间存在着明显差距，前者以家庭劳动和自我消费为主，而后者则是雇用劳动并以获取利润为目标，由此形成二元经济。由于工农业提供的剩余不同，因此，农业的财政贡献和积累远低于工业。而且，由于工业主要分布在城市，农业主要分布在乡村，因此，工业与农业之间的差距也就同时表现为城市与乡村的差距。有学者强调城乡差距是市场化过程中资源向城市聚集和优化配置的结果，特别是农村幅员辽阔，公共基础设施及公共产品和服务供给成本高、效率低，由此造成城乡公共服务配置向城镇聚集。还有学者则强调人们的知识、能力和观念的影响

① 基本公共服务均等化研究课题组：《让人人平等享受基本公共服务——我国基本公共服务均等化研究》，中国社会科学出版社2011年版，第319页。

和作用。

上述不同理论从不同方面和角度说明和解释了城乡发展差距的原因。然而，从我国城乡差别的形成和发展来看，城乡发展失衡尤其是公共服务水平的差距，不仅受城乡产业、资源、历史及文化和观念等因素的影响，有其历史背景、社会和自然环境以及内在的经济动力和逻辑，更重要的是由城乡二元化的发展战略及二元化的体制和政策造成的。尤其是二元化的制度和政策在固化和强化城乡差别、造成城乡长期偏斜发展方面具有决定性的影响。

早在新中国成立前夕，党的七届二中全会就提出工作重心由乡村到城市的战略转移，新中国成立后又确立了农业为基础、工业为主导、工业优先发展的战略，依靠农业、农村和农民的积累支持工业和城市发展。为此，实行严格的计划经济和城乡二元化的管理体制，对城乡人口和资源的流动严格限制。虽然这一时期毛泽东及党中央多次强调正确处理工农和城乡关系，提出了“工农并举”、“统筹兼顾”的方针，但是，由于过度剥夺农业，实行城乡隔离政策，导致工农业发展严重失调，城乡差距迅速扩大，严重失衡。

20 世纪 80 年代，以邓小平为首的党中央深刻地认识到，“中国有百分之八十的人口住在农村，中国稳定不稳定首先要看这百分之八十稳定不稳定。城市搞得再漂亮，没有农村这一稳定的基础是不行的。”① “工业的发展，商业的和其他的经济活动，不能建立在百分之八十的人口贫困的基础之上。”② 为此，中央提出“从中国的实际出发，我们首先解决农村问题”，“农村改革取得成功以后，我们就转到城市”的改革路径和发展战略，在农村实行了包括家庭联产承包经营、发展乡镇企业、促进小城镇发展等一系列重大改革，极大地促进了农村经济社会的发展，在一定程度上缩小了城乡差距。城乡收入之差从 1978 年的 2.37∶1 降低到 1985 年的 1.72∶1。但是，农村改革并没有完全改变城乡二元化的经济社会结构。80 年代中后期开始，随着改革从农村向城市转移，城市迅速发展，农民负担加重，城乡差距再次迅速扩大。2000 年，城乡收入之比为 2.79∶1，已经超过农村改革初期的水平。2002 年进一步扩大到 3.1∶1，此后仍逐年扩大，不断恶化。

新世纪以来，党的十六大在制定全面建设小康社会战略的同时，针对城乡二元结构明确提出了统筹城乡、协调发展的方针。2003 年 10 月，《中共中央关于完善社会主义市场经济体制若干问题的决定》将“统筹城乡发展”作为“五个

---

① 邓小平：《建设有中国特色的社会主义》，引自《邓小平文选》第三卷，人民出版社 1993 年版，第 65 页。

② 邓小平：《政治上发展民主、经济上实行改革》，引自《邓小平文选》第三卷，人民出版社 1993 年版，第 116 页。

统筹”之首，并提出“建立有利于逐步改变城乡二元经济结构的体制”的任务。为此，党和政府采取了一系列措施，加大农村民生投入，着力破除城乡二元化的制度，使得城乡一体化和服务均等化的进程明显加快。然而，迄今为止，城乡有别的政策和制度并没有完全消除，城乡之间在户籍、居住、就业、社保、教育、医疗等方面存在明显差距，财政体制、税收制度、金融体制、土地征用和补偿办法、公共投资政策等仍存在城乡之别，体制和政策仍是城乡一体化和服务均等化的重大障碍。

由于基本公共服务是由政府提供的，所以财政投入的状况在相当程度上也决定了基本公共服务的数量和质量。在过去相当长一段时期，我国财政投入重工轻农、重城轻乡，大量的财政资源集中在城市，其结果是进一步加剧了城乡经济发展和社会发展的失衡。虽然新世纪以来，我国加大了农村投入，但是，从2007～2011年这5年间中央城乡社会固定资产投资来看，农村固定资产投入在全社会固定资产投入中的比重不仅没有提升，反而不断下降，尤其是2010～2011年，农村投入份额急剧下降。这将进一步加大城乡发展的失衡（见表12－7）。

表12－7　2007～2011年我国城乡全社会固定资产投资对比表　单位：亿元

指标 年份	全社会投资总额	农村		城镇	
		投资额	占比（%）	投资额	占比（%）
2007	137 323.9	19 859.5	14.46	117 464.5	85.54
2008	172 828.4	24 090.1	13.94	148 738.3	86.06
2009	224 598.8	30 678.4	13.66	193 920.4	86.34
2010	251 683.8	7 886	3.1	243 797.8	96.9
2011	311 485.1	9 089	2.9	302 396.1	97.1

资料来源：《中国统计年鉴（2012）》，其中自2011年（统计2010年）起，除房地产投资、农村个人投资外，固定资产投资的统计起点由50万元提高至500万元。如2010年上统计口径为50万元，下统计口径为500万元。

从表12－7可以很明显地看到，自2007年以来，我国城乡财政投入比是在逐年增大的，虽然农村的投资额一直呈现增长的趋势，但总体来看，其增长速度依然远远不如城市，这就直接导致了城乡基础设施建设上的差异不断扩大。

显然，我国城乡基本公共服务的非均衡性并不完全是自然的或经济的原因，还包括体制和政策的原因。新中国成立后相当长一段时期，我国教育、医疗、卫生及社会保障实行城乡二元化体制，国家财政投入重城轻乡、重工轻农，整个国家公共服务体制也是一种城市优先发展的体制，农村社会建设及公共服务的发展实际上服务并服从于城市优先发展战略。这不仅造成城乡之间基本公共服务的资源占有、服务能力及供给水平存在较大的差距，也导致城乡居民民生权益及公共服务享有的权益严重失衡。近些年，党和政府立足城乡统筹，致力于消除城乡之间及不同地区之间人们公共服务的差距，使基本公共服务逐步覆盖农村，但是，我们也必须看到，迄今为止，我国的公共服务体制的制度设计仍是坚持城乡分离的思路，按照人们的身份和地域来设计，而不是城乡一体的体制。基本公共服务仍实行城乡二元化体制，如现行基本医疗卫生服务采取城镇居民和农村居民分别的方式，城镇建立城镇职工基本医疗保障制度、城镇居民基本医疗保险制度，农村则建立新型农村合作医疗制度。虽然这是基于城乡现存的差距及国情，而且也可以确保人人享有基本医疗卫生服务，但是，城乡居民享有的“基本医疗卫生服务”的内容、范围和标准仍存在明显的差别。其他社会保障制度也是城乡有别，虽然农村也有大量的失地、失业及失去生活来源的农民，但是，我国的失业救济制度仍限于城市居民，将农民排除在外。所以，从根本上说，这一体制是传统的城乡二元结构的延续。因此，如果不真正调整城乡发展战略，破除城乡二元化的体制以及改变公共财政投入的结构，城乡协调发展及基本公共服务均等化将无法实现。

第三节　城乡基本公共服务均等化的发展战略与对策

实现城乡基本公共服务均等化是我国2020年全面建设小康社会的基本目标，也是当前我国改革和发展的重点之一。我国是一个城乡发展差距大、区域发展不平衡的人口大国，必须立足国情，审慎地选择发展战略，科学制定政策，加快推进并实现基本公共服务均等化。

一、城乡社区基本公共服务均等化的战略思路

当前我国基本公共服务均等化不仅面临即期消费水平的差距，也面临着历史形成的服务能力的差距，同时，更面临着制度和体制的障碍。这也意味着，当前我国基本公共服务面临着服务对象的“广覆盖”、服务体制的“一体化”及服务水准的“均等化”三大任务。我们不仅要消除历史形成的人们基本公共服务资源占有、服务条件和服务能力的差距，以保障人们能够平等享受基本公共服务；与此同时，更重要的是必须消除一切不公平和歧视性的制度与政策，实现城乡基本公共服务体制的一体化，在制度上保障并实现人们在不同地区及任何条件下能够

享受大体均等的基本公共服务。

不过，我国是一个社会经济发展不平衡的发展中大国，人口多、人均经济水平和财政收入低，历史的包袱重，要实现基本公共服务的均等化不可能是一蹴而就的。基于此，我国可以采取“同步推进、分步实现”的发展战略：首先是实现“基本公共服务的广覆盖”，如建立多层次、广覆盖的基本医疗卫生和社会保障制度，实现“人人享有基本医疗卫生服务”、“人人享有基本生活保障”，让人们享有基本公共服务；其次是实现“基本公共服务的一体化”，即消除城乡二元化基本医疗卫生服务体制和社会保障体制，构建城乡一体的基本公共服务体制；最终目标是“基本公共服务的均等化”，即消除人们在基本公共服务资源占有、服务设施和条件及服务能力和服务水平方面既有的差距，确保人们平等地享有基本公共服务，确保人们不因职业不同、地点不同以及身份的不同而享有不同的基本公共服务。基本公共服务的“广覆盖”、“一体化”和“均等化”是相互联系的三个方面。“广覆盖”和“一体化”是实现“均等化”的基本要求，也是“均等化”的重要内容。因此，推进基本公共服务的“广覆盖”及“一体化”也是在同步推进“均等化”（见图 12－1）。

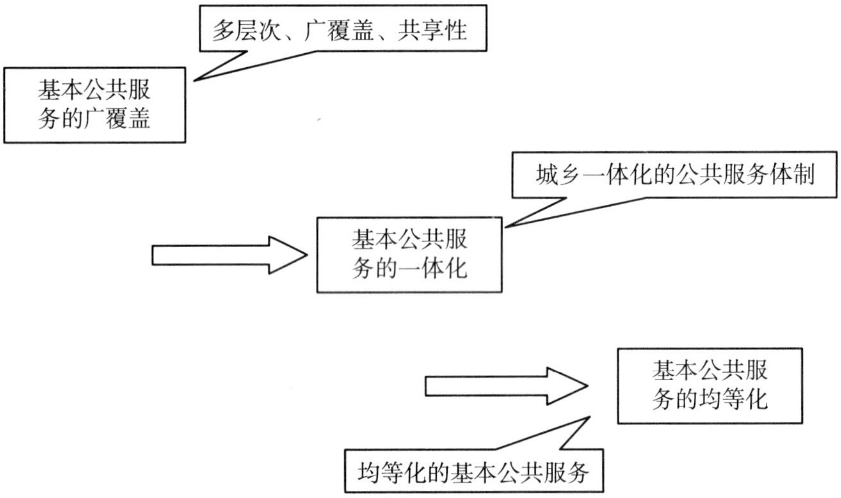

图 12－1　实现城乡基本公共服务均等化的战略思路流程

第一步：城乡社区基本公共服务的“广覆盖”。

基本公共服务的广覆盖是将基本公共服务覆盖全体民众，以实现人人享有基本公共服务的目标。目前我国义务教育、医疗卫生及社会保障等基本公共服务发展不平衡，不同领域基本公共服务的覆盖程度不同。相对来说，我国义务教育发展最快，基本普及了九年制义务教育，覆盖程度最高，实现了义务教育广覆盖的目标。不过，我们也必须看到，当前我国城乡之间、不同地区及不同学校在学校设施、师资力量存在显著的差距；不同地区及不同学校获得的财政投入及社会资源也存在较大的差距；除此之外，城乡之间及不同地区之间适龄儿童受教育的权利和机会也存在制度障碍，流动人口尤其是进城务工农民工子女就学权益得不到充分保障，存在诸多的限制。由此也造成城乡之间及不同地区之间义务教育的实际入学率、升学率的差别，一些贫困地区及农民工子女失学和辍学比较突出，城乡之间及不同地区之间义务教育的覆盖率也存在差距。从医疗卫生及社会保障来看，虽然我国城镇职工基本医疗保险制度基本建立，城镇居民基本医疗保险试点及新型农村合作医疗制度已经启动，并迅速推广，但是，上述制度保障的覆盖面依然有限，尤其是在当今日益分化和多样化的社会中，仍有相当多的人处于制度空白或夹缝之中，无法享有基本医疗卫生保障。在城乡之间还存在相当数量的既没有公费医疗保险又没有职工基本医疗保险和新型农村合作医疗保险的所谓“三不靠”人员，主要是少年儿童、大学生、重度残疾人、老年居民和其他一些非从业人员；虽然农村新型合作医疗迅速发展，但是，迄今新型农村合作医疗保障的覆盖面仍然有限，各地发展不平衡，保障水平偏低，社会医疗保险发展缓慢。为此，党的十七大报告就明确提出多项建设目标：当前要“加快建立覆盖城乡居民的社会保障体系，保障人民基本生活”；“建设覆盖城乡居民的公共卫生体系、医疗服务体系、医疗保障体系、药品供应保障体系，为群众提供安全、有效、方便、价廉的医疗卫生服务”；“加强文化建设，……覆盖全社会的公共文化服务体系基本建立”等。这些建设目标的基本要求是实现“人人享有基本生活保障”、“人人享有基本医疗卫生服务”以及人人享有公共文化和终身教育的服务，努力使全体人民“学有所教、劳有所得、病有所医、老有所养、住有所居”。

为了满足人们最基本的公共需求，尽快将基本公共服务覆盖全体民众，现实的策略是立足现实、着眼未来、分步推进。为此，我国采取一种多元化、多样化和分层推进的发展战略，根据现有的社会经济发展水平及历史状况，对不同地区、不同的群体采取不同的基本公共服务的供给政策，同时鼓励并支持不同地区根据自身的条件和能力构建适合自身特点的基本公共服务体制。如从基本医疗卫生保障来看，我国应从最基本的卫生保健入手，逐步推进基本医疗卫生服务的全覆盖。国家首先致力于建设基本卫生保健制度，即由政府组织向全体居民免费提供公共卫生服务和按成本收费提供基本医疗服务的健康保障制度。这项制度的实质是加强公共卫生体系、农村卫生体系和社区卫生体系建设，并健全财政经费保障机制，完善公共卫生机构和城乡基层卫生机构的公共服务职能。这项制度以人人享有基本卫生保健为目标，以公共卫生机构、农村卫生机构和城市社区卫生机构为服务主体，采用适宜的医疗技术和基本药物，由政府承担人员经费和业务经费。这项制度坚持预防为主，防治结合，注重公平和效率，有利于缩小群众的基本卫生保健服务差距。基本卫生保健制度的建立，可以为城乡居民提供基本卫生保健服务，但并不能满足群众所有的医疗服务需求，居民患重病到医院治疗，还需要建立社会医疗保险制度以抵御经济风险。由于我国城市化水平低、居民收入差距大、农业人口和非正规就业人口多，一时难以建立起统一的、城乡一体化的社会医疗保险制度，因此，只能根据城乡实际情况和不同人群的收入情况，建立不同形式的混合型医疗保险制度。通过多层次的医疗保险制度与基本卫生保健制度，以保证基本医疗卫生服务能覆盖全体城乡居民，最终形成具有中国特色的健康保障体系。

从社会保障来看，我国人口多，就业压力大，在未来相当一段时期，劳动力供求矛盾仍将存在。体制转轨时期遗留的国有、集体企业下岗失业人员再就业问题尚未全部解决，国有企业重组改制和关闭破产过程中职工分流安置的任务繁重，部分困难地区、困难行业和困难群体的就业问题仍然存在。高校毕业生等新成长劳动力就业问题、农村劳动力转移就业问题和被征地农民就业问题凸显出来。劳动者整体技能水平偏低，与加快经济增长方式转变、推进产业结构优化升级的要求不相适应，就业及其保障问题将十分突出。尤其是我国已经进入老龄化社会。根据国务院新闻办公室发布的《中国老龄事业的发展》白皮书（2006年），截至2005年底，我国60岁以上老年人口近1.44亿，占总人口的比例达11%。据测算，2030年前后，我国60岁以上的老龄人口预计将增至4亿左右。因此，养老保障问题将更加突出。在养老及就业等社会保障中，重点和难点依然是农民，其中包括进城务工的农民工。目前我国老年人口近60%分布在农村。随着农村青壮年人口从农村外迁，未来农村老龄化程度将更高于城市，农村养老问题会更加突出。此外，农民工及被征地农民的就业、医疗、工伤等保障体系仍未建立起来。因此，在“十一五”及全面建设小康社会过程中，必须以农民及流动农民的社会保障为重点，进一步扩大社会保障覆盖范围，使全体社会成员真正实现“应保尽保”的目标。其中，必须进一步完善城乡基本养老保障制度、健全城乡社会救助体系、加快推进农村最低生活保障制度及社会保险制度、大力发展城乡社会福利事业及慈善事业，让全体民众都能得到基本的社会保障。

在此必须指出的是，在加强医疗卫生及社会保障制度的建设中，必须注意医疗卫生及社会保障服务的可及性问题。尤其是当前我国城乡医药费用快速上涨，居民个人负担的比重过高，农村医保内容及就医结算不完善，人们“看病贵”、“看病难”等问题仍没有解决。社会保险、社会救助及社会养老等也存在支付方式复杂、救助不及时及养老不便利等问题。因此，我们不仅要实现基本医疗卫生及社会保障的全覆盖，让人人享有基本医疗卫生服务及社会保障，还要降低医疗卫生及社会保障的成本，建立民众方便就医、安全用药、合理负担的医疗卫生制度及经济、便捷和及时的社会保障体系，使人们不至于因经济压力及消费不便而放弃，让更多的人实际享有基本的公共服务。

第二步：基本公共服务制度的一体化。

建立覆盖全体民众的基本公共服务体制并不表明人人“平等地”享有基本公共服务。事实上，在多层次及多样化的公共服务体制中，城乡之间、不同地区之间以及不同的人群之间享有的基本公共服务水平和质量依然存在差别。基本公共服务的广覆盖仅仅是实现基本公共服务均等化的第一步，要实现基本公共服务均等化还需要实现基本公共服务制度的一体化。

在过去相当长一段时期，我国基本公共服务如医疗卫生和社会保障制度是立足城乡分离设置的。医疗卫生分为城市和农村两大系统，由国家卫生部全权统筹。城市居民的医疗卫生基本上由国家和集体以公费医疗或劳保医疗的形式来提供，其经费分别来源于国家预算拨款和企业工资总额一定比例的提取。农村居民的初级医疗卫生保健则以合作医疗的形式由县、乡、村三级医疗保健网负担，本质上依靠农村集体经济来支撑，由赤脚医生来承担。其他社会保障也实行城乡分设，事实上只有城镇职工才享有国家支持的基本社会保障，而大部分农民被排斥在外，以至于形成城市居民由国家保障，而农村居民自我保障的局面。改革以来特别是近些年来，我国逐步破除城乡二元体制，但是，城乡之间在教育、医疗、卫生及社保方面的差别依然存在。现行的一些医疗卫生及社会保障措施也是立足于城乡分设的思路设置的。如我国没有建立统一的基本医疗和社会保障制度，而是根据地域如“城市”、“农村”、“乡镇”，或职业如“企业”、“公务员”、“事业单位”，以及特定的人群如“流动人口”等不同标准分别设立。由此出现了“城镇职工基本医疗保障制度”、“城镇居民基本医疗保险制度”、“城镇职工失业保险”、“城镇职工生育保险”、“新型农村合作医疗制度”以及专门针对流动人口和高级干部特殊的保险制度，等等。多层次及多样化的政策和制度虽然适应不同的需求，但是，各个制度自成一体，相互独立，程序繁琐，制度之间缺乏衔接，在实际工作中造成转换的困难。与此同时，这种多样化的体制不可避免地出现制度的真空和保障的空白地带，一部分人因种种原因丧失保障。如在城乡之间就出现相当数量的既没有公费医疗保险又没有职工基本医疗保险和新型农村合作医疗保险的所谓“三不靠”人员，他们在相当程度上失去就业、医疗以及相应的社会保障。更重要的是，这种多样化的保障政策和制度事实上是将社会进行人为地分割，由于不同保障政策有不同的保障水平和质量，事实上将人们分为“三六九等”，制造社会等级、分裂和矛盾。显然，这种体制既缺乏统一性，又失去公平性和公正性，同时也损害了保障的效率。

我国基本公共服务体制的制度的不统一最突出的是城乡之间公共服务体制的不统一，公共服务体制的二元化。因此，在当前推进基本公共服务均等化过程中，必须致力于消除城乡之间基本公共服务体制的二元化，实现城乡之间及整个国家基本公共服务的一体化，构建面向全体国民、城乡一体、标准统一的基本公共服务体制。基本公共服务制度的一体化是人们平等享有基本公共服务的制度基础和保障。

基本公共服务体制的一体化也是当前我国社会经济发展及社会一体化的客观要求。在传统计划经济体制下，人们基于户籍、职业和政治身份形成不同阶级、阶层及群体，界限分明且相对稳定，流动性小。但是，随着社会主义市场经济的发展，人们的流动性日益增多，职业、地域和身份转移频繁，传统的按照人们的户籍、职业和身份确定的组织管理、公共服务及社会保障体系已经不能适应社会的变化和人们的需求，必须进行根本性的改造。这也就要求人们立足于城乡一体及整个社会的一体化建立新型的社会组织与管理体制及公共服务体制。

在此必须指出的是，基本公共服务体制的一体化并不是公共服务体制的一律化或单一化，也不排斥多层次及多类型的公共服务措施的存在。事实上，从世界各国的实践来看，为了满足不同群体的需求，社会存在不同类型和不同层次的服务体系。例如，从义务教育来看，既存在国家公立学校提供基础教育，也允许并鼓励民办教育及私立学校的发展。从医疗卫生保障来看，不同国家均存在多种医疗保障模式。如美国不仅建立了庞大的商业医疗保险体系，还建立了专门资助妇女、残疾人和儿童的 Medicaid 医疗体系和以老年人为主要服务对象的 Medicare 体系；加拿大不仅由政府拨款建立了覆盖全民的基本医疗保险体系，而且建立了商业保险体系，包括针对已经入境但没有享受基本医疗保险的人员的临时医疗保险、针对前往海外的人员的旅行医疗保险、针对基本医疗保险不能提供的服务的补充性医疗保险、针对特殊人员和特殊病种的重病保险等；德国建立了以法定医疗保障为主、私人医疗保险为辅的医疗保险体系；法国建立了以针对劳动者及其家属和在校生的社会医疗保险体系，以及互助保险、个人保险等补充保险体系；泰国建立了公务员保险（针对公务员）、社会保险（针对企业公司职工）、工伤保险（工人）、健康卡制度（中等收入农民）、低收入健康卡制度（穷人、老年人及儿童）以及私人保险（任何人）等 6 种健康保险制度，覆盖全国 80% 的人群。[①] 同样，我国也将存在针对不同群体的需求，以满足不同群体需要的多层次、多样性的公共服务制度。基本公共服务体制的一体化是在鼓励其他多种形式和多种类型的公共服务的同时实现最基本公共服务的一体化。

① 参见韩俊、罗丹等撰：《中国农村卫生调查》，上海远东出版社 2007 年版，第 407 页。

基本公共服务一体化是国家建立覆盖全民的统一的基本公共服务体制，也是社会最基本的公共服务平台。社会基本公共服务平台应具有统一性、开放性、无歧视及政府主导和强制性等特点。基本公共服务一体化首先要求在服务组织上实现“政策统一、制度统一、标准统一”。义务教育体制、基本医疗、社会保障等基本公共服务的制度和政策不再实行城乡有别的二元化制度，而是同一制度。它强调基本公共服务制度对于全体民众一视同仁，具有开放性和平等性。如最低生活保障不再区分城市最低生活保障制度和农村最低生活保障制度，而是城乡一体的国家最低生活保障制度。为此，我们需要实现城乡之间基本医疗制度、失业保障制度和社会救助等的制度统一。其次，基本公共服务一体化要求服务对象上“面向全民、一视同仁、制度开放”。不再基于户籍、地域等将人们划分为不同群体并规定和赋予不同的待遇，而是同一制度向全民开放，在同等条件下人们自由加入或自动享有。如只要达到一定年龄的人员均同等享有最低生活保障；达到工作年龄而失去工作的人员均能享有失业救济，等等。虽然不同类型的基本公共服务均存在一定的条件，也可能只有特定人群才能享受，如基本养老、失业救济和社会救助等均是特定人群的保障措施，但是，这种条件规定并不是基于户籍或地域针对特定群体设立，而是对同类人员开放。因此，基本公共服务制度是一种一视同仁和开放的制度。最后，基本公共服务一体化要求“政府主导、社会参与、强制实施”。提供基本公共服务是政府的基本职责，基本公共服务体制构建及投入主体是政府。与此同时，国家通过一定的立法和政策对政府、企业、社会及个人的责任分担以及资源来源、支付标准、运行监管等进行规范。尤其是义务教育、基本医疗和失业、养老和救助等社会保障是社会最基本的公共服务，也是人们生存和发展的最基本的底线，其保障措施由法律规定，具有强制性。这不仅是要求符合条件的人们必须参与，做到相应人员的全覆盖，也要求政府、企业及相关社会组织承担相应的责任和义务。此外，基本公共服务平台应具有“上下贯通、衔接方便”的特点，即在基本公共服务平台之上可以有多个附加多层次的社会保障和服务方式，以满足不同人群的社会需求，从而提高社会总体保障水平。

第三步：基本公共服务的均等化。

从一定意义上说，基本公共服务的广覆盖及一体化本身是均等化的基本内容和制度基础。广覆盖过程使人们都能享有相应的基本公共服务——尽管享有的水平和质量不同；基本公共服务体制的一体化则实现制度、政策及服务标准的统一，为基本公共服务均等化提供制度保障。在一体化背景下，人们能够平等地享受的相应的服务待遇。不过，在此我们也看到，一体化的制度也可能存在消费不均和支付不等的问题，如在同一的最低生活保障制度下，不同地区的人们也可能有不同的支付标准，享有不同的最低保障水平；另外，更为重要的是，一体化及表面公平的制度可能掩盖实际上存在的巨大差异及结果不公。长期以来，城乡之间及不同地区之间已经形成基本公共服务资源占有、服务设施和条件的巨大差距，由此也导致城乡及不同地区之间基本公共服务的能力、服务水平的差距。因此，基本公共服务均等化不仅要求公共服务的同一制度、同一标准和相同的待遇，也要求消除历史形成的差距，使公共服务最基本的设施和条件大体均等，不能有太大的差距，以保证供给能力、供给水平及人们实际消费水准的均等化。

显然，基本公共服务均等化面临着双重缺口：一是即期消费水平的缺口；二是历史形成的服务差距。如果说前者可以通过基本公共服务制度、政策及支付标准的统一来解决，后者则需要进一步加大对落后地区和薄弱地区的财政投入，以消除历史形成的既存的服务条件、设施和服务能力的差距。从宏观来看，农村公共服务总体落后于城市地区，因此，加大对农村基本公共服务的投入是一项基本政策。这可以借鉴欧盟的区域发展政策，对公共服务水平落后的农村及贫困地区制定专项补偿或支持政策，进行专项财政投入。欧盟自共同体创建之始，就将消除区域之间的差距、实现区域平等和协调发展作为重要的发展目标。为此，欧盟制定了“区域发展政策”，通过专门设立的各种结构基金及调控工具，加强对相对落后地区的支持，“通过对区域发展提供援助来减少欧盟内部社会经济不平衡”，“通过减少各区域之间的差距和处于不利区域的落后来促进经济联合并促进其和谐发展。”“在共同体范围内促进经济活动的一种协调、平衡和持续发展……以及成员国之间的经济与社会凝聚。”1975 年年后，欧共体就通过设立欧洲区域发展基金的条例，根据一定的标准对有资格的国家和地区进行资金支持，加强这些国家和地区的基础设施建设。1975 年结构基金支出 1.5 亿埃居，此后，支持规模不断扩大，1994 ~ 1999 年规划投入 1 410 亿埃居，1999 年达到 300 亿埃居。1994 年欧盟还设立凝聚基金（Cohesion Fund），对于一些较贫困国家和落后地区的物质基础设施和环境保护进行专项补偿和支持。除此之外，欧盟还设立“欧洲社会基金”、“欧洲农业指导与保证基金”、“渔业指导资助工具”以及“地中海综合计划”等对相对落后地区进行支持，缩小地区之间的发展差距，促进了欧洲一体化进程。[①]

从实践来看，我们可以结合当前新农村建设对农村义务教育、基本医疗、公共卫生、社会保障及基础设施等基本公共服务的建设进行规划和投入。通过一种

① 具体政策结构及措施可参见冯兴元：《欧盟与德国——解决区域不平衡问题的方法和思路》，中国劳动社会保障出版社 2002 年版。

综合性乡村发展计划，一方面，提升基本公共服务的服务水平，逐步实现城乡之间公共服务标准的同一；另一方面，通过特别投入以改造基本公共服务的物质和技术条件，充实人力和物力，加强服务组织体系建设，消除历史形成的基本公共服务设施、组织、技术等的差距，使城乡之间及不同地区之间的政府具有大体相同的服务能力，从而保障人们享有大致相同的服务水平。

从一定意义上说，对农村地区公共服务的特别投入在相当程度上是对历史的补偿。新中国成立之后，我国采取了以农支工的发展战略，通过农业的积累和农民的赋税支持工业及城市快速发展。但是，这种重工轻农、重城轻乡及城乡二元化的战略也造成农业和农民利益大量流失，农村基础设施及公共服务条件长期得不到改善。相当数量的农民长期处于贫困之中，城乡发展严重失衡。20 世纪 80 年代以来，我国农村及整个国民发展战略作了相当程度的调整，尤其是进入新世纪以来，随着城乡统筹及一体化战略的提出，加大了对农村投入。但是，迄今为止，我国城乡偏斜发展的格局仍没有从根本上改变。80 年代中后期开始，一度缩小的工农产品价格剪刀差重新拉大，农业和农村资源与资金大量流向城市和工业地区。尤其是在工业化、城市化过程中，农民土地大量被征用，已经成为新时期“以农养工，以乡养城”的格局。根据党国英先生的测算，从 1952 年至 2002 年，农民向社会无偿贡献的土地收益为 51 535 亿元。以 2002 年无偿贡献的土地收益为 7 858 亿元计算，相当于无偿放弃了价值 26 万亿的土地财产权。[①] 虽然对农民利益损失的具体数额可能有不同的看法，但是，农民利益严重受损则是公认的事实。正是由于不合理的制度安排，使得农业和农村的发展受到严重制约。为此，我们不仅必须致力于消除不合理和不公正的制度和政策，也必须对农村和农民给予特别的支持，以弥补历史的损失，消除历史的差距。对农民和农村的特别支持并不是救济，不是慈善之心和道德良知，也并非利他主义的善良和同情心，而是对历史的一种补偿，是制度公正的要求，也是全社会的责任和义务，同时也是受损者应有的权利。

在任何社会中，制度的转轨均是需要支付成本并承担风险的。特别是当前我国城乡之间及不同人群之间的基本保障方式和水平不同，在制度整合过程中，既要致力于公平和统一，又要兼顾历史和现实，尽可能进行增量改革，尤其是基本保持原制度的有效内容，不削减已有人群的既得总体待遇，以减少社会阻力，争取广泛支持，在此基础上逐步提升低水平人群的保障水平。如在医疗及社会保障一体化及均等化过程中，基本服务平台可按照现有社会平均水平建立，实行“新

① 党国英：《土地制度对农民的剥夺》，新华网，2005 年 7 月 11 日，http：//news. xinhuanet. com/report/2005 -07/11/content_ 3204628. htm。

人新办法、老人老办法”，在一定时期保留较高待遇人群的已有待遇，通过提高低保障水平者的待遇以实现保障水平的均等化。至于高水平者对更高水平的医疗和社会保障的需求则通过多层次的补充医疗及社会保障来满足。因此，基本公共服务均等化并不排斥不同人群享有不同的社会保障水平，事实上也是以多样化、多层次和差异性的其他社会保障为补充。

在基本公共服务均等化过程中，一定时期的社会保障及福利水平只能与其社会经济发展的总体水平相适宜。基本医疗卫生及社会保障等公共服务制度的根本目标是公平优先，但是强调公平并非可以忽视总体社会效率。超越社会经济承受能力的过高的保障水平不仅难以持续，而且也有可能制造福利陷阱，损害社会发展的效率。为此，在基本公共服务均等化过程中既要强调社会公平，又要注重效率，要防止福利陷阱的出现，以公平促效率和社会融合。

总之，当前我国基本公共服务的均等化面临服务对象的“广覆盖”、服务体制的“一体化”及服务水准的“均等化”三大任务。三者之间相互联系、相互影响。为此，我们应采取“同步推进、分步实现”的发展战略：首先实现基本公共服务的广覆盖，并逐步推进服务体制和服务标准的一体化，最终实现均等化的目标。①

二、城乡基本公共服务均等化的政策选择

任何战略的实现都需要具体的政策和对策的支持。在逐步推进城乡基本公共服务均等化的过程中，我们必须进一步制定相关具体政策。从目前来看，至关重要的是进一步加大公共财政的投入并完善财政投入体制，同时，进一步改革和完善基本公共服务的生产、分配和监督体制，提升基本公共服务的效率和效益。

（一）统筹城乡基本公共服务发展规划

城乡统筹协调发展，规划是先导。在城乡基本公共服务一体化和均等化推进过程中，首先必须立足城乡统筹，制定城乡一体化的发展规划，明确年度发展目标、工作重点及政策措施。2007 年《中华人民共和国城乡规划法》实施后，各地都在按照中央的要求，制定城乡一体规划。在这些规划中，都将城乡基础设施、公共服务的一体化作为重要内容。例如，2004 年 2 月 5 日，成都市委、市政府发布了《关于统筹城乡经济社会发展推进城乡一体化的意见》，明确提出：

---

① 基本公共服务均等化研究课题组：《让人人平等享受基本公共服务——我国基本公共服务均等化研究》，中国社会科学出版社 2011 年版，第 66 页。

"统筹城乡经济社会发展，推进城乡一体化是新形势下解决'三农问题'的根本途径"，提出了实现城乡规划、产业发展、市场体制、基础设施、公共服务和管理体制的"六个统一"的目标；2007 年武汉城市圈提出实现"规划统筹、交通同网、信息同享、产业同链、金融同城、市场同体、科教同兴、环保同治"的"八同"目标；云南省提出"十大统筹任务"。虽然各地具体内容不完全相同，但是，都包括城乡规划、产业发展、市场体制、基础设施、公共服务和管理体制等的一体化。其中，基础教育、公共卫生、基本医疗、公共文化、社会保障、就业保障等则是基本公共服务一体化的基本内容。因此，通过城乡一体化规划，能够指导和推进城乡基本公共服务一体化和均等化。

（二）进一步加大基本公共服务的财政投入

近些年来我国政府不断加大公共服务的财政投入，大大改善了基本公共服务的条件，提升了服务的品质。不过，我们也看到，与其他国家相比，基本公共服务的投入仍有相当大的差距。从公共教育来看，目前世界公共教育投入占各国 GDP 的平均水平约为 7% 左右，其中发达国家达到了 9% 左右，经济欠发达的国家也达到了 4.1%。然而，在过去相当长的时期，我国公共财政对公共教育的投入水平偏低，直到 2012 年，我国国家财政性教育经费支出占国内生产总值的比例才达到 4%，但仍低于世界大多数国家的水平。从医疗卫生来看，2011 年我国医疗卫生支出 6 367 亿元，比上年增加 1 563 亿元，增长 32.5%，虽然有大幅度的增长，但是仅占 47.16 万亿 GDP 总额的 1.35%，低于世界上绝大部分国家。发达国家的政府卫生支出占 GDP 比例一般为 6% ~8%，发展中国家大部分是 2% ~6%。不仅如此，我国 80% 的医疗资源集中在城市，农村投入不足。① 2012 年我国社会保障支出占我国财政支出的 12%，还没有达到《劳动和社会保障事业发展第十个五年计划纲要》中提出的"逐步将社会保障支出占财政支出的比重提高到 15% ~20%"的目标，远低于西方国家 30% ~50% 的比例，即使是一些中等收入国家比例也在 20% 以上。② 基本公共服务的财政投入不足直接导致公共服务供给不足。为此，必须建立基本公共服务财政投入稳定增长的机制，进一步加大公共财政对于基本公共服务的投入，建立与经济发展和政府财力增长相适应的基本公共服务财政支出增长机制，确保基本公共服务财政投入的增长速度不低于国家财政总支出的增长速度。加大公共资源向农村、贫困地区和社会弱势群体

---

① 李慧：《医疗卫生支出仅占 GDP 的 1.35% 财政投入不足问题依然存在》，载于《光明日报》2012 年 3 月 20 日。

② 耿雁冰：《我国社会保障支出占财政 12%，远低于西方国家》，载于《21 世纪经济报道》2012 年 6 月 15 日。

倾斜的力度，把更多的财力、物力投向基层，缩小基本公共服务水平差距，促进资源均衡配置、发展机会均等。

（三）合理分摊基本公共服务的责任与成本

提供基本公共服务并实现服务的均等化是各级政府共同的责任，要合理分摊基本公共服务的责任与成本。一般来说，政府间公共服务的责任划分主要是依据公共服务的受益范围来确定的。对于受益范围溢出地方的或具有外部性的公共服务，应由高级政府及中央政府来提供，地方政府承担地方受益的公共服务的财政投入及管理职责。不过，为了平衡地方财政并基于公平性、一体化和政治稳定等原因，中央及上级政府也可以承担更多的甚至是一些地方公共服务。从世界范围来看，在单一制国家及部分联邦制国家中，教育、文化、医疗、卫生和社会保障等大多是由中央或联邦政府承担。特别是一些市场经济国家，养老保险等多属中央和联邦事务，由中央和联邦政府供给。但是，长期以来，我国各级政府公共服务的责任划分缺乏明确的法律界定，财政支出责任不清，错位现象比较严重。为此，应根据财权与事权一致的原则，明确政府间事权和支出责任，进一步明确各级政府的公共服务的责任及财政支出比例，建立由中央和地方各级政府分类别、按比例合理负担基本公共服务投入的财政分担机制，使基本公共服务投入规范化、制度化、法律化。由于我国当前基本公共服务的资金需求量大，一些县市地方政府财政困难，难以充分满足公共服务的财政需求，因此，基本公共服务的财政投入可明确规定由中央及省市政府共同承担。方案之一是“按比例分担”：根据基本公共服务的财政需求按照中央与地方实际财政收入的比例，由中央和省市按财政收入比例承担相应的基本公共服务的财政支出比例；方案之二是“按类型分摊”：由中央政府承担基本公共服务的人均服务经费，如义务教育、医疗卫生、社会保障及公共文化，按服务标准由中央承担人均服务费（生均教育经费、生均公用经费、人均养老金、最低生活保障金等），省市承担基本公共服务的运营、管理及发展经费。

（四）建立均衡导向的财政投入和保障机制

虽然中央可以均等化提供基本公共服务的保障经费，但是，由于历史形成的各地方基本公共服务的资源占有及服务条件严重不均，造成城乡之间及不同地区之间公共服务实际水平存在明显差异。基本公共服务均等化不仅要求新增经费和资源的均等化分配，也要求缩小及消除历史形成的既有差距。然而，由于各地社会经济发展水平及财力的非均衡性，一些基本公共服务严重短缺的地区也是经济落后、财政困难的地区，不可能依靠自身的财力来消除既存的差距，甚至可能不断拉大地区间的差距。因此，要实现基本公共服务的均等化就要求构建以基本公共服务均衡导向的财政投入及保障机制，一方面，必须调整城乡之间公共服务财政投入结构，改变重城轻乡的投入体制，加大对于农村及困难地区基本公共服务的财政投入；另一方面，也必须调整公共服务财政投入的内容和结构，投入的重点是绝大多数人们直接获益的基本公共服务，尤其是压缩非服务性的开支，如行政管理费用等。应进一步完善转移支付制度，将这些基本公共服务的财政投入纳入一般性转移支付，根据不同地区的标准需求及财政缺口，按照公平、公正、规范、透明和稳定的方式拨款，以均衡各地财力，保障基本公共服务的财政投入。为了提高公共服务的使用效率和效益，保障公共财政投入的安全，对基本公共服务的投入应实行"直达、封闭、专户"的转移支付制度。各服务主体及受益人根据国家财政统一要求，在银行设立专户，各级政府的财政转移支付资金全部足额直接下拨进入专户，避免和杜绝财政资金的挪用、贪占及浪费。

（五）改革和完善公共服务的生产和供给体制

长期以来，我们将公共服务的政府供给理解为政府不仅承担公共服务的投入和付费，也包揽了公共服务的生产、分配全过程，并同时承担着监管的责任。事实上，从国际范围来看，即使在发达国家，由政府提供的公共产品和公共服务也不一定由政府独立生产和供给。有的可以由政府建立和管理机构来提供；有的与私人生产者签合同、与其他政府签合同、与其他政府合作建立生产；有的通过特许经营以及向市民提供票证等方式来提供；政府公共财政的投入也有向生产者付费或向消费者付费等不同的方式，这些不同的方式有不同的后果、影响和要求，如向生产者付费简单方便，可以保证经费由生产者集中使用，但存在生产者虚高成本及降低质量的风险，需要加大对生产者的监管，而向消费者付费可以增强消费者的选择权并加强对生产者的约束，但管理成本相对较高。因此，要加快建立政府主导、社会参与、公办民办并举的基本公共服务供给模式。在坚持政府负责的前提下，充分发挥市场机制作用，鼓励社会力量参与，推动基本公共服务提供主体和提供方式多元化。在公共服务的生产和供给中，政府必须审慎地选择最经济、最有效的生产和供给方式，以提高公共服务的效率和质量。

（六）加快推进城乡基本公共服务的制度整合

当前我国已经从基本公共服务的广覆盖向一体化转变，要加快推进基本公共服务制度的整合和城乡衔接，促进城乡一体化基本公共服务制度建设。尤其是要完善异地上学、就医和社保的管理服务，制定城乡教育、医疗和社会保险制度的衔接办法，实行城乡义务教育、公共医疗和养老保险的统一管理和有效衔接。其中，农民工及其子女的教育、医疗和社保的有效衔接最为迫切。要加快建立城乡一体化的教育、医疗和社保信息系统，实现相关信息指标体系和编码体系全国统一，方便全国范围的信息交换，适应人员流动的需要。由于各地社会经济发展不平衡，城乡基本公共服务的一体化和均等化可以采取分步实施、先试先行、不断推进的策略。如首先在不同省区范围内先行实现城乡之间和地区之间的制度统一，进而实现相关经济区、城市圈、城市群以及合作区内省市和自治区相关基本公共服务的制度统一、政策统一及标准统一。在此基础上，最终实现全国性城乡一体化的基本公共服务制度和政策。在此过程中，要鼓励不同省份和地区如“长三角”、“珠三角”、“京津唐”等地区先试先行、区域合作、制度整合，最终达到全国一体的目标。

三、构建全覆盖和均等化的农村社区服务体系

农村社区是基层社会组织、管理和服务的平台。农村社区不仅承担着组织和开展社区服务的功能，也承担着协助提供国家基本公共服务并监督服务质量、反映民众需求的责任。为此，必须充分发挥农村社区在国家基本公共服务中的作用。与此同时，我国基本公共服务不仅存在城乡二元化和非均等性，在农村社区内部不同人群之间尤其是户籍人口与外来人口之间还存在着二元化和差异性。因此，在推进城乡基本公共服务的一体化和均等化的同时，必须大力推进社区内部服务的全覆盖和均等化。

第一，加快社区公共设施和综合服务平台建设，为公共服务和社区服务提供基础设施。近些年来，各地都加大了农村基础设施建设力度，推动城市基础设施向农村延伸，实现城乡基础设施统一规划，分步建设。如湖北省鄂州市在城乡基础设施建设中，实施了“六网”工程，即建设城乡一体的交通网，城乡一体的供水网，城乡一体的供电网，城乡一体的信息网，城乡一体的供气网，城乡一体的市场网。自2005年开始，武汉市启动农村“家园建设行动计划”，用5年左右时间对在全市7个近郊区的2 087个建制村（含农场大队）实施“四通四改一化一室一场”项目建设。“四通”即路通、水通、电通、信息网络通；“四改”即改水、改厕、改圈、改垃圾堆放形式；“一化”即村塆绿化；“一室”即新建或改扩建集村委会工作用房、村民活动室、村卫生室于一体的多功能室；“一场”即建集晒场、文体活动场地于一体的多功能活动场。在农村公共基础设施建设的同时，各地都大力加强社区综合服务中心和服务平台建设。绝大多数省份都规定农村社区综合服务平台办公和服务用房达到300～350平方米以上，有的还设立社区服务站。农村公共基础设施和社区服务设施建设，不仅改善了农村服务设施，

也提升了公共服务的水平，同时，也为公共服务和社区服务提供了必要的条件。

第二，理顺社区与政府公共服务的责权关系，推动基本公共服务重心下移、合作共治。《国家基本公共服务体系“十二五”规划》明确强调，基本公共服务要坚持“以人为本，保障基本；政府主导，坚持公益；统筹城乡，强化基层；改革创新，提高效率”。农村社区是国家基本公共服务供给和分配的重要环节和基础，教育、医疗、卫生、社保和安全等基本公共服务最终要进入社区，让居民分享，因此，要按照重心下移、强化基层、便民高效的要求，进一步完善国家基本公共服务体系。一些可以由社区组织分配的公共服务，可通过委托等方式直接下社区；一些涉及法律政策及信息安全的服务，不能直接委托下放的事项，可由政府承担，社区协助。上级职能部门下达社区的任务和要求，应连同权限、人员、经费等一并下放；对进入社区工作的行政和事业单位人员实行“编制在政府、服务在社区”的管理，并提高工资待遇，纳入干部人才培养工程，晋级优先。

第三，制订社区基本公共服务指导目录，实现农村社区基本公共服务和社区服务的标准化。一方面，为了明确上级政府公共服务下放的内容，厘清政府和社区在基本公共服务方面的责任，必须制定社区基本公共服务指导目录，明确下放职责的范围，对社区基本公共服务的内容和类型进行规定。应对现行各级政府和部门涉农公共管理和公共服务职责进行全面清理，对于直接面向居民群众且可以下放的相关职能和服务，如就业、社会保障、社会救助、医疗卫生、体育健身、教育、文化、安全、环境美化等基本公共服务，都应下沉到基层和社区，提高服务的可及性。另一方面，要按照服务对象、保障标准、支出责任、覆盖水平等不同方面，对每一项基本公共服务确定国家基本标准，明确公共服务的流程、技术规范及品质标准，从而实现公共服务的规范化和标准化，保障公共服务的质量，提高公共服务的水平。

第四，进一步深化农村产权和户籍制度改革，破除社区服务的封闭性，实现全覆盖和均等化。现行的产权、户籍制度及经社不分的基层组织结构导致农村社区本身存在严重的封闭性。外来人口不仅无法参与居地的社会管理、民主选举以及平等享有户籍村民的社区服务，也无法在移居地就近获得教育、医疗、社保等国家基本公共服务。为此，必须进一步深化农村产权和户籍制度改革，实现经社分开，为外来人口进入社区创造条件，不仅让外来人口平等享有社区服务，也能就近便捷地获取国家基本公共服务，从而实现社区内部及城乡之间基本公共服务的一体化和均等化。为此，还要推进县市区社会服务管理信息网络向乡镇、街道和社区延伸，构建集行政管理、社会事务、家庭服务于一体的社区综合管理和服务信息平台，实行“一站式”服务；同时，加快全国性农村社区及居民信息系统建设，实现信息标准化和一体化，为全国性居民自由流动及公共服务分配奠定基础。

第五，进一步加大农村社区公共财政的投入力度，保障农村社区公共服务体系的正常运转。目前我国城乡之间以及不同地区和不同社区公共设施及公共服务水平有较大的差距，特别是中西部农村地区公共基础设施以及公共服务水平比较落后，财政投入与需求缺口比较大；落后地区的地方政府以及村级组织财政比较困难，对村级公益事业财政奖补的配套投入能力有限；加之这些地区集体经济薄弱，社会发展比较落后，更难以从市场和社会获得公益事业建设经费。由此常常造成社区公益建设需求量大，投入不足。为此，应进一步加大公共财政的投入。在投入方式上，可建立社区公益事业和公共服务的一事一议财政奖补制度，通过财政奖补的方式，调动社会资源和农民群众参与公共服务和公益事业建设。要进一步扩大一事一议财政奖补的补助范围，将对已建好并投入运行的农村公共设施和公益事业的维护与修缮费用也纳入财政奖补范围，以解决一事一议财政奖补"重建设、轻管护"的矛盾，确保公共设施发挥长期效益。在加强社区公益事业一事一议财政奖补投入的同时，探索建立跨区域性公益事业建设一事一议财政奖补机制。

第六，大力培育和发展社会组织，完善公共服务生产供给方式，通过社会组织购买服务。要大力培育社会组织的发展，应进一步降低准入门槛，简化登记手续；探索成立基层和地方农民协会组织，大力发展各种专业化合作经济组织，鼓励和支持村级经济合作社打破地域界限，实现跨区域和跨行业的自主联合，发挥农民协会组织和合作组织在生产经营、生活服务和自我管理方面的作用。鼓励社会资本投资建立非营利性公益服务机构，健全公共财政对社会组织资助激励机制，完善税收、金融信贷等优惠政策，多渠道筹集社会组织发展资金；进一步放宽准入限制，鼓励支持各类社会机构和企事业单位参与基本公共服务和家庭服务，推进社区商业和居民服务业体系建设，以调动社会各方面的力量，降低公共管理和服务成本，提高管理和服务效率和质量。推广政府购买社会服务，逐步实现公共服务社会化、专业化、市场化。综合运用项目购买、项目补贴、项目奖励等多种财政支持形式，促进形成有序竞争、多元化参与公共服务的局面；加大公共财政投入，扩大购买服务的范围和数量，完善政府购买社会服务的制度规定，规范购买服务的项目范围、工作程序、操作方式及质量标准；政府的事务性管理工作、适合通过市场和社会提供的公共服务，都可以通过购买和其他适当的方式交给社会组织、中介机构、社区等基层组织承担；引入第三方机构进行绩效评估，健全考核评估和检查监督机制。

总之，加强和完善社区公共服务，促进公共服务的一体化和均等化，是当前农村社区建设以及城乡统筹协调发展的重点和难点。打破社区服务的封闭性，破除城乡公共服务的二元化，这不仅是保障公民平等权益的要求，也是实现社区和社会融合的基础。

第十三章

规划性变迁：社区建设的动力、策略及走向

如果从2006年算起，我国农村社区建设的实践仅仅只有几年时间，但是，各地农村社区建设的实践却如火如荼、有声有色。社区建设已经成为中国农村又一次重大的社会建设、组织建设和政治建设工程，将对我国当前和未来农村及整个国家经济社会发展产生重大影响。作为一场重大的社会建设和改造工程，农村社区建设的动力、路径及其走向值得关注和研究。从一定意义上说，农村社区建设的道路也是中国社会建设和发展道路的表现，农村社区建设的动力结构、行动逻辑及策略选择在相当程度上决定农村社区建设的走向和未来。

第一节　社区建设路径与动力的不同解释

无论从国内还是国际来看，社区建设都日益普遍化，已经成为不同国家和地区现代社会建设和国家建设的重要内容。由于不同的国家和地区经济社会发展、政治体制及文化环境的差异性，社区的存在形式及推进方式也存在明显的差别。

一、国外社区建设的路径及特点

当代国外的社区建设通常被称为“社区发展”。西方国家社区建设或社区发展已有100多年的历史。纵观世界各个国家和地区，社区建设经历了18～19世

纪中后期的社区救助和20世纪的社区组织和社区发展，而真正意义上的社区建设，则发生在20世纪80年代之后。西方社区建设的起步目标是社区福利和社区救助，如18世纪后期德国汉堡市出现助人自助的救济制度；英国伦敦建立慈善组织协会，后来发展为19世纪80年代的社区睦邻组织，“社区睦邻运动”旨在培养社区成员的自治和互助精神，调整城市基层的社会关系，缓解社会矛盾。到20世纪20~30年代，发达国家经历了一个大规模的城市改造过程，如美国的芝加哥计划、福特基金会的格雷地区计划等，大力推行社区建设，改善社区福利、医疗卫生、预防犯罪、大众教育等。到了80年代，人们才认识到社区建设需要穷人的参与，如此才能真正改善社区、培育真正富有生命力的社区。由此，社区建设进入全面发展阶段。①

从国外社区建设或社区发展的历程来看，社区建设或社区发展是经济发展和社会发展失衡的产物，也是为了应对工业化和城市化过程中出现的贫困、疾病、失业等突出社会问题而产生的。社区建设是社会工作的一种方式，是基于贫困人群及落后地区的生存和发展的需求，以及社会消除贫穷落后及由此而产生的社会矛盾的努力。因此，社区建设是以社会救助、社会福利等基本形式，旨在改善贫困人群的生活，促进落后地区或社区的发展。此后，联合国推动的社区建设也是希望通过社区建设激发社会的活力，促进落后国家和地区的发展。然而，随着西方国家经济社会的发展，社区建设已经从单纯的贫困救助和落后地区的发展向富裕人群和富裕地区发展。一些高度发达的国家和城市，也开始普遍推进社区建设，因为社区建设或社区发展不仅在于消除贫困，促进落后地区的发展，更重要的是进一步改善社区环境、强化社会服务、提升生活质量。

从国外社区建设的路径来看，社区建设最初表现为一些慈善组织自发参与社会救助和服务，是一种社会的自发和自助行为。进入20世纪，联合国和许多国家政府在推动社区建设过程中，也普遍强调要“提倡互助合作精神，鼓励社区居民自力更生解决社区的问题”；“培养社区居民的民主意识，在社区发展过程中促进居民积极参与本社区的公共事务”；“加强社区整合，促进社区变迁，加速社会进步的进程。”其重点也是要求社区建设立足社会的自主性，激发社会的内在活力，促进社会自我组织、自我服务和内生发展。社区建设本身被视为是一种社会建设的过程。在这些国家，社会组织成为社区建设的组织者，也是社区自治的组织主体。社会组织及其社区活动具有非行政性和非营利性，社区建设表现出社会主导的鲜明特征。

不过，无论是联合国还是一些发达国家或发展中国家，其社区建设过程并不

① 王明美：《社区建设的中外比较研究》，载于《江西社会科学》2007年第8期，第151~152页。

完全是社会自发行为，政府在社区建设中也发挥着推动、规划、支持以及组织的功能。如澳大利亚政府从1983年开始先后实施了“地方政府社区发展”、“家庭和社区护理”、“农村社区”等一系列项目。2000年由联邦家庭与社区发展部组织实施“强化家庭和社区战略”，项目前4年投入2.2亿澳元，其中包括对儿童的照料，让儿童和青年人积极参加社区活动，实现社区现有资源的增值，培养社区居民的归属感等。政府部门除设立项目、安排资金外，还建立了完善的监测体系，对项目实施进行评价、指导和监管。德国、加拿大等国家政府也通过直接投资、税收优惠、购买服务等多种措施，支持社区发展。在很多国家，政府还通过规划加强对社区发展的指导，例如，早在1952年印度就推行了世界上第一个全国性的社区发展计划。在此之后，越来越多的国家开始制定社区发展规划，并注意社区建设与城市建设规划、新区开发规划的衔接。① 显然，在现代社会中，政府在社区建设中扮演重要角色，在规划指导、法律环境、项目组织和资金支持等方面发挥了越来越重要的作用。

由于各国经济社会发展状况及政府体制的不同，不同国家政府在社区建设中的推进方式及作用不尽相同。基于各级政府在农村社区发展中的介入程度、社区居民的参与程度和社区发展行动的上下方式三个基本角度，可以将国（境）外农村社区的发展模式划分为行政主控型、社区自主型及混合型三种（见图13－1），其主要区别在于政府与社区结合的紧密程度。

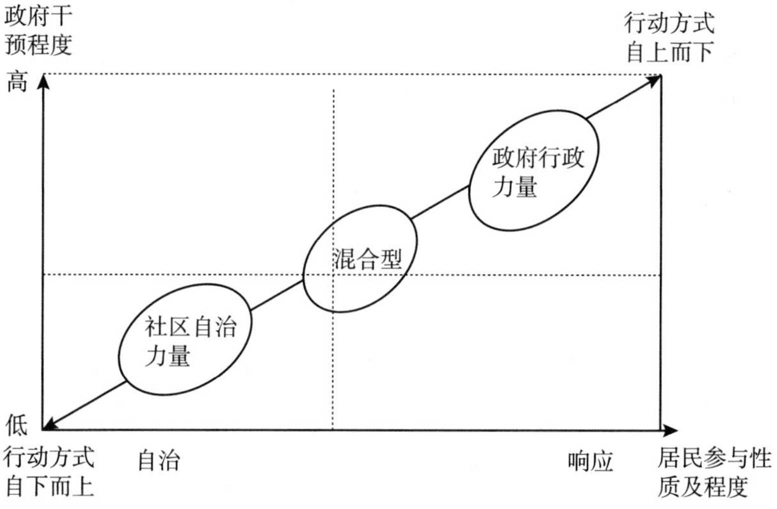

图13－1　国（境）外农村社区发展的基本维度

① 《国外社区建设的成熟经验及借鉴》，2011年6月30日下载于http：//www.3qhouse.com/dichan/2006/0630/6309.html。

行政主控型的农村社区发展模式，其组织运行的突出特点就是政府主导、居民响应参与、自上而下推行社区各项发展政策和措施。政府在整个社区的运转及其发展格局中处于核心位置，政府对社区发展的法律、政策、组织规范体系制定一整套计划及方案，并给予资金和技术支持。农村社区内的各种组织及居民，则按照政府的计划与方案实施或参与具体的实践活动。20 世纪 60 年代，新加坡政府大力推行工业化和城市化，政府鼓励农民投入二、三级产业活动，并通过收买补偿的方式将大部分农业用地收归国有，用于城市开发和公共组屋的建设。1960 年新加坡政府拥有的土地比例为 44%，1979 年增加至 67%，到 2008 年国土面积中有高达 83% 的土地属于国有（公有）土地。在社区运行过程中，政府的行政组织及其实践与社区的组织及其活动紧密结合，政府通过在农村社区中设置各种形式的派出机构，对社区管理和服务事务进行直接而具体的干预，体现出较为浓厚的行政管控色彩。原有的农村区域被城市所融合，新加坡城乡社区间的异质性逐渐消失，农业生产也几乎消失殆尽，农村和农村社区形态已成为历史。

社区自主型的发展模式是社区主导、居民主动参与、由下而上实施的社区发展路径。政府的行政行为与社区自组织行为没有直接关联。社区自治组织在社区的整体发展中处于中心地位，政府对农村社区的主要作用和影响范围包括制定法律、政策，通过这些法律、政策从宏观的角度去协调社区内的各种关系，同时也为社区的发展提供一个制度规范，基本不涉及社区的具体发展计划。社区层面的各种组织及居民按照自主自治的原则，处理社区各项事务。例如，美国联邦政府和绝大部分的州政府，奉行以不干预为原则，以干预为例外，都没有制定关于乡村自治的专项法律。但这并不表示美国没有村自治法。作为农村自治的主要议事执行机构——村庄委员会（The Village Board），拥有一定的立法权。极少数州政府以法律的形式规定村一级的自治法规，以《纽约乡村法》（Village Law of the State of New York）为例，它以非强制法的形式反映了美国乡村的一般立法形式，内容涉及社团立废、机构选举、财政资金、公共管理、村民公决、区域发展、镇村关系、法的适用等，几乎涵盖乡村生活中的所有方面。①

政府—社区互动型的发展模式主要指政府—居民处于双重的主导地位、自上而下及自下而上两种方式的结合。政府除了履行其规范、指导社区发展并为其提供必要的经费支持外，还通过其他间接方式，来强化行政力量与社区自治的有效衔接。印度的农村社区发展即是这一模型的典型代表（见图 13－2）。印度的社区发展采取了 CBD 同 CDD 相结合的发展模式，其中 CBD 意指以政策主导发展推动社区发展

① 黄辉：《论美国乡村自治法律制度——以“纽约乡村法”为例》，载于《当代法学》2009 年第 1 期，第 140 页。

的进程（CBD = Community - Based Development），CDD 意指社区内部自主主导社区发展的方向（CDD = Community - Driven Development）。① 该模式的运作方式，主要是政府运用政策引导，为社区提供内容丰富、范围广泛的发展项目和公共服务项目，动员并鼓励社区居民参与。

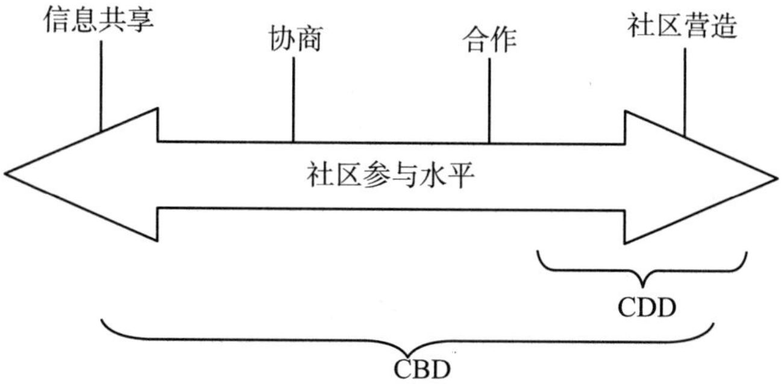

图 13 -2　印度的"CBD + CDD"社区发展模式

与此同时，在政府与社区居民间建立高度的信息资源共享渠道，一方面政府可以利用信息和资源优势对社区的发展方向进行设计，并提供信息咨询服务，另一方面社区居民则可以在项目的实施和管理中，充分运用和维护自身的经济与政治权利，两者共同促进农村社区的发展。世界银行在对亚洲国家（地区）分析的报告中指出，在一个主要依靠政府运用政策来推动社会发展的国家（地区）里，如实施的社区项目超过 85% 是基于 CBD 同 CDD 相结合的模式开展的，那么这个国家（地区）的基础政权就趋于相对稳健。在这种情况下，农村社区的资源能够获得有效利用，政府职能部门的决策能够得到有力的执行，并且受到社区居民的有效监管。

上述不同社区建设及运行模式并不是一成不变的。美国、加拿大两国的社区建设在形成和发展的初期带有自发性质，随着社区地位、作用的突出，两国政府加强了社区建设的规划指导，每年对社区工作都要制定一系列的工作计划，包括工作内容、组织措施和目标要求，等等，大多数都有数量指标。例如，每年对老旧社区的改造数量，新社区福利机构、文化娱乐设施的建设，安全教育培训中心的设置标准，社区居民就业、贫困、医疗、老年、青少年与儿童等方面的各类发展计划，廉价住房计划，济贫计划，等等。但两国政府在社区建设中的作用与以前有很大的不同。据安大略省社区事务官员介绍，过去政府既要负责掌舵，又要划船，而现在只负责掌舵，不再参与划船。将具体事务交给社区组织和民间团体，政府只负责宏观调控，这样做既大大减轻了政府的负担，又发挥了政府在社区建设中的主导作用。

① ADB. 2006. September. A Review of CDD and its Application to ADB, www.adb.org/Documents/Participation/Review - CDD - Application - ADB. pdf.

如果说美国、加拿大两国社区发展从社会主导向政府主导演化的话，也有一些国家社区建设的初始主要是政府推动，随着时间的推移，逐步从政府主导转向社会主导。例如，在20世纪70年代韩国的“新村运动”初期，韩国政府就发挥了主导和推动作用。为了支持“新村运动”，在运动之初成立了由内务、农林、工商、建设、文教、邮电、经济企划院等部门行政官员组成的特别委员会，道、直辖市、郡、面、邑、村也成立了相应机构，形成了从中心到地方的组织领导体系，政府部门之间也建立了相互协作机制。为了支持新村建设，政府免费向各村提供300袋水泥以修桥、修渠、修路，改善环境。新村运动开始时，韩国农村80%以上的农舍都是茅草屋。为改善农村居住环境，政府采取了“政府出大头、地方出中头、农民出小头”的建房政策，即中央政府出建房资金的55%，地方政府出30%，每家农户出15%，用这种方式帮助其建房。农民以秋后向国家卖粮，按比率逐年返还的方式还款。在“新村运动”发展中期，采取政府培育、社会跟进的发展模式，政府把工作重点转移到鼓励发展畜牧业、农产品加工业、特色农业、农村保险业以及农协组织的建设上来，逐步培育社会发展实体，为今后国民自我发展奠定坚实的基础。1988年以后，“新村运动”进入“自我发展阶段”。特别是随着韩国经济的快速发展，繁荣气象从城市开始逐步向四周农村地区扩散，新村运动也带有鲜明的社区文明建设与经济开发的特征。政府倡导全体公民自觉抵制各种社会不良现象，并致力于国民伦理道德建设、共同体意识教育和民主法制教育。①

显然，在不同国家及不同时期，国外社区建设或社区发展推进方式及路径并不相同。在政府主导与社会主导两极之间有不同的类型和做法。不过，无论哪个国家，社区建设都致力于激发社会和社区内在的活力，强调居民参与，发挥社会组织的功能，培育居民自助和协同精神。特别是在一些发达国家，社区建设或社区发展表现出更明显的社会参与和社会主导的特点。

二、中国农村改革和发展的几种理论解释

农村社区建设是我国农村一次重大社会建设、组织建设和政治建设工程，也是我国农村基层组织、管理和服务体制的重大变革。从宏观上看，它是20世纪80年代以来中国农村改革的一部分，也是农村改革的延续、深化和发展。对于中国农村改革和创新的动因、性质及方式，人们有不同的认识与判断，进而形成对中国道路的不同解读。概而言之，主要有三种代表性观点：

① 吴敬学：《韩国的“新村运动”》，载于《中国改革》2005年第12期，第45～46页。

（一）农民自发创造性

持这种观点的人们充分肯定农民在乡村变革和发展中的主观能动性和创造作用，认为中国的改革发源自农村，是农民改变和创造了中国。例如，在学术界，家庭联产承包责任制的改革一直被视为是基层群众的创举，这一看法也得到一部分外国学者的认同和支持。柯丹青和周凯就认为中国乡村的非集体化改革是由农民自下而上推动的，是一场“自发的、无组织的、无领导的、无意识形态和无政治倾向的运动”①。中国政府处于被动应付的地位。墨菲通过在中国内地的实证调查，揭示了农民流动对乡村地区以及中国社会的影响，认为农民工改变了中国农村②。近年来国内也有部分学者采用这一观点对农民的行为进行分析。徐勇提出“基层社会与创造性政治”的分析范式，认为传统的“压迫—反抗”、“底层社会与抗争性政治”农民政治行为的分析范式背后主要是一种革命性、冲突性的话语和思维逻辑，难以解释常态社会中的一系列治理性和建设性事件。通过对历史上乡村“生产力暴动”、“瞒产私分”、自由买卖、农民流动等行为和现象的分析，认为农民是中国乡村变革的原动力。农民通过一系列自主创新行为不仅改变了自己的命运，而且以自己的行为不断冲击和突破体制性障碍，并创造出新的体制和行为模式，从而引发和推动乡村及整个国家体制的变迁③。应小丽则进一步对农民自主创新行为的作用和条件进行了分析，认为农民自主行为是中国乡村变革和制度创新的重要推动力。60 年来的乡村变革和发展史表明，农民不是“历史的弃儿”或国家政策的消极、被动承受者，而是具有主动性和创造性的“积极行动者”。农民在生存理性和实践逻辑指引下，对社会问题有着最为真切和有效的感知，通过突破制度“瓶颈”以及对国家政策的选择性或创造性运用，一步步营造有利于自身的生存空间和机会以及扩大政府的选择集合并最终成功推动制度的转型④。农民的主动性和首创精神也得到了国家领导人的首肯。邓小平认为中国农村改革有“两个意想不到”：一个是包产到户的实行，另一个是乡镇企业的异军突起。他高度肯定农民在乡村变革中的重要作用和创造性。“农村搞家庭联产承包，这个发明权是农民的。农村改革中的好多东西，

---

① Kate Xiao Zhou, *How the Farmers Changed China*: *Power of the People*, Boulder. CO: Westview Press, 1996, P. 232.

② ［爱尔兰］瑞雪·墨菲著，黄涛、王静译：《农民工改变中国农村》，浙江人民出版社 2009 年版，第 206 ~ 213 页。

③ 徐勇：《农民改变中国：基层社会与创造性政治——对农民政治行为经典模式的超越》，载于《学术月刊》2009 年第 5 期，第 5 ~ 14 页。

④ 应小丽：《农民自主行为与制度创新》，载于《政治学研究》2009 年第 2 期，第 75 ~ 82 页。

都是基层创造出来，我们把它拿来加工提高作为全国的指导。”① “乡镇企业容纳了百分之五十的农村剩余劳动力。那不是我们领导出的主意，而是基层农业单位和农民自己创造的。”②

（二）政府主动性

与农民主体性和创造性观点相反，一些学者强调乡村集体和基层政府在农村社会变革和经济转型过程中的重要作用③。艾伦·刘以温州模式为例，认为中国的改革是一种自下而上的改革，由于中国社会并不是铁板一块的整体，因此改革有可能率先从基层取得突破和成功。温州私营经济的崛起离不开当地党政部门的暗中支持和政治保护④。帕立斯持有类似的观点，他认为温州模式的孕育是农民、地方政府与中央政权之间长期冲突、妥协和谈判的结果。不过，单靠农民自身并不能抓住国家赋予的机会，只有农民与地方干部之间串通起来“合谋”才有可能在国家政策之外营造新的机会和空间⑤。安戈通过与从广东等地移居香港的村民的访谈，发现大多数中国乡村的变革是政府自上而下推动和决定的。在其收集的 28 个样本村中，到 1982 年底共有 26 个村实行了家庭承包制的改革，但其中有 24 个村的村民表示该村的改革完全是由上级部门决定的，仅有 2 个村的村干部和村民在决定采取何种经营方式上发挥过主动性⑥。关于乡村市场化改革的影响和后果，有学者认为不仅没有削弱地方政府的经济和政治权力，反而增强了政府控制经济、政治资源以及推动社会变革的能力⑦。也有学者认为我国农村改革的目标并不是私有化，而是一种非集体化改革，改革后形成一种以乡镇政府和村集体为代表的公共产权形式和结构。地方政府在乡镇企业的改革和发展中发挥了极为重要的作用。20 世纪 80 年代以来中国乡镇企业的迅猛发展主要是地方政府追求财政利益和政绩表现的结果。在

---

① 邓小平：《在武昌、深圳、珠海、上海等地的谈话要点（1992 年 1 月 18 日～2 月 21 日）》，引自《邓小平文选》第 3 卷，人民出版社 1993 年版，第 382 页。

② 邓小平：《一切从社会主义初级阶段的实际出发（1987 年 8 月 29 日）》，引自《邓小平文选》第 3 卷，人民出版社 1993 年版，第 252 页。

③ Jean C. Oi, The Role of the Local State in China's Transitional Economy, *The China Quarterly*, No. 144, Special Issue: China's Transitional Economy (Dec., 1995), pp. 1139 - 1146.

④ Yia - Ling Liu, Reform from Below: The Private Economy and Local Politics in the Rural Industrialization of Wenzhou, *The China Quarterly*, No. 130 (Jun., 1992), pp. 314 - 316.

⑤ Kristen Parris, Local Initiative and National Reform: The Wenzhou Model of Development, *The China Quarterly*, No. 134 (Jun., 1993), P. 263.

⑥ Jonathan Unger, The Decollectivization of the Chinese Countryside: A Survey of Twenty—eight Villages, *Pacific Affairs*, Vol. 58, No. 4, Winter 1985, P. 587.

⑦ Marc Blecher and Vivienne Shue, Into Leather: State - Led Development and the Private Sector in Xinji, *The China Quarterly*, No. 166 (Jun., 2001), P. 391.

此过程中，地方政府的功能和行为方式发生了深刻变化，形成“地方政府法团主义”①，基层政府组织结构及运行方式日益“公司化”②，地方政府官员则充当了“政治企业家”的角色和功能。

国内也有相当一部分学者充分肯定地方政府在乡村变革和经济社会发展过程中的作用。有人认为中国乡村市场化的动力主要来自改革前的社会主义传统和组织资源，乡村集体和基层政权组织是连接农民与市场的中介，不仅减轻了农民进入市场的风险和成本，而且有组织地进入市场的方式也维系了社区凝聚力以及降低了改革引发的社会动荡。基层政权能否发挥中介作用以及中介作用水平的高低，会对乡村市场化的结果产生决定性的影响③。乡镇政府参与地方经济活动的一个直接影响就是政府更多地将自己的利益基础植根于地方社会，把财政和政绩需求寄托于地方经济之中，利用政府资源推动乡镇社区的经济发展来满足政府的利益需求。这样乡镇政府与地方企业之间就结成一个紧密的利益共同体④。基层政府相对独立的地位和“经济人”意识的凸显，促使地方政府在经济社会变革过程中直接充当“第一行动集团”的角色和功能⑤。此外，还有学者通过对村民自治示范活动的考察，指出基层政府不仅在经济和社会发展过程中起着重要的引擎和“推手”作用，而且在乡村民主化进程中也具有主动性。中国乡村民主化进程之所以在经济社会发展及文化较为落后的乡村地区率先取得突破，与执政党和政府扮演的积极主动角色密切相关⑥。

（三）官民互动合作

第三种观点强调政府和民众在乡村社会变革和制度转型中的共同作用，认为改革是民众自发创造和政府积极引导支持的结果。例如，崔大伟通过对江苏省的考察指出，中国乡村的改革既不是单纯由国家自上而下推动的，也不是单由农民自下而上决定的，而是国家、地方、基层干部及农民几方面力量互动和作用的结果，尤其

---

① Jean C. Oi, Fiscal Reform and the Economic Foundations of Local State Corporatism in China, *World Politics*, Vol. 45 (October 1992), pp. 99 – 126.

② Andrew G. Walder, Local Governments as Industrial Firms: An Organizational Analysis of China's Transitional Economy, *The American Journal of Sociology*, Vol. 101, No. 2 (Sep., 1995), pp. 276 – 280.

③ 潘维：《农民与市场：中国基层政权与乡镇企业》，商务印书馆2003年版，第43页。

④ 邱泽奇：《在政府与厂商之间：乡镇政府的经济活动分析》，引自马戎、刘世定、邱泽奇编：《中国乡镇组织变迁研究》，华夏出版社2000年版，第183页。

⑤ 杨瑞龙：《我国制度变迁方式转换的三阶段论——兼论地方政府的制度创新行为》，载于《经济研究》1998年第1期，第3～10页；杨瑞龙、杨其静：《阶梯式的渐进制度变迁模式——再论地方政府在我国制度变迁中的作用》，载于《经济研究》2000年第3期，第24～31页。

⑥ 徐勇：《民主化进程中的政府主动性——对四川达川市村民自治示范活动的调查与思考》，载于《战略与管理》1997年第3期，第68页。

是不能忽视地方及基层干部的态度对改革进程的决定性影响①。白苏珊通过对上海淞江、江苏无锡、浙江温州等地的考察指出，乡村工业化并不完全是乡村的自发行为，而是与国家的重视及在政策和资金等方面的支持分不开的。不过，由于各地在集体传统和经济基础等方面的差异，因此，地方干部也采取了不同的发展策略②。不仅如此，20世纪90年代中期启动的乡镇企业改制及私有化改革，并不是乡镇企业和工业的自主经济行为，而是在政府的支持下（State-sponsored）渐进推进的③。虽然乡村工业化及乡镇企业的崛起是乡镇基层政府积极推动的结果，但是在90年代早期，乡镇企业负债亏损日趋严重，逐步成为基层政府一项沉重的包袱，而同时期个体私营企业的蓬勃发展却为乡镇政府提供了替代性税收渠道和财政收益。因此，在现实压力下，地方政府政策重心逐渐转向扶助支持私营企业的发展，而对乡镇企业进行产权改革和股份制改造。在此过程中，地方政府并没有完全放弃对集体及乡镇企业的控制，而是参与乡镇企业改制的全过程，通过“抓大放小”或持股等方式和形式继续掌控企业，并将改革的后果和影响控制在可控的范围之内。官民互动合作的观点也赢得了相当一部分国内学者的共鸣。有学者就指出，中国农村的改革是从下面先搞起来的，农民对改革的强烈意愿与地方上开明的领导人相互推动，形成小气候，然后一步步得到上层的认可，获得合法性。然而，单有农民的意愿和需求，没有地方主政者思想观念的转变及国家政策的跟进，农村改革不可能短期内在全国普遍推广并取得突破④。还有学者通过对我国农村基层组织体系的演变历程的考察，指出乡村变革并非单纯是强制性制度变迁或诱致性制度变迁，而是一种“支助型制度变迁”（Sponsored Change），上层领导人对改革的激励和支持与基层群众的创造和努力共同推动了制度变迁的进程⑤。

显然，迄今人们对于中国农村改革的动力和道路的认识仍存在分歧。不过，这些不同的认识也为我们进一步分析农村社区建设起源和发展的动力与道路提供了参考。理论源于实践。唯有建立在对农村社区建设实践的深入观察和全面把握的基础上，才能对农村社区建设的动力和道路得出科学的判断。为此，我们需要进一步考察我国农村社区建设的实践过程。

---

① David Zweig, *Freeing China's Farmers: Rural Restructuring in the Reform Era*, New York: M. E. Sharpe, 1997, pp. 12–19.

② ［美］白苏珊著，郎友兴、方小平译：《乡村中国的权力与财富：制度变迁的政治经济学》，浙江人民出版社2009年版，第30~52页。

③ Jean C. Oi, Two Decades of Rural Reform in China: An Overview and Assessment, *The China Quarterly*, No. 159, Special Issue: The People's Republic of China after 50 Years (Sep., 1999), pp. 623–625.

④ 萧冬连：《农民的选择成就了中国改革——从历史视角看农村改革的全局意义》，载于《中共党史研究》2008年第6期，第35~36页。

⑤ 项继权：《20世纪晚期中国乡村治理的改革与变迁》，载于《浙江师范大学学报（社会科学版）》2005年第5期，第5页。

第二节 政府主导的农村社区建设

从我国农村社区建设的推进方式来看，农村社区建设表现为政府主导的特点。不过，在政府主导的同时，各地方政府也具有一定的自主选择的空间。从一定意义上看，我国农村社区建设是一种政府主导的选择性变迁。

一、政府主导的农村社区建设进程

从我国农村社区建设历程来看，最初的农村社区建设是农村基层的自发行为。2001 年的江西省以及此后的湖北省秭归等地开始尝试在村落和村组建立社区，也是村民群众为解决村组撤并及税费改革后农村“无人管事、无钱办事、无章理事”的难题而采取的自我组织和自我管理的措施。这些措施和做法受到当地党委和政府的支持并局部推广。不过，2006 年 10 月党的十六届六中全会之后，农村社区建设则从农村基层自发行为上升为部门政策、国家战略和政府行为，在全国推行。从各地调查来看，虽然在农村社区建设中的具体方式不尽相同，但普遍采取了如下一些步骤和方法：

首先，建立领导体制。为了有效推进农村社区建设试点和实验工作，中央和地方都强调建立农村社区建设的领导体制和工作机制，加强对社区建设的领导。从实验县（市、区）的调查来看，在社区建设中通常都成立了由党委和政府主要负责同志担任正副组长，由人大、政协、各综合和职能部门负责人参与的农村社区建设工作领导小组，并设立专门的办公室，负责统一部署和规划农村社区建设工作。各试点乡镇、街场和村队也相应成立农村社区建设指导协调小组。由此，在宏观上形成从国家民政部、各省市和自治区、实验县市区直到乡村社区的社区建设组织和领导体系，在县（市、区）形成“党政领导亲自挂帅、民政部门牵头、相关部门配合、社会力量参与、层层负责落实”的领导体制和工作机制。

其次，制订社区规划。党和政府的相关文件对农村社区建设的目标和方向进行了明确的规范，强调农村社区建设旨在构建“管理有序、服务完善、文明祥和的社会生活共同体”。与此同时，在农村社区建设的实验及推进过程中，要求各地“规划先行”，对农村社区的布局及发展进行明确的规划。“社区规划全覆盖”也是对农村社区建设考评的基本指标。为此，各地在农村社区建设试验中都普遍制订了有关农村社区建设的布局规划和《农村社区建设试点工作实施方案》，通过社区规划，不仅确定了农村社区的建置规模、人员边界以及管理和服务范围，也为社区建设设定了建设路径、资源配置及实施策略，从而把握社区建设的方向。

第三，选点实验示范。为了顺利推进农村社区建设，自2006年开始，民政部决定启动社区建设试点工作，通过先试点、后推广的方式，积累农村社区建设的经验，逐步推进社区建设。《民政部关于做好农村社区建设试点工作推进社会主义新农村建设的通知》中要求："各地要在党委、政府的统一领导下，选择一批村民自治工作基础扎实、群众积极性高、党政领导高度重视的县、乡、村进行农村社区建设试点。"为此，自2006年开始民政部在全国确定了一批"全国农村社区建设实验县（市、区）"，各省市和自治区也相应确定了本辖区农村社区建设的实验县（市、区），各县市确定一些试验乡镇，乡镇选择部分村进行社区建设的试点。通过层层选点，以点带面，逐步推开。

第四，组织宣传发动。在试点动员过程中，各试点地区做了大量的宣传发动工作。首先，通过举办试点培训班、专家研讨会以及试点观摩等活动，对干部进行教育和培训，使其掌握和了解农村社区建设的提出背景与过程，正确认识开展农村社区建设的历史必然性与客观现实性，增强推进农村社区建设工作的积极性和主动性。其次，为调动农民群众的积极性，争取他们的理解、参与和支持，各实验县（市、区）也通过广播、电视、会议、专栏、标语和走访农户等方式和形式对群众进行宣传和发动，从而为试点工作的开展营造一个良好的环境和氛围。

第五，财政投入支持。为了推动社区建设，各实验区均筹集和安排了专项的社区工作经费。一些地方进一步要求将社区建设的经费纳入政府财政预算渠道，根据经济社会发展水平逐年提高经费预算数量和比例，并逐步实现农村社区建设投入的常态化、规范化和制度化。一些地方在社区建设中也努力整合各类支农惠农资金，集中使用，节约资源，加快建设。为引导社会资源进一步流向农村，形成农村社区建设的合力，政府部门还组织和动员大中专院校、科研院所、厂矿企业、致富能人和乡村精英通过知识、技术、资本、信息等方式投入和参与到农村社区建设当中来。动员和倡导通过部门对口帮扶、城乡社区结对、街村共建、村企共建等不同形式的帮扶和对口支援活动。

第六，强化考核评估。为有效推进农村社区建设，各试点地区还将目标责任制引入社区创建活动中，将社区达标任务纳入干部年度考核项目及政绩评价体系，一些地方还进一步将农村社区建设纳入到当地年度经济社会发展规划以及政府为民办实事工程、民心工程。江西万载县为落实各部门建设责任，建立目标考核责任制和奖惩制度。要求县农村社区建设领导小组的每名县级领导及成员单位至少安排1个以上村落社区挂点帮扶，并纳入到县、乡、村"三个文明"和新农村示范点建设年度目标考核中，制定了考评标准和细则，按照年度工作部署和实施方案要求，坚持平时督查为主，半年考核和年终考核为辅，考评结果与单位及干部业绩直接挂钩。对工作中表现优秀、政绩突出、成效明显、群众满意的干部，给予表彰和重用；对成效明显的单位给予表扬和奖励；对工作滞后、成效不明显的干部，给予全县通报批评，限期整改；对村落社区建设年度目标任务没有完成的，取消当年度综合评先资格，从而有效地确保农村社区建设的各项工作落到实处。山东青州市委、市政府制定下发了《青州市农村社区化服务与建设考核奖励办法》，实行农村社区化服务与建设工作百分制考核，并将各镇、街道推进农村社区化服务与建设工作的考核分数列入新农村建设考核总分，作为年终考核的重要内容。采取建立档案、定期检查、随机抽查和组织验收等形式，对各镇、街道社区实行动态管理，对创建工作做得好、符合创建标准的社区，对农村社区建设业绩突出的镇、街道，年终给予奖励，在全市形成了示范带动、创建有力、整治见效的良好局面。

第七，干部包村推进。在实践中，一些地方实行干部包村责任制，要求包村干部发挥自身优势，积极为农村社区建设试点地区联系各种项目和资金，争取国家惠农政策的支持。例如，萍乡市安源区出台了《县级领导包点驻村安排》、《工作组驻点工作方案》，制定了《工作组帮扶实施方案和计划》。2007～2008年，该区农村社区建设试点地区均由1～2个县级领导和4～6个部门领导、镇街领导和部门挂点帮扶，要求各帮扶单位充分发挥各自优势，帮助农村社区跑项目、争资金，在人力、物力、财力上给予有力的支持。两年来各工作组共安排帮扶资金及实物344.4万元，争取社会捐赠625.8万元。湖北省钟祥市实行民主管理示范村、整治后进村、新农村建设村、整村推进扶贫村“四村合一”方式推进农村社区建设，选派工作队举全市之力，合力抓好村级民主管理。全市共选派优秀机关干部326名，分别进驻全市100个村，每个工作队3～4人，实行三定（即定职责、定任务、定奖惩），促进村级民主管理工作水平的提升及农村各项事业的发展。

第八，部门参与支持。部门参与支持主要采取两种形式：一是明确各职能部门在新农村和农村社区建设中的职责分工；以发挥各部门自身的优势，做到分工负责、各司其职。例如，民政部门作为牵头部门，主要负责上下沟通、协调各方以及试点实施意见、工作方案的制订等工作；公路、交通、土地、水利部门负责“村村通”及土地整治、农田水利设施建设等工作；教育、医疗、卫生部门负责社区教育、医疗卫生站点建设、计划生育、群众看病、传染病防治等相关服务；公安、信息部门负责农村社区警务室及治安防控体系建设；文化、宣传、广电部门负责“农家书屋工程”、“电影下乡”工程，商务和供销部门负责农资店和农家超市建设工程，等等。二是通过部门帮扶形式，建立部门与试点村对口帮扶和联系机制，实行部门包村责任制。例如，江苏省靖江市为整合力量推进农村社区建设工作，专门制定出台《关于开展市直机关和事业单位挂钩帮扶农村社区建设活动的通知》，按照“资源共享、优势互补、互惠互利、共驻共建、促进发展”的原则，以99个城乡社区建设试点单位为重点，以完善农村社区服务平台为目标，要求各个挂钩帮扶单位要帮助所挂钩的农村社区建设好符合全市统一规范要求的社区服务中心，通过社会各界的共同参与，形成共建农村社区的工作合力。江苏省吴江市明确要求全市45个市级机关和13个企事业单位与各社区以及经济薄弱村结对共建，各共建单位结合本部门实际，大力开展帮扶工作。

第九，城乡结对帮扶。为了加强对农村社区建设的支持，各地普遍要求城市支持农村，工业反哺农业，城乡“结对帮扶”。从2004年开始，江西省积极组织城市社区、机关、学校、企事业单位与农村社区开展对接互动活动，在经济、文化、管理和服务等方面进行广泛交流与合作，形成了城乡互促共进机制，达到优势互补、共同提高的效果。2007年实验活动开展后，省民政厅指导各实验县（区）进一步深化了城乡社区对接互动活动，按照“在举措上落实互动，在优势上寻找互补，在效果上追求互赢”的总体思路结对互动，以“六联六互”为核心内容（即“组织联动”互商、“文化联乐”互融、“信息联享”互通、“人才联姻”互补、“服务联手”互惠、“爱心联倡”互助），进行城乡社区合作与交流，推动农村社区与城市社区同步发展。常州市武进区通过开展“千企联百村，共建新农村”活动，充分发挥企业在农村社区建设中的积极作用，动员全区工商企业致富思源、回报家乡、反哺社会，引导千家企业与行政村结对共建，帮助各村解决建设公共服务设施的经济困难。

第十，创先争优激励。在农村社区建设中，从中央到地方各级都建立了一定的创先争优激励机制。如在全国层面上，国家民政部确定全国农村社区建设实验全覆盖的评估和表彰活动，对达到全国社区建设实验全覆盖标准的给予“示范单位”的命名和表彰。各地在实践中也进行了多种形式的评优示范工作，通过开展“文明社区”、“星级农户”、“五好家庭”等丰富多样的文明创建活动，将竞争机制引入社区创建过程中，为农村社区建设营造一个良好的氛围。江西省在全省广泛深入地开展了“星级村落社区”创建活动，对在创建活动中涌现出的先进单位和个人进行奖励，以推进全省农村社区建设进程。万载县在全县范围开展了星级社区创建和“十佳社区志愿者”评选活动，对获得一星级以上的社区和“十佳社区志愿者”称号的县乡进行了表彰和奖励，仅县级财政每年用于奖励的经费就达10多万元。湖北省黄陂区为推行“农村家园建设”行动计划，开展一年一度长效管理检查评比，采取各村自查、逐级检查和互相评比等方式，对评选出的年度先进单位和个人进行总结表彰。新洲试点地区通过开展以基本保洁业务技能和行业标准规范为内容的培训学习活动，以农家女大课堂开展村民文明卫生习惯培训、动员村民签订文明家庭承诺书、进行"文明家庭"环境卫生大检查、组织妇女学习参观文明家庭标杆户等方式，教育和引导广大村民养成文明卫生的习惯，有效改善了乡村风貌和社区人文环境。

最后，建章立制规范。各地在农村社区建设实践中都制订了农村社区建设的指导性意见和相关实施方案及其细则，对社区建设的经费投入、机构设置、平台建设、人员配置、服务内容、服务标准等进行了具体规定。例如，武汉市委、市政府在出台《关于推进农村社区建设的意见（草案)》的基础上，把"家园建设行动计划"列入市一级目标管理，作为考核各区、市直各部门的重要内容。具体办法是建立"家园建设行动计划"考核指导标准，把致富门道明晰、基础设施完善、社保体系建立、社会和谐稳定作为"四到家园"的主要目标，细分为29项创建内容，92项创建任务，1 000分考核标准。通过加强制度建设，不仅有利于减少试点工作中的摩擦和改革成本，为农村社区建设提供制度保障和支持，而且也有利于进一步巩固改革和创新的成果，从而为形成农村社区建设的长效机制奠定基础。

从上述分析可看出，全国性农村社区建设是在从中央到地方各级党和政府的领导下进行的，党和政府在社区建设的组织、规划、实施过程中发挥了主导和主体作用。政府不仅确定农村社区建设的发展方向，也掌控农村社区建设的实践节奏；不仅确定农村社区建设的建置范围，也规范农村社区建设的组织体制，并为农村社区建设提供人力、物力和财力的支持。可以说，党和政府是我国农村社区建设的领导者，也是社区建设的组织者、推动者及实际的行动者。正因如此，我国农村社区建设表现出鲜明的政府主导和推动的特点，也是党和政府主导下的一场规划性变迁。

二、地方的自主性及选择性变迁

在强调我国农村社区建设的政府主导性的同时，我们也应看到农村社区建设实践中地方和基层政府的自主性。特别是自我国农村社区建设以来，虽然在党和政府的公报及文件中国家提出了农村社区建设的总体目标和要求，但是对于构建新型社区管理与服务体制的具体途径和方式，国家并没有从一开始就进行明确和统一的规定，而是允许地方积极探索和试验。民政部作为全国农村社区建设的主管单位，虽然也曾讨论并尝试对农村社区的规模、组织结构和平台以及功能进行规范，制订统一的标准，但是，由于我国农村幅员辽阔、区域差异大，特别是各地经济社会发展不平衡，自然地理环境千差万别，农民的生产和生活方式以及由此而产生的社区服务需求也存在差别，难以对农村社区确定全国一律化的标准。也正因如此，从农村社区建设实验开始，国家就强调农村社区建设不搞统一的标准模式，要求各地结合本地的实际，因地制宜，探索适合本地实际的农村社区模式和建设之路。从实践来看，各地在农村社区建设中也有不同的做法，形成了各有特色的农村社区建设模式。如江西省以村落为基础的“一会五站”社区模式；湖北省、广西壮族自治区等省区一些地方实行以村民小组或联组为基础的“一村多社区”模式；山东省诸城市的“多村一社区”及打造“两公里服务圈”的实践；北京市和上海市一些地方实行区、乡、村三级服务、“三级联创”的体制；吉林省实行“一村一社区”及“由村带屯、延伸服务”；湖南省出现了以临澧县为代表的“一村一社区，两委 + 协会”模式；以长沙市开福区为代表的“一村一社区，两委 + 中心（社区服务中心）模式”；以浏阳市为代表的“一村一社区，社区设小区”模式；以通道侗族自治县为代表的“村寨社区”模式；浙江省温州市“三分三改、联村建社、村社分开、经社分开”的模式，等等。这些不同模式的存在不仅显示出农村社区建设的多样性，也显示出地方政府的自主性和创造性。

地方政府的自主性实质是选择性，即地方政府有一定的自主选择的空间。从农村社区建设的发展来看，正是地方政府的自主性和选择性决定了地方政府农村社区建设推进的力度、工作的进度、建设的重点甚至发展的方向。

首先，从全国范围来看，各地农村社区建设发展呈现出明显的非均衡性，这种非均衡性主要是各地政府选择的结果。农村社区建设起源于江西省及湖北省秭归县的探索。无论在江西省还是湖北省秭归县，社区建设最初具有一定的自发性，也是村组干部和民众的要求及其努力的结果。但是，村组干部和农民成立社区理事会的自发行为是因为得到乡镇和县市党委政府的认可才具有合法性，也才可能被制度化并成为现实。如湖北省秭归县杨林桥镇铁炉冲村尝试以村民小组为单位建立社区理事会，实行自我管理和自我服务之时，杨林桥镇党委和政府就高度重视，不仅参与调查研究，也参与了制度设计，并将此作为村民自治的创新进行肯定，在全镇推广。与此同时，2004 年初，秭归县委县政府也组织有关专家多次深入杨林桥镇进行实地考察，对杨林桥农村社区建设的做法进行分析，并对经验进行总结，在此基础上，秭归县委县政府决定在全县每个乡镇选一个村作为试点村，开展农村社区建设试点。因此，严格地讲，秭归县农村社区建设是基层的创造，但是，并不是社会的自主创造，而是政府鼓励、支持和参与的结果，或者说，是基层政府选择的结果。

不仅如此，从宏观上看，自 2006 年全国开始推进农村社区建设以来，民政部并没有将农村社区建设试点作为一项硬性的工作任务予以推进，而是采取实验示范、逐步推进的策略，要求从各地实际出发，坚持群众自愿和注重实效的原则和精神，为地方充分预留自主操作和选择的空间。是否参与农村社区建设的试点工作，地方党委和政府的积极性和态度至关重要。各地农村社区建设的开展也是各地政府选择的结果。民政部是在各地县（市、区）政府自愿申报的基础上，经过评审确定是否纳入全国农村社区建设实验县（市、区）。第一批民政部仅确定了251个全国农村社区建设实验县（市、区），这些实验区覆盖28个省、自治区和直辖市。后来，由于一些地方政府强烈要求参与实验，民政部也适当增加名额，最终确定了304个全国农村社区建设实验县（市、区）。此后，民政部决定在全国开展"农村社区建设实验全覆盖"创建活动，也是在各地自荐申请的基础上进行评估。这一批全国农村社区建设实验县（市、区），也是农村社区建设的先行者。经过几年的实践和探索，农村社区建设有了较快的发展。然而，这些实验县（市、区）毕竟有限，在一些省区，实验县（市、区）数量极少，由此也出现了农村社区建设发展省市之间及地区之间的不平衡。

其次，从各地实践来看，各地方农村社区的组织形式及建设方式具有多样性，这种多样性也是各地方政府自主选择的结果。无论是山东省诸城市等地实行"一村多社区"制，还是其他省、市、自治区的"一村一社区"制，以及温州市实行的"三分三改"，村委会"转并联"建新社区，事实上都是各地政府选择的结果。如山东省诸城市委市政府根据当地村民居住分散、村庄规模小的特点，决定按照地域相近、规模适度的原则在中心村或者利用原乡（镇）政府与建制村之间的"管理片"的办公基地设立社区服务中心，将紧邻的几个村庄合并规划为一个社区。此举也是基于《中共山东省委关于认真贯彻落实党的十七届三中全会决定推进我省农村改革发展的意见》。山东省委省政府在文件中提出，农村社区建设要"以中心村为载体，兼并邻近村，撤并弱小村，改造空心村，建设新型农村社区，形成以县城为中心、小城镇为骨干、新型农村社区为基础的现代城镇体系，逐步实现农村基础设施城镇化、生活服务社区化、生活方式市民化"。这也为诸城市实行"多村一社区"提供了政策依据。诸城市"多村一社区"也得到省民政厅的高度肯定。温州市实施"三分三改"及推进社区建设也是市委、市政府的决策。时任温州市委书记陈德荣就认为，"社区是社会管理服务的终端，是基层公共服务的平台，社区自治是基层民主政治建设的基础"，"加强社会管理体制创新，要从基层基础抓起。基础不牢，地动山摇。建立社会主义市场经济体制，首先从市场经济体制的微观基础入手，形成一个富有生机活力、民营企业为主体的市场经济体系。同样的道理，建立新型社会管理模式，也应该从基层的社会管理体制改革入手。"为此，温州市致力于深化农村土地产权和集体经济体制改革，释放经济活力；同时，加快农村基层组织管理体制改革，建设农村新社区，释放社会的活力。[1] 为此，温州市委市政府先后出台了“关于加快城乡统筹综合配套改革的若干意见”（“1+12”系列文件）及《关于加强和创新社会管理的意见》（“1+9”系列文件），[2] 对温州综合改革、管理创新和社区重建的目标、思路、内容、措施和步骤等都作出明确的规定，由此也创造了具有温州特色的社区组织体制及建设模式。

最后，各地农村社区建设的内容和重点主要是各地党委和政府根据上级要求、社会的需求和现有的条件决定的。尤其值得注意的是，虽然各地农村社区建设的内容和重点要依据中央关于农村社区建设目标及建设内容的规定，如党的十六届六中全会规定农村社区建设旨在构建“管理有序、服务完善、文明祥和的社会生活共同体”，社会管理、社区服务及文化建设也因此成为各地社区建设的基本内容，但是，在实践中，如何分配建设资源，以及将哪一项工作作为工作重点，并不完全是根据中央关于社区建设的基本要求。从调查来看，地方政府的行为明显地受制于经济利益和政治利益的考虑。最为典型的是一些地方积极要求参加农村社区建设实验试点工作，也积极争取通过农村社区建设实验全覆盖的检查验收，这一行为背后不仅是期望由此获得更多的财政投入和资源支持，也是由于在现行的政绩考评体制下，成为国家试点以及通过国家评比验收，本身是地方政府及相关领导人的政绩，不仅给地方和个人带来荣誉，也为主要负责人的升迁提供支持。另外，各地农村社区建设中都大力加强基础设施建设及社区服务平台的建设，大力加强社会管理，尤其是推行“网格化管理”。其原因不仅在于社区服务和社会管理是社区建设的内容，也是因为基础设施及公共平台建设可以争取财政投入，相对于社区文化和道德建设，硬件建设见效快，“有显示度”。网格化的社会管理有助于加强社会治安及社会监控，同时，也是由于网格化管理及信息平台建设从属于相对“强势”的政法体系，且有大量的经费投入。一些地方在社区成立“监督委员会”，并将“监督委员会”与“村民委员会”和党支部并列作为村级三大机构之一，不仅仅是因为加强村务监督的需要，也是因为这一机构本身是上级纪检部门向社区延伸的平台。事实上，原有的村民自治体制早已存在“村民理财小组”或“村级财务监督小组”等群众财务监督机构和自治机关。但与此不同，新的“监督委员会”则是在纪委领导下工作，有的地方还明确规定“监督委员会”负责人只能由乡镇纪委提名。在此，我们不难看出，各地在农村社区建设的工作重点、机构设置、平台建设中不仅有政策的要求，也有经济利益

① 《陈德荣同志在全市加强和创新社会管理工作会议上的讲话》，2011 年 10 月 4 日。
② “1+12”、“1+9”系列文件是指一个主体文件和若干附件组成的系列文件。

和政治利益的考量。正是基于对不同因素的权衡，地方政府在社区建设中作出了不同的政策、制度和工作安排，由此也造成农村社区建设的内容不平衡、组织不协调。一些地方农村社区建设存在明显的重硬件建设，轻软件建设；重控制管理，轻居民自治；重上级要求，轻社会需求；重政府推动，轻民众参与等现象。这种社区建设的偏斜发展本身是政府选择的结果和表现。

显然，无论从宏观还是微观看，我国农村社区建设都是在政府主导下进行的，而政府根据一定的环境和条件对社区建设的内容和重点作出自己的选择。农村社区建设也是一种选择性的变迁过程。

不过，在此必须指出的是，地方政府的自主性及选择性是有限度的，这不仅受制于地方社会条件、民众的需求及自身的能力，更受制于上级的法律政策以及政治空间。特别是改革本身是除旧布新，也是对现存的体制和机制的创新和突破，不可避免涉及现存的法律、政策和体制的约束与冲突。如温州市在“三分三改”、村级组织“转并联”、“农房改造集聚”等重大改革中涉及村民自治、集体经济、土地产权等一系列重大法律、体制和政策问题，不可避免地与现行的相关法规政策发生冲突，引起诸多的争议和非议。山东省诸城市在“多村一社区”建设中，撤并了一些村民委员会，也受到上级部门及一些舆论的指责。不仅如此，农村社区建设涉及基层组织、权力和利益关系的调整，也不可避免地引起一些人员的不满和抗拒；农村社区建设需要一定的资金和资源的支持，一些地方往往因为财力不济而无所作为。如此等等，都直接影响农村社区建设的行动能力和发展走向。

三、政府主导性的限度

从世界范围来看，“二战”以来，社区建设或社区发展被视为加快落后国家和地区经济社会发展的重要途径。在各个国家，政府对社区发展发挥着重要的推动作用，一些国家社区发展还是在政府主导下进行的。特别是在一些东亚国家和地区，政府成为推进社区发展的基本动力和行为主体。

不可否认，政府对社区建设的推动、规划和支持是社区发展的必须条件和重要保障。政府是社会公共权力的行使者、法律规则的制定者、发展战略的决策者及公共资源的分配者。通过政府的推动、参与和支持，可以有效地动员、组织和调配公共资源和社会资源，加快社区建设和社会发展。特别是在我国这样的国家，城乡公共设施及公共服务差距大，农村社会建设任务重，农民收入水平低，农村资源的自我积累及农村社会的自我发展能力有限，迫切需要改革现行的国民收入及政府财政分配结构，加大对农村社会建设的投入力度，引导社会资源向农村积聚和配置，从而改善农村社区公共服务设施及人居环境，提高农村社区福利水平。尤其是对于我国这样一个以农业和农民为主体的国家而言，由于乡村改造的复杂性和艰巨性，政府主导型的社区发展方式无疑有利于发挥集中力量办大事的优势，有效凝聚全社会的意志和资源，形成推进社区建设的合力，从而保证社区发展各项目标的实现。韩国在新村运动中，到 1980 年 4 月的 10 年间，政府投资投入乡村建设总额达到了 27 571 亿韩元（约合人民币 138 亿元）。正是依靠这些投入，兴建了大量的农村基础设施，包括农田水利设施、乡村道路、农村市场体系、能源设施等，极大地促进了农村地区经济社会的发展，实现了乡村建设的跨越式发展。

不过，我们也必须看到，政府主导的社区建设也存在明显的局限，甚至使社区建设偏离其内在要求及发展的目标。

政府主导型社区建设最大的危险在于农村社区建设的国家化和社区组织的行政化。蔡禾在对我国社区建设的考察中就注意到，我国城市社区建设实践中存在明显的行政化现象。特别是“自社区建设开展以来，大量的城市管理职能向社区转移使得居委会日益被淹没在政府交办的事务中，原本属于‘自治’的组织被行政化、科层化、目标政府化；居委会人员日益‘公务员化’，居委会直选的居民委员会被纳入政府编制，公务员的任职标准进入居委会委员的选举标准，向公务员身份的转化成为居委会委员的目标取向。”“居委会不过是街道政府的‘一条腿’，社区建设不仅没有使这条腿独立，反而使它长‘粗’了，居委会实际上无自治可言，它与政府之间的关系实质上成为领导和被领导的关系。”为此，他提出我国社区建设的一个核心问题是必须明确“社区建设是一个政府行政事业还是一个社会事业?”① 因为不同的选择不仅涉及社区建设发展的目标，也关系社区建设的行动方式。蔡禾的分析虽然是针对城市社区建设的，但是，事实上这些问题也存在于农村社区建设中。从各地农村社区建设实验来看，农村社区都是在政府的推动和主导下进行的，有的农村新社区的组织机构及人员甚至是原乡镇管理区和干部转变而来，社区成为政府的工作平台，社区负责人也由乡镇选派干部担任，社区工作人员也是乡镇干部，社区主要承担政府的公共管理和公共服务。由此，社区组织高度行政化。

由于政府包揽了社区建设事务，社区建设中村民群众性参与不足，农民群众在农村社区建设中的主体地位难以获得切实保障。社区是一种社会生活共同体，农民群众生活在社区，是社区组织的主体，也是农村社区服务的对象。社区的生

---

① 蔡禾：《社区建设：目标选择与行动效绩》，载于《广西民族学院学报（哲学社会科学版）》，2003 年第 4 期。

命力在于能否满足社区居民的需求，获得社区居民的认同。然而，在当前的社区建设过程中，一些地方忽视农民意愿，不尊重农民权益，急功近利现象屡有发生。一些地方提出“一年打基础，二年见成效，三年大变样”的建设口号与发展目标。在这种超常规战略和发展目标指引下，基层操作部门往往将精力集中于工期短、见效快的“短、平、快”工程和建设项目，而对于社区邻里关系的改善、社区居民自组织能力的培育以及社区参与和社区认同的增强等短期内难见成效且与政绩难以直接挂钩的“软指标”重视不够或有意轻视。在政府理性和部门利益驱使下，一些地方甚至利用社区开发的名义下乡“圈地”，通过权力与资本结盟的方式，侵害农民土地利益及合法权利；也有一些地方以社区建设为名“套取”上级政府以奖代补资金，“虽然牌子换了，但形改实不改”。在运动式乡村建设体制下，一些地方搞大拆大建工程，大规模组建农民新村，认为社区建设就是“拆旧房、建新房”，不仅浪费人力、物力和财力，而且破坏了邻里和社区的和谐。

在自上而下的政府主导型乡村建设机制下，群众自下而上的参与渠道与机制并没有建立起来，农村社区及其居民处于被动“建设”和“改造”的境地，从而抑制了社区居民参与社区事务的积极性与主动性。从历史的经验来看，单纯的政府主导或外在输入，乡村建设及社区发展将缺乏内在的活力而难以持续。在20世纪20～30年代，由知识分子和社会团体所发动的旨在实现乡村振兴的乡村建设运动在后期由于各种势力的介入，侵害了农民的主体地位进而最终失去农民群众的同情和参与，出现“号称乡村运动而乡村不动”的结局。在农村社区建设中，加快农村基础设施及公共设施建设无疑是当前工作的重点，也是社区建设的重要内容。因为，国家对农村基础设施建设不仅是改善农民生产条件，提高生活质量的基础工作，也是增强农民社区和国家认同及社区重建的契机和动力。但是，这并不是社区建设的全部。从各国（地区）的经验来看，社区建设的重点在于如何让社区居民或社区组织参与社区建设，充分发挥社区居民的积极性、主动性和创造性，培养社区“自立、互助、合作”精神，以达到增强社区自治及可持续发展的能力与目标。因此，缺乏农民群众的积极参与，社区建设也将失去根基和活力，难以持续发展。

从农村社区建设的起源和发展来看，当代世界各国以及联合国等国际组织大力推进社区建设不仅是为了动员社会组织和社会公众参与社会建设，激发社会内在的活力，也是由于面对如此复杂的社会问题以及广泛的社会需求，政府力所不及、无能为力，需要社会力量的参与。正因如此，一些国家都将如何动员和发挥社会力量参与社区和社会建设作为社区建设的着力点。我国是一个农村人口众多、城乡差别大、经济社会发展不平衡的发展中大国，社会建设尤其是农村社会建设的任务重、难度大，不可以单纯依靠政府的投入和力量来完成，必须充分调动各种资源和社会力量，共同参与，协同共建，才可能达到农村社区建设的目标。

第三节　参与式发展：农村社区建设的路径选择

从我国农村社区建设和发展来看，与传统内发和自然生长的农村社区不同，新时期农村社区建设主要是一种政府主导的规划性变迁，是政府主导和选择的结果。这种方式虽然加强了国家的整合能力，也加快了社区组织和平台建设，使公共服务尽快普惠农民，但是，也造成社区建设国家化、社区组织行政化以及社会参与不足、社会组织退化。为此，必须重新思考我国农村社区建设之路。

一、参与式发展：一种社区建设的路径

“参与式发展”本身并不是一种新的理念。早在 20 世纪 50 ~ 60 年代，人们已经提出了“参与式发展”的思想。不过，“参与式发展”从一开始就与社区建设或社区发展密切相关。因为，“参与式发展”及最初的实践形式就是一些西方国家在第三世界国家援助中实施的“社区发展战略”。这种“社区发展战略”是对传统援助及发展方式的反思和批判。传统对第三世界国家的援助大都是外在输入式的投入，受援对象处于被动的角色；援助的重点也是消除经济的贫困并促进经济的增长，忽视社会的建设及人们精神贫困。为此，到 20 世纪 50 ~ 60 年代，人们日益意识到，在对欠发达国家的援助及促进落后地区的发展中，必须致力于社区建设和社区发展，并将当地人纳入改进社区的活动之中。一时间，“社区发展”成为当时国际发展的主流思想。① 1956 年联合国经社理事会年度报告说：“社区发展一词，已经国际通用，指一种过程，即由人民以自己的努力，与政府联合一致，去改革社区的经济、社会、文化环境，把社区与整个国家的生活合为一体，俾其对国家的进步克尽最大的贡献。此一复合的过程包括两种要素：即由人民自己的参与、尽可能靠自己创造以努力改善其生活水准，由政府以技术或其他服务以促进其发挥更有效的自助、自发与互助”②。可见，农村社区发展是一个双向的互动和合作过程，在发挥政府主导作用的同时，必须强调农村社区居民

① 郭占锋：《走出参与式发展的‘表象’——发展人类学视野下的国际发展项目》，载于《开放时代》2010 年第 1 期。

② 徐震：《社区与社区发展》，正中书局 1984 年版，第 151 ~ 152 页。

自下而上的参与，注重培育社区居民的公民参与精神和社区自治能力。

20 世纪 60 年代，社区参与在发展中国家的扶贫和发展运动中得到广泛运用。为解决新兴农业国家和地区的贫困、疾病、失业、经济发展缓慢等一系列问题，联合国倡导社区发展计划，建立社区福利中心，开展以社区为单位的社区发展运动，由政府有关机构同社区内的民间团体、合作组织、互助组织等通力合作，发动全体居民自发地投身于社区建设事业。在此基础上，国际社会逐步形成了参与式发展的思想与理念，强调社区发展是包括全体居民在内的一种发展过程，社区参与不仅是社区发展的手段和条件，而且也是社区发展的目标和关键。在一定意义上而言，社区发展的过程也是社区参与的过程。参与式发展理念是在对传统发展观念和方式进行总结和反思的基础上形成的，它认为社区发展不仅是经济单向度的发展，而是包括社区参与、居民自治、社区认同与族群和谐等在内的综合性发展；社区发展不单纯是自上而下的外部干预、介入及社区动员过程，更重要的是自下而上的参与和赋权于民的过程。强调在推动社区发展过程中，充分了解和尊重地方性知识及当地居民意见，培育社区参与和自治能力，引导社区居民从自身需求出发，找出和分析自身存在的问题，并根据当地资源状况和现实条件解决发展面临的各种困难和问题。参与式发展模式不仅实现了发展范式的转变与创新，而且创立了一套行之有效的操作工具和程序来增强社区成员、弱势群体在社区发展中的发言权、决策权、参与权、监督权，保障居民参与社区发展项目的决策、实施、利益分配、监督与评估的全过程，有效维护了社区成员的权利及利益。从根本上而言，参与式发展实质上是一种以人为本的发展模式，强调社区居民在社区发展中的主体性，注重发挥当地居民的主人翁精神，汲取内在动力推动社区的可持续发展。随着实践效果和影响的扩大，参与式发展逐步成为世界各个国家和地区推进社区发展的普遍性模式。

20 世纪 80 ~ 90 年代，参与式发展的理念被引入中国，它最先是由世界银行、联合国等国际组织运用于我国云南省、贵州省、四川省等地区的农村扶贫及生态保护项目，随后扩展到农村能源、卫生保健、农村水利、妇女、教育等领域。由此看来，参与式发展的理论与实践与农村社区的发展息息相关。事实上，如果从历史来看，我国早在 20 世纪 20 ~ 30 年代的乡村建设运动中就孕育了参与式发展的思想①。例如，定县实验区在农业推广过程中，采用了生计巡回学校、表证农家等措施，其目的是为了使农民参与到乡村建设中来，激发乡村建设的内在活力。为了把科学技术应用于农民的生产实践，晏阳初提出“科学简单化，农民科

① 崔效辉：《乡村建设运动：参与式发展理论的本土来源与贡献》，载于《南京人口管理干部学院学报》2005 年第 2 期，第 51 页。

学化”的主张，创造了研究、训练、表证（示范）、推广四步递进的方式来普及科学知识与技术，在一定程度上不仅改善了农业生产状况，而且调动了农民从事乡村建设的积极性。

从我国乡村建设和社区发展来看，由于新中国成立后相当长一段时间奉行工业和城市优先发展的战略，国家基本建设和投资长期以来主要集中于大中城市，对于城镇和农村地区的财政投入和支持严重不足，导致农村基础设施落后、人居环境恶化，城乡公共服务及发展差距不断扩大。尤其是对于我国这样一个农业大国而言，实现对乡村地区的改造和建设是一项长期性和艰巨性的历史任务，因此发挥政府的主导性作用无疑有利于推动农村社区发展各项目标的实现。不过，由于我国幅员辽阔，各地经济发展、风土人情及地域差异性极大，各地农村社区建设面临的困难和问题也千差万别。为保证农村社区建设作为新时期党和政府的一项惠民工程惠及千家万户，必须坚持从各地实际出发，尊重农民意愿和首创精神，依靠农民自己推进乡村的发展。在发挥政府主导作用的同时，推进参与式农村社区发展战略。

第一，以民为本。农村社区是由一定区域的农村居民组成的，也是农民群众的社会生活共同体。社区的主体是农民和居民，农民既是农村社区的组织主体，也是社区活动的参与者、社区自治的实践者、社区服务受益者。社区建设和发展最终的归宿在于满足社区居民和农民群众的需求，实现社区人的全面发展以及人与自然和社会的和谐及永续发展。为此，农村社区建设必须坚持农民群众在农村社区建设中的主体地位，始终把服务农村居民、改善民生作为社区建设的着力点，以解决农村居民最关心、最直接、最现实的利益问题为出发点和落脚点，努力提高社区居民生活福祉，实现社区和社会的全面发展。

第二，赋权于民。参与本身是一种基层群众和社会组织的赋权过程。参与式发展的内在要求是人们对于影响自身生产和生活的建设和发展项目有知情权、表达权、参与权、决策权以及监督权。农村社区建设是重大的民生建设工程，也是农村基层组织、管理和服务体制的重大变革。在农村社区建设中，一方面，必须进一步完善政务公开的机制及信息平台，凡涉及居民切身利益的建设方案、重大措施、重点工程项目等都要实行决策公开、财务公共及结果公开。尤其是在决策前要广泛征求群众意见，并以适当方式反馈或者公布意见采纳情况。完善重大决策程序规则，把公众参与、专家论证、风险评估、合法性审查和集体讨论决定作为必经程序加以规范，增强社区建设工作的透明度和公众参与度。另一方面，要建立和完善社区居民和社会组织参与决策、民主管理、民主监督的体制机制，可以通过社区论坛、社区听证会、社区公证、“一事一议”等方式和形式，使农民群众参与到各项社区发展项目的全过程。

第三，公平参与。由于现实社会经济发展的不平衡以及个人知识、能力和条件的局限，任何社会参与都存在非均衡性，尤其是一些社会弱势群体面临更多的参与障碍，常常被边缘化甚至排斥在外。参与式发展所追求的是尽可能让弱势群体参与建设和发展进程，让人人都有平等的参与机会，同时给弱势人群参与更多的社会支持。其实，西方“社区发展战略”本身也是为了让长期被边缘化的农民、妇女以及其他弱者参与发展进程。在我国社区建设中，必须建立以权利公平、机会公平、规则公平为主要内容的社区参与和社会公平保障体系，努力营造公平的社会环境，保证人们平等参与、平等发展权利。尤其是让社会和社区的弱势人群最大限度地参与社区建设和发展的进程。

第四，多元参与。社区生活本身具有多主体和多元性，社区建设也涉及多方的权力和利益，因此，社区参与也具有多元性。我国农村社区建设涉及政府组织和部门、基层党组织、村民自治组织、集体经济组织、驻村单位、民间团体、外来人员等等不同组织、部门和群体，农村社区参与式发展就是要充分尊重和协调各权利主体和利益相关者的权益，切实保障各权利主体和利益相关者的参与权，充分调动和发挥不同组织和主体参与社区建设的积极性，整合农村社区人才、资金、物质、技术等资源，形成推进农村社区建设的合力，加快社区建设和发展。

第五，共建共享。公平正义是现代文明社会的内在要求，也是社会和谐稳定的重要基础。参与式发展的目标是鼓励和支持广泛的社会参与的同时，也努力实现发展的成果让全体人们分享。在农村社区建设中，必须坚持共建共享的原则，让社区服务惠及全体居民，真正做到社区建设为了居民，社区发展依靠居民，让社区居民真正平等享有发展的成果。在此也必须强调，由于现实社会的差异性及非平衡性，社区建设要将重点放在最贫穷和最落后的地区及人群，加大对落后地区及社区弱者的财政投入和社会支持，使社区发展成果更多更公平惠及落后地区和弱势人群，使其民生获得更大程度的改善，缩小社会和社区差距，促进共同发展和进步。

第六，能力发展。参与本身也是一种能力。在社区参与及参与式发展中，必须着力提升社区居民和社会组织的参与能力。为此，一方面要加强农民的教育和培训，提升社区参与的知识和技能，引导社区居民依法依规参与社区建设工作；另一方面要着力提高农民组织化程度，通过组织化的参与，不仅可以提升社区民众的参与能力，也可以提升社区有序参与的水平。特别是改革以来，农民的独立性、自主性、流动性和差异性不断增强，必须大力培育和发展各类社会组织和合作经济组织，通过这些组织满足社区居民多样化的需求，更好地参与社区建设事务，保障不同群体的利益，并实现社区的组织整合。

因此，在农村社区建设中，必须发挥政府在社区建设的宣传、动员、组织、规划和规制方面的作用。但是，从根本上说，社区建设是农民群众自己的事业，也是社会的事业，农村社区建设的内在动力根植于农民群众的需求和社会发展的需求。在充分发挥政府的“推动力”的同时，必须立足居民和社会的需求，着力激发社区的内在活力，鼓励和支持广泛的社会参与，使社区建设获得源源不绝的内在动力。只有政府的外在“推动力”和社区内在的动力结合起来，才可能真正形成合力，推动社区建设健康持续发展。

二、“主体性互构”：社区建设多元主体的共荣成长①

毫无疑问，农村社区建设是多主体参与和行动的过程。其中，政府性组织、社会性组织和市场性组织是三类基本行动主体。这些不同性质的行动者或参与者在社区建设中的不同角色和权能配置在相当程度上决定了社区的属性，不同行动主体的行动能力及相互作用和影响也决定着农村社区建设的走向。对此，公民社会理论、国家政权建设理论及“第三领域”理论等从不同的角度进行了分析和解释。公民社会理论和国家政权建设理论来自于欧美学术话语体系，主要是依据欧美国家与社会分离、国家与社会对抗的事实和经验所提出来的。20 世纪 80 年代，学界应用这两种理论来研究中国社区问题。公民社会理论主要关注国家之外的公民社会是否存在于社区、公民社会在社区是如何产生的，它主张中国社会结构变迁的基本趋势是形成国家、市场、社会三足鼎立的现代社会结构，而当前中国社会结构的主要问题是政府过大、社会过小，政府应该向社会分权，增强社会自治能力。国家政权建设理论主要关注国家权力是如何渗透社区的，国家是如何整合社会的，它将城乡基层社会治理结构的变化视为国家建构的产物，即使城乡村（居）民自治形式的出现也源于国家赋权或源于国家整合社会机制的变化。国家政权建设理论和公民社会理论都预设公民社会与国家的分野或二者界限清晰或二者相互竞争甚至冲突，都将社区视为单向作用领域。前者将社区视为国家整合社会的领域、视为国家权力单向渗透的领域，相反，后者将社区视为公民社会发育领域，视为国家权力退出、社会权力生长的领域。20 世纪 90 年代，学界反思中国问题研究范式，提出“第三领域”——既非纯粹国家的也非纯粹社会的、而是国家与社会均介入其中的领域，与西方的国家/市民社会模式相反，中国的政治变迁从未真正出现针对国家的社会自主性的持久追求，社会与国家在“第三领域”持续合作更加引人注目。邓正来、景跃进提出公民社会与国家的良性互动

① 有关政府、市场和社会的协同发展主要参考课题组成员陈伟东教授关于中国社区建设道路的讨论（陈伟东：《论社区建设的中国道路》，载于《学习与实践》2013 年第 2 期）。

论，强调国家对市民社会的有限干预以及市民社会本身应该与国家互动。同时，“第三领域”理论与治理理论契合，“互动论”成为研究中国问题的主导性解释范式，重点关注政治精英与民间精英在社区是如何互动的，在社区建设中如何构建政府与社会的合作关系。①

上述三种理论都从不同角度对社区建设和社区发展的逻辑尤其是不同行动主体的关系进行解释。但是，早期的理论过分强调政府与社会之间的对抗性和排斥性，有的则将市场排斥在社会建设之外。随着人们对国家和社会关系认识的深入，人们越来越注意到国家与社会的交融、合作和互动。特别是国家与社会的良性互动论更好地解释了现代国家与社会的互动和互益关系。不过，在此仍有必要将市场因素纳入社会发展和社区建设的分析之中。尤其是在农村社区建设中，农民的独特性在于农民不仅是消费者，也是生产者，家庭和农户是生产和生活融于一体的单元。农村社区共同体不仅承担社会管理和生活服务的功能，也承担着提供农民生产经营的服务功能，必须考虑市场及市场服务如何进入农村社区。不仅如此，在现代社会建设和社区发展中，在政府和社会之外，通过市场更能有效地调动、配置和利用资源。基于中国社区建设过程中“国家在场”、“市场在场”、“社会在场”这一基本事实，我们提出中国社区建设的“主体性互构”理论（见图 13－3）。它包括三个方面内容：重新界定社区共同体、重新建构社区共同体的生成机制、重新建构社区建设主体间关系。

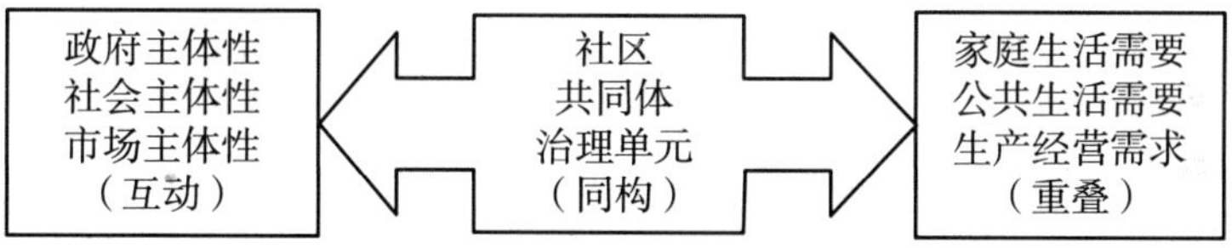

图 13－3　“主体性互构”理论模型

同构——我国农村社区即社会生活共同体，也是农村基层组织、管理和服务单元。迄今为止，人们对于社区性质有不同的理解和解释。在一些国家，一些城镇及基层政府也被称为“社区”，社区也是一种基层治理单位，承担国家和地方社会组织和行政管理功能。而不少国家，社区仅仅是一种社会生活共同体——这也是社会学意义上经典的社区解释。社区组织与基层政府组织分离，仅仅是社会自组织的一种形式。从我国来看，中央明确规划我国农村社区建设的目标是要建立管理有序、服务完善、文明祥和的新型的社会生活共同体。然而，对这种社会生活共同体的组织及性质仍存在严重的分歧。尤其是对农村社区，相当一部分人

① 孙娜娜：《行动者、关系与过程：基层社会治理的结构性转换》，中国社会科学出版社 2014 年版，第 10～20 页。

以及一些部门将社区仅仅视为一种区域性的集群，或社会共同体，同时，将社区与村民自治组织分开，认为村民自治组织承担法定的社会组织与管理功能，而社区则主要是一种服务平台。事实上，从我国农村社区来看，社会生活共同体是社区的本质属性，但是，依据中央的要求，社区也承担管理和服务功能。社区建设就是进一步健全社区管理体制和服务体制，实现管理有序、服务完善和文明祥和的目的。从实践来看，大多数地方农村社区是以村民委员会为基础设立的，一些重新组建的社区也是在政府统一规划下在一定地域组建的，社区重建过程中都增进了基层党组织、社区管理组织和服务平台的建设。社区事实上也是农村最基层的组织、管理和服务单元。社区组织承接或承担了一定的公共管理和公共服务职责。也正因如此，我国农村社区是社会生活共同体与基层组织管理单元一体化的组织。消除社区组织管理中村委会组织与社区组织的二元化，从村组体制向社区体制、从村民自治向社区自治过渡，实现社区组织、管理和服务主体组织的一元化也成为我国农村社区建设当前的重点及未来的方向。

重叠——农村社区共同体是家庭生活、公共生活和生产经营重叠的领域。社会生活共同体本身是源于欧美话语体系，以欧美的国家与社会分离、国家与社会对抗的经验事实为依据，学界偏爱在公民社会框架内来解读社会生活共同体。学界现有的社会生活共同体是用来描述民间社会关系的概念，它具体是指个体之间、家庭之间在频繁交往中、彼此互助中所形成的紧密关系。[①] 它是在假定“政府不在场”、“市场不在场”的条件下，重点关注个体如何摆脱原子化状态，建立属于他或她自己的社会关系网络，形成社群认同，实现社会整合的。学者眼中的村落社区描述的是以血缘关系为纽带，以家族、宗族组织为基础的社会共同体。彼得·德鲁克描述的新社区是以公民身份为纽带（公民价值意味着公民积极承诺、意味着公民承担社会责任、意味着一个人在社区、社会和国家中有某种影响[②]），以非营利组织为基础的社会共同体。传统的社会生活共同体概念不把政府、市场纳入分析视野，对政府、市场在社区建设中的作用视而不见，陷入“有社会、无政府、无市场”的认识误区，需要新的社区共同体概念取而代之。

人类为什么需要社区呢？社区对人类的价值是什么呢？一句话：社区是人类生存和发展的需要。社区是人的私人生活领域，也是人的公共生活领域。前者体现了社区生活的个体性，后者体现了社区生活的公共性。人类有三大基本需求：

---

① 如滕尼斯用共同体和联合体来解释乡村社会和城市社会，认为乡村社会是一种共同体，人们生于斯、长于斯，彼此熟悉、紧密联系、守望相助，而城市社会是一种联合体，人与人之间变得冷漠，社会内部变得原子化、碎片化。齐美尔、沃斯提出了社区消失论，他们认为工业化、市场化、城市化使乡村社会那种亲密关系消失了，人们失去了情感认同和心理归属。刘易斯提出了社区发现论，美国都市里的少数民族保留着村落共同体，如意大利城、日本城所存在的那种紧密关系。

② ［美］彼得·德鲁克著，张星岩译：《后资本主义社会》，上海译文出版社1998年版，第172页。

家庭生活需要、公共生活需要以及生产经营的需要，这既包括为人们生活消费提供衣、食、住、行、休闲、娱乐等私人物品，同时也要为人们提供社群认同、公共服务、公共道德、公共参与、公共活动等公共物品，还要为人们的生产经营提供必要的信息、技术、资金、资源和劳动力等产品和服务。社区建设要为满足人们的家庭生活需要，提供必要的商业设施和商业服务；也要为满足人的公共生活需要，提供必要的公共设施和公共服务，同时也要为人们的生产经营提供必要的社会支持。特别是对于农村和农民来说，农民既是生产者，又是消费者，生产和生活集于一体。农村社区不仅是农民的生活空间，也是农民生产经营所在地。尽管改革以后家庭承包制的实施，市场化的发展，农民的生产和经营有相对的独立性；农业产业化的发展也使部分农民成为农业工人，生产与生活出现分离趋势。但是，迄今为止，我国绝大多数农民和农户都是小规模的家庭经营，生产与生活的一体化以及生活空间的同域化仍是主要的特征。农民生产经营的自主性、独立性和私人性强化的同时，也存在大量的公共需求，特别是在农田水利、农耕道路、抗旱防涝、农技服务、病虫害防以及抢收抢割等方面需要更多的配合、协调和合作，这些要求社区提供更多的生产经营服务的支持。因此，农村社区共同体不仅是家庭私人生活领域，也是农民公共生活领域，同时还与生产经营领域重叠。

亚里士多德曾将人视为“天生的政治动物”，他所强调和表达的是人类不仅本性上是“社会性”的（其他动物也是社会性的，依赖群体才得以生存），而且人类因为参与政治才获得了人类的生活方式，得以成为完整意义上的人类；在城邦国家中能参与公共事务的自由民是真正意义上的人，而那些排除在市民活动之外，不能参与公共事务的奴隶不是真正意义上的人。[①] 要让生活于社区中的人成为完整意义上的“人类”，社区建设的重点就不仅仅是满足人的家庭生活需要，而是满足人的公共生活需要。公共生活使社区成为人的需要而不是动物的需要，公共生活使社区获得了人类的生活方式而不是动物的生活方式。社区建设的公共性体现了社区建设的价值，其公共性程度越高，社区建设的价值越大。中国社区建设的目标——建立管理有序、服务完善、文明祥和的新型社会生活共同体，彰显了社区建设的公共性：以社区为基础，重建公共生活秩序，使社区成为中国人“共同生存的领域”。

只有当获得这样的新认识后，我们才会理解社区需要市场提供商业服务、政府提供公共服务、社会提供志愿服务，我们才会看到社区建设中“政府在行动”、“市场在行动”、“社会在行动”。“政府在场”、“市场在场”、“社会在场”使建

① ［美］汉娜·阿伦特著，孙传钊译：《马克思与西方政治思想传统》，凤凰出版集团、江苏人民出版社 2007 年版，第 16～17 页。

设中的社区处于“国家化过程”、“市场化过程”、“社会化过程”的交替之中，社区共同体不是一个纯粹的国家领域、不是一个纯粹的市场领域，也不是一个纯粹的社会领域，而是国家、市场、社会都在其中的一个混合领域（第四领域）。在此方面，农村社区共同体比城市社区共同体表现得更为明显和突出。由此，我们也不难看出，在当代我国社区建设中，社会生活共同体的内涵已经超越了传统的公民社会或国家政权建设所指称的社会性或国家化社区共同体，具有更丰富的内容。

互动——社区建设是政府、市场和社会行动主体共同建构社区共同体的过程。社区共同体的建构应放在政府、市场、社会互动的过程中来考察，才能看清社区共同体的属性、结构、变迁。农村社区是农民私人生活与公共生活、农业生产与农村生活重叠的领域，需要私人产品、公共产品和市场产品的供给，需要政治资源、经济资源、社会资源、文化资源的整合。社区共同体不是任何单一行动主体可以建构的。中国农村社区建设的历史过程很好地反映了政府、市场、社会共同参与的必要性和可行性。20 世纪 80 年代开始的村民自治，在一定程度上增强了乡村社会自组织能力，促进了基层社会民主，但它无法解决城乡之间公共服务的落差。2007 年以来，国家开始实施城乡统筹战略，国家将社区建设从城市扩展到农村，将基本公共服务拓展到农村，城乡公共服务差别开始缩小；同时，国家允许农民流转土地承包经营权，并鼓励城市工商企业投资农村，发挥市场机制的作用，促进农业增产与农民增收。政府、市场、社会的互动使农村社区结构发生了深刻变化：农业生产逐步市场化、农民生活逐步社会化、农村公共服务逐步均等化，使得农村社区由静态走向流动、由封闭走向开放、由同质走向异质。换言之，正是政府、市场、社会的互动，才使社区共同体的建构成为可能，才使社区既能满足人的家庭生活需要又满足人的公共生活需要，成为人们共同生活的家园。

互构——社区建设是政府主体性、市场主体性、社会主体性交互建构的过程。社区共同体是政府、市场、社会有意识建构的产物，说明了社区建设中行动主体的多元性以及行动主体与行动客体的关系。那么，介入社区建设的政府、市场、社会之间的关系是什么？它们介入社区建设对它们自身有什么意义？“生活世界”、“互为主体性”是舒茨用来表达社会世界构成中的行动主体与行动客体以及行动主体与行动主体之间关系的两个概念。舒茨认为社会世界是一个直接具有真实生命活动的“活的”世界，应把生活世界放在社会互动的过程中来考察，行动主体之间是以互为主体而发生关联的，正是行动主体之间的“互为主体性”才使生活世界得以构成、得以可能。① 舒茨把“互为主体性”作为一种解读模

① ［美］乔治·瑞泽尔著，杨淑娇译：《当代社会学理论及其古典根源》，北京大学出版社 2005 年版，第 55 页。

式，用来解释社会互动中行动主体之间的实然关系。近年来，国内学者尝试将“互为主体性”作为一种建构模式，用来建构社会互动中行动主体间的应然关系。如国内学者沈红将“互为主体性”作为一种建构模式，通过反思社区扶贫中穷人主体性缺失问题，进一步讨论在政府—市场—社会的关系框架中建构穷人主体性的意义。[①] 当我们不仅仅把“互为主体性”作为一种解读模式而且还作为一种建构模式的时候，“互为主体性”就将公民权利、平等参与、协商民主等纳入分析视野。要使“互为主体性”概念具有强大的建构功能，“互为主体性”概念需要进一步知识化和理论化。在什么条件下行动主体可以相互建构主体性，这是问题的关键。从中外社区建设的经验看，“主体性互构”需要具备以下条件：一是行动的自主性。任何一个行动主体都具有独立的思考能力和行动能力，这是“主体性互构”的前提；如果彼此不把对方视为自主的行动主体，那么双方就不会是真正意义上互为主体性。二是目的的可得性。参与者获得他们自己所需要的东西，“主体性互构”对任何一方都有价值；如果参与者不能从社会互动中分享成果、分享快乐、得到自己想要的东西，“主体性互构”是无效的、无价值的，是难以持续的。三是参与的责任性。社会互动有赖于双方参与，双方参与基于某种责任，如果任何一方缺乏社会责任，“主体性互构”会缺乏内在激励机制。四是利益的相关性。行动主体之间既存在利益的差异性，又存在利益的共同性，他们之间的“主体性互构”既会表现为冲突形式，也会表现为合作形式，正是在冲突与合作的交替过程中，他们尝试换位思考，学会理解对方、尊重对方，双方便会对世界具有共同的经验和看法，经历着和分享着一个共同的世界。

共荣——政府主体性、市场主体性、社会主体性的相互建构过程，也是我国的服务型政府、责任型企业、自治型社会同步建构、共荣成长的过程——这正是政府、市场、社会介入社区建设的价值之所在。没有政府主体性、市场主体性、社会主体性的相互建构，任何一方都不可能形塑服务型政府、责任型企业和自治型社会。孟德斯鸠曾提出“市民社会与国家平衡”理论，他认为市民社会的重要性并不在于构成一个非政治性领域，而在于它构成了政治权力分立的社会基础，主张通过国家与市民社会的平衡来防止政治生活中的专制主义。托克维尔深入分析了美国公民自由结社对美国民主政治的基础性作用。普特南揭示了意大利不同区域公民社会发展程度与民主政治发展状况的内在关系。吉登斯提出了政府、市场、社会均衡理论，他认为政府、市场、市民社会“三者中有一者居于支配地位，社会秩序、民主和社会正义就不可能建立起来。”[②] 当前，我国社区建设效

① 沈红：《穷人主体建构与社区性制度创新》，载于《社会学研究》2002 年第 1 期，第 25 页。

② ［英］安东尼·吉登斯著，孙相东译：《第三条道路及其批评》，中央党校出版社 2002 年版，第 31 页。

率不高、活力不足是与政府主体性强、市场主体性缺、社会主体性弱密切相关的。政府主体性、市场主体性、社会主体性的相互建构，需要共产党发挥领导作用，使政府承担起责任，发挥“看得见的手”的调控功能。社会弱势需要政府扶持，政府需要通过财政支持、人才培训、公民教育等方式，来激活社区志愿精神，使社区走出当下有志愿行动而无志愿精神的困境。企业社会责任缺失需要政府激励，政府需要通过财税政策、平台建设等来倡导和激励企业履行自己的社会责任，参与当地的社区建设。“共驻共建、资源共享”不能作为一种口号，而要成为一种可持续的社会行动，需要建立快乐公益机制，使市场组织在参与社区公益事业建设中不会只付出、无收获，而是经营目标与公益行动的有机结合：通过公益行动来更好地实现经营目标，通过更好的经营目标来参与公益行动。

总之，我国农村社区建设既不是单纯的社会自治式的，将国家排除在社区和社会领域之外，也不是市场主义的，将社会服务和责任丢给市场，更不是国家主义式的，国家办社会，政府建社区，政府包揽社区建设，而是合作主义的。历史教训和实践经验告诉我们：政府过强，政府包办社会是低效的，难以为继的；市场过强，市场左右社会导致不公平。在农村社区建设中，必须处理好政党与社会的关系，建立党组织领导的充满生机与活力的基层社会自治机制；处理好政府与社会的关系，避免政府全能主义和社会无政府主义，建立政府行政管理与基层社会自治的有机衔接机制；要处理好政府、市场、社会的关系，避免政府万能、市场万能、社会万能的误区，充分发挥政府、市场、社会的比较优势，建立公共服务、商业服务、志愿服务的良性互动机制；要处理好个人与团体的关系，克服社会的原子化问题和社会的被组织化问题，建立以个人自愿为基础、以社会组织为中介的社区认同机制和社会团结机制。我国农村社区建设既是政府、社会和市场参与和共建的过程，也是政府转型、社会重建以及市场完善的过程。农村社区建设中多元主体的参与、协同和共建，国家、社会和市场的共生、共荣与成长，是我国农村社区建设的内在要求，也是未来发展和努力的方向。

结语

新时代、新社区与新国家

历史的发展常常有惊人的相似之处：对社区研究高度关注和研究的时期常常是社会急剧变革和转型时期。滕尼斯最初对社区的研究就是对快速工业化、城市化和近代化对乡土社会的冲击及其对工业社会的反思；20 世纪 30 年代，我国一大批社会学者纷纷关注和研究社区，也是对中国社会急剧变革、城乡社会的衰败的体认、反应和思考；90 年代中国城市社区研究的兴起，也正是城市单位制的解体，城市社会重组和重建时期。新世纪以来，特别是当前人们对农村社区的研究的高度关注，事实上也是源于我国农村改革的深入及乡村社会急剧的变革，传统乡村治理体系及村社共同体的解体，人们正在寻找社会和社区重建之路。

显然，社区及共同体研究的兴起本身是社区和共同体解体的反应和反思，也是对未来社区和共同体重建的探索和思考。而这一切，不仅表明一个旧时代、一种社会组织结构和形态的终结，也预示一个新时代及一种新的社会组织结构和形态的诞生！

如果从历史的长波来看，无论是滕尼斯对社区共同体和社会的研究还是近代以来我国学界对城乡社区的研究，实质上都是关注工业化、城市化和现代化过程中传统农业社会向现代工业社会的转型及社会和社区的解体和重建问题。

当然，不同时期、不同国家和不同学者对社会和社区解体及新社会和社区的重建有不同的认同和选择。在滕尼斯看来，城市扩张、工业革命及市场经济造成人们社会联系松散、共同精神衰落以及社会信任和认同解体，人们从传统守望相助、休戚与共的共同体生活进入一种分化聚合、相互隔膜的社会之中。在社会之中，人们在追求和享受感官、物质满足的同时，也存在隔离、孤独、紧张、压抑和无助，失去了社会支持、精神寄托和心灵的归属。显然，他注意到城市化和工业化过程中人口流动、市场交换、消费主义以及享乐主义等对传统社会组织、社会结构及人们的生活方式的深刻影响。但是，他将这种影响视为一种破坏。因为，在农业社会向工业社会的转型中，随着传统共同体的解体，社会关系出现断裂，人们的共同生活也随之丧失。他对传统充满温馨的乡土社会共同体无比留恋。

不过，即使是滕尼斯，他也注意到市场化、工业化和城市化的强劲力量及农业社会向工业社会转型的客观趋势。他对传统乡村共同体的眷恋多少显得有些无奈。事实上，先于滕尼斯的马克思也指出市场化和工业化的社会后果，尤其是商品生产打破了原始的血缘和地域联系及社会的封闭性和地方性，改变了传统社会中人们之间温情脉脉的人情伦理关系，传统封闭的社会和生活共同体也纷纷解体。他也注意到资本主义及商品交换对人的异化和劳动的异化。但是，与滕尼斯不同，马克思并不是一个怀旧和悲观主义者，他看到了市场化和工业化的必然性及进步性。在他看来，商品经济的发展和大工业不仅极大地解放了生产力，最终也将促进平等、自由和人的解放，并为未来新社会奠定基础。同样，与滕尼斯同时代的社会学家迪尔克姆也有着与滕尼斯完全不同的看法。在他看来，传统社会共同体中人们有着同样的谋生手段，遵循同样的习俗，信奉同一图腾，由此形成共同或集体的意识和认同，而社会共同体的维系也有赖于强化这种共同意识。然而，这种社会不过是一种“同质”的社会，社会组织也是一种“机械的团结”，是文明程度较低社会的表现。随着社会的发展和社会的分工，每个人的工作、生活和消费上都依赖他人，同时，也都在为社会整体服务，由此形成一种相互依存的“有机团结”。因此，在现代社会中，虽然人们在意识、信仰上的差异日益增大，但是社会并没有瓦解，人们也没有分离，社会分工成为社会联系的纽带。与滕尼斯相反，他将传统社会联系视为“机械的”，而将现代社会视为“有机的”。现代社会的发展是文明的进步，也是社会的转型和发展。

毫无疑问，滕尼斯、马克思及迪尔克姆等人都敏锐地注意到市场化、工业化和城市化对社会结构的影响，对其影响机制和机理进行了分析，并对社会发展未来做出了自己的判断。事实上，近代以来，我国市场化、工业化和城市化的快速发展，同样对中国社会产生了深刻的影响。在快速市场化和工业化的冲击下，我们传统农村经济和社会也迅速解体，出现衰败，并引发了轰轰烈烈的“乡村复兴”和乡村建设运动。21 世纪的今天，随着农村及整个国家的改革开放，特别是随着市场化、工业化、城市化、信息化及全球化的深入发展，我国农村以及整个国家和社会的面貌已经发生了历史性变化：农业产值在国民收入中的比重以及农业收入在农民收入中的地位持续下降，我国的产业结构、就业结构、收入结构及财政结构发生了历史性变化，传统的“以农为主”的时代正成为过去；大量的农民进城、务工、经商，2011 年我国城镇人口已经超过农村人口，占全国人口的 51.27%，宣告我国长达数千年的“以农立国”时代的终结，一个“城市主导”的时代到来！2012 年全国流动人口的总量已经超过 2.36 亿人，其中半数以上是新生代流动人口，他们对于平权、自由和尊严的追求更加强烈，破除城乡二元化的结构和体制的任务更加迫切；当前我国总体上已经解决了人们的温饱，正从局部小康向全面小康及富裕社会迈进，“发展”已经取代“生存”成为人们奋斗的目标，农民更加关注和强调个人职业、教育、生活品质、生态环境、社会尊重等，农民的公共需求全面、快速地增长，要求国家提供更多和更好的公共产品和公共服务；农村人口、资源和信息快速流动，多种经济和多种经营形式迅速发展，农村社会利益和社会群体的不断分化，人们的观念、需求及行为选择日趋多样化，社会矛盾也日益增多，社会管理和整合的难度也越来越大；传统的基于集体产权、土地边界和行政规划建立起来的村社不分、组织封闭、城乡分离农村基层治理体系及村社共同体不断解体，我国农村以及整个国家经济和社会处在急剧的变革之中，如何重建乡村社会的组织和认同，实现乡村社会的有序治理和社会融合，已经成为我们这个时代最紧迫的任务。

事实上，这种组织、认同和治理的重建也正是当前农村社区建设的任务和社会建设的重点！

农村社区是农村居民生产和生活之地，也是社会组织与管理的细胞。农村社区建设是新时期新阶段我国社会建设、组织建设、管理建设和认同重建的具体行动，也是在党和政府的领导下，依靠社区力量，利用社区资源，强化社区功能，解决社区问题，促进社区政治、经济、文化、环境协调和健康发展，不断提高社区成员生活水平和生活质量的过程。农村社区建设不仅旨在构建新型农村社会生活共同体，重建乡村社会的微观组织细胞，也是旨在构建新型农村基层组织、管理和服务体制，实现乡村治理的转型。不仅如此，农村社区建设将农村社会生活共同体从经济共同体及政社合一中分离和解放出来，重建一定地域的公共社会生活共同体；将农民从传统封闭的经社一体集体单位中解放出来，实现农民从社员和村民向独立而平等的公民的转变；将公共服务引入并全面覆盖农村，让广大农民平等参与现代化进程、共同分享现代化成果，促进城乡基本公共服务的均等化及城乡社会的一体化和融合；农村社区建设也打破传统村级组织、村民自治和基层民主的封闭性，赋予所有社区居民以平等的参与权、管理权和受益权，实现从村民自治向社区自治转变，也促进了社区认同和融合。

毫无疑问，农村社区建设是社区社会组织的发育、公共空间的成长及公共制度的再造过程，也是农民独立化、平等化和公民化的过程。其实质是公共性组织、公民性社会、公共性治理及公共性认同的重建。农村社区建设不仅推动农村组织、乡村治理、城乡关系的重大转变，也改造了农村社会和农民自身，并促进了社会转型和政府转型。农村社区“小共同体”建设与国家和社会“大共同体”建设并不矛盾。农村社区建设在建设“新社区”的同时，也在锻造“新公民”，培育“新组织”，建设“新农村”，不仅为“新社会”和“新国家”奠定基础，本身也是现代国家和现代社会建设的一部分。

正因如此，我们看到了当前中国乡村社会的衰败和乡村社区的解体，但我们并不悲观！我们注意到乡村社区和社会重建及社会和国家转型的艰难，但我们并不气馁！因为，在这痛苦的蜕变中，我们看到了希望！在人们的努力中，我们看到了未来！

参考文献

著作类：

［1］恩格斯：《家庭、私有制和国家的起源》，引自《马克思恩格斯选集》，人民出版社1995年版。

［2］［德］斐迪南·滕尼斯著，林荣远译：《共同体与社会：纯粹社会学的基本概念》，北京大学出版社2010年版。

［3］［美］罗伯特·帕特南著，刘波等译：《独自打保龄：美国社区的衰落与复兴》，北京大学出版社2011年版。

［4］齐格蒙特·鲍曼著，欧阳景根译：《共同体》，江苏人民出版社2007年版。

［5］［美］曼纽尔·卡斯特著，曹荣湘译：《认同的力量》（第二版），社会科学文献出版社2006年版。

［6］冯钢编选：《社会学基础文献选读》，浙江大学出版社2008年版。

［7］［日］谷川道雄著，马彪译：《中国中世社会与共同体》，中华书局2002年版。

［8］［日］宫川尚志：《六朝时代的村》，《日本学者研究中国史论著选译》第4卷，中华书局1992年版。

［9］［日］平田茂树、远藤隆俊、冈元司编：《宋代社会的空间与交流》，河南大学出版社2008年版。

［10］［美］施坚雅著，史建云、徐秀丽译：《中国农村的市场和社会结构》，中国社会科学出版社1998年版。

［11］［美］明恩溥著，陈午晴、唐军译：《中国乡村生活》，中华书局2006年版。

［12］［美］詹姆斯·汉斯林著，林聚仁等译：《社会学入门——一种现实分析方法》，北京大学出版社2007年版。

［13］［美］莫里斯·弗里德曼著，刘晓春译：《中国东南的宗族组织》，上海人民出版社2000年版。

[14] 费孝通:《乡土中国　生育制度》,北京大学出版社 1998 年版。

[15] 费孝通:《学术自述与反思》,三联书店 1996 年版。

[16] 郑杭生:《社会互构论:世界眼光下的中国特色社会学理论的新探索》,中国人民大学出版社 2010 年版。

[17] 郑杭生主编:《社区建设的理论与实践——以广州深圳实地调查为例的广东特色分析》,党建读物出版社 2009 年版。

[18] 郑杭生、杨敏、黄家亮等:《中国特色和谐社区建设"上城模式"实地调查研究》,世界图书出版公司 2010 年版。

[19] 郑杭生、杨敏:《中国社会转型与社区制度创新——实践结构论及其运用》,北京师范大学出版社 2008 年版。

[20] 韩明谟编著:《农村社会学》,北京大学出版社 2001 年 4 月版。

[21] 李培林:《村落的终结——羊城村的故事》,商务印书馆 2004 年版。

[22] 陆学艺:《改革中的农村与农民——对大寨、刘庄、华西等 13 个村庄的实证研究》,中共中央党校出版社 1992 年版。

[23] 王沪宁:《当代中国村落家族文化——对中国社会现代化的一项探索》,上海人民出版社 1991 年版。

[24] 孙立平:《转型与断裂——改革以来中国社会结构的变迁》,清华大学出版社 2009 年版。

[25] 赵树凯:《农民的新命》,商务印书馆 2012 年版。

[26] 黄平、王晓毅主编:《公共性的重建:社区建设的实践与思考》(上、下),社会科学文献出版社 2011 年版。

[27] 毛丹:《一个村落共同体的变迁:关于尖山下村的单位的观察与阐释》,学林出版社 2000 年版。

[28] 张静:《现代公共规则与乡村社会》,上海书店出版社 2006 年版。

[29] 张静:《基层政权:乡村制度诸问题》,浙江人民出版社 2000 年版。

[30] 折晓叶:《村庄的再造:一个"超级村庄"的社会变迁》,中国社会科学出版社 1997 年版。

[31] 项飚:《跨越边界的社区》,三联书店 2000 年版。

[32] 俞可平:《公民社会的兴起与治理的变迁》,社会科学文献出版社 2002 年版。

[33] 程同顺:《农民组织与政治发展:再论中国农民的组织化》,天津人民出版社 2006 年版。

[34] 周其仁:《农村变革与中国发展(1978~1989)》,牛津大学出版社 1994 年版。

［35］曾旭正：《台湾的社区营造》，远足文化出版社 2007 年版。

［36］张乐天：《告别理想：人民公社制度研究》，上海人民出版社 2005 年版。

［37］徐勇、陈伟东：《中国城市社区自治》，武汉出版社 2002 年版。

［38］陈伟东：《社区自治：自组织网络与制度设置》，中国社会科学出版社 2004 年版。

［39］徐永祥：《社区发展论》，华东理工大学出版社 2000 年 12 月版。

［40］唐忠新：《迈向和谐社会的社区服务》，中国社会出版社 2005 年版。

［41］唐忠新：《现代城市社区建设概论》，上海交通大学出版社 2008 年版。

［42］曹锦清：《当代浙北乡村的社会文化变迁》，上海远东出版社 1995 年版。

［43］秦志华：《中国乡村社区组织建设》，人民出版社 1995 年版。

［44］潘乃谷、马戎、邱泽奇、王铭铭：《社区研究与社会发展》，天津人民出版社 1996 年版。

［45］王颖：《新集体主义：乡村社会的再组织》，经济管理出版社 1996 年版。

［46］徐中振、卢汉龙：《社区发展与现代文明：上海城市社区发展研究报告》，上海远东出版社 1996 年版。

［47］王春光：《社会流动和社会重构——京城“浙江村”研究》，浙江人民出版社 1995 年版。

［48］王春光：《中国农村社会变迁》，云南人民出版社 1996 年版。

［49］吴德隆、谷迎春：《中国城市社区建设》，知识出版社 1996 年版。

［50］王铭铭：《社区的历程——溪村汉人家族的个案研究》，天津人民出版社 1997 年版。

［51］王铭铭：《村落视野中的文化与权力》，三联书店 1997 年版。

［52］程漱兰：《中国农村发展：理论和实践》，中国人民大学出版社 1999 年版。

［53］马戎、刘世定、邱泽奇：《中国乡镇组织调查》，华夏出版社 2000 年版。

［54］于燕燕编：《中国社区发展报告 2011》，社会科学文献出版社 2011 年版。

［55］侯伊莎：《透视盐田模式——社区从管理到治理体制》，重庆出版社 2006 年版。

［56］马戎、潘乃谷、周星主编：《中国民族社区发展研究》，北京大学出版社 2001 年版。

［57］刘建军：《单位中国：社会调控体系重构中的个人、组织与国家》，天津人民出版社 2000 年版。

［58］蓝宇蕴：《都市里的村庄：一个“新村社共同体”的实地研究》，三联

书店 2005 年版。

［59］谭必友：《清代湘西苗疆多民族社区的近代重构》，民族出版社 2007 年版。

［60］潘屹：《家园建设——农村社区建设模式分析》，中国社会出版社 2009 年版。

［61］奚从清：《社区研究：社区建设与社区发展》，华夏出版社 1995 年版。

［62］林尚立编：《社区民主与治理：案例研究》，社会科学文献出版社 2003 年版。

［63］李学举：《村民自治三年实践的思考》，中国基层政权建设研究会编：《实践与思考》，中国基层政权建设研究会 1991 年年会论文集，中国社会出版社 1992 年版。

［64］民政部基层政权和社区建设司：《中国农村社区发展报告 2009》，西北大学出版社 2011 年版。

［65］黎熙元、童晓频、蒋廉雄：《社区建设：理念、实践与模式比较》，商务印书馆 2006 年版。

［66］单菁菁：《社区情感与社区建设》，社会科学文献出版社 2005 年版。

［67］李慧凤、许一平：《社区合作治理实证研究》，中国社会出版社 2009 年版。

［68］梁漱溟乡村建设理论研究会编：《乡村：中国文化之本》，山东大学出版社 1989 年版。

［69］梁治平：《清代习惯法、社会与国家》，中国政法大学出版社 1997 年版。

［70］张仲礼：《中国绅士：关于其在 19 世纪中国社会中作用的研究》，李荣昌译，上海社会科学出版社 1991 年版。

［71］秦晖、苏文：《田园诗与狂想曲——关中模式与前近代社会的再认识》，语文出版社 1996 年版。

［72］秦晖：《农民中国：历史反思与现实选择》，河南人民出版社 2003 年版。

［73］［俄］鲍里斯·尼古拉耶维奇·米罗诺夫著，张广翔等译：《俄国社会史：个性、民主家庭、公民社会及法制国家的形成》（上、下卷），山东大学出版社 2006 年版。

［74］金雁、卞悟：《农村公社、改革与革命——村社传统与俄国现代化之路》，中央编译出版社 1996 年版。

［75］张思：《近代华北村落共同体的变迁——农耕结合习惯的历史人类学考察》，商务印书馆 2005 年版。

［76］张鸣：《乡村社会权力和文化结构的变迁（1903～1953）》，广西人

民出版社 2001 年 7 月版。

［77］杜正胜：《编户齐民：传统政治社会结构之形成》，联经出版社事业股份有限公司 2008 年版。

［78］黄宽重、刘增贵主编：《家庭与社会》，中国大百科全书出版社 2005 年版。

［79］常建华：《明代宗族研究》，上海人民出版社 2005 年版。

［80］赵冈：《中国传统农村的地权分配》，新星出版社 2006 年版。

［81］黄宗智：《华北的小农经济与社会变迁》，中华书局 2000 年版。

［82］郑大华：《民国乡村建设运动》，社会科学文献出版社 2000 年版。

［83］钧天：《中国保甲制度》，商务印书馆 1935 年版。

［84］白钢：《中国农民问题研究》，人民出版社 1993 年版。

［85］张翼之、黄华文、郑邦兴：《中国农村基层建制的历史演变》，四川人民出版社 1992 年版。

［86］李文治、江太新：《中国宗法宗族制和族田义庄》，社会科学文献出版社 2000 年版。

［87］谭景玉：《宋代乡村组织研究》，山东大学出版社 2010 年版。

［88］段自成：《清代北方官办乡约研究》，中国社会科学出版社 2009 年版。

［89］陈会林：《地缘社会解纷机制研究：以中国明清两代为中心》，中国政法大学出版社 2009 年版。

［90］从翰香：《近代冀鲁豫乡村》，中国社会科学出版社 1995 年版。

［91］乔志强：《近代华北农村社会变迁》，人民出版社 1998 年版。

［92］曹锦清：《黄河边的中国：一个学者对乡村社会的观察与思考》，上海文艺出版社 2000 年版。

［93］张佩国：《近代江南乡村地权的历史人类学研究》，上海人民出版社 2002 年版。

［94］周晓虹：《传统与变迁：江浙农民的社会心理及其近代以来的嬗变》，三联书店 1998 年版。

［95］朱德新：《二十世纪三四十年代河南冀东保甲制度研究》，人文社科出版社 1994 年版。

［96］赵秀玲：《中国乡里制度》，社会科学文献出版社 1998 年版。

［97］徐有礼等：《30 年代宛西乡村建设模式研究》，中州古籍出版社 1999 年版。

［98］张厚安：《中国农村村级治理：22 个村的调查与比较》，华中师范大学出版社 2000 年版。

［99］［法］皮埃尔·布迪厄、［美］华康德著，李猛、李康译：《实践与反思——反思社会学导引》，中央编译出版社1998年版。

［100］［法］H. 孟德拉斯著，李培林译：《农民的终结》，社会科学文献出版社2005年版。

［101］项继权、王绍寅、何长缨：《“温州新政”：社区重建与治理转型》，中国社会科学出版社2014年版。

［102］叶南客：《都市社会的微观再造——中外城市社区比较新论》，东南大学出版社2003年版。

［103］侯钧生、陈钟林编著：《发达国家与地区社区发展经验》，机械工业出版社2004年版。

［104］谢芳：《美国社区》，中国社会出版社2004年版。

［105］谢芳：《西方社区公民参与：以美国社区听证为例》，中国社会出版社2009年版。

［106］张暄：《日本社区》，中国社会出版社2007年版。

［107］马西恒、［加］鲍勃谢比伯等著：《中加社区治理模式比较研究：以上海和温哥华为例》，上海人民出版社2006年版。

［108］刘军宁等编：《自由与社群》，三联书店1998年版。

［109］褚松燕：《个体与共同体：公民资格的演变及意义》，中国社会出版社2003年版。

［110］胡必亮：《关系共同体》，人民出版社2005年版。

［111］［美］诺思：《经济史中的结构与变迁》，三联书店、上海人民出版社1994年版。

［112］［美］吉尔伯特·罗兹曼：《中国的现代化》，上海人民出版社1989年版。

［113］［美］艾莉诺·奥斯特罗姆著，余逊达、陈旭东译：《公共事物的治理之道——集体行动制度的演进》，三联书店2000年版。

［114］［德］乌尔里希·贝克著，何博闻译：《风险社会》，译林出版社2004年版。

［115］［美］乔治·瑞泽尔著，谢立中等译：《后现代社会理论》，华夏出版社2003年版。

［116］［德］齐格蒙特·鲍曼著，欧阳景根译：《流动的现代性》，三联书店2002年版。

［117］［美］曼纽尔·卡斯特著，夏铸九译：《网络社会的崛起》，社科文献出版社2006年版。

［118］黄宗智主编：《中国研究的范式问题讨论》，社会科学文献出版社2003年版。

［119］李明明：《超越与同一：欧盟的集体认同研究》，上海世纪出版集团2009年版。

［120］孙秋云：《社区历史与乡政村治》，民族出版社2001年第10版。

［121］黄恒学、张勇：《政府基本公共服务标准化研究》，人民出版社2011年版。

［122］王景新、李长江、曹荣庆：《明日中国—走向城乡一体化》，中国经济出版社2005年版。

［123］基本公共服务均等化研究课题组：《让人人平等享受基本公共服务——我国基本公共服务均等化研究》，中国社会科学出版社2011年版。

［124］发展研究所综合课题组：《改革面临制度创新》，上海三联书店1988年版。

［125］［英］安东尼·吉登斯著，田禾译：《现代性的后果》，译林出版社2000年版。

［126］［美］杰里·D·穆尔著，欧阳敏等译：《人类学家的文化见解》，商务印书馆2009年版。

［127］［英］罗伯特·D·帕特南著，王列、赖海榕译：《使民主运转起来》，江西人民出版社2001年版。

［128］阎云翔著，龚小夏译：《私人生活的变革：一个中国村庄里的爱情、家庭与亲密关系1949－1999》，上海书店出版社2006年版。

［129］［美］弗里曼、毕克伟、塞尔登著，陶鹤山译：《中国乡村，社会主义国家》，社会科学文献出版社2002年版。

［130］［美］肖凤霞：《华南的代理人和受害者》，耶鲁大学出版社1989年版。

［131］［美］姆斯·C·斯科特著，程立显、刘建等译：《农民的道义经济学：东南亚的反叛与生存》，译林出版社2001年版。

［132］［美］吉登斯著，胡宗泽、赵力涛译：《民族——国家与暴力》，三联书店1998年版。

［133］［英］齐格蒙特·鲍曼著，欧阳景根译：《流动的现代性》，上海三联书店2002年版。

［134］［美］巴林顿·摩尔著，拓夫、张东东等译：《民主和专制的社会起源》，华夏出版社1987年版。

［135］黄煌雄、郭石吉、林时机：《小区总体营造总体检调查报告书》，台北远流出版公司2001年版。

［136］于显洋：《社区概论》，中国人民大学出版社 2006 年版。

［137］房列曙：《社区工作》，合肥工业大学出版社 2005 年版。

［138］刘洪、邓小敏：《城乡社区建设理论与实务研究》，广东世界图书出版社 2009 年版。

［139］詹成付：《农村社区建设实验工作讲义》，中国社会出版社 2008 年版。

［140］周文健：《城市社区建设概论》，中国社会出版社 2002 年版。

［141］顾建健：《现代社区管理概论》，上海人民出版社 2007 年版。

［142］丁元竹：《社区的基本理论与方法》，北京师范大学出版社 2009 年版。

［143］程又中：《外国农村公共服务研究》，中国社会科学出版社 2011 年版。

［144］项继权：《外国农村基层建制》，华中师范大学出版社 1995 年版。

［145］谢芳：《美国社区》，中国社会出版社 2004 年版。

［146］汪大海、孔德宏编译：《世界范围内的社区发展》，中国社会出版社 2005 年版。

［147］侯均生、陈钟林：《发达国家与地区社区发展经验》，机械工业出版社 2004 年版。

［148］于燕燕：《社区自治与政府职能转变》，中国社会出版社 2005 年第 1 版。

［149］黎熙元：《现代社区概论》，中山大学出版社 2007 年版。

［150］王敬尧：《参与式治理：中国社区建设实证研究》，中国社会科学出版社 2006 年版。

［151］项继权：《集体经济背景下的乡村治理：南街、向高和方家泉村村治实证研究》，华中师范大学出版社 2002 年版。

［152］于建嵘：《岳村政治——转型期中国乡村政治结构的变迁》，商务印书馆 2001 年版。

［153］吴毅：《村治变迁中的权威与秩序——20 世纪川东双村的表达》，中国社会科学出版社 2002 年版。

［154］胡必亮：《中国村落的制度变迁与权力分配》，山西经济出版社 1996 年版。

［155］郭正林：《中国村政制度》，中国文联出版社 1999 年版。

［156］周其仁：《产权与制度变迁——中国改革的经验研究》，北京大学出版社 2002 年版。

［157］［美］齐格蒙特·鲍曼：《个体化社会》，冯庆华译，上海三联书店 2002 年版。

［158］［法］埃弥尔·涂尔干：《社会分工论》，渠东译，三联书店 2005 年版。

[159] V. Shue, *The Reach of the State: Sketches of the Chinese Body Politic*, Stanford: Stanford University Press, 1988.

[160] Alexander Von Hoffman, *House by House, Block by Block: The Rebirth of America's Urban Neighborhoods*, Oxford, 2003.

[161] Hsiao Kung - Chuan, *Rural China: Imperial Control in the Nineteenth Century*, University of Washington Press, 1960.

[162] R. Keith Schoppa, *Chinese Elites and Political Change: Zhejiang Province in the Early Twentieth Century*, Cambridge: Harvard University Press, 1982.

[163] Jean Oi, *State and Peasant in Contemporary China: The Political Economy of Village Government*, Berkeley: University of California Press, 1989.

[164] Ronald F. Ferguson, William T. Dickens, eds., *Urban Problems and Community Development*, Brookings Press, 1999.

[165] Paul S. Grogan, and Tony Proscio, *Comeback Cities: A Blueprint for Urban Neighborhood Revival*, Westview Press, 2000.

[166] Andrew G. Walder, *Social Change in China's Reform Era*, Oxford University Press, 1999.

[167] Andrew G Walder, *Communist Neo - Traditionalism: Work and Authority in Chinese Industry*, Berkeley and Los Angeles: University of California Press, 1986.

[168] Kevin O'Brien, *Popular Protest in China*, Cambridge, MA: Harvard University Press, 2008.

[169] Irwin T. Sanders, *Communities in Action: Pattern and Process*, Literary Licensing, LLC, 2012.

[170] Robert Redfield, *The Little Community and Peasant Society and Culture*, Chicago: The University of Chicago Press, 1989.

[171] Elizabeth J. Perry, *Grassroots Political Reform in Contemporary China*, Cambridge, MA: Harvard University Press, 2007.

[172] Barry Naughton, *The Chinese Economy: Transitions and Growth*, Cambridge: MIT Press, 2007.

[173] Dali L. Yang, *Calamity and Reform in China: State, Rural Society, and Institutional Change since the Great Leap Famine*, Stanford: Stanford University Press, 1996.

[174] John P. Burns, *Political Participation in Rural China*, Berkeley: University of California Press, 1988.

[175] David Zweig, *Agrarian Radicalism in China*, 1968 - 1981, Cambridge:

Harvard University Press, 1989.

[176] B. H. Baden - Powell, M. A. C. I. E, *The Origin and Growth of Village Communities in India*, Batoche Books, 2003.

[177] Xavier de Souza Briggs, Elizabeth J. Mueller and Mercer Sullivan, *From Neighborhood to Community: Evidence on the Social Effects of Community Development*, Community Development Research Center, 1997.

学术期刊类:

[1] 吴文藻:《社区的意义与社区研究的近今趋势》,载于《社会学刊》第5卷第1期。

[2] 费孝通:《居民自治:中国城市社区建设的新目标》,载于《江海学刊》2002年第3期。

[3] 费孝通:《中国现代化:对城市社区建设的再思考》,载于《江苏社会科学》2001年第1期。

[4] 郑杭生:《让社会弱势群体共享社会发展的成果——从社会学视角看武汉市社区建设“883行动计划”》,载于《学习与实践》2005年第11期。

[5] 郑杭生:《论建设性反思批判精神》,载于《华中师范大学学报》(人文社会科学版)2008年第1期。

[6] 郑杭生:《社会建设和社会管理研究与中国社会学使命——在中国社会学2011年学术年会上的主题演讲》,载于《社会学研究》2011年第4期。

[7] 郑杭生:《基层社区调查中应当坚持的准则》,载于《甘肃社会科学》2009年第1期。

[8] 李培林:《巨变:村落的终结——都市里的村庄研究》,载于《中国社会科学》2002年第1期。

[9] 李培林:《社区建设是构建和谐社会的基础》,载于《学习与实践》2005年第11期。

[10] 折晓叶:《村庄:边界的多元化——经济边界开放和社会边界封闭的冲突和共生》,载于《中国社会科学》1996年第3期。

[11] 丁元竹:《社区与社区建设:理论、实践与方向》,载于《学习与实践》2007年第1期。

[12] 王思斌:《社区建设中的中介组织培育》,载于《中国民政》2001年第1期。

[13] 刘继同:《中国城市社区建设发展阶段与主要政策目标》,载于《唯实》2004年第3期。

[14] 邓伟志:《关于当前中国的社区发展》,载于《江苏社会科学》1999

年第 6 期。

[15] 卢汉龙:《社区建设的历史、现状与未来》, 载于《学习与实践》2005 年第 11 期。

[16] 唐忠新:《社区建设: 中国城市社会转型的必然选择》, 载于《北京社会科学》1999 年第 1 期。

[17] 秦晖:《“大共同体本位”与传统中国社会 (上)》, 载于《社会学研究》1998 年第 5 期。

[18] 秦晖:《“大共同体本位”与传统中国社会 (下)》, 载于《社会学研究》1999 年第 4 期。

[19] 秦晖:《传统中华帝制的乡村基层控制》, 载于《中国乡村研究: 历史与现实》创刊研讨会论文辑, 2001 年。

[20] 路风:《单位: 一种特殊的社会组织形式》, 载于《中国社会科学》1989 年第 1 期。

[21] 路风:《中国单位体制的起源和形成》, 载于《中国社会科学季刊》1993 年 11 月第 5 期。

[22] 李猛、周飞舟、李康:《单位: 制度化组织的内部机制》, 载于《中国社会科学季刊 (香港)》秋季卷 1996 年。

[23] 俞可平:《中国公民社会: 概念、分类与制度环境》, 载于《中国社会科学》2006 年第 1 期。

[24] 孙立平:《中国社会结构的变迁及其分析模式的转换》, 载于《南京社会科学》2009 年第 5 期。

[25] 杨大利:《市场化、民主化与“政府之手”——中国村庄政治变迁观察》, 载于《人民论坛·学术前沿》2012 年 10 月下。

[26] 常保国:《西方历史语境中的“东方专制主义”》, 载于《政治学研究》2009 年第 5 期。

[27] 悦中山、杜海峰、李树茁、费尔德曼:《当代西方社会融合研究的概念、理论及应用》, 载于《公共管理学报》2009 年第 6 期。

[28] 绘泽:《社会整合: 涵义述评、分析与相关概念辨析》, 载于《高校社科动态》2010 年第 2 期。

[29] 于建嵘:《人民公社的权力结构和乡村秩序——从地方政治制度史得出的结论》, 载于《衡阳师范学院学报 (社会科学)》2001 年第 5 期。

[30] 徐勇:《农民改变中国基层社会与创造性政治——对农民政治行为经典模式的超越》, 载于《学术月刊》2009 年第 5 期。

[31] 徐勇:《农民理性的扩张:“中国奇迹”的创造主体分析——对既有理

论的挑战及新的分析进路的提出》，载于《中国社会科学》2010 年第 1 期。

[32] 周作翰、张英洪：《农民与国家关系的演变模式及前景》，载于《湖南师范大学社会科学学报》2008 年第 2 期。

[33] 桂勇：《城市“社区”是否可能？——关于农村邻里空间与城市邻里空间的比较分析》，载于《贵州师范大学学报（社会科学版）》2005 年第 6 期。

[34] 李强：《户籍制度、迁徙自由与社会秩序的型构》，载于《行政与法》2003 年第 2 期。

[35] 李树茁、任义科、靳小怡、费尔德曼：《中国农民工的社会融合及其影响因素研究——基于社会支持网络的分析》，载于《人口与经济》2008 年第 2 期。

[36] 王春光：《新生代农村流动人口的社会认同与城乡融合的关系》，载于《社会学研究》2001 年第 3 期。

[37] 沈延生：《中国乡治的回顾与展望》，载于《战略与管理》2003 年第 1 期。

[38] 项继权：《从“社队”到“社区”：我国农村基层组织与管理体制的三次变革》，载于《理论学刊》2007 年第 11 期。

[39] 项继权：《中国乡村治理的层级及其变迁——兼论当前乡村体制的改革》，载于《开放时代》2008 年第 3 期。

[40] 项继权：《中国农村社区及共同体的转型与重建》，载于《华中师范大学学报》2009 年 5 月。

[41] 项继权：《家族的变迁与村治的转型——关于家族在我国乡村治理中的作用的一项宏观考察》，引自《中国农村研究》2001 年卷，中国社会科学出版社 2002 年版。

[42] 吴理财：《农村社区认同及重构》，载于《中共天津市委党校学报》2011 年第 3 期。

[43] 吴理财：《农村社区认同与农民行为逻辑——对新农村建设的一些思考》，载于《经济社会体制比较》2011 年第 3 期。

[44] 陈伟东：《论社区建设的中国道路》，载于《学习与实践》2013 年第 2 期。

[45] 周作翰、张英洪：《农民自由发展与乡镇体制改革》，载于《湖南师范大学社会科学学报》2004 年第 4 期。

[46] 侯旭东：《北朝“三长制”四题》，载于《中国史研究》2002 年第 4 期。

[47] 范金民：《清代苏州宗族义庄的发展》，载于《中国史研究》1995 年第 1 期。

[48] 吴雪梅：《乡村记忆与清初土民社会转型——对鄂西南景阳河社区口

述史的解读》，载于《江汉论坛》2005 年第 9 期。

［49］李强：《关于城市农民工的情绪倾向及社会冲突问题》，载于《社会学研究》1995 年第 4 期。

［50］李培林：《流动民工的社会网络和社会地位》，载于《社会学研究》1996 年第 4 期。

［51］郭星华、储卉娟：《从乡村到都市：融入与隔离关于民工与城市居民社会距离的实证研究》，载于《江海学刊》2004 年第 3 期。

［52］王笛：《晚清长江上游地区公共领域的发展》，载于《历史研究》1996 年第 1 期。

［53］［美］科大卫、刘志伟：《宗族与地方社会的国家认同——明清华南地区宗族发展的意识形态基础》，载于《历史研究》2000 年第 3 期。

［54］赵世瑜：《国家正祀与民间信仰的互动——以明清京师的“顶”与东岳庙为个案》，载于《北京师范大学学报》1998 年第 6 期。

［55］孙立平：《“过程—事件分析”与当代中国国家—农民关系的实践形态》，载于《清华社会学评论》第 1 辑。

［56］黄辉祥：《“民主下乡”：国家队乡村社会的再整合》，载于《华中师范大学学报（人文社会科学版）》2007 年第 5 期。

［57］李海金：《符号下乡：国家整合中的身份建构——侧重于土地改革时期的分析》，载于《贵州社会科学》2007 年第 11 期。

［58］柴欣、朱跃东：《永嘉包产到户与温州模式的关联分析》，载于《中国商界》2010 年第 2 期。

［59］徐勇：《阶级、集体、社区：国家对乡村的社会整合》，载于《社会科学战线》2012 年第 2 期。

［60］魏震铭：《试论 60 年代初农村人民公社经济体制的调整及其历史地位》，载于《辽宁教育学院学报》1998 年第 3 期。

［61］吴淼、吴雪梅：《国家政策调控与社队企业的生存》，载于《中共党史研究》2011 年第 11 期。

［62］王峰：《20 世纪 50 年代农业合作化运动再认识》，载于《长白学刊》2010 年第 4 期。

［63］袁方成、李增元：《村治制度的继替与转型》，载于《华中师范大学学报（人文社科版）》2011 年第 1 期。

［64］徐国普：《转型期乡村权力结构的特征及其影响》，载于《社会主义研究》2007 年第 2 期。

［65］项继权、罗峰：《中国农地制度改革的方向与条件》，载于《华中师范

大学学报（人文社会科学版）》2007年第3期。

［66］李义波、姚兆余：《农民组织化与农村社区发展》，载于《南方论刊》2009年第2期。

［67］陈天祥、杨婷：《城市社区治理：角色迷失及其根源——以H市为例》，载于《中国人民大学学报》2011年第3期。

［68］邓念国：《城市基层社会管理模式的演变与比较：从"上海模式"到"杭州模式"》，载于《中共杭州市委党校学报》2012年第2期。

［69］陈伟东：《城市基层社会管理体制变迁：单位管理模式转向社区治理模式》，载于《理论月刊》2000年第5期。

［70］王莹：《我国城市社区管理体制改革与创新探析》载于《四川行政学院学报》2007年第6期。

［71］周姝函：《社区管理体制与运行机制构建之探讨》，载于《东南大学学报（哲学社会科学版）》2008年第10期。

［72］万仁德：《转型期城市社区功能变迁与社区制度创新》，载于《华中师范大学学报（人文社会科学版）》2002年第5期。

［73］刘玉能：《建构城市公共领域：论城市社区功能的重新定位》，载于《浙江大学学报（人文社会科学版）》2004年第4期。

［74］张学兵、沈荣芳：《社区建设中硬件设施的优化配置》，载于《党政论坛》1997年第4期。

［75］郭希华：《70年代台湾实施"小康计划"的历史考察》，载于《台湾研究》1999年第2期。

［76］田华：《农村社区公共服务体系创建的若干问题》，载于《求实》2006年第4期。

［77］张开云：《农村社区公共服务：现实困境与理性选择》，载于《马克思主义与现实》2010年第1期。

［78］项继权、袁方成：《我国基本公共服务均等化的财政投入与需求分析》，载于《公共行政评论》2008年第3期。

［79］李秀忠、李松玉：《实现基本公共服务均等化的有效途径探索》，载于《山东师范大学学报（人文社会科学版）》2008年第6期。

［80］管仲军、黄恒学：《公共卫生服务均等化：问题与原因分析》，载于《中国行政管理》2010年第6期。

［81］胡畔、谢晖、王兴平：《乡村基本公共服务设施均等化内涵与方法》，载于《城市规划》2010年第7期。

［82］项继权：《我国基本公共服务均等化的战略选择》，载于《社会主义研

究》2009 年第 1 期。

[83] 迟福林：《我国统筹城乡发展的基本公共服务均等化因素》，载于《东南学术》2009 年第 6 期。

[84] 刘尚希、杨元杰、张洵：《基本公共服务均等化与公共财政制度》，载于《经济研究参考》2008 年第 40 期。

[85] 夏志强、王建军：《论社区公共服务的有效供给》，载于《社会科学研究》2012 年第 2 期。

[86] 吴理财：《处境化经验：什么是农村社区文化以及如何理解》，载于《人文杂志》2011 年第 1 期。

[87] 高鉴国：《社区意识分析的理论建构》，载于《文史哲》2005 年第 5 期。

[88] 贺雪峰：《现代化进程中的村庄自主生产价值能力》，载于《探索与争鸣》2005 年第 7 期。

[89] 吴理财：《改革开放以来农村社区文化的变迁》，载于《人民论坛》2011 年第 8 期。

[90] 贺雪峰：《农村家庭代际关系的变动及其影响》，载于《江海学刊》2008 年第 4 期。

[91] 吴理财、夏国锋：《农民的文化生活：兴衰与重建——以安徽省为例》，载于《中国农村观察》2007 年第 2 期。

[92] 李增元：《村治模式转型：从封闭性自治到开放性自治的转型》，载于《重庆社会科学》2009 年第 10 期。

[93] 袁方成、李增元：《农村社区自治：村治制度的继替与转型》，载于《华中师范大学学报（人文社会科学版）》2011 年第 1 期。

[94] 项继权：《20 世纪晚期中国乡村治理的改革与变迁》，载于《浙江师范大学学报（社会科学版）》2005 年第 5 期。

[95] 项继权：《农村基层治理再次走到变革关口》，载于《人民论坛》2009 年第 5 期。

[96] 程又中、李增元：《“民生、民权、民主”及其在当代社会管理中的实践价值》，载于《华中师范大学学报（人文社会科学版）》2012 年第 2 期。

[97] 项继权：《当前农村社区建设的共识与分歧》，载于《中共福建省委党校学报》2008 年第 9 期。

[98] 林凤：《国（境）外农村建设的基本经验及其对我国建设社会主义新农村的启示》，载于《经济研究参考》2006 年第 73 期。

[99] 黄怡、刘璟：《北美农村社区规划法规体系探析——以美国和加拿大为例》，载于《国际城市规划》2011 年第 3 期。

[100] 叶齐茂：《美国乡村建设见闻录》，载于《国际城市规划》2007年第3期。

[101] 焦必方：《以地方自治为特点的日本市町村政府的行为方式研究》，载于《中国农村经济》2001年第11期。

[102] 谭春芳：《美国农村社区与学校的互利关系》，载于《教育探索》2009年第12期。

[103] 王修达等：《赴美国、墨西哥农村考察报告》，载于《北京农业职业学院学报》2009年第3期。

[104] 项继权：《外国农村基层管理体制比较与借鉴》，载于《政治学研究》1996年第1期。

[105] 张波：《浅谈国（境）外社区建设及其启示》，载于《黑龙江对外经贸》2007年第8期。

[106] 丁传宗：《政府主导下的新加坡社区建设：经验与借鉴》，载于《中共福建省委党校学报》2008年第9期。

[107] 黄立华：《日本新农村建设及其对我国的启示》，载于《长春大学学报》2007年第1期。

[108] 焦必方、孙彬彬：《日本的市町村合并及其对现代化农村建设的影响》，载于《现代日本经济》2008年第5期。

[109] 张静波：《日本社区的组织功能及与政府的关系》，载于《红旗文稿》2009年第24期。

[110] 董金柱：《印度与巴西的乡村建设管理法规及其启示》，载于《国际城市规划》2010年第2期。

[111] 项继权：《城镇化的“中国问题”及解决之道》，载于《华中师范大学学报》2011年第1期。

[112] 项继权：《台湾基层治理的结构与特征——对台湾坪林乡和大安成功社区的考察报告》，载于《社会主义研究》2010年第5期。

[113] 项继权：《论我国乡村治理中的志愿服务——兼论大学生下农村基层的政策创新》，载于《社会主义研究》2009年第4期。

[114] 项继权、李增元：《经社分开、城乡一体与社区融合——温州的社区重建与社会管理创新》，载于《华中师范大学学报（人文社会科学版）》2012年第6期。

[115] 项继权：《农村社区建设：社会融合与治理转型》，载于《社会主义研究》2008年第2期。

[116] 项继权：《农村税费改革与乡村治理的制度变迁》，载于《中国社会

科学评论》（香港）2003 年第二卷第一期。

［117］项继权：《中国村民的公共参与》，载于《中国农村观察》1998 年第 2 期。

［118］项继权：《乡村社区组织演化的特征和趋向》，载于《中国民政》1998 年第 3 期。

［119］项继权：《乡村关系的调适与嬗变》，载于《华中师范大学学报》1998 年第 2 期。

［120］Jonathan Unger, State and Peasant in Post - Revolution China, *Journal of Peasant Studies*, 17 (1), 1989.

［121］Samuel P. S. Ho and Peter C. S. Lin, Emerging Land Markets in Urban and Rural China: Policies and Practices, *China Quarterly*, 175, 2003.

［122］Yongshun Cai, Local Governments and the Suppression of Popular Resistance in China, *China Quarterly*, 193, 2008.

［123］Thomas P. Bernstein and Xiaobo Lü, Taxation without Representation: Peasants, the Central and the Local States in Reform China, *China Quarterly*, 163, 2000.

［124］Jean C. Oi and Scott Rozelle, Elections and Power: The Locus of Decision - Making in Chinese Villages, *China Quarterly*, 162, 2000.

［125］Daniel Kelliher, The Debate over Village Self - Government, *China Journal*, 37, 1997.

［126］Melanie Manion, The Electoral Connection in the Chinese Countryside, *American Political Science Review*, 90 (4), 1996.

［127］Lianjiang Li, Elections and Popular Resistance in Rural China, *China Information*, 15 (2), 2001.

［128］Lianjiang Li, The Empowering Effect of Village Elections in China, *Asian Survey*, 43 (4), 2003.

［129］Ethan Michelson, Public Goods and State - Society Relations: An Impact Study of China's Rural Stimulus, in *The Global Recession and China's Political Economy*, ed. Dali L. Yang, New York: Palgrave Macmillan, 2012.

［130］Philip A. Kuhn, Local Self - Government under the Republic: Problems of Control, Autonomy and Mobilization, in Frederic Wakeman and Carolyn Grant eds., *The Conflict and Control in Late Imperial China*, University of California Press, 1975.

［131］Robert A. Pastor & Qingshan Tan, The Meaning of China's Village Elections, *The China Quarterly*, 2000.

[132] John James Kennedy, Scott Rozelle & Shi Yaojian, Elected leaders and collective land: Farmers' evaluation of village leaders' performance in rural China, *Journal of Chinese Political Science*, Volume 9, Number 1/March. 2004.

[133] Kay, A, Social Capital, The Social Economy and Community Development, *Conmumity Development Journal*, 2006.

[134] David W. McMillan & David M. Chavis, Sense of Community: A definition and theory, *Journal of Community Psychology*, 14 (1), 1986.

[135] Andrew Walder, Local Governments as Industrial Firms: an Organization Analysis of China's Transitional Economy, *American Journal of Sociology*, Vol. 101, No. 2, 1995.

[136] Jean Oi, Fiscal Reform and Economic Foundations of Local State Corporatism in China, *World Politics*, No. 45, 1992.

教育部哲学社會科学研究重大課題攻關項目
成果出版列表

书　名	首席专家
《马克思主义基础理论若干重大问题研究》	陈先达
《马克思主义理论学科体系建构与建设研究》	张雷声
《马克思主义整体性研究》	逄锦聚
《改革开放以来马克思主义在中国的发展》	顾钰民
《新时期　新探索　新征程 ——当代资本主义国家共产党的理论与实践研究》	聂运麟
《坚持马克思主义在意识形态领域指导地位研究》	陈先达
《当代中国人精神生活研究》	童世骏
《弘扬与培育民族精神研究》	杨叔子
《当代科学哲学的发展趋势》	郭贵春
《服务型政府建设规律研究》	朱光磊
《地方政府改革与深化行政管理体制改革研究》	沈荣华
《面向知识表示与推理的自然语言逻辑》	鞠实儿
《当代宗教冲突与对话研究》	张志刚
《马克思主义文艺理论中国化研究》	朱立元
《历史题材文学创作重大问题研究》	童庆炳
《现代中西高校公共艺术教育比较研究》	曾繁仁
《西方文论中国化与中国文论建设》	王一川
《中华民族音乐文化的国际传播与推广》	王耀华
《楚地出土戰國簡册［十四種］》	陳　偉
《近代中国的知识与制度转型》	桑　兵
《中国抗战在世界反法西斯战争中的历史地位》	胡德坤
《近代以来日本对华认识及其行动选择研究》	杨栋梁
《京津冀都市圈的崛起与中国经济发展》	周立群
《金融市场全球化下的中国监管体系研究》	曹凤岐
《中国市场经济发展研究》	刘　伟
《全球经济调整中的中国经济增长与宏观调控体系研究》	黄　达
《中国特大都市圈与世界制造业中心研究》	李廉水
《中国产业竞争力研究》	赵彦云

书　名	首席专家
《东北老工业基地资源型城市发展可持续产业问题研究》	宋冬林
《转型时期消费需求升级与产业发展研究》	臧旭恒
《中国金融国际化中的风险防范与金融安全研究》	刘锡良
《全球新型金融危机与中国的外汇储备战略》	陈雨露
《中国民营经济制度创新与发展》	李维安
《中国现代服务经济理论与发展战略研究》	陈　宪
《中国转型期的社会风险及公共危机管理研究》	丁烈云
《人文社会科学研究成果评价体系研究》	刘大椿
《中国工业化、城镇化进程中的农村土地问题研究》	曲福田
《中国农村社区建设研究》	项继权
《东北老工业基地改造与振兴研究》	程　伟
《全面建设小康社会进程中的我国就业发展战略研究》	曾湘泉
《自主创新战略与国际竞争力研究》	吴贵生
《转轨经济中的反行政性垄断与促进竞争政策研究》	于良春
《面向公共服务的电子政务管理体系研究》	孙宝文
《产权理论比较与中国产权制度变革》	黄少安
《中国企业集团成长与重组研究》	蓝海林
《我国资源、环境、人口与经济承载能力研究》	邱　东
《“病有所医”——目标、路径与战略选择》	高建民
《税收对国民收入分配调控作用研究》	郭庆旺
《多党合作与中国共产党执政能力建设研究》	周淑真
《规范收入分配秩序研究》	杨灿明
《中国社会转型中的政府治理模式研究》	娄成武
《中国加入区域经济一体化研究》	黄卫平
《金融体制改革和货币问题研究》	王广谦
《人民币均衡汇率问题研究》	姜波克
《我国土地制度与社会经济协调发展研究》	黄祖辉
《南水北调工程与中部地区经济社会可持续发展研究》	杨云彦
《产业集聚与区域经济协调发展研究》	王　珺
《我国货币政策体系与传导机制研究》	刘　伟
《我国民法典体系问题研究》	王利明
《中国司法制度的基础理论问题研究》	陈光中
《多元化纠纷解决机制与和谐社会的构建》	范　愉
《中国和平发展的重大前沿国际法律问题研究》	曾令良
《中国法制现代化的理论与实践》	徐显明

书　名	首席专家
《农村土地问题立法研究》	陈小君
《知识产权制度变革与发展研究》	吴汉东
《中国能源安全若干法律与政策问题研究》	黄　进
《城乡统筹视角下我国城乡双向商贸流通体系研究》	任保平
《产权强度、土地流转与农民权益保护》	罗必良
《矿产资源有偿使用制度与生态补偿机制》	李国平
《巨灾风险管理制度创新研究》	卓　志
《国有资产法律保护机制研究》	李曙光
《中国与全球油气资源重点区域合作研究》	王　震
《可持续发展的中国新型农村社会养老保险制度研究》	邓大松
《农民工权益保护理论与实践研究》	刘林平
《大学生就业创业教育研究》	杨晓慧
《新能源与可再生能源法律与政策研究》	李艳芳
《中国海外投资的风险防范与管控体系研究》	陈菲琼
《生活质量的指标构建与现状评价》	周长城
《中国公民人文素质研究》	石亚军
《城市化进程中的重大社会问题及其对策研究》	李　强
《中国农村与农民问题前沿研究》	徐　勇
《西部开发中的人口流动与族际交往研究》	马　戎
《现代农业发展战略研究》	周应恒
《综合交通运输体系研究——认知与建构》	荣朝和
《中国独生子女问题研究》	风笑天
《我国粮食安全保障体系研究》	胡小平
《城市新移民问题及其对策研究》	周大鸣
《新农村建设与城镇化推进中农村教育布局调整研究》	史宁中
《农村公共产品供给与农村和谐社会建设》	王国华
《中国大城市户籍制度改革研究》	彭希哲
《国家惠农政策的成效评价与完善研究》	邓大才
《以民主促进和谐——和谐社会构建中的基层民主政治建设研究》	徐　勇
《城市文化与国家治理——当代中国城市建设理论内涵与发展模式建构》	皇甫晓涛
《中国边疆治理研究》	周　平
《边疆多民族地区构建社会主义和谐社会研究》	张先亮
《新疆民族文化、民族心理与社会长治久安》	高静文
《中国大众媒介的传播效果与公信力研究》	喻国明
《媒介素养：理念、认知、参与》	陆　晔
《创新型国家的知识信息服务体系研究》	胡昌平

书　名	首席专家
《数字信息资源规划、管理与利用研究》	马费成
《新闻传媒发展与建构和谐社会关系研究》	罗以澄
《数字传播技术与媒体产业发展研究》	黄升民
《互联网等新媒体对社会舆论影响与利用研究》	谢新洲
《网络舆论监测与安全研究》	黄永林
《中国文化产业发展战略论》	胡惠林
《20 世纪中国古代文化经典在域外的传播与影响研究》	张西平
《教育投入、资源配置与人力资本收益》	闵维方
《创新人才与教育创新研究》	林崇德
《中国农村教育发展指标体系研究》	袁桂林
《高校思想政治理论课程建设研究》	顾海良
《网络思想政治教育研究》	张再兴
《高校招生考试制度改革研究》	刘海峰
《基础教育改革与中国教育学理论重建研究》	叶　澜
《我国研究生教育结构调整问题研究》	袁本涛　王传毅
《公共财政框架下公共教育财政制度研究》	王善迈
《农民工子女问题研究》	袁振国
《当代大学生诚信制度建设及加强大学生思想政治工作研究》	黄蓉生
《从失衡走向平衡：素质教育课程评价体系研究》	钟启泉　崔允漷
《构建城乡一体化的教育体制机制研究》	李　玲
《高校思想政治理论课教育教学质量监测体系研究》	张耀灿
《处境不利儿童的心理发展现状与教育对策研究》	申继亮
《学习过程与机制研究》	莫　雷
《青少年心理健康素质调查研究》	沈德立
《灾后中小学生心理疏导研究》	林崇德
《民族地区教育优先发展研究》	张诗亚
《WTO 主要成员贸易政策体系与对策研究》	张汉林
《中国和平发展的国际环境分析》	叶自成
《冷战时期美国重大外交政策案例研究》	沈志华
《新时期中非合作关系研究》	刘鸿武
《我国的地缘政治及其战略研究》	倪世雄
《中国海洋发展战略研究》	徐祥民
*《中国政治文明与宪法建设》	谢庆奎
*《非传统安全合作与中俄关系》	冯绍雷
*《中国的中亚区域经济与能源合作战略研究》	安尼瓦尔·阿木提
……	

*为即将出版图书